中華禮藏 禮術卷
堪輿之屬

管氏地理指蒙

（外十五種）

余格格 點校

浙江大學出版社 · 杭州
ZHEJIANG UNIVERSITY PRESS

國家古籍工作規劃重點出版項目（二〇二一至二〇三五年）

本書受浙江大學『中華優秀傳統文化傳承與創新專項』資助

總　序

中華民族的禮義傳統積澱了人與人、人與社會、人與自然和諧相處的經驗與秩序，從而形成了一種“標誌着中國的特殊性”（錢穆語）的生存方式。《禮記·曲禮上》對此有概括的説明：“道德仁義，非禮不成；教訓正俗，非禮不備；分争辨訟，非禮不決；君臣上下，父子兄弟，非禮不定；宦學事師，非禮不親；班朝治軍，涖官行法，非禮威嚴不行；禱祠祭祀，供給鬼神，非禮不誠不莊。”千百年來，正因爲中華民族各個階層對“禮”的認同與踐行，不僅構建了中華民族的精神家園，彰顯了民族文化的獨特面貌，也爲人類社會樹立了一個“禮義之邦”的文化典範。實際上，對“禮”的認同，體現了對文化的認同，對民族的認同，對國家的認同。

在不同文化交流日益頻繁的今天，弘揚傳統文化，提升文化實力，强化精神歸屬，增强民族自信，已是社會各界的共識，也是刻不容緩的要務。温故籍以融新知，繼傳統而闡新夢，大型專業古籍叢書的整理與編纂，分科別脈，各有專擅，蔚然已成大觀。然而對於當今社會有重要意義的禮學文獻的整理與編纂，至今仍付之闕如。即使偶有禮學文獻被整理出版，因未形成規模而不成系統，在傳統觀念的影響下往往還被視爲經學典籍，既不能反映中華禮學幾千年的總體面貌與發展軌迹，也直接影響了在弘揚優秀傳統文化的前提下重建體現民族精神的禮儀規範。醪澄莫饗，孰慰饑渴。浙江大學古籍研究所全體同仁爲順應時代要求，發揮學科特色與優勢，在學校的大力支持下，願精心整理、編纂傳統禮學文獻，謹修《中華禮藏》。

自從歷史上分科治學以來，作爲傳統體用之學之致用部分的禮學就失去了學科的獨立性。漢代獨尊儒術，視記載禮制、禮典、禮義的《周禮》《儀禮》《禮記》爲儒家的經學典籍。《漢書·藝文志》著録禮學文獻十三家，隷屬於六藝，與《易》、《書》、《詩》、《樂》、《春秋》、《論語》、《孝經》相提並論。迄至清修《四庫全書》，采用經、史、子、集四分法，將禮學原典及歷代研究禮學原典的文獻悉數歸於經學，設《周禮》之屬、《儀禮》之屬、《禮記》之屬、三禮總義之屬、通禮之屬、雜禮之屬六個門類著録纂輯禮學文獻，又於史部政書類下設典禮之屬著録纂輯本屬於禮學範疇的文獻，至於記載區域、家族、個人禮儀實踐的文獻則又散見於多處。自《漢書·藝文志》至於《四庫全書》，著録纂輯浩如煙海的禮學文獻，不僅使禮學失去了學科的獨立性，而且還使禮學本身變得支離破碎。因此，編纂《中華禮藏》，既以專門之學爲標幟，除了裒輯、點校等方面的艱苦工作外，還面臨着如何在現代學術語境中界定禮學文獻範圍的難題。

《説文》云："禮，履也，所以事神致福也。"事神以禮，即履行種種威儀以表達敬畏之義而得百順之福。禮本是先民用來提撕終極關懷的生存方式，由此衍生出了在政治生活和社會生活中表達尊讓、孝悌、仁慈、敬畏等禮義的行爲規範。《禮記·禮器》云："禮器，是故大備。"以禮爲器而求成人至道，與儒學亞聖孟子的"禮門義路"之論頗相一致。然而踐履之禮、大備之禮的具體結構又是怎樣的呢？《禮記·樂記》云："簠簋俎豆、制度文章，禮之器也；升降上下、周還裼襲，禮之文也。故知禮樂之情者能作，識禮樂之文者能述。作者之謂聖，述者之謂明。明聖者，述作之謂也。"根據黃侃《禮學略説》及沈文倬《略論禮典的實行和〈儀禮〉書本的撰作》的論述，所謂"禮之文"、"禮之情"又被稱爲"禮儀"和"禮意"。禮器、禮儀用以呈現和表達禮意，此即所謂"器以藏禮，禮以行義"（《左傳·成公二年》）。三者之中，禮儀和禮意的内容相對明確，而禮器的内容則比較複雜，具目則可略依《樂記》所論分爲三種：物器（籩簋俎豆之類）、名器（制度之類）和文器（文章之類）。基於這樣的理解，參考歷代分門別類著録匯輯專業文獻的經驗，可以將歷史上遺留下來的全部傳統禮學文獻析分爲如下三個部分。

第一部分是作爲源頭的禮學原典和歷代研究禮學的論著。根據文獻的性質，又可細分爲兩類。

1. 禮經類。《四庫提要》經部總序所謂"經稟聖裁，垂型萬世"，乃"天下之公理"之所，爲後世明體達用、返本開新的源頭活水。又經部禮類序云："三《禮》並立，一從古本，無可疑也。鄭康成注，賈公彦、孔穎達疏，於名物度數特詳。宋儒攻擊，僅摭其好引讖緯一失，至其訓詁則弗能逾越。……本漢唐之注疏，而佐以宋儒之義理，亦無可疑也。"《周禮》是制度之書，《儀禮》主要記載了士大夫曾經踐行過的各種典禮儀式，《禮記》主要是七十子後學闡發禮義的匯編。雖然三《禮》被列爲儒家研習的典籍之後變成了經學，然而從禮學的角度來看，於《周禮》可考名物典章制度，於《儀禮》可見儀式典禮的主要儀節及揖讓周旋、坐興起跪的威儀，於《禮記》可知儀式典禮及日常行爲的種種威儀皆有意義可尋。若再從更加廣泛的禮學角度審視先秦兩漢的文獻，七十子後學闡釋禮義的文獻匯編還有《大戴禮記》，漢代出現的禮緯也蘊藏着不見於其他文獻記載的禮學內容。因此，禮經類除三《禮》之外還應該包括《大戴禮記》與禮緯。至於後人綜合研究禮經原典而又不便歸入任何一部經典之下的文獻，宜倣《四庫全書》設通論之屬、雜論之屬分別纂輯。

2. 禮論類。此類文獻特指歷代綜合禮學原典與其他文獻，突破以禮學原典爲經學典籍的傳統觀念，自擬論題，自定體例，結合禮儀實踐、禮學原典與禮學理念等進行研究而撰作的文獻，如朱熹的《儀禮經傳通解》、任啓運的《天子肆獻裸饋食禮纂》、秦蕙田的《五禮通考》等都宜歸入禮論類。此類文獻與禮經類中綜論性質的文獻容易混淆,最大的區別就在於禮經類中綜論性質的文獻是對禮學原典的闡釋,而禮論類文獻則是對各類文獻所記禮儀實踐與理念的綜合探索,二者研究的問題、對象,特別是研究目的皆有所不同。

第二部分是基於對禮儀結構的觀察而針對某一方面進行獨立研究而撰作的文獻。根據文獻關注的焦點,又可分爲三類。

3.禮器類。根據前引《禮記·樂記》的説明,禮器包括物器、名器和文器。物器爲禮器之代表形態,自來皆無疑議。名器所涉及之制度、樂舞、數術,因逐漸發展而略具專業特點,有相對的獨立性,固當別爲門類。就制度、樂舞、數術本屬於禮儀實踐活動而言,可分別以禮法、禮樂、禮術概之。又文器亦皆因器而顯,故宜附於禮器類中。因此,凡專門涉及輿服、宮室、器物的禮學文獻,如聶崇義的《新定三禮圖》、張惠言的《冕弁冠服圖》和《冕弁冠服表》、程瑤田的《釋宮小記》、俞樾的《玉佩考》等都屬禮器類文獻。

4.禮樂類。據《禮記·樂記》所言"樂統同,禮辨異,禮樂之説,管乎人情矣",可知禮與樂本是關乎人情的兩個方面。因此,禮之所至,樂必從之。考察歷代各個階層踐行過的許多儀式典禮,若不借助於禮樂則無以行禮。《通志·樂略第一》云:"禮樂相須以爲用,禮非樂不行,樂非禮不舉。"禮與樂既相將爲用,則凡涉及禮樂的文獻,皆當歸入禮樂類。然而歷史上因囿於經學爲學科正宗、樂有雅俗之分的觀念,故有將涉及禮樂的文獻一分爲二分別纂輯的方法。《四庫提要》樂類云:"大抵樂之綱目具於《禮》,其歌詞具於《詩》,其鏗鏘鼓舞則傳在伶官。漢初制氏所記,蓋其遺譜,非別有一經爲聖人手定也。特以宣豫導和,感神人而通天地,厥用至大,厥義至精,故尊其教得配於經。而後代鐘律之書亦遂得著録於經部,不與藝術同科。顧自漢代以來,兼陳雅俗,豔歌側調,並隸《雲》、《韶》。於是諸史所登,雖細至箏琶,亦附於經末。循是以往,將小説稗官未嘗不記言記事,亦附之《書》與《春秋》乎? 悖理傷教,於斯爲甚。今區别諸書,惟以辨律吕、明雅樂者仍列於經,其謳歌末技,弦管繁聲,均退列雜藝、詞曲兩類中。用以見大樂元音,道侔天地,非鄭聲所得而奸也。"此乃傳統文獻學之舊旨,今則據行禮時禮樂相將的事實,凡涉及禮樂的文獻不分雅俗兼而存之,一並歸於禮樂類。

　　5.禮術類。《禮記·表記》載孔子之語云:"昔三代明王,皆事天地之神明,無非卜筮之用。"卜筮之用在於"決嫌疑,定猶與"(《禮記·曲禮上》)。歷代踐行的各種儀式典禮,正式行禮之前往往都有卜筮的儀節,用於判斷時空、賓客、牲牢等的吉凶,本是整個儀式典禮的組成部分。《儀禮》於《士冠禮》、《士喪禮》、《既夕禮》、《特牲饋食禮》、《少牢饋食禮》皆記卜筮的儀節,而於其他儀式典禮如《士婚禮》等皆略而不具。沈文倬先生已指出,《儀禮》一書,互文見義,其實每一個儀式典禮都有卜筮的儀節。因儀式典禮所用數術方法有相對的獨立性,故歷代禮書多有專論。秦蕙田《五禮通考》立"觀象授時"之目,黄以周《禮書通故》設"卜筮通故"之卷。自《漢書·藝文志》數術略分數術爲六類:天文、曆譜、五行、蓍龜、雜占、形法,又於諸子略中收有與數術相關的陰陽家及兵陰陽文獻之目,至清修《四庫全書》子部術數類分爲六目:數學(三易及擬易書)、占候、相宅相墓、占卜、命書相書、陰陽五行(栻占曆數),分類著録纂輯數術文獻,各有錯綜,亦因時爲變以求其通耳。因此,就歷代各個階層踐行的儀式典禮皆有卜筮的儀節而言,凡涉及卜筮的文獻宜收入禮術類。

　　第三部分是基於對歷代禮儀實踐的規模、等級、性質的考察而撰作的文獻,又可以分爲如下四類。

　　6.禮制類。《左傳·桓公二年》載晉大夫師服之語云:"禮以體政,政以正民,是以政成而民聽,易則生亂。"《國語·晉語四》記寧莊子之語云:"夫禮,國之紀也,……國無紀不可以終。"凡此皆説明禮在政治生活和社會生活中有重要的主導作用,故自春秋戰國之際禮崩樂壞之後,歷代皆有制禮作樂的舉措。《隋書·經籍志》云:"儀注之興,其所由來久矣。自君臣父子,六親九族,各有上下親疏之別,養生送死、弔恤賀慶則有進止威儀之數,唐虞已上分之爲三,在周因而爲五,《周官》宗伯所掌吉、凶、賓、軍、嘉,以佐王安邦國,親萬民,而太史執書以協事之類是也。是時典章皆具,可履而行。周衰,諸侯削除其籍;至秦,又焚而去之;漢興,叔孫通定朝儀,武帝時始祀汾陰后土,成帝時初定南北之郊,節文漸具;後漢又使曹褒定漢儀,是後相承,世有制作。"歷代踐行的禮,不僅僅是進止威儀之數,而是對文明制度的實踐。因此,歷代官方頒行的儀注典禮皆可稱爲禮制,是朝野實現認同的文化紐帶,涉及禮制的文獻世有撰作。漢代以後,此類文獻也往往被稱爲儀注,傳統目錄學多歸入史部。今則正本清源,一並歸入禮制類。

7. 禮俗類。從人類學的角度來看,禮俗的産生先於禮制並成爲歷代制禮作樂的基礎。所謂"禮失而求諸野",正説了俗先於禮、禮本於俗。實際上,歷代踐行的禮制,根基都在於風俗,長期流行於民間的風俗若得到官方認可並制度化就是禮制。因此,禮俗者,禮儀之於風俗也,特指在民間習慣上形成而具備禮儀特點的習俗,其特點是以民間生活爲基礎、以禮儀制度爲主導,在一定程度上兼具形式的自發性和内容的複雜性。早在先秦時代,荀子就曾説:"儒者在本朝則美政,在下位則美俗。"又説:"遇君則修臣下之義,遇鄉則修長幼之義,遇長則修子弟之義,遇友則修禮節辭讓之義,遇賤而少者則修告導寬容之義。無不愛也,無不敬也,無與人爭也,恢然如天地之苞萬物。如是則賢者貴之,不肖者親之。"因此,自漢代應劭《風俗通義》以來,歷代有識之士往往述其所聞、條其所遇之禮俗,或筆記偶及,或著述專論,數量之多,可汗馬牛,以爲美俗、修義之資糧,故立禮俗類以集其精華,以見禮儀風俗具有强大的生命力且早已滲透到民族精神之中。此類文獻在傳統的文獻學中分佈較廣,史部的方志、譜牒,子部的儒家、農家、雜家乃至小説家,集部中的部分著作,皆有涉及禮俗的篇章,固當集腋成裘,匯編爲册,歸於禮俗類中。

8. 家禮類。《左傳·隱公十一年》云:"禮,經國家、定社稷、序民人、利後嗣者也。"禮之於國,則爲國家禮制;禮之於家,則爲家禮。家禮一詞,最早見於先秦禮書。《周禮·春官》云:"家宗人掌家祭祀之禮,凡祭祀致福。國有大故,則令禱祠,反命,祭亦如之。掌家禮,與其衣服、宫室、車旗之禁令。"自古以來,家禮就是卿大夫以下至於庶人修身、齊家的要器,上至孝悌謹信等倫理觀念,下至婚喪嫁娶之居家禮儀,無不涵蓋於其中。家禮包括家庭内部的禮儀規範和倫理觀念:禮儀規範主要涉及冠婚喪祭等吉凶禮儀以及居家雜儀;倫理觀念則包括父慈子孝、兄友弟恭、夫義婦順等綱常。涉及家禮的文獻源於《周禮》,經《孔子家語》、《顏氏家訓》的發展,定型於司馬光的《書儀》、《家範》和朱熹的《朱子家禮》,其中《朱子家禮》成了宋代以來傳統家禮的範本。因國家禮制的"宏闊"和民間禮俗的"偏狹",故素負修身、齊家、治國、平天下之理想的有識之士,往往博稽文獻、出入民俗而備陳家禮儀節之曲目與要義,以爲齊家之據、易俗之本。家禮類文獻中以此種撰作爲代表形態,延伸則至於鄉約、學規之類的文獻。

9. 方外類。中華民族是一個多種文化相互融合的共同體,整理、編纂《中華禮藏》不能不涉及佛、道兩家有關儀軌的文獻。佛教儀軌是規範僧尼、居士日常生活與行爲之戒律清規以及用於各種節日與法事活動之科儀,雖然源於印度,與中華本土文化長期互動交融,固已成爲中華禮樂文明不可分割的一部分。佛教儀軌與儒家禮儀相互影響,在一定程度上改變、重塑了中華傳統的禮樂文明。道教是中國的本土宗教，深深根植於中國的現實社會，具有鮮明的中國特色與社會調節功能。魯迅曾指出："中國根柢全在道教。"道教儀軌有其特定的從教規範，體現了道教的思想信仰，規範着教徒的生活方式，體現了儀式典禮的特點。另外，佛教儀軌和道教儀軌保存相對完整，也是重建中華禮樂文明制度的重要參考。因此，凡涉及佛教儀軌和道教儀軌的文獻分別歸入方外佛教類和方外道教類。

綜上所述，《中華禮藏》的編纂是因類設卷，卷内酌分子目，子目内的文獻依時代順序分册纂輯（其中同書異注者則以類相從），目的是爲了充分展示中華禮儀實踐和禮學研究的全貌以及發展變化的軌迹。

編纂《中華禮藏》不僅僅是爲了完成一項學術事業，更重要的現實意義是爲了通過整理、編纂傳統禮學文獻，從中提煉出滲透了民族精神的價值觀和價值體系，爲民族國家認同提供思想資源，爲制度文明建設提供借鑒，爲構建和諧社會提供禮儀典範。

《中華禮藏》編委會

二〇一六年

凡　例

一、整理工作包括題解、録文和校勘等項。

二、題解除揭示書名、卷數、内容及著者生平事迹、版本流變等情況外，亦須交代已有的重要校勘研究成果，其具有創見性的校勘意見則别於校記中加以采納。

三、底本原文中明確的錯誤（訛奪衍乙）一般皆直接改正，並用校記加以説明。其不影響文意表達的兩可之異文，則酌情忽略不校。至於文意不通或懷疑有誤之處，則適當以校記形式提出疑問或給出可能的詮釋理路。

四、録文一依底本，個别生僻的異體字、俗體字等改作通行字，然不甚生僻而爲古籍通用者，保留底本文字原樣。鑒於俗寫"扌"旁與"木"旁，"巾"旁與"忄"旁，"礻"旁與"衤"旁以及"己"與"已"、"巳"，"瓜"與"爪"，"曰"與"日"之類相混無别，一般皆徑據文意録定，其不影響文意的則不别爲出校説明。

五、避諱字一律改爲通行繁體字，但須在題解或首見條下説明。

六、底本所用省代符等一律改爲相應的本字。

七、底本缺字用"□"號表示，缺幾字用幾個"□"號，不能確定者用長條形符號（長度爲三個空格字，其中原文一行的上部或前部殘缺用"⬜⬜⬜"，中部殘缺用"⬜⬜⬜"，下部或後部殘缺用"⬜⬜⬜"）表示。模糊不清無法録出者用"▨"號表示，有幾個字不清楚就用幾個"▨"號。

八、文本的段落格式一依今日之文意理解重行設計，不必盡依原書之舊貌。

九、底本圖片如果可以重繪者，則自行改繪，以便觀覽。

總目録

管氏地理指蒙

舊題魏・管輅撰

隋・蕭吉、唐・李淳風、袁天綱、宋・王伋注

【題解】

《管氏地理指蒙》,又名《管氏指蒙》,共一百卷,題魏管輅撰,隋蕭吉、唐李淳風、袁天綱、宋王伋注。管輅(208—255),字公明,平原人,明《周易》,精占相。《三國志·魏書》有載:"輅隨軍西行,過毌丘儉墓下,倚樹哀吟,精神不樂。人問其故,輅曰:'林木雖茂,無形可久;碑誄雖美,無後可守。玄武藏頭,蒼龍無足,白虎銜屍,朱雀悲哭。四危以備,法當滅族。'不過二載,其應至矣。"管氏以四靈來推演墓地之吉凶,知其擅相地之術,然至於明代《萬卷堂書目》始載其撰《管氏指蒙》一書。

是書前有魏管輅自序、唐李淳風表奏、宋王伋序。觀其内容以形勢爲主,不僅否定了隋唐盛行的五姓法,還對吉凶附會展開了批評,詳細論述了來龍"形"、"勢"二者之間的關係,將山水作爲聚散的界限。雖有論及八卦,卻更重於二氣五行、三形四勢,與隋唐以來的主流堪輿術有較大的差異。由於書中涉及磁針、磁石之語:"磁者母之道,針者鐵之戕。母子之性,以是感,以是通。受戕之性,以是復,以是完。體輕而徑,所指必端。應一氣之所召,土圭中而方曷偏。較軒轅之紀,尚在星虛丁癸之躔。"李約瑟以此推斷成書時間爲晚唐時期:"這是十分確切的敘述,即磁偏角爲大約15°。關於這段文字的年代,適當的推測應是9世紀中期。"[①]《管氏地理指蒙》一書的具體成書時間已不可考,但是書之内容大致反映了晚唐五代時期堪輿術開始兼重形勢的轉變,可初步斷定其成書與郭璞《葬書》相似,皆由後人託名而成。

《歷代地理正義秘書二十四種》有收《管氏指蒙正義》一書,題後漢管輅公明著,華亭張受祺式之注,篇幅短小,實則截取《管氏指蒙》語句而成,非全文著録。浙江圖書館、上海圖書館、北京大學圖書館藏《管氏指蒙》,皆爲明新安汪尚賓刻本。《續修四庫全書》本所收即浙江圖書館藏明萬曆

---

① [英]李約瑟著:《中國科學技術史》第四卷第一分冊,北京:科學出版社,2003年,第287頁。

八年（1580）刻本，存管氏本序、李淳風序、朱允升序、王伋後序及汪尚廣跋，然多有殘缺，如正文"失性豐功"至"其應入神"之間闕。《古今圖書集成》所收《管氏地理指蒙》一書，乃後人據明刻本而成，另作注文，多有對明刻本改正之處，却未題注者。清人顧沂（1665—1745）有作《管氏指蒙注序》，提及翁鰲峰爲是書作注，不知《古今圖書集成》本之注是否即其所爲。雖《古今圖書集成》本僅有管氏序，然明刻本正文内容有所缺，不如《古今圖書集成》本較善，兹以《古今圖書集成》本爲底本，而用《續修四庫全書》本（簡稱明刻本）爲參校本。

管氏本序

或問："立天之道曰陰與陽，立地之道曰柔與剛，立人之道曰仁與義。天地，陰陽之體。天者，剛之體，剛者，天之用；地者，柔之體，柔者，地之用。仁義者，天地之性，何三才之位分而三才之道不同也？"應之曰："其位分，其道一。分者，分其勢；一者，一其元。聖人教人，由近達遠，固當以人事爲先，沿流探源，則人事遼於天地，故通天地人曰儒。謂其不然，則伏羲何以畫八卦？黄帝何以造甲子？何謂堯考中星而正四時？何謂舜察璇璣以齊七政？何大禹繼舜以執中而曆數在躬？何有扈怠棄三正而啟恭行天罰？何羲和俶擾天紀而仲康命徂征？何成湯克享天心而受天明命？文王何以重卦而爲六十四？武王何以訪箕子而作《洪範》？何周公作爻辭、孔子作十翼？噫！煌煌乎，具載六籍，通濟三才。亘古一理，靡或偏戾，慮天下後世，流於福禍，以役〔一作没〕人事。是以諄諄乎三綱五常而不敢屑屑乎五行三正，使人安之而無妄言，固聖人之本心也。雖然有所本，必有所流。彼蒙陋腐儒，不明聖人之本心，至使陰陽剛柔之道茫然而不省，消長盈虚之數懵然而不知。以謂五事無鍾於五音，六律無感於六情，五福六極不由於定數。猖狂冒昧，無所忌憚。反以左氏紀災異爲誣，太史公志天文爲嗤，縱橫十五之數散於方技，送死之大事聽於贓奴，而禍福之説益肆，理義乖舛，不可稽考，茫茫蕩蕩，始流於無涯矣。故揚子雲設或人渾天之問，而應之曰：'洛下閎營之，鮮于妄人度之，耿中丞壽昌象之，幾乎。'談天者莫之能違也，而吾聖人之訓，已不録矣。"問者覺而進曰："人由五土而生，氣之用也。氣息而死，必歸藏於五土，返本還元之道也。贊於五祀，格於五配。五配命之,五祀司之,此子孫禍福之所由也。願著所聞,以隄其流,庶統三才於一元,以祛天下之惑,遺於後世,不亦博乎!"復應之曰:"唯然,著之成篇,則何以爲名?"曰:"以'指蒙'命之。"於是爲《指蒙序》云。三國魏管輅公明序。

李淳風表奏①

臣聞五行衰旺,雖陰陽革命之時七魄歸藏,亦息氣還元之理,因終以始,惟變乃通。故木火土金水之相生,實水火金木土之迭運。至於商角宫羽徵之交錯,無非宫商角徵羽之盈虧。是以土雖奠於黄鐘,令或行於四季,何介百福而俾百禍?由五帝以屬五神,於以虛中而建中是用,泰來而否極,建天正陰,建地亦然。天道甚微而人道甚危。當任天心之得失,何從人事之從違?萬物不逃於形化,墳塋唯至於神依,棺槨特羞其暴,陰陽豈免於推遷?一氣既同,五行昭察,順消長盈虛之理,見吉凶禍福之原。臣薄通風水,麤習陰陽,嘗觀地理之興衰,每考天文之變運,欲窮真趣,未盡精微,及觀管氏之《指蒙》,頓覺心眸之開豁。是書也,篇篇闃奥,字字申明,但歷四百餘年之久,顛倒混淪、譌舛蟲蠹,無復至理。臣等竟校定篇章,芟鐫注釋,以成次第,使後之觀者或有可覽而知旨云。唐太宗貞觀十四年。

朱允升序②

魏管輅公明《指蒙》書一卷,蕭吉③、李淳風、袁天綱注,或以

---

① 底本無,據明刻本補。
② 底本無,據明刻本補。
③ "吉"字原作"言",不辭,徑改。

爲王伋趙卿之筆，蓋莊生所謂重言者也。趙卿，五代王樸之孫，所著有《心經撥砂詩》諸文，大率與此書之旨相出入，此書蓋其總會者。余復讀而深喜之，竊以爲郭氏《葬書》之義疏而矮仙杖法之根源也。然辭夥義奧[1]，引物比類，上究化源，泝於古初，欲盡錄之，非特筆力不給，且虞讀者之憚，故纂其施用者而摘錄之，欲盡其詳者則有元書在。時歲在己巳十月初吉。開端於臨河書塾，借予本者月潭宗人仲節甫也。

又云：此書非眼目明不能看，非胸襟大不能包。無目下捷徑之益，有優游厭飫之功。

《指蒙》後序[2]　宋王伋著

天地之生萬物，河嶽之配星躔，日月之有盈虧，寒暑之有代謝，此四者，雖出其所自然，而陰陽風水默默相符者何哉？良由上臨下載，積氣昭回故也。且王者之統治萬國，討其不服，撫其微弱，行其號令，一其法度，庶可爲奕世之資矣。既而顛覆厥德，驕奢淫縱，疏棄賢能，信用讒邪，以至於內離外叛，身弒國亡。故禍福無不自己求之，抑亦莫不由於天命也。故夏癸之誅豪傑，自陷危亡。商辛之戮忠良，禍還旋踵。周忌檿弧之謠，終成褒[3]姒之亂。秦惡亡胡之讖，卒爲劉項之資。隋卜三千而延三十，晉筮二百而僅百二。長安繫獄而興，宣帝奉天修壘而幸，德數滿百而業繹，南面嘉穗九而光武中興，三目重瞳而兩不顯，五馬競渡而一爲龍，誰知鑿水行船，信有兩宮夾墓，蓋興亡治亂、勝負得失，

---

① "粵"字不辭，疑形訛所致，當爲"奧"字。

② 底本無，據明刻本補。

③ "褒"字底本作"㦎"，不辭，徑改。

雖可以數而測，然虧盈變化、盛衰消長，莫能相戾也。至於陰陽
之道，亦莫不然。其大則籠絡宇宙，微則參差毫釐。古者伏羲之
畫八卦也，靈馬負圖於河；大禹之典九疇也，神龜負書於洛。八
卦象吉凶，九疇陳福極。河圖見則通四時、定八節，洛書備則障
九澤、濬九州。河圖洛書相爲經緯，八卦九章相爲表裏。是以先
天之易乾南而坤北、離東而坎西，文王之易離南而坎北、震東而
兌西。此小往而大來，先聖後聖、司福司災莫不循環轉運，故梓
慎能知昭公之火而不知其次，孟珏能知王者之興於微賤而不知
爲宣，李尋能知漢有中衰之象而不知爲王氏，西門惠能知當有真
人起而不知爲光武，張益能知燕之滅秦而不知爲姚氏，王弘正能
知國家有兵起而不知爲侯景，李淳風能知女主之禍而不知爲則
天，苗訓能知聖人恭膺天命而不知爲藝祖，劉豫能識其本末而不
知國亡身變。然此數輩皆造於精微、達於至理，且知其一而不知
其二，故公明有曰"卜非至精不能見其數術，非至妙不能觀其
道"。而況區區鹽米之末，可同日而語哉？欲窮造化之源難矣。
夫識人之所不識者真識也，見人之所不見者真見也。出乎其類、
拔乎其萃，有若公明之聖者，誠然不世出也。公明之妙者，仰則
觀象於天文，俯則觀法於地理，盡樗里之真詮，窮虢公之奧旨。
千山萬派，總於詞峰；四勢三形，如示諸掌。蟠龍伏虎，不加減於
分寸；舞鶴翔鸞，亦區別其遲邇。回翠屈曲，具四鎮而既詳；死拙
生獰，挾兩途而皆備。發將住將，欲其真純，息道漏道，分乎相
替。必也，欲銀海之遠觀，宜靈犀之莫殢。粵自總角弱齡，已有
成人之志，則曰家雞野鶴尚或知時，吾靈萬物寧無所嗜？優游瞢
瞢以如愚，曠蕩皇皇而忘寐。不慕褒嫿，不擇非類。歷尋象以開
心，誦驅遺而解意。搏砂畫土，象日月以法星辰；閱水觀山，極乾

坤而亨貞利。暨志學於中年，遇千春而異議。徐徐舉止自如，頤
頤申明理致。滿筵驚喜，咸謂天機。舉坐悚息，信然神知。命世
之大才，當時之偉器。議者凜然而悟，欣然而起，始卜利漕郭，恩
三紀以無虞。或筮庶平劉，奉仲秋而復毒。王基三怪當憂而無
憂，都令兩棺聞駭而不駭。清河之遷江夏，燕入懷中；渤海之擢
王弘，雉飛直內。葛原三物以全名，孝國二省而盡珍。何晏之禍
已先期，青蠅集鼻；劉攽之寵而預定，雞羽藏巖。校鍾毓之始生，
定季龍之未獲。東方豚酒，飛鳩忽至梁頭；比伍虞淵，喜鵲初來
閣上。會倪侯之歉歲，注兩可期；哀丘儉之凶墳，青龍無足。指
象百卷，遺後世以認山；撥砂千篇，詔將來之原勢。其智足以佐
雍熙，其言足以包宇宙，其明足以察秋毫，其志足以清四海，其德
足以振八紘，其文足以垂萬代。孔子曰："有始有卒者，其唯聖人
乎！"嗚呼，先之不可及，後之不可過，雖馬遷之博物，班固之稽
古，京房之精妙，翼奉之聰明，郭璞之幽微，筠松之慧智，而並無
全身遠害之術。有若公明之知命，自有生民以來，未之有也。後
之學者，其可忽諸！

管氏地理指蒙一

有無往來第一

五太之先，三才何有。

①未見氣曰太易，氣之始曰太初，形之始曰太始，質之始曰太素。氣形質具曰混沌②，具而未離曰太極。

太初，氣之始也，生於酉仲，清濁未分也。太始，形之始也，生於戌仲。八月酉仲爲太初屬雄，九月戌仲號太始屬雌。清者爲精，濁者爲形也。太素，質之始也，生於亥仲，已有素朴而未散也。三氣相接至於子仲，剖判分離，輕清者上爲天，重濁者下爲地，中和爲萬物。《詩緯》曰："陽本爲雄，陰本爲雌，物本爲魂。雄雌但行三節，而雄合物魂，號曰太素也。三未分別，號曰混沌。"

一元已判，五氣乘虛，虛變而運。五運交通其氣，而神明已居。

元太初之中氣判，謂始定其上下。蓋乾坤未定之先，五氣具在混沌之內。乾坤既判之後，五氣遂各有其專墟。

一六爲水居北，二七爲火居南，三八爲木居東，四九爲金居西，五十爲土居中，即位而變爲運。甲本天三之木，化土而生乙金；乙本地八之木，化金而生丙水；丙本天七之火，化水而生丁木；丁本地二之火，化木而生戊火；戊本天五之土，化火而生己土；己本地十之土，不化而生庚金；庚本天九之金，不化而生辛水；己庚不化者，己十爲陰之盡數，庚九爲陽之盡數也。辛本地四之金，化水而生壬木；壬本天一之水，化木而生癸火；癸本地六之水，化火而生甲土。於是甲己土、乙庚金、丙辛水、丁壬木、戊癸火，是爲五運，循環遞生，無有終極，運與六氣交感，而神明有以奠其位焉。

---

① 明刻本有"蕭曰"二字。

② "氣"字底本無，據明刻本補。

袁天綱曰："司木曰蒼帝，靈威仰之神。司火曰赤帝，赤熛怒之神。司土曰黃帝，含樞紐之神①。司金曰白帝，白招矩之神。司水曰黑帝，叶光紀之神，皆五行之精，積有耀而不可掩者也。司猶居也。"

《太始天元冊文》曰："太虛寥廓，肇基化元。萬物資始，五運終天。布氣真靈，總統坤元。九星懸朗，七曜周旋。曰陰曰陽，曰柔曰剛。幽顯既位，寒暑弛張。生生化化，品物咸章。"

氣著而神，神著而形。形而有者，皆始於無。無變而有，有窮而變。變之道，必復於其初，形復於神，神復於氣。往來一氣分，理何殊於轉車。

氣可知，神不可測，形可見。可知者，二氣之流行。可見者，人物之章著，然其所以爲二氣人物者，要皆不可測也。蓋二氣人物之可知可見者，得之於既有之後。而二氣人物之不可知不可見者，默寓於未有之先。此無之爲不可窮，而有之爲有其盡也。

故曰一氣積而兩儀分，二生三而五行具②。吉凶悔吝有機而可測，盛衰消長有度而不渝。五祀命之奕奕，五宗之裔；五常性之昭昭，五秀之儲。③

一氣積者，根上文五太之先説；兩儀分者，根上文一元已判説；一生三者，根上文氣著而神，神著而形説。一者氣，二者陰陽，三者萬物。人爲萬物之靈，人得五行之全，物得五行之偏。五行具於一元已判之時，實居於未有人物之最始。人賦五行之秀而成形，原其自即有其不測之五神以命之。吉凶悔吝生乎動者也，故曰機；盛衰消長有其時者也，故曰度。

古者有大宗，有小宗。宗其爲始祖，後者爲大宗，此百世不遷者也。宗其爲高祖，後者五世而遷者也；宗其爲曾祖，後者爲曾祖宗；宗其爲祖，後者爲祖宗；宗其爲父，後者爲父宗，皆爲小宗。別子者，自與其子孫爲祖，繼別者各自爲宗。小宗四，大宗一，所謂五宗也。

---

① "樞紐"後明刻本有"后土"二字。

② "二"字原作"一"，不辭，按《老子》："道生一，一生二，二生三，三生萬物"，據明刻本改。

③ 明刻本有注，李曰："五宗以五行爲祖宗，五秀即五行之秀氣也。"

象吉凶以垂天，示其文之不拘。天聰明而自我，原其道以相須。況吾身參於天地，靈於萬物，經綸五常，操持五正，俾五福六極，以慘而以舒。

凡日月五星、二十八宿之躔次，其象雖懸於天，吉凶初無一定。《易》曰："天垂象，見吉凶，聖人則之。"其吉凶之故，要不能外垂象之候，而別有所見。吾則取法於天，以通其用於地。良田大塊爲天之根，即天之所自出。人處天地之中，合天地之神氣以成形，最靈於萬物。其能經綸五常、操持五正者，五福所由生也。其不能經綸五常、操持五正者，六極所由漸也，可不慎歟？

少暤氏有四叔，曰重、曰該、曰修、曰熙，實能金木及水。使重爲勾芒木正，該爲蓐收金正，修及熙爲玄冥水正。顓頊氏有子曰犁，爲祝融火正。共工氏有子曰勾龍，爲后土土正，是爲五正。

《洪範》五福：一曰壽，二曰富，三曰康寧，四曰攸好德，五曰考終命。

六極：一曰凶短折，二曰疾，三曰憂，四曰貧，五曰惡，六曰弱。

挺然而生者，死之先。寂然而死者，生之息。理不終息，故息之之道爲生之之樞。生者有也，死者無也。無者往也，有者來也。往來無窮者，其爲道一作氣。乎。

此篇首揭有無往來，以生死對待之埋終之，於以見道之無窮。

山嶽配天第二

天尊地卑，其勢甚懸，山嶽烏乎而配天？蓋日月星辰、光芒經緯之著，皆精積於黃壤，而象發於蒼淵。

積氣成天，積形成地。黃壤曰地，蒼淵曰天。凡地之所載，皆天之所覆，其尊卑雖甚懸殊，脈絡無不融貫。然後知天者地之精微，地者天之渣滓，日者地火之精，月者地水之精，星者地石之精，辰者地土之精。合日月星辰而爲天，猶合火水石土而爲地也。

向日取火，向月取水，此水火之明驗。星之隕爲石，大雨土者爲辰之變。天之無星處皆辰也，地之無石處皆壤也。石附於壤之內，星列於辰之中，石雖附於壤而實根於地，星雖附於辰而實根於天。

袁天綱曰："蒼淵者，天鑒也。天色蒼蒼，而星辰之列象澄徹昭映也。"

熒熒煌煌，棋列躔度。

熒煌，七曜列星也。

簡簡臨臨，井畫分野。

簡簡，大也。臨臨，大而又大也。

五運相交，二儀清濁。

甲必與己交，乙必與庚交，丙必與辛交，丁必與壬交，戊必與癸交者，五運之自然也。二儀，陰陽之異名。陽清陰濁，濁爲清之根，清爲濁之華也。

舊蕭吉注曰："山澤通於一氣，天地交而爲泰，不交則爲否。天地交泰，萬物咸亨。死葬於阜，地官主之，天宿照之，則子孫宅兆之卜，獲福獲戾之所係也①。"

是以上下必統於一元，彼卜兆乘黃鐘之始，營室正陽明之方，於以分輕重之權。

此承上文而言，天地勢位雖殊，要皆不能出於一元之外。夫所謂一元者，歲之運也。但生者南向，死者北首。卜兆乘黃鐘之始，其用在山而取天氣；營室正陽明之方，其用在向而取地氣。干維得天氣之輕，地支得地氣之重，故曰分輕重之權。

卜兆營室二事，一論山，一論向，爲堪輿家第一關鍵。讀者每易忽過，特爲拈出。

配祀第三②

或曰："有無往來之道，其説舊矣。敢問生育之先、胎腹之日、父母之志、子孫之性，已不能相沿而相同。有生之後、鞠養之情、疾痛之事，已不能相及而相通。豈腐化之久，之子之孫始資蔭庇，當錫之福曷貽其咎？愛惡之私，其初不守，此蒙所未亮乎？③"

---

① "則子孫宅兆之卜，獲福獲戾之所係也"，明刻本作"則子孫獲福、獲戾，宅兆之卜，可不謹歟？袁曰：'二十八宿曰躔度，十二辰曰次舍。五星在天曰墟，在地曰野。'"

② 明刻本有注，蕭曰："漢光武中元元年二月辛卯，庭燎祭天於泰山，以高后配山川群神，從此謂祭。"

③ "所"字後明刻本有"以"字。

或者之一問，第舉生者之情，不知既死之後，五事俱泯，無知而有神，神不能自顯其神，必藉山澤之氣以成①。其吉凶之應由山澤主之，非亡者所得而私之。

袁天綱曰："在生之日，或愛長而薄少，死葬之後，却旺少而衰長。"

卜兆曰："托土以生，故還元於五土。即神以死，必配祀於五神。"昔者周公郊祀后稷以配天宗，祀文王以配帝，禱尼丘之山而污頂以鑒其類。矧還元於五土，同體而相契。是故與玄黃同體，欲享春秋之嘗禘。事父孝故事天明，事母孝故事地察。天地明察，神明彰矣，此子孫小往大來之所繫。

萬物不能越土而生，人亦萬物中一物，故既死而葬曰還元。自無而有，則氣著而神，神著而形。自有而無，則形復於神，神復於氣，故死曰即神。蓋人死葬之後，骨肉斃於下，陰爲野土，一體於青山，五神配而祀焉。冬至祀天南郊，夏至祀地北郊，陰不忘陽，亦即不忘所自出。周公以后稷配天，以文王配帝。聖母禱於尼山，尚克肖其類，謂精誠所格且然。矧還元五土，有同體之契乎！夫亦謂人之身即天地之身，故資事父以事天而事天明，資事母以事地而事地察。天明地察，神明即在對越之中。小往者陰也，子孫之心；大來者陽也，祖宗父母之蔭。

以十二律稽之，人鬼之樂與天地神祇之敘，禮義何嘗或戾②。

周樂十二律九變享人鬼，六變祀天神，八變祭地示，理義曾木有異，孰謂捨天地血可以言人哉！

子黃鐘③、丑大呂④、寅太簇⑤、卯夾鐘⑥、辰姑洗⑦、巳仲呂⑧、午蕤賓⑨、未林

---

① 注：其神。
② "禮"，明刻本作"理"。
③ 注：宮。
④ 注：變宮。
⑤ 注：商。
⑥ 注：羽。
⑦ 注：角。
⑧ 注：徵。
⑨ 注：變徵。

鐘①、申夷則②、西南呂③、戌亡射④、亥應鐘⑤。

黄鐘至仲呂皆屬陽，蕤賓至應鐘皆屬陰，此是一個大陰陽。黄鐘爲陽，大呂爲陰，太簇爲陽，夾鐘爲陰，每一陽間一陰，又是一個小陰陽。

陰陽五音皆始於宮，宮數八十一，商數七十二，角數六十四，徵數五十四，羽數四十八，以數之多少爲尊卑，故曰宮、商、角、徵、羽。

五聲最濁者爲宮，稍濁者爲商，微濁微清者爲角，稍清者爲徵，最清者爲羽。十二管長者聲濁，短者聲清。

隋蕭吉曰："天之氣始於子，故黄鐘爲宮。天工畢於三月，故以姑洗爲羽；地之氣見於正月，故以太簇爲角。地工畢於八月，故以南呂爲羽。人之終殁於鬼，必歸於北方幽陰所鍾之地，故以大呂爲角，應鐘爲羽，此三樂之終始也。必盡十二律，然後得事親追遠之道，人鬼之樂以宮、商、角、徵、羽爲序，天地之樂以金、木、水、火、土爲序，今三樂不齊，豈先人之不祀耶？蓋人和則天地之氣和，應墳以祀之，則孝子心樂不能忘。"李淳風曰："角者萬物之始生也，羽者萬物之終也。天之氣始於十一月，至正月萬物萌動，地功見而天功成，故天以太簇爲徵，成也。地以太簇爲角，至三月萬物始達，天功畢而地功成，故天以姑洗爲羽，地以姑洗爲徵。至八月萬物盡成，地功終焉，故南呂爲羽，此天地相與之序也。人鬼始於正北，成於東北，終於西北，萃於幽陰之地。終於十一月⑥，成於正月，則幽陰之魄稍出於東方而與人接。然人鬼之樂，非歲事之有卒者，必盡於十二月律，乃得孝子之心。⑦"

"凡樂六者，一變而致羽物及川澤之示，再變而致贏物及山林之示，三變而致鱗物及丘陵之示，四變而致毛物及墳衍之示，五變而致介物以及土示，六變而致象物以及天神。凡樂，圜鐘爲宮，黄鐘爲角，太簇爲徵，姑洗爲羽，雷鼓雷鼗，孤竹之管，雲和之琴瑟，《雲門》之舞，冬日至於地上圜丘奏之，若樂六變，則天神皆降，可得而禮之矣。

---

① 注：徵。
② 注：角。
③ 注：羽。
④ 注：商。
⑤ 注：變宮。
⑥ "終"，明刻本作"始"，義長。
⑦ 是句後明刻本有語"管氏於此立意甚明庆乖也"。

凡樂，函鐘爲宮，太簇爲角，姑洗爲徵，南呂爲羽，靈鼓靈鼗，孫竹之管，空桑之琴瑟，《咸池》之舞，夏日至於澤中之方丘奏之，若樂八變則地示皆出，可得而禮之矣。凡樂，黃鐘爲宮，大呂爲角，太簇爲徵，應鐘爲羽，路鼓路鼗，陰竹之管，龍門之琴瑟，九德之歌、《九韶》之舞，於宗廟之中奏之，若樂九變，則人鬼可得而禮之矣。"

天神最尊，黃鐘爲律之首，大呂爲之合；地示亞於天神，而太簇爲律之次，應鐘爲之合；四望爲嶽瀆，姑洗爲陽聲第三，而南呂爲之合；蕤賓爲陽聲第四，而林鐘爲之合，以祭山川；夷則爲陽聲第五，而仲呂爲之合，以享先妣；無射爲陽聲第六，而夾鐘爲之合，以享先祖。

封以樹之，墳以識之，春秋享之，則孝子慈孫在心之樂，何時而或廢。封音砭，同窆。

上古不封不樹，殷周以來墓而不墳。春禴秋嘗，子孫之心與父母祖宗相接處，先儒謂有其誠則有其神，無其誠則無其神者也。

孔子既得合葬於防，曰："吾聞之，古也墓而不墳，今丘也東西南北之人也，不可以弗識。"於是封之，崇四尺。

問者覺而祓一作謝。**曰："五土融結，有形而有勢，五氣運動，有祥而有沴，**沴音戾，乖戾也。問計切，相傷也。**此嗣續盛衰之所繫。"孔子曰："丘之禱久矣。"則子孫之心亦何時而不祭。**①

五土融結言地，五氣運動言天，地當其天之時則祥，天非其地之候則沴。然而祭者察也，察者至也，言人事至於神也。孔子曰："吾不與祭，如不祭。"則凡爲人子者，不能致誠奉享於先人，雖曰能盜天地之和，而於孝思猶有一間，故先王立祭統、祭義。

相土度地第四

相土之法曰："周原膴膴，菫茶如飴。""陟則在巘②，復降在

---

① 明刻本有注，王曰："奉襄配祀，理義昭然。景純好異，則謂反氣納骨，以蔭所生。其說謬戾尤甚。公明說此疑難者，必前輩亦有異論。但景純失於考古，遂至迷惑後人，可惜哉！"

② "陟"字前明刻本有"曰"字。

原。"《公劉》此章實在相土度地之儀。相之度之,於以復形勢而區別豐淺之凝。曰:"原隰既平,泉流既清。"①亦以著山水之奇,皆聲《詩》之至訓,與地官司徒"體國經野",辨山林、川澤、丘陵、墳衍之名物者,其齊矩以同規。②

周原,岐山之南。廣平曰原。膴膴,土地腴美貌。菫,烏頭。荼,苦菜。飴,餳也,謂土豐而苦草亦甘也。巘,山頂也。上平曰原,下平曰隰。平者山之不險,清者水之不淫。先言土地之宜,次舉相度之法,再論其泉流之利,而"體國經野"之法備矣。

"陟則在巘,復降其原,何以舟之,維玉及瑤,鞞琫容刀。"《詩》注:"舟,帶也,言公劉至豳,欲相土以居,而帶此劍佩以上下於山原也。"愚謂非是舟之者,是欲以舟而通之,玉、瑤當是水口二山之名,鞞琫容刀,言水口之窄如鞞琫之僅足容刀耳。即水口不容舟之説,甚言之詞也。故下文即接逝彼百泉,可想見水口之義。

"以土會之法辨五地之物生,一曰山林,其動物宜毛物,其植物宜皁物,其民毛而方。二曰川澤,其動物宜鱗物,其植物宜膏物,其民黑而津。三曰丘陵,其動物宜羽物,其植物宜覈物,其民專而長。四曰墳衍,其動物宜介物,其植物宜莢物,其民晳而瘠。五曰原隰,其動物宜臝物,其植物宜叢物,其民豐肉而痺。"本注曰:"會,計也,計五土所宜動植之物也。"動物天產也,植物地產也。毛物狐貉之屬,鱗魚鱉之屬,羽物翟雉之屬,介龜屬,臝蠃虋之屬,皆天產也。皁物柞栗之屬,膏物桐漆之類,覈物李梅之類,莢物菁莢之類,叢物萑葦之類,皆地產也。山林之民得木之氣多,故毛而方,毛者木之氣,方者曲直之義;川澤之民得水之氣多,故黑而津,黑者水之色,津者潤下之義;丘陵之民得火之氣多,故專而長,專者團聚也,火之象也,長者炎上之義;得金之氣者爲墳衍之民③,故晳而瘠,晳白也,金之色也,瘠者堅瘦之義;得土之氣者爲原隰之民③,故豐肉而痺,豐者土之體,痺者下之義。蓋五行運於天,而其氣寓於土④,人物皆稟是以生也。

是以晉人謀去,故絳成公六年。諸大夫皆曰:"必居郇、音旬。瑕

---

① 明刻本有李淳風注,李曰:"平者山之不險,清者水之不淫。"
② 明刻本有蕭吉注,蕭曰:"物謂六物也。"
③ "民"字原作"土",不辭,據上下文徑改。
④ "土"字原作"上",不辭,徑改。

氏之地，沃饒而近鹽，國利君樂，不可失也。"韓獻子將新中軍，且爲僕大夫。公揖而入，獻子從公立於寢庭，謂獻子曰："何如？"對曰："不可。郇、瑕氏土薄水淺，其惡易構。易構則民愁，民愁則墊隘，於是乎有沈溺重腿之疾。腿音墜。

郇、瑕氏古國名，今之河東解縣有郇城是。鹽，鹽池也。煮海爲鹹，煮池爲鹽，今猗氏縣有鹽池。惡，疾疢。構，成也，言疾易成也。墊，溺，困水災。隘，羸困也。沈溺，濕疾。重腿，足疾，下腫病也。土薄則濕氣勝，故有沈溺之疾，水淺則濕從下生，故有重腿之疾。

不如新田土厚水深，居之不疾，有汾澮以流其惡，且民從教十世之利也。夫山澤林鹽，國之寶也。國饒則民驕佚，近寶公室乃貧，不可謂樂。"公從之。夏四月丁丑，晉人遷於新田。至哉！韓獻子之論，亶明土地之宜與不宜。

新田，今平陽絳邑縣是。汾水出太原，經絳北西南入河。澮水出平陽絳縣南，西入汾。據二水合流西南，爲新田一大水口。流其惡者，所以泄穢也。

郑文公卜遷於繹。史曰："利於民不利於君。"郑子曰："苟利於民，孤之利也。天生民而樹之君，以利之也。民既利矣，孤必與焉。"左右曰："命可長也，君何弗爲？"郑子曰："命在養民，死之長短，時也。民苟利矣，遷也。吉莫如之。"遂遷於繹。五月，郑文公卒，君子曰知命。

繹，郑邑，魯國鄒縣北有繹山。左右以一人之命爲言，文公以百姓之命爲主。一人之命各有短長，無可如何。百姓之命乃傳世無窮，故君子曰知命。

皦皦乎，左氏之《傳》以著從違之證，其鑒於斯。懵懂乎，迂陋蠹腐騁譎强以譏非，不幾乎悖戾於"觀流泉、相陰陽"之詩。

公明在當日似亦與國家謀及都邑之故，無奈迂陋蠹腐一流以是爲非，以非爲是，故其詞不兇有激切愷摯之意。

三奇第五

龍之玄微，先式①三奇，曰赴②、曰臥③、曰蟠④。形勢低昂，相其潛飛，以指其要，爲尋龍之機。

三奇者，三者各自爲式，非一體可得而概之。迢遥遠到曰赴，橫倒曰臥，首尾相顧曰蟠。

其赴者正履端操，一起一伏，肢腕翼輔，如經絲擺練，直縷邊幅，趨長江而垂垂；其臥者橫亙磅礴，迂徐偃息，不枝⑤不挺，如長虹隱霧，連城接壘，枕溪渚而遲遲；其蟠者蜿⑥蜒⑦蝹⑧蟺⑨，首尾交顧，周回關鎮，如鞶帶纏繞，旋根錯節，臨湖澗而規規。

龍之變化無窮，不能外赴、臥、蟠三式。而三式之結，一趨於長江，一枕於溪渚，一臨於河澗。其遠近正側雖不侔，所以契於水者一也。

水之玄微，亦式三奇，曰橫、曰朝、曰繞。精神氣概，相其委蛇，以乘其止，爲躍淵之宜。

面前經過曰橫，當面推來曰朝，抱於左右者曰繞。水無不去之水，乘其止者是水之至静而不動處。橫似龍之臥，朝似龍之赴，繞似龍之蟠。

其橫者悠揚寬閒，欲趨而澄。無反無側如橫琴臥笏，限地脈之披離。

凡水之橫者，皆竟過去。若悠揚便有顧盼之意，寬閒乃得停蓄之情。疾行則勢

---

① 明刻本作注："格也。"
② 明刻本作注："走也。"
③ 明刻本作注："眠也。"
④ 明刻本作注："坐也。"
⑤ 明刻本作注："一作披。"
⑥ 明刻本作注："於阮切，龍貌。"
⑦ 明刻本作注："音延，蚰蜒也。"
⑧ 明刻本作注："於云切，龍貌。"
⑨ 明刻本作注："音引，蚯蚓。"

急,恐其濁而有聲,故欲静而澄。反則外氣背,側則堂氣偏,如横琴者端正,如臥笏者内弓,餘脈之不齊者,惟横水有以限之。

其朝者委蛇縈迂,抑畏謙讓。如之如玄,如捲簾鋪箔,無衝割而鳴悲。

凡水之朝者,最嫌直射。委蛇曲折貌縈迂,乃曲折之大者。抑畏謙讓,以見其穴之尊。之玄水之曲而細者,簾箔闊水中,具有屈蕩之文。衝則震心,割則掃脚。若鳴悲者,神不能守其墓,均非朝之吉者。

其繞者欲進而却,欲納而臨,如城郭之環衛,如鏨帶之盤旋。

凡水之繞者,非在左即在右。若繞於左而不之右,則不見其進而却之情,却者進之機也;若繞於右而不之左,則不見其納而臨之意,臨者納之漸也。如城郭鏨帶,盡乎繞之形矣。

故曰赴臥蟠兮三奇之山,横朝繞兮三奇之水。養生沐冠官旺兮表六相之瀦澤,衰病死墓絶胎兮像六替之所歸。八干兮鍾天氣之清①,二氣兮分真純駁雜之始。四隅四正兮取八卦之變通,四墓四絶兮擇五氣之指而不理。

長生五行原以論山水之休旺。八干者,甲庚丙壬乙辛丁癸之天干,故曰天氣。二氣者,乾甲坤乙坎癸申辰離壬寅戌屬陽,艮丙巽辛震庚亥未兑丁巳丑屬陰。净陰净陽曰純,陰陽交互曰雜。四隅者乾坤艮巽,四正者子午卯酉。四正雖屬支,以其得坎離震兑四卦之氣,亦偶之以立向,取變通也。四墓辰戌丑未,四絶寅申巳亥,爲地濁之氣,均在所擯,此一節論消納各用。

在古之先,白茅裹屍棄之中野②,而三奇六儀則未之聞。近代以還,易之以棺槨,而三奇六儀又蒙於謬詭。惟號惟嬴,始爲蒙而鑒指。

山水之三奇以形勢言,近代有以方位言者。雖其説根於奇門遁甲,然於地之道

---

① "八干"底本作"八幹",徑改。後文不再出注。
② "白"字原作"日",不辭,明刻本殘泐不清,按《吳越春秋》載:"古者人民樸質,飢食鳥獸,渴飲霧露,死則裹以白茅,投於中野。"據改。

静,非若天之道隨時運動,未可牽合矣。

袁天綱曰:"近代有天三奇、地六儀之說,全無理致,故虢、嬴二公實爲明指之。虢有《極心論》,嬴有《樗里遺書》。"

樗里子,秦惠王弟,名疾,與惠王異母。秦人號曰智囊。

四鎮十坐第六

自粗而精,自簡而詳,此古人之心法,煉之而至剛。自精而拙,自詳而荒,此後人之心術,玩之而不良。

古人由粗而精,得精之理;由簡而詳,得詳之自。後人不能承襲前哲之精詳,遂至於拙、至於荒矣。心術之不良,罪在貽誤天下後世。

聞之曰[①]:鎮龍頭,避龍尾;坐龍頟,坐龍耳;避龍角,避龍齒,避龍目;懸壁水,坐龍鼻;坳污裏,坐龍鬚,亦可以;

鎮者按其前,坐者居其上,避者違而棄之也。曰頟、曰耳、曰角、曰齒、曰目、曰鼻、曰鬚,皆屬頭部位,故遞舉而言。尾與頭相反,頭崇隆而尾尖削也。頟廣而平,耳停以蓄。角歇危,齒瑣屑。目露而濕流,鼻隆而污崆。鬚,龍頷旁之小髻,其厚者可坐,薄者不可坐,故斷以未定之辭。

鎮龍髻,避龍背;坐龍肩,堪負載;坐龍項,當曲會;避龍頸,如伸臂;

曰背、曰肩、曰項、曰頸,皆與髻相近,故遞舉而言。髻者,龍背之蠹蠹。蕭吉曰:"皋陶之背如植髻,謂其豐隆而可鎮也。"若背則平蕩無倚,否則壁立難容,故當避肩。有肩並可停。頸後曰項,項有去者,回頭爲衛,故皆可坐。頸直無收,若伸臂者然也。

鎮龍腹,避龍腰;坐龍臍,自然坳;坐龍乳,如垂髻;避龍肋,不堅牢;

曰腰、曰臍、曰乳、曰肋,皆與腹相近,故遞舉而言。腹寬博而有容,腰屖弱而無氣,臍坳小而圓淨。自然乳,面平而不飽,若垂髻者,有下敧之情也。肋居龍體一邊,

---

① "聞",明刻本作"問"。

正氣不至。

鎮龍脚，坐龍腕；避龍肘，勢反散；坐龍胯，聚内氣；避龍爪，前尖利。

曰腕、曰肘、曰胯、曰爪，皆與脚相似，故遞舉而言。脚必遠至，故當鎮。腕，掌後節中也，以其可腕屈，故曰腕。肘，臂節也，雖曲而其勢反背。散者，其面既已反，勢不聚也。胯，兩股間也，胯恐内寒而脱氣，故須外氣以聚内氣。爪者，尖利而犯刑傷之象，故須避之。

是以四鎮十坐，穴龍之法備。後達申之，則四鎮改度而其坐十二。或取諸龍，或擬諸身，其歸一揆。

四鎮者，頭、鬐、腹、脚也。十坐者，顙、耳、鼻、䪼、肩、項、臍、乳、腕、胯也，其改度十二坐見下。

來龍奔赴，宗其顛①息，曰宗龍之咤；一作宅。來龍橫臥，攀②其肩井，曰攀龍之胛；來龍蟠環，騎其源護，曰騎龍之洿③；來龍磅礴④，承其顧殢，曰承龍之勢。

顛，頓也。咤，噴也。胛，背胛也。洿，窊下也。顧，眷也。殢，凝積也。奔赴，龍之踴躍而來。顛息，龍之静定而不越，是宗龍當中正受嘘之地。橫臥之龍最怕脱氣，曰攀者，寓貼脊之義也。然非有肩井可安攀，終不易。蟠環，首尾相顧，穴於源所護處曰騎者，亦恐其脱氣而騎之，乘其洿也。磅礴，廣被而充塞；顧殢，眷注而凝積。凡龍之廣被充塞者，氣既宏肆，極難驟止，須求其眷注止積之所。爲其勢之所趣集，蓋失其承即失其勢也。古訣云“虚簷雨過聲猶滴，古鼎煙銷氣尚浮”者即此。凡曰宗、曰攀、曰騎、曰承，皆穴龍之法；曰咤、曰胛、曰洿、曰勢，皆穴龍之地。

後又云宗龍之形如花之的，騎龍之形如宇之堂，的承趺萼之正，堂居門仞之防。攀龍之形如人臥之肩井，如魚奮之腮䪼，皆隨其趣向而橫應偏旁。承龍之形如心目之

---

①　明刻本注：“一作頓。”
②　明刻本注：“古扳字。”
③　明刻本注：“音烏。”
④　明刻本注：“盤礴也。”

顧瞬,如日月之精光,皆引其來歷而寬接窊藏。曹叔曰:"絕頂騎龍而鉗灂直懸,當頭宗龍而鼻吹雙穿,半腰攀龍而八字披瀉,没脚承龍而失勢單寒。"

四龍已式,則四鎮可擇,曰鎮龍頭、曰鎮龍項、曰鎮龍背、曰鎮龍腹。四鎮已定,則十二坐可以當其正。鎮頭之坐曰顙顐①、曰鼻崦②、曰準的;鎮項之坐曰肩井、曰耳停;鎮背之坐曰植臀③、曰枕鬆④。至於鎮腹,其勢有二端,坐之腹則曰坐乳房、坐臍窟、坐脬⑤元、坐胯脛⑥、坐翹踝⑦。横臥之腹則又未焉,曰坐龍頭,於以長前人之式而造其優。

不能式四龍之趣向,不可以言鎮,故宗龍則鎮頭,攀龍則鎮項,騎龍則鎮背,承龍則鎮腹。不能定四鎮之所在,不可以言坐。故顙顐坐眉目之間,崦坐鼻之左右,準坐鼻之正中,皆鎮頭之坐,所以宗龍也。肩井當項之偏,耳停當頭之偏,而與項不甚相遠,皆鎮項之坐,所以攀龍也。植臀、枕鬆皆喻其背之的,以背不可鎮,得臀與鬆而背可得坐、龍可得騎也。乳房居腹之上,臍窟居腹之中,脬元居腹之下,胯脛居腹之後,翹踝居腹之前,雖曰鎮腹,其實居腹之上下、前後,所以承龍之勢也。横臥之腹曰坐龍頭,一如鎮背而坐於植臀、枕鬆之義,皆前人之所未及也。

辨正朔第七

天元、地元、人元也,曆窮天道;天正、地正、人正也,敬授人時。

天元起甲子,地元起甲寅,人元起甲辰。周用天正建子,商用地正建丑,夏用人正

---

① 明刻本注:"音宛。"
② 明刻本注:"音掩。"
③ 明刻本注:"□曰:'皋陶之背如植臀。'"
④ 明刻本注:"藻官切,臥鬆也。"
⑤ 明刻本注:"曾交切。"
⑥ 明刻本注"胯":"口故切,又苦瓜切。兩股間也。"明刻本"脛":"傍禮切,脹也。"
⑦ 明刻本注:"户瓦切,腿兩旁曰内外踝。"

建寅。①

天正陽氣始至,地正萬物始萌,人正萬物始甲。

天道冬暢,人事春祈。一作始。冬,終也,陰終而陽始。春,蠢也,萬物蠢動而熙熙。人而不天,則曷象以資始?時而不人,則攸作以愆期。②

暢,充也。仲冬命之曰暢月,言萬物皆充實於内也。命有司曰:"土事毋作,慎毋發蓋,毋發屋室③,及起大衆,以固而閉,地氣沮泄,是謂發天地之房。諸蟄則死,民必疾疫,又隨以喪。"祈,禱也,天子乃以元日祈穀於上帝。元日,上辛也。郊祭天而配以后稷,爲祈穀也。夏正之建,重在人事,人事之資始,不能不法象乎天。

果時方於行夏,徒景農祥,而仍背乎"七月流火"之詩。

天駟房星,寅月辰中見於南爲農祥之候,④即"三之日于耜"之時。農祥,即房星也。火,大火,心星也。房與心並以六月之昏加於地之南方,至七月之昏,則下而西流矣。

是安知絶筆書王之法,日南長至之傳,皆"一日栗冽"、當作觱發。"七日一作月。來復"之微。

僖公五年:"春,王正月,辛亥朔,日南至。"七日來復,一陰生於午,自一陰數至建子之月,居第七月,一陽復生⑤。謂月爲日者,言其陽也。凡言三之日、四之日,皆陽微之候⑥。

是以天官享三靈之樂,必六變、八變、九變爲之等衰。

---

① "建寅"後明刻本有"魯行夏之時也"。

② 明刻本有注,李曰:"因天運之變以正一氣之始,在天成象,萬物資始故也。不以人正授時,則攸作愆期。"

③ "毋發屋室"原本作"藏毋發屋室",按《禮記‧月令》:"土事毋作,慎毋發蓋,毋發屋室。""藏"字衍,據删。

④ 明刻本有下文"亦可見始於子"。

⑤ 此句明刻本作李曰:"七日來復,建子之月。一陰生於午,數第七月建子,一陽來復。"

⑥ 此句明刻本作"言日如三之日、四之日者,皆陽微之候也"。

三靈,三才之精靈也。天神之樂六變,地祇八變,人鬼九變。①

圜鐘爲宮,於以降天神;函鐘爲宮,於以降地祇②;黃鐘爲宮,大呂爲商,於以祇人鬼之依。

圜鐘天運,夾鐘卯也;函鐘地運,林鐘未也;黃鐘子也,大呂丑也。

李淳風曰:"神依人而行。"

亶先王之制作,惟由義以通之。《周禮》止歲十二月令斬冰者③,雖冬官授人時之正,而正月之吉始。和者實由天道而推之,乃《泰誓》之一月戊午,《武成》之一月壬辰④,皆中黃鐘而不移。始三才之道,同一元而出,竟三才之用,析之而莫齊。或者塊然而執,懵然而疑,曰:"由爾之說,則《春秋》書'元年王正月',其已審矣,又何必加春之爲?"徐徐然釋之曰:"《春秋》因魯史行夏之文,非周家天正之規,聖人筆削之所不及者,抑存其舊以譏其非。是以七月壬午朔日有食之,而梓慎謂之相過之虧。"

昭公二十一年,秋七月朔日有食之。公問於梓慎曰:"是何物也? 禍福何爲?"、"二至二分⑤,日有食之,不爲災。日月之行也,分同道也,至相過也。其他月爲災,陽不克也,故常爲水。"於是叔輒哭日食。昭子曰:"子叔將死,非所哭也。"八月叔輒卒。注云:"二分日夜等,故言同道。二至長短極,故言相過。"

疑者曉而伏曰:"容成造曆以甲配子,以仲先季,以季先孟者,其旨不在斯。何昧昧蒙蒙,固而亡變者,致天神之胥違?"

---

① 明刻本於此句後有言,李曰:"理義昭然。"袁曰:"三才之精靈也。"
② 明刻本注曰:"圜鐘天運,函鐘地運。"
③ 此句明刻本作"在禮十二月正歲令斬冰者"。
④ "辰"字原作"寅",按《尚書》:"惟一月壬辰旁死魄。"據此及參校本改。
⑤ "二至二分"明刻本作"對曰:'冬夏二至,春秋二分。'"。

①應世衡曰："曆家建正必推月將。"月將者,或謂之合神,以正月建寅,寅與亥合之類,或謂之太陽過宮於亥,以正月太陽月將躔娵訾之類,二者皆援顓帝曆言之。然太陽隨黃道歲差一辰,以周髀家藏之法考之②,正月建寅,雨水後一日,太陽方躔娵訾,以中氣爲用,若合神則用節氣。逐年逐月逐日逐時,五星十二時次舍二十八宿,皆不應天行。緣時王授正取三陽,俱兆農事於耜,以定曆法,通而用之,貫乎一理。昧者即時王之正以釋顓帝曆,冬至日宿斗初,今至日宿斗六度;正月杓建寅,今斗杓建丑。《堯典》"日短星昴",今日短東壁。以天道之差證之四時十二辰次舍,但春爲寅卯辰,夏爲巳午未,秋爲申酉戌,冬爲亥子丑,不必言正月建寅,四月建巳,七月建申,十月建亥。東方青龍七宿當亢氏房心尾箕斗,南方七宿當鬼柳星張翼軫角,西方七宿當婁胃昴畢觜參井,北方七宿當牛女虛危室壁奎,此正朔之明辨也。

李淳風曰："陽聲六律,順以黃鐘起子;陰聲六呂,逆以大呂起丑。類可見矣。"

又曰③："自容成造曆六十甲子,故有甲己以丙爲首,非甲遁也。"

大橈作甲子,以寅申巳亥爲孟,子午卯酉爲仲,辰戌丑未爲季。以甲配子,則仲先季;以乙配丑,則季先孟;以丙配寅而建正,是以孟爲孟也。

按《堯典》冬至日在虛、昏中昴;今冬至日在斗、昏中壁。中星不同者,蓋天有三百六十五度四分度之一,歲有三百六十五日四分日之一。天度四分之一而有餘歲,日四分之一而不足。故天度常平運而舒,日道常內轉而縮。天漸差而西,歲漸差而東,唐一行所謂歲差者是也。古曆簡易,未立差法,但隨時占候修改以與天合。至東晉始以天爲天、以歲爲歲,乃立差以追其變。約以五十年退一度,何承天以爲太過,乃倍其年而反不及。至隋劉焯取二家中數七十五年爲近之,然亦未爲精密也。元郭守敬差法頗近。

釋中第八

星紀四時次舍,觀章於《堯典》;墟分五帝分野,申法於麟篆。

---

① 明刻本注曰:"《周禮》凡樂以圜鐘爲宮,黃鐘爲角,太簇爲徵,姑洗爲羽。若樂六變則天神皆降,可得而禮。函鐘爲宮,太簇爲角,姑洗爲徵,南呂爲羽。若樂八變則地祇皆出,可得而禮。黃鐘爲宮,大呂爲角,太簇爲徵,應鐘爲羽。若樂九變則人鬼皆出,可得而禮。先王制禮,尚有天地人之別,況天時人事而正朔,安得無辯?"

② 明刻本注"髀"曰"業切"。

③ "又曰"明刻本作"李曰:'圜鐘,夾鐘也。函鐘,林鐘也。'"。

"日中星鳥，以殷仲春；日永星火，以正仲夏；宵中星虛，以殷仲秋；日短星昴，以正仲冬。"殷，正也。此《堯典》中星也。降婁爲少皞氏之墟，營室爲顓頊氏之墟，亢角爲太昊氏之墟，鶉尾爲烈山氏之墟，鶉火爲有熊氏之墟。

仲春之月，星火在東，星鳥在南，星昴在西，星虛在北；至仲夏則鳥轉而西，火轉而南，虛轉而東，昴轉而北；仲秋則火轉而西，虛轉而南，昴轉而東，鳥轉而北；至仲冬則虛轉而西，昴轉而南，鳥轉而東，火轉而北。來歲仲春，鳥復轉而南矣。

附今時中星：

冬至	日在箕 昏室中，旦軫中	小寒	日在斗 昏奎中，旦角中	大寒	日在牛 昏婁中，旦亢中
立春	日在女 昏胃中，旦氐中	雨水	日在危 昏畢中，旦房中	驚蟄	日在室 昏參中，旦尾中
春分	日在室 昏井中，旦尾中	清明	日在奎 昏井中，旦箕中	穀雨	日在婁 昏柳中，旦斗中
立夏	日在胃 昏張中，旦斗中	小滿	日在昴 昏翼中，旦牛中	芒種	日在畢 昏軫中，旦虛中
夏至	日在參 昏角中，旦危中	小暑	日在井 昏氐中，旦室中	大暑	日在井 昏氐中，旦壁中
立秋	日在柳 昏心中，旦婁中	處暑	日在張 昏尾中，旦胃中	白露	日在翼 昏箕中，旦昴中
秋分	日在翼 昏斗中，旦畢中	寒露	日在軫 昏斗中，旦井中	霜降	日在角 昏斗中，旦井中
立冬	日在氐 昏女中，旦柳中	小雪	日在房 昏虛中，旦張中	大雪	日在尾 昏危中，旦翼中

八卦兆形於八節，二十四氣分布而成一年。

八卦，後天之八卦；八節，分至啟閉也。立春艮，春分卯，立夏巽，夏至離，立秋坤，秋分兌，立冬乾，冬至坎，此八卦之所兆形也。八卦既兆，二十四氣即由八卦而生，則立春艮，雨水寅，驚蟄甲，春分卯，清明乙，穀雨辰，立夏巽，小滿巳，芒種丙，夏至午，小暑丁，大暑未，立秋坤，處暑申，白露庚，秋分酉，寒露辛，霜降戌，立冬乾，小雪亥，大雪壬，冬至子，小寒癸，大寒丑。此二十四氣之所分布也，剋擇家之時令五行皆準諸此。一本"三百六旬酌八卦而兆形於八節，二十四氣分八方而成務於一年"。

四維張而枝幹錯列，四正奠而分至推遷。

中列而四維支干皆錯列有序，分至啟閉乃因得而推測之。

積閏餘於二道，故二十八宿分緯而經周天。

張子曰："閏生於朔，不盡周天之氣。"朱子曰："合氣盈朔，虛而閏生。"蓋一歲有二十四氣，假如一月約計三十日，則宜十五日交一節矣。然期三百六十五日零二十五刻，分配二十四氣則不止於三百六十日，故必十五日零二時五刻爲一節，三十日五時二刻爲兩節,所謂氣盈也。月之合朔二十九日半,則月不能滿三十日之數,積十二月三百六十日計之,内虚五日零六時三刻,是爲朔虚,故每歲常六個月小,止得三百五十四日。氣盈於三百六十日之外,有五日零三時;朔虚於三百六十日之内,有五日零六時三刻。則一歲之間,大約多出十日零八時,三歲則多出三十二日有奇,所以置閏也。三歲而一閏,即以閏月計之,亦不須三十二日有奇。故置閏之法,其先則三年一閏者三,繼以兩年一閏者一,續又三年一閏者二,繼以兩年一閏者一,如是經七閏然後氣朔分齊,是爲一章。所謂兩年一閏,即五歲再閏之説也。二道,赤黄二道。天形北高而南下,赤道分南北極之中,黄道半在赤道内,半在赤道外。半在赤道内,自奎婁至翼軫是也;半在赤道外,自角亢至室壁是也。日行黄道,月、五星循黄道左右而行。冬至之日,黄道去北極最遠者一百一十五度半弱;夏至之日,黄道去北極最近六十七度半弱;春秋二分日在黄赤道之交,分天之半,去北極九十一度半弱,此自然之數也。苟中之不分,則黄赤二道無從而考,二十八宿之爲經亦莫可得而識矣。

　　知夫曆者之法乎,閏無特氣節,必加雙[1]而分中始焉。蓋始氣胚煇而未成兆[2],中氣著象而有常躔。陽生於子而起日於子半,陰生於午而起夜於三刻之末。全閏無中氣之正位,而斗杓斜指於兩辰之間。是則八干四維之至正,乃寂然未動、微然未著之前。惟壬與丙,未形未觀,天地之中[3],必於危張之度。陰陽所生之元,無非干辰初刻之所。推十二支辰,是乃各辰正刻之所移。

　　二十四氣之有節氣、有中氣者,何也?氣常盈而朔每不及,必置閏以爲之補,非兩氣以限之。亦烏知其氣之盈而朔每不及也?然氣一也,有天氣焉,有地氣焉。天氣恒先至,所謂胚煇之氣也;地氣恒後至,所謂著象之氣也。陽生於子,必當於子之中;陰生於午,必極於午之正。閏無中氣者何也?歲止有十二月以應十二支,因氣盈朔虚,不得不置閏以完其二十四宫之全氣,故上半月作前月用,下半月作後月用。斗杓斜指於兩辰之間,是閏之不得當十二支之位也明矣。王趙卿曰:"虚危之間針路明,南方張

---

① 明刻本注:"一本有則知月將。"
② 明刻本注"胚"曰:"普面切,懷胎也。"注"煇"曰:"音運。"
③ "天"之前明刻本有"定"字。

度上三乘,坎離正位人難識,差却毫釐斷不靈。"則危張之度屬子午之正宫,從可識矣。元,始也,每一時分八刻,初二刻屬干維,正四刻屬支辰,則胚暈之始在干維,而著象則在於支辰也。

惟壬與丙,陰始終而陽始窮;惟子與午,陽始肇而陰始生。探陰陽自始自終之蘊,察天地南離北坎之原。

陰盡陽生,陰盡於壬之中。陽盡則陰復生,陽盡於丙之内。陽雖生於壬而必形於子,陰雖生於丙而必肇於午。子午者,陰陽之交界,姤復之往來。《易》曰:"復,其見天地之心乎。"

磁①者母之道,針者鐵之牀。母子之性②,以是感,以是通。受牀之性,以是復,以是完。體輕而徑,所指必端。應一氣之所召,土曷中而方曷偏。較軒轅之紀,尚在星虚丁癸之躔。惟歲差之法,隨黄道而占之,見成象之昭然。

磁石受太陽之氣而成,磁石孕二百年而成鐵。鐵雖成於磁,然非太陽之氣不生,則火實爲石之母。南離屬太陽,真火針之指南北,顧母而戀其子也。

《土宿本草》云:"鐵受太陽之氣,始生之初,鹵石産焉。一百五十年而成磁石,二百年孕而成鐵。"又云:"鐵稟太陽之氣,而陰氣不交,故燥而不潔。"日有中道,中道者黄道也,非天之有是道,乃因日行而名之。其道北至東井,去極近;南至牽牛,去極遠;東至角、西至婁,去極中,此二至二分之所在也。

陽生子中,陰生午中。金水爲天地之始氣,金得火而陰陽始分,故陰從南而陽從北,天定不移。磁石爲鐵之母,亦有陰陽之向背,以陰而置南,則北陽從之;以陽而置北,則南陰從之。此顛倒陰陽之妙,感應必然之機。

曆之有歲差者何也?曰:"天行之度有餘,日月所行之度不足,故天運常外平而舒,日道常內轉而縮。由是天漸差而西,歲漸差而東,而歲差之法立焉。晉虞喜以五十年日退一度,失之太過;何承天、劉焯、一行輩互有損益,而又失之不及;惟郭守敬以周天周歲强弱相減,差一分五十秒,積六十六年八個月而差一度,算已往減一算,算將

---

① 明刻本注:"磁石,可引針。"
② "性",明刻本作"氣"。

來加一算，而歲差始爲精密。"

歲差者，歲歲有差。假令今歲冬至日在箕三度，至明年冬至日仍在箕三度，其間已差秒忽矣。所以然者，天體三百六十五度二十五分七十五秒，太陽每日又躔一度，一歲積三百六十五日二時七刻有奇。太陽與天會於原次，而太陽不及天一分五十秒，積六十六年二百四十三日六時而差一度，積二千三十餘年而差一宮，積二萬四千五百年弱而太陽與天復會於子宮之虛宿，是之謂一大周天①。

大哉，中之道也。天地以立極，寒暑以順時，陰陽以致和，日月以重輝。範之以矩，模之以規，節之而聲不淫，表之而影不斜。以南以北、以東以西、以橫以植、以簡以夷。權之以平，量之以齊，賞之以勸，罰之以威。居之莫不安，用之莫不宜，亶乎中之不可不及也，亦不可過而失之。噫！不及者可以進，過者不可追。是以磁針之所指者，其旨在斯。何京房之臆鑿，捨四正之深悲。②

極言得中之道，天地得中而四極以立，四時得中而寒暑以順，陰陽得中而無愆伏之災，日月得中而當交會之候。矩得中爲天下之至正，規得中爲天下之至圓，聲得中而不亂，影得中而不斜。南北以經，東西以緯，橫者以直，易者以平，輕重得之以爲衡，長短得之以爲準，賞不偏而下斯勸，罰不過而上乃威。居中則有一定之寧，用中則無兩端之失，不肖者不及，賢者又恐其過之，唯勉其不及以抑其過，斯針指之謂乎！京房以臬影較偏於丙壬，謬矣。

乾流過脈第九

山曷爲龍？得水有躍淵之義。城何以水？限龍無走腳之蹤。山或行而未住，氣亦隨而未鍾。

乾流過脈，雖屬二義，其實是一串。因跌斷處可以過流，而水退即乾脈從此過，故曰乾流過脈，所謂躍淵者是也。城者，以土而築成③，故曰城，水以城名，是取其限龍之

① 注：凡一度百分，一分百妙。
② 明刻本正文之後有注："曆以節氣爲始氣也。"
③ "土"字原作"上"，不辭，徑改。

義。蓋水不界脚,氣過前行也。

喬山界大江而衍,蒼梧間大河而殤①。是知河以聚山脈,而江以斷山脈,疆域地理而應乎穹蒼。大江當作大河,大河當作大江。

黄帝葬於喬山,在大河之南脈,自積石逾河。衍者,豐饒而廣被也。舜葬於蒼梧,在大江之南脈,自荆漢逾江。殤者,短折而不成也。河濁而江清,濁者能聚而清者能斷,水能界列國之疆宇,而即派爲分野之躔次,故曰應乎穹蒼。

喬山史作橋山,在陝西延安府四部縣北。蒼梧,周南越之地,今爲郡。②

惟流地面而不源,泛平洋而不潢③。

源,水之本也。潢,水之積也。不源不潢者,雨過即乾,龍之過脈處也。

蜂腰鶴膝,結咽過關之要害;蛙背雞胸④,偏鏘瓴溜之分鏘⑤。鏘同鎗,瓴音缶。

蜂腰極細,鶴膝至圓,言過脈之精妙;蛙背脊直而兩削,雞胸腹飽而臃腫,言過脈之頑拙;蛙背與偏鏘同意,雞胸與缶溜同形。

故曰:"雖涉田濠⑥,尚是乾流之水;未淘沙石,當知過脈之岡。"

田濠雖有水流,若無沙石界斷,終是穿田之峽。

以天下之大勢論之,自昆侖發而爲三危,爲積石,逾河而爲終南,爲太華,爲底柱,復逾河而爲雷首,爲王屋,爲太行。北抵常山、塞垣,循東而盡於遼海,自終南而南爲上洛,逾漢而結夔州爲荆山,復逾江而結長沙、寶慶爲衡山,徽嶺循東而盡於閩浙,是可以會躍淵之義矣。⑦

---

① 是處當從後注改爲"喬山界大河而衍,蒼梧間大江而殤"。
② 注:四部即中部。
③ 明刻本注:"積水也。"
④ 明刻本注曰:"乾流。"
⑤ "分鏘",明刻本作"分牆"。
⑥ 明刻本注:"音豪,水名。"
⑦ 注:東北爲塞垣,西南曰徽嶺。

象物第十

指山爲龍兮，象形勢之騰伏。猶《易》之乾兮，比剛健之陽德。雖潛見之有常，亦飛躍之可測。有臍有腹兮，以蟠以旋；有首有尾兮，以順以逆。順兮指其所鍾，逆兮原其發跡，蟠兮指其回環，旋兮指其污蹟。聳肩伸項兮，有結咽過關之想；布爪揚鬣兮，有夾輔維持之力。左抱右偃兮，若其角之衛；騰峰挺秀兮，若其鬐之植。三形就兮，若飲頷之含含；四勢集兮，若敷鱗之翼翼。神而隱跡兮，不易於露脈；潛以保身兮，不容於風刺。噓爲雨兮，一作氣。所以欲界於橫流；蛻乃骨兮，所以不利於頑石。勢延而蝘兮，斷獨爲悲；形蟠而蝺兮，鑱直爲戚。威彩光晰兮，忌其禿童；真天一作元。化毓兮，忌其變易。是皆模造化以權言，非有可經之成式。

此一節借龍之全體以喻夫山之形，真龍落脈多在低藏處所，即或有高處落，亦必在帳幕潛護之中，此神而隱跡、潛以保身之謂也。凡祖龍發跡直至結穴之所，不知幾經曲折，而其化毓之真者，斷然不異祖氣，所謂生子牛孫，巧相似也。若到頭　有變易，即非造化之真。

至於定穴法之難，真不若取象於身而可得。例雖貴於鎮頭，義亦求其住蹟。顙廣平兮，以角爲防；角傾危兮，以額爲的。準隆兮鼻崝污藏，目露兮淚流傾滴，耳停兮取勢稍寬，唇淺兮成形太逼。臥而腰環兮，蘊乎其腹乳；坐而膝踞兮，懷乎其股趑①。字典不載。臍抱於臂兮，足無與於倒屣；胯附於股兮，手何煩於憑軾。腰連背偃兮，氣之散行；尾掉背後兮，山之隴脊。腸附於尻兮，泄之必傷；足絕於下兮，囚之已寂。肩井膊翼兮，堪負載之勞；握口

---

① 明刻本注曰："趑，當作赿，遷謝反，脚立也。"

掌心兮,任操持之力。

> 此一節借人身以喻穴,穴法俱在包藏之中。頭無住踪則露,顙額無角則露,準無崦則露,唇淺則露。環臥則以腹乳爲藏,踞坐則以股趺爲藏。以臂爲抱者曰臍,足在臍之下無益也。以股爲護者曰胯,手在胯之上無益也。斡尻則侵腸,喻上則傷龍;針足則犯脫,喻下則傷穴。肩井雖上而有負載之勞,握口雖下而有操持之力。

唯能參之禽獸蟲魚,斯可備之於奇形怪格。鳳翔兮背崦乃安,駝載兮肉鞍尤特。蟹伏螯强兮眼目非露,龜圓頭伸兮肩足難易。蜈蚣鉗抱兮口乃分明,馴象準長兮鼻乃端的。魚額脱兮尾鬣揚波,馬耳峭兮唇口受勒。項舒嘴鋭兮鶴何拘於耳頂,腹滿_一本作薄。準露兮牛不堪於鼻息。

> 此一節借物類喻穴之情,穴皆在物類所顧處。鳳背以首翼爲顧,駝鞍以前後肉爲顧,蟹眼以螯爲顧,龜肩足以頭爲顧,蜈蚣以鉗爲顧①,象鼻以準爲顧,魚以尾鬣爲顧,馬以唇口爲顧,鶴左右顧則在耳,不顧則在頂,牛以角爲顧,腹飽鼻露無顧之者,不可穴也。

或倫類之未分,觀堂宇而作,則有簾陛兮以等級。其前有寢奧兮以深邃,其北有廊廡兮以周回,其左右有門屏兮以趨進。其賓客有障宸兮以限其窺覘,有牆仞兮以閑其姦慝,有明堂兮以祀以祭,有園井兮以飲以食。潛形兮貴其縮藏,隱勢兮忌其露跡。有棟梁兮廣天蓋之功,有趾柱兮全地載之德。

> 此一節借宮室喻穴之理。簾陛,穴下之氈唇。寢奧,穴上之窩口。廊廡,左右之盤旋。門屏,攔堂之案應。障宸,牆仞外衛之嚴密。明堂,園井內蓄之澄凝。棟梁所以昭龍體之崇,趾柱所以形土水之厚。

故曰:"利欲翳心,則如目之於睫。"唯正心圜機,則眼力洞察乎隱賾。前後巍巍,左右翼翼,徹志之悖,祛心之惑,去俗之累,通道之塞,觀山之法,於是乎可得。

---

① 　注:有下山蜈蚣穴其腦者。

此一節傷世術之迷。象物一篇,全在引伸觸類以盡物之精微。若五鬼惟爲利欲所翳,山水尚不能了了,安能觸物比類以洞察夫隱賾之情,貽誤天下後世匪淺鮮也,故管公特舉以警之。

曹叔曰:"藏珠之頜,拿雲之爪,奔水之肩坳,捲水之尾節,皆有力之處,獰活之罔也。"①

管氏地理指蒙二

開明堂第十一

夫冢宅所謂明堂者,固非王者迎五帝聚祭之重屋。

重屋,明堂之異名。夏曰世室,商曰重屋,周曰明堂。

抑還元於五土,配祀於五神,隨性應運,積氣應星。當歸格帝之元,冢宅照臨之象,居中處正之名。

卜兆曰:"托土以生,必還元於五土。即神以死,必配祀於五神。"是五土以言其地,五神以言其天性者。明堂所生之性隨則隨其宮位以爲運氣者,明堂所有之氣積則積其外氣以應星。明堂爲祭祀之所,感通於上而應乎其下也。明則取義於照臨忌塞,堂則取義於中正忌偏。

發日月之精華,虛而聚氣。限江山之支脈,積以施生。

上二句說內堂,下二句說外堂。面前無虛廠之氣則外朝不集,脚下無攔截之水則內氣不凝。

其形欲舒,其勢欲迎。寂爾五事,炳然五行。黃帝作曆,乾鵲推靈,巢開八干,太歲必囷。惟王建國,重離向明。宖朱倫切,厚也。穸音夕,長夜也。《左傳》宖穸之事。之擇,亦無出朱鵜之橫。

---

① 是句後明刻本有語:"蹠之石切,足履踐也。鑣上御切,吳人云犁鑣也。"

朱鶉,午也。南北曰橫,形指内堂,勢指外堂。舒則不逼,迎則逆水。五事,貌、言、視、聽、思,以貌爲水,以言爲火,以視爲木,以聽爲金,以思爲土。人始生而形色具,既生而聲音發,既又而後能視,而後能聽,而後能思,皆五行之所爲也。人還元於五土則五事俱無,然五行有不可泯滅者。黄帝作曆,命大橈占斗柄,初昏所指月建,而以甲乙丙丁戊己庚辛壬癸十干配子丑寅卯辰巳午未申酉戌亥十二支,成六十甲子。於是乎有歲,歲有其干、有其支。乾鵲得氣之先,知天氣主生、地氣主殺,故巢開八干,趨天氣也。歲支必扃,避地氣也。王者向明而治,重明以麗乎政,宅爻之擇,亦無如南向之爲善也。

庚辛白虎,甲乙青龍。亶乎壬癸,重陰之玄默;悖乎丙丁,陽宅之朗清。六相六替,或瀦或縈。息道漏道,出入斯憑。流地重濁,流天輕清。駁雜則憊,真純則榮。

此承上文南向而言,故庚辛爲白虎、甲乙爲青龍也。亶乎壬癸,是以壬癸爲山,而葬則以山爲重;悖乎丙丁,是不向於丙,亦不向於丁,是以午爲向陽,明造作以支爲用,故云陽宅之朗清。六相貴瀦,六替宜去。息道内口,漏道外口,出入貴乎順。相替之理,葬以山論其相替,造作以向論其生旺,故皆以爲憑也。地支重濁有殺,天干輕清有神,去駁雜而擇真純,得净陰净陽者,爲理氣之大綱。

乘金相水,木之所廢。用木精金,土以彫弊。托土蔭木,水之壅滯。導水沃土,火罹其害。得火讎金,水其既濟。

金水到堂曰乘金,水龍得之以爲相,而木龍廢矣。木水到堂曰用木,金龍得之以爲才,而土龍弊矣。土水到堂曰托土,木藉土生,木龍得之以爲蔭,而水龍滯矣。水水到堂曰導水,土龍得之以爲沃,而火龍滅矣。火水到堂曰得火,水龍得之以爲濟,而金龍壞矣。

樗里遺書,虢公著議。陽明黄鐘,二用稍異。少陽少陰,黄鐘始氣。老陽老陰,陽明始著。區别陰陽,參錯天地。二十四宫以何爲,二十四氣之所蒞。坎離爲陰陽之母,震兑爲陰陽之至。

二道流之，亦爲權貴。玄女之法，精積純粹。不淫不妒，不蠱不渗①。

陽明，謂造作。黃鐘，謂塋域。陰陽之始萌曰少陰少陽，陰陽之既著曰老陰老陽。萌於八干四維，著於一十二支。八干四維，黃鐘之用也。一十二支，陽明之用也。黃鐘用干，是陰以陽爲德。陽明用支，是陽以陰爲昌。故云區別，云參錯，不專向論。壬宫爲大雪之氣，子宫爲冬至之氣，冬至一陽初生，故爲陽之母。丙宫爲芒種之氣，午宫爲夏至之氣，夏至一陰初生，故爲陰之母。甲宫爲驚蟄之氣，卯宫爲春分之氣，春分四陽方長，故爲陽之至。庚宫爲白露之氣，酉宫爲秋分之氣，秋分四陰方長，故爲陰之至。息漏二道，若流於四正之宫，内有旗槍、雷門二神，亦主有威權之貴，然在陽明得之爲更奇耳，在玄女惟取净陰净陽，無淫妒、蠱渗者斯已耳。

故曰二氣五行，明堂無弊。三陽六建，分守四勢。主束披裾，不割衿袂。應防衝突，肅其顧詣。左限奔欹，右防鑱銳。前級唇坤，旁攔肘掣。潴泄休囚②，消長祥渗。生旺庫墓，無傷無滯。其廣如槃，其環如帶。其横如舟，其圓如鍋。輪乎其弓，急乎其弦。此所以分向背也③。擺練之玄，交互石磋④。不傾不露，二宅不二。

三陽，巽丙丁也。六建，艮丙巽辛兑丁之六秀。《天玉經》曰："六建分明號六龍，名姓達天聰。"六龍即六建，二氣得陰陽之純，五行合生旺之吉，又得三陽六建來朝，爲明堂之最貴。

主山非明堂限之，則有披裾之嫌；應山非明堂限之，則有衝突之患。左右前三面，俱欲圓净低回，流於囚謝。生旺不可有傷，庫墓不可有滯。滯者，水積而不流，終是有流之跡，楊公云"庫方來去定非祥"也。如槃如帶，如舟如鍋，如弓如弦，皆欲其内弓而防其反背。至於屈曲交互、不傾不露者，漏道之嚴密，冢宅無二致也。

---

① 明刻本注："音庋，水不利也。一云妖氣也。"
② "休"字原作"依"，不辭，形訛，據明刻本改。
③ 明刻本注："此言漏道也。"
④ 明刻本注："徒對切，礒礤墮也。""互"字原作"牙"，按"互"字俗寫作"牙"，今皆徑改作正字，後同，不再一一出校説明。

是以五行兆造，合五土以應五星；五祀至靈，降五福以及五世。蓋明堂者，居龍之蕩，應家之儀。二道者，陰陽之門户，禍福之根基。沃六相以反六替，破六相以反不利。雖然目觀心覺，明白理儀，八干八卦，澄像作瑞，福善禍淫，各分司隸。如人之生，調攝榮衛，吐故納新，飽甘泄穢，泄穢不穢。此節宣方藥之備，表裏清暢，曷常有陰厥陽厥之憔悴①。

五行具在五土之内，五福寓於五祀之中。而五土之蔭，上應列星；五祀之靈，君子之澤也。蓋明堂水口，實家道禍福之樞機，要不外六相朝堂、六替出口，固心目可得而知焉者。然於八干八卦，湛然澄清，非無作瑞之象，第人之善者福之，不善者禍之。天又各有其司，人不得而私之也。然則人之爲善去惡，如調攝榮衛者然，吐故泄穢，所以去惡也；納新飽甘，所以從善也。水法之得宜，亦猶是也，又安有所謂不順者耶？

噫！駐遠勢以環形，聚巧形而展勢。藏蒼墅以彤零，葬橋山而昌熾。潯陽之興，興於鋪湖；江夏之敗，敗於傾逝。族黨俱戮，破旺相之雙宮；身名俱榮，轉輕清之六替。是特概舉綱維，時調經衛。漏道天成，成龍所繫，息道任術，尚在明堂之内。生旺涵養，輕清協利，橫彎曲折，率由愚智。磧②道泉行，遠觀心視，善其可昭，福不可恃。惟天惟善，萌於吾心，具於吾身，完於冥漠之表，著於先人之墳。③

曰駐、曰環、曰聚、曰展，皆指明堂之妙。大舜南巡，崩於蒼梧之野，葬於江南九疑，是爲零陵。子商均封於虞，至陳而國除。黃帝葬於橋山，唐虞夏商皆其後裔。潯陽，水分九派，水勢鋪。江夏，江漢合流，水勢急。生旺重在内口，爲生旺，爲輕清，爲曲折，存乎人之智愚而爲之。磧道即漏道，非人力可爲，切不宜憑福恃勢，漫加斧鑿，而要爲積善，足以補造化於不逮也。

---

① 明刻本注："此言息水道也。"

② 明刻本注："入跡切，砂磧也。水渚有石，音堆，入落曰礁。"

③ 明刻本正文之後有注："十二辰二十八宿，其行常謂之經星。中央鎮星，東歲星，南熒惑，西太白，北辰星，謂之緯星。"

支分誼合第十二

大塊流行，明五行而性五常；玄天盡變，藏六魄以示六宗。永沒骨肉有情之徇，惟由春秋配祀而通。是以支分誼合之冢，乃不殽不羞之神。無所歸宿，歸五土以配五祀，認五正而通五神。五帝秉運應五星，或沴或祥；五福用威轉六極，以舒以慘。送終追遠，聖人之教化與造化亦一理之中。

地維五氣，天維六宗。人稟五行之氣而生，死則魂氣歸天，體魄降地，無知而有徇。《鉤命決》曰："情生陰，欲以時念也。"故人鬼之接，亦惟春雨秋霜之祀而通。支分者，謂非其子孫。誼合者，昭穆之次序。其無子孫者爲不殽不羞之神，然其骨肉亦既歸於五土，通於五神矣。則五方之秉運，莫不有其星而運之。或沴或祥，爲舒爲慘，論昭穆之序，必依其人而應之也。

舜禋於六宗。《祭法》曰："埋少牢於泰昭①，祭時也；相近於坎壇，祭寒暑也。王宮，祭日也。夜明，祭月也。幽宗，祭星也。雩宗，祭水旱也。"

是以支黨兮有三昭三穆親疏之屬，義合兮無不傳不嗣之宗②。膠漆異產兮，且相因以濟接③；接木異本兮，亦同脈理而榮春風。矧陽明九宮，尚緣黑白而證。螟蛉祝子，猶因類我而通。

三昭三穆，《禮記·王制》可考。九宮者，一白坎，二黑坤，三碧震，四綠巽，五黃中，六白乾，七赤兌，八白艮，九紫離，一定之位也。若上元甲子，則一白入中宮，二黑在乾六。中元甲子，則四綠入中宮，五黃在乾六。下元甲子，則七赤入中宮，八白在乾六。此在陽明造化，而論謂黑者可以使之白，白者可以使之黑也。螟蛉，桑上小青蟲。《小雅》云："螟蛉有子，果蠃負之。"此一節申明不殽不羞之神，必有其歸宿。

嗚呼！黃鐘真宅，孝敬不忘。如伯有良霄之魂魄，強④死而

---

① "於"字底本無，據《禮記》補。
② 明刻本注曰："如鄭伯有死，立公孫泄之類。"
③ "濟接"，明刻本作"相濟"。
④ 明刻本注："其文切。"

精爽至於神明。矧宦穸配五土以應五星,所以洞鑒於五星。兩曜者,抑象其衰旺朏朒而致吉凶①,其六物豈不及於六親。故曰造化者,教化之本;教化者,造化之因。

黃鐘真宅,堃兆也。堃兆必乘黃鐘之始氣,故以名宅。朏,月三日,明生之名。朒,朔而月見東方之稱。六物,歲、時、日、月、星、辰也。六親,父、母、兄、弟、妻、子也。五星,中鎮星、東歲星、南熒惑、西太白、北辰星也。謂五土既應五星,則六物自及六親。

聖人法天地陰陽以制禮樂,故造化爲教化之本。天地陰陽不能越聖人盡性之中,故教化爲造化之因。

昭公七年《傳》曰:"鄭人相驚以伯有,曰:'伯有至矣。'則皆走,不知所往。② 鑄刑書之歲二月,或夢伯有介而行,曰:'壬子,余將殺帶也。明年壬寅,余又將殺段也。'及壬子,駟帶卒,國人益懼。齊燕平之月壬寅,公孫段卒,國人愈懼。其明月,子產立公孫泄及良止以撫之,乃止。③ 子太叔問其故,子產曰:'鬼有所歸,乃不爲厲,吾爲之歸也。'太叔曰:'公孫泄何爲?'子產曰:'説也④。爲身無義而圖説從政,有所反之,以取媚也。不媚不信,不信民不從也。'及子產適晉,趙景子問焉,曰:'伯有猶能爲鬼乎?'子產曰:'能。人生始化曰魄,既生魄,陽曰魂,用物精多則魂魄強。是以有精爽至於神明。匹夫匹婦強死,其魂魄猶能馮依於人,以爲淫厲。況良霄,我先君穆公之冑⑤,子良之孫,子耳之子,敝邑之卿,從政三世矣。鄭雖無腆,抑諺曰"蕞爾國"⑥,而三世執其政柄,其用物也弘矣,其取精也多矣。其族又大,所馮厚矣⑦,而強死,能爲鬼,不亦宜乎!'"

釋子位第十三

曆在舜躬,尚不榮於再葉;妄加楊子,遽啟争於三支。

---

① 明刻本注"朏":"方尾切,月三日明生之名。"注"朒":"女六切,朔而月見東方之稱。"

② 注:鄭人殺伯有,言其鬼至。

③ 注:良止,伯有之子也。

④ 明刻本注"説":"如字。"

⑤ "公"字原本無,據《左傳》、明刻本補。

⑥ 明刻本注"蕞":"在最切。"

⑦ 明刻本注"馮":"皮冰切。"

大舜一子名商均,封於虞。東漢清楊子始分子位,乾坤六子,三男三女。清楊子只論三男位,而三女何依?①

商衢九男,而六男無位;黃帝五子,而二子何之?

二義申楊子之妄。

是以覆箕左而長慶偕老,傾斗右而少喜齊眉。未有陽倡而陰不和,男行而女不隨。四體不能以相濟,三形不足以相資。發將住將,不必論其根本;息道漏道,不復辨其興衰。又豈知赫赫金烏,朔不忘於朒會;娟娟玉兔,望必照於揚輝。②

覆箕、傾斗,其形皆極圓淨。左屬長,右屬少。偕老、齊眉,皆根婦説。四體不全,三形不備,根本既虧,其他概可勿論。金烏合朔在一宮,玉兔相望在對宮,謂男女同在於一路也。

孔子居次而生東嶽,文王在長而出西夷。連山渤海之先,乾水破生之長,紫微諸葛之祖,震流入廟之奇。③

以天下之大勢計之,東嶽在左,屬長,孔子居次。西岐在右,屬小,文王居長。謂左右宮位之不足憑也。連山,艮也。渤海,吳也。紫微,亥也。諸葛之祖,武侯之祖也。連山屬木,長生於亥。水流出乾,衝破生方,長子不利,三國吳長孫戰蜀而死。亥山震水,木局。謂之入廟,武侯相蜀,稱王佐之才。

歷歷考之而可驗,一一稽之而不違。坎瘥④乙行而並戮,辛窆⑤丙注以咸禧。坤山坎水而中季皆夭,壬山丙水而長少皆嫠⑥。

---

① 明刻本有下文,袁曰:"管氏之意,謂純粹自然皆吉也。"

② 明刻本後有蕭吉注,蕭曰:"一本月始生曰魄,未成光曰朒月朔見於東方曰朒,晦見於西方曰朏。哉,始也。旁死魄,初二日也。哉生明,初三日也。哉生魄,十六日也。"

③ 明刻本後有注曰:"連山艮也,渤海吳郡也。三國魏吳先信人葬艮山乾水,陰陽家謂之破長生。信乃長孫,戰蜀伏誅。紫微亥山也,孔明祖葬亥山卯水,陰陽家謂之入廟。孔明相蜀乃天下之奇才也。"

④ 明刻本注:"於例切,埋也。"

⑤ 明刻本注:"此芮切,葬穿壙也。《周禮》大喪用窆。"

⑥ 明刻本注:"力之功無夫婦人也。"

曾無左右之區別,惟推相替之依稀。

坎山以乙爲墓,行者言其來。辛山以丙爲絶,注者言其去。坤以子爲旺,坎爲中男,旺又屬季,故主中季皆夭。壬以丙爲旺,丙屬長男,旺又屬季,丙在女宮,故主長少皆夭。二山皆言其去,是專以相替論其菀枯。未嘗以左右占其榮謝也。

彼有日角珠庭①,四葬而滿堂金玉;龍吟虎嘯,雙宮而夾道旌旗。② 鼠兔寒酸,雖艮丁而何益;日時孤寡,縱辛丙以奚爲。③

李淳風曰:"八分相、八分命、八分墳宅,共湊二十四分,乃爲全吉。"余以爲相者人也,命者天也,墳宅者地也,二十四分之説實兼三才。

《果老五星》曰:"命好星亦好,不發官者風水。"果老則以命爲人,星爲天,風水爲地。

日角者,左右日角爲華陽,頭爲六陽魁首,此其一也。亭,分天人地三停。珠庭者④,圓亮光明也。聲音在人爲雷霆,宜清而長,響而潤,和而韻。凡富貴之人,聲出自丹田,故清長而響;小人之聲,出自喉,故低而破。龍吟者,聲清而長;虎嘯者,聲響而越。扶桑國有四葬法,投水流之曰水葬,投火焚之曰火葬,埋之竈穴曰土葬,棄之山野曰鳥葬。雙宮謂癸丑、艮寅、甲卯、辰巽、丙午、午丁、未坤、申庚、辛戌、乾亥、亥壬也。孤神寡宿,亥子丑命以寅戌爲孤寡,寅卯辰命以巳丑爲孤寡,巳午未命以申辰爲孤寡,申酉戌命以亥未爲孤寡。管氏重在人與命上,然相之與命皆由地生,其後日之富貴貧賤,不得於此而占之。

余嘗論三才之道,地道爲獨重。蓋凡在天之麗,莫不由於地。而人則有以相論者,有以心論者,有以命論者。然相生於心,心復生於命。命雖在天,其本則根於地。

此篇釋子位而忽及於相忽及於命者何也?管氏之意,謂富貴貧賤尚有得之於天

---

① "珠庭"字原作"亭",不辭,按《新唐書·李珏傳》卷一八二:"日角珠庭,非庸人相。""珠庭"乃相面術之語,逕改。

② 明刻本正文之後注曰:"扶桑國有四葬法,投水流之曰水葬,投火焚之曰火葬,葬法埋之竈穴曰土葬,棄之山野曰鳥葬。葬法忌雙宮山水,謂枝幹相錯,陰陽相夷。如癸丑,如艮寅,甲卯、辰巽、丙午、午丁、未坤、申庚、辛戌、乾亥、亥壬、之類是也。況有相貌、有命運、豈獨山水哉?"

③ 明刻本正文之後注曰:"艮山丁水,辛山丙水,雖至純至粹,而相貌命運不佳亦災。管氏有人興土地事昭然之句。"

④ "庭"字原作"亭",逕改。

人者，未可以宫位拘之也。

離窠入路第十四

待哺之雛，伏棲何鳴？起微之吠①，黨巷何聲？發將之巔，塊然何圜？結喉之關②，混然何平？廩然何高？堵然何橫？二氣何儀？五兆何行？奇幻倏忽，易步分程。聯鑣附彎，並足爭衡；向背無常，競媚取榮。枝幹相錯，主客不明；降高就卑，懷私詭情。交橫雜遝，似群羊之狠躅③；紛紜退赴④，若驚鳥之翻翎。醜不堪於羅綺，暴不容於典刑⑤。⑥ 石刃颾颾⑦，潦瀏瓴瓴。列岡成川，圍磹⑧如圖。勢儹⑨形僵⑩，原隰宎⑪峇⑫。目選心觀，勇退嗇登。

此一節序其未離窠未入路之狀。待哺之雛，喻未離窠也。起微之犬，喻未入路也。山之起祖處，大都縱橫奔放，若野馬之不可控。蓋其賦質粗暴，稟氣剛烈，一任其顛蹶狂蕩之性，大者奔數百里，小者亦或百里，然後得漸收其馳驟，觀者難焉。

及其過將入路，則綟⑬然遠到，穎然自⑭成，如紳如練，不伍不朋。一伏斯關，一起斯京。來綿亘而若委，去將降而復騰。天雖

---

① 明刻本注："先祖也。"
② "喉"，明刻本作"咽"。
③ 明刻本注："直六反，躅躢，行也。"
④ "退"字，明刻本作"迅"。
⑤ 明刻本注："一作形。"
⑥ 明刻本正文後有李淳風注："李曰：'不可栽植脩補，故曰典刑。'"
⑦ 明刻本注："許加切，又呼嫁切。風聲也，吐氣貌。"
⑧ 明刻本注："徒念切。"
⑨ 明刻本注："甫運切。"
⑩ 明刻本注："舉良切，即僨也，僕也。"
⑪ 明刻本注："一瓜切，污，衰下也。"
⑫ 明刻本注："戶前切，峰橫山峻也。"
⑬ 明刻本注："一作倏。""綟"字，當從刻本。
⑭ 明刻本注："一作天。"

渾之已鑿，水猶攄而未憑。①

此一節序其離棄之狀。穎，百穀碩而垂末也。攄，舒也。過將，言其斷而復起也。繚然，則有欲斂之意。穎然，則有欲聚之形。如紳如練，言其擺蕩不迫。不伍不朋，言其主從分明。一起一伏，降而復騰，亦有似乎落矣。但去水未交，其脈不止，須俟之結咽之後耳。

至於住將結咽，後欲絕而復連；乘宗繼體，前若去而不揚。陳音儼，從阜，大陸山無石也；從兼者，有疊阜之義。故曰山形如重甑曰陳者，言猶兩釜之覆於前也。② 忌內損，蕩防外傷。八屯峨峨，一弦洋洋③。④ 禽飛軒軒，獸走趚趚⑤。轔眾車也。⑥ 軺小車也。⑦ 耳鼻以為象，蜿蜓蝹蜒以為龍。屍其不走，洿其有容。夾左右以拱輔，固門戶以關防。賓端崇而特立，儀至止以深藏。

此一節序其入路結作之狀。咽之細極處似乎欲絕，體之欲止處去而不揚。陳內損則氣庫漏泄，蕩外傷則客氣侵凌。八屯言八方，若有屯兵立壘之勢。水城既限，則有若一弦之平也。禽飛軒軒，羽翼之輕舉；獸走趚趚，爪牙之威布。敦龐環顧，有似象之形；曲折委蛇，純乎龍之體。不走，脈之息也；有容，穴之場也。左右門戶關防賓主，威儀頓肅矣。

陰造流清於西隅，西屬陰方。陽靈經曜於東方。東屬陽方。辨宮位而五精斯允，涓時序而十日孔藏。故曰隱隱一絲而崇岡遠到，堂堂臨幅而星拱辰居。重關襲固，衝刺是虞。應成象於上玄，校五運而害除。是則住將過將之昭昭，吾思得而忽諸？

---

① 明刻本正文之後注曰："攄而未憑，水散未停蓄也。"
② 明刻本注："魚撿切，方撿切，形似重甑，貌厓也。"
③ 明刻本注："山城如巋兮。"
④ 明刻本正文之後有注："陳內橫形，八屯峨峨。李曰：'四勢八方，屯兵立壘，水城限勢，一弦洋洋。'"
⑤ 明刻本注："胡光切，張設貌，舞貌。"
⑥ 明刻本注："力陳切，眾車也。"
⑦ 明刻本注："牛允切，車輔也。"

陰造，龍之右旋結者，水必西流。陽靈，龍之左旋結者，水必東去。五精，五行之精，無駁雜而純粹者。十日，十干也。龍要合其時序，時序要在十日之內爲最吉。蓋宮位二十四字，一宮恒占三候，五日爲一候，三候得一十五日，則十日在十五日之中，乃得其氣之至正，故曰孔藏。

隱隱一絲，非崇岡遠到者不可得。蓋必由發將而後有過將，有過將而後有住將，有住將而後有隱隱之一絲，有隱隱之一絲，然後有堂堂然之臨幅。而星拱辰居不特此也，外必欲其層疊以爲固，尤必防其衝刺以爲虞。五氣無不應於蒼穹，更以五運較其生剋，而表裏之法始備。此住將之必由於過將也，可忽乎哉？

形勢異相第十五

至哉！形勢之異相也，遠近行止之不同。心目之大觀也，瞻明玄妙之潛通。雖流於方者之術，必求乎儒者之宗。相形勢之融結，致星辰於渺茫。

通世但占形勢，不識星辰，抑知星辰即潛在形勢之內，故"通天地人曰儒"，庶於理兼有貫焉。

勢必欲行，行則遠遠而騰蹤；形不欲行，行則或西而或東。勢不欲止，止則來無所從；形必欲止，止則洿①而有容。形不欲露，露則氣散於飄風；勢必欲露，露則氣寂而不鍾②。③ 形必欲洿，洿則氣聚而有融。蓋形者勢之積，勢者形之崇。④ 彼有左右之勢以從中而衛穴，面前之勢以朝穴而應龍。

勢言其大者，形言其小者。勢欲其來，形欲其止。勢不畏其露，形惟貴於洿。蓋左右前後皆勢也，而形居勢之中，故曰勢之積，猶積氣成天、積形成勢也。

外勢欲圓，內形欲方。

---

① 明刻本注曰："烏爪切，窊，下也。"
② "露則氣寂而不鍾"，明刻本作"露則積於高峰"。
③ 明刻本有正文"勢不欲污，污則氣寂而不鍾"。
④ 明刻本有正文"形者勢之結，勢者形之從"。

外圍則無不順,内方則無不正。

宗龍之形如花之的,騎龍之形如宇之堂。的承趺萼之正,堂居門仞之防。攀龍之形,如人臥之肩井,如魚奮之凶鬐,皆隨其趨向而横應偏旁。承龍之形,如心目之顧睇,如日月之精光,皆引其來歷而寬接宎藏。

凡穴,惟宗龍者爲最正,故以花萼之的爲喻。騎龍有三十六座,如宇之堂,概言其藏蓄之深,均以去者爲案,故取其門仞爲防。攀龍即横龍貼脊穴,其砂水在於兩旁。承龍一穴,非潛心遠到,往往易於忽過。蓋其勢落平洋,無蹤可尋,到穴場上,惟有一段不可移易之意。但來歷易於走失,須循根引去,接於洿蕩之間,乃不失真氣所在。寬字對承龍説,大有理會。

如世族之居兮,門仞之高者莫睹其堂奥;如大席之設兮,賓主之交際以盡其温恭;如荒園敗圃兮,藩籬圮壞者來往之衝蒙。如巨翁權勳兮,必森翼衛而環左右;如藏寶積粟兮,必厚蘊藉而峻敖倉。故曰蟠根固本者,枝必茂於喬木①;夾輔礦流者,形必就於真龍。惟知形勢之異相,然後可以辨形勢之吉凶。

極言形穴之妙,門仞喻其内案之深邃,賓主喻其應對之尊嚴。如荒園敗圃,喻其窩窟之有弦棱。如巨翁權勳,喻其擁護之成行成隊。如藏寶積粟,斷不居空虛廣漠之場也。凡此者,皆由於根本遠大,故其枝葉蕃茂而具此結構之形。外有龍無枝脚,而衆水夾輔獨就於一龍者,又不可謂其根本非厚。此形勢之各異,其相有如此。

朝從異相第十六

《易》曰:"安其身而後動,易其心而後語,定其交而後求。"此賓主交情之道也。綿其勢而後形,真其氣而後乘,得其應而後迎,此山岡應氣之説也。山岡以賓主爲相應,氣取交情之合儀,

---

① "於"字原作"乎",今從明刻本。

則朝龍之義，已無違矣。

此一節言朝山與主山，原是共祖同宗，故未作穴先作朝。大都朝山左旋主山必右轉，主山左轉朝山必右旋，爲陰陽相見之義。而此以賓主爲相應，謂非其主，即不得有是賓也。

《易》曰："雲從龍，風從虎，聖人作而萬物睹。"夫教化之行，如雲之敷，龍從而升；如風之動，虎從而鼓。四勢三形，必應其主。故曰主山降勢，衆山必輔。相從之義，莫之能禦。

此一節論朝從山，即如雲龍風虎，皆是不期然而然。故王者之興其間，名世之臣亦是一氣生成，非可强致而後知。衆山之輔，原自主山，分布將來，其孰能禦之也。

山必欲特，特則不群。出類拔萃，稠衆難倫。山不欲獨，獨則必孤。流落跔旅[①]，宗黨無徒。山不欲多，多則無憑。亂臣賊子，朋伍縱橫。山必欲衆，衆中有尊。羅列左右，扈從元勳。山不欲交，交則必鬪；山必欲鎖，鎖則不漏。鬪漏之辨，相擊相須之候。山不欲垂，垂則尖利；山必欲降，降則勢止。垂降之辨，得氣脫氣之謂。

此一節，論主山特與獨異。特者，衆大以小爲特，衆小以大爲特之類。獨則四面一無伴侶，徒受風吹。多與衆異，多者山在未分之時，衆則其間已有獨尊者存。交鎖垂降，言主山左右之二臂，交者相爲抗拒，鎖者相爲紐會，垂者峻削而直硬，降者坦夷而有容也。

穴必欲正，正則當峰。穴不欲偏，偏則半空。正偏之辨，旁肩宗的之功。辨其巧拙，審其輕重，在心目之自得，非口耳之所能。

此一節論穴法。正者其脈方貫，偏者其氣不注，此云當峰。曰半空，則又論其勢之正與不正也。蓋峰有與的相應者，有與的不相應者，必以的之正爲至正，若旁肩則非的之謂矣。故巧拙輕重之辨，存乎其人之心目耳。

---

① "跔"之異體字爲"羈"，《集韻》載"羈跔，旅寓也"。

故曰:"日者目,主者福。主當壞,凶術會。主當侯,吉術投。主禍生,日者盲。惟家積善,尋龍龍顯;不善之家,得龍穴差。"

此一節承上文而言之。穴法巧拙、輕重之妙不可以言傳,則日者之有其吉者,必有其凶者,謂人不能並臻精妙也。惟在我以安其身、易其心、定其交而天下之吉術至矣,天下之凶術遠矣。又安有尋龍而龍不顯、得龍而復穴差也耶?

精神端秀,乃朱扉畫棟之阡;氣概雍容,必金馬玉堂之兆。煙雲聚散而一水盤澄,日月升沈而列岡城繞。

此一節統言其主從穴法之氣象。精神端秀,謂地之小者。氣概雍容,謂地之大者。煙雲聚散,不言在山;日月升沈,不言在水。見天地之相爲彌綸也。

吉凶雖繫於神持,善惡必由於人造。固無克應之方_{方者,定也。}期,亦或相符於微渺。況慎終之大事,何憚擇理義之術以全天巧?

此一節歸結於人之爲善。言人果能積德累行,自然有吉無凶,神亦不得而持之也,盲術能會之乎?天巧,穴也,與上文巧拙字相應,則知理義之術,心目自是雙清,非庸人得窺其涯岸矣。

三徑釋微第十七

世之尋龍惟知辨形,不知原勢。辨形則萬端而不足,原勢則三徑而可殫。辨之則易,原之則難。矧三徑之出乎三奇之原,有全軀之統,有分支之應,有隱伏氣脈於連臂之間。

前三奇曰赴、曰臥、曰蟠,此三徑曰全軀、曰分支、曰隱伏,三奇言其來,三徑言其止。

故遠奮天邊,蹤跡已形於過脈;近藏道左,戶門不暴於行人。此全統之勢,必住形於結咽之慳。群羊入牧,顧狼逸於敗群;一馬鞁_{皮彼切,鞁上被。}鞍,_{審阽}_{壁危也。}① 危於切轡。此斷續之勢,必

---

① 明刻本注:"音鹽,壁危也。"

住形於結咽之寬。舟逐晨潮，目注來迎之楫；魚遊春水，釣連不斷之絲。此晦跡微蹤之勢，則不待於結咽之完。

遠奮天邊，言其來歷之崇峻。近藏道左，言其結作之深邃。蹤跡之見於過脈者，即中過穴結於中，左過穴結於左，右過穴結於右，回過穴結於顧祖也。戶門不暴於行人者，以內則有堂，左右有垣，前有屏，後有障也。顧狼之羊，其首皆顧於狼，而狼爲受成之地。切轡之馬，首左回者，穴必居右。首右回者，穴必居左，情注一旁，當頭不可下也。舟逐晨潮，則舟爲潮之特，楫爲來歷之跡。魚遊春水，則水爲魚之地，絲爲接引之蹤。三者一結於咽之慳，一結於咽之寬，一不待於咽之完。蓋全軀之統，其勢既磅礴奔放，非極細之咽不能括盡其氣之大。至於分支之應，其正者出爲全軀之統，因其氣爲極盛，故又分出一隊，爲梅花，爲串珠，爲走馬、金星之類。結於咽之寬者，其極細之咽，已統於全軀也。至於隱伏之脈，其氣收斂潛伏，若龍蛇蟄藏，氣無他泄，則不待於咽之完而氣自全也。

如飄雲出洞，如驅鹿下山，其翩翩片葉，必趣於一陣；群隊千百，必隨於一奔。如蚓沿[①]壤陌，如蛛絲畫簷。如帛之紋，如水之痕。若起而伏，若斷而連。惟心天曉辨，目力瞻明。勢不累形，形不累塋，是以日者得其法程。

此一節統言三勢之來。累，罦也，增也，疊也。如飄雲出洞，言全統之勢，其將落處悠揚不迫，惟見一片陽氣沖和。如驅鹿下山，言斷續之勢，即分支之應也。如蚓陌、蛛絲、帛紋、水痕，言晦跡微蹤之勢，即隱伏之脈也。勢降處成形，形止處成穴，勢不降則形不成而勢累形，形不止則穴不成而形累穴。勢累形者，不見其脫落。形累塋者，窟突之無分也。

然住形之相，惟貴容穴之安，如珠之貫，如璧之聯，如龜伸頸，如鱉伏圍，或傍於足，或安於肩。是以崇雄之岡，其住欲巧；稠衆之岡，其住欲專。隱隱微微，其降既弱，其住欲端；蜿蜿蜒蜒，其勢既橫，其住必旋。

---

① 明刻本注："一作蜒。"

此一節統言三勢之止,安字有自然之妙。珠璧皆圓物,龜鱉圓而扁者,如珠貫璧聯則安於足,如龜如鱉則安於肩。崇雄者其勢拙,故欲巧;稠衆者其勢亂,故欲專。質既隱微而弱偏,則有注不注;體既蜿蜒而抱住,必其勢周旋。崇雄之岡,言全軀之統。稠衆之岡,言分支之應。隱隱微微,言隱伏之脈。蜿蜿蜒蜒,言伏其氣於連臂之間。

故曰:"祖强宗强,立己善良,子孫其昌。"

此全軀之統。

宗雖分派,祖德未艾,子孫必大。

此分支之應。

發跡雖涼①,承世延長,聲聞遠揚。

此隱伏之脈。

祖没宗茂,一代之富。祖榮宗煜②,富貴奕葉。子孫迎迎,宗祖繩繩。宗派降勢,祖本山滲,一代小康;宗派降勢,祖本山顧,光大之葬。亡祖失宗,望人門户。背祖棄宗,南北西東。

此一節,合三勢以言其異。山行益後,穴爲己身,穴之後爲宗,宗之後爲祖,故宗主一代,祖主兩代。穴之前爲子孫,應案明堂是也。子孫迎迎,由於宗祖之繩繩也。其亡祖失宗者,大約與山不甚相遠,特祖宗不與之相應耳。若平原不見有山,不可以亡失其祖宗。論其背祖棄宗者,皆處於山水之違。

四勢三形第十八

左數奇兮右數耦,前屬牝兮後屬牡。奇牡兮男子之象,牝耦兮女子之道。勝於一偏兮鰥寡之所緣,完其四面兮男女之偕老。不集不應兮,五氣散於八風;或逼或沈兮,三光囚於五造。惟三方稠密,以舒以容;一水平蓄,以關以防。發越精神,融結氣概,故能居尊於後龍,吉凶盡屬於前對。

---

① 明刻本注:"薄也。"
② "煜"字,明刻本作"燁",義同。

天定男女,以乾坎艮震屬男,巽離坤兌屬女。此云左奇右耦、前牝後牡,惟南面者爲然。蓋南面則左震右兌,前離後坎也。若面北者,則左兌右震,前坎後離矣,而男女皆非其位。此云左勝則傷婦、右勝則傷男、前傾則爲鰥、後脫則爲寡者,惟在人以消息之耳。四面喜其集應,然忌沈逼。以舒以容,見其不因;以關以防,見其不散。

是以蟻蟻繩繩以屬其的,低結盤窩;蜂蜂一作津,一作洋。旅旅以羅其旁,高藏壺蕩。進前勢以若鬭,退却立以惟恭。集左右以爲輔,峻門戶以藏風。故曰:"三形衛其玄室,四勢衛其明堂。"如展屏、如列城、如覆釜、如懸鐘,惟駐立顧中而無馳逐離去之意,則爲佳城之藏。又何必如旗如纛①、如笋如鏃。

蟻蟻繩繩,言似蟻之相續不斷以來。蜂蜂旅旅,言似蜂之行列成陳於外。盤窩結得淺,壺蕩結得深。進退指朝龍欲進而却之意。左右爲門戶之根,水口嚴風,無從入之理。玄室,穴也。玄室在三形之中,明堂在四勢之內。方者如屏如城,圓者如釜如鐘,皆列於三形之外者。情貴顧中,不必定求其如旗纛、笋鏃之尖銳也。

又況四勢不同於遠勢,在明堂四勢之間。三形豈具於成形?繫玄室三方之內。內而三形應水以精神,外而四勢得水以氣概。

千尺爲勢,非數里以外之勢。百尺爲形,非昆蟲草木之形。精神氣概,以見其遠近大小之不同。然非得水,未易臻於妙也。

日者之目,不可以色。主者之心,拘而致害。主者之心拘於利害之中而目已自蔽,日者之目則習熟達觀而利害之不繫。即文錢以貫之,則吾之方寸,曉然而開,釋然而快。貫之之方,則安之而不搖;文之之圜,則流之而不礙。是四勢三形,與文錢而義契。

文錢孔方而外圓,內方喻我之方寸不可以利搖,外圓喻我之涉世不因以物滯。四勢欲其外圓,三形欲其內方。是又與文錢之義無二致也。

相之曰:"周其圜外,巡浮鱉以如盤;即之方中,審彈蝦而拱笏。"

---

① 明刻本注:"道導毒,三音翳也。羽葆憧,又云黃屋。"

鼓爪曰彈,此釋外圓内方之象。

舊注曰:"肘之外曰浮鼈,腕之内曰彈蝦。"①

又曰:外如龜、内如月,外如璧、内如窟,外如牆、内如室,外如趨、内如列。此内外之辨,尋龍之大率。

戶内之方者,爲房内外之辨,當是外環而内房也。

後如至、前如趨,左如勒馬、右如遊魚,後如蜈蚣、前如鳳龍,左如虹、右如弓。此四勢之城,三形之墉。

先言其後者,以來龍爲主。次論其朝,又次論其抱也。

後來前鬭,左右寬揍。此四勢三形發力之候。

寬揍,見其内之有堂。

後臥前聳,左回右拱。此三形四勢居龍之蕩。

來龍平伏而四面環聳拱揖,亦即正龍身上不生蜂也,非常貴格。

已上四勢三形之吉。

後來前去,後住前渡。左屈右伸,左集右分。此三形四勢脫水之因。

衆山止則水無不止,有一山之不止,水便因之去矣。

後瘦如丁,前亂如星。肘反如弓,腕直如筒。此三形四勢脫源之窮。

上言脫水,此言脫源,源在山谷之窮。

背後分枝,面前分蹊。左如梳腦,右如篦眉。此三形四勢失水而腳不齊。

水能限山腳之披離,水一失,便莫得而禁山之往矣。

背後如傘襇,面前如牒普伯切。牒,破物也。② 板。左去如出軍,右去如奔群。此三形四勢逐水而腳分。襇音簡,摺也。

---

① 明刻本作"王曰:'腔之内曰彈蝦,肘之外曰浮鼈。□□貫切。'"。

② "破",明刻本作"彼"。

傘襉、脈板，其水路分析叢雜。如出軍者，不止也。如奔群者，不顧也。上言失水，此云逐水。失者自不能守，逐者自爲之驅。已上言三形四勢之凶。

故曰丫叉雙胖，目迷爭主之乾流；曲盡交頭，心著抱身之澄綠。

此一節歸結於穴上。說丫叉者，腳直而不交。曲盡交頭，左右得陰陽之會。一是爭主，一是抱身。爭主者砂，抱身者水。然水非砂之曲盡，亦無從著其抱身之澄綠也。

蓋前凶已穢，後吉難濯；前吉已薄，後凶易剝，故曰襟江帶湖而意不投，町他頂切，音汀。畽町畽，禽所踐處。他本作鹿跡。① 鹿場而意自樂②。

前面砂水既凶，後龍雖吉，亦難以洗滌其污穢。前面砂水雖吉，而吉者不能敵後龍之凶，其凶更爲易致。故襟江帶湖者非不吉也，設後龍之意有不投，反不若町畽鹿場爲可樂也。蓋町畽鹿場，雖不能若襟江帶湖之美，而後龍之根本則吉，又不當以鹿場之乾流而棄之。

遠勢近形第十九

近相住形，雖百端而未已；遠求來勢，得九條而可殫。必限發源之水，始匡入路之山。枝節一尋，取八尺則侵本幹；陰陽五運，窮六氣以及黃泉。參五行二氣之法，何九宮八卦之翻。將格五災之鬼，當明一理之元。

近者言穴，遠者言龍。九條詳見下文。發源之水由祖宗處分來，至結穴之所爲之一限，而四山始得皆正。一尋，八尺也。穴在枝節八尺以下，扦八尺之上則傷龍侵幹。五運，陽年太過，陰年不及。葬必論五運之盛衰，更推其司天在泉之氣。而生者得勿殺，長者得勿罰，化者得勿制，收者得勿害，藏者得勿抑，而五氣以平行災五鬼。不知五行二氣之法，惟以九宮八卦爲翻，今欲起而正之，當溯源於其理之最始，猶之論近形

---

① 明刻本注曰："吐管切。町畽，禽所踐處。他本作鹿跡也。"
② "意"，明刻本作"心"。

者必先之遠勢,庶乎得其要焉。

指之曰:"來勢爲本,住形爲末。"知本知末者,則可以知龍之發將。發將如飛潛之隊,如奔走之群,如水通脈,如火得薪,如織之幅,如植之根。植不根則枯,織不幅則棼①,火不薪則滅,水不脈則乾,禽不隊則散而不續,獸不群則亂而不馴。

此示五鬼以一理之元,勢爲形之元,形爲勢之理。理雖散於萬殊,元則統於一致,而後知發將爲龍之元。龍非發將,無以見其來;發將非形,無以會其止。則凡形之止也,非形之自爲止也,而元實先得乎止之理焉。

通顯一邦,延袤②一邦之仰止;豐饒一邑,彰揚一邑之觀瞻。

一邦有一邦之仰止,一邑有一邑之觀瞻。此即一方之發將,而即爲一邑一邦之玄也,又謂之鎮星。

勢强宗祖,形繁子孫。瀟湘斷九疑③之脈,而蒼梧末代;澗瀍漈音際,水涯也。中嶽之源,而洛陽少年。勢如雲葉隨風,翩翩盡至;形如浪花觸石,折折俱還。

子孫者,應案明堂也。應案明堂不能自生,由形而生。形又不能自生,由祖宗而生。則瀟湘斷九疑之脈,祖宗之力至此絕矣。安得如中嶽之淵源,有自出爲成周之都會乎?雲葉、浪花二義,言理所必至。瀟者,水清深也。《湘中記》曰:"湘川清照五六丈,下見底石如樗蒲。"

蒼梧之野,峰秀數郡之間。羅宕九舉,各導一溪。岫嶅負岨,異嶺同勢,遊者疑焉,故曰九疑山。大舜窆其陽,商均葬其陰。山南有舜廟,前有碑文,字缺落不可復識。自廟仰山極高,直上可百餘里,古老相傳,未有登其峰者。

澗水出新安縣白石山。《山海經》曰:"白石之山,惠水出於其陽,東南注於洛。澗水出於其陰,北流注於穀。"《地理志》曰:"澗水出新安縣東南,東入洛,是爲密矣。"《周書》所謂"卜澗水東"者此也。

---

① 明刻本注:"扶云亂也。隱公四年傳曰:'冶絲而棼之也。'"
② 明刻本注:"音茂,廣也。東西曰廣,南北曰袤。"
③ 明刻本注:"音疑,山名。"

瀍水出河南穀城縣北山，東與千金渠合。《周書》曰："我卜瀍水西。"謂斯水也。
又東過洛陽縣南，又東過偃師縣，又東入於洛。

中嶽嵩山居洛陽東南巽地，秀氣相望。

是特探索其迢迢來歷，熟習乎清濁盛衰之端。固不及乎混沌初起之鼉屋，亦不論其成花著實之甘酸。即一龍如生之想而證之，鎮頭坐穴者必無斬頸①之墳。頸一作陘，音刑，山絕也。

已上不過言其勢之所自來，以觀其陰陽强弱之自始。不言其勢之至遠者，亦不言其形之至近者，大概即如一龍之臥，斷不至於斬頸之墳，其取八尺而侵本幹者可以悟矣。

曰降龍者來迢迢兮，垂雲際而襟滄海。

降龍穴在雲際，以滄海爲襟，期高處無水，自必以遠者爲應。賴氏曰"穴高朝流要長遠，富貴易致人安康"者此也。

曰騰龍者來迢迢兮，聳端秀而起江干。

騰者自下而升，故曰聳。

曰蟠龍者來迢迢兮，環首尾而枕澄渚。

首尾交顧曰蟠。

曰出洋龍者來迢迢兮，脫雲霧而奔清淵。

出洋者離山既遠，如過海之船，出林之獸。

曰臥龍者來迢迢兮，面環淨而繞長灣②。

形臥者攀其肩井，一曰攀龍。

曰生龍者來迢迢兮，奮鬐鬣而躍橫川。

鬐鬣，龍身之墩阜也。

曰飛龍者來迢迢兮，展羽翼而鼓波瀾。

開靜展翅曰飛。

---

① 明刻本注曰："一作陘，音刑。限七山，絕也。連中山絕。"
② "環"，明刻本作"圜"，義同。

曰領群龍者來迢迢兮，統行隊而飲清泉。

群龍，衆支中之一龍。

曰隱龍者來迢迢兮，伸臂掌而仰金盤。

隱龍，穴在水分水聚之中。金盤，仰掌其水聚之中也。然須辨陽會陰流。

已上九龍均不能無水以爲止。

小水夾左右，大水橫其前。是以山者龍之骨肉，水者龍之氣血。氣血調寧而榮衛敷暢，骨肉强壯而精神發越。尋龍至此，而能事已畢。

骨肉非血氣則枯，龍非水則精神無以發越。

三形已具，而四勢未列。蓋明堂之水橫而間截，或發東而歸西，或西源而東没。水内三形，水外四勢。此應案玄室，有賓主之别。

上言遠勢皆自後至者，此言其勢之在前者。

或蟠龍顧尾，則内壺井而外海府，明堂大小而分兩節。

壺井言内堂之小，海府言外堂之大。

或案外隔絶，水之朝賓氣已前脱，是則氣血不通於龍骨，而尋龍之所不悦。

案外隔絶，是内水不能與外水相通，發源之水不能與龍骨相呼吸，在所不顧也。

又況華蓋之頂，謂之蓋穴。虞其氣散，欲其咽結。結咽過關，騎過陘。系道不絶。何五行辨其相替？何二氣忌其悖逆？

前言四勢之見於遠者，中言三形之見於近者，復言四勢之見於後者。恐人徒貪明堂案應可觀而不明後龍蓋穴之旨，故復提華蓋之頂。後欲其咽結，以爲真龍止穴之要害，夫而後可以辨五行之生旺，分二氣之純駁矣。蓋龍穴不真，則五行二氣皆所不論。此一理之元又在五行二氣之先，非五鬼所得知也。

蓋葬者脈黄鐘之妙造①，故防其淫、防其蠹於血氣未定而陰

---

① 脈，明刻本作"脈"。

厥陽厥。行災五鬼，急先營主之臟；誕立九宮，創立變宮之訣。①

黃鐘不生於子而生於壬之中，則陰陽之始氣在八干四維之內，取黃鐘以概其餘也。陽明論向，黃鐘論山。防其淫蠱，在結咽過關一節。蓋結咽過關，穴之受胎處也。胎純則無不純，胎駁則無不駁。而黃鐘之陰陽，又隨結咽過關之陰陽以定，而五行之生旺，亦於此得之矣。

應案第二十

應案之勢，其實則一。應案之形，其説有二。如主客逢迎，情意酬酢；一降一趨，以周以緻。如男女配耦，陰陽倡和；一剛一柔，以伉以儷。方諸日月，水火既濟。

一本作"玞璲②明鑒，應日月而水火交孚；璞玉丹砂，出巖石而紅霞既濟"。

此應案之勢，其實一致。如主客設席，對席敵禮，情意歡洽，既醉且飽。如男女威儀，巾櫛內外，合卺③齊眉，以淑以愨。案外之應，應內之案。小大之水皆和應案而至，此應案之情其何以異？

應者，外應也。案者，內案也。穴之與應，如主之與客；穴之與案，如男之與女，其外內遠近雖二，其於情意欲歡洽則一也。蓋真應真案，必有兩水夾送將來，特水有小大之辨，故古訣云"若是真時特來"也，特來則兩水相夾之義自可見矣。

又況東南險隘，西北夷易，在險隘則應案端巧，在夷易則應案真貴。故目之曰應龍者，客氣欲宗於主氣，客勢亦宗於主勢④。貴應則不常，而應在案外。然大地無形，小地無勢。大勢之地如萬乘之尊，向明而治，執圭秉璧以論道。經邦者則不異其設筵之

---

① 明刻本正文之後有蕭吉注："蕭曰：'迢者，條也。在心目之巧。'"
② 明刻本注曰："玞音夫，石次玉。璲，音遂，瑞玉。"
③ 明刻本注曰："卺音謹，以瓠爲酒器，婚禮用之。"
④ "亦"，明刻本作"欲"。

意,惟正履端操,死節守義,朝拱主心,無他心異意也①。故樗里目之曰朝龍者,不無所謂。

險隘中不難於案應而難於端巧,夷易中不易有案應,有案應者便爲真貴之應。蓋大地無形,在夷易處多。其夷易中得連城倚廓者尚且貴不可言,況夫執圭秉璧者之無他心異意乎!故樗里命之曰朝龍者,與應龍當。又有進應,取呼應而集之朝,則有束帶立於朝之義,不易遷也。

李淳風曰:"古人以向首爲鬭龍,至樗里子謂鬭字雖取相對之義,然有鬭敵相拒不和之意,故易之曰朝。"②

管氏地理指蒙三

擬穴第二十一

藏穴配神,返始五行之造;封墳積氣,發揮列宿之臨。乘其勢之至止,擬其穴之淺深。淺不淺於太陽,深不深於太陰。淺不淺於露,深不深於沈。惟觀其至止而搜尋。

方葬之期,爲五行始立之日;既墳之後,即列星昭應之年。李淳風曰:"太陽,頂也。太陰,足也。高爲太陽,低爲太陰。太陽氣浮,故宜淺。太陰氣沈,故宜深。"郭氏曰:"藏於涸燥者宜淺,藏於坦夷者宜深。"涸燥,高處也,即太陽。坦夷,平處也,即太陰。郭氏又曰:"地有吉氣,土隨而起。"其起處即露處,宜淺。平原龍伏地中,其伏處即沈處,宜深。管氏恐人徒究淺深,不明穴法,特揭出至止搜尋,庶於穴法既真,而淺深不致無據。

---

① "意",明刻本作"志"。

② "故易之曰朝",明刻本接上文而言"故易之曰朝山。王曰:'今之應案者但得卓起尖峰則善,殊不知橫過山低,直望見其前而無他去之意,乃朝集鹽穴,蘊畜內氣而已。'"。

窊洿之止，止於握口；降伏之止，止於掌心。掌心之深，深於捧璧；握口之淺，淺於擭①金。金藏木舌，含無淺唇之露；玉蘊龜紋，洿無伸臂之侵②。淺於跗③武、深於肩坳④者，形必指於走獸；淺於膊翼、深於背崦者，形必指於飛禽。淺於股者，釵腦之不的；淺於鐳者，櫃角之不擒。一作鉗。⑤ 深於柂者，船首之不載；深於弚者，音霸，弓弣中手執處也。《考工記》作“把”。弓臂之不禁。吾方舉一隅以示古，子期反三隅以通今。

握口較掌心稍高，窊洿而扦於掌心，便脫真氣。握口之義，縮杖類也。掌心較握口稍卑，降伏而扦於握口，便犯真氣。掌心之義，綴杖類也。掌心屬陽，宜深，捧璧得四尺以上。握口屬陰，宜淺，擭金得二尺以上。金玉皆指骨言。藏、蘊猶言葬也，木舌、龜紋，一言其屬陰，一言其屬陽，兼言含者不得有唇之露，洿者不得有臂之侵。跗，足背也，跗武爲足所蹈之跡，跡之淺者，肩坳則深於跗矣。膊翼處薄，背崦處厚。薄者宜淺，厚者宜深。釵股當深於釵腦，今淺於股則深於腦，而腦反覺其不的。櫃鐳當深於櫃鎖，今淺於鐳，則深於鎖，而櫃反爲之不擒。柂與船首適得其平，弚與弓臂其力有定，觸類而長之，存乎其人耳。

是知既有淺而有深，必有正而有輔。曰顙，曰鼻，則鎮頭而正坐；曰耳，曰頤⑥，則輔穴一作月。⑦ 而寬取。如駞則鎮肉鞍而坐肩頂，如人則坐臍腹而案膝股。然萬變不足以盡其形，一竅豈可以窺其髓？難乎穴法之不可以執一也。

輔者，旁穴也。顙、鼻處，人之至中。耳、頤皆在一旁，故曰輔。寬，緩也。穴法有寬有緊，曰寬取者，不欲其急受也。輔穴當緊取，此云寬取者誤。肉鞍曰鎮，在坐之

---

① 明刻本注：“九縛切，指也，撲取也。”
② 明刻本注：“一本作前無厥指之侵。”
③ 明刻本注：“音夫，亦作趺，足也。”
④ 明刻本注：“於交切，地窊，下也者。”
⑤ 明刻本注：“一作鉗。鉗當作箝，鎮頭也。”
⑥ “頤”，明刻本作“頷”，義同。
⑦ “月”，明刻本作“目”。

後;膝股曰案,在坐之前。

　　端巧之精神,容受之氣概。求之不得不習於目,目之不得不灼於心。目熟其形,心研其極;目會於心,心順於目。相通不間於一絲,相應不留於一息。故曰擬穴之道,心目之巧;擬穴之要,心穴之妙。

精神氣概能會於心者,穴自不逃於目。其不得於目者,由於不得乎心。然心不自閱歷中來,心無由得明,目無由得清也。

　　是以或結於阜,山無石曰阜,又厚也。① 或結於洿,形接於目而淺深之法已灼於心;或結於衝,或結於閃,形接於目而遜避之法已灼於心;或結於縱,或結於衡,形接於目而乘倚之法已灼於心;或結於正,或結於輔,形接於目而寬緊之法已灼於心。② 或結於枝梢,或結於椏③蔕,椏蔕以枝梢爲左右,枝梢以椏蔕爲的額。一作實。或結於盤胯,或結於胸乳,胸乳以盤胯爲應案,盤胯以胸乳爲㡐屏也。④ 蓋。故凡隱顯之形而著於目,則玄妙之法已灼於心。心目著灼,利欲不淫,則一區之穴,活龍之針;或心逃於目,目昧於心,心目俱喪,利欲相淫,則一區之穴,屠龍之針。

阜不宜深,洿不宜淺。不結於衝而結於閃,則衝處宜遜;不結於閃而結於衝,則閃處宜避。南北曰縱,縱者宜乘;東西曰衡,衡者宜倚。正宜緩受,輔宜急取。正如鼻顙,來氣無偏,故欲緩。《寸金賦》曰:"直送直奔,有氣要安無氣。"輔如耳額,來氣旁注,故欲緊。《寸金賦》曰:"橫擔橫落,無龍要葬有龍。"衝閃與正輔相似,但衝則氣猛,正則停蓄。閃乃側落,輔乃邊收。穴結衆多處,始有枝梢椏蔕之類,盤胯胸乳之形。見於上下者,彼以此爲用,此以彼爲主也。凡形皆隱者多而顯者少,顯者即中人皆得見,隱者非上智不能知。況天下之庸術多而吉術少,顯者尚不能察,矧隱者乎? 龍之

---

①　明刻本之注在底本注前有"音負"二字。

②　明刻本正文之後有注曰:"詩衡從音縱,其畞東西曰衡,南北曰從,衡與橫同。"

③　明刻本注曰:"音鳴。"

④　注:明刻本小注前有"音倚"二字。

不爲其所屠者寡矣。

吉術規模,想英門之丰采;贓奴舉止,傷敗葉以呻吟。又況一龍成形,故多穴法。一穴得氣,餘脈不穿。故曰住勢成形,結穴難探於一脈;乘宗得氣,孕和忌脱於八元。拆字詳貧於分貝,屯兵失律於爭權。惟忌兔唇之直裂,不關蟹眼之横聯。

吉術,能活龍也。贓奴,能屠龍者。穴法雖多,正穴止一,一穴得氣,餘脈不穿。楊公以一瓶爲喻,一瓶分衆小口噴水,而水從衆小口出。若放一大口出水,而衆小口皆不出,餘脈不穿之謂也。一脈者,即八元之一脈,而八元又各有其一脈。是元出其脈,而脈統於元,但脈則甚微,而元爲最著。分貝爲貧、屯兵失律者,是分散其一元之氣。然惟兔唇之爭主者爲然,若蟹眼内顧,而左右腳横聯繞抱,雖曰分劈,實爲我衛。不得謂分貝爭權也。

李淳風曰:"元者,頭也。百骸,四體氣血所會,有元首之義。"凡住形結穴,必取來歷遠到,落頭端的,若分派如釵股①,如材扛②,如丫叉,如脈板,皆氣之散處,不可穴。

又曰東南峭秀,龍成一穴而氣脈無餘;西北寬平,穴在比肩而風水皆集。經常之説,雖口口之能誇;機變之微,豈蠢蠢之可及!

峭秀,故多文章譽髦;寬平,故產聖賢豪傑。惟峭秀則氣單,遂無餘穴可袝;惟寬平則氣博,其比肩皆得有氣。機變之微,穴法之變幻靡常也。

博如俞公而不免坤他盆切,水衝岸,壞也。突,智如石氏而不免淹濕。

蕭吉曰:"昔白馬寺俞公卜基,爲水所壞。石涓卜陳留倉基,爲水所没。然二人者,皆博學世代之術,而俱不免有此。"

傷於妊者,未明於腹乳;遷於項者,尚辨於咽喉。穴不結者,如當簷之堵③;情不住者,如出港之舟。案外見洋,高既危於激④

---

① "派",明刻本作"脈"。
② 注:"一作船舫。"
③ 明刻本注:"一作階。"
④ 明刻本注:"音灼。矰繳也。"

脚；一作繳脚。鉗前逼案，低又蔽於埋頭。

妊居腹之中，腹之剛飽處是妊。乳則柔軟如垂鬃，乳可安腹不可剖。項當曲會以首爲顧，咽喉如杵握無情。當簮之堵，脚下一無兜收；出港之舟，全身尚在游動。案外見洋，屍同暴露，鉗進逼案，坐若井中。

李淳風曰："內案低伏，穴場高露，隔沙見外洋流水，故曰激脚。案外通透，衝心散氣，風吹不融結。"

然勢分則形不住，形分則穴不居。並頭之住謂之爭主，岐①頭之住謂之分途。形既不住，穴不可尋。左不結於拓②弓，右不結於刺槍。一作穿針。左不結於斷蛇，右不結於劈鼇。曹叔忌四不結。前不結於直胖，後不結於橫琴。結不結鵝頭牛鼻，結不結魚尾雞心。

並頭、岐頭，皆謂其形之分。拓弓左手必直，刺槍兩手一順。情或在左，而左如斷蛇者，委靡而死縮；情或在右，而右如劈鼇者，孄坦無兜收。前之直胖，穴不可容；後似橫琴，脈無從至。鵝頭細飽高危，牛鼻風吹水劫，魚尾兩宮砂反，雞心突小難藏。

穴之不結，形之不才。窟不可造，的不可培。騎龍分水，祇因勢而併；鉗口吐舌，祇因形而裁。

穴生於形之中，形不成，穴自不可得，後世遂有造其窟、培其的者。然騎龍分水去山，掉轉爲案，窟居於勢之中；鉗口吐舌重復，結頂成形，的出乎鉗之外，不可謂其不才而棄之。

山嶽配天，高下已基於開闢；精光應象，星辰常發於昭回。清濁先著，吉凶有媒。惟記墳而列樹，按小往而大來。勢就形全，寓躔宮於執福；穴逃水脫，得分野於司災。然則墳不必封，坎不必掩，安安恬恬，以基六極之胎。蓋古有尋龍之伎術，而無造龍之匠工。功高大禹，導洪水必因山川；罪重蒙恬，築長城而斷

---

① 明刻本注："《爾雅》以兩頭蛇爲岐分。"
② 明刻本注曰："推也。"

地脈。夷險可簣，法何取於尋龍；眞積自天，氣徒傷於憑力。嗟喪家之荒冢，役何限於論千；仰昌族之先塋，工尙慳於計百。

山嶽之高下，原自天成。故其精光上應列星，得於清者吉，得於濁者凶，所固然也。既墳之後，爲陰往陽來之候，而執其福、司其災者即寓於某龍某水之中。若以爲災福無關於宅兆，則墳亦可不修，而任其六極之遭矣。第古有尋龍者，而無造龍者，惟因其自然之性，損者益之。如禹之治水，行其所無事。若生生培的造窟，亦何異蒙恬之築長城斷地脈也。蓋高下既可以簣而成，則不必有尋龍之術，而抑知其基於開闢者，天不可得而爲之也。往往見喪家之冢，侈役客土，奚啻千萬。而昌族之塋，小有未全者，百工曾不及焉。

得穴第二十二

善惡之機兆於明，祥沴之應繇於默。在昔五帝配於五行，以成天地之功，以齊天地之德；分之五行帝之五墟，以享天地之祀，以配天地之職。是以五行收屬，司福司災在冥冥之中，常嗇於授而嚴於擇。雖龍蟠虎踞，沖陽和陰，不可得而推，不可得而識。巧術由之而目眩，妙算由之而智塞。冀其吉者，固凶之所閉；一作蔽。相其吉者，何凶之所白。一作不。求其故而不洞，則頹然而委分，定而任贓廟。

福善禍淫是冥冥中一事，而不知得穴與不得穴之故，權默寓於善惡之間。嗇於授者，五神之攸惜；嚴於擇者，人事之當先。至巧術之目眩，妙算之智塞，則又視其人之爲善去惡爲何如。昧者不知也，以爲當日所望而吉者，何今日反見其凶，謂禍福之不足憑也，於是聽贓廟所爲，而莫可解耳。

指三股以爲釵，誑橫棒而作笏。勢一端而難盡，形萬變而易惑。惟知七星之建十二辰，不知六運之調帝側。

此以下皆贓廟誑，釵二股、笏側立内朝。三股爲釵，是洿有其伸者。橫棒作笏，是兩頭瘦直無情。七星，斗也。斗杓正月指寅，一歲歷十二辰，是爲月建，通世所共知者。

舊注曰:"帝側六星,均調六運,況無形而言之乎。"

　　經常之三形四勢,雖在目而不見;隱伏之精神氣概,徒閉心而不得。廟口仰誇而主適投,衢目俯指而遭遇聖①。勢若是而形非,形若全而勢闕;勢若住而形奔,形若到而勢絕;勢若順而形背,形若連而勢泄;勢若續而形孤,形若居而勢越;勢若聚而形分,形若安而勢兀;勢若蘊而形暴,形若潛而勢突。形勢僭差而不相得者,皆山水之背。

聖②,冶土爲磚,四周於棺也。三形四勢,一舉目可得見者;精神氣概,在隱伏之中。非潛心體認,未易明也。贓廟一流,在顯明者尚不能察,又何能索之隱伏之內耶?所以形勢似是而非一類,皆出其指顧之中。

　　山若薄而水囚,③水若臨而山竭;山若駐而水傾,水若潲而山發;山若順而水衝,水若繞而山割;陽若正陰淫,陰若粹而陽厥。金若阜而庚巽潺潺,木若巇而乾甲汨汨,火若秀而艮丙湍流,水土岡而坤壬流没。雙宮散氣,固非一祖行龍;漏腋分屍,徒有三陽玄室。

薄,終止也。囚,幽暗而不流也。山雖似止,水幽暗而不流者,在源之窮;水雖似朝,山一往而無餘者,在水之尾。山雖若駐而外氣不停,水雖若潲而後龍尚去。山順則水纏水衝者,其情皆僞;水繞則山圓山割者,其意非是。陽正陰淫者,陽山而得陰水;陰粹陽厥者,陰山而遇陽流。金之庚巽,木之乾甲,火之艮丙,水土之坤壬,皆生旺也。兩宮俱破,謂非其正派行龍,蓋有從生趨旺之龍,必有自旺朝生之水,理勢之自然者。若漏腋之水,謂之分屍,與雙宮散氣無以異也,雖有三陽玄室,亦何益耶?

　　洪溜筧流④於夾脇,肢體未成;直槽杓覆於崩脣,本元俱脱。

---

①　明刻本注"音即"。

②　注:音即。

③　明刻本在此句之後有李淳風注:"李曰:薄者,終也,止也。正《蘇秦傳》所謂心搖搖如旌而無所終,薄者是也。"

④　明刻本注曰:"一作涸。"

豬溷孤遺漫蚓陌，失祖亡宗；薑芽僣雜飛—作亂。蜂房，有鉗無的。

洪溜，大水從上溜下之謂。以竹通水曰筧流。凡龍成形者，必分牙布爪，若脇爲洪溜、筧流以限之，肢體無自而成。直槽，水之衝處；杓覆，氣之蠱者，見於崩脣之上，則龍與水俱脫也。袁天綱曰："如豬遺穢，獨山也。如薑叢芽，亂山也。"

夷兮曠蕩而無垠[1]，險兮偏傾而不蹠。裙披肘外，猶若踞蹲；刀透拳頭，無非儺敵。衆方號號而不安[2]，爾獨揚揚而自得。

夷取其突，險取其窟。今夷者茫無涯際，險者兀側難安。裙披肘外，雖云不顧，尚有蹲踞之意；刀透拳頭，尖殺當前，寧非儺敵之情？凡此者，衆無不驚悸難安，而五鬼乃視爲自得，何耶？

是以目亂心盲，祟迷聰塞。水嘈精殺[3]，不聞灘瀨之驚天；腕繞林裏[4]，豈覺坳風之刺腋。

目之亂，由於心無定見；心之盲，由於目無定識。祟之迷，由於其神不守；聰之塞，由於其智不逮。故嘈嘈之水，則精爲殺矣，而五鬼如不聞。腕外風穿，則腋爲刺矣，而五鬼若不見。裏，蔽也。林裏是腕徒，得林繞以爲蔽，而風實有所不能遏。

故葬龜者，肩曷延齡，蟄始驚於依岸；背何傷壽，曳已離於藏沙。凡此玄微曾未之得[5]，每爲之興嗟而嘆息。

龜肩藏蓄，故延齡。龜背孤露，故犬折。

得穴一篇，先言得穴之故在乎積善，中言不得穴之理任乎臟腑，末言龜肩以示其穴之之地。

擇向第二十三

擇向之法，乘其應也。取日月照臨之象，得方諸致感之神。

---

① 明刻本注曰："力盎切，秦晋人謂冢曰垠。"
② 明刻本注曰："訖逆切，驚悸也。直音吸。"
③ 明刻本注："所介切，削也。"
④ "裏"字原作"襅"，不辭，據明刻本改，後皆徑改，不一一校注。
⑤ "得"，明刻本作"識"。

雖形勢之不續，亦表裏之相因。後來分爲主，前來分爲賓。取賓主之喻者，欲如賓主之情親。主降玄室，若虛懷而有待。賓進階廡，類却立而前陳。情意相投而無間，形勢相駐而不竣。如尚義之烈女，如死節之忠臣。奇峰特發，固可直中而取的；耦巒聯秀，則當坳裏以平分。内奇外耦，猶茵蓐之藉足；外奇内耦，忌筧溜以衝身。①

擇向一篇，與前案應篇相似。形勢不續，形止於内。勢來曲折，不能一向。其形既止，外之朝案自必與形應。内之立向，不能捨朝應而別有所之，即表裏之相因也。然後篇有云“直壙正鉗，山與水純；正鉗横壙，山水之淫”者②。單峰取其中，兩峰取其坳。内案奇外應耦，是兩層案應，有藉足之勢；外應奇内案耦，耦峰中必有水，故忌筧溜衝身。若朝陽者，則爲善矣。然正龍真穴與應案相合者十之七八，其不相合者二三而已。蓋真龍正穴未作穴先作朝，寧有不合者。

舊注曰③：“内重單案，要知茵蓐。或雙山並立，忌筧溜之衝穴内④。”

如頓纛植圭，如禪壇神島，如聯珠列嶽，如九鼎七星，夾輔不論其駁雜；如華表雙旌，如駟馬高車，如六駁鳴鑾，如十臣八佾，並肩以辨其真純。庶免乎乘偏相勝，孤遺失倫。⑤

如頓纛植圭等，皆端方特異之峰。其左右之相輔者，不必論其陰陽之駁雜；如華表雙旌等，皆和同比類之峰，衆山之中，又在擇其陰陽之純粹。乘偏，言不能得中。孤遺，言不獲其隊。乘偏而得其純粹者，不得謂之相勝；孤遺而得其純粹者，不得謂之失倫。纛，軍中大皂旗名。上圓下方曰圭。封土曰壇。海中有山可依者曰島。三足兩耳曰鼎。禹收九牧之金，鑄之荆山之下，故曰九鼎。旗者析鳥羽爲之，其竿頭綴以旄

---

① 明刻本注曰：“筧，古典切，以竹通水也。”
② 注：不可不知。
③ “舊注曰”，明刻本作“李曰”。
④ “忌”前明刻本有“則又當”三字。
⑤ 明刻本正文之後有注曰：“所謂相勝，意在言子位不均。孤遺言孤寡，失倫言淫亂。公明微言吉凶而吉凶多證，景純多談禍福而禍福罕驗。讀景純書，當以重取輕，讀公明書當以輕取重。”

牛之尾。驷者一乘四馬，兩服兩驂也。馬在車中爲服，在車外爲驂。佾，舞列也。人數行數，縱橫皆同，故曰佾。

惟陽朝陽而粹，陰朝陰而純。詵詵兮，振振兮，駢英疊萼以齊芬。彼有穴身而顧尾，穴踝而宗身。類是之穴，皆連向而未分，須小水關其內，大水在外而周巡。

詵詵，和集貌。振振，蕃盛貌。陰陽既得純粹，又有詵詵、振振之峰巒相爲和集而蕃盛，必非一人之榮貴矣，故曰駢英，曰疊萼。穴身顧尾，蟠龍穴也。穴踝宗身①，回龍穴也。彼此相顧作向曰連，是無其外朝者，須小水關其內堂，氣斯固；大水巡其外，內氣乃凝。

山際②水而勢鍾，形固內就；水限山而氣聚，勢以旁真。默默之觀，觀其流泉。如虹如帶，羅繞城門。穴不欲露水，水不欲露墳。深居潭潭之相府，乃爲堂堂之貴人。其爲不露，是以爲珍。抱龍則貴，反龍爲屯。抱龍爲龍蕩，反龍爲龍奔。凡厥流水，其歸一端。然水城形勢與息道漏道，其又別焉。

此一節，以水爲朱雀者而言山際水者，是龍之穴結於內，而外勢邊於水際。水限山者，是大水直探穴場，勢必以左右爲區穴。蓋當面水衝，中難立穴，故穴必居旁者，勢也。默默之觀，以水非穴上所宜，見流泉其出於內堂者也。恐穴上見水則內不藏，水外見墳則前不塞，須潭潭之深，堂堂之邃，乃得爲穴之真的。然水雖曰不見，若反而抱外，又爲山龍之屯、水龍之奔。郭氏曰"朱雀不舞者騰去"，亦即是反之義，此特舉面水之一端言耳。若息道之內口與漏道之外口，又當有別焉。

舊注曰："所論相勝，意在言子位不均。孤遺言孤寡，失倫言淫亂。公明微言吉凶，而吉凶多證；景純多談禍福，而禍福罕驗。讀景純書，當以重取輕；讀公明書，當以輕取重。"

又曰："景純謂若踞而候，若攬而有，若進而却，若坐而受。"固則甚巧，但踞候失虛，受意思拒，傲不若屈也。

---

① "踝"字原作"蜾"，不辭，據上文逕改。

② 明刻本注"際"曰"臨邊也"。

復向定穴第二十四

立穴之法,復向以決。復向之目,見穴始出。古人習之,必有可傳之決。一作訣。順勢逆形,隨形探骨。凝穴指向,復向定窟。

復,返也,往返行故道曰復。復向是往其穴之所向,而始決其穴之真的也。蓋穴之地初不易見,惟至於向而穴無不出之形。此古人所以有"南山有地,北山觀之"訣。逆者,未至而迎之。凡順龍之結穴,必逆順勢者,順其勢之所往而逆其形。隨形者,即其形之所在而探其勢。擬穴者,從其穴之所止以端夫向。復向者,又即其向之所在以驗夫窟,而穴在其中也。

窟必有的,的則不突。

窟無的,則窟爲無氣之窟。的者,隆然而起。突則無窟矣。

窟必有容,容則不兀。

容者,容身於其中也。兀則不可容受,惟高而上平,無捍脚之街耳。

窟必應水,水則不脫。

窟之應水,若夫之與婦,脫則遺而棄之。

窟必應向,向則不越。

窟之應向,若主之遇賓,越則情不相接矣。

窟必應於四輔,四輔成列;窟必應於三形,三形衆結。

四輔即四勢,三形由四勢而成,窟又因三形而成,故曰衆結,寧有不應者?

窟必有唇,唇不吐舌。

窟之唇若鵝毛敲起之唇,不似舌之吐也。

窟必有額,額不散闊。

額與的相似,但的則隆起,額則廣平。若廣平而至於散闊,額非其額矣。

窟必有頷,頷非喙嗇。

頷者兩頤豐滿,喙則瘦削而不容也。

窟必有臍,臍非腹拙。

臍者其凹雖小而圓，腹則飽不可犯。

窟如仰掌，掌心盛物。

仰掌穴在低坪，陽水聚於其中。

窟如覆握，握口攜搵。

覆握結在垂坡。

窟如獻掌，獻掌非犁鑱之峭立。

獻掌穴結最高，如犁鑱者必尖，如峭立者必危。若獻掌者，雖高而不危也。

窟如虎蹯，虎蹯非羊蹋之奔逸。

虎印者寬，羊蹋者窄。

如花之跌蒂，如弩之機括。括偏則弩不中[①]，蒂枯則榮不實。

蒂者實所結處，括者矢所發處。

欲其高而不危，欲其低而不没。欲其顯而不彰揚暴露，欲其静而不幽囚啞噎。噎，食窒而氣不通也。

高者易危，低者易没。顯者似高而實不高，静者似幽而實明快。

欲其奇而不怪，欲其巧而不劣。

奇者正之異。

欲其正而不衝不兀，欲其輔而不倚个孛。

正畏當衝而突兀，輔防傾側以攲斜。

欲其橫臥有懷而不挺，欲其蟠抱有蘊而不噎。

橫臥有懷，則首尾交顧，挺則直矣。蟠抱有蘊，則虛而有待，噎則中有以塞之也。

欲其收拾而不隘不舒，欲其專一而不競不泄。

太隘則不可容，太舒又慮氣散，在收拾之得宜。競則左右相爭，泄則前無阻塞。惟專一者能固，但有他顧之情，即非專一之義也。

欲其騎而不卸，司夜切，去鞍也。欲其懷而不別。

騎而卸者，謂無其窟。懷而別者，謂無其賓。

---

① "弩"，明刻本作"矢"，義長。

左右荒落而精神表著,高下寂寞而氣概軒豁。

舊注曰:"左右高下皆無可觀,獨穴當守則變相見矣。"

左右之精神,高下之氣概,無一不凝注於窟中。

堂堂然厦屋之瀟灑,潭潭然奥室之明潔。人不可施,天不可奪。是以驪山之塲未乾,而嬴秦之祚已絕。惟漢文以恭儉安神,仰社稷光輝之日。

堂堂言其正,潭潭言其邃。凡此者皆天造地設,非人力可施。觀於驪山之憑力恃勢,霸陵之無所增損可見矣。

承祖宗光第二十五

出祖蓋祈於顯祖,豈迢迢挺直之長。承宗必貴於興宗,愛節節顒昂之至。

此篇言祖宗貴乎高大,若到頭卑弱,雖自祖宗迢迢發來,而不能再一奮興爲祖宗光,雖遠無益也。

召其所相,反其所替。由陰陽清濁之分,嚴剝復往來之意。道正乎天行,用通乎人事。

水法,要召祖山發源之水,歸之相地,而流於囚謝之位。然相替之理未易驟明,須辨其陰陽清濁之界,以逆順之理推之。陽盡於午中而一陰生,陰盡於子中而一陽生。此天道之流行也,人事於此取則焉。

藏於臍腹,須近住而回頭。巧在心眸,慮橫形而偃背。

藏於臍腹,是近祖山一穴。廖氏曰"初落由來近祖山,局勢必須完"者,此也。故要近住回頭,若橫形則頭不顧,偃背則内難藏,皆不可穴也。

舊注曰:"此專論臥龍穴也。須得背後飽滿圓淨,乃爲吉穴。"

既得龍形,須認水勢。北環於河汾,東橫於江海,西平於川洛,南散①於閩浙。此水之大綱,不可謂之無別。

---

① 明刻本注:"或作直。"

龍探其祖，水溯其源。探其祖，固貴其入首之興宗。溯其源，尤嚴夫出口之歸替。北以河汾爲宗，東以江海爲宗，西以川洛爲宗，南以閩浙爲宗。謂山不獨貴承其宗，水亦各有其祖宗也。

河水出崑崙山，汾水出太原晉陽山，江水出岷山，洛水出冢嶺，浙水出歙縣玉山。

綱一作翻。盆側上一作止。無儲，直慮其無生。擺練寬平先揖，必虞於先背。

盆側止則水外傾。儲，積也。水外傾，不但家無所積，更患其後嗣之不續。擺練，水之曲折而廣平者，然弓於此必反於彼，必若長虹罄帶之繞，庶無先背之虞。

又況送終之道，根於至性[1]。陰陽者流，流於不令。執方之術，猶或守正。售術五鬼，色主以佞。不辨奇袤之明名，豈知山水之明命。禍福司之，惟誰聰聽。故曰標題形勢，瞻明著吉凶之機。局例星辰，魑魅弄貪迷之柄。

此一節責五鬼不知山水之名。奇，三奇也。袤，延長也。山之三奇曰赴、曰臥、曰蟠。水之三奇曰橫、曰朝、曰繞。然必得祖宗之延長，而後可以言奇。此奇袤之名，即山水吉凶所由令也。然天之明命禎祥妖孽，卒未常告於人，孰能具是之聰而聽之？維在用我明，而形勢之吉凶自不逃於目也。若局例星辰，豈吾儒所習耶？

又況明堂慘翳，不潔不净，山不住脚，水不入迎。魚慶切，凡物來而接之則平聲，物未來而往迓之使來則去聲。故曰隔面山而分面水，面面無情。出頭虎而叛頭龍，頭頭有病。

凡自祖宗正派發來者，其內必有堂，堂必曉暢明快，其外必有山之住脚，以迎夫水。以是知明堂之慘翳者，爲有障面之山以塞之，而分面之水即在障面山之背。山不住脚者，則虎爲出奔，而龍爲不掉矣。水何由逆乎？

曰蛙屍，曰囚圃，曰鋪薦，曰雙盲，此皆突蒱薄胡切，雄有蒱肉。隔面，雞胸散水，側面而背空[2]。曰攙頭，曰掉尾，曰戲珠，曰翹

---

① "至"，明刻本作"天"。

② 明刻本注："音貶，下壙也。"

足，是雖連身鎖—作顧。穴，猶慮其乾流於踞—作伸。脚，脫源而反轉。此亡宗背主之山水，明目觀之而心顫①。

蛙死，其蕭必突。囚圄，图圄也。鋪薦有似鋪氈，但不潔淨而散水。雙盲，兩突無情之狀。凡此之類，一非山之正面，或在山之背，而俱具此凶象也。曰擡頭者，其盡處忽昂。曰掉尾者，其拖脚兜轉，戲珠在掉尾之內，或當水出之門，翹足短於掉尾。四者雖於身有情，然必得活流而後符其命名之意。若乾流則恐其踞脚外馳，非祖宗之正派。達者見之而怖矣。

舊注曰："背主抱賓。"

五方旗第二十六"旗者，依也。與衆期其下也。"

歸宗之水，貴緩於之玄。息道之源，忌流於川八。故没宗之水口曰歸宗②，鉗口之元辰曰息道。目力之巧，心機之活，如展幅兮住左而住右，如捲簾兮或出而或入。入近兮防其內衝，出遠兮防其外脫。衝兮急於螻傷③，脫兮頻於鼠竊。順天造兮，外尋大勢之關鎖；助人力兮，內瀦小澗而攔截。

之玄、川八，俱象形而言之。小水歸大水曰歸宗，天下之水皆朝宗於海。凡山以上爲宗，水以下爲宗也。其展幅者，左右朝來之水，住左住右之住當作注。捲簾寬於展幅，其入者由外朝而入，入近無攔則爲衝刺。其出者由明堂而出，出遠無關則爲脫遺。螻，螻蛄也。螻蛄不知春秋，以喻殤子。鼠善竊，以喻盜賊。外有關不畏衝，內有攔自不脫。關須求之天攔，可得之人，然內穴不真，人力未可以妄施也。

五方旗一篇，先論及水，以水出五方旗之內，而五方旗非水，亦無以相附也。

四勢正兮而中蕩易評，五方峙兮而內私難決。然則應內之案，案外之應，其形多端，其勢易亂。心乎難識，目乎難看。吾其

---

① 明刻本注"顫"曰："之善切，寒動也。"
② "宗"，明刻本作"水"。
③ "螻"字後明刻本有注"□惠蛄"。"傷"字明刻本作"殤"，義長。

未知，當即先知而問。曰四勢之中，戊己菳之，在五臟謂之脾，在五行謂之土。土氣，實則陰陽摩盪而成胎孕，曰摩孕①之府。玄墟，真宅之象，受生於心火離明之氣。嗣不忘宗，故鉗龍之前，皆同應龍之論。然火以虛明，凡蔽塞其心者，可知其疾病。形必如琴、必如笏，猶慮其橫櫬；必如星、必如月，猶慮其昏暈。

四勢之中，自必有蕩，易觀者也。五方之峙，形有萬變，不易觀者也。然其要在無蔽塞。其明堂之一語，穴譬之心，心屬火，火非虛不生，故明堂取火之虛明以生土，土之結實而成孕，穴具生氣於無窮也。凡穴之後皆曰宗，穴之前皆曰嗣。嗣不忘宗，故穴既真則案應未有敢悖其宗者。如琴如笏，取清峭而內寬，若橫櫬便臃腫而內塞矣。如星如月，取圓淨而內潔，若昏暈便幽因而外蔽矣。

故曰四方悖義，五方不仁，不仁不義，侈其下塴。突中有醜，其流必分，分則必離，離則絕親。絕親則絕氣、絕生之門。四方依旗，五方守信，表旗之高，贄信以印。高取遠明，印取中鎮，高明在身，鎮其不磷。②

悖義言四勢亂其所宜。仁如果核中之實，不仁者，謂其中之不結也。然世之昧於此道者多，良由不識突中之醜，其病在流之分。分則離，離則背井忘親，氣無由續生，從此絕矣。突者，中央之的，的之仁者。其流合，合則聚而親，聚則有生生不窮之理焉。如四方無不依乎旗，則五方自得守其信。旗者表其高也，印者贄以信也。高則無不見以爲尊，中則無不趣以爲應。既高且明，歷千百世，不可磨滅矣。

烏乎而槃，如槃之中。烏乎而槃，如槃之盛。烏乎而帶，如帶之經。烏乎而城，如城之憑。四勢屏列，五黃中澄③。山水相應，應乎上清。故曰山奮柄而水崇綱，剛柔相濟。水向方而山入路，真粹惟靈。

---

① 明刻本注："一作盪。"
② 明刻本正文之後有王伋注："王曰：'凡峯之最高者，表出衆山，四面瞻仰，謂之四方旗。明堂中水心有圜巒對立，不倚附四勢，謂之五方印。'"
③ 明刻本注："一作證。"

槃之中,言穴地之圓。槃之盛,言穴地之能載。如帶如城,皆言其水之抱。中央之數五,其色黃,中澄者,言明堂之潔浄而水聚澄徹也。上清,天也。天一生水,山之與水應,即山之與天應也。故山爲柄,失其咽則將何以奮其柄?水之綱在乎崇其口,失其口則將何以斂其綱?此剛柔相濟之道,又各貴乎純粹也。

又況五方之爲醜,醜而難防。左右之爲醜,醜亦可畏。尋龍之目連觀熟視,胸前隔洌,固知脫氣之源。肘後分離,誰識過關之臂。

醜,如上文不仁不義等皆所謂醜也。洌,水清潔也。龍與水相遇,如夫之與婦相遇。若胸前與水隔絶,其源在彼而不在此,故爲脫氣之源。龍之住者,其肘後之流必隨肘而一轉,謂之山來水回。若肘後之水不轉而竟去,此特護關之一臂耳,不可穴也。

又況左右之臂,或直或反,或分或刺,或如牆瓴音零,瓦甑。[1]而外筧不歸,或如鞍橋而坳風吹急。唇前深浤,音溜,耕田田浤。[2]定知夾脅之形拶。一作踆。[3]肘後乾流,可見來龍之勢背。

直反分刺,皆言其臂之爲醜。牆瓴言臂水兩落,而一邊不歸。鞍橋言臂中凹,而內透風穿。凡兩脇開睜,則唇前之水自是悠揚,若兩脇逼直便爲深浤矣。凡龍來則水隨,而肘後無水,是勢與龍背,真氣所不在也。

左右釋名第二十七

夫以左右爲龍虎者,猶坐北向南而言也。或穴西面東,則北名青龍之木,南名白虎之金。品目謬戾,姓音亂紊而不倫。況五聲以宮爲綱,而商角羽徵以類舉。中央以土爲正,而金木水火之位分。惟取吾身之前後左右而言四勢者,乃得其真。彼木色青德象龍,金色白德象虎,水色黑德象玄武,火色赤德象朱雀。此

---

① "甑"字原作"溝",不辭,據明刻本改。
② "浤",明刻本作"垸",注曰"力救切,聯水爲垸"。
③ 明刻本注曰:"子葛切,逼,拶也。一作踆。"

四象之方與隅，與四勢而不相因。

四勢不面南者，其獸之色與德均非其位。

是以左右之形謂之夾室，左右之勢謂之輔門。險隰之輔，羅列峰嶂；易野之輔，界水之垠①。夾室之形，欲深而蓄蘊。輔門之勢，欲圓而周巡。深於內者，而無突胸之傾側。圓於外者，而無散脚之紛紜。和山和水合宗來②，結污結的；掩左掩右均體衛，臨蕩臨盤。乾流欲鎮於長流，堂前不脫。小畜相逢於大畜，腕內宜灣。

室在門之內，門在室之外。是室以門爲輔，門以室爲藏也。險隰以峰嶂爲輔，易野以界水爲門。然門之內不深則露，室之外不圓則披。內雖深而又畏其突胸，外雖圓而又嫌其散脚。惟山之與水，得其所謂宗，則污也的也，無不順之情。惟山之與水，無空缺之勢，則臨其蕩、臨其盤，有自然之輔。乾流，內堂水也。長流，外堂水也。堂前不脫者，門外有橫水截之。小畜即乾流，大畜即長流。腕內宜灣者，恐內堂之直瀉也。

舊注曰③："夾室爲小畜，輔門爲大畜。凡池塘爲小畜，陂澤爲大畜也。"

或三山夾輔，則尊卑甚曉。或兩龍相遇，則賓主當—作難。明。或臂腕之控，—作抱。或掌心之的，—作盛。或花蕊之跌衛，或宂污之岸憑，或肩井之臥牛，或長鯨之耳停，或胸房之兩乳，或鼻崦之雙睛。如云節義之臣赤心一主，不見廉貞—作無似不真。之女暈臉多情。返肘悖逆，掣肘奔騰，左斷而男不壽，右裂而女傷齡。如枕腕中，多困柳慵花之蘖。按弦指上，必移宮換羽之伶。一本有"不害寬懷之澤，惟防夾脇之傾"。苟或如龍如蛇，盤身顧尾，則左右形足，四勢成全。是以一端之象，又烏得而擅名。

三山以中爲尊，兩龍相遇，以水抱一邊爲主。臂腕之控，是單提一穴。掌心之的，

---

① 明刻本注："魚巾切，涯岸也。"
② "宗"字原作"崇"，於義不合，據明刻本改。
③ 明刻本作"蕭曰"。

是窟中一突。花蕊趺衛,在含而不露。窊污岸憑,謂窊污落於厓岸之下,即以岸爲依也。臥牛肩井,長鯨耳停,言其形之橫。胸房兩乳,鼻眼雙睛,言其形之並。節義之臣,廉貞之女,言前朝之專一。反肘掣肘,左右之不義。左男右女,陰陽之所分。如枕腕中,或左右之橫臥。按弦指上,特手指之紛紜。凡此者,微得其意而已。至如龍蛇之蟠顧其左右,不分四獸,固不足以盡左右之名也。

五鬼克應第二十八

八卦象吉凶,九疇陳福極。春秋紀災異而不書其應,赤伏讖符證而反致其惑。故自漢以來,吾黨執方之術,不幾乎流於詭慝。調七星於一掌,分三子於八國。談不談於理致,心不心於暗墨,相不相於形勢,意不意於蒙塞,學不達於師資,業不通於典則,投不投於眾知,中不中於衢識,奇獨奇於色主,羞止羞於作賊。近代訛舛及於奴廝,立志急先於鬼域。爻象專門於卜命,星辰創端於道釋。六相六替,皆叛之而不聞。一陰一陽,一作少陰少陽。皆蠱之而作忒。聽歌訣之嘈嘈,騰筆札之寂寂。[1]

公明嘆我道之不行,以通世皆五鬼學,少師資,業非典,則徒色主、賊人而已。至爻象專於卜命,星辰創於道釋,益復可慨。而相替陰陽之理,不可問矣。

前堂散派,烏知胸脫而氣不鍾;後腋逆流,豈辨肩行而勢不特。[2] 巧譎愈騁,真方愈失。[3] 丁文腳下,後過橫橫;八字胖開,前傾直直。符凶作吉,指四季以應乾流;失勢命形,就三方而尋詭結。三年一步,以何數而推;一步三年,以何數而見?惟曰形以

---

[1] 明刻本正文之後有李淳風注曰:"李曰:'寂寂者,無所聞也。然相替之理,昭然明白。'"

[2] 明刻本正文之後有李淳風注曰:"李曰:'前堂者,案外之水。後腋者,後龍之水。'"

[3] 明刻本正文之後有注曰:"真方,執方也。"

達類，類以通數，數以體事，事以應物。而五鬼之言，一何詭忒^①。

此一節申五鬼之妄。堂以蓄氣，不知散派之不鍾；勢以特藏，安辨肩行而腋去。丁文腳下，前似乎有情，而後脈不至；八字胖開，後似乎有落，而前堂不轉。四季，辰戌丑未也，指以爲吉庫之水口。三方，艮巽兌也，失勢與形，復何益耶？至如三年一步，一步三年，皆不可憑者。惟因形以及其類，因類以推其數，因數以斷其事，因事以見諸物，如下文是也。五鬼所言，適足以惑人耳。

形如拖旗^②，脫水忘歸。捲腳回頭，發跡他州。

拖旗之形，順去也，其數主離鄉不歸。若捲腳回頭，則非拖旗之類，而寓若返之形。但返在外，而不返在內，故其數主發跡他州。蓋非其形即非其類，非其類即非其數，非其數即非其事矣。

形如彎月，徒刑鞫決。兩角不銳，進財難退。

凡物之尖者似刃，彎月兩角似之，故主徒刑。若彎而不銳，則爲財山，所主遂異。

形如縮龜，寡婦孤兒。曳尾不攢，誰云勢短。

縮龜，孤獨之形，故主孤寡。若曳尾而足露者，其勢伸，不得以勢短目之，形遷而其應異矣。

形如石簜^③，長眠不起。抱如瓜瓠，錢財無數。

石簜，竹也，一名鳳尾竹，橫臥不能起立，主長病在牀之象。若能彎拘於我，便主錢財之應。蓋抱者爲瓜瓠，不抱者爲石簜也。

形如曲尺，手藝衣食。橫控如弓，一生不窮。

曲尺，匠之具也，故主手藝。若橫控下手帶圓，則爲財山矣。

形如刀槍，生事強梁。外攔水下，紅旗引馬。

刀槍，凶暴之器，故主強梁。若在外攔水而穴上不見，又主紅旗引馬之貴。

形如指覆，一一作三。長兩縮。未賣其田，先賣其屋。

形之順水而不倫也。

---

① "忒"，明刻本作"惑"。"惑"字義長。

② "形"前明刻本有"故"字。

③ 明刻本注："音禮，竹也。"

形如栲栳，一作菱栳。東控西抱。中饋不廉，不懼人嫌。

栲栳，柳器也。栲栳而爲東所控、西所抱，其中饋不潔可知也。

形如開丫，立身不嘉。重婚兩姓，歸宗可定。

丫，木之岐頭者，其形穢。兩岐主兩姓，一丨主歸宗。

形如牽行，斜倚雙盲①。端秀不附，雙旌呵路。

牽行，兩阜牽連而欹倚者。若端秀開列，則爲雙旌呵路矣。

形如耳語，鬭頭相鼓。指背私一作掌。峰，皆云不公。

耳語者，頭必並，故曰鬭。指背者，其旁有斜峰觸之。

形如檻豚，亂石連根。橫眠直坐，連年枷鎖。

檻豚，獄囚之象也。

形如鸚鵡，魚尾相似。少年風景，如何可永？

鸚鵡山，主殤死，若長生之位高起，不可概論。

形如畫眉，頭起頭垂。雖②非明月，分明死屍。

畫眉山，主客死。

形如羊蹄，釵短股齊。一聯藕斷，罵母憐妻。

羊蹄短，釵長。若釵短股齊，則有似羊蹄之並，此形之直者。若一聯藕斷，爲形之橫，不孝之山也。

形如合掌，祝咒魍魎。兩山中徑，初疑直胖。

合掌者，兩山中有一小路，遠觀似乎直胖，而不知其爲合掌也。

形如撲錢，鉗口右邊。若居左手，夾指③賣田。指當作紙。

撲錢必右手，若撲錢之形在左，便爲夾紙賣田之應。

形如覆船，屍驗傷痕。不因賭博，必葬溪灘。

覆船，暴屍之象，故有驗屍之應。金水主賭博，又覆舟主溺水，故屍葬溪灘也。

---

① "盲"，明刻本作"胸"，義長。
② 明刻本注："一作既。"
③ 明刻本注："謂以手印於紙。"

形如鵝頭，定好風流。

鵝頭，穢形也。若冠帶之位高崇，可免其應。

形如雞嘴，自割咽喉。

雞受割。

形如芒刺，銅針刺字。

芒刺，尖細之形也，其應爲刺面。

形如橫槍，子孫凶强。

槍體硬直，故爲凶强之應。

形如蟹距，盜賊群伍。

蟹距，尖而夥，故與盜爲群。

形如靈牀，長病瘟癀。

靈牀，死具也。

形如側壺，分明酒徒。國詔賓才，曳白空面①。

側壺，傾倒之形。

形如人醉，垂頭覷地。立己不端，贓污之器。

人醉亦是欹斜之狀，與側壺意似同，但有大小之別。

形如投算，憂愁紊亂。

算子形小而繁，故亂。

形如亂衣，上下通非。

通非，亂倫也。

形如覆椶，淫妻妒妾。

椶葉，滿面皆紋路。如覆椶者，言其水路之多。

形如覆甌，定喪明眸。

患眼山最小，故曰甌。

形如覆碗，孤眠無伴。

---

① "面"子原作"回"，不辭，據明刻本作改。

碗大於甌，爲孤辰寡宿之象。

形如覆釜，位至公輔。

釜端而員，故爲貴。

是皆類形識符之意。

已上三十一形，形有其類，類有其識，然皆得之於言外耳。

然則歆知劉秀爲天子，而不知天子爲光武。欲以國師公更名而應之，非徒無益於事，而幾致身於一死。

少公學圖識，言："劉秀當爲天子。"或曰："國師公劉秀乎?"秀曰："何由知非僕耶?"時劉歆改名曰秀，事莽爲國師。

故尋龍之術，惟貴識五行之盛衰，辨二氣之清濁，有何理以推孟仲季之三子？又況曆家之法，以仲先季，以季先孟，而長中少則亂曆者之法。此虢氏嬴氏之所不語，而行災五鬼抽岐而言，以熒其主。

盛衰，相替也。清濁，陰陽之純駁也。寅申巳亥爲四孟，子午卯酉爲四仲，辰戌丑未爲四季。曆家以甲配子，則仲先季。以乙配丑，則季先孟。而《五鬼克應》曰："甲庚丙壬長子位，乙辛丁癸次枝頭，乾坤艮巽當三子，第四回尋長位求。"此不足憑信者也。

又況天其可憑，力不可致。善其可昭，福不可恃。惟天惟善，萌於吾心，具於吾身。雖兆於冥漠之表，亦顯於日久之見聞。同氣而生，如掌之指三長而兩短，不可加減其寸分。惟不替先人之祀，是亦昌熾之墳。[①]

天之可憑者，在乘其時。力之不可爲者，在鑿山濬池之類。善其可昭，勿以善小而弗爲。福不可恃，勿以惡小而爲之。冥冥之中，自有司災福者在也。指況有其長短，孟仲季烏能起而齊之？不替先人之祀者，是公明又以孝教天下也。

---

① 明刻本有注曰："五鬼克應，謂甲庚丙壬長子位，乙辛丁癸次枝頭，乾坤艮巽當三子，弟四面尋長位求。若然則坎離震兌四正之宮，皆不立向行水。長子盛衰，與四子一同。次子與五子一同，三子與六子一同，而第七子則無着落也。"

次舍祥沴第二十九^{"一本作五氣盛衰。"}

夫相龍者,即五土以配五行,即五行以應五星。在天則爲五帝,在地則爲五正。

五土,中央之土也。《洪範》:"初一曰五行"。師古曰:"謂之行者,言順天行氣。"班固曰:"言行者,欲言爲天行氣之義也。地之承天,猶妻之事夫,臣之事君也。"

袁天綱曰:"東方之德木,木色青,青帝曰太昊。南方之德火,火色赤,赤帝曰炎帝。西方之德金,金色白,白帝曰少昊。北方之德水,水色黑,黑帝曰顓頊。中央之德土,土色黃,黃帝曰有熊。聖神繼天立極,生有功德於民,故後王配而祀之。"

木正曰勾芒,火正曰祝融,金正曰蓐收,水正曰玄冥,土正曰后土。

周天之星,其舍二十有八。列星之辰,其次一十有二。

袁天綱曰①:角、亢、氐、房、心、尾、箕,東方七舍也。斗、牛、女、虛、危、室、壁,北方七舍也。奎、婁、胃、昴、畢、觜、參,西方七舍也。井、鬼、柳、星、張、翼、軫,南方七舍也。其曰析木、大火、壽星,東方之辰也。鶉尾、鶉火、鶉首,南方之辰也。實沈、大梁、降婁,西方之辰也。娵訾、玄枵、星紀,北方之辰也。

每辰一度三十有奇②,合十二辰之度,三百六十五度四分度之一。星辰順天左旋,日月溯天右轉。日舒以遲,一歲一周天;月蹙以速,一月一周天。日月會於辰,則爲月,至於十二會,則爲歲。

子起於危十五度,終於女六度。

丑起於女五度,終於斗五度。

寅起於斗四度,終於尾二度。

卯起於尾一度,終於亢九度。

辰起於亢八度,終於軫十一度。

巳起於軫十度,終於張十七度。

午起於張十七度,終於柳八度。

---

① 明刻本作"袁曰"。

② "一",明刻本作"之",義長。

未起於柳七度,終於井十一度。

申起於井十度,終於畢七度。

酉起於畢六度,終於胃二度。

戌起於胃一度,終於奎二度。

亥起於奎一度,終於危十六度。①

天度以二十八宿爲經,以五星爲緯。經星左旋,緯星右轉。此漢唐以來造曆四十餘家,未有能易者。王應電云:"天左旋,日月星辰皆西墜,夫人而見之,故謂七政皆從天左旋。"因爲昔人推步咸以七政右轉者,止以退度數少,易於推算之故。然細觀之,天地之化,一順一逆,以成化工。故律左旋而呂右轉。河圖主順而洛書主逆,故七政逆天而行。若皆左旋之,有順無逆,何以示吉凶而成化工乎?且天下物理,金水之行爲最疾,水一日千里,五金在世無頃刻之停,故命錢曰泉。火次之,四時而改。木又次之,一歲而凋。惟土爲不動。故金水附日歲一周天,火二歲一周天,木歲居一辰,十二歲而一周,故謂之歲土。歲居一宿,二十八歲而一周,故曰填。一音震,取其鎮静爲體,一音田,取其填塞爲用也。或曰皆從天左旋,是金水一歲而不及天之一周,木星十二歲而不及天之一周,火星二歲而不及天之一周,土星二十八歲而不及天之一周,是應速者反遲,而應遲者反速矣。且右旋則以所進而名爲日、爲月、爲歲、爲鎮,左旋則以所退而名爲日、月、歲、填,其義與名何乃不經若是耶?

天一日一周而猶過一度,日行一度,月行十三度十九分度之七。日舒月速,當其同度,謂之合朔。

斗柄逐月,順天而左旋,如正月建寅,二月建卯是也。日躔逐月,逆天右退,如正月太陽過亥,二月太陽過戌是也。蓋日月合朔,每在合宮。如十一月日月會於丑,斗柄建於子,子與丑合,寅與亥合,卯與戌合,辰與酉合,巳與申合,午與未合也。故曰日月會於上,則陰陽合於下。蓋上者日躔所次,下者斗柄所指也。古人觀斗柄所建以占天,蓋以此。

袁天綱曰:"東方三辰生於亥,故春至析木次於亥,春旺則析木見於東。② 南方三辰生於寅,故夏至鶉尾次於寅,夏旺則鶉尾見於南。西方三辰生於巳,故秋至實沈次

---

① 注:已上每辰各三十度有奇。

② 明刻本有李淳風注曰:"李曰:'東方屬木故也,餘三方類推之。'"

於巳，秋旺則實沈見於西。北方三辰生於申，故冬至娵訾次於申，冬旺則娵訾見於北。是以角亢舍於壽星則季春，日月會於大梁。氐房心舍於大火則仲春，日月會於降婁。尾箕舍於析木則孟春，日月會於娵訾。斗牛舍於星紀則季冬，日月會於玄枵。女虛危舍於玄枵則仲冬，日月會於星紀。室壁舍於娵訾則孟冬，日月會於析木。奎婁舍於降婁則季秋，日月會於大火。胃昴畢舍於大梁則仲秋，日月會於壽星。觜参舍於實沈則孟秋，日月會於鶉尾。井鬼舍於鶉首則季夏，日月會於鶉火。柳星張舍於鶉火則仲夏，日月會於鶉首。翼軫舍於鶉尾則孟夏，日月會於實沈。"

故配祀於青帝勾芒者，艮震巳山。水流室壁[①]則娵訾爲沴應，倉廩耗而市沽虧。水流於氐房心[②]則大火爲沴應[③]，魃疫相仍而資積風馳。

木生於亥，旺於卯，室爲軍糧府。又婁六星曰天倉，米穀所藏也。南三星曰天庾，儲粟之所也。氐爲天根，主疫，衝破旺地，故資積風馳。

配祀於赤帝祝融者，水流尾箕則析木爲沴應，牝雞司晨而遁溺扛屍。水流柳星張則鶉火爲沴應，賭博狗盜而妻子奔馳。

火生於寅，旺於午。尾九星爲后宮后妃之府，故有牝雞司晨之應。尾爲析木之津，又有天江四星，故主溺。箕四星，一名天漢，主津梁，婦主箕帚。

配祀白帝蓐牧者，水流翼軫則鶉尾爲沴應，强梁法死而陽抑陰垂。水流胃昴畢則大梁爲沴應，聾瞽而啼飢。

金生於巳，旺於酉，兑丁以巳爲八曜，故主法死。胃爲天倉，其南衆星曰廥積，其方破，故主啼飢。昴七星爲天之耳目，故爲聾瞽。

又附耳一星，在畢口大星之下。

配祀黑帝玄冥、黄帝后土者，水流觜参則實沈爲沴應，慵奴而病婢。水流女虛危則玄枵爲沴應，淫醉而家道隳。

水土生申，旺子，實沈爲傳送，主奴婢，以其方衝破，故主慵而病。柳爲酒旗星，與

① 明刻本注："木生在亥，破長生。"
② 明刻本注："卯旺破曲。"
③ 明刻本注："一本應下有瘄疥字。"

女宿對,故主淫醉。

是雖以星辰參錯五行,測度其動靜。因其類以貌相其幾微,又豈能兼三家之法以齊之。

三家之法,相貌命分宅兆也。

若曰相貌不由於命分,命分不出於墳宅,墳宅則先人之造,非後人之基。後人之享,非前人之資。安然養其相貌,頹然委其命分。優優游游,觀其墳宅而富貴可期。如是則公侯將相,皆出於五鬼之門,孤奇偃蹇不臨於五鬼之棲。積善降祥,不善降殃,教世之典爲脱空之非。《易》曰:"不鼓缶而歌,則大耋之嗟,凶。"是雖神以知來,智以藏往,斷吉凶而言,亦存於兩岐。老氏曰:"擇福莫若輕,擇禍莫若重。"亶斯言之可規。

相貌、命分雖並重,要皆出於墳宅之中,而墳宅爲尤重。若以爲墳宅無關於後人,一聽之於相貌、命分,則公侯將相安從而致?孤奇偃蹇謂非五鬼之所造歟?善者降祥,不善者降殃,不善亦可爲歟?《易》曰"不鼓缶而歌",謂重離之間,前明將盡,須自處有以樂之,否則其凶將至矣。老氏謂"擇福莫若輕,擇禍莫若重",夫亦謂墳宅之擇,禍福所攸係歟?

故鄧氏之葬,曹叔觀而嘆曰:"池塘小畜,源脈淺者。"亦是乾流區穴,多方歷經,—作經歷。蹙者皆爲詭結。

池塘雖曰有水,其來源短促者,仍謂之乾流。一龍似有結數穴者,必深邃而有容,乃爲真結。

李淳風曰:"鄧艾祖葬。"

張氏之葬,曹叔觀而題曰:"勸君莫下低山突,四面水皆脱。勸君好下高山壺,四面水皆趣。"[1]是皆以貪狼、廉貞之説也[2]。蓋五鬼不行於正,而從邪偽騁奇理,致既蔑天文地理,曾不可推送

---

[1]　明刻本注曰:"張飛祖也。"

[2]　此句明刻本作"是皆以形勢言之,未聞貪狼、廉貞之説也",當從明刻本。

終之道。良其可悲。

低山其勢下趣，非顒息不止，其突真氣不存，其水脫也。若高山壺，其勢深邃藏蓄，而四水無有不歸聚於蕩者。然不曰低山壺者，何也？低山勢漫無壺，非若高山之有城壁。又不曰高山突者，何也？高山陰處求陽，突自不必言也。總之高山低山之優劣，在水之聚散以明之，而水爲最重。

克人成天第三十"克，能也，言人能成天也。"

配祀五神，即五行之返本。識墳五土，符五氣以還元。隨五運之動靜，應星辰之景躔。化能事以體質，寓真造之江山。達二儀之清濁，兆五福之幾先。探其理之可議，索其跡之可觀。化，一作托。

五神者，五行之主。五土者，五氣之身，而要得之返本還元之一日。五運者，陽年爲動，陰年爲靜。陽年太過，陰年不及，均所當避。而星辰之景躔則存乎"承金相水、穴土印木"之一訣。其變化之見於事物，莫不由於江山真造之一氣也。

岐伯曰："壬年歲木太過，上應歲星。甚則草木搖落，金則勝之，上應太白星。戊年歲火太過，上應熒惑星。甚則金氣退避，水氣折之，上應辰星。甲年歲土太過，上應鎮星。甚則藏氣伏化，氣獨治之，上應歲星。庚年金氣太過，上應太白星。甚則木氣內畏，上應熒惑星。丙年歲水太過，上應辰星。甚則水盛不已，上應鎮星。丁年歲木不及，燥乃大行，上應太白星。癸年歲火不及，寒乃大行，上應辰星。己年歲土不及，風乃大行，上應歲星。乙年歲金不及，炎乃大行，上應熒惑星。辛年歲水不及，濕乃大行，上應鎮星。"

《太始天元冊文》曰："丹天之氣，經於牛女戊分①；黅天之氣，經於心尾己分②；蒼天之氣，經於危室柳鬼；素天之氣，經於亢氐昴畢；玄天之氣，經於張翼婁胃。"

詭結非形，類蟻迢迢之脊；枒蒲失勢，方蚰各各之唇。蜓蚰之行，唇與趨也。以背唇爲趨向。水界山住，住山之盡。水從山來，來山之真。水者山之準，山者水之儀。儀準之道，山水之因。山者水之

---

① "戊"字原作"戌"，不辭，據《黃帝內經素問》"丹天之氣，經於牛女戊分"改。

② "己"字原作"巳"，不辭，據《黃帝內經素問》"黅天之氣，經於心尾己分"改。

防，水者山之引。防引之道，山水之遂。一作遵。引之欲遠，防之
欲近。引之如彎，防之如輆。如陰陽之應，如剛柔之濟。是以墳
宅之所允。蜓蚰之行，唇與趣也。以背唇爲趨向。

蟻隊行長，山勢延細不起。蚰行以唇爲趣，唇凹如仰瓦，山之邊高而中凹者似之。
山無水界則不止，水不自本山來則其來不真。故水爲山之準則，而山爲水之從來。水
以山爲防，山以水爲引。引之近不能容悠揚屈曲之體，故欲遠；防之遠則與本體之門
戶不嚴密，故欲近。彎取其回顧，輆取其堅牢。陰陽剛柔之喻，言山水之交錯也。

踞脚不同於走脚，擡身有類於連身。踞脚雖伸，只伸一作伸不
伸。於水内。擡身雖走，只走一作走不走。於水濱。如鱉裙螺唇兮，
氣殄而不立；如龜肩虎跡兮，氣鍾而有文。文者，光芒經緯之著，
而發揮於積氣之墳。鉗脱袖垂之臂，剌剌風寒；埏音然，又以施切。
地之八際也，塋冢之神道也。攀壁級之唇，泠泠乾流。去水槍斜，橫風
直透。勢既無脈，形難捉一作還捉。候。

山脚既止而復起者曰踞脚，山峰既落而復立者曰擡身，皆指其勢之止。走脚連
身，去而不定之體，故踞脚曰水内，擡身曰水濱。水界山住，示不去也。鱉裙螺唇，其
肉薄而氣所不到。龜肩虎跡，其勢有力而其氣盤旋。文者，天之章也，地勢既結而上
無不應於列星。鉗，夾室也。脱袖，謂無其輔門。埏，塋冢之神道。攀壁，謂無其捍脚，
一爲兩臂受風，一爲當面水去。樗里子曰："水來則風去，水去則風來。"故去水槍斜，
橫風直透也。脈者，地脈。候者，天候。形生於勢，脈生於形，脈之應候，若谷之應聲，
影之隨形。今勢既無脈，故候不可捉。候能應形，而不能應勢也。

左右交叉，勝負不同於蟠尾。枝柯散派，凋零必至於枯根。

左右交叉，得兩宮之襟。抱蟠尾直，是一宮自回。左右雖貴乎襟抱，然枝柯太多，
又泄本根之氣，況其散派而無襟抱之情乎！

來勢未住，去勢已奔。脈其已斷，氣其未還。一作已完。固異
鳳翼搏風，尾必連於雲陣。蟹螯邏①道，遊兵也。跡亦曳於沙痕。

---

① 明刻本注曰："即位切，遊兵也。"

來得遠而住得深，始是得儀之主。奇不正而耦不等，是皆不令之賓。① 又豈知根本枯而枝葉繁，不是長榮之木；門徑華而堂室陋，都非久享之居。向首當鋒，原祖宗之準的；槃心續_{一作結。}勢，承氣脈之停儲。

凡勢既住者不奔，脈已止而餘氣猶未已者，其情在回頭之顧我。若鳳翼搏風，尾必衛體。蟹螯邏道，勢必橫行。一爲下砂關鎖，一爲案應周回。然來遠者離祖既遙，恐居淺露，欲其住之深；又恐其無侶，欲其迎之特。然住既深者，枝葉太繁，根爲枯槁，必幹大根深，而後無室陋之誚。向首言朝，槃心説穴。朝恐貪峰失脈，須要後坐端崇；穴恐坐幹不止，須求宂會衝和。

又況尋龍之法始於三奇，曰赴、曰臥、曰蟠，此概而言之，以覺其無遺。詳而言之，其勢有九，曰回、曰臥、曰騰、曰降、曰隱、曰飛、曰象生、曰出洋、曰領群，其審如斯。坐穴之法有四，曰宗龍、曰騎龍、曰攀龍、曰承龍。又易之曰四鎮，鎮頭、鎮項、鎮腹、鎮足。點穴之法有十，曰坐頯醼②、鼻崦、準的、肩井、耳停、枕鬢、植髻、乳房、臍窟、脬元。又廣之曰十二，坐胯腔、翹足。_{一作踝。}於是乎得術之精微。故曰③顧瞻得氣，_{一作頷頤承氣。}勢遲只可遲魁；④鼻頯端崇，形的宜於的_{一作止。}埌⑤。凡指穴之得失，則精神顯晦；氣概之變易，若天地遼邈。嗟心目之不明，故不省而不覺。

三奇九龍，四鎮十坐，俱見前。醼，面柔也。魁，藏也。埌，冢也。勢遲則遲葬，形的則正安。一爲承龍，一爲宗龍。承龍之勢磅礴，故欲遲魁。鼻頯之形堅確，故須宗的。然穴之顯晦靡常，變易多故，比於天地之遼邈，豈心目不明者得窺其涯際耶？

---

① 明刻本正文之後有李注曰："李曰：'此專説坐向。欲左右相等或單峰三峰則取中峰爲正，或雙峰四峰則取中凹爲正。'"
② "醼"，明刻本作"腕音宛"。
③ "故曰"後明刻本有："騎於背崦，虞拱住而復行。攀乃肩坳，果汙藏而得盪。"
④ 明刻本正文之後有李注曰："李曰：'魁者塊也。'"
⑤ 明刻本注"埌"曰："力益切，冢也。"

攀埰①不幾乎依附，郭璞云："古者卿大夫有采地，死葬之，因以名之。"審過等一作氣。之牆腰；騎項一作魁。必貴於迴旋，懼分流之杸握。行龍散坦，將星鍾端的之峰；入路分明，穴法擬歸藏之窟。擡②頭水下，輔門雖拱亦非龍；一作以臥龍。獻掌堂中，夾室微窊而有穴。當頭突住，橫污象捲之奇；透腳偏長，旁蕩猿伸之結。狂魚露頂，可知無窟之容；枯木新稊，當審逢春之發。

攀埰，附葬也。牆腰，穴壙之腰也。過等之牆，恐其舊穴太深，氣截不至，須細審問以定其淺深。騎項之可穴者，特爲其迴旋之一掬，若頭直不顧，其流既分，不可穴也。坦散之龍，蔓延不結，穴鍾有峰之所。入路分明者，自有窟之可藏，不必慮其無穴也。擡頭水下，有窟無龍，徒設其門戶。若堂如獻掌，真氣既融聚於內，縱夾室雖微，而穴已在其中。象有捲鼻之奇，猿有伸臂之結。一視橫污，一觀旁蕩。若狂魚露頂，是飽面突胸，無窊之可下也。枯木生稊，是老龍剝嫩，有脈之可乘也。

是以尋龍之緣，不其偶然。主雖難於擇術，術亦難於擇賢。況貪狼之心已熾，而廉貞之心已捐。故曰夷天險，洞天臟，泰天宇，發天光，陟天巇，徑天岡，降天隟，息天堂，宗天脈，擬天藏，遜天悖，緩天狂，環天衛，醅於禁切，聚氣也。③天黃，全天體，著天章，配天祀，達天常，通天運，流天昌。是以人擬而天顯，天勝而人亡。無勝無亡，天道彰彰。

公明嘆斯道之難其賢，天必賴人而成，難其賢則天之不獲全者多矣。故著克人成天，期以人之思以克副。夫天之造在人，務無失其天，而天斯有以全於人。夷，平也。洞，空也。泰，寬也。光，不暗也。巇，山峰也。岡，山脊也。下平曰隟。山之寬坦處曰堂。派之所出曰宗。揣度曰擬。藏，葬也。遜，避也。悖，乖戾也。狂，猛也。環，周回也。衛，防護也。醅，聚氣也。黃，中央土色也。體，龍之身也。章，文也。祀，祭也。

---

① 明刻本注"埰"曰："倉代切，采地也。"
② 明刻本注曰："一作握。"
③ 注中之"禁"，明刻本作"感"。

常,奉常也。運,五運也。昌,克昌厥後也。天險不可升也,貴乎夷之,是以陰求陽也。天賾不可懷也,貴乎空之,庶無利欲翳其心也。天宇欲其寬大,天光欲其發新。陟天巘者問祖宗之自來,徑天岡者考穿落之變化。降天隰以觀其結作,息天堂以察其源流。夫而後宗天脈之自然,擬天藏之竅折。天悖則遜之,天狂則緩之。環天衛於外,聚天黃於中,完其固有之體,以應乎天上之文。其子若孫,即位以配祀,即祀以達春秋奉常之思。上與天運相流通,未有不克昌厥後者也。然其始惟在乎以人之心參天之心,人之心有不及,則天勝;人之心無不及,則天賴人而全而天顯。天勝,則天還自天;天顯,則人之心即天之心。天勝而人亡,天道茫不可問。天無其勝,人無其亡,天道彰彰也。

管氏地理指蒙四

二道釋微第三十一

天不人不成,人不天不因,此息道、漏道所以分。於以噓五氣於鉗口,於以通五氣於風門。

息道,內口。漏道,外口。天非人不因者,有導引之力;人不天不成者,非有內口、外口,人無由以知之也。鉗口即息道,風門即漏道。漏道出於天成,息道可以人爲。然息道之爲,亦不過因其自然略爲轉動而已。樗里子曰:"水去則風來,故外口謂之風門。"貴有捍門華表、羅星、禽獸等者,所以塞其風之入也。

李淳風曰[①]:"息者,氣息之息;漏者,便漏之漏。以人身取象也。"

平不平而橫不橫,分塗八字;傾不傾而直不直,鎖節—作脚。丁文。故息道之道,其巧拙以由人。駁雜交宮,縱清流而蹈濁躍;真純入路,凝綠鑒以照蒼淵。漏道之道,其形勢以天然。如虎口之交互,金關石濱;音賓,穴也。又水名。如犧牲之露角,羅列侵

---

① 明刻本作"李曰"。

雲;如天門之外屏,龜印虹津。如之如玄,各司於宮分;一作分野。
如帶如練,必應於天文。

內水貴平,有不平者,以人力平之,故曰"平不平"。內水貴橫,有不橫者,以人力
橫之,故曰"橫不橫"。分塗者,分其兩路,如八字之繞於左右也。內水傾,務令其不
傾,內水直,務令其不直。其法在做兜堂,度其長短,鎖爲幾節,令其上水入下水如丁,
雖傾而不傾、雖直而不直也。其內水之犯駁雜者,縱有清流,終以濁論。其真純得天
清之氣者,謂之蒼淵也。漏道,非人所能爲。虎口交互,言其臥犧牲。露角,言其竪。
龜印虹津,則當於水口之中,三者俱在之玄帶練之內,其宮分折處各有星野應於三合
四衝之方,不得一視之也。

羅城列壁以杆吹,重峰疊嶂以朝身。當中謂水當中。數格,以
定其分野;坐穴直指,法詿以紛紜。一作迷倫。

羅城列壁、重峰疊嶂,皆在水口之外。

古曆云:"據山格水,到水已差;據水格山,到山已訛。沿山格山,沿水格水。水入
宮分,山入骨髓。"

矧有飛禽背崦,走獸肩坳,必騎龍之窠以就高窟,須捲臂之
腕以併流分。豈特三形之壯,自然四勢之朝。溪渚長流,隱隱而
外匝;壺井乾流,一作壺中畜水。平平而內遭。四顧亦防而特聳,方
中豈見其崇高?果缺欄檻而臨阽於占切,壁危也。危,或乏嶂蔽而當
缺陷。堪傷一作儕。墜簷之蛛結,當嗟牛鼻之風飄。外水隱然而
長繞,遠山屹爾以空高。是以顯設於堂門,且嚴於抑塞;深藏如
室榻,尤恥於衝嘈。[1]

背崦、肩坳,皆指高山之窟,惟騎龍穴爲然。然去龍須要回頭,如臂腕之抱,不見
其流之分,斯三形壯而四勢朝也。再得溪渚繞於外,壺井畜於內,四顧防護,不顯其崇
高,亦得謂傾而不傾、直而不直也。若外無欄檻而當絕壁懸崖,何異墜簷之蛛結、風吹

---

[1]　明刻本注曰:"此聯雖是叶韻,又恐不續。李曰:'蕭特未思耳。'正謂內案低
伏,伏穴場高露,隔沙見外洋流水。故目之曰繳脚,案外通透,衝心散氣,風吹不融結。"

之牛鼻也。是天既無可因，雖有外水遠山，亦無益矣。故水口爲第一要緊，所以雖有堂門，可謂暢矣，尤恐其門之不塞；藏如室榻，可謂邃矣，尤慮其水衝口直衝。

舊注曰："騎龍著穴，須愛捲珠爲案，以併八字流水。明堂却居於外，三形四勢，由一身而具。①"

雖然六相清英，朝集爲貴；六替干維，漏道之利，二十四山，潴澤無忌。

生旺真純，固所云吉。若反背斜流，亦非所貴。囚謝宜去，若當十二支宮，又誰曰宜？至於潴澤，則不論干維矣。

易脈崇勢第三十二

險隰之脈欲其降，易野之脈欲其崇。崇不崇於巇，崇必崇於鍾。崇如蛇蚹，符遇切。蛇蚹，腹下橫鱗可行者。蜿蜿蜒蜒，則舉頭微起莎草之中；崇如螺蹤，隱隱隆隆，經脈絡以膚通。

蜒與蚓同。膚，大也。險隰屬陰，降則爲陽；易野屬陽，崇則爲陰。巇者，山峰也。鍾者，釜之屬也。平原之崇，非謂其崇之如巇，得其崇如釜鍾之類，便爲有力矣。蛇蚹、螺蹤，言其崇之微。蜿蜒，言其曲折而隱，若曲折到頭不起者謂之遊魂。《撼龍經》云"但得一星龍便古"者，亦欲其崇之謂也。

崇則不披不散，崇則有穴有容。崇則聚氣，崇則藏風。崇如伏龜兮，曳尾留痕於來歷；崇如覆拳兮，宗身伸縮如臂蓬。如蚓陌貝②隧，如帛理屏匡。如秋霄幅列之漢，如晴空縷抹之虹。如蛛過簷，引遊絲而不斷；如狼獵食，躇遺蹤而必逢。

披，分也。臂，所以衛身之具。蓬，一本葉散生，遇風輒拔而旋。貝，海介蟲。隧，道也。蚓陌，蚓穴口外之土。平原一崇，如振裘挈領，枝脚自然歸聚，落穴自然有容。氣無不聚，風無不藏。如伏龜者，索其來於曳尾；如覆拳者，求其衛於宗身。如蚓穴外

之土，如貝所行之道。如帛上之紋，如屛間之格。如河漢之亘天，如長虹之匝地。若蛛引遊絲，狼追獸跡，皆喻其來歷之微，非久歷平原者未易知也。

　　始者尚思於雄傑，要知特美於平洋。昏睡之息，若吼若暴；和暢之氣，不聲不揚。自昔東南艱苦暫時之業，至今西北優遊累世之功。故曰[①]銳一作橫。不如圜，圜不如方，方不如平，平不如浩渺之滄浪。雖然，逐鹿亡盧[②]，揚鷹背鵲；曠蕩何宗，斷獨不續，則是火葬津埋之不若。

　　盧，狗之黑者。地固有輻列之平，所謂和暢之氣也。東南高，西北平。高者彰揚暴露，易發還易衰。平者博厚深藏，難發而退亦不易。直銳者屬木火，圜者屬金，方者屬土。平得土之純而近於水，浩渺則純乎水矣。火性烈而易滅，木遇冬必凋，此銳之不如圜也。金可從革，圜之不如方也。土之高者必崩，此方之不如平也。平之極者，陽氣發而爲水，此平之不如浩渺之滄浪也。昔楊筠松立纂宮法，凡有諸山輻輳、氣聚平洋，有大湖池隱注之處，名爲天池大會格。諸龍氣聚於中，深廣難下，須用人工采運茆竹，投於湖心，待其稍滿，却於吉方運五色土實築其上，取朝對立向開壙成穴，約高低深淺須與諸山環護登對，謂之纂宮法，即卜氏之水底穴。《怪穴賦》之"捉月須云在水中，還要土來封"也。設大勢無可宗，登對無可應，漫欲於廣漠無垠之地而穴之，亦何異逐鹿者之失其盧而鹿不可得，揚鷹者於鵲背之所鵲安從致哉？反不若投之水火中矣。

　　舊注曰："凡地勢崇起，則暴露風吹。謂之藏風者，豈不以岡脈之地崇其穴的？則容穴深邃不淺，淺當風。若行龍插地面，則當風矣。"

　　袁天綱曰："平洋如幅布，無紋無緒，是無岡脈。鷹之逐鵲，指前直射，如矢撥機上，勢無所差。若鷹鵲背，則是斷獨孤遺之形。"

日者如流一作儒流。　第三十三

　　馬遷博物，班固稽古。志地理則貴識風俗，書天文則恥窮骨

髓。仲翔三夢，臂不成於川流；梓慎九程，鉗失思於丁鎖。

　　秦末李仲翔祖葬城紀，三夢至人告曰："其山形如川字，法當戰死。"仲翔不信，漢初果戰於狄道而死。子柏考復夢如初，遂葬仲翔於素昌，因家焉。復夢至人告之曰："吉，但城紀之餘殃未衰耳。"曾孫廣又戰死，廣孫陵復又沒敵。晉梁武昭王李暠乃仲翔十九世孫。

　　城紀，《史記》作"成紀"。其先曰李信，秦時爲將，逐得燕太子丹者。

　　廣年六十，以與衛青不得，引刀自剄。廣子三人，曰當戶、椒、敢。當戶早死，椒爲代郡太守，皆先廣死。當戶有遺腹子名陵，以五千人出居延北，單于以八萬圍擊，陵軍兵矢既盡，食乏而救兵不至，遂降匈奴。單于以其女妻陵而貴之，漢聞，族陵母妻子。

　　李淳風曰："魯史梓慎愛泥岡之遠，隨程九日到窟，嫌水去傾直，棄之。後鍾山真人呂大同喜其大江橫流，鎖小水如丁字，葬之大吉。"

　　況五鬼叨賕，七星詭譎。符鳥語以冀童歡，剽正妙切，強取也。[1]花言而要婦悦。差賓失主，既失律於觀山；背勢尋形，何果嘗於擬穴？展屏面上，高高附鳳之危；排扛一作搞杵。背間，直直騎龍之兀。定貴賤，不關於相貌；推壽夭，岡兼於誕節。五行二氣，不宗於理致；八卦九宮，恣翻於歌訣。蔽醜惡於衆觀，矜[2]奇特於他奪。投主意於千門，見客情之百出。揚眉伸目，玩山水於京夷；仰面攛胸，誑星辰於翼逸。或若秘而罕言，或若習而肆説。貪狼徒逞於當時，破軍果應於今日。何貴耳而賤目，必信訑而棄實。塞儒者之廉貞，肆異端之汨没。[3]

　　舊注曰："凡五鬼圖山形以投獻者，必不肯輕容衆知，以他人爭奪驚其主。京夷、翼逸，皆東漢之鬼。"

　　展屏匡上，全憑捍脚之階。今面前壁削，誑爲附鳳。龍背之窠，須捲臂之腕。今後直前驅，詐曰騎龍。至於己所不知者，故作秘之之狀，不肯輕言人所不齒者，反肆其

---

　　① "強取也"後明刻本有"輕也"二字。
　　② 明刻本注："矜，一作景。"
　　③ 明刻本接正文之後注曰："汨没乃侉造星也。"

詞鋒,矜爲異説,遂流毒於無窮。

噫! 送終之道,人之至情;禮義廉恥,國之四維。合著儒者之業,胡爲賈者之資? 故曰儒之流、賦之機、禍之兆、福之隳,是安得真儒大儒,返其流而爲正之歸?

曰儒之流,貌儒而非儒,假儒以爲叨賦之具,而抑知禍端既肇,福澤遂消。安得所謂真儒大儒若馬遷、班固其人者,一起而正之也?

五行五獸第三十四

五行之五位,五方之五色,五性之五神,五正之五德,五象之五獸,此皆不可差而不可易。

五行尚主《洪範》,惟四正不變,餘各從其音之所屬。東方之色爲蒼,南方之色爲赤,中央之色爲黃,西方之色爲白,北方之色爲黑。木爲肝之性,暄而仁;火爲心之性,熱而禮;土爲脾之性,静而信;金爲肺之性,涼而義;水爲腎之性,凜而智。木曰靈威仰之神,火曰赤熛怒之神,土曰含樞紐之神,金曰白招矩之神,水曰叶光紀之神。木正曰勾芒,火正曰祝融,金正曰蓐收,水正曰玄冥,土正曰后土。勾芒之德爲和,祝融之德爲顯,后土之德爲濡,蓐收之德爲清,玄冥之德爲寒。五象見下文。

青龍爲鱗蟲,朱雀爲羽蟲,白虎爲毛蟲,玄武爲介蟲。中央居人而形倮①,黃庭貴之,比鳳凰而衣錦,玄丘歸藏,而明堂有離隱—作虛。之義。

四獸之屬與《內經》有異。岐伯曰:"東方生氣,氣生木,其在天爲元,在地爲化,在人爲道,其色爲蒼,其化爲榮,其蟲毛,謂萬物發生,如毛在皮也。南方生熱,熱生火,其在天爲熱,在地爲火,在人爲脈。其色爲赤,其化爲茂,其蟲羽,謂參差長短,象火之形也。西方生燥,燥生金,其在天爲燥,在地爲金,在人爲皮毛,其色爲白,其化爲斂,其蟲介,謂外被介甲,金堅之象也。北方生寒,寒生水,其在天爲寒,在地爲水,在人爲骨,其色爲黑,其化爲肅,其蟲鱗,謂魚蛇之族類也。中央生濕,濕生土,其在天爲濕,

---

① 明刻本注:"力果切。"

在地爲土,在人爲肉,其色爲黄,其化爲盈,其蟲倮,謂倮露皮革,無毛介也。"六壬以甲寅爲青龍,爲鱗蟲;丙午爲朱雀,爲羽蟲;庚申爲白虎,爲毛蟲;壬子爲玄武,爲介蟲;中央得五氣之全,鳳凰色備五彩,故以擬之。明堂最忌充塞,充塞則不明,謂無火以生之,而土氣不實也。離者,日月麗乎明也;隱者,如堂之虚廠足以隱其身也,此離隱之義,非若衆水聚處之説,只言其外不及於内也。《五方旗》曰:"四勢之中,戊己蒞之,在五臟謂之脾,在五行謂之土。土氣,實則陰陽摩蕩而成胎孕,曰摩孕之府。玄墟,真宅之象,受生於心火離明之氣。嗣不忘宗,故鉗龍之前,皆同應龍之論。然火以虚明,凡蔽塞其心者,可知其疾病。"亦離隱義也。

故四獸止取四勢於東南西北,五鬼竊之而未真,誑其名而鼓惑,曰麒麟、曰鳳凰、章光、玉堂兮,乘何義而可釋? 況鳳凰既比居中之倮,曷又出占四方? 而謬則特指摘以證其非,於以驗五鬼欺迷天下爲無識。

附五鬼量山步四獸卦

甲爲麒麟,丙爲鳳凰,庚上章光,壬上玉堂。

乾山起戊戌,坎山起戊子,艮山起戊寅,震山起戊卯,巽山起戊辰,坤山起己未,離山起戊午,兑山起己酉。

假如乾山結頂,落脈到穴,即於山頂,不問遠近,只於水分處量起,一步戊戌,二步己亥,直指落穴處,遇甲、庚、丙、壬即住,可以形勢高低取之。

穴之高下,自有一定不易之所,而此以四獸步之穴,若不可測矣,宜乎公明闢之。

方圓相勝第三十五

方者斯興,尚守五行以參二氣;圓者欲勝,已翻八卦而飾九星。方者執而多忤①,圓者順而有情。忤者衆所咈,情者衆所傾。然富貴貧賤,常並肩而處世。術者一正一偽,每角立而抗衡。又況貧賤者衆,富貴者寡,以妄傳妄,故達術必減於妄術之聲名;以

---

① 明刻本注:"五故切。"

僞傳僞,僞者縱橫散布,而正者於是乎不勝。

公明之聰明才辯,可謂神矣,而卒有不能勝僞之嘆,可見五鬼一輩自古流傳,天下皆是也。方者凝道自處,既不能傾情當世,又不能屑屑苟容,自然世不易逢,人不易識,良可惜哉。

是以虢氏出而章子淵時號仙藥,嬴氏作而卓思明時號真靈。惟嬴惟虢,固無心於衒術;而章而卓,亦豈遁於天刑[①]?噫,圓術方術,固非不習者之所能曉;是稽是度,莫若審其傳授以何經。

章、卓一輩,特是造物所遣而虐人者。人能修德以俟,自然不與之遭逢矣。夫後知嬴、虢雖明,亦不能私有所畀。

舊注曰:"圓術但以心機求售,不能傳子,果傳於其子,則全不侔於父。"

蓋五行二氣,尚有經之可考,而文曲武曲,必無文之可憑。惟心機口訣,罩俗以籠衆,豈容繩墨以傳承?故曰:"今之輕,後之重;今之重,後之輕。"

五行二氣見於河洛。文曲武曲經史不載,憑何考證?若圓術者,不過窺伺人之顏色,以投合其機而已。正者雖爲今所擯,後至於破家滅亡,思之而爲後之重矣。圓者雖爲今所用,後至於破家滅亡,思之而爲後之輕矣。

詭結第三十六

詭結之説,不勝其異。爲虢氏之説,則曰:"有山而無水,有形而無勢。内停而外馳,前趣而後背。"

有山無水者血枯,有形無勢者脈寒,内停外馳者氣不畜,前趣後背者龍不來。

爲嬴氏之説,則曰:"町疃乾流而岡骨不住,枝葉來山而氣脈分布。内平而外不圓,後來而前不顧。"

町疃,禽獸所踐處。雖有乾流而岡骨不止者,龍之伏而從此過也。到頭之山,貴乎專一,若枝葉太繁,本氣爲其所奪矣。内平者,堂氣已可觀。外不圓者,左右皆不

---

① "遁",明刻本作"遯",義同。

顧。《四勢三形》篇曰："外如龜,內如月;外如璧,內如窟;外如牆,內如室;外如趣,內如列。"夫亦欲其外之圓也。未作穴,先作朝,穴止而朝與之會,若賓主之相逢,外氣自無不備。若前不相顧,則外氣蕩然,雖有後之來而前不迎也,詭結而已矣。

二者之説,皆同軌而異度。

虢氏曰"有山而無水",嬴氏曰"町疃乾流而岡骨不住",一言其止之詭,一言其似止而實未嘗止也。虢氏曰"有形而無勢",嬴氏曰"枝葉來山而氣脈分布",一言其勢之不足,一言其形之太繁。虢氏曰"內停而外馳,前趣而後背",嬴氏曰"內平而外不圓,後來而前不顧",內停即內平,外馳即外不圓也,一言其前雖至而後不見其來,一言其後雖來而前不見其至也。

曹叔之説則又不然,絕頂騎龍而鉗瀏[1]直懸,當頭宗龍而鼻吹雙穿。或作牛鼻雙穿。半腰攀龍而八字披瀉,没脚承龍而失勢單寒。

已上四者,雖皆有其形,而前則均缺其一面。若有龍而無形無水者,益不足言也。

是皆有形之可穴,而無應[2]之可完。若無形無水,則不爲結之詭,爲流之乾。

騎龍貴捲尾爲案,以屏八字流水。若鉗瀏直懸,外無以塞,氣隨之而喪矣。宗龍之結曰鎮龍頭,鼻吹雙穿是前無門戶,氣爲風所蕩耳。來龍橫臥,攀其肩井而八字披瀉者,是無肩井可攀。更下砂不轉,不能關內室之水,外無以聚之也。來龍磅礴,承其顧瞻,曰承龍之勢,而失勢單寒者,是勢有所不及,而前空曠無垠也。

心目圓機第三十七

葬者承黃鐘之真氣也。取少陰少陽於未奇未偶之先,以順五行相替之理。

天地之始氣曰黃鐘,奇偶當十二支正位,未奇未偶當八干四維之零位,五行相替

---

① 明刻本注:"二音,水清貌。"
② 明刻本注:"應若四應也。"

之理寓焉。葬者貴坐向干維，即黄鐘之真氣也。蓋十二支有煞，八干四維無煞。范越鳳云"古人爲向只有八長，欲逢生不逢煞"者，即此也。

一個天參之爲三，一個地兩之爲二。三三爲九，三二爲六。兩其二，一其三爲七；兩其三，一其二爲八。九爲老陽，六爲老陰；七爲少陽，八爲少陰；二老爲陰陽，二少爲剛柔。

其正以山，其輔以水。由正而行，得輔而止。其行也由勢而來，其止也以形而委。勢向方而形入路，水以爲防；山奮揲①而水崇綱，穴如其蕊。

山行必有水輔，其輔於勢者俱在外；山止而輔者亦止，其輔於形者俱在内。山奮揲者，一本而散爲萬殊；水崇綱者，萬殊而歸於一本也。以山而形穴之蕊，則其蒂在上；以水而形穴之蕊，則其蒂在下。在上者山之揲也，在下者水之綱也。

是以勢遠形深者，氣之府也，五帝五祀以之命慈孫而錫孝子；勢促形散者，氣之衰也，五神五祀之所不居而猖孫蕩子之所喜。

得勢遠者其形自深，其勢促者其形自散。慈孫、孝子，天必佑之；猖孫、蕩子，天必覆之。然則五帝、五神所居，其宅於氣之府，不宅於氣之衰也。

故營營於擇福而禍益媒，茫茫於擇術而贓益詭。惟頹然委順，循然盡己。擇福必正其心田，擇術必參其經旨。居之而不矜不奇，扣之而不竭不匱。冀道釋之虚無禍福，審卜命之同途殊軌。

福不可擇而在於擇術，術不易擇而在乎積德以俟之，所以擇福也。五鬼輩一味矜奇，及扣之經旨，茫無以應。有道君子，惟以理義是談，斷不徒以禍福惑人也。

推星必由於五行，言天必由於五土。仰佑善之五音，一作章。格行災之五鬼，故曰探天造，索天揆，明天目，聰天耳。洞山水之關節，得墳兆之表裏。

---

① 明刻本注："筆永切，執也。"

星者，歲星、熒惑、鎮星、太白、辰星也。甲年①上應鎮星，丑癸坤庚未山在下應之，甚則上應太白星，兌丁乾亥之山應之。星在天者也，五行在地者也。此推星必由於五行，言天必由於五土也。《洪範》五行之屬，根於宮商角徵羽之五音。其通於五行者，佑善之五音也，其昧於五行者，行災之五鬼也。天造，天之始氣；天揆，天之度數。天之始氣生於八干四維之中，天之度數見於二十八宿之位。其度之所至而地應之，或氣之所始而地承之，皆吉福所由生也。然非極耳目之聰明於聞見，不能洞山水之關，雖得五行之運氣，亦無所施其用耳。

無分面過肩之不聚，無穿鼻崩唇之不理。無藏頭散背之不端，無當腰附肋之不蔽。無肘後逆流—作分。而勢不鍾，無目前順流而形不峙。無分屍之案首，無覆屍之水尾。—作口。

此一節釋山水關節之所忌。分面者，當面水分八字；過肩者，由肩後過去而不繞入堂。穿鼻者，兩水拗合而直出；崩唇者，內堂水瀉而無攔。藏頭者，貫頂無星峰；散背者，懶坦無收拾。當腰不蔽者，過峽受風；附肋不蔽者，兩肱凹缺。肘後逆流，勢居於背；目前順泄，形爲之傾。案山崩破曰分屍，水口山如覆舟曰覆屍，皆大凶之象也。

是以水未經於方鎮，止爲金粟之區；山必界於江河，斯結王侯之壘。是水以聚爲憑，山以遠爲主。騰驤②如冀北之馬，必橫水府而可容；蜿蜒似常山之蛇，不崇氣庫而何取。

龍之修短，一準於水之遠近。龍有千里，則有千里之水；龍有百里，則有百里之水。水未經於方鎮者，龍之短促可知，不過爲金粟之區而已。必也以江爲界或以河爲界，其龍遠者數百里近者或百里。勢若遠大，王侯之壘斯在焉。《金壁玄文》曰："幹龍住處分遠近，千里爲大郡，二三百里可爲州，過此即封侯。"亦遠之謂也。蓋水遠則所入者愈寬，山遠則所脫者愈嫩，山必以水爲防，水必以山爲主。山雖如冀北之馬，無水府以止之，不可馭也；水雖似常山之蛇，無氣庫以收之，亦何益耶？常山之蛇指龍説亦妙。

---

① 注：土氣太過。
② 明刻本注"騰驤"："息良切，騰躍也。"

釋名第三十八

積氣應星，相江山而擇吉；曉人有法，因形勢而命名。指山之磅礴兮，則有山龍之號；指水之羅繞兮，則有水城之稱。來歷則曰祖曰宗，原其本始；居中則曰宅曰兆，可以歸藏。曰夾室者，則邃區穴而不露；曰輔門者，則保明堂而若防。曰之玄竅者，息道之磧決；曰之玄隧者，漏道之巖行。

山川之情性不一，龍穴之位置各殊。因形以立名，顧名以思義。不在標奇，貴夫近理。故山曰龍，謂能變化也；水曰城，謂能防護也。來歷曰祖、宗，不忘其所自出也；居中曰宅、兆，如仁者之安宅也。內砂曰夾室，外衛曰輔門，內室而外門也。內水口曰息道，外水口曰漏道，內微而外著也。

舊注曰："世俗多以炭引鉗口水，則火氣炎盛，謂之一氣侵淩、五行絕滅，惟磧石則善行水矣。巖流者，水口得巖關鎖則無變遷，時俗謂之交互石也。邃者，乃流痕小狹而不露者也。"

曰海眼者，望之而廣博；曰天壺者，登之而寬平。曰騰巔者，結頂而未住；曰吐舌者，含唇而未盛。曰反肘者，欲叛而棄主；曰偏胸者，欲脫而絕纓。曰亂衣褐—作裳。者，山無領袖；曰橫刀—作刃。隴者，山帶或作露。鋒芒。

海眼，係垂坡圓窟。天壺，係仰天之峻而平者，皆結高處。騰巔，山之將起而爲頂。吐舌，山之既止而外伸，皆非站穴之所。反肘，其勢背。偏胸者，其落斜絕纓，謂其無頂也。振裘挈領則衣不亂，無其領謂無其主也。刀刃皆尖利凶器，山之鋒芒似之。

李淳風曰：[1]"凡入穴如笏，出穴如槍，乃宣威執柄之形。惟露在穴前者則爲鋒芒犯主，始合凶應。"

曰含羞者，對蛾眉之隴；曰挾私者，抱雞卵之岡。曰槎牙者，非端正之幹；曰藤蔓者，非堅固之莖。曰蜿蜒者，形勢之怒—作回。

---

[1]　明刻本作"李曰：'蕭説復長'"。

疑如字。拱；曰懸瀑者，山水之直傾。曰朝宗者，乘合川歸海之勢；曰入廟者，推配神造運之靈。

　　蛾眉，半露其頂，寓有含羞之意。挾私，在龍虎內，又爲患眼、抱養、墮胎之山。槎牙，枝自旁出而不正。藤蔓，較枝愈細而力輕。蜿蜒者，屈曲而擁衞。懸瀑者，傾逝而不情。朝宗，不必定在濱海，得汪洋澎湃之水，皆謂之朝宗也。廟者，貌也，所以仿佛先人之容貌也。曰入廟者，取其一家之義，如木以乾甲丁爲入廟，金以巽庚癸爲入廟也。造，至也。造運者，造其運之內如入其廟之中也。

　　《撥砂》云："脫妻之山槎牙生，藤蔓之山怕秋旱。"①

　　是皆以意逆意，以情度情。何況杳冥之跡，曾無規矩之憑，非公心者不能清其翳，非明目者不能見其形。得其道者必由於至妙，通其數者必由於至精。雖然，尋龍雖難，擇術有要，惟理義之是稽，則真僞之可較。如治家之綱維，在容心於門竈。門者家之儀，竈者家之耗。耗虞奴婢之媚，儀虞賓客之暴。媚不順則內外無關，暴不順則子孫失教。主以是而擇術，術當求其要妙。於以見其精習，於以見其體貌。是以虢公見香筍而辭，樗里因博局而告。易鼎烹以養賢，豈養誤人之贓盜？

　　以人之意逆山水之意，以人之情逆山水之情。初非有繩墨之可據者，要非心目雙清，未易臻其妙矣。

　　《樗里遺書》曰："昔虢公客於劉門，見僕隸皆帶蘭麝，心已怪之。居無何，知其在庖廚內食，意與其姬妮雜處，遂辭去。後劉氏家果不振。②"

山水會遇第三十九

　　水隨山而行，山界水而止。界其分域，止其逾越，聚其氣而

---

　　①　"旱"字後明刻本有"是也"二字。
　　②　"果"字原作"固"，從明刻本。明刻本接上注言："樗客其高門，因見其博局惡之，已三四造違矣。陰陽家以博局爲提籮殺，主乞丐之應。以骰子爲洗骨殺，主令屍之應。今日之事，後日之應可知。"

施耳。水無山則氣散而不附，山無水則氣塞而不理。山如兵，水如城，駐兵之地，非城不營；山如堂，水如牆，高堂之居，非牆不防；山如君，水如臣，君臣都俞，風化斯淳；山如主，水如賓，賓主雍容，情味相親。

山爲實氣，水爲虛氣。土逾高，其氣逾厚；水逾深，其氣逾大。土薄則氣微，水淺則氣弱。然水不能自爲淺深，氣急而不凝者，實山爲之也；山不能自爲開拓，使堂氣暢而不塞者，是又水以充之也。總之，二者相須而不相離。捨山以言水，而水何附？捨水以言山，而山何止也？郭氏則以山爲內氣、水爲外氣，故如丘、如堂、如君、如主，皆內也；如城、如牆、如臣、如賓，皆外也。

故尋龍之術者稱之曰山水之士，賊術之奴廝役也，養也。① 目之曰行災五鬼。故曰蠢爾五鬼，沿謬成徒。說青龍白虎而不正其色，誇天蓬天任而曷辨其墟？忘堯舜在躬之曆而心窒於理義，誣帝王傳心之道而眼昧於玄微。

龍在東，虎在西，故有青白之異，惟面南者爲然。天蓬即一白，天任即八白。一自屬坎水也，八白屬艮土也，二者雖皆屬白，一爲顓頊氏之墟，一爲太皥氏之墟，而五行則異。堯曰："咨，爾舜，天之曆數在爾躬，允執厥中。"舜亦以命禹。帝王傳心之道，惟此一"中"，喻穴雖有千態萬狀，而其結作之所必有其至中。然心窒於理義、眼昧於玄微者，未易得也。

鬼則未離於一物，賊叨若輩。況五鬼之奴，曰能齟富貴、能瘦膏腴、能廢祖先之祀、能孼子孫之愚，惟設誑人之巧，亦由鬼力之餘。曰維善不積，自投於篏；篏，以篾束物也。問以理義，對必囁之涉切。嚅，汝具切。囁嚅，多言口無實資也。孤兒寡婦猶或未信，信之者必白面之儒。

賊叨若輩下疑有闕文。富貴者齟之，膏腴者瘦之，廢人之先，愚人之後，皆人所不能者，而五鬼能之。亦由於人之不德，自投於羅網，若束於篏而不可解也。

---

① 明刻本注另有注音"音斯"。

舊注曰："孤兒寡婦猶或知葬祖祀先之義,惟白面書生口誦經史、心諳禮義①,盲頭啞尾,煩舌騰傍,謂無陰陽。及至父母暴露②,不得不埋,即用臟鬼奴賊夷岡破阜,妝造形勢。一罹凶應,便始遷移,亦有掘出安留寄寺院者。"

嗚呼,彼實一奴之陋,委爲衆智之愚,一本作主愚不積之拘。安得積善累德之門,翺翔倘佯與之登青山,玩綠水,論六相六替以盡我之歡愉?

衆智之愚,謂衆皆智而反爲一奴所愚也。

此篇首言山之與水相會遇,末言主之與術相會遇。其不能與山水之士會,而與行災之五鬼遇者,不可謂非其積也。

盛衰改度第四十

當初窆坎,遽誇今日之玄墟。況此佳城,寧保千年之荒殯?③

玄墟,穴也。一言其昔衰而今盛,一言其今盛而後衰。昔衰者,當初葬時其家貧窶,至今日而富貴,遽誇其葬之得穴矣。今盛者,今日雖富貴,其葬之不善,能保其不爲喪家之荒冢歟?大意如此,舊注謬不錄④。

江山形勢已俱非,氣概精神都一變。豈惟土復以洲移,何特山崩而地震?東南多叢衬⑤之傷,西北屢堤坍⑥之釁。路穿青嶂以成蹊,水墾黃泥而易埻⑦。散氣脈於溝渠,盡條枝於斧刃。既地形之改度,應天象之轉運。

---

① "諳"字原作"暗",不辭,據明刻本改。
② "父母",明刻本作"父兄"。
③ 明刻本有注曰"李曰:'玄墟即玄廬也,又曰乾室也。黃廬,土色之正。玄墟,玄室,方中也,如空室之謂。蕭説未明。'王曰:'時俗到置門閭屋宇或與基地形勢不等,或穿溝散氣不併合於一路。一作元辰。背戾陰陽屢矣,可爲太息。'"
④ 注:佳城而成荒殯,由於續葬之不善。
⑤ 明刻本注:"音附,合葬也。"
⑥ 明刻本注:"他甘切,水行岸,壞也。"
⑦ 明刻本注曰:"之兌切,又之潤切,堤岸也。"

祔，合葬也。坍，水打岸壞也。埠，堤岸也。精神隨形勢發見，形勢既已改移，精神亦因之變易矣。不但土復洲移、山崩地震，其叢祔者氣殘，堤坍者形壞。路久能斷龍，水急能衝岸。溝渠之於氣脈，若斧刃之於枝條，況天道無一不因於地。地形改度，天象轉移，理勢之必然也。

況變數之有窮，如晝之必夜，如少之必老，其理昭昭，則何煩而致問？《斯干》之詩曰："如竹苞矣，如松茂矣。"此宣王考室之作，亦賴衣毛之庇潤。《孟子》："所謂故國者，非謂有喬木之謂也，有世臣之謂也。"矧松埏[1]賴蓬顆，得良嗣守之之法，雖千年而一旦。

埏，塋冢之神道也。顆，土塊也，蓬顆，蒿裹之義也。《斯干》，《毛詩》篇名。考，成也。盛衰，天地循環之數，盛極必衰，如晝之必夜、少之必老；衰極復盛，如霜雪之後繼以陽春，數原不可窮也。《斯干》之詩，以竹松爲宮室之蔭庇，《孟子》則以世臣爲故國之瞻依。公明以松埏、蓬顆比松竹之庇宮室、得良嗣守之，此故國之有世臣，澤流無窮也。

管氏地理指蒙五

擇術第四十一

《易》曰："方以類聚，物以群分，吉凶生矣。"方者，八卦所居之方[2]，有方者昌焉；物者，八卦所爲之物[3]，有物者象焉。一作麗。方以類則有術，物以群則有事。天下以方爲術者，皆方之類；以

---

① 明刻本注："音延。"
② "方"下明刻本有"也"字。
③ "物"下明刻本有"也"字。

物爲事者，皆物之群。類非誠感則不至，群非理制則不分。陰陽之理，各以正勝，吉凶生矣①。

朱子曰："方，謂事情所向，言事物善惡各以類分。"八卦所居之方，是吉凶寓於八卦之內。八卦所爲之物，是吉凶見於物類之中。此篇論擇術，方對術者作爲之法説。有方者昌，是得其作爲之善者。有物者象，是近取諸身、遠取諸物之義。胡雲峰曰："《易》未有爻位，則未有吉凶之辭也。"天地間事物，吉凶各以類而分，善者可知其爲吉，惡者可知其爲凶矣。類之中有吉者，非誠感之則不至；群之中有凶者，非理格之則不分。陰陽之理，自有一定之見。偏者自能致其凶，正者自能召其吉，何容辨耶？

又曰："在天成象，在地成形，變化見矣。"積氣爲天，其成象者日月星辰也；積塊爲地，其成形者金木水火土也。形象之成，神實使之，故變化見矣。

惟神爲能變化，然亦須積之久而後成。

又曰："剛柔相摩，八卦相盪②。乾道成男，坤道成女。以至於天下之理得，而成位乎其中矣。"剛者，乾事也；柔者，坤事也。震坎艮索於乾而得男，巽離兑索於坤而得女。如摩礪使之漸消，盪滌使之亟去。剛摩柔則柔消而爲晝，柔摩剛則剛去而爲夜。震盪艮則爲春，離盪巽則爲夏，兑盪坤則爲秋，坎盪乾則爲冬。故萬物之方生方死，五行之相生相剋、盈虚消長，相代乎前而莫知其所自者，必有真宰存焉，特未得其朕爾。

乾坤之道，至易至簡，無不可知，無不可能，一有矯揉，便非自然易簡之理。故可久可大，亦惟易簡之德業爲然。至於天下之理得，可以與天地參矣。

《莊子》曰："日夜相代乎前，而莫知其所萌。已乎已乎，旦暮得此，其所由以生乎？非彼無我，非我無所，是亦近矣，而不知其所使。若有真宰，而特不得其朕。"真宰在人身中一氣耳，本來無形，有何朕兆？

---

① "吉"字前明刻本有"故"字。
② 明刻本注："音蕩，滌盪，搖動也。"

臨川吴氏曰:"畫卦之初,以一剛一柔與第二畫之剛柔相摩而爲四象。又以二剛二柔與第三畫之剛柔相摩而爲八卦。八卦既成,則又各悔卦盡於一貞卦之上,而一卦爲八卦,八卦爲六十四卦也。剛柔摩盪而爲晝夜寒暑,雖消長往復自有其機,而爲其所以者,皆神也。"

又曰:"原始反終,故知死生之説。""精氣爲物,遊魂爲變。"生死以物言,原生之始以知死之終,反始之終以知生之始。知生死之説,則知變化矣。精氣爲物,言化而生也;遊魂爲變,言變而死也。形本於精氣,構而爲物,生而有形。原其始也,自稚而至於壯,自壯而至於老,無時而不化也,此所謂精氣爲物也。及其終也,體魄降於地,魂氣歸於天,如雲之遊而無所不之,此所謂遊魂爲變也。生死以物言,變化以鬼神言,幽明雖殊,其情狀一也。散一爲二,故精在氣之先;合二爲一,故氣與精同體者。死,魂氣歸天,體魄降地。魄,白也,西方之成色也,如金之白不能變也。魂,雲也,如雲之敷無所不之也。著於幽陰,則魂載於魄;麗於陽明,則違魄從魂。魂有所歸,則能入神,以魂從神,如智入聖,自然相通矣。

始終生死,是以循環言;精氣鬼神,是以聚散言。精,魄也,耳目之精爲魄;氣,魂也,口鼻之嘘吸爲魂。二者合而成物,精虚魄降則氣散魂遊而無不之矣。

《雜書》曰:"魂,人之陽神也;魄,人之陰神也。"

或問精氣爲物,遊魂爲變。朱子曰:"此是兩個合、一個離。精氣合則魂魄合而凝結爲物,離則陽已散而陰無所歸,故爲變。"余謂"無所歸"三字於理不順,精氣合而爲物,精氣散而爲魂,其變處即其所歸處。又曰:"變是魂魄相離,雖獨説遊魂而不言魄,然離魄之意自可見矣。如言殂落,升也。殂是魂之遊,落即魄之降。古之祭祀求諸陽,所以求其魂;求諸陰,所以求其魄。"又曰:"魂氣升於天,體魄歸於土。神氣上升,鬼氣下降,不特人也。凡物之枯敗,其香氣騰於上,物則腐於下,推此可見。"又曰:"死則謂之魂魄,生則謂之精氣。然則精氣合則爲人,魂魄離則爲鬼。"

張子曰:"精氣者,自無而有;遊魂者,自有而無。自無而有,神之情也;自有而無,鬼之情也。自無而有，故顯而爲物，神之狀也。自有而無，故隱而爲變，鬼之狀也。"

著於幽陰，魄之附於土也；麗於陽明，魂之應於星也。魂能應於星，即魂之有所歸。而要非魄之附於山川之正氣，不能其能。附於山川之正氣，便所謂如智入聖，與生者相通矣。

嗚呼，聖人觀象作《易》，幾微事物，其道甚大，其旨甚悉。吉凶亨否之説偏，所以派於日者之術。故葬者體魄藏於地，以配五土；魂氣遊於天，以配五星，此子孫之心也。骨肉歸復於土，命也；魂氣無所不之，是也。

道之派於術，雖甚繁，而有關於造化者，惟葬一術爲最大。蓋下得藏於五土，上可以配於五星，孝子慈孫所當盡其心也。

"延陵季子適齊，於其反也，其長子死，葬於嬴博之間。孔子曰：'延陵季子，吳之習於禮者也。'往而觀其葬焉。其坎深不至於泉，其歛以時服。既葬而封，廣輪掩坎，其高可隱也。既封，左袒右還，其封且號者三，曰：'骨肉歸復於土，命也。若魂氣則無不之也，無不之也。'而遂行。"左袒以示陽之變，右還以示陰之歸。骨肉歸土，陰之降也；魂氣無不之，陽氣升也。陰陽，氣也。命者，氣之所鍾。季子以骨肉歸復於土爲命者，此精氣爲物之有盡；謂魂氣則無不之者，此遊魂爲變之無方也。壽夭得於有生之初，可以言命；魂氣散於既死之後，不可以言命也。再言無不之者，慼傷離訣之至情，而冀其魂之隨己以歸也。

命，生也，賦於人爲性，出於天爲命。未有人之先，其原皆出於土。既葬而封，故曰復。復而後有生之理，故曰命也。《有無往來篇》曰："挺然而生者，死之先；寂然而死者，生之息。理不終息，故息之之道爲生之樞。"即歸復於土之義。

《青囊内傳》注曰："葬埋得吉氣，亡魂負陽而升，而子孫逸樂、富貴、蕃衍矣；葬埋得凶氣，亡魂抱陰而墮，而子孫貧賤、殺戮、零替矣。"然則魂之所之，亦卜於既葬之後歟？

三五釋微第四十二

一氣未分，五土胚暉於鼇極[①]；五墟既正，列星分野於龍樓。

---

① 明刻本注："斷鼇足以立極之意。"

數有祥而有沴,應有喜而有憂。因夷險之方寸,得形氣於堊丘^①。縱命偶三奇,貌全五嶽,果配祀於五診,花暫榮而暫落。惟五祀配於五祥,則五靈鍾秀於造命之初,故子孫奕葉,享富貴而延長。

胚,婦孕一月也。鼇極,金精。鼇極如子年作乾山,得蒼天木氣司山方,書可考。龍樓,祖山有數尖並列者。渾沌之先,惟有一氣,土者氣之體,故土爲胚暉於鼇極之最始。五墟既正之後,始有星野,而吉凶生。方寸,穴地也。穴之或夷或險,高下雖曰不同,要不離乎形氣之內。蓋氣非形不寓,形非氣不全,故形氣疊説。命者,天也;貌者,人也。但人徒恃其天而於地有未善,終是暫榮暫落而已。惟配祀得五土之祥,其鍾秀不獨得於天與人,其子孫奕葉,富貴自不可量。此節見天人之三五不足恃,重在地之三形五氣。

雖然身集三吉,心潛五凶,若和而戾,若廉而贓,若慈而忍,若容而抗,若遇而併^②,若何而防。巧者拙之佐,才者德之亡。德亡心亡,五土不容。是以三吉没,五凶彰,此古人論心之道,非惟地理之章。"若遇"之遇一作惠。

此節言人心之三五。身集三吉者,得命、得貌、得地也。心潛五凶者,戾、贓、忍、抗、併也。若和者,於理似無舛逆而其心則違;若廉者,於取似近耿介而其心則貪;若慈者,於物似具愷惻而其心不仁;若容者,於人之過似能有容而其心則拒;若遇者,於境遇似無所爭而其心則競。凡此者皆貌是而心非,人何能以防之也?巧者徒爲拙之佐,才者徒爲德之亡。人心即天心,亡其德即亡其心,因以亡其天,故爲五土所不容。古人求地,必以積德爲本,夫亦欲不失其天焉耳。

若曰一二六八之叶吉,三四五七之不良,是則陽明之用兼中央之五黃。若曰遊魂之變,則五正中於太陽。一作呂。言其數,乃四吉而四不藏。道本軒黃之道,流於嬴虢之荒。^③舊作流。

一二之二當作九,五七之五當作二,此洛書三白法也。

---

① "得",明刻本作"別",義長。
② "遇",明刻本作"惠"。
③ "荒",明刻本作"流"。

年家白星起例云："上元甲子起一白，中元四緑却爲頭，下元七赤兌方是，逆尋年分順宮遊。"

月家白星起例云："子午卯酉年，正月起八白；辰戌丑未年，正月起五黄；寅申巳亥年，正月起二黑。"

日家白星起例云："日家白法不難求，二十四氣六宮周。冬至雨水及穀雨，陽順摹一、七、四中游；夏至、處暑、霜降後，九、三、六星逆行求。"

時家白星起例云："時家白法更精微，須知二至與三時。冬至三元一、七、四，子酉宮中順布之。夏至九、三、六星逆，九星挨巽震排之。"

陽明之用，在營造上説。

遊魂卦變，一生氣，二天醫，三絶體，四遊魂，五五鬼，六福德，七絶命，八輔星。如乾，一變上爻爲兌，二變中爻爲震，三變下爻爲坤，四變中爻爲坎，五變上爻爲巽，六變中爻爲艮，七變下爻爲離，八變中爻爲乾，此祖卦也。餘並以本卦上爻變起，仍還變本卦而止，以貪巨武輔爲吉，破禄文廉爲凶，一變即生氣，二變即天醫，三變即絶體，四變即遊魂，五變即五鬼，六變即福德，七變即絶命，八變即輔星。凡第五變即屬廉貞，第五廉貞爲火星，故云太陽。

尚乘地險以應天險[①]，必辨陰陽；先氣鍾而後福鍾，皆由山水。山水者，陽明之著；陰陽者，黄鐘之始。以相體用，以相表裏。山來水横，水來山界，水性應山，山性應水，是則黄鐘陽明相融而相理。

地險，山川丘陵也。天險，日月星辰也。日月星辰之過宮，皆在八干四維之正位，天險不可獨恃，必先求形氣所在，而後運以日月星辰之會集，是爲福澤所鍾。形氣所在者，山水是也。山水之見於十二支者謂之陽明，以十二支之山水配合於八干四維謂之黄鐘。其實則以陽明爲體，黄鐘爲用。陽明其運於内者也，黄鐘其見於外者也。若再分而析之，則山爲陽明，水爲黄鐘。水不應山則黄鐘爲不和，山不應水則陽明爲不順。是山水又各自乃陽明黄鐘而不容以相離也。所謂萬水盡從天上去，一條龍向地中行者，蓋本諸此。

---

① 明刻本注："地險，山川丘陵。天險，日月星辰。"

《開明堂篇》云:"陽明黃鐘,二用稍異;少陽少陰,黃鐘始氣;老陽老陰,陽明始著;區別陰陽,參錯天地。"當與此處互看。

故曰山欲出祖,水欲立己。出祖蓋期於顯祖,豈栖栖奔逐之倫?承宗必貴於興宗,有翼翼周遮之輔;立己即强於根本,流慶必延於續嗣。是故山尋住脚連延,則未絶他情;水愛環城反背,則不鍾內氣。

山欲出祖,是山欲得祖宗之正,而後來歷遠;水欲立己,是水不欲有附於人,而後源頭真立。與行對立者定而不遷己,與人對有情於人,則無意於我,便非立己處也。故曰反背則不鍾內氣,皆應立己説。

又有來山遠而去山平,彎中作蕩。發山奔而住山緩,泞裏堪塋。

上文言出祖期於顯祖,此言其來歷雖遠,去山却平,其捲尾回顧之中亦有結作,不可謂其不能顯祖而棄之。上文言承宗必貴於興宗,此言其發將雖奔,住山緩而不起,其緩處若能開闢泞會亦有結作,不可謂其不能興宗而棄之。

拱似抱嬰,手有惰勤之辨。平如仰掌,臂分伸縮之情。

拱抱有力者,其手勤;拱抱無力者,其手惰。平如仰掌,言其穴地之美。其臂之伸者居外,臂之縮者居內也。

又有穴騎肩項、鉗防杵握之流,案捲拳頭、臂藉弓彎之絆,是則合勢全形,連身轉腕。崇高特取其寬平,左右不論其緊慢。彼有勢方行而形未住,巧作虛鉗;身直去而脚橫伸,詭成端準。大往小來,氣之不從;本背枝披,葬之不允。

上文言山尋住脚連延,則未絶他情,然亦有穴騎於肩項者。但肩欲堪負,項要曲會,若杵握之流不可騎也。至於案捲拳頭,即是穴騎肩項之案,使兩臂無弓彎之絆以衛之,與杵握無異矣。設左右之抱者既全,而前亦既以去山爲捲尾之案,是則合勢以爲形,即體以爲腕。其穴地雖高,却有寬平之所,左右但欲包藏,其緊慢非所計也。蓋內堂之水有捲尾以收之,左右雖慢自無漏瀉之患。然龍亦有大勢尚行,虛爲鉗偽爲準者,特去者大而來者小。根本既非枝,焉能榮實耶?

或問:"變通之數,不過於五。"曰:"非止五也。五數其主,以三配之,河圖之用八也;以四配之,洛書之用九也;以五配之,太玄之數十也。文王重之,則六十四也;老氏重之,則八十一也。誰將重之,則百百而不可禦!"曰:"俗之所謂三凶五吉則因於吉,三吉五凶則因於凶。然山水之形勢,吉凶之態度變動不常,安可執數而語①?"此亦聲言之復—作習。熟,在條理而不齟齬。

齒一前一却曰齟齬,言不相值也。太玄疑大衍。管氏之意謂吉凶不一,不可以三五拘之。以三而配五得八數,河圖之用也;以四而配五得九數,洛書之用也;以五而配五得十數,大衍之數也。文王以八數重之,得六十四;老氏以九數重之,得八十一;誰將以大衍之數重之,則百百而不可禦也。朱子曰:"河圖、洛書皆聖人所取以爲八卦者,而九疇亦並出焉。今以其象觀之,則虛其中者,所以爲《易》也;實其中者,所以爲《洪範》也。"又曰:"太陽數九,少陰數八,少陽數七,太陰數六。初不知其數如何恁地,原來只是十數。太陽居一,除一便九;少陰居二,除二便八;少陽居三,除三便七;太陰居四,除四便六。"老陽、少陰、少陽、老陰除本身一、二、三、四,便是九八七六之數。

樗里不云乎:短、雜、散、逆、亂,網不綱,本不幹;遠、深、真、活、順,有堂宇,有門仞。鑱、楞②、偏、仄、兀,非鳳窠,非龍窟;盤、伏、踞、端、容,應星列,輔雲從;枯、醜、卑、囚、側,源之窮,谷之極;豐、巧、秀、馴、安,幅無纇③,玉無痕。

短,促而不長也。雜,參錯也。郭氏云:"參形雜勢,主客同情,所不葬也。"散,分離而不聚也。逆,情不相順也,與逆水之逆不同。亂,不理也。凡網得其綱、本得其幹者,其來自然長遠,其止必有住將,其左右不分散,其隨者皆順從。明堂案應,自有條理。遠者,其來遙也。深者,其往邃也。真者,僞之反、神之聚。活者,生動而曲屈。順者,奔赴於一群也。其來既遙,其止既邃,自有若堂宇之藏者。然其真者、活者、順者,不求於門仞之內,未可得也。鑱,銳刺也。楞,如屋上瓦棱也。偏者,不中也。仄者,左

---

① "語",明刻本作"數"。
② 明刻本注曰:"音棱,四方也。"
③ 明刻本注"纇"曰:"盧對切,粗絲也。"

右之傾欹也。兀者，高而不安也。五者皆指窩窟之形説。窩窟左右，不宜有刺當心，不宜有棱，不宜與脈不對而欹側突兀。一或犯之，非鳳窠、非龍窟也。盤，曲也。伏，潛匿也。踞，獸直前足而坐端王正也。容，受也。郭璞曰："容，如今之小曲屏風，唱射者所以自防隱也。"五者指應案輔從説。其輔者或龍盤虎伏，或龍盤虎踞，其應者如執圭秉璧，其容者如列屏列翰也。枯，水竭而不潤。醜，石粗惡而巉岩。卑，下也。囚，幽暗而不明也。側，水倒而不能蓄也。五者指窮源深谷説。泉脈既枯，山形必惡，其地卑下幽囚，邊高而邊削者也。豐，厚也。巧，人所不能爲也。秀，其色粹也。馴，其意善也。安，寧靜而止息也。五者指穴情處説。凡龍脱卸既凈，剛戾之脈全無，純是一段藹吉和平之氣，若帛之無纇、玉之無瑕也。

　　曰執方而理義未喪，何期五鬼？而爾汝相讎，譎强謗真，豈達遠來之理？貪迷信僞，遂求奴廝之投。況吉則三，吉以何止？凶豈五，凶之不同，拘乎數者[①]？雖因剽竊之誤，審其説者，則爲紕繆之尤。

　　紕繆，舛戾也。方術惟理義是執，五鬼不達，一拂其意，遂爾汝相仇矣。於是起而謗之。抑知其理淵深，豈庸術所可測識者。

　　若曰地險於山，土石斯兼。土以石載，石以土函。載斯不陷，則不恣而不頹；函斯不露，則不醜而不鑱。古人以石爲山骨者，必有理脈以通天運、以達天暹[②]，故曰"惟石巖巖"。其辯有三，似石非石，似土非土，割肪[③]截玉。一本有"五色備足"四字。日不可烈，而雨不可淹，此又竅折之所堪。彼有頑不通氣，堅不可鑿，葬之如擲潭。崎嶇突兀，立屍植符，棱棱[④]颭颭，開口貌。葬之如塞珊。此石山之葬，衢所不談[⑤]。

---

① "乎"，明刻本作"於"。
② 明刻本注："息廉切。"
③ 明刻本注："音房，脂也。"
④ 明刻本注："魯登切。"
⑤ 明刻本注："衢者，衆也。"

運,天造也。暹,日光升也。肪,脂也。竃,穿壙也。折,葬時所用之物,以木爲之,其形如牀無足,直者三、横者五,窆事畢,加之壙上以承抗席者。栅,甕水灌溉也。衢,衆也。地之險者莫過於山,而要非石不能成其險,亦猶人之非骨無以立也。石之有理有紋,而天運可通、天暹可達者,以天日之精氣皆積於土,故草木間有生於石縫之中。曾見割肪截玉之石五彩焕發,日煤之不裂,雨潤之不泥,未可多得。其頑不通氣、堅不可鑿,崎嶇突兀、棱棱颰颰者,必有水出其中,何異以棺而甕之水也。

霜風剥裂而屑鐵飛灰,草木黄落而塗朱散坌[1]。春融融而脈不膏,雨淋淋而氣不蘊。此童山之葬,衢之不允。

山無草木曰童,是山無皮毛,風可吹土成塵,雨得穿脈浸漬者。

發將無蹤,過將無引。三形失勢,孤遺獨起以何依;五氣施一作絶。生,四水一時而流盡。此獨山之葬,衢之所短。

五氣始生,由於四水環集;四水環集,由於形勢交纏。今失勢無形,四水一時流盡,五氣安得施生乎?

洪傷界水,段藕而絲不留;崩破枯山,鋤瓜而藤盡捲。金不隔於坑路,火即截於竃窯。截然人行之徑[2],墾自積年之畚[3]。此斷山之葬,衢之不穩。

畚,盛土器,以草索爲之。坑,塹溝也。金,礦銅阬之屬。段藕、鋤瓜,二者喪之於水;坑路、竃窯、人行、畚鍤,四者喪之於人。

來未辨於東西,横腰伸脚;去各趣於南北,臂脈虛鉗。蜈蚣習習之丹趾,高棟牙牙之畫簷。此過山之葬,衢之所嫌。

習習,重複也。趾,足指也。譬蜈蚣東西爲龍,則南北所伸之脚皆丹趾也;譬高棟南北爲龍,則東西所落之臂皆畫簷也。與乾流過脈有異,乾流過脈在身底下伏過,此則在背後横過。然亦有峽左右結地而大勢迴旋者,不得視爲過脈而棄之。

山之不吉,其説固然。五數拘執,似亦未然。安得真儒大儒

---

①　明刻本注:"蒲頓切,塵也。"

②　"人行"二字,明刻本作"今日",義長。

③　明刻本注:"音本,草器。"

迪以理義,開釋心志。吉凶山水,斯其信然。

舊注曰:"竈屋,發將祖山也。龍樓,行龍發將之本。"①

山水釋微第四十三

凸、闊、粗、蠢、暴,形不住、氣不到。

凸,突兀也。闊,廣大也。粗,不細也。蠢,動擾貌。暴,猛急也。求形之住,當觀其氣之到與不到,必坦夷含蓄者而後可以有容。若太闊大,難於收拾。必秀嫩者而後可親。若蠢動剛急,皆非形之住、氣之到也。

雄、尊、高、特、顯,峻而平、隘而展。

雄者,氣概之軒昂。尊者,星體之尊重。高者,不危。特者,不群。顯者,顯著而光明。五者皆見諸高處,故曰雖峻而平。高處之穴自是不寬,而又見其不隘者。當想見其優容不迫之義。

衝、槍、直、傾、脱,更崩唇、更夾脇。

水左右貴乎環繞,當面貴乎停蓄。若面前直流到堂曰衝,斜過曰槍,不曲曰直,一步低一步曰傾,徑去而無關曰脱。凡此者,由水不能截於外,故其唇崩;亦由兩水俱直奔到前,故其脇夾也。

急、反、分、枯、一作枝。割,源之滲、流之背。

水隨山走,山急水亦急,山反水亦反,山分水亦分。枯者爲其無源,割者爲其掃脚。

橫、長、彎、鎖、繞,皆溪澗、皆池沼。

橫者,與穴有十字之義。長者,源頭遠來。彎者,衛於左右。鎖者,鎖斷山之去路。繞者,如帶之繞於前也。皆指活流而言之。

平、寬、朝、澤、抱,山之限、氣之造。

平者,水停而不流。寬者,汪洋無際之狀。朝者,屈曲遠來而到堂。澤者,衆水所

---

① 是句後明刻本有"龍樓者,行龍發將之客。五凶却六凶後也,若何而防。此一句以爲五凶險毒,不可防閑,有無往來篇是也。天暹者,天光也。兩山中斷曰陘音刑,山絶頂,井坐六陘也。丹趾,蜈蚣之脚。高棟牙牙,短勢故也。詳此一篇,論五山最爲詳備"。

鍾聚。抱者，擁抱於襟懷也，與上文彎義有別，要皆爲山之限、氣之造也。

　　曰："是則句讀之五字，豈五數以盡吉凶之道？"曰："儒者之術，亦當如是而稽考。①"

　　此言五吉、五凶因句讀以成文，非謂五數以盡吉凶之道也。

　　或問朝水行水之辨。曰："朝如潮漲，博觀海眼②之臨；行似衡平，橫展虹襟之蘊。來虞衝突之鏢③傷，去忌槍斜之岐引。"

　　博，廣大也。鏢，手鏢槍也。岐引，分流也。朝是當面推來，行是面前橫過。其朝之來貴乎寬衍，庶無衝突之患；其行之去貴乎內顧，庶無槍斜之病。

　　或問相土之法。曰："風霜剝裂似灰蘇，水潦淋漓而沙汰。天和忤運，地淫作瘵。澤不容於膏脈，氣不鍾於蔭薈。烏外切，草多也。惟五色之玄墟，茂千億之丹桂。"

　　風霜所剝之土，似灰之蘇散而不成；水潦所淋之土，似沙之既汰而不合。穴內有一於此，非天之和乃地之淫矣。郭璞曰："土欲潤而堅，細而不澤。"即不容膏脈之義。薈，草深而多也。凡真穴未動之土，其性乃緊，草不甚深，葉必細而蒙茸。《葬經》謂之鬱草是也。求之於耕鑿之所，了不可得。

　　或問隔案之水與隔砂之峰。曰："水抱案而案則真，水隔山而山不從。連身失顧—作連山必因。於氣脈，隔砂徒貪於觀望。"逐一證之，雖未至於相悖。再三思之，亦不幾於無用。亦有鉗蔽明堂，應朝玄壙。雖經隔沙④，自相和倡。

　　隔案之水，案外暗朝之水。隔砂之峰，砂外旁朝之峰。有案則自有水抱於案外，不特案真，而水亦非無用也。隔砂之峰恐不我顧，雖尖圓可觀，毋貪峰而失我真穴之近應。倘其與本主不甚相悖，可以朝迎，亦未可謂其無用。外有鉗蔽明堂，穴上不見朝應，而朝應適當於玄壙者。即明朝不如暗拱，尤所難得，雖隔沙而自相和倡也。古

---

① "而"，明刻本作"以"。
② 明刻本注："海眼，虹襟皆明之名號。"
③ 明刻本注："音票，刀削也。"
④ "沙"，明刻本作"涉"，義長。

訣有云：“隔水唤山山不應，隔山唤水水來朝。”“案外貴人斜側見，狀元出在過房家。”亦可以爲隔沙和倡之一證。

或問枉住與詭結。曰：“有勢無形曰枉住，有形無勢曰詭結。枉住則前散，詭結則後絶。”

枉住非正龍，故前散；詭結爲水口，用者多，故後絶。虢氏曰：“有山而無水，有形而無勢。内停而外馳，前趣而後背。”嬴氏曰：“町疃乾流而岡骨不住，枝葉來山而氣脈分布。内平而外不圓，後來而前不顧。”曹叔曰：“絶頂騎龍而鉗瀏直懸，當頭宗龍而鼻吹雙穿。半腰攀龍而八字披瀉，没脚承龍而失勢單寒。”觀此則知真龍正穴自有其一定之應，凡無水無應者皆枉住、皆詭結也。

或問客土不仁。曰：“陟巇著心，福有可期之數；司冥奪魄，災興不計之門。執方見鄙之所始，伺辭投合之相因。未必成形之改度，當悲傷脈之夷冥。一作尖真。[1] 簀可進而氣難橐，元一慁而壽非椿。臧賊沈機，巧謬固賢於精衛[2]，然移山塞海，其愚不可以毫分。故曰葬之自然，五福之阡；葬之人僞[3]，六極之隧。是以窾混沌而聾天聰，砭胚腪而創天疾[4]。修其凶而益凶，造其吉而豈吉。”

凡司事於外者曰司冥，日入於地也，又昏蔽也。《淮南子》曰：“天氣曰魂，地氣曰魄。”地爲客土所蔽，地中之氣不得與天氣上親，謂之奪地之魄。蓋來山之動静著於我心，福有一定之數。若培以客土，地魄既爲所奪，災禍之來不可以數計矣。方術必欲合山水之自然，不肯徇人造作，此見鄙之始也。圓術不過伺人之意向，務爲投合而已。當知形雖可成，其在天之度斷不能改。至於掘鑿傷脈，犯明夷之象，更爲可懼。譬鳥之精衛，然衔石填海，無以異此。故葬而不假人力者，因其自然之妙；葬而培之鑿之者，所謂窾混沌、砭胚腪，徒損於先天，何益耶？

---

① “尖”字，明刻本作“失”。
② “衛”，明刻本作“惠一作應”。
③ “人”字原作“入”，不辭，據明刻本改。
④ 明刻本注“砭”曰：“彼驗切，以石刺病。”明刻本注“創”曰：“與瘡同。”

或問大地小地之間。曰："大地無形，融結氣概；小地無勢，精神聚會。此則險夷之不同，不論高低之寬隘。高山寬水，如鳳轟龍蟠；低山隘應，如蛇蚖魚隊。或層層疊疊，象樓閣以連城；或隱隱微微，蜒江漢於一帶。貴賤但分於清濁，聚散以商其成敗。延促固觀於長短，巧拙不論於小大。"

大地不必在大山險處，即夷處亦有大地；小地不定在平原夷處，即險處亦有小地。大地非謂其明堂之寬，亦有大地明堂隘者；小地非謂其明堂之隘，亦有小地明堂寬者。總之，大地在氣概處見，小地在精神處見。鳳轟龍蟠，摹寫其氣概；蛇蚖魚隊，摹寫其精神。樓閣連城，喻險而隘；江漢一帶，示夷而寬。至於清者貴濁者賤、聚者成散者敗，延者長促者短，無二致也。

或問左右偏枯。曰："左形全而右勢就，左勢就而右形全。是則剛柔相得、牝牡相成之道①。未爲一勝而一偏，惟左抱而右反，右住而左奔。左舉而右掣、左撫而右刓②、左停而右陷、左勝而右翻、左連而右斷、右寬而左痕、左顧而右背、右去而左蹲、左防而右脱、右澤而左乾。故曰左勢就而左形全，右偏休卜；右形全而右勢就，左控難安。"

左爲剛，右爲柔；左屬牡，右屬牝，即楊公之所謂雌雄也。掣，曳也。刓，削也。翻，反也。控，其手空也。一邊缺者，總謂之雌雄不顧。然有一邊缺者，一邊有水繞之，以當其一邊之缺，亦結大地。但其鄰水一邊必有小砂內顧，特無其大者耳。

倒棟懸簷，不知其絕頂；崩脣溜泮，不知其脱元。帶劍斜傾，去不知其漏腋；雲奔雷吼，來不知其激湍。漱齒泣淚，不知其悲嗌③；田塘開墾，不知其乏源。心不任於目而任於耳，術不擇於方而擇於圓。罪莫大於夷天倪，賊莫大於投機先。豈知雲勢翩翩，

---

① "道"，明刻本作"意"。
② 明刻本注："吾完切，削也。"
③ 明刻本注："於亦切，田也。"

散漫總收於咽結;珠形斷續,元因髮露於絲連。倪音崖,天然也。

　　棟如後山之依,無其棟則絕頂傾陡如簷。泮,散破也。面前崩破無攔,則元爲之脫。凡帶劍者皆在左右腋下,其兩水之斜出者似之。雲奔雷吼,其聲洪;漱齒泣淚,其聲細。田塘開墾,其水易乾。任於目者,有形勢之可觀;任於耳者,惟言詞之傾聽。術之方者難合,術之圓者易投。天然之形勝而夷之,徊主人之意向而迎之,其罪莫大,其賊莫甚焉。豈知勢雖散漫,而有咽結之收,咽結而形無不成;形雖似斷,而有絲連之續,絲連而勢無不至。

　　此篇釋山水之微,總結之以罪莫大於夷天倪一語。蓋天然之山水,五鬼不能合於法者,由於主人之無福或造化有待於人未可知也,而强爲之掘鑿,喪其天真,不但有害於人,並失造化生成之意,故其罪爲莫大。

　　《莊子》曰:"何謂和之以天倪? 是不是,然不然。是若果是也,則是之異乎不是也,亦無辨;然若果然也,則然之異乎不然也,亦無辨。化聲之相待,若其不相待,和之以天倪,因之以曼衍,所以窮年也。"

降勢住形第四十四

　　來山爲勢,結的成形。勢如根本,形如蕊一作跌。英。英華則實固,根遠則幹榮。形曰住者,蓋來遠而住近;勢曰降者,蓋從高而降平。勢止形就,形結勢泊①。勢欲其伸,形欲其縮。勢如將軍戒道,有旌旗輜②重之隨;形如刺史臨藩,見倉宇城郭之郭。郭即郭也。③

　　的,實也。輜,載衣物車,前後皆閉,所謂庫車也。的在來山之下,而穴以此爲的實。勢則如根,形則如蕊,須放倒看,其理甚近。英之華者,見其實之固;根之遠者,見其幹之榮。住曰近穴,在平易處者多;降曰平結,在險隆處者少也。勢非伸無以見外之備,形非縮無以顯內之凝。勢似將軍戒道,蓋謂其威;形如刺史臨藩,有類乎肅。旌

---

　　①　"泊"字原作"薄",今從明刻本。
　　②　明刻本注:"莊持切,駢車前衣,車後也。"
　　③　注:"城郛之郭",明刻本作"城郭之郛",義同。注曰:"音夫,即郭也。"

旗輻重，見其後來之層疊；倉宇城郭，見其侍衛之森羅。

遠以觀勢，雖略而真；近以認形，雖約而博。降之真，則一氣斂集而不分；住之博，則四應咸庇於一尊。降則後降而來，住則前往而回[①]。山來水來，氣鍾一魁；山回水回，元魁之才。形承勢降，惟慮其縱；勢隨形住，惜慮其去。降則氣聚，聚則衆所輔；住則氣停，停則衆所憑。

魁，首也。才，用也。言勢不過其大者、遠者，似略也，而必求其真。言形不過其小者、近者，似約也，而理爲最博。勢之真者，其降無一之或岐；形之博者，其住無一之不附。勢欲其來，形欲其回。山來水來，其大者、遠者也；山回水回，其小者、近者也。一言氣之魁，其氣鍾而纔降。再言元之才，氣至於玄墟之魁，而山水皆效用矣。形雖承勢之降，又恐其勢之過肆；勢雖隨形之住，又慮其形之或遷。惟降則無不住矣，惟住則無不止矣。

是則原其起伏，察其關節，審其逆順，防其逾越。若住則降，若降則住。其降如赴，其住如遇。如主遇賓，如親遇故。如鸞遇鳳而必鳴，如虎遇牛而必顧。酌其容受，依其環護，看其精神，目其氣度。尋仰掌之掌心，尋獻掌之窠洿。

有起必有伏，以見其來之真。起不能伏、伏不能起者，非勢也。有關必有節，以見其落之自。其結處脱關峽之氣者，非形也。有逆必有順，以見其自然之理。蓋順龍之結穴必逆，逆龍之結穴必順也。逾宮越分，恐犯陰陽，惟愛真純，最嫌駁雜。《經》曰："占山之法，以勢爲難，而形次之，方又次之。"故宮分序，在勢與形之下，觀勢與形之妙，在其住如遇之一語。求其穴之形，在乎仰掌獻掌之內。蓋諸如所遇之類，非仰掌獻掌，個中皆不可以言其遇也。

故曰旋天機，妙天目，助天工，修天禄，安天造，假[②]天福。

假音格，至也。天機不轉，山水有遁之形；天目不神，形穴有遁之跡；天工不贊，無

---

① "往"字原作"住"，今從明刻本。
② 明刻本注："各，切至也。"

117

以見人之代天;天禄不修,飭躬有愧天之德。惟安於天造之自然,無意於邀福,而天福無不至矣。

古人以發將爲祖,以降勢爲宗,以住形爲己身,以應案明堂爲子孫,亶斯言之至確。

上而祖宗,下而子孫,總以己身爲重。

離實親僞第四十五

古人設棺槨以代警鳶之彈,後世象形勢以術尋龍之決。

舊注曰:"上古父母之喪,束帛茅棄之野,烏鳶啄之,於是孝子遂作彈以警之。"

方術執之,猶未離於五形二氣;圓術誕之,乃神於九星三吉。吉何吉而區區,星何星而屑屑。妄人自衒其聰明,叩心絕恥;涼嗣亶然其玄妙,提耳不回。虢力驅之而不遠,嬴公釋之而不開。

虢有《驅五鬼論》,嬴有《釋圓歌》。

掬脊占巨貪之門,脈胖翻輔弼之釵。天蓬鎮五形之壠,天英鍾三傑之魁。望隔涉之閑峰,指爲氣應;見拋蹤之詭結,道是龍來。長槽直溜兮,不知其憊步拜切,嬴困也。元;雲奔雷吼兮,不知其傷臆。鉗頭開爪兮,不知其分屍;腕裏分流兮,不知其溜腋。露絕不知其氣淩,沈絕不知其氣寂。形之四散,不知其五凶;勢之四背,不知其六極。兔唇兔耳,不知其爭主;馬蹄馬鬣,不知其無的。

此一節總言圓術之誕。掬脊,起不能伏。脈胖,臃腫板直也。天蓬,子也。天英,午也。古人立向,單取干維,以支爲老陰老陽,在所不取。而圓術用之,舉子午以概其餘也。傑,特立也,三傑貪、巨、武也。隔涉之峰,非吾一氣;拋縱之結,失勢孤遺。元,下元也。臆,胸臆也。水前脱則傷下元,水衝心則傷胸臆。鉗頭、腕裏,皆言其切近者。太露則氣上淩,太沈則氣卑寂。淩者其氣升,寂者其氣降,皆非生氣之所。形散者無勢,勢散者無形。兔唇直裂,兔耳直長,無牝牡交媾之情;馬蹄陡立,馬鬣橫披,非星辰凝結之地,皆不可穴也。

　　蒙主聽之而耳聳,愚婦聞之而心悦。諱衝曰朝,不道明堂之破碎;嫌橫爲過,寧知海眼之寬博。雖由目之不習,亦在心之所作。有鬼神以奪君魂、妒君福,乘君信兮移君志、翳君目。高絶歡心於觀望,低絶怡情於藏畜。是以世世修德莫如周,果應食龜之洛。

　　上文言盲術之離實,此言蒙主之親僞。術者之盲於目,由於主者之喪其心。故求地者莫如修德,觀於周之食洛,其累積大可見矣。

尋龍經序第四十六

　　尋龍必有經,或作徑。有經必有序。乘其宗,原其祖,據其盪,審其氣。一作主。在險以明堂爲限,在易以岡脈爲主。一作以水城得所。次之以朝應几案,又次之以左右門户。一作輔門夾室。明刻本作"夾室輔門"。以企以蹲,以仰以俯。陟其咽關,知其結聚。巡其肘臂,知其外禦。一作擡舉。禦無他之,一作聚無他儲,言氣不他結也。聚無他與。一作舉無他與,言氣不分別也。

　　序者,所以別内外也。盪者,窩會之所。子孫貴乎祖宗之嫡派,故尋龍須問祖尋宗。據其盪者,得外氣之凝,但恐内氣不至,亦是無用,故又須審其内氣。此氣字根脈甚細。蔡氏曰:"蓋有脈無氣者有矣,未有無脈而有氣者。"故葬脈不如葬氣,脈有形、氣無形,非細心體會,其不陷於脱氣者寡矣。險,山谷也。山谷曰陰,有明堂則陽氣聚。易,平原也。平原屬陽,有岡脈則陰氣斂。陽以陰爲德,陰以陽爲德也。朝應几案,非無自而生;左右門户,非無故而設,此尋龍之經也。企者,舉踵而望之。蹲者,踞也。企以望其遠,蹲以覘其微。仰以觀其星之形,俯以察其穴之理。四者皆看地之法,特咽關爲第一緊要,何等咽關結何等穴法,故必先陟其咽關,次巡其肘臂。若咽關與穴法不相一,其肘臂不必尋,此尋龍之序也。

　　因首尾以辨肢足爪鬣,因臂腕以辨腰臍腋乳,因淺深以辨腹腸,因藏露以辨胸腑,因高下以辨額角,因低昂以辨唇輔,因盛脱以辨耳目,因盤伏以辨踝股,因左右以辨端側,因污突以辨容拒。

因者,因此以辨彼。龍首當鎮,龍尾當避。因首尾以推之,則肢爲首足爲尾,爪爲尾鬣爲首也。然肢足爪鬣又當有異於首尾,蓋有坐龍腕、鎮龍脚、避龍爪、坐龍鬣之辨。臂腕所以衛腰臍腋乳者,臂腕在外,腰臍腋乳在內。然非臂腕無以別其內外也,蓋有避龍腰、坐龍臍、避龍肋、坐龍乳之異。腹爲五臟之總,腸爲水穀二道之分。腑者,以其受盛也,胸露而腑藏。龍顙可坐,龍角當避,顙在高而平,角居下而危也。唇者,一級低一級。輔者,其止處復昂,亦有止處之昂自左右至者。坐龍耳、避龍目,耳盛而目脫也。踝盤於外,股伏於內,端居左右之中,側當左右之不正。污則有容,突乃見拒也。

凡相山之行止,必以水爲去取。水有內外,山有行佇。見其精神,見其氣宇。門當丁或作平。下,固是傾而不傾;路入之玄,雖然去而曷去?肩項分流,裝臂可併;脇腋分流,拋蹤欲舉。或作難禦。源頭分派,黃泉之脈歸宗;水口開岐,蒼造之原別譜。音補,籍錄也。是以玄土鑒於高章,天文。清流轉於洪造。悠揚鍾慶之源,盤礴孕和之府。決一元之理者,人心巧契於天心;即五臟以觀之,便道豈或作滲。① 同於磧道。

此一節承上文而言。穴法既有所得,亦必觀其水之符合以爲去取。蓋水不特有外之橫截者便以爲真,內必有其停蓄者方以爲的。門當丁下,是外水橫攔。內堂水直下,不可以其內直而棄之。路入之玄,是外雖無水橫攔,而內堂水曲折而出,不可以其無外而棄之。蓋無內者有其外攔,無外者有其內折也。若肩項分流,得左右開靜,其流尚可歸併;若脇腋分流,其龍身方在奮發,勢難驟止。源頭之水分無不合,謂之歸宗。水口與外水相會,曰開岐。別譜云者,謂非其同源也。要知下土受上天照臨,則凡在下之水無不上原於天,非悠揚盤礴無以見在下之情,非八干四維無以決在上之理。元者,始氣也,始氣在干維。臟者,藏也。水、穀二道在大小腸,水道從陽、穀道從陰也。

舊注曰:"行水以砂磧滲流,自古之法式也。緣五鬼輩不知聚氣之法,或決陽溝,

---

① 明刻本注曰:"或作滲,所問切,□也。"

則裂破明堂;或以炭滲,則火氣太重,故嬴虢有云'一氣侵淩、五行滅絕',正此謂也。"

舊注謬。便道,內水口也;磧道,外水口也。誤以外口作內口。

故曰神明宅於心、舍於目,俯仰由於正、見於獨。矧經緯常憲,各有攸屬。在野象物,言四方二十八宿分野之物。在墟象嶽,在心象事,在朝象爵。順天而行,或作旋。躔度靡錯。

此一節根上文而言。山川變化不測,自非其心有定見,目無由以識之,然其理出於至當而不可易,亦非人人所共知者。經,二十八宿也。緯,日月五星也。在野、在墟,各有其象。在心則爲事之向往,在朝則爲爵之尊卑,隨所遇則隨所屬。蓋天無度,以二十八宿爲度;地亦無度,以天之度爲度而已矣。

八卦九章,數呈河洛;虛中建中,天文或作地。寥廓。變八卦,作九宮,皆五行之大統,反一心而歸宿。惟公生明,惟明斯矚。音燭,照也。利欲翳心①,五鬼倚伏。噫,有心而後有人,有地而後有天。道由近而致邈,理會約而至博。《孟子》曰:"其心正則眸子瞭焉,其心不正則眸子眊眊目,少精也。焉。"亶斯言之至確。②

河圖象數,一與六、二與七、三與八、四與九、五與十者,上下之對待也;一與二、三

---

① 明刻本注"翳"曰:"音意,障也。"

② 明刻本接正文有注曰:"所謂岡財爲主,蓋易野之地。必穴於岡,須勢結微起於的,乃爲得氣,不然則是散氣,枝脚披帶。變八卦者,遊魂爲變是也。作九宮者,張衡所作。一白、二黑、三綠、四碧、五黃、六白、七赤、八白、九紫是也。理義之術,則知吾心以推。五行二氣,由五行以變。八卦以陳九疇,以作九宮配應。《經》曰:'洪範五行生數,各益土五數以爲成數。'謂水火木金非土不成,故水生一而成六,火生二而成七,木生三而成八,金生四而成九,土生五而成十,合而五十有五。《素問》則'土生數五,成數亦五'。若水火金木皆待土而成,土無所待,故止五數而已。合五行之數五十,大衍之數是也。故《易·繫辭》曰:'大衍之數五十,其用四十有九。分而爲二以象兩,掛一以象三,揲之以四以象四時,歸奇於扐以象閏,五歲再閏,故再扐而後掛。'又曰:'天數五,地數五。天數二十有五,地數三十。凡天地之數五十有五,此所以成變化而行鬼神也。'今舉大衍之數五十,其用四十有九。是於天地之數減其五當作一也。先儒之說紛紛異同,唯韓輔嗣之說,謂天地之數所賴五十也,其用四十有九,則其一不用也。不用而用以之生,非數而數以之成,此易之四十有九數之極也。由是推之,則五十有五,天地陰陽奇偶之數,非所以衍天地之策,則天五退藏於密,其數止五十,是大衍之數也。"

與四、五與六、七與八、九與十者,反覆之對待也。於是交互變化,即數立象。兼三才而成卦,以爻盡於三爲法。以一二三四五,陽之用事也,故奇多而耦少;六七八九十,陰之用事也,故耦多而奇少。乾卦畫起於天一,中於天三,成於天五,五、三、一成乾☰;坤卦畫起於地六,中於地八,成於地十,十、八、六成坤☷,此乾坤卦爲象之始。其初乘也,蓋一、三、五,陽之本數;四、二,陽之合數;六、八、十,陰之本數;七、九,陰之合數。謂乘其本數、除其合數也。其六子之卦,則以天地乘數除畫之二。二法以中爲乾坤之體,猶太極之中爲本體也。故天三爲陽之本體,以地二爲初爻,地四爲三爻,而成坎四、三、二☵。故地八爲陰之本數,以天七爲初爻,以天九爲三爻,而成離九、八、七☲。天一,太陽也,故爲震之初爻;地六,太陰也,故爲巽之初爻;天五少陽,故爲艮之三爻;地十少陰,故爲兌之三爻。於是震、巽、艮、兌有朕兆矣,此其中乘也。再以天一爲數之始,地十爲數之終。陽無首,陰無足,變通者也。然後以地二爲首,而畫於震之中,天三畫於巽之中,地四畫於艮之中,天五畫於兌之中,地六畫於震之三,天七畫於巽之三,地八畫於艮之初,天九畫於兌之初。此上下反覆,一闔一闢之道。於是六、二、一而震☳,七、三、六而巽☴,五、四、八而艮☶,十、五、九而兌☱。此三乘三除之道也。洛書戴九履一,左三右七,二四爲肩,六八爲足,數終於九,故一、九、三、七奇數相對,居乎四正,而爲乾、坤、坎、離之卦;二、四、六、八偶數相對,位乎四隅,而爲震、艮、兌、巽之卦。聖人法陽法陰,納干配支,因象會意,以入爲用。是故皇極建中,背一面九而治,南面向明。左日右月,去陰趨陽,法乎四奇。於是導風雷以動盪,列山澤以生成,所以闔闢陰陽,法乎四耦也。故其入用之卦,以乾坤老亢,居無用之地;坎離交極,居中正之位;艮巽不雜,致代用之權,震兌始交,禀生成之機。此一、九、三、七以爲體,而二、四、六、八以爲用也。

胡氏曰:"五行質具於地,氣行於天。以質言則曰水、火、木、金、土,取天地生成之序;以氣言則曰木、火、土、金、水,取春夏秋冬運行之象也。"

河圖以五生數統五成數,而同處其方,蓋揭其全以示人,而道其常數之體也。洛書以五奇數統四耦數,而各居其所,蓋主於陽以統陰,而肇其變數之用也。故河圖五行爲數之體,洛書五行爲數之用。河圖,老五行也。洛書,五行洪範是也。不知洪範本於洛書,詆爲滅蠻,誤矣。

八卦由河圖而生,九章由洛書而見,則河圖者虛其中,則洛書者總其實。天文雖寥廓不可測,而虛中、建中之法,天亦不能出於範圍之外也。八卦本乾在南,當戴九,金之成數,九章則變爲六數;坤在北,當履一,水之生數,九章則變爲二數;離在東,當左三,木之生數,九章則變爲九數;坎在西,當右七,火之成數,九章則變爲一數;巽西南,當二火之生數,九章則變爲四數;震東北,當八木之成數,九章則變爲三數;兌東南,當四金之生數,九章則變爲七數;艮西北,當六水之成數,九章則變爲八數。洪範五行之理統焉,不可不知也。管氏恐人爲利所瞽,遺本逐末,特又從人心説起,言未有人先有心,未有天先有地,是人生於天而心生於地。地必先求龍穴真正,而後得論以八卦九章之法。若非地而漫以經緯之説加之,是道失其近而理未會於約也,故引孟氏之言以深警之。

管氏地理指蒙六

望勢尋形第四十七

穴以形造,形以勢得。無形而勢,勢之突兀;無勢而形,形之詭忒。夫指形必因勢者,方術之廉貞;話形不指勢者,圜術之熒惑。熒惑是主而沈,賦墨極弊之説。則曰:"降勢迢迢,起伏過關,有類於蜂腰;結穴隱隱,浮藏夾室,何殊於鳳翼?"

貪以敗官爲墨,貪則污暗不潔白也。勢曰望,謂遠者著而易見。形曰尋,謂近者隱而難知也。龍在勢中,勢無形者非龍;穴居形内,形無勢者非穴。方術因勢求形,圜術不知勢,安知形? 一味熒惑於人,縱其貪墨之説而已。過關,勢所自潛;夾室,形所自衛。非蜂腰無以見起伏之奇,非鳳翼無以見污藏之異。

四水不妨天地集,依歸六替之流清。三形須發祖宗來,融結一區之真宅。

舊注曰:"天地者,支干也。六替流清,必擇八干、八卦之宮吉者。"楊王孫云:"真宅,壙土也。"

四水,言四面之來水,不妨干支並至,其出口當貴在干維耳。三形非一體者皆謬,如一花之瓣，必自本蒂生來者方是，若別枝之花相倚附，非其瓣也。

又況形乘勢來，形完穴著。魁術有見而不見，魁才有才而不才。覆奎當門，後擁推車之勢；畫屏匡上，前憑捍腳之階。

全重在勢，故郭氏謂"占山之法，以勢爲難"。非得夫勢之真，形與穴茫不可問。然術有能見有不能見者，有有才有不才者，未可概論也。奎，兩髀之間也。西方十六星有象兩髀，故曰奎。覆奎謂兩股當前如覆之奎也，其後貴乎豐厚，真氣乃融會於窩。畫屏，言到頭之壁立。匡上，言壁立間忽開窩窟，即俗所謂壁上燈盞之類。若前無捍腳，穴前傾脫難收，故以階爲憑。二者非有見有才者，未易測識也。

山突住而水衝來，且道寬中有意。水直流而山夾去，猶云緩處堪裁。

此承上文覆奎、畫屏二義説。覆奎一穴，其山非突然而住，漫開兩股中有陽會水，故寬中有意。若山突住，則其性急而水自衝，寧得爲寬中有意耶？畫屏一穴，壁間開窩之後，其捍腳之階兩山夾住，其水必曲折而去。若水直流，由於其腳之不捍，尚可裁歟？

角欹危而目懸空，當鋒難立；顙廣平而鼻端的，正面何猜？

此承上文而言。覆奎一穴，其後擁如車，若角之欹危者，不可穴也。畫屏一穴，其匡前有腳，若目之懸空者，不可穴也。必如顙之廣平而後奎可安，必如鼻之端的而後匡可藏也。

又況術有巧拙，形或不常；若術拘一律之目，則鐵從—作徒。九煉之鋼。

術之巧拙不同，形有能辨不能辨者。若天下之目皆一，則凡鐵皆鋼，便無所謂鐵矣。

駝背可以旁肩，或作何侶攀肩。謂弓身而頭不拱；象鼻不如垂耳，緣環準而肘無防。

此一節言直來橫受、橫來直受之穴。然橫結者每恐明堂不暢，故下文以陽曜陰華結之。

舊注曰："大率駝穴肉鞍之背，象穴捲草之鼻。然駝弓身而背露，象環鼻而外單，故穴於攀肩、穴於垂耳，橫以取向則爲得法。"

開陽曜而廓陰華，明堂通運；振天維而衍地絡，玄室凝光；氣積地而應天，光芒經緯；福司神而顧德，嗣續繁昌。

陽曜，日也。陰華，月也。振，收也。絡，脈絡也。明堂開擴，日月照臨。若幽暗抑塞，與天運不能相通，故出口貴乎干維，明堂之腹貴乎廣衍而平夷也。蓋積氣成天，積形成地，凡在天之氣皆地之升。故地之災祥一準之日月星辰，而鬼福及之，謂非神以司之乎？彼積不善者，未可以倖致也。

又況頓格定針而偏中何的，易節轉宮而分野多訛。圓術無拘於縱指，方術有持而敢差。風門及應案之形，可居堂而問音姓①；水口與後龍之勢，宜離穴而審經過。水下重重腳手回，捍門擁節；蕩畔環環頭面顧，堡壁排衙。承祖脈之真純，爪牙有意；遇孫枝而駁雜，肩項堪誇。

此一節辨形勢、陰陽、宮位之法。格龍要在龍上，格水要到水中，非可漫然而指者。二十四位應二十四節氣，故曰易節。風門應案，應於穴者有定，故居堂可格。水口、後龍，轉於宮者靡常，故離穴乃針。捍門，在水口外，堡壁在羅城內。譬祖脈屬陽，遇爪牙亦屬陽，雖微有用。孫枝，即爪牙也。遇孫枝而忽陰，當於肩項純陽處求之，自有真結。

又況坐臥異形，不可不察；橫直異穴，不可不悉。橫穴慮其過去，直穴慮其偏兀。彎彎腹上②，顧垂乳以回頭；宛宛臍間，保丹元於盤膝。

坐者其氣浮，臥者其氣沈。橫穴須要貼脊，直穴則氣脈不貫，兀則危而不安。乳在腹之上，其乳雖垂而頭復昂起內顧；膝在臍下，其臍宛蓄而膝要環抱內收。

又況降龍之勢貴於住穴，應龍之勢貴於有情。非端崇而顧主，雖層疊以何憑？應龍降勢似行，龍愛其趣進；去水款城如揖，

① "問"，明刻本作"辯"，"辨"、"辯"二字通，義長。
② "彎彎"，明刻本作"巒巒"。

水要得寬平。

降者，自高而降，平也。應龍非無故而起，有真龍必有真應，若無顧主之情，雖層疊非應也。

又況高坎曰露，低坎曰藏。低而不沈者穴之顯，高而不暴者氣之鍾。高岡融結於停儲，洿中蓄氣；迫案幽囚於卑隘，絕下虧陽。

坎，窩窟也。低而不沈者，面前明堂開暢，案應不塞；高而不暴者，左右從佐等齊，窩口內蓄。

又況羅列千峰，應無端的；周回一水，氣乃盤旋。異世俗之小見，宜神明之大觀。群圓秀而聳煙雲，丹青眼界；陳橫流而經日月，涵養心源。

上文言應龍貴於有情，此言羅列千峰應無端的，即所謂非端崇而顧主，雖層疊以何憑也。然得一水周回於外，雖無真應之峰，而真氣未嘗不聚。即前案若亂雜，但求積水之池，不可因世俗之小見而失此神明之大觀也。蓋千峰聳秀，見煙雲出沒之奇；一水周流，顯日月升沈之異。此其大者、遠者，宜庸人所不識矣。

又況五行造命，五氣孕行，清濁壽夭，窮通貴賤，已定於始生之旦。何鬼術之圓機①，敢托一偏而肆誕。仰不鬻之術②，執方而宗儒貫史，必參三而論。故曰有時命、有相貌，貴賤攸存；何形勢、何陰陽，吉凶難斷。

五氣孕行之行當作形，相貌也。參三而論，謂時命天也，相貌人也，形勢之陰陽地也。方術宗儒貫史，必兼三者以論，而貴賤不爽。圓術惟知一偏之見，亦何異於尋形之不原夫勢耶？故其吉凶不可信爾。

水城第四十八

以容穴言之，水者山之佐；以應運言之，山者水之輔。山隨

---

① "圓"，明刻本作"圖"。
② 明刻本注"仰"曰："一作何。"

水行，水界山住；水隨山轉，山防水聚。山水相得，如方圓之中規矩；山水相濟，如堂室之有門戶。徒知山之不可偏、不可頗，罕知水之不可淫、不可蠱。無佩劍之腋溜，無偏鏰之面去，無隔胸之建瓴，無分臂之牆瓦，無蛙背之披淋，無鷄胸之兩下。橫琴臥笏，精神有類於環襟；新月長虹，氣象不同於反弩。六相西朝而不空其右，六替東行而不虛其左。來如展席之平，去似鋪簾之鎖。

水城之内，所以容穴也，而水不過爲我佐耳。然水之吉凶上應五運，而山又爲水之輔者，水出乎兩山之内也。偏、頗，不正也。淫、蠱，陰陽雜也。佩劍者，兩腋之直去。偏鏰者，當面之斜流。建瓴者，當面衝來。牆瓦者，左右不併。蛙背、雞胸，山之孤露無防，水散而不可收拾。琴者，橫於前。笏者，拱於内。新月長虹，其意皆可想見。相、替者，生旺之理。其左右之無空虛者，下手之關爲重也。展席之平，言乎其寬漫；鋪簾之鎖，言乎其曲折也。

又況來不論於地濁，去必擇於天清。曰朝宗者，取合川歸海之義；曰入廟者，推配神通運之靈。入首尋龍，一作成。蕩一作盪。必分於内外；隨形擬穴，應當復其污盛。

袁天綱曰："八支謂之地濁；八干、八卦謂之天清。"[1]

萬水以海爲宗，明堂爲衆水朝集，故曰朝宗。入廟者，三合化氣之類。曰配、曰通者，龍要與水爲配，水要與向相通也。蕩者，明堂也，有其内又欲有其外。應者，案應也，案應能見玄室之污盛，污盛能見案應之朝集。

李淳風曰："復者，往復也。擬穴之法，先於落頭。認其洿窟，然後復推其向首[2]；望其落頭，窊[3]窟如所認處，乃其真耳。"

陽明造作第四十九

配祀黃鐘者，必達黃鐘之氣；經理陽明者，當正陽明之方。

---

[1]　袁天罡注明刻本作"八干、八卦謂之天清。八枝謂之地濁"。

[2]　"首"，明刻本作"背"，義長。

[3]　注：一作穴。

雖尋龍而一律,其在律則不同。揆日而作室,定中而作宮。乃聲詩之至訓,豈蠻經之可簧。晉天聾而地啞,誑玉犬以金烏。三吉五凶,既無端而說數;九宮八卦,遂翻變以爲星。①②

配祀者,遺骨與青山相配,從而祀之。黃鐘、陽明,見前律法也,謂陰陽兩宅尋龍之法雖同,而其所以致於用者,一以始氣,一以中氣也。日,太陽也。環宮之房皆曰室。定,營室星也。宮,中宮也。揆日作室,揆太陽所在之方而作之。定中作宮,十月小雪後昏室中。《國語》云:"營室之中,土工其始。"蓋爲冬官司空役民之時而言也。是亦不必楚宮,而皆可以興作,重在揆之以日上。晦庵《詩傳》曰:"定,北方之宿。營室,星也。此星昏而正中,夏正十月也。《詩》云:'定之方中,作于楚宮,揆之以日,作于楚室。'既言作室,又言作宮,取句讀之叶聲也,誤矣。"

舊注:"蕭吉曰:'定星乃天庫星,即室星也。仲冬見於午,而丙午丁方利造作;季冬見於巳,而巽巳丙方利造作;孟春見於辰,而乙辰巽方利造作;仲春見於卯③,而甲卯乙方利造作;季春見於寅,而艮寅甲方利造作;孟夏見於丑,而癸丑艮方利造作;仲夏見於子,而壬子癸方利造作;季夏見於亥,而乾亥壬方利造作;孟秋見於戌,而辛戌乾方利造作;仲秋見於兌,而庚兌辛方利造作;季秋見於申,而坤申庚方利造作;孟冬見於未,而丁未坤方利造作。'"蕭吉因天道左旋,遂以定星所至之宮而推廣之,不知失中

---

① 明刻本注曰:"定音訂。"

② 明刻本有注曰:"黃鐘方道,自論五行二氣。陽明方道,却是推星。至於八卦九章,自是數。三者自不相干,亦無道理相混合。圖術五鬼各撰《蠻經》,統而言之,謂之天星。震惑蒙主愚婦,以求售之訣也。定星乃天庫星,室宿是也。晦庵《詩傳》注曰:'定,北方之宿。營室,星也。此星昏而正中,夏正十月也。'袁曰《詩》云:'定之方中,作于楚宮,揆之以日,作于楚室。'謂營室星逐日宵中之方,利於造作。然必以日影揆度,始得方隅之正。既言作宮,又言作室,取句讀之叶聲也。營室星,十月見於丙午丁方。天道左旋,十一月見於巽巳丙方。兩史氏例十一月利丙午丁方者,差一辰也,當以《爾雅》稽之。東漢張衡變九章爲九宮,名一白、二黑、三碧、四綠、五黃、六白、七赤、八白、九紫,分三元六甲。此欲以數方作,即非星辰纏度。其釋云:擇而不忌,忌而不擇。圖術虛空,旋撰忌諱。使人左牽右礙,直以吉凶悔吝、動在他門掌握。未官便催,未貧便救,千般萬樣,撰出名字,欺詐酬謝。且如月建一名,動有二三十號,總十二名而計之三百餘號,其義何在?忌東則犯西,忌北則犯南。何時叶吉,非特愚人,直自愚耳。"

③ "卯",明刻本作"震"。二者皆可。

星之義矣。

《國語》曰："營室之中,土工其始。"《詩》曰："定之方中,作于楚宮。"不聞定適他宮而亦有工作之興也。

天聾日,丙寅、戊辰、丙子、丙申、庚子、壬子、丙辰,皆陽日。

地啞日,乙丑、丁卯、己卯、辛巳、辛亥、癸丑、辛酉、辛丑,皆陰日。

金烏鳴,玉犬吠,庚午、壬申、癸酉、壬午、甲申、乙酉、庚寅、丙申、丁酉、壬寅、丙午、己酉、庚申、辛酉。

按,堯時冬至日在虛,昏昴中。今冬至日在箕,昏室中。中星不同,由於歲差之異。

死生有命,富貴在天。則身黃身黑,年殺月殺,古人知之而不全;流財退財,蠶命蠶宮,古人推之而不失。詮太史之誌天文,亦憎憎之尤然[①]。心盲書史之源流,笑淳愚之易惑耳。

東漢張衡變九章爲九宮,名一白、二黑、三碧、四綠、五黃、六白、七赤、八白、九紫,分三元六甲。上元甲子生人,一十起三碧,二十起四綠,三十爲身黃,至九十爲身黑。中元甲子生人,一十起九紫,二十起一白,三十爲身黑,至六十爲身黃。下元甲子生人,一十起六白,二十起七赤,六十爲身黑,至九十爲身黃。順行,零年亦順,紫、白值年爲吉路,謂之天元運身。歲殺,子年未上起,逆行四墓之位,四年一周。月殺,正月丑上起,逆行四墓,四月一周流財。子年在戌、乾,丑年在未、坤,寅、卯、辰年俱在丑,子、巳、午、未年俱在戌、乾,申年在子,丑、酉、戌、亥年俱在未。坤造門九,《星經》以艮爲進財,離爲火煆,坎爲橫財,坤爲退財,震爲昌盛,巽爲官鬼、中爲禾穀,乾爲典庫、兌爲金銀。不問上中下三元,皆順行九宮。遇行年到坎、震、中、乾、兌、艮六位皆吉,到坤、巽、離三位皆凶。如角姓生人,木也,生亥屬乾,就乾宮起甲子,飛到生年,起一十零年,相繼數去。蠶命,子年在未,丑年在午,寅年在亥,卯年在戌,辰年在巳,巳年在丑,午年在寅,未年在申,申年在卯,酉年在辰,戌年在子,亥年在酉。蠶官,亥子丑年在未,寅卯辰年在戌,巳午未年在丑,申酉戌年在辰。已上八者,古人有知之詳者,有知之未詳者。至於太史之誌天文,本於歷代史書,其不識根源、謬爲詮解者,亦無異癡人說夢矣。

---

① 明刻本注"憎"曰:"莫孔切,心亂貌。"

剽媪_{烏考切，女老之稱。}嫠之識忌，陷閭術之粗頑。孔子曰："富與貴，是人之所欲也；貧與賤，是人之所惡也。"矧閭術張之，習俗移之，嫠_{一作嫛。}婦恃之，慈母懼之，雖明理達義之剛介，亦將安守而不從？是以農星見而東作興，猶詆①田痕地火；家道昌而群畜行②，何爲馬井牛黄？是以趙興違妖禁而三世爲司隸，伯敬避歸忌而一旦坐連刑。信乎，章子淵、卓思明輩妄造星名，果不足以爲憑。③

農星，農祥房星也，立春之日晨中於午，農事之候也。田痕，大月初六、初八、廿二、廿三，小月初八、十一、十三、十七、十九日。地火，正月戌、二月酉，逆行十二辰。馬井，馬胎也，十月占井。牛黄，一十起坤，二十居震，順行。

舊注曰："趙興，章帝時人。陳伯敬，桓帝時人，出聞凶禁則解鞍而止，還遇歸忌則寄宿客舍④，後亦坐事連刑。"

天象見於上，人事應於下。星之所至，尚得以應其事，況太陽所至之宫，有不宜於造作者乎？是揆日作室爲一篇之章旨，而定中作宫不過言司空之候耳。

擇日釋微第五十

《禮》曰："内事用柔日，外事用剛日。"冠婚喪祭内事也，經營名利外事也。柔則静而安，剛則動而用。國家馬政修武備，外事也，必禁螵蠶，虞其竊馬氣，亦以所屬推之。《詩》云："吉日庚午，既差我馬。"午，馬屬也。士庶之家火舍爨竈，内事也，必用壬癸水日以禦災也，亦以所事推之。《蠻經》所謂土龍者果何義也？若夫東作西成，是則天時地利，又何擇焉？官符之號失理尤甚，

---

① 明刻本注"詆"曰："居況切，欺也。"

② "行"，明刻本作"衍"。

③ 明刻本接正文有注曰："司馬政禁螵_{音原晚，蠶也。}蠶者，蓋國家養馬與養蠶同盛衰。"

④ "舍"，明刻本作"房"。

國家設官命爵，所以養民也，官之符命果何忌焉？

《曲禮》曰："甲、丙、戊、庚、壬爲剛，乙、丁、己、辛、癸爲柔①。內事用柔，外事用剛。聖人則天地以順陰陽也。"螴蠶，晚蠶也。司馬政禁螴蠶，蓋國家養馬，與蠶同盛衰。《天文》："辰爲馬。"《蠶書》："蠶爲龍精，月直大火則浴其種。"是蠶與馬同氣，物莫能兩大。禁螴蠶者，爲傷馬也。《詩》曰："吉日維戊，既伯既禱。"伯，馬祖也。天駟，房星之辰也。此宣王田獵將用馬力，故以吉日祭馬祖而禱之。"吉日庚午，既差我馬。"差，擇也。按《天文》"辰爲馬"，故用戊日祀之，戊、辰同類也。大火則浴蠶種，大火，天駟房星之次，與馬同氣也。辰用午，從其屬日；用庚，取馬力之必克也。立竈用壬癸井，納音水日，所以禦火災也。外有春爲土公，正、二、三、八月爲宅龍，八、十月爲游龍，正、八月爲伏龍之類，皆禁立竈，即《蠻經》之所謂土龍也。於義何居耶？東作乘天之時，西成收地之利，乘時就利，固無忌耳，又何擇焉？官符之說不一，有天官符，歲三合之臨宮也；有地官符，歲建之定宮也。《六甲奇書》："散訟用天官符，上修報。"然則官符之說其來已久，管氏則以其義爲未妥耳。他如十年一換官符、田官符等，未見古本，要皆未可盡信也。

況親者子之先，子者親之遺。子之奉親，果內事耶？果外事耶？

凡葬用乙、丁、己、辛、癸陰日，見於《春秋》。

謹按《武成》曰："越一日戊午，師渡孟津。"是知外事用剛日也。

《泰誓》曰："惟戊午王次於河朔。"以《武成》考之，是一月二十八日，時厥明，王乃大巡六師。厥明，戊午之明日也。《牧誓》曰："時甲子昧爽，王朝至於商郊。"今考定《武成》曰既戊午師渡孟津，癸亥陳於商郊，俟天休命，甲子昧爽，受率其旅若林，會於牧野。戊字，《説文》曰："戊在中極，鈎陳之位，兵衛之象。"②故用戊日伐商。③

又按《春秋》隱公三年："癸未，葬宋穆公。"

---

① "癸"字原作"亥"，不辭，十天干徑改。
② 查《説文》無。
③ 注：戊午是二月四日。

八月庚辰,宋公和卒。冬十有二月,齊侯、鄭伯盟於石門。癸未,葬宋穆公。是癸未日合十二月癸未也。諸侯五月而葬,八月公卒,十二月葬,合五個月。

桓公十五年:"己巳,葬齊僖公。"①

在夏四月。

十七年:"癸巳,葬蔡桓侯。"

六月丁丑,蔡侯封人卒。秋八月,蔡季自陳歸於蔡,則癸巳之葬疑十月也。

十八年:"己丑,葬我君桓公。"公薨於齊,夏四月丁酉,公之喪至自齊。

冬十有二月。

莊公四年:"六月乙丑,齊侯葬紀伯姬。"

九年:"丁酉,葬齊襄公。"

秋七月。

二十一年:"秋七月戊戌,夫人文姜薨。"

二十二年:"正月癸丑,葬我小君文姜。"

三十年:"癸亥,葬紀叔姬。"

八月。

閔公元年:"辛酉,葬我君莊公。"

在夏六月。

僖公二年:"夏五月辛巳,葬我君小君哀姜。"

十七年:"冬十有二月乙亥,齊侯小白卒。"

十八年:"八月丁亥,葬齊桓公。"

二十七年:"乙未,葬齊孝公。"

在秋八月。夏六月庚寅,齊侯昭卒。

三十三年:"癸巳,葬晉文公。"

三十二年冬十有二月己卯,晉侯重耳卒。是癸巳之葬,揆諸諸侯五月而葬,合是四月。

---

① "齊"字底本脫,據明刻本、《左傳》補。

文公元年:"丁巳,葬我君僖公。"

書夏四月。

五年:"三月辛亥,葬我小君成風。"

十七年:"癸亥,葬我小君聲姜。"

聲姜,文公之母。書夏四月。

十八年:"六月癸酉,葬我君文公。"

宣公八年:"己丑,葬我小君敬嬴。雨不克葬,庚寅日中而克葬。"

宣公母也,敬諱嬴姓也。書冬十月。

胡傳曰:"夫喪事即遠,有進無退。浴於中霤,飯於牖下,小殮於戶内,大殮於阼階,殯於客位,遷於廟,祖於庭,塴於墓,以吊,賓則退。有節以虞事,則其祭有時不爲。雨止,禮也。雨不克葬,喪不以制也。或曰:'卜葬先遠日,所以避不懷也。'諸侯相朝與旅見天子,入門而雨霑服,失容則廢。矧送終大事,人情所不忍遽者,反可冒雨不待成禮而葬乎潦? 車載蓑笠,士喪禮也,有國家者乃不能爲雨備,何也? 且公庭之於墓次,其禮意固不同矣。不得不可以爲悅,無財不可以爲悅,得之爲有財。古之人皆用之而不能爲之備,是儉其親也。故穀梁子曰:'雨不克葬,喪不以制也。'厚葬古人之所戒,而墨之治喪也以薄,又君子之所不與。故喪事以制,《春秋》之旨也。"

《傳》謂敬嬴逆天理、拂人心,其於終事而不克葬,著咎徵焉,而謂無天道乎?

成公元年:"辛酉,葬我君宣公。"

宣十八年冬十月,公薨於路寢。書二月辛酉。

三年:"辛亥,葬衛穆公。"

在正月。

"乙亥,葬宋文公。"

在二月。按,左氏文公卒,始厚葬,益車馬,重器備。君子謂華元、樂舉,於是乎不臣。至於秦漢之間,窮極民力以事丘隴,其禍有不可勝言者。

十五年:"六月,宋公固卒。""八月庚辰,葬宋共公。"

杜預曰:"三月而葬,速不擇日也。"

十八年：“丁未，葬我君成公。”

成公八月薨，十有二月葬。

襄公二年：“己丑，葬我小君齊姜。”

夫人姜氏，襄公適母也。夏五月庚寅薨，葬在七月。

四年：“辛亥，葬我小君定姒。”

姒氏，成公妾，襄公母。定，謚也。杞姓。秋七月戊子，夫人姒氏薨，八月辛亥葬。

九年：“秋八月癸未，葬我小君穆姜，成公母也。”

十五年：“十一月癸亥，晉侯周卒。”十六年：“正月，葬晉悼公。”

杜預曰：“逾月而葬，速也。”書春王正月，不書日。

三十一年：“癸酉，葬我君襄公。”

書冬十月。滕子來會葬，是十月癸酉也。

昭公七年：“葬衛襄公。”

書十有二月癸亥。

十一年：“己亥，葬我小君齊歸。”

歸氏，昭公母，胡女，歸姓。書九月己亥。

定公元年：“癸巳，葬我君昭公。”

公名宋，襄公庶子。書秋七月。

十五年：“丁巳，葬我君定公，雨不克葬。”“戊午，日下昃，乃克葬。”“辛巳葬定姒。”

夏五月壬申，公薨於高寢。九月，滕子來會葬。

秋七月壬申，姒氏卒，定公夫人、哀公母也。

《公羊》曰：“有子則廟，廟則書葬。”《曾子問》並有“喪則如之何？ 葬先輕而後重。其奠也，其虞也，先重而後輕”。注曰：“葬是奪情之事，故先輕；奠是奉養之事，故先重也。虞祭，亦奠之類，故亦先重。”

是知內事用柔日也，則《禮經》所載，紀於《春秋》。及獲麟之筆，亘古之道歟！ 然亦必以事類所屬而推之，或以五行相替而參諸。何《蠻經》撰集妖名怪號而虛拘。

剛柔之日著於《曲禮》，祭馬伯用戊日，擇馬用午辰，從其類之所屬。火舍用壬癸水日，師渡河用戊土日，午又生戊土，益得旺。取其事之所宜，參諸相替之理也。然唐、宋諸造命古格，葬不盡柔日，爲其符於相也。楊公謂造命之妙莫切於乘旺，其妖名怪號可不驅而自却矣。

迷徒寡學第五十一

造《蠻經》之鬼，明明貪詐之獸①。習《蠻經》之徒，恍恍玄微之仰。恨京、卓之始誕，嗟田、虞之終罔。機關不傳，形勢失象。但數星辰之數，豈相江山之相。

舊注曰："京夷、卓思明皆造《蠻經》之五鬼，田樞、虞崧皆習《蠻經》之徒黨。不傳者，謂不得其傳。失象者，謂失其所象。得其傳便不失其象矣。星辰之數用之於江山，入相者始得有準，蓋非其地不可以言天也。"

《內經》曰："七曜緯天，五行麗地。天有宿度，地有山水。"是當審原巘之儀，以辨吉凶之軌。然天地運動，五行遷復，臾區猶不能遍明，亦止望或作修。候而已。②

七曜緯天，《內經》作緯虛。地者，所以載生成之形類也；虛者，所以列應天之精氣也。形精之動，猶根本之與枝葉，而後知天之宿度皆地之形氣爲之。形氣有美惡，宿度有吉凶。苟不審原巘所宜，亦安得其宿度之吉耶？岐伯曰："天地動靜，五行遷復。"雖鬼臾區其上候，而已猶不能遍明。

夫人托生於地，命懸於天。天地合氣，命之曰人。陰精所降一作奉。其人壽，陽精所降其人夭。謂陰方之地，陽不妄泄；陽方之地，陰散而毀。是皆以氣而言，難達星辰之表裏。

《內經》注曰："陰精所奉，高之地也；陽精所降，下之地也。陰方之地，陽不妄泄。

---

① 注：五來切。象犬小之時，未有分別，獸，癡也。
② 明刻本接正文之後有注曰："古之臾區能言五運。"

寒氣外持,邪不數中而正氣堅守,故壽延。陽方之地,陰氣耗散,發泄無度,風濕數中,真氣傾竭,故夭折。即事驗之,今中原之境,西北方衆人壽,東南方衆人夭,其中猶有微驗耳。此壽夭異也。"

兼併改度,榮門早悟於鍾山;

舊注曰:"鍾山富大士、呂大同,秦人。"

興造有期,夾墓先期乎樗里[①]。

《史記》:樗里子,名疾,秦惠王之弟,居渭南陰鄉里,故俗謂之樗里子。武王立以爲相,及卒,葬渭南章臺東。曰:"後百歲,是當有天子之宮夾我墓。"至漢興,長樂宮在其東,未央宮在其西。

《內經》曰:"五運更治,上應天期。"五運之政,猶權衡也。東方生風,風生木,其德敷和,其化生榮,其政舒啟。南方生熱,熱生火,其德彰顯,其化蕃茂,其政明耀。中央生濕,濕生土,其德溽蒸,其化豐備,其政安靜。西方生燥,燥生金,其德皓潔,其化摯音鄒,聚斂也。斂,其政勁切。北方生寒,寒生水,其德悽愴,其化清謐,其政凝肅。故物由之而人應之,故曰善言天者,必驗於人;善言氣者,必驗於物。微夫子,孰能言至道也?乃擇良兆而藏之虛室。黃帝之書府也。

高者抑之,下者舉之,權衡之理也。化者應之,變者復之,生長化成收藏之,理氣之常也,失常則天地四塞矣。敷,布也。和,和氣也。榮,滋榮也。舒,展也。啟,開也。彰,著也。顯,明也。蕃,多也。溽,濕也。蒸,熱也。備,具足也。安靜,不擾也。摯,收束也,亦斂也,一本作緊斂。勁,銳也。切,急也。悽愴,一本作淒滄。薄,寒也。謐,靜也。肅,中外嚴整也。東方其令風,其變振發,其災散落;南方其令熱,其變銷爍,其災燔焫;中央其令濕,其變驟注,其災霖潰,又作淫潰;西方其令燥,其變肅殺,其災蒼隕;北方其令寒,其變凓冽,其災冰雪霜雹。黃帝曰:"善言天者,必應於人;善言古者,必驗於今;善言氣者,必彰於物;善言應者,同天地之化;善言化言變者,通神明之理。"

---

① "乎",明刻本作"於"。

非夫子孰能言至道歟？乃擇良兆而藏之靈室。

夫登松埏、披蓬顆，便能泄一時之隱密。稽義理以無垠，必機軸之探竊。習唯習於貪叨，傳不傳於智術。是以觀山玩水，則不識其散亂，不識其融結，豈唯有欺於人，抑亦自欺於天。

埏，墓道也。蓬顆，蔽冢也。凡到人之墓所，便能言其休咎之所以然。由於義理圖書之秘，非不習不學者所能知。世之庸術唯習於貪叨一途，無智術傳授，焉識其所謂散亂、所謂融結？凡此者，不特欺人，實所以欺天。

凡發勢住形，皆積氣於融結之初。凶不可造[1]，吉不可誣。因其自然，惟天道乎。起驪山而造天星，尚不明於客土；改五父而稱神祀，尤必介於玄廬。

山川形勢，積於太始之初。窞不可造，的不可培，而謂可逆其自然之道乎？驪山在陝之臨潼，左曰東繡嶺，右曰西繡嶺，下有温泉，其清徹底，不火而熱，秦始皇陵在焉。劉向傳曰："秦始皇葬於驪山之阿，下錮三泉，上崇山墳。石槨爲游宮，人膏爲燈燭，水銀爲江湖，黄金爲鳧雁。"孔子少孤，不知其墓殯於五父之衢，問於聊曼父之母，然後得合葬於防。曰："吾聞之，古也墓而不墳。今丘也，東西南北之人也，不可以勿識也。"於是封之，崇四尺。介，助也。玄廬，墓也。介於玄廬，即封墳積氣之謂。其意謂驪山之墓侈役客土，禍不旋踵，豈若防墓之少助其玄廬，至今稱神祀乎？

又況形不逃於目，目不逃於心。目有神而有鬼，心有巧而有拙。有邪而有正，有智而有愚。

形不逃於目者，在一心之能得其理。然目復有鬼有神，心復有巧有拙。邪正智愚之不一形，非不可恃也。

山則貴於盤礴，水則貴於縈迂。縈迂則山與水而氣聚，盤礴則水與山而氣孚。孚不由於聚氣，是亦疾而不徐。去激無城，必定明堂裂破之污。經瀹自然，宗廟停儲。

盤礴，廣被也。不失其期曰孚。水聚山孚，山水之不期而會。若山雖似止而外氣

---

[1] "造"，明刻本作"妄"，義長。

不交，則水急而不舒，明堂亦爲之裂破。污者，恐閨壺有不潔也。蓋無城之水，性恒奔放易竭。其有城者，必有關鎖在外。驟然不得出口，故其去悠揚，生盤旋屈曲之狀，而明堂必圓净停儲，五行得其生旺也。

又況目力有所不及，心觀未及無虞。重複登陟，顧盼躊躇，必得千山拱護，四水而歸一途，固無見與不見之殊。

凡觀山水以目，而此曰以心者，何也？蓋心之所及而目始及之。若胸中本無此丘壑，雖視之亦未必得見，況目有所不及，能保其無虞乎！必重複顧盼，慎之再四，庶乎無失耳。

攙匯闌城①，内不傷於圜蕩；乾流隔案，前欲散於投裾。

攙，槍也。匯，水回合也。圜蕩，内明堂也。攙匯者，言外之大水橫亘外闌，内堂無傾脱之患。裾，衣後裾也。乾流隔案，是乾流隔在案内，其身後之水俱欲其入於乾流之内，而氣始全焉。

《内經》曰②：“上合昭昭，下合冥冥。”何貪狼之不令？其欲犯於廉貞。宜守方而博學，無自惑於《蠻經》。

昭昭，言五運。冥冥，言六氣。昭昭在天，冥冥在地，其理具見《内經》，何贓墨之徒不察，而反欲詆夫廉正之士耶？方，猶定也。學無定，在志所專，而學之則爲守其方也。若迷徒者，惟惑於《蠻經》而已。近世又以宗廟五行爲滅《蠻經》，棄而不用。不知滅蠻者，滅彼《蠻經》之謂，非滅所謂外國之蠻也，可以悟矣。

舊注曰：“上古三皇之書，於《内經》書册中尤備。《玉册》本於太古，《内經》本於天師問答之語。《内經》七篇實五運六氣，《玉册》與《内經》乃上古占候靈文。”

《天元册》，所以記天真元氣運行之紀也。自神農之世，鬼臾區十世祖始誦而行之，此太古占候靈文。泊乎伏羲之時，已鑴諸玉版，命曰册文。

飾方售術第五十二

執方不圓，固不宜於求售；飾之以正，亦以見其知幾。知幾

---

① 明刻本注“攙”曰：“受銜切，槍山。”

② 《内經》曰”原作“《經》曰”，按“上合昭昭，下合冥冥”出自《黄帝内經素問》，據明刻本補。

知微，果何是而何非？惟以理而起例，取經常之星以名之。雖則進身之伎，然最巧於規爲。何謂名龍之號，爰稱日火之奇？

經星，二十八宿也。日爲房、虛、星、昴，火爲尾、翼、室、觜。

例曰："孰司天爵？天已定於生前。必合禽伎巧，必推於宮上。用天道之左旋，布一星於一將。是以卜於木者，以奎而起寅；卜於金者，以角而起申。以井而起亥者，卜於玄武。水土二山共此例也。以斗而起巳者，卜於朱鶉。火山也。房、虛、星、昴之高岡，公侯誕節；尾、翼、室、觜之秀氣，將相生辰。"

顯貴雖云人爵，然其命則無不定於天。既得地之後，則其人之得力於地，又與天匹。雖命不由其地而生，然無不貴顯者，於以見得地之力匪細故也。例云定於生前之說，微似有辨。蓋有日火之峰巒而適與其命符者，不得以生前之說例之。奎不起於寅而起於艮，角不起於申而起於坤，井不起於亥而起於乾，斗不起於巳而起於巽。蓋起於寅，日月不會於四正；起於艮，於以見四正之重光。

又例曰："各於本山生旺墓，一作處。起星處布九宮去。再入中宮出四門，從今飛布步星辰。兩局星辰相會宮，五行二氣一時通。若得此星應山水，節鉞公侯萬里封。"

前例用奎、角、井、斗四木宿起，皆本山之官位，實本山之生位而移於官位，故云公侯誕節，將相生辰也。奎近亥，木生也；角近巳，金生也；井近申，水土生也；斗近寅，火生也。雖四生，實四墓之地。蓋奎爲火墓，角爲水墓，井爲木墓，斗爲金墓，若以四墓之地起，雖官位實旺位也。故曰各於本山生旺墓，起星處布九宮去。起星處，即木以奎宿起寅，其處也，寅屬艮八宮。

木生在乾六宮，旺在震三宮，墓在坤二宮；

水土生在坤二宮，旺在坎一宮，墓在巽四宮；

火生在艮八宮，旺在離九宮，墓在乾六宮；

金生在巽四宮，旺在兌七宮，墓在艮八宮。

巽辰乙卯甲寅艮	巳丑用天道左旋	丙癸不合	午子木從奎起寅	丁壬火在乙辛丁癸	未亥木從奎起艮日月會於四月	坤申庚酉辛戌乾

九宮圖

巽四	中五	乾六
震三		兌七
坤二		艮八
坎一		離九

　凡是局例，固非五行二氣之法程。然來山去水，亦不淫而不雜。是爲衒術之機緘，庶速人之見納。異五鬼之蠻言，乃一時之魁甲。雖然熒惑頗精售術之門，何以廉貞自寶家傳之業。雖不爽於投凶，或可期於吉叶。記曰："居喪讀喪禮。"亦聖人教人之捷。

　《曲禮》曰："居喪未葬讀喪禮。既葬讀祭禮，喪復讀樂章。"①

　局例起法，當合第八十七篇《會宿朝宗篇》看。

---

　① "未葬"二字底本脱，據明刻本、《禮記·曲禮》補。下文有王注曰："王曰：'管氏之意，頗以明龍爲巧例，所以歌之甚詳。至於會宿，只舉例而已，後有會宿朝宗篇亦詳。'"

水生翼 奎柳尾	奎柳尾	奎柳尾
水之生氣巽庚癸 土	旺在乾甲丁	墓在艮丙辛
火生室		
火之生氣乾甲丁	旺在巽庚癸	墓在坤壬乙
金生畢 翼斗胃	斗翼胃	胃斗翼
金之生氣艮丙辛	旺在坤壬乙	墓在乾甲丁
木生尾 室井房	井室房	房井室
木生之氣坤壬乙	旺在艮丙辛	墓在巽庚癸

管氏地理指蒙七

亨絶動静第五十三

《内經》曰："善言天者必驗於人,善言人者必證於己。"證於己者,知其己也,知己而後知人,知人而後知天矣。且以一己而言之,有左右以分清濁、以分動静,有頭足以分上下、以分首尾。濁則動而凶,清則静而吉。首而上則奮,足而下則止。奮則亨,亨則無絶之理;止則絶,絶則無亨之理。

天道左旋,其氣清;地道右轉,其氣濁。天動而地静,輕清者上爲天,重濁者下爲地,首尾之辨也。濁則動而凶,清則静而吉,山水貴清而喜静也。諸陽之氣皆聚於上,故奮;群陰之氣皆萃於下,故止。奮則亨,止則絶,皆自一己言之,可以通於天地也。

何爲氣庫? 江湄有浮鱉之融[①];不辨風城,水尾認行龍之起。

氣庫,喻首之奮;風城,喻尾之止。氣庫,亨處也。風城,絶處也。凡貯物,府藏曰庫。曰氣庫者,氣之所積聚也。城,以盛民也,風城,所以蔽風之入其城。江湄、水尾,皆是濱水之地。浮鱉見乎近者,行龍見乎遠者。浮鱉,俗謂之螺星。風城,捍門之類是也。

---

① "有",明刻本作"看"。

動則忌於持刀,静則嫌於杖匕^①。辨其内外,分其遠近。輔門權殺,東西當辨其兩端;夾室鑱尖,左右亦同於一軌。雖天道之甚懸,即吾身之一唯。

動在右,静在左。刀匕者,皆尖利之器。内者、近者其害重,外者、遠者其害輕。然亦有外者、遠者居穴見之甚明,不可謂其害之不重;有内者、近者居穴隱藏不見,不可謂其害之重也。唯,應也。以一身言之,故以右爲動、左爲静。

李淳風曰:"輔門,左尖爲權,右尖爲殺。夾室,左右尖皆爲殺。左右之形謂之夾室,左右之勢謂之輔門。"

師聰師明第五十四

假術叨贓,作聰明而賊主;任術無學,或諛順以喪經。不熟於耳,聽之而不聰;不習於目,視之而不明。非不明也,不明於三形四勢;非不聰也,不聰於二氣五行。蓋聽不聰則耳不熟,心無師傳則五鬼易中;視不明則目不習,心無師傳則五鬼易惑。五鬼之中人也,中以形;五鬼之惑人也,惑以星。星不志於天文,形常矜於自能。

此篇重在吾人之聞見上。聞見不廣,未有不爲庸術所誤者。故須得師之聰明者而師之。師之而明,則三形四勢、二氣五行,五鬼不得而誣之。

水畔乾流,澤不源於發脈;鉗中詭結,肘失顧於沿藤。

隨龍發脈之水爲源頭。水畔乾流,非祖宗之一氣。内砂雖抱而外砂不顧者,沿藤之謂也。沿藤,肘之分擘處。

《曲禮》曰:"未葬讀喪禮。"此孝子事也。一物不知,君子所恥。不可不遊於藝,惟見聞之熟,則五鬼安得而縱橫。必守廉以濟術,而術斯慎;習正以擇術,而術斯誠。將慎將誠,亶是術之可憑。

---

① "杖",明刻本作"挾"。

守廉者不慳，習正者達道。

達五行之相替，乘二氣之純清。鍾和發秀，凝神降靈。真宰攸司，以誕豪英。背少陰少陽，構淫殞傷。山水不造，五氣不成；六相流蕩，六替侵淩。猖孫劣子之所孽，離宗絕業而不承。是則反本歸藏之大事，其旨何昧；而吉凶禍福之先期，其心曷輕。

達五行二氣之理，能鍾和、能發秀、能凝神、能降靈。真神主宰，豪英由是而生也。其次必副少陰、少陽。而推陽生於子、陰生於午之法，如壬癸甲乙陽之位也，艮巽則伏陰之微；丙丁庚辛陰之位也，乾坤則恣陽之施。其背乎少陰少陽之理，則順逆不明，相替顛倒，其禍可勝言哉！

何必易名應秀、防胡築城？申申然，淡淡然，修身慎行，慕聲容於翼京。春秋灑掃以配其常祀，真宰豈不簡閱也。其精誠？

劉秀爲天子，不知其爲光武。國師公更名而應之，幾致身於一死。亡秦者胡，不知其爲胡亥。是皆極意於圖福，而不知修身慎行之所當務也。翼京，漢之翼奉、京房也。欲知真宰之簡其精誠，讀祭禮《祭義》自悟。

近代五鬼所學益僞，其誇益精[1]。勇以貪賮，任二兆五行之棄背；巧於詞色，但九宮八卦以翻謄。

舊注曰："少陰、少陽謂之二兆。五行則應於五星。"五行之應五星，見於《內經》之五運。

明如翼奉，聰似京房。即遊魂而起變卦，由生氣以擇明堂。或作遊魂而生氣變化，例以擇明堂。是恃黃鐘少質[2]，不錯不戕。雖有一偏之得，不虞六擊—作替。之攘。琴鳴蒼鶡之雙翎，豈便奮擊；錦

---

[1] 明刻本注"誇"曰："浮誕、詭譎之義。"

[2] "恃"字原作"特"，於義不合，據明刻本改。

籍驊驑之四足,恐誤騰驪。①

乾變坎則爲遊魂,變兌則爲生氣。即乾遊福天五命體生之訣,以乾、坎、艮、震爲序,故以兌終之。琴鳴、錦籍四語,喻遊魂之動,則掣肘不可爲用也。

舊注:"逐宮返吟之説大謬,不録。"

　　彼有氣庫成龍,九龍未該。如蛇怒項,一作頂。如牛壯頷②,如木之瘦,瘤也。③ 如魚之腮,魚頰也。④ 是皆氣庫之積聚,非人力之所可培。必也勢迢迢而入路,形單單而結魁。此乃運靈盤礴之大造,襟江枕澗而周回。不有學焉,雖耳雖目而聞見不開,故虢公論之以極前作,樗里著之以遺後來,予執其左手而咳。父執其子之手而命之曰咳,一本作孩。⑤

氣庫結於水際,如江湄浮鼈之融也。九龍者,曰降龍、騰龍、蟠龍、出洋龍、臥龍、生龍、飛龍、領群龍、隱龍。第江湄浮鼈之類,恐人以打水孤遺等誤爲氣庫,故曰必也以勢迢迢言其遠,以形單單言其衆,非單獨龍頭之可比也。其曰如蛇怒項,如牛壯頷,如木之瘦,如魚之腮,摹寫其堅凝有力之象,非天之運靈、地之盤礴,烏可得耶? 然此勢此形未易測識,不有師授,雖有耳目,不可得而聞見也。故虢公著之於前,樗里遺之於後,予將執其手而命之。

―――――――――

① 明刻本有注曰:"凡衒術者之文,先知其妙如神,及考其所以,初則不然。亡秦者胡,不知爲胡亥。劉秀爲天子,不知其爲光武。此管氏之意,深以爲戒。京翼徒欲以變卦之例,牽合二氣五行之法。雖得少陰少陽之氣,不相淫錯,而六相六替則失之。欲錦籍琴鳴,實譏卦例,如掣肘而書、緘口而言,烏在乎人情? 此管氏明辯房、奉用變卦之疏也,且以逐宮伏吟論之。甲山乾水,固是破臨官。乾山甲水,自是六替。坤山乙水、乙山坤水,亦是六替。丙山艮水,固是破生氣。艮山丙水,自是六替。巽山辛水,固是破冠帶。辛山巽水,自是六替。坤癸山、申子水,固是破生旺。辰水自是六替。離壬山、寅午水,固是破生旺。戌水自是六替。亥山庚水,固是破生旺。震山庚水,自是六替。兌丁山、巳酉水,固是破生旺。巳山酉水,自是六替。當初翻卦,合歸二少,大可迷人,及考相替訛謬,則牽制失理,不亦甚矣。"
② 明刻本注:"户林切,頤下也。"
③ 明刻本注:"於景切,瘤也。"
④ 明刻本注:"蘇來切,魚頰也。"
⑤ 明刻本注:"父執其子之左手而命之曰咳,一本作孩。户來切,小兒貌。"

貪奇失險第五十五

謹按《春秋左傳》僖公三十二年，秦大夫杞子自鄭使告於秦曰：
"鄭人使我掌其北門之管，若潛師以來，國可得也。"穆公召孟明使
出師於東門之外，蹇叔哭之曰："孟子，吾見師之出而不見其入也。"
公使謂之曰："爾何知？中壽，爾墓之木拱矣！"[1]蹇叔之子與師，哭
而送之曰："晉人禦師必於殽，殽有二陵焉[2]，其南陵，夏后皋之墓
也；其北陵，文王之所辟風雨也。[3] 必死是間，余收爾骨焉。"

管，鑰也。孟明，百里奚之子。合手曰拱，言其過老不可用。殽，在弘農澠池縣
西，自東殽山至西殽山相去三十五里，地極險峻。大阜曰陵。皋，夏桀之祖父，孔甲之
子，在位十一年。皋之子發在位十年。發之子帝履癸，是爲桀，力能伸鐵鈎索，寵妹
喜，爲瓊宮瑤臺、肉山酒海，貪虐荒淫，天下怨恨，湯放於南巢而死，在位五十年。二陵
之間，南谷中，谷深委曲，兩山相嶔，故可以避風雨，古道由此。魏武帝西討巴漢，惡其
險，更開北山高道。必死是間，以其深險故。明年，晉敗秦於殽。

杜預曰：

不應有"杜預曰"三字。杜預，晉武帝時人；管公明，三國魏人，其先後不侔，當屬
後人所添，然其文義相接。

"二殽谷深委曲，兩山相嶔。嶔，岑也。"[4]嶔則岑，山小而高。[5] 岑
則險，險則危兀囡隘。不夷不蕩，不容不居，夏桀由之以喪天下，
孟明登之以喪師旅。墳冢類之，其證可數。矧送終之大事，非一
時之簣聚。下應三泉，上通五祀。禍福所緣，真宰所主。清濁二

---

[1] 明刻本有注曰："合手曰拱。言其過老，悖不可用。"

[2] 明刻本注曰："大阜曰陵。"

[3] 明刻本有注曰："此道在二陵之間，南谷中，谷深委曲，兩山相嶔，故可避風雨，
古道由此。魏武帝惡其險，更開北山高道。"

[4] 明刻本有注音曰："去金切。"

[5] 明刻本有注音曰："音吟。"

氣，相替五土。固非不學之所可能[1]，亦非臧奴之所可語。

嶔者，歆仄不正之貌。若二殽之險至於亡國喪師，可爲趣險者之一鑒。所以穴必貴於平夷也。

簣，運土之器也。言墳冢必待天地之真氣而應，非一時簣聚可成，而謂不學者能之乎？其臧奴益未可與語矣。

《爾雅》云："濫，泉正出。"正出者，從下上出也。

沃，泉垂出。垂出者，下出也。

氿，泉穴出。穴出者，仄出也。

郭璞曰："正出，湧出也。"下應三泉，指地德上載，說地之下，莫非泉爾。

鬻術狡獪，有此胸臆。入之而不知其來，中之而不知其所。

牛鼻穿風[2]，駝背泄水，方詭後龍之容而不可拒。騎龍杵握而三形虛設，攀龍籩牙而四勢不利。方誇明堂之容萬戶，是以輕重之心一搖，則迷神奪魄、傾耳注目，信任之而不可禦。

賈術一流，既不知山水所從來，又安知山水所自止，故入之、中之而皆在不可問。牛鼻，當風也。駝背，決脊也，而以爲可容。杵握，水分流也。籩牙，腳傾陡也。而以爲有畜聽之者。心既無主，目又無識，未有不因富貴之念而爲其所惑者，故信任之而不可禦也。

嗟乎，夏曆偶窮，天祿永終。謀之臣鄰，草偃隨風。占之太史，龜筮叶從。或疑或二，罪延爾躬。匪天之力，乃人之工。

夏曆之喪雖天，而惡德之積由於人也。

《書經·虞書·益稷篇》："帝舜曰：'吁，臣哉鄰哉，鄰哉臣哉。'禹曰：'俞。'"鄰，左右輔弼也。臣以人言，鄰以職言。俞，然也。

草偃隨風，皆順從其德之義。

《虞書·大禹謨篇》："禹曰：'枚卜功臣，惟吉之從。'帝曰：'禹，官占惟先蔽志，昆命於玄龜。朕志先定，詢謀僉同，鬼神其依，龜筮叶從，卜不習吉。'禹拜稽首，固辭。帝

---

① "不"字原作"下"，今從明刻本。

② "牛"前明刻本有"是以"二字。

曰:'毋,惟汝諧。'"

益告帝舜曰:"任賢勿貳,去邪勿疑。疑謀勿成,百志惟熙。"

故曰:"積之累之,攀懸立溺,以望閑峰。"

撥沙有裸,婆立溺形。

積之累之,貪狼必會而廉貞不逢;積之累之,左避右著,必受樊籠;積之累之,親朋薦引,莫得明公。

夏曆之喪非天也,人也,故曰積之累之,言積不善者所必至之數。

懸,處高而危者。溺,處卑而沈者。立身於不可穴之地,徒望其閑峰已耳。

貪狼,污濁之徒;廉貞,端潔之士。

左避者,惟恐蹈其凶;右著者,仍不免於難。樊籠,牢獄之象也。

端潔之士,非必不可逢;吉凶,非不可趨避;親朋薦引,或亦有明公,而均不可得者,由於積不善之故也。

通世之術第五十六

曹叔曰:"通世之言術者有五,曰葬、曰醫、曰卜、曰命、曰相。夫醫以療病,葬以送終,理固不可得而免也。龜筮之意亦慎重之事,而相命之學則無補於吉凶之機。雖有時而幸奇中,經俗之道則無補於維持。況墳墓之法,非孝子之所習;吉凶之應,非倉卒之可期。故貪噬之豺狼,武健之曲廝,詭誕欺迷,靡所不為。前偽既騁,後藝宗師以偽傳偽,而偽乃即真,以偽即真,而真無不遺。主方慕其有傳,身惟咎於不基。故嬴虩憫之,因設矩以陳規。"

通世之術皆不能外五行而別有其説,但就中顛倒縱橫,非大解悟者未易臻其妙也。

相命定於先天,而改天命、奪神功非地之力莫能轉也。特偽者馳騁既久,其相沿流毒之弊,反以真者為偽,反以偽者為真。嬴虩於是乎憫之,因陳其説。

若曰:"中央之土出於東南而生金,乙、巽、丙、丁、坤、庚菇之六相，辛、乾、壬、癸、艮、甲流六替以興衰。金至西南而生水，坤、庚、辛、乾、壬、癸菠之六相，艮、甲、乙、巽、丙，丁流六替以依歸。水至西北而生木，乾、壬、癸、艮、甲、乙菠之六相，巽、丙、丁、坤、庚、辛流六替以返之。木至東北而生火，艮、甲、乙、巽、丙、丁菠之六相，坤、庚、辛、乾、壬、癸流六替以相宜。火復中央而生土，土旺四季而寄理於坤，維則相替之道與水而同儀。法也。"

萬物以土爲體，故從中起。五十不用，故寄理於坤。水貴干維，故相替不以支論。

土者氣之體，氣者水之母；水土相依，其實一氣，故同生。

循環之理，金生於木之後，水生於火之後，木生於金之後，火生於水之後。一爲我之所剋，一爲剋我。而要非土則無以成之也。金生於木之後，是得父之力；水生於火之後，是得官之力；木生於金之後，是得財之力；火生於水之後，是得於子之力。是父以生我，宮以泄彼，財以助我，子以救我，而生者乃得其平。

雖然天地無全功，葬墳之法必副少陰少陽。而推陽生於子，故壬癸甲乙，陽之位也，艮巽則伏陰之微；陰生於午，故丙丁庚辛，陰之位也，乾坤則愆陽之施。

八干、四維，分陰陽之位也。

窆兆取黃鐘之氣。即血氣未定之時，是亦未艾之時也。

又嘗稽之於"降原"、"陟巘"之詩，"觀流泉"、"相陰陽"，亦必以三形、四勢而著其綱維。

少陰、少陽，所以佐造化之不逮。壬癸甲乙居陽宮，艮巽屬陰而居陽位，故謂之伏陰。

庚辛丙丁居陰宮，乾坤屬陽而居陰位，故謂之愆陽。

陽生於子者，壬癸甲乙皆順行，艮巽爲順中之逆。其例如壬火生寅，癸土生申，甲水生申，乙火生寅，艮木生午，巽水生卯。

陰生於午者，丙丁庚辛皆逆行，乾坤爲逆中之順。其例如丙火生酉，丁金生子，庚土生酉，辛水生卯，乾金生巳，坤土生申也。

窆，穿壙也。兆，塋域也。黃鐘之氣在干維，如壬爲亥末子初，未交子，亦未脫亥，

故曰未定。未艾,論陰陽相替以此。若形勢不備,雖合相替,取黃鐘亦是無益,故引
《公劉》"降原"、"陟巘"之詩以明之。

如曰將星符—作相。德,虎嘯龍吟,豈知曳紫腰金之士?苟非
鳳目龜紋,猿臂犀停,—作鵝肩犀準。亦未鑒其將相之姿。

將星以天言,自有生而得於天者曰德,符德是與天命相符合也。虎嘯龍吟,言人
之聲。通世之術曰命曰相,此言命雖貴、相不貴,亦未必貴。故目必如鳳之目、手如龜
背之紋、臂如猿臂之長、天庭如伏犀骨起,是命與相合而後見其爲將相之姿也。

是以牛肋裝鉗,來歷不承於正派;兔唇爭主,結宂何取於分
枝?案忌搶胸之袖,臂防理髮之釵。當知散氣之披,但在雙鉗之
外。豈審絕玄—作元。① 之的,徒貪一距之垂。

牛肋,似橈棹而小,一順不顧。兔唇,是兩鉗相鬪,內水直傾。二者映上文無主
星、無龍虎說。搶胸,案面山撞穴。理髮之釵,左右尖垂也。凡大聚之地,必內鉗而外
衛,若外馳則內氣已散,雖有雙鉗奚益耶?絕玄之的,龍身所帶之倉庫耳。一距,言其
細,其大者、遠者胥失之矣。

故曰青龍帶刃,白虎銜屍,玄武斬頭,朱雀負襄。

刃,尖利也。銜屍,頭上開口。玄武欲垂頭,斬,是後斷。朱雀欲翔舞,負襄,山背
碎小而叢附也。

白虎帶刃,青龍號飢,玄武倒筆,朱雀亂衣。

號飢,亦是開口之意,但龍不銜屍,故云。倒筆,直硬也。亂衣,無倫也。

左手垂釵,右手擲箸,背後不來,面前直去。

釵,婦人岐笄者,似鉗而直長。垂釵、擲箸,左右皆不顧也。背後不來是空窩,面
前直去是傾脫。

舊注曰:"多是內案遮面前,了不知案外之去。"

虎腕抱臷,則史切,大臠肉。龍肘連雲,玄武嘔溺,朱雀撫簒。

腕,宛也,言可宛曲也。臷,大臠肉也。《記》:"左殽右臷。"肉體曰殽,切肉曰臷。

① "玄",明刻本作"元—作源"。

抱藏,言虎内有堆阜之屬。連雲,言其高。嘔,傴也,將有所吐,脊曲傴也。嘔溺,氣泄於水。撫纂,其指亂也。

玄武出水,朱雀上山,青龍東去,白虎西奔。

玄武止處,衆山包藏。若走入水中,第爲人之衛人,不能衛我。上山,言高壓於本山也。東去西奔,皆反背之象。

玄武垂尾,朱雀開骹,青龍擲筆,白虎拋刀。

玄武貴乎垂頭,尾尖而不可納。劉熙曰:"尾,微也。承脊之末稍,微殺也。"尾既微細,自不能有宠會之容。骹,脛骨近足而細於股者,於義不合,骹當作腳。《説文》"脛也",劉氏曰"腳,却也,以其坐時却在後也"。開骹,猶言其開兩腳羞淫之象。擲筆,斜竄勢。拋刀,刑傷勢。

青龍管笛,白虎曲尺,玄武擡頭,朱雀折翼。

直者曰管,橫者曰笛,曲尺乃爲方之器,皆不圓之物。擡頭,其意他去而不垂。折翼,不能翔舞也。

青龍叛頭,白虎縮腳,玄武吐舌,朱雀生角。

龍虎俱在頭、腳上辨其真僞。叛頭,跋扈之象。縮腳,不適於用也。吐舌,前生尖嘴於外。生角,頭生惡石於上,一云生角,巖峰石笋也。

青龍折腰,白虎破腦,玄武胖開,朱雀屍倒。

折腰,便有風入。破腦,其位有傷。胖開,似剖腹。屍倒,橫臥如屍也。

玄武邋遢①,朱雀唧嘈②,青龍瀕③水,白虎戤④刀。瀕,烏没切。戤,渠害切,倚也。

玄武欲端崇不側,邋遢行不正貌,亦不潔净也。以水爲朱雀者,貴乎澄静停凝,若唧嘈,便有聲而急。瀕,納頭水中也。戤,倒倚也。

前築乾流,後培客土。有人無天,有今無古。

---

① 明刻本注曰:"音臘,枴行貌。"
② 明刻本注曰:"音勞,曹聲也。"
③ 明刻本注曰:"烏没切,納頭水中也。"
④ 明刻本注曰:"渠害切,倒倚也。"

築者、培者皆人也。人勝則亡其天，亡其天則失其古矣。

形不展腕，勢難轉肘。內看如住，外看如走。

形小而勢大，腕運於肘；內勢不順者，其形自背。

腦如爬音把。殷，①音拏，以收除也。臂如弗②音劃，燔肉器。棘。③七玉切，炙具也。明堂搐④截，⑤音創，又霜，去聲。船首一竅通水，所以下捍船，木也。來龍趑小兒行貌⑥趄。追也。⑦

爬殷，其紋直裂。弗棘，其破縱橫。搐截，坑小而深。趑趄，氣促不舒。

玄武不仁，臂連朱鶉。內案前去，分水脫身。

仁，如果核中之實，不仁，虛殼。不仁四句一串，蓋玄武仁則左右臂環護。朱鶉，外朝。內案伏而案內之水與後龍之水相會聚而出口。

主山不義，客山連臂。無水界腳，或作脈。如何聚氣？

《洪範》曰："無偏無陂，遵王之義。"不義者，主山偏陂而不正也。客山連臂，即臂連朱鶉也。無水界腳，與內案前去亦是一義。

已上二義或居大龍之左腋，或居大龍之右腋。

右手拖椎，左手抱鼓。玄武投矢，朱雀反弩。

右手欲其束來，拖椎則西向矣。抱鼓者挾私之象。投矢，形直而銳。反弩，勢背居陰也。

臂直拓弓，臂折搥胸。袖披拭淚，袖反鼓風。

拓弓以左臂，搥胸以右臂。或云右亦可拓、左亦可搥，但非理之自然。旁持曰披山，一邊高壓曰拭淚。袖反則水去，水去則風來也。

雨打蝦蟆背，風吹牛鼻頭。來龍不住穴，無後歸荒丘。

---

① 明刻本注曰："上蕩巴切，下音拏。爬殷以收除也。"
② 明刻本注曰："音貫。"
③ 明刻本注曰："七玉切，炙也，炙具也。"
④ 明刻本注曰："舒客切，衝也。"
⑤ 明刻本注曰："色降切，捍船術也。"
⑥ 明刻本注曰："力足切，小兒貌。"
⑦ 明刻本注曰："切足切，追也。"

蝦蟆背，小墩露處。牛鼻頭，大山盡處。二者雖有來龍，並無包裹結作，後世淪作荒丘而已。

一本增有"龍拱則氣停，龍流則氣脫。伏犀風急，背負無屏；銀海浪崩，腳前傾斗。"①

四獸之法，三形應合。界水內橫，賓主不雜。內案臂連，水無發源。江澗前抱，氣勢完全。水內認形，三方宊污。水外朝應，四獸以俱。鳳蓋中央，黃帝之墟。裸祭也。奉中藏，卜吉玄廬②。五章奠位，五造攸居。明堂運轉，源派縈迂。或連內案，不其侈乎。鉗裏破相，六相也。抑亦防虞。忽然突起，八字分蒱。聾啞淫瞽，鰥寡嫠孤。貧賤夭絶，五福全無。

觀四獸之法，惟在乎得三形之全。界水內橫而賓主，自然皆序。上文云臂連朱鵐，又言客山連臂，此復言內案臂連，總言其水之無發源耳。若有江澗前抱，內源雖短，得與外水爲呼吸，亦爲氣勢之完。然內水發源既短，其內形須要認得真正，必求其宊而有容，仍要觀水外朝集乎應、四獸咸會，是即鳳凰翠葆之宅，中央黃帝之墟，拜掃灌祭之場也。蓋五方之章采既奠厥位，五行之肇造得其所居。且明堂水行轉摺，無傾脫之患，其臂雖與內案相連，不愈見其地之大乎。然明堂爲第一緊要，設或鉗口破相，是又所當虞者。否則忽然突起水或八字分散，是無外氣之畜。其聾啞淫瞽等弊，均所不能免也，安望其五福之臻耶？

耳通於腎，腎屬水。明堂，水之藏也。突則塞，故聾。《洪範》："二曰火，火主揚。"言明堂突則暗而不明，故啞。又戌主暗啞，戌，火之庫也。明堂污會爲牝之象，突則瘝理，故淫。離爲目，主明，突則失其明，故瞽。又曰形如覆碗，孤眠無伴，故又主鰥寡嫠孤等，非臆説也。

三停釋微第五十七

西北寬容，息道便當於鵐首；東南秀發，明堂自屬於玄墟。

---

① 明刻本接上文曰："銀海，眼目也。斗，當作'陡'。"
② "廬"字原作"墟"，不辭，逕改。

鶉首，未次也。玄墟，子也。子爲玄枵之次，故曰玄墟。寬容、秀發皆指穴地説。言穴在西北而水從左倒右，由未丁出口，此乾甲丁局也。龍自東南來而水自左倒右，由子癸出口，此巽庚癸局也。此篇釋三停穴法，先提其水口之大要。

亦有四勢融結於一氣，五方盤礴於一壺。是則穴法騎龍，内既乾流於池疃；音坦，禽獸所踐處。水城限驥，驥能行，如山脚之走。外須擁抱於江河。爾或不學，則知一水之外，雖三陽之峰、五星之嶽，皆不應運於黃區。黃土之穴。蓋前水斷山骨而分地脈，則前案已間隔其方諸，徒知日月之照臨而水火之憑虛。

上文言案應在水外，此言案應在水内。由是而知騎龍穴皆一氣而成。古訣云："鳳凰銜印龍吐珠，天馬昂頭蛇過路。"皆形容其尾之掉轉而攔截内堂之水。地之大者，案外仍有水城，不然恐有若驥足之馳而不可禦耳。故須得江河擁抱於外，而内氣斯久遠勿泄。爾或不學是，不識騎龍之法，則水外之峰巒不能爲我用也。蓋一水之外於本龍之骨既不相續，而欲其氣之與我相通若方諸。然方諸在地，日月在天，毫釐有偏，水火不應，而謂此一區之穴，不學者能乎？

方諸見月則津，而爲水注方諸。陰燧，大蛤也。熱磨拭向月下，則水生。又云方石，諸珠也。又方諸，鑒名，以取水於月。

矧其相穴之法如相兒郎，祖功宗德，積累延長，三停豐滿，賓從堂堂。

相山即如相人兒郎，喻穴之近。祖宗積德累仁，喻來歷之遠。三停分三才，額爲天，欲闊而圓，名曰有天者貴；鼻爲人，欲旺而齊，名曰有人者壽；頦爲地，欲方而闊，名曰有地者富。又以身分三停。頭爲上停，自肩至腰爲中停，自腰至足爲下停。三者蓋言穴之高下。賓從則言前後左右之擁簇。堂堂者，盛也。

天停之穴，發勢自天。降勢雲垂，住勢城完。橫埏望之，危若莫攀。門户周密，應對不閑。精神氣概，有儀有權。層疊四起，居之自安。俯而揖之，明堂養元。天停之敗，來歷何之。應對無權，出入無儀。瀏無盛一作乘。蕩，揚一作散。無掩吹。肢脈俱散，一作寂。肩背俱垂。登之愈高，俯之愈危。乾源流竭，明堂不歸。

埏，地際也。揚，眉目之間也。天穴上聚，城郭門户應對皆顯於上。穴地安閑，明堂則仍聚於下。

"天停之敗，來歷何之"與"降勢雲垂"二句反，"應對無權"與上"應對不閑"反，"出入無儀，瀏無盛蕩"與上"有儀有權"反，"揚無掩吹"與上"門户周密"反，"肢脈俱散，肩背俱垂"與上"層疊四起"反，"登之愈高"二句與上"居之自安"反，"乾源流竭"二句與上"明堂養元"反。

中停之結，水山盤踞。內方外圓，內停外住。虎伏犀馴，龍驤鳳翥。精神發秀於先天，氣概兆基於太素。水北山南而三形衛主，水南山北而四勢朝墓。應星斗之昭回，永子孫之福祚。或恃人爲，欲夷天度。偏而不通，執而不悟。促不可延，去不可阻；流不可塞，源不可住。雖有朱亥之力、秦皇之勢，山水可爲而星躔如故，則皮毛可僞而骨脈不具。故曰百金售山，愈險愈慳；千金顧簪，愈費愈歡。輕重不審，後人之緣。

中停結者，內停而面前恒豁，其下恒去而外住，其流不能驟止，其源未免過迅，勢使之然也。而俗眼必欲延之阻之、塞之住之，其如上不應於星躔，而骨脈不可改也。

至於地停平洋，脈理、經絡、蚓陌、貝隧、一本作魚隧。[1] 蛇蚹、音夫，蟠也。蛙躍，如蛛經絲，如蚊隱帛，藕斷絲連，瓜採藤纏[2]。仰掌金盤，水城親切。寬兮而虹，近兮而月。惟忌其衝，惟忌其割，惟忌其搶，惟忌其脱。道其一貫，理其一訣。嗟五鬼之無傳，徒紛紜乎勤説[3]。主不稽於文書，卒然以大事任之，是其信人也何拙。

脈，血理之分衺行體中者。理，紋也。經絡，相連不絕之義。陌，東西道也。貝，紫貝，海介蟲也。隧，紫貝所行之路。平洋止有影可認，非躁妄者得窺其端倪。穴法在仰掌金盤一句，其真假視水城之親切何如耳。如虹、如月，即天停之住勢。城完，中停

---

① 明刻本注："一本作魚隧。具者，紫貝也。隧者，道也。"
② "瓜採"，明刻本作"採瓜"。
③ 明刻本注"□"曰："楚交切，代人説也。"

之内方外圆也。衝、割、槍、脱，即天停之明堂，不歸中停之水北山南，不能衛主、不能朝墓也。

企眮—作瞻。 第五十八

玄女一曰企_{去智切，舉瞳也。}[1] 眮_{莫單切，相也。又相視也。}[2] 二致[3]。

_{舊注曰："企，以望遠；眮，以察邇。"}

企其氣於險隆，眮其脈於夷易。夷易之結，水限勢而應就形；險隆之鍾，水限形而應就勢。

_{企，舉踵而望之也。眮，斜視也。平夷之地，須旁觀方見其起脊，故用眮，非若險隆者之可望而知也。應或就形或就勢者，夷易非無勢，險隆非無形。以其企之所見者恒在勢，眮之所見者恒在形也。}

如鞶帶鎖腰而扦魚垂，如長虹輪頷而防雲際。如珠貫壁聯，如瓜藤魚隊。遁蹤晦跡以難明，必兩水夾輔而遠至。

_{此一節申夷易之結。鞶，大帶也。輪，迴旋也。頷，兩腮也。鎖腰者，灣繞當前。輪頷者，環抱左右。珠貫壁聯者，一繫之接。瓜藤魚隊者，斷續之奇。維察其水之所歸，而知其氣之所會。}

如長城郭露而厚夏街旋，如萬騎出關而旌旗翼曳，如鸞揚鳳舉而霞燦雲敷，如虎屯象駐而林豐草翳。_{翳，草盛貌。}[4] 力強步驟以難羈，一水橫流而環制。

_{此一節申險隆之結。長城郭露，謂長城之露於郭外也。夏，大屋也，如大廈之旋繞於街也。萬騎出關，魚貫而不亂。旌旗翼曳，夾衛而不紛。鸞鳳之翔，雲霞掩映；虎象之伏，林草鬱蓊。望一水之橫流，以知其不可越焉。}

是以五氣積而有光，八風扦而不吹。長生之位雄踞，誰云鸚

---

[1] 明刻本注："與跂同，去智切，舉瞳也。"

[2] 明刻本注："與脈同，莫華切，相也，相視也。"

[3] "曰"，明刻本作"目"，義長。

[4] 明刻本注曰："於計切，翳，會草盛貌。"

鵁之殤;冠帶之位尊崇,休説鵝頭之穢。既非池沼之乾流,何慮屠沽之速退。

此一節總結夷易險隆不能外五行生旺之理。凡五氣之積,應七曜之流行,故云有光。夷易則以水爲風之捍,險易之止,均不能外水以爲止。特夷易氣沈,無大水、有岡阜者亦發;險隆氣浮,無大水、不開陽者不發。池沼易竭,故易退。若池沼爲真應,流泉便非乾流矣。

舊注曰:"殤,未成人喪也。年十六至十九爲長殤,十二至十五爲中殤,八歲至十一爲下殤,七歲以下爲無服之殤,生未三月不爲殤。"少死之山如鸚鵁,淫穢之山如鵝頭。[1]

又況地有險夷者,天之造;穴有洿隆者,水之配。必也分二少以顧愆,校五兆以審害。四勢外周,三形內會。遷就其包容親切,反覆其端圓尖鋭。結雖寡特而周遮,蕩雖縮狹而明快。水淘沙石以彎環,賓肅威儀而應對。委蛇委音威,蛇音移,行委曲貌。入路,應軌格以端中;起伏過關,齊騰驤而沛艾。一作降外。

險之穴恒在洿處,夷之穴恒在隆處。地非天不造,穴非水不配。水非二少無以別其相替,地非五兆無以論其生剋。結雖寡特者,夷易之結;蕩雖縮狹者,險隆之鍾。委蛇入首,言夷易之從來;起伏過關,言險隆之入首。沛,僕也;艾,息也。

憑僞喪真第五十九

葬者,反本而歸藏也。奉先以配五土,而一體於青山。

衆生必死,死必歸土。骨肉斃於下,陰[2]爲野土。其氣發揚於上,而一體於青山。

山者,地崇而勢,水限而形。五氣精積,五運通靈[3]。氣概融而下符地絡,輝光發而上普天星。

---

[1] 明刻本此句有"李曰"二字。
[2] 注:去聲。
[3] "靈",明刻本作"基一作靈"。

普,同也。青山非一概之山,其來有勢,其止有形。五氣,金精龜極之五氣;五運,《洪範》變遁之五運。

甲、寅、辰、巽、戌、坎、申、辛屬水。①

丙年水氣太過,大雨至,埃霧朦郁,上應鎮星。

辛年水氣不及,爲涸流之紀。是爲反陽,藏令不舉。化氣乃昌,長氣宣布,蟄蟲不藏。

艮、震、巳屬木②。

丁年木氣不及,爲委和之紀。生氣不正,化氣乃揚,長氣自平。收令乃早,上應太白星。

壬年爲木氣太過,甚則化氣不政,生氣獨活,雲物飛動,草木不寧,上應太白星。

離、壬、丙、乙屬火③。

戊年爲火氣太過,收氣不行,長氣獨明,雨水霜寒,上應辰星。

癸年爲火氣不及,長氣不宣,藏氣反布,收氣自政,化令乃衡,上應辰星。

兌、丁、乾、亥屬金④。

庚年爲金氣太過,上應熒惑星。

乙年爲金氣不及,收氣乃後,生氣乃揚,長化合德,火政乃宣,庶類燦燦以行,上應熒惑星。

丑、癸、坤、庚、未屬土⑤。

甲年爲土氣太過,變生得位,藏氣伏化,氣獨治之。泉湧河衍,涸澤生魚。風雨大至,土崩潰,鱗見於陸,上應歲星。

己年爲土氣不及,化氣不令,生政獨彰,長氣整,雨乃愆,收氣平,上應歲星。《氣交變大論》曰:“歲土不及,風乃大行;化氣不令,草木茂榮。飄揚而甚,秀而不實,上應歲星。”

丘延翰曰:“地法以二十八宿之經分度分配八方,推之爲二十四路。又以二十八

---

① 注:乘金相水,庚年上應太白星。
② 注:穴土蔭木。
③ 注:火以木富。
④ 注:金以土積。
⑤ 注:土以火著。

宿分配日月五星，緯星之氣分而隸之。就分配分野，天禽、地獸，在人各有所主。”

一清一濁，已昭回於經緯；一賞一罰，已司屬於法程。清者干也，濁者支也。清者五運，濁者六氣也。其見於經緯者，丹天之氣經於牛、女戊分，黅天之氣經於心、尾己分，蒼天之氣經於危、室、柳、鬼，素天之氣經於亢、氐、昴、畢，玄天之氣經於張、翼、婁、胃。戊、己分者，奎、壁、角、軫，天地之門戶也。賞者以德，罰者用刑。司者，司天在泉之氣也。喻少陽司天，火氣下臨，白起金用；陽明司天，燥氣下臨，蒼起木用；太陽司天，寒氣下臨，火明丹起；厥陰司天，風氣下臨，土隆黃起；少陰司天，熱氣下臨，白起金用。用謂用行刑罰也，其賞者可知矣。

豈人力之可僞，而簣進之可憑？雖盈虧乎地理，而高下乎天然。果有造龍之匠石，則當創端於夷坦之野、渾成之先，何交相於已胚已孽之京。山也。形且難僞，勢奚以營？恐乏修女轉男之藥、醫耆再少之齡。

葬雖方寸之土，其氣上通於天，不可以人力爲之增益者。人第知日月星辰之爲天，而不知山川夷險之形皆天也，故龍之不可造，猶藥之不可轉男爲女、醫耆再少。然則砂水之損益，亦因其自然可耳。匠石，古之工師也。丘之高大者爲京。已胚已孽，不可鑿也。

是以治霸陵而不傷，文帝興漢；造驪山而具象，胡亥亡嬴。

漢文帝遺詔曰：“霸陵山川因其故，毋有所改。”霸陵在長安東南，乙巳葬霸陵。古者墓而不墳，聚土使之高大也。漢長陵高十三丈，陽陵高十四丈，安陵高三十餘丈，則不度甚矣。

秦始皇葬驪山，下錮三泉，奇器珍怪，徙藏滿之。令匠作機弩，有穿近者輒射之。以水銀爲百川江河大海，機相灌輸，上具天文，下具地理。後宮無子者，皆令從死。葬既已下，或言工匠爲機藏，皆知之，藏重即泄。大事盡，閉之墓中。

過脈散氣第六十

三形未住，四勢隨去。住不界水，五氣不庫。三形融結，四勢環顧。四勢外馳，三形內吐。三形伸而未盤，五氣散而多露。

五氣亂而未憑，三形指而何據。鳧兮不棲，牛兮不污。

過脈之所，形所未住，而四勢隨之，形住必界以水。過脈之所，水尚未停，是爲散氣之場也。形結者不內吐，勢顧者不外馳，大都因脈之止以見其氣之凝，亦猶夫勢之歸以見其形之宿。禽獸得氣之先，觀鳧、牛之棲污，知其風所不及矣。

李淳風曰："鳧棲臨水不污者，被風所吹①。"

黃鐘之道，陽明各步。火守金流，金剛木蠹，木榮土虛，土實水腐，水流火滅；火以木富，木以水殖，水以金著，金以土積，土以火著。徹氣之悖，開心之悟。導其相替，由其交互。干維向首，經常憲度。真純一氣，無向背之春風；駁雜兩逢，見凋零之寒露。

道，方道也。步，二舉足也。黃鐘，論葬；陽明，論造作。一在乎山，一在乎向。黃鐘在干維，陽明在地支，其用不同，故曰各步。火守者，赫曦之紀也。黃鐘而葬於兌、丁、巳、丑之山，陽明而造作於兌、丁、巳、丑之向，則金流矣。他如木山向而乘堅成之紀，則木爲蠹；土山向而乘發生之紀，則土爲虛；水山向而乘敦阜之紀，則水爲腐；火山向而乘流衍之紀，則火爲滅。故火山向而當發生，則火富；木山向而當流衍，則木殖；水山向而當堅成，則水著；金山向而當敦阜，則金積；土山向而當赫曦，則土著。知氣之悖我者，則知其氣之益我矣。此得於天者然也。水則導其相替，必由於二少之往來；向則貴乎干維，務合於陰陽之純粹，五氣庶無散蕩之虞爾。

此篇論過脈散氣，而忽及於五行生剋之理者，謂造葬不得其時，即爲散氣之時。而初葬、初造之日即爲過脈之日也，其旨遐矣。

左右勝負第六十一

聞之曰：形止三奇，勢全四應。賓主相登，左右相稱。一應或偏，三形不令。余嘗申之曰：賓主不登，禮固不恭而不情；左右不稱，猶或未詳而未證。一印一笏，豈不相宜？一鈎一權②，如何

---

① 注：一作牛污無風。
② "鈎"字原作"鉤"，今從明刻本作。

相勝？端坋房粉切。與《禹貢》墳同。塵，坋也。何愧於長岡，小墮徒果切。小山長而狹。尤勝於曲徑。扦其內而不吹，扦其外而不阱。天象開而天蕩寬，地幅方而地心正。魏珠照乘，大闡邦光；趙璧償城，永膺天命。佳鄧侯之臥虎尾，周匝於虹輪；誤蘇茂之飛猿一作鳶。臂，偏垂於斗柄。或左抱而右水灣，或右拱而左水迎。古人著之，雖含意而甚該；後人誦之，何探源而不竟。此所以不識龍之奇、不識龍之病，惟以意逆意、以心逆心，則尋龍之目，夫誰與競？

三奇者山、水、案也。左右前後曰四應。案外之應，其一也。一有不全，則三形俱漏矣。然左右有其勝者、有其負者。印可以配笏，鉤可以配權，所勿論也。端坋小墮，爲力甚微，能力我用，亦爲有益。但形小者恐內逼，必求天蕩之開而地心正大者，乃爲的焉。譬珠璧之爲物甚細也，一能闡其邦光，一能永膺天命，其小爲何如？又有左右之臂，如臥虎之尾繞於當前，尤爲奇特。其或如猿臂之直長則懈而無力，又非所貴外有。無左砂而左水來左，不得謂勝；無右砂而右水揖右，不得爲負。是爲龍之奇也，而或以爲病者，是不識古人之意矣。

魏惠王曰：“寡人有徑寸之珠照車，前後各十二，乘者十枚。”

趙得和氏璧，秦昭王願以十五城易璧，相如視秦王無意償趙城，完璧以歸。

鄧侯，光武名將禹也。

蘇茂，光武時寇，後爲張步斬。

星辰釋微第六十二

望遠勢以認山，要得古人之訓；審近形以指穴，當資廉者之爲。凡棄勢造形之舉，意皆傷龍速咎之迷癡。主既強能，爰失色於無學；術欣速售，惟趁色以投機。豈有文書死死星辰而自誑，曾無天理生生局例以相麋。

凡造形者必開挖山壠作爲洿窟，未有不立見其凶者。蓋星辰、局例非概不可用，但非勢非形，星辰無處著落，故一曰死死，一曰生生，惟知此而不知彼也。趙汸曰：“形勢其言相也，星辰其推命也。”然言相者，因百物之異形而極其情狀，以察造化之微而知吉凶，必不以相人者相六畜也。推命者，以生年月日時論禍福吉凶，猶或失之者，由其爲術之本不足以範圍大化也。移之以推六畜輒大謬者，六畜之生不同於人也。夫星辰是有一定之準，不得形勢之真而概以其說加之，則亦何異以虛中、子平之術而推六畜，以論牛馬者而論人耶？庸術之例星辰，大率類此。

　　登朱門而即指黃祥，盛誇後裔；見白壤而便期蒼碛，咸許先知。竊射卜之三傳，笑談自若；鬮弟兄之二位，氣義俱非。

九州惟青州之土白壤。射卜即六壬之射覆。不知形勢者，惟竊氣數以動人而已。

蕭吉曰：“壤土，壞土也。白塂①之下必有青蒼石①，詎能先知也。”

　　今也心仰虢公之《極》，志存樗里之《遺》。

李淳風曰：“虢公著《極心論》，樗里之作虢曰《遺書》。”

　　山喜二少以育粹②，水延六替以扶危。上則炳於天文，何假天文之奧；下則形於地絡，當詳地絡之儀。可見土中之四獸，必由水內之三奇。

山喜坐八干四維，水要歸衰病死絕。水出干維，即所謂炳於天文也。恐值生旺之方，非地絡之宜，故須詳之。土中四獸，青、朱、白、玄也。水之三奇，橫、朝、繞也。甲向青龍起亥，順行；乙向青龍起未，逆行。丙向青龍起寅，順行；丁向青龍起戌，逆行。庚向青龍起巳，順行；辛向青龍起丑，逆行。壬向青龍起申，順行；癸向青龍起辰，逆行。訣云：“發福久長，定是水纏玄武；爲官福厚，必然水繞青龍。”其例如甲向青龍起亥，則子屬朱雀、丑屬螣蛇、寅屬勾陳、卯屬白虎、辰屬玄武。他向仿此。《金書八字秘本》：“甲向青龍，不起於亥而起於戌；丙向不起於寅而起於丑；庚向不起於巳而起於辰；壬向不起於申而起於未。”合陰干共八向，皆起於四墓，故曰土中四獸。然不合水之三奇，究無以用之也。

　　曰華蓋者，魁鍾天覆之象；曰明堂者，蕩鍾地載之規。至若玄武之號，亦由壘土之爲。水口固防於水散，風門切忌於風吹。

---

①　“有”，明刻本作“生”。明刻本注“塂”曰：“音善。注字誤，當作堊，音惡，白土也。”

②　“喜”，明刻本作“嘉”，義同。

内形之奇,斯因以告;外勢之奇,亦類而推。

魁,斗首四星也,凡爲首者皆曰魁。華蓋,首之所在,故曰象天。蕩,水勢廣平也。明堂,足之所應,故曰象地。壘,魁壘也。玄武,出華蓋之下,亦具有首之義。水口外有山攔截,水始不散。風門外有山障蔽,風始不入。此以其内之小者言也,其外之大者可類推矣。

　　左限蒼龍之肘引,右防—作裁。白虎之肩歧。一作垂。松埏前束—作速。其過脈,蓬—作顆。魁中積以盤基。五鬼不學,誕擎一掌以轉璇璣。故曰:山不閑生,有形勢以彰星象;術難遽曉,竊氣數以卜興衰。挺特有權,可見靈官之造;縱橫失統,當悲散去之披①。

引,開弓也,肘引者,其肘如引弓之形而抱也。物兩爲歧,歧肩者,其一枝他去不爲我衛,故宜防之。埏,墓道也。蓬,蓬顆也。水界於墓道之前,無脈可過;墓居於四獸之内,氣積以凝。四者皆本於形勢之自然。五鬼不學,惟以一掌論星,不亦謬乎?故山不徒自而生,必得形勢之真者而後星辰應。術者不知也,惟竊月將日時之氣、一六二七之數以卜其興衰而已。豈知挺特有權者,星辰之發露。縱橫失統者,形勢既不可得,星辰焉得而應之?

　　龍或雙來,必統八方之中正;水宜遠赴,寧論兩腋之偏裨。瓜藤不附於蒲藤,味甘一實;萍稚難希於蓮稚,香馥端彝。手擖左氏注:若今之揖。② 馬之四蹄,何當遠迅?腋脱鴻之雙翮,曷任高飛?妄指來龍,背後不知其水截;盲尋駐穴,面前豈識其綱維③。按龜極一卦三山,以占五氣。

雙來,是兩宮並至,必取其中者、正者以爲的。如壬子以子爲中,丑艮以艮爲正也。遠赴,是一水當前,必取其大者、遠者以爲應。其雙來者,如瓜藤與蒲藤,然瓜實甘而蒲實苦,瓜圓正而蒲偏直也;其遠赴者,如萍稚與蓮稚,然萍生水中,蓮開水際,萍

---

① "去",明刻本作"土"。
② 明刻本注曰:"擖,拜揖。舉手,下手也。左氏注:'若人之揖'。"
③ 明刻本注"維"曰:"一作馳。"

萼小而蓮瓣大也。故龍之行，必分牙布爪而後能見其奮發，無若蒲藤然，必開障出峽而後能見其翔翔，無若萍稚然。倘本體不施、左右不展，如馬擅其蹄、鴻脱其翮，冀其高遠也難矣。

蒲藤，壺盧之藤，壺盧一頭有腹，長柄者爲懸瓠。無柄而圓大，形扁者爲匏。匏之有短柄大腹者爲壺，壺之細腰者蒲盧。

萍有三種，大者曰蘋，中者曰荇，小者即水上浮萍。

誰謂抱養過房，非吾骨肉？當知戴天履地，盡爾宗枝。神豈妄於倚附，享必致其依歸。雖形骸之已化，配江山之莫違。螟蛉祝子兮，必感音聲而肖天質；接木遺本兮，亦合理脈而榮春熙。喬山雖葬其衣冠，隨形衍姓；真宰必歆其拜掃，敦義延禧。

抱養過房，是集義所生之氣。未有天地之先，亦無有人。既生人之後，衆莫知其爲天地之生。原其始則一本而萬殊，會其終則萬殊而一本。神者，非不毅不羞之神，而其抱養即有其倚附，況已配祀於青山者。觀於螟蛉、接木，皆是異類，一以聲感，一以脈續，要之聲亦氣也、脈亦氣也，氣至而理存，可無疑於抱養之非其類。喬山，黃帝所葬，黃帝乘龍上天，群臣以其所遺衣冠葬於喬山。姓以統繫百世，喬山雖葬其衣冠，尚隨山川之形以布演其姓於無窮。況形骸有在，能不敦義以延禧乎？

螟蛉，桑蟲也。《小雅》：“螟蛉有子，蜾蠃負之。”蜾蠃，細腰蜂，無雌，捷土作房，取桑蟲負之於其中，教祝七日，化爲己子，一名蠮螉。

此篇釋星辰也，而及於抱養過房者，何也？蓋星辰爲天地之氣，而吾人莫非天地之生，但山川非融結之所，星辰不應其位，世之生生局例者，可以返矣。

預定災福第六十三

或曰：反纍椑掩之後，嬴虢未生之前。二少六替之未述，徒爲棺槨而通阡埏。貴賤壽夭，古今而亦然。亦有百人不偶，一人遭之而慶；百人所競，一人得之而冤。形勢雖由於天創，向背皆生於氣偏。小往大來，固異往來之數；輕清重濁，本同清濁之源。是以彭越功臣，窆戌辰而遭戮；留侯世相，塪辰戌以迷仙。失姓豐功,丙辛附塟於誰氏;真王重典,午丁雙向於期年。信吉凶之在我,故禍福之由天。堋音崩,束棺下土也。

或人之意謂災福自有一定之數,若古無其說,而貴賤壽夭亦未嘗有異於今,況形勢天造,何向坐獨在干維? 不亦氣之偏乎? 小往大來者,固是其陽在內、其陰在外之數。然輕清者爲天、重濁者爲地,其始本於一原,何以獨棄夫支也? 若以支爲凶,則彭越之空戌辰而遭戮宜矣,然留侯之先則堋辰戌矣。若以干爲吉,衛青之母附葬後夫而丙辛,不居於鄭墓;韓信之父附葬田堋而午丁,遂致於夷族。此其說甚不可知,而禍福之由豈非天定耶?

黃帝始造棺槨,有虞瓦棺,殷周易之以木。天子之棺四重,水兕革棺被之,其厚三寸,柂棺一,梓棺二,四者皆周。

彭越,昌邑人也,佐漢滅楚,封梁王。反,廢爲庶人,呂后誅之,夷三族。

留侯張良者,其先韓人也。大父開地,相韓昭侯、宣惠王、襄哀王。父平,相釐王、悼惠王。五世相韓。從高帝定天下,封萬戶,位列侯,常學辟穀、導引、輕身。後高帝八年卒,謚文成侯,子不疑代侯。文帝五年坐不敬,國除。

大將軍衛青者,平陽人也。其父鄭季爲吏,給事平陽侯家,與侯妾衛媼通,生青。青同母兄衛長子,而姊衛子夫自平陽公主家得幸天子,故冒姓爲衛氏,字仲卿。

太史公曰:"吾如淮陰,淮陰人爲余言,韓信雖布衣時,其志與衆異。其母死,貧無以葬,然乃行營高敞地,令其旁可置萬家。余視其母冢,良然。漢四年,信平齊,使人言於漢王曰:'齊僞詐多變,願爲假王便。'漢王曰:'大丈夫定諸侯,即爲真王耳,何以假爲?'漢五年徙齊王爲楚王,都下邳。人有告楚王反,遂械繫信。至雒陽,赦信罪,以爲淮陰侯。漢十一年,陳豨反,事泄,遂夷信三族。"

舊注曰:"衛青母野合得子,母附後夫葬辛山丙向。韓信以父棺附田墓,方得期年而信夷族。"

按,信夷族在漢十一年。其漢四年在齊,若以爲期年而信夷族,則是信爲淮陰侯,在漢之九年、十年之間而附葬田墓乎? 未可知也。

曰孝子之事,至情所根。草未眠於白鹿,彈已驚於烏鳶。誠豈專於邀福,義合嚴於奉先。應之雖由於後召,積之亦本於前緣。見挑帨之白楊,無非鼠竊;聞列旌之蒼柏,管是龍蟠。亦有因葬而得良嗣，亦有因嗣而得佳山。鉗口淺深，須辨明堂聚散；穴場寬緊，但求一氣真純。

或人惟論災福，管氏重在奉先。應之者雖曰在天，積之者實本於人也。白楊如挑悗蕭索之象，蒼柏似列旌鬱茂之徵。因葬而得良嗣，地靈而人傑；因嗣而得佳山，人謀之叶天。鉗口無論淺深，惟以明堂之聚者爲的；穴場有其寬緊，但以到頭不雜者爲奇。

後擁前呼，定是八干向冢；背駝肩負，元來四墓安墳。四維向坐則犯斷例，四正坐向則犯支辰。坎壬、離丙，則六替不順；艮甲、坤申，則二少不純。茫乎其說之如此，恍乎其應之如神。

干者，幹也。《禹謨》曰：'舞干羽於兩階。"故主後擁前呼之應。四墓藏、四金殺有殘疾之應，故有背駝肩負之形。

舊注曰："古人制字必按陰陽物象，故《拆字林斷例》謂乾、坤、巽、坎二字爲一字，斷雙生合活；丑、辰字病；申字斷扛屍；寅、庚、辛、亥字斷點頭之禿；艮字眼目不全；乙字曲腳；己字自經之類。"

《元黃數書》曰："丑申爲破田殺，寅爲白虎，卯爲懸針，辰爲厄之首，巳爲厄之足，午陽極陰生象衝逆也，未言萬物皆有滋味而未成也，酉字配尊醫，戌形象戰伐。"

坎山放壬水，離山放丙水，不論水之左旋右旋，皆破旺地。故云六替不順。艮龍作甲山，以伏陰而作陽山；坤申當作坤庚，坤龍作庚山，以愆陽而作陰山，故云二少不純。二少以子午爲界，子之東屬陽，子之西屬陰。楊公云："宗廟本是陰陽元，得四失六難爲全。"總之，立向消水，別有異書，非此本所盡也。

曰：惟嬴惟貹，謂山必應於星文；惟貹惟嬴，謂穴必推於氣數。顧始說之甚誇，何後言之不副？噫，葬者藏也。子孫之事，初無所與。星者山之發揮，山者地之積庫。配天之道，乘氣而墓；得氣之清，錫天之祚。上下交通於一竅，子欲岐之於兩路。是則生生之道塞，送葬復棄於中野，而禍福之心肆然而無所懼。或者心開意悟，越席而起，欣欣而謝去。

曰惟嬴惟貹至言之不副，又述或者之辭，管氏則以藏親爲本，未嘗及於子孫之事。而或者惟曰災福自天，不涉於地，而不知星之在天，皆山之精積而成；山之在地，又爲地之積庫而起。其氣皆上升，故曰配天乘氣者，是乘其方與時之氣。地之氣濁，天之氣清，故葬雖藏地，其實統天。或人岐天地而二之，公明統上下而一之。蓋葬死一事，爲反本還元之理，所以生之也。或者以爲災福無關於地勢，愚夫愚婦必流至於不葬其親矣。則生生之道塞，更何有所謂禍福耶？或者乃大悟而謝去。

五行象德第六十四

謹按《爾雅》："東方之象爲青龍，西方之象爲白虎，南方之象爲朱雀，北方之象爲玄武，中央之象爲鳳凰，位正黃鐘之區宇。"

龍，鱗蟲之長。能幽能明，能細能巨，能短能長。春分而登天，秋分而潛淵。八十一鱗，九九之數。有鱗曰蛟龍，有翼曰應龍，有角曰虬龍。

虎夜觀，一目放光，一目著物。獵人射之，光墮於地成白石，金象也。

朱雀，天文取象於鶉，南方七宿，有喙有噣，有翼無尾，象鶉也。

玄武象龜，《大戴禮》曰："甲蟲三百六十，龜爲之長。"上穹象天，下平法地。千載神龜，問無不知。廣肩無雄，以蛇爲雄。

鳳，神鳥，其象鴻前麟後，蛇頸魚尾，鸛顙鴛腮，龍文龜背，燕頷雞喙。《孔演圖》曰："鳳爲火精，生於丹穴。非梧桐不棲，非竹實不食，非醴泉不飲。身備五色，鳴中五音。有道則見，飛則群鳥從之。"雄曰鳳，雌曰凰。黃鐘者，陽氣踴黃泉而出也。五氣莫盛於黃，故陽氣鍾於黃泉，孳萌萬物，爲六氣之元。其在聲爲中聲，在氣爲中氣，在人則喜怒哀樂未發與發而中節也。黃鐘爲首，其長九寸，各因而三分之，上生者益一分，下生者去一分。上生者爲陽，陽主息，故三分益一；下生者爲陰，陰主減，故三分去一。

又按《黃庭經》："東方爲蟲鱗，西方爲蟲毛，南方爲蟲羽，北方爲蟲介，中央爲蟲裸，象其德之在我。"是皆以五行方位而寓言之，其說已亙於上古。

《內經》與此有異："東方其蟲毛，萬物發生如毛，木化宣行則毛蟲生；南方其蟲羽，參差長短，象火之形；中央其蟲裸，露皮革，無毛介也。"又曰："無毛羽鱗甲，與土形同；西方其蟲介，介，甲也。外被介甲，金堅之象也；北方其蟲鱗，謂魚蛇之族類。"《黃庭》以象言，《內經》以氣言。

及考《月令》，則春之三月，其帝太皞，其神勾芒，其蟲鱗，其音角而屬木；夏之三月，其帝炎帝，其神祝融，其蟲羽，其音徵而屬火；秋之三月，其帝少皞，其神蓐收，其蟲毛，其音商而屬金；冬之三月，其帝顓頊，其神玄冥，其蟲介，其音羽而屬水；而四季所司，其帝黃帝，其神后土，其蟲裸，其音宮。最靈於萬物而經綸天地者，則不可以一方一氣而語。

大皞伏羲，木德之君。勾芒，少皞氏之子，曰重，木官之臣。鱗蟲，木屬，五聲角爲木。單出曰聲，雜比①曰音。角，調而直也。炎帝大庭氏，即神農也，赤精之君。祝融，顓頊氏之子，名黎，火官之臣。徵，和而美也。少皞，白精之君，金天氏也。蓐收，金官之臣，少皞氏之子該也。商，和利而揚也。顓頊，黑精之君。玄冥，水官之臣，少皞氏之子，曰修、曰熙，相代爲水官。羽，深而和也。黃帝，黃精之君，軒轅氏也。后土，土官之臣，顓頊氏之子黎也。勾龍初爲后土，後祀以爲社。后土官闕，黎雖火官，實后土也。裸，露見不隱藏也。宮，大而重也。五行惟土最尊，於四時之末而現，故其神稱后，實兼四氣焉。

兆宅之日者，惟指朝對。以賓以主，左右衛扞；以門以戶，象德之獸。惟舉其四以宗於五，是以山南之明堂，水北之玄廬，鳳凰翠葆之真宅，皆默統乎五行之數而不數。故擇葬之事爲陰陽之伎，而嬴虢之書與呂氏之令，皆齊規而並矩。

日者，漢司馬季主一流。每獸得五氣之一偏，鳳凰得五氣之全，蓋居左之獸其氣恒歸右，居右之獸其氣恒歸左，山南之獸其氣歸明堂，水北之獸其氣歸玄廬，而無不歸於鳳凰翠葆之真宅，故曰得五氣之全。葆，文彩也。

又況五行之數，三才之樞。損之則不足，益之則有餘。不幸沿臂過脈，吐舌撐蕭。或突明堂而內亂，或截明堂而外驅。環抱

---

① "比"字原作"北"，不辭，按《方言箋疏》："鄭注《樂記》云：'雜比曰音，單出曰聲。'"據改。

横塍①，分面高洋而散水；斜欹雙墮，牽盲沃野以號孤。是則數之隘者②，不亦道之傷乎。隘一作溢。

五行之數爲三才運用，增不得亦減不得。若沿臂者，真氣循左右而去；過脈者，真氣向脚下而行。吐舌氣不能内縮，擡蒲穴無有寬容。明堂，内室之象，突則其亂不在外，蒲則其水直而奔走他鄉。環塍二句是高處一塊平地有分無合，與穴場地面相平而水各四散。斜墮二句是曠野中雙墮斜列，若牽盲然，爲其茫無著落，故又有號孤之應。凡此者皆不得謂之有獸，無其獸則無其數矣。故若沿若過、若吐若擡、若突若截、若高洋雙墮，皆真氣所塞而不通者，寧不爲理之害乎？

必也如虎環視，如蛇墜珠，如龍顧尾，如風攜雛，如臥虹之博帶，如秉珪之信符③。外絶源於來脈，内乾流於仰壺。必得臨江之都護，可知隔涉而成虛。如是而裁論之，則真龍融結一體，自全於五嶽，而五數亦縮而不舒。《莊子》曰："駢拇枝指，出乎性哉，而侈於德；附贅懸疣，出乎形哉，而侈於性。"亶斯言之不誣。

虎視，專一而不他。必也六句形其左右顧盼之真、前後朝迎之的。來脈既止，其外必有水以界之，其内必有水以畜之。然一水之外，又恐峰巒不爲我朝，要若都護之尊嚴，而一水之内乃可得爲黄庭之真宅。然一水之内，又恐充塞而不明，必若臨江之都護在水外，斯得以成水内之虛明。以天下之大勢揆之，嵩嶽居天下之中，東泰、南衡、西華、北恒，四獸也。五數居天地之中，恒縮而不伸，一有其伸，即犯吐舌擡蒲、明堂突蒲等弊，而穴便不成矣。駢拇，足大指連第二指。枝指，手有六指。出乎性哉，生而有之，而侈於德，比於人所同德則爲剩矣。附贅，餘肉也；懸疣，瘦瘤也。出乎形哉，生於有形之後，而侈於性，比於初生則爲剩矣。二者或有餘於數，或不足於數，其餘憂一也，是皆伸而不縮之病也。

都護，漢武帝時内屬者，三十六國直使者校尉領護，宣帝改曰都護。

---

① 明刻本注曰："音成，田畦也。"

② "隘"，明刻本作"瑢一作溢"。

③ "秉珪"原作"乘蛙"，不辭，據明刻本改。

管氏地理指蒙八

陰陽釋微第六十五

東南相得於深宛，避其形之峭急；西北所宜於高蕩，緣其勢之平夷。蓋地不天則因於水滲，天不地則絕於風吹。必著人中之正，始居天下之奇。如人端坐之臍府，如龍遠降之肩陴。雖深而不僻，雖高而不危。

東南方，陽也，陽者其精降於下。西北方，陰也，陰者其精奉於上。又崇高則陰氣治之，洿下則陽氣治之。今東南而避其峭急，是崇高也，而以陽乘之；西北而宜於高蕩，是洿下也，而以陰受之。皆隨其地之精而因之也。蓋天之高，所以暴夫地，暴則顯爍而不幽因，曉暢而無滲漏；地之厚，所以鎮夫天，鎮則中氣有憑而位乃寧靜，六虛旋轉而不至飄忽。天形之峭急也，地勢之平夷也。東南而取深宛，則風不吹；西北而取高蕩，則水不滲。是即人中之正，天下之奇。然深而僻者因於水滲，高而危者絕於風吹，如人之臍則深而不僻，如龍之肩則高而不危。陴，城上之女牆。城處高有女牆以蔽之便不危，故曰肩陴，以其陴之可及肩也。

衢目所見，主目所疑。何天停地停之分，何南北而分東西。一本：何天地人停之分，南北而分東西；何天地人劫之辨，震兌而辨坎離。故虹梁降於白楊城，東南鬬岫；蟻脈臨於青蒿道，西北臨溪。

天停穴結在上，地停穴結在下。高貴藏風，故曰鬬岫；低貴得水，故曰臨溪。《險夷同異篇》曰："東南兮不貴於案應，西北兮不貴於明堂。"東南之案應非不貴也，緊欲其寬，故以明堂爲貴；西北之明堂非不尚也，寬欲其緊，故以應案爲真。此云東南鬬岫，是西北之夷易而得東南之案應；西北臨溪，是東南之險隘而得西北之明堂，故一曰虹梁，一曰蟻脈也。白楊、蒿里俱指墓而言。古詩曰："驅車上東門，遥望郭北墓。白楊何蕭蕭，松柏夾廣路。"

又況東南之高不高於絕，後降不住，降勢如水注下。前闞不傑。盛筧涮生患切，洗也。蒲，颶飆蕩窟；西北之平不平於囚，左水不絕，一作抱。右水不周。面前直瀉，背後分流。絕風囚水，五氣不委，四獸不防，天章不指。謹重所疑，狂蕩所喜。

天穴雖高，其住處平坦，風不得絕。前峰秀拱，去水和緩，猶若夷易，全以地爲用也。地穴雖卑，其止處高燥，水不得囚。左水縈繞，右水周回，無異險隘，是以天爲用也。絕風則高而不藏，囚水則卑而洿濕。凡此者，五氣不隨，四獸不守，日月星辰所不照，謹重者疑焉。而狂蕩一流，反以爲高可觀望，低能藏蓄也。

聞之曰：混沌開闢，江山延袤。融結陰陽，盤礴宇宙。岡骨既成，源脈已透。以鍾形勢，以通氣候。以清以濁，以奇以耦。精積光芒，呈露星宿。以孼衰微，以孕福壽。

有天地即有江山，融而化者爲水，凝而結者爲山。充塞於天地之間，靡遠勿屆。岡，言骨肉有核也；源，言脈血有派也。形勢與氣候相通，非形勢，氣至而凶至；是形勢，候臨而吉臨。清濁與奇耦相對，一、三、七、九配先天之卦而奇，二、四、六、八照洛書之位而耦。其精積爲光芒，其呈露爲星象。衰微福壽皆二氣爲之也。

客力徒傷，天工自舊。一割一痕，如膚革外薄皮。如膝。膚理也。① 鉛鉛粉也。② 華不可以掩醜，肉朜腸間脂也。③ 不可以肥一作包。瘦。殘耳鼻者，百藥莫瘳；戇丹元者，一命難救。

陰陽之氣出於天造，非人力所能成。一有增損，不但無益，且所以傷之也。膚膝，割之小者；耳鼻，傷之大者，傷至於丹元，則無用矣。鉛華、肉朜，言增飾之無益。耳鼻，穴面要地。丹元，小明堂也。凡浚挖內堂者多暴亡之患，戒之戒之。

龍體不真，穴法難就。雖分三停，必具四獸。一獸不完，三形俱漏。地猶界水，天則懸瀏。內案不連，外應不鬭。不連不

---

① 明刻本注曰："倉奏切，膚膝也。"
② 明刻本注曰："與專切，錫類。"
③ 明刻本又注曰："音聊。"

鬮，五氣不構；不蕩不潤，葬之投柩。葬之不法，形如泛筏。_{海中}舟，大曰筏，小曰桴。^① 居雖具獸，勢無所發。夾水環鎖，興衰一歇。勝於投匱，相朝替沒。匱，匣也。

瀏，風疾貌。龍真則穴正，龍不真則隨往皆僞穴，無可就之法。四獸，所以衛區穴，一有不完，非風之吹，即水之滲，故曰漏也。地不完，必受卑濫之侵，故猶界水；天不完，必受飆颷之害，故猶懸瀏，若懸之於風也。内案與外應相一氣，有諸内必見諸外。内案之内又有蕩，有蕩則潤而不枯。蓋氣者水之母，有氣斯有水。若無蕩者，穴内之無氣可知，亦何異於棄擲其柩耶？然亦有龍真穴正而葬非其法，東西上下茫無一定如泛筏然。亦有四獸俱備，第勢無所從來，縱得夾水環鎖以順其相替之理，僅可暫興，寧免速退，勝於棄擲其柩而已矣。

差山認主第六十六_{差錯也。}

謹按《戴記》：“未葬讀葬禮。”將卜葬，主人乘堊車詣宅兆所，抑謹重其事，而未敢妄舉。蓋古人奉先之誠，務得所以歸藏，而禍福之私亦淡淡然任之。

堊，塗也。先泥之，次以白土塗之，素車也。淡淡，無欲之意。葬以寧親爲本，不求利達，而利達實由親之寧。

蘖似以積善而昌，不善而殃。緣在前而未露，應後時而孰拒。

蘖，萌也。積善之家必有餘慶，惡不積不足以滅身。要其積之，皆在可知不可知之間。若以爲善而必期有以暴之，亦未必善矣。

何今世之衰，輕視先人，不啻於一物。傷風害教，莫甚於此，心果蔑於禍福耶？必馴三月、五月，逾月之制，營高燥之玄宇，心果在於禍福耶？必尋訪通術，稽其文書，以理義而許與。豈容豪戚强娿舉其贓徒，遊朋交友薦其貪伍？翻八卦以花言，訛九宫以

---

① 明刻本注“筏”曰：“音伐，海中舟。大曰筏，小曰桴。”

鳥語。鄙售真龍,侈役客土。

蔑,無也。馴,從也。婭,兩婿相謂也。今世重在禍福,不重在葬親。然有貧不能葬者矣,有擇地而不得者矣,有得地而泥於公位之說者矣,有弟兄多而貧富不等相爲推委者矣。其始也,子不能葬父;其究也,孫不能葬祖。愈久愈忘,竟無異委之於壑。此傷風害教之甚者也。古者天子七日而殯,七月而葬;諸侯五日而殯,五月而葬;大夫、士、庶人三日而殯,三月而葬。《左傳》大夫三月、士逾月,俱以奇月爲制。通術稽於文書,通於義理。贓徒貪伍不知形勢爲何,惟托之八卦九宮,侈役客土而已矣。

幸而抑壬崇坎,坎屬正宮;鑿丑益艮,艮爲真主。至若移乾起亥,不亦侵淩;誅兌歸庚,分明跋扈。併丁合午,陽火不喜於陰金;悖午依丁,陰金致讎於陽火。不喜不福,致讎致禍。

此申言侈役客土之害。抑,按也。崇,聚高也。《星辰釋微篇》云:“龍或雙來,必統八方之中正。”坎、壬俱陽,丑、艮俱陰,得二卦之體。若乾亥陰陽雜,兌庚雖俱屬陰,起亥歸庚,俱失本卦之正。故一曰侵淩,一曰跋扈,是忘其主也。併丁合午,雖曰正宮,而陰陽雜;悖午依丁,不但陰陽雜,又非正宮,禍較重。

舊注曰:“不喜者不爲福,亦不爲災,致讎者則必爲禍患。”

是以八節各統於三候之數,亦有鄰宮犯者之雙辰。[1] 丑淫於癸而坎艮有緣,辰侵於乙則震巽相惹。

八節:立春、春分、立夏、夏至、立秋、秋分、立冬、冬至。每節有三氣,三八二十四氣。每氣有三候,二十四氣共七十二候。每候五日,七十二候共三百六十日,爲一周之期。統於三候者是一節,管十五日之數也。丑與癸爲駁雜,然丑與艮有緣,癸與坎有緣,辰與乙爲純陽。然辰則擾於震,乙則擾於巽,其未丁辛戌可類推矣。

舊注曰:“丑屬艮宮,癸屬坎宮,辰屬巽宮,乙屬震宮。”

《字林》斷法,推缺漏於偏旁;氣蠱山頭,應迍遭於孤寡。水南山北,應須體地以先天;水北山南,亦乃幽囚於瘖瘂[2]。干維分

---

① 明刻本接正文有注曰:“數亦作統蓋八宮應八節。每節統三候,如壬子癸是也。壬並於亥癸、並於丑,謂之鄰宮,不同屬也。相並之辰謂雙辰。”

② 明刻本注“瘖”曰:“於深切。”注“瘂”曰:“於假切,應不能言也。”

至,既言清濁從違;配祀蒼生,當思重輕取捨。

丑爲破田殺,辰爲缺唇蠱,爲先甲三日,後甲三日。先甲三日:辛戌也;後甲三日:丁未也。與丑癸辰乙同是卦之邊旁,皆主孤寡之應,故無論水南山北、水北山南,皆當以干維爲用。若以丑辰未戌立向,未有不幽囚癃痘者。

五行變動第六十七

夫人者懸命於天[①],托生於地。體魄降地,魂氣歸天。有生乘五土之融結,變五運之盛衰。

未有命之先,由天而得之命;既有命之後,托地以生。夫身有生必有死,死則魄降於地。有魄必有魂,魂則復升於天。原其生,乘五土之融結。考其盛衰之故,則由於五運之變化也。黃帝曰:"太虛寥廓,五運迴薄,盛衰不同,損益相從。"運有平氣,有不及,有太過,而變化生焉。

樗里不云乎:人者,二氣鍾之,五行之裔也[②];

二氣,陰陽也。五行,一曰水,二曰火,三曰木,四曰金,五曰土。二氣生五行,合五行之氣而生人,故曰裔。董仲舒曰:"爲生不能爲人,爲人者天也。人之人本於天,天亦人之曾祖父也。[③] 此人之所以上類天也。"

五神命之,五行之秀也;

形者,神氣之舍。神者,形氣之主。形氣非神,塊然一物;神非形氣,茫然無歸。嗚呼,寄神性也,寄氣命也。聖人忘形養氣,忘氣養神,忘神養虛。形神俱妙,與道合真。

神者,陰陽不測之謂。得於五行之至清,故曰秀。

五常性之,萬物之靈也;

五常,性所自有,於理無不備。仁者,不忍也;義者,宜也;禮者,履也;智者,知也;

---

① "夫"字原作"大",今從明刻本。

② "五行",明刻本作"五常"。

③ "人之人"本作"人之生","父"後原本有"母"字,按《春秋繁露》:"人之人本於天,天亦人之曾祖父也,此人之所以乃上類天也。"據改。

信者，誠也。人生得五氣以爲常，最靈於萬物。

五事役之，五行之運動也。

五事者，一曰貌，二曰言，二曰視，四曰聽，五曰思。貌曰恭，言曰從，視曰明，聽曰聰，思曰睿，皆所以役之也。貌澤，水也；言揚，火也；視散，木也；聽收，金也；思通，土也，亦人事發見先後之序。人始生則形色具矣，既生則聲音發矣，既而後能視，而後能聽，而後能思，此五行之運動也。

五福六極舒慘之，五行之虧盈也。

五福，一曰壽，二曰富，三曰康寧，四曰攸好德，五曰考終命。六極，一曰凶短折，二曰疾，三曰憂，四曰貧，五曰惡，六曰弱。福舒而極慘，福盈而極虧也。

死者無嗜慾泪之，五行之已息也。

死者無所謂五神，無所謂五常，無所謂五事，無所謂五福、六極，故曰息。

魂氣散之，五行之變化也。

死者魂升於天，若雲之遊而無所不之。其變者忽異其形，化者不可得而見也。

骨肉歸之，五行之清濁也。

死者骨肉斃於下，陰爲野土；其氣發揚於上，爲昭明焄蒿，此清濁之辨也。

管氏之意以骨肉分清濁。

葬者，乃五行之反本還元、歸根復命，而教化之達變也。

人本五土之融結以生，死葬於土是反其本、還其元，歸根以復其命，而後知葬之一端爲死者生之之自。聖王教化，無處不有。此非教化之常，由常以達於變也。

嗣續因之而盛衰消長，舒慘往來而感召之逆順也。

其子若孫因五土之吉凶以爲盛衰消長、舒慘往來者，死者無其心也。五土盛則以爲長，五土衰則以爲消，盈以爲舒，虧以爲慘，其感召之逆順，存夫五土而已。

操九者而全之，其惟君子乎？五福常自若也。並九者而喪之，斯爲妄人乎？六極焉所逃哉。葬者，特反本還元之一節耳，知其一而不知其八，其虧絕於五行者亦已多矣。望六極之消、五福之臻也難矣。

九者，陽數之極。操者，操其理之全，曰氣、曰神、曰五常、曰五事、曰福極，皆天所賦於人。曰無嗜慾、曰魂氣散、曰骨肉歸、曰葬之而嗣續因之，皆人所復於地。君子體天之賦於人，而不敢或戾於天。凡養氣、存神，明五常、敬五事，皆所以遵五福、避六極之道，體人之復於地，而不敢或戾於先，故先王立祭統、祭義，所以交神明、事上下。夫祭者，非物自外至，生於心者也。心沐而奉之以禮，是故惟賢者能盡祭之義。賢者之祭，必受其福，非世所謂福也。福者，備也。備者，百順之名也。無所不盡之謂備，內盡於己，外順於道也。方氏曰："魂氣歸於天，形魄歸於地，故必合鬼與神，然後爲教之至。"是即五行之既息而歸之於變化、形之於清濁。至於返本還元而皆不失五行之變動，其惟君子乎！君子未嘗有意於邀福，而五福常自若也。不知九者之謂何，六極焉所逃哉？故葬者反氣納骨，特五行之一節耳。知葬而不知即氣與神以養我身，知葬而不知五常五事以正我身，知葬而不知事死如事生、事亡如事存之道。死者自死，生者自生，其虧絶於五行者亦已多矣！望六極之消不可得也，況五福乎？

逾宮越分第六十八—作差山認主，一作《字林》斷例，一作形勢純駁。

針指坎離，定陰陽之分野；格偏—作侵。壬丙，探僭越之津涯。喪家失柄於群奴，化國總歸於一德①。是以坤艮向宅，禍萌於丑未寅申；乾巽安墳，災伏於辰戌巳亥。元辰巳水，巽興合活之悲；向首艮山，丑起缺唇之祟。皆由駁雜，執斷例以言凶；若是真純，豈《字林》之可斷？

針指子午，萬古不易，陰陽之定位也。格偏壬丙者，非天也，蓋子之西屬壬，午之東屬丙，以子午而較之，則有壬子，有丙午。五行各異其用，其原出自上古，非後世所可臆度者。或謂臬影較偏於壬丙，紛紛争論，不知此羲和之術，所以正四時者，而移之以推地氣，則謬矣。兩間之理，天動而地静。唐虞至今四千餘年，日之躔次相去已五十餘度，又安得而齊之？故歲差之法，歲歲有變，非若地之凝然不動也。此書以洛書五行爲用，專重玄女净陰净陽，在探其津涯者，恐干支陰陽相錯，便有群奴喪家之禍，必純粹無疵者，乃可得其化國之權也。故坤以未申爲奴，艮以丑寅爲奴，乾以戌亥爲奴，巽以辰巳爲奴。若元辰巳水，巽爲兩巳相共，故犯合活；向首艮山，丑與辰宮相破，

---

① "歸"，明刻本作"推"。

故犯缺唇。巳水則爲乾山，艮山則爲坤坐，故云駁雜不得真純也。

又況陽宮屬左，右位居陰。推孟仲季之三宮，分長中少之諸子。果不淫於一氣，何自啟於五凶？故艮辛兌之來山，叶巽丁庚之去水，得壬子癸之坐穴，宜坤離乙之朝山。棣萼聯芳，曷有枯榮之辨；原鴒棲翅，曾無飛伏之偏。

自子至丙屬陽宮，自午至壬屬陰位，此左右一大陰陽也。然陽中有陰，陰中有陽，故自子至癸，丑又屬陰，艮寅甲屬陽，卯乙辰又屬陰，巽巳丙屬陽；自午至丁，未屬陰，坤申庚又屬陽，酉辛戌屬陰。乾亥壬又屬陽。陽左旋，陰右轉。而孟仲季之三宮則由於八干之陰陽而定。然果得一氣純粹，又何有其凶者？故艮辛兌之來山，陰龍也，而巽丁庚之去水，陰水也，壬子癸之坐穴，陰穴也，而坤離乙之朝山，陰應也。陰陽純粹，公位自然停匀。故引《棠棣》、《脊鴒》之詩以喻之。

五凶疾厄傷痕、生離死別、刑辟患難、夭折鰥寡、暴敗猖狂也。

《詩》云："棠棣之華，鄂不韡韡。"又云"脊鴒在原，兄弟急難。"脊鴒，水鳥也，其飛則鳴，行則搖，有急難之意。

顧瞻四勢之精神，來龍有穴；夾帶兩旁而妒忌，去水爲妖。二用不侔，一例奚既。

來龍出四勢之中。來龍夾雜則爲妒忌，去水夾雜則能爲妖。二用者，陽明、黄鐘也。上文言坤艮向宅，復言乾巽安墳，一重在向，一重在山，故曰不侔。一例云者，非上文一例所得盡其義也。

五行正要第六十九一云四正釋微。

塋冢兮，乃造化於黄鐘。區穴稍不廣兮，異陽宅之占方。東南西北兮，各分六氣之運。每方七宿兮，亦以見四正之重光。參之以四維八卦兮，皆具三爻之位。有子母牝牡兮，於以消長其陰陽。

六氣圖　　　　　　　七宿重光圖①

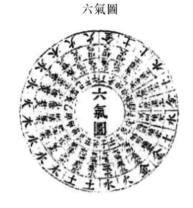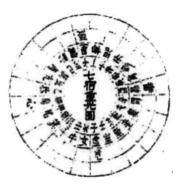

黃鐘,黃泉始萌之氣。橫量曰廣,不廣,左右不甚闊也。方,向也。陽宅以向爲主,非若塋冢以山爲用也。六氣分於四正,厥陰。風木起於艮之半,見唐丘延翰《天機類辰圖》。每方七宿者,二十八宿入於二十四位,餘四宿重於子午卯酉之四正,其所重者皆日月之宿,故曰重光。參之,三分之也,一卦三爻,二十四位,八卦統之,三八得二十四爻也。我生者爲子,生我者爲母。陰曰牝,陽曰牡。陰消則陽漸長,陽長則陰漸消。《史記》以十干爲子,十二支爲母。

　震爲雷兮,必奮收於庚土。土有所出兮,必喬木之蒼蒼。母甲子乙兮,氣必均於一體。兌爲金兮,亦庚辛母子之宮。二分之氣分平陰陽之正候②;二至之氣兮,見陰陽往復之窮通。陽生於子兮,壬分相剝之火;陰生於午兮,丁金出剝極之中。陽維取相於未復,陰維取相於未藏。始生未離於元氣,淫泆必有以堤防。既達乎四正之造化兮,然後四維之義亦可以類而研窮。

雷出地奮,二月春分後令也,至八月而雷始收聲,當庚之末,故震屬木、庚屬土。水屬木,木生火,故甲爲震之母,乙爲震之子也。土生金、金生水,故庚生兌金爲母,辛受兌生爲子也。二分日夜等,其時爲同度量,正權衡之候。二至陰陽極,往而必復,窮則必通之候。故壬火位於水之中,丁金居於火之內,壬陽而丁陰,壬左而丁右也。乾以戌水亥金爲相,是金猶未復而水方在往也。艮以寅水丑土爲相,二氣猶未藏也。巽

---

① 注:按此圖解已統附此段總注內,不復另標圖說。
② "二分之氣"後明刻本有"兮"字。

以辰水巳木爲相,是水方藏而木猶未藏也。坤以未土申水爲相,二氣方在往也。此陽維之未復、陰維之未藏也。然其間未坤申庚爲始生之氣,壬防燥金之洗,丑癸防水之淫,巽巳防相火之洗,是乾以戌水爲子,以亥爲兄弟,艮以寅水爲母,以丑土爲子,巽以巳木爲子,以辰水爲弟,坤以未土爲兄弟,以申水爲子,而二十四位無遺蘊矣。一本云:併丁合午,陽火必索於陰宮;舍午歸丁,陰金必儺於陽火。

夷天發越第七十

《易》不云乎:"裁成天地之道,輔相天地之宜。"揚子雲所謂:"天不人不成,人不天不因。"兼斯二者之殊軌,當審兩家之情親。雖符衢之臆見,未契余之私心。必也虧盈乎天理,高下乎天然。旺相則五帝宿其位,囚謝則五正有所不安。人力徒戕其正氣,客土第知其不仁。

《易》曰:"天地交,泰;后以財成天地之道①,輔相天地之宜。"天位乎上,地位乎下,此其宜也。泰則地在天上,卑高失宜,不得不財成以制其過,輔相以補其不及。天不人不成者,天亦有時而窮;人不天不因者,人不因其天之固然,人亦無所施其用,人特體天之意以完天耳。故旺相之位,或缺陷則培之,五帝守其位也;囚謝之位,或有所益之,五正不安其位者。譬火之所喜者木,而益之以水則不樂矣。若虧盈不合天地自然之理,是虧者徒戕其正氣,盈者第知其不仁也。

李淳風曰:"自養至旺爲有氣則可用,自衰至絕爲無氣不可用。胎、養半吉,凡秀峰在純陽純陰方,乃爲得其應。故裁剪妝補止於左右案應明堂之內②,施工可也。若四勢不順,難於妝補,或若培客土於來山,則未見其吉,必有不測之凶。"

骨肉既割兮,非脂膏之可補。剖竹已解兮,雖膠漆已難完。故曰使然自然,此天人之所以分。

既剖、既解之不可補、不可完,其理固然。然亦有傷之久而氣復漸完,未可概以既剖、既解者而視之,爲使然也。

---

① "財"字原作"裁",按《周易》:"天地交,泰,后以財成天地之道。"據改。
② "應案明堂",明刻本作"明堂應案"。

穴龍之皮，污壤浮濕，主氣未至，客氣侵欺；穴龍之肉，二氣皆蓄，割肪切玉，五色備足；穴龍之骨，膏髓發越，生氣絕滅，死脈流血。

蓄，聚也。皮淺，肉適得中。骨則侵石過深。皮爲客氣，肉爲聚氣，骨爲絕氣。然有浮葬者不可以皮論，有沈葬者無石，不可以骨論。蓋浮葬者，略掘則水至，勢不得不浮，皮即其肉地也；沈葬者雖深而不至膏髓，皆二氣所會之地，不得謂其氣之絕也。

四窮四應第七十一 四窮即四極，東西南北也。

險隘兮，尤須一畝之明堂；易野兮，無過一里之應案。乾流兮，枯竭其氣脈；飄風兮，蕩散其根源。又況一畝明堂，鉗欲流長；一里應案，鉗欲朝水。流長則明堂不傾，朝水則應案相迎。應案相迎，氣不散亂；明堂不傾，氣乃相乘。相乘則嗣續綿遠，不散則停蓄繁衍。

險隘屬陰，陰以陽爲德；明堂平敞屬陽，陽舒而陰不塞也。易野屬陽，陽以陰爲德，應案隆起屬陰，陰斂而陽不散也。一畝、一里云者，約略言之耳。若過大過遠，反曠蕩而難於憑藉矣。蓋明堂不聚，則內脈枯竭；案應不集，則真氣飛揚。然明堂又恐其傾，必欲其流長；案應又恐與穴不相逆，必欲其相乘而始得陰陽交媾之理。嗣續以子孫言，停蓄以財富言。

心目之妙，止於四要。故曰天光發明，坦然而邃。不測之源，積於生氣。派宗於旺相之途，朝集於大旺而至。止地形而限天經，澤將衰而流既濟。反因謝而通之，則丹元而必憊。橫乎其形，逆乎其勢，納乎其喉，衿脫乎其裙袂。是以陰極生陽，陽極生陰，惟純粹而發光芒，忌淫蠱而殘凋瘵。

舊注曰："四要，一曰來山，二曰去水，三曰明堂，四曰應案。"

四要即四應。天光發明，明堂之不幽。坦然而邃，明堂之不窄。不測之源，明堂有淵停若鑒者。原其故，皆氣之所積。蓋氣者水之母，水者氣之子也。亦有各派會集於此，止地之絡、限天之經，必澤於將衰而流於囚謝之地，乃得山川交媾之理。若立向有失，反從囚謝流來、生旺流去，猶之用剋泄藥石於胃腑，而丹元爲之憊矣。然立向之道，貴形與勢相逆，以理具於天地之最始。若水口如裙袂之散者，不足言矣。陽極、陰極，左右逆順之生死；純粹、淫蠱，前後山向之純駁。

《海賦》曰："天網浡潏，爲凋爲瘵。"

二氣從違第七十二一本作五氣衰旺。

判一氣而形五體，乘五胚而運三精。有生分，稟五氣之清濁；反始分，因五土之盛衰。五事五常分，雖已息而已革；五配五正分，必有從而有違。顧五福、六極之舒慘，亦依五服、九族以次而歸之。故育子承宗之義重，豈五配五神有所不知？達者釋然而悟，昧者惛然而疑。

一氣既判，氣實生形。形生而具元首、四肢之五體，非三精以運之，五體皆虛具也。魏伯陽曰："耳目口曰三寶。"即三精出入之地。耳乃精竅，目乃神竅，口乃氣竅。體言其外，精言其內也。人之生也，五氣之清者爲肉，五氣之濁者爲骨，皆稟自天。死而葬之曰反始，其配於五土之盛者福，配於五土之衰者極，所固然也。然有育子而承其宗者，不可謂五配、五神，遂無其憑藉也。亦有無其嗣而乏其承者，又必因五服九族之近者而依之，五神非不知之也。

人有嫡而有從，木有幹而有枝。嫡嗣而從不續，嫡絕而從猶蹟。枝蠹則木必朽，心朽則根必枯。枝戕而幹必腐，幹伐而根猶復稊。人和而義合，義乖則親離。斷木則根本頓異，接木則脈理相比。司福相投，志清而意解；司災分付，目眩而心迷。

五祀所在，五神歸之。亦有祀廢而神不廢者，所謂不殽不羞之神也。然其神則已得五土而附之，故楊子曰："情通則氣通，義絕則蔭亦絕。"是情通在應嗣，義絕在不應嗣。應嗣而絕，則不應嗣者又屬應嗣，而蔭亦不絕。所謂人和而義合，義乖則親離，可以知從之。續乃嫡也，譬之木然。一爲斷木，一爲接木。斷木爲一本之木，接木爲他本之木。一本之木斷是嫡絕也，他本之木續是從，猶不絕也。續之吉者志清意解，續之凶者目眩心迷，所必然也。

積氣歸藏第七十三

鉗龍兮，融結其氣概；明堂兮，發越其精神。旁立萬象兮，潛逆不露；内乘五運兮，表裏相因。腕向前趨，肘後休貪於後曳；面當應拱，背邊要識於分枝。有勢無形，非行龍則爲輔從；有形無勢，非折水便是孤遺①。

此編論積氣歸藏，而以鉗龍、明堂爲積氣之場。旁立萬象，在鉗龍之外。羅城密則其逆者潛也。内乘五運，在明堂之内。表者因其天之時，裏者因其地之脈。無不以五運之盛衰爲消長耳。腕向二句承鉗龍説，後曳則其勢不來。面當二句承明堂説，分枝則其應不特。有勢無形、有形無勢，皆非積氣之所，不可歸藏者也。

土地延長，常有興衰之運；人情變革，豈無成敗之期？若木火土金水之有氣，亦水火金木土之非宜。是陰陽何關於造化，日月不見其盈虧。

此一段尚言積氣。有氣則興，無氣則衰，此成敗之期也。如木運得丙辛爲有氣，得乙庚爲非宜。若以非宜之乙庚而用之於木運之地，則陰陽不關於造化，日月無盈虧之候矣。

夾輔既深，緩去不妨於脱氣②；閨房纔露，衝來切忌於風吹。仰手掌心，當擬環旋之的；覆手虎口，但尋洿窟之規。

此一段尚言歸藏之所。夾輔二句承鉗龍説，夾室所以衛區穴。夾輔深，由於其氣之不能驟止，故不妨脱。閨房二句承明堂説，古訣云："好龍恰似閨中女，帳幕潛身不露形。"言明堂之口僅露内形，須要外山攔塞，否則便爲風所漏矣。仰手二句言平洋之無鉗，覆手二句言岡隴之貴窟。

舊注曰③："管氏之意，謂仰手之掌心必有四勢朝應，或平夷之地亦得藏車隱馬，乃

---

① "折"字原作"打"，不辭，據明刻本改。
② "妨"，明刻本作"嫌"。
③ 明刻本作"蕭曰"。

爲真穴。覆手虎口則左右鉗抱、重重扈從矣。"

舊注與本文不甚吻合。

天人交際第七十四

天文人事，用天正人正之殊；地理天時，兼地正人正之用。

天正陽氣始至，地正萬物始萌，人正萬物始甲。周用天正建子，商用地正建丑，夏用人正建寅。

時王授正，以人事爲重，故用人正。言地者，必合之天時。地正建丑，故冬至後有易墓之説，然不能外人正以爲用也。

此篇立意，重在以人而合天。天不可得而交，交之於時，即所謂交於天也。擇術不精，其如天何？

尋龍擇術，天道必賴於人成；侮術聽神，人事已甘於天喪。物數虧盈兮，雖先天而定；人事慘舒兮，有回天之造。運有通而有塞，數有沴而有祥。泰通而否塞，祥盛而沴衰。

人與天地並立爲三。人非天地無以見生成，天地非人無以贊化育。尋龍擇術者，知有其人；侮術聽神者，不知其有人也。先天而天弗違，物數之虧盈已定；後天而奉天時，人事之福極當修。蔡虛齋曰："天之道，時焉而已矣。運雖定之於天，數可得之於人。"天與地雖同一運，而有通有塞；雖同一數，而有沴有祥。天地交曰泰，不交曰否。如甲年土氣太過，而用之於丑癸，未則爲泰；用之於坤，庚則爲塞。己年土氣不足，而用之坤，庚則爲泰，用之於丑癸未則爲塞。此盛衰之故，不可不辨也。

故曰：承金相水，托一作穴。土蔭木。火利土息，木榮火族。葬水絶火，土金之福。其例如乙庚年葬甲、寅、辰、巽、戌、坎、申、辛八山，謂之承金相水，甲己年葬震、艮、巳山，謂之托土蔭木。

此一節承上文運數盛衰之故，正天人交際之時也。承金，所以相水也；托土，所以蔭木也。火炎，利土以息之；火弱，喜木以榮之。葬水則火絶，土爲金之福。故曰承、曰托、曰利、曰榮、曰葬，皆指天時言也。曰相、曰蔭、曰息、曰族、曰絶、曰金之福，皆合於地言也。然曰承則誰承之，曰相則誰相之，曰托則誰托之，曰蔭則誰蔭之，曰利則誰利之，曰息則誰息之，曰榮則誰榮之，曰絶則誰絶之，曰福則誰福之？要之皆人也，此

天道、地道之必賴人而成。其侮術聽神者當何如耶？而或者以爲承金大作員堆，穴土
大開方口，相水大開員口，印木因山續脈。又或以謂浮陽之穴，非乘金不足以聚之；半
陰半陽，非相水不足以發之。乳脈短小，必須印木，因山續脈，皆爲合以固之。獨穴土
之法，蓋其所鍾。膚乳粗大，陽藏於深，必須深取土作穴以通之。若培土太深則氣難
發等語，不知其何所據。又託之司馬頭陀，亦甚不可解也。

小往大來，所異往來之數；輕清重濁，本同清濁之源。

小，陰也；大，陽也。甲消則乙長，丙往則丁來，子消則丑長，寅往則卯來，此小大
往來之數。有如是者，其輕清者，爲天干而五運寓焉，其重濁者爲地支而六氣寓焉。
然揆其本，皆體於一元，無所謂大小，無所謂清濁也。

**又況人有巧而有拙，術有方而有圓。巧者拙之佐，方者圓之
先。方圓相勝，禍福相延[①]。禍機相發則忠言不聽，而必聽於浮
言。自非五配、五祀密爲之折衷，而八相、八命又烏得而兼全？**

此言人之遇術各有其天，方術不多見，幸而遇之，福之基也。或又遭圓術以勝之，
豈非禍機之發耶？八分相人也，八分命天也。苟非配祀之良，是徒有其天，徒有其人，
於地有未備，五福終未全也。

此篇首言天之天，中言地之天，末言人之天，重在以人而合天。天之天，時也。地
之天，因其方以配其天之時也。人之天，與天、地合其德也。

夷險同異第七十五

**險隰之巔兮，以寬平爲特結；易野之旁兮，以幽邃爲特藏。
洋洋萬頃兮，斂集於一脈；層層萬仞兮，平趣於四方。是以東南
兮，不貴於案應；西北兮，不貴於明堂。欲其寬則特緊，緊則特
寬。險隰以明堂爲貴，易野以應案爲真。**

險隰，陰也。不患其不藏，寬平則得陽之噓。易野，陽也。不患其不坦，幽邃則得
陰之吸。洋洋萬頃，陽也。斂集一脈，是陽中之陰。層層萬仞，陰也。平趣四方，是陰

---

① "延"，明刻本作"沿"。

中之陽。東南屬陰,案應是陰而遇陰;西北屬陽,明堂是陽而遇陽。寬則特緊,陽中之有陰;緊則特寬,陰中之有陽。故東南以明堂爲貴,西北以案應爲真也。

真純一氣,無向背之春風;駁雜兩途,見凋零之寒露。

此一段見夷險之同。陰陽不雜,無論險隘易野,皆見其榮;陰陽不純,無論東南西北,難免於謝也。

泉脈枯竭兮,非立人之地;沙鹵淋瀝兮,非積氣之墟。有山無水兮,則氣散而不停;有水無山兮,則氣凋而不結。故曰穴爲奇水爲耦,耦欲平兮奇欲阜。應案兮以分賓主,輔從兮以分左右。四勢會集兮疏漏爲憂,三形潔净兮雜冗爲咎。

險隘易枯,易野近瀝。高則燥,阜則濕,此其常耳。故有山無水,枯也,而氣散焉,爲其無以止之也;有水無山,瀝也,而氣凋焉,爲其無以疑之也①。故有山而遇水之平,則氣停;有水而遇山之阜,則氣結。案應輔從,則險者以之,易者亦以之。疏漏者,即案應輔從之不密。雜冗者,穴場參錯而散剩也。

李淳風曰:"源脈竭者,乃乾流穴也。有山無水,則人亦不立矣,況配祀乎?若有水無山,沙鹵淋瀝者,乃土脈不附於造化,其氣飛散,皆非可卜之地。"

形勢逆順第七十六

虢氏曰:"遠則觀勢,近則觀形。"左右前後,各有行止之程。水分向背,四勢成形。封限其中,如堂之登。

遠勢恒行,近形惟止,茲言各有行止。則是輔門止於外,夾室止於内。以夾室而視輔門,則輔門爲行而夾室爲止矣。案應止於前,玄武止於後,以玄武而視案應,則是案應爲行而玄武爲止矣。然止而不行者,非勢;行而不止者,非形。水之向者,勢亦向;水之背者,勢亦背。形由勢立,勢背而形不成。四勢成形者,山封於内,水限於外,如堂之可登也。

鉗所衛者爲穴,夾帶雜類,則沾惹私情;賓所應者爲主,案前

---

① 疑此"疑"當爲"凝"字。

分沓，則主被侵淩。

　　穴場貴平夷坦蕩，若鉗之中而含堆阜等類，便爲沾惹私情，謂若有所挾也。賓貴端崇應主，若面山高大而各自分歧，主被其侵壓也。

　　是以明堂者以潔淨爲德，以駁雜爲刑。忌惟忌於隘陋，貴惟貴乎寬平。散如雞胸兮，非雍容之相；陷如蟹臍兮，非衿抱之情。

　　明堂容不得一物，但有一物，便不潔淨而駁雜矣。隘陋則氣充塞，寬平則氣雍容。若如雞胸者，突也；如蟹臍者，坎也。突防內亂，坎犯污濁。

　　或曰法尤取於奇特。洋心圓秀兮，有海眼之名。

　　洋心圓秀，是明堂中水聚天心，或淵泉真應皆是，命名海眼，爲其不涸而長明也。

　　曰鎮流痕，卸—作禦。脫氣，而反之不窮者，非凝非剛，方端固則湛然上發於天英。此古人所以爲城門之號，而異乎明堂之稱。

　　流痕，水口也。窮，塞也。方，位也。端，獸名也。天英，離也。形勢逆順見之於水，水又在口上見其逆之之情。卸言水之傾逝，脫言內無遮攔。水若曲折之玄、去而復返者，謂之去而不去。若水竟去而不能反之，反矣而不能塞之，非所謂結也。苟塞矣，非堅剛無以示不磨，非方位無以順六替，非端獸之守無以見戶之嚴，非固執之牢無以見內之密。四者得而水即澄然以安，上與天英相明發矣。蓋明堂上應列星，若水口無山鎮之，內雖有堂，終是暫榮暫落而已。

盛衰證應第七十七

　　二氣判兮，五土爲清；二氣淫兮，五土爲刑。源脈不續兮，流必竭；幹枝不附兮，花不榮。朽楉蠹櫟兮，不可雕飾；斷縑敗素兮，豈任丹青。

　　二氣判者得淨陰淨陽，二氣淫者謂陰陽駁雜。源脈自祖宗處分派到堂者爲續，不自祖宗分派到堂者，自是短促而不續，故流爲易竭。凡幹必以枝爲衛，其枝不附於幹者，源派之所不滋，故其花不榮。朽楉蠹櫟喻險隰之枯索，斷縑敗素喻易野之崩破，均不成毛骨者，皆衰之應也。

　　龍發跡而水歸元兮，既純一體；穴趣全而形避缺兮，始順成形。水要環城,反背則不鍾內氣;山尋住腳,連延則不續他情。

盛衰之故係於龍穴。龍而發跡歸元,見源脈之接續;穴而趣全避缺,見幹枝之相附。水之環者氣不背,山之行者氣不止也。

尊不可居,卑—作勢。寧自抑?故陰陽以閏餘成歲,而君子以謙虛爲德。然形成表裏,穴有淺深。在心目之自得,非口耳之可傳。

尊處罡飽難容,卑處氣定不去。閏者,一歲之餘。謙者,君子退讓不遑之美德。古訣云:"古鼎煙銷氣尚浮。"《靈城精義》:"葬脈不如葬氣。"皆尊不可居、卑寧自抑之意。然穴太低恐又脫氣。惟閏餘二字極明。一歲而不積,十日有奇之剩,即非所以置閏。而其所以留有餘之數者,即其氣有不盡也。君子謙讓不遑之意,爲得其氣之和,亦非脫氣之謂。形有見於表者,山水案也;有見於裏者,淺深之精妙也。穴於皮爲過淺,穴於肉爲得中,穴於髓則未免傷骨矣。

故曰:開新易故,土豈自然?送死傷生,物嫌非類。同穴同日,同凶同吉。同壙異時,漏泄根基。縱再生陽,先且罹傷。

凡初葬者皆新土,若既葬而復開之,則土不得如當日之新,謂非自然之土也。抑葬而得黃鐘之生氣,則生生無窮矣。今復送死而合葬,是與生之氣有妨。物傷非類之死,況君子乎?同穴謂同此地,同日謂同此天,異時謂先後之葬異其人。陽者,黃鐘之生氣也。既葬而復開之,故云漏泄。泄而後塞之,俟一陽再生之候,而黃泉之氣復至也。然既有一泄,未有無一傷者,縱使復生,而先已罹其害矣。此盛衰之證也。

袁天綱曰:"凡穿鑿壙坼[1],見遺物必已穿掘之地,則是不祥之證,自非土脈之融結。或結三壙,一穴先掩則氣已隨生,餘穴數年之後方發,或方發而開則漏泄前氣,必至侵淩。"見遺物爲不祥,似屬可議。

孤奇譎詭第七十八[2]

穴有窪隆兮,均欲貴其得氣;氣有祥沴兮,豈不習之能悉。

---

[1] "坼"字原作"圻",不辭,據明刻本及後文改。

[2] 明刻本有注曰:"一本作□勢賣□。"

土脈不附兮，氣淘於沙石；

窊隆，高下之別名。沴者，陰陽之氣亂。淘，盪也。郭氏曰："氣因土行，而石山不可葬也。"

古人以石爲山骨者，必有理脈以通天運，以達天運。故曰："維石巖巖。"其辨有三，似石非石，似土非土，割肪截玉。日不可烈，而雨不可淹，此又竃折之所堪。彼有頑不通氣，堅不可鑿。葬之如擲潭，崎嶇突兀，立屍植符，棱棱颷颷，葬之如塞垌。此石山之葬，衢所不談。

勢降不續兮[1]，氣絕於來歷[2]。

郭氏曰："氣因形來而斷，山不可葬也。然斷有幾等，有爲水所衝者，有爲路所截者，有爲畬鍤所傷者。龍行至此，未有不遭其害者也。"

成形不界脚兮，氣過前行[3]；

郭氏曰："氣以勢止而過，山不可葬也。"即《乾流過脈篇》曰："雖涉田濠，尚是乾流之水；未淘沙石，當知過脈之岡。"

四勢不會集兮，氣之孤寂[4]。

郭氏曰："氣以龍會，而獨山不可葬也。"《三五釋微篇》云："發將無蹤，過將無引。三形失勢，孤遺獨起以何依；五氣施生，四水一時而流盡。此獨山之葬，衢之所短。"

杞柏不植兮，氣殘於禿童[5]；

郭氏曰："氣以和生，而童山不可葬也。"《三五釋微篇》曰："霜風剝裂而屑鐵飛灰，草木黃落而塗朱散垩。春融融而脈不膏，雨淋淋而氣不蘊。此童山之葬，衢之不允。"

左右芒刃兮，氣鑱於尖射。

《五鬼克應》曰："形如芒刺，銅針刺字。"

水城不禁兮，氣竭於枯槁；禁，一作抱。

水所以滋養元氣，其不禁者脱也。

---

① 明刻本作"岩勢降不續兮"。
② 明刻本注曰："斷山。"
③ 明刻本注曰："過山。"
④ 明刻本注曰："獨山。"
⑤ 明刻本注曰："童山。"

明堂不浄兮，氣翳於横逆。

不浄，垢污而不潔。草木藤蔓所蔽曰翳。其暗而不潔者，皆主横逆之應。

茫茫無應兮，氣散而不停；

凡氣聚於四面之完集，但有一缺，不爲風所乘便爲水所脱。其茫茫無應者，益知其氣之散矣。

潺潺而隘兮，氣沈於淩逼。

潺潺，水聲也。凡水，非激之不能有聲。山之隘者，其流不暢，故其聲潺潺，而氣爲淩逼也。蓋氣無以聚之則散，有以聚之而太逼則沈，可以思氣之凝結貴乎中和而不迫。

如摇旌反弓兮，氣之背脱；

摇旌，其勢飄揚。反弓，其勢背。

如燕尾八字兮，鉗之分析。

燕尾八字，皆不能内顧，故曰分析。

如佩劍兮，氣之衝割；

佩劍，一邊硬直。

如釵股兮，鉗之拙直。

釵股，兩邊皆直。

氣之短促兮，如魚尾之截段；一作雙分。

魚尾，内原短促，再截爲段，其内之容益可見矣。

氣之狂悖兮，如羊蹄之不蹠。①

狂悖者，不孝之象。羊蹄，頭開兩趾。不蹠，是無其踐履之痕也。

如囊糧一作灰囊。覆杓兮，氣之壅滯；

壅滯者，其氣不施生。

如亂衣投算兮，氣之淫泆。

《葬經》曰："形如亂衣，妒女淫妻；形如投算，百事惛亂。"

① 明刻有袁注曰："跳也，踐也。"

如死蛇棄匏分，氣之沈溺；

匏，瓠之屬也。長而瘦上曰瓠，短頸大腹曰匏，古者佩以渡水。死蛇亦水形，故皆主溺水。

如拘瘻負贅分，氣之殘失。

山居多瘻，飲泉水之不流者。贅，疣瘤也。山之如拘瘻負贅者，則亦有是應。殘失，謂其氣之凋落而遺也。

勢所忌分，惟忌於多情；形所忌分，惟忌於百出。

勢向左，欲其無不向左，若右盼便是多情。形之中著，不得一物。若一有所攜擁，便爲百出矣。

應案惟貴於四應四集—作案。分，雖忌於雜應分，有鎮五方之中正；

應案貴於四集，然亦忌於冗雜。若冗雜之中而有應於中正者存，亦不害其爲冗雜也。

左右惟忌於不掩不抱—作輔。分，雖貴於環抱分，有贅附挾私之醜跡。

左右貴於環抱，然又忌於夾帶。若環抱之內而有附贅懸疣者存，其環抱不足貴也。

是以勢所貴分，惟貴於四集；形所貴分，惟貴於頓息。形之應勢分，不論其長短；勢之就形分，不論其曲直。勢之拱分，不論其不住；形之住分，不論其飛潛動植之可式。

集者，如鳥之集於木。四集則氣非孤寂。頓，下首至地也。頓息，則氣無前行。形成於勢之內，而息於集之中。然形有其長者，有其短者，惟在乎與勢相應，便爲真結，其長短不計也；勢有其曲者，有其直者，惟在乎與形相就，便爲貴格，其曲直不計也。又有大勢既拱，其爪脚恒有逆拖向外而不止，亦有正幹既拱，而其去尚遥，皆所不計。惟在乎得形之止，而其飛者、潛者、動者、植者皆得而取用之也。

《象物篇》曰："鳳翔分背崦乃安，駝載分肉鞍尤特。蟹伏螯强分眼目非露，龜圓頭伸分肩足難易。蜈蚣鉗抱分口乃分明，馴象準長分鼻乃端的。魚額脱分尾鬣揚波，馬

耳峭兮唇口受勒。項舒嘴鋭兮鶴何拘於耳頂,腹滿準露兮牛不堪於鼻息。"皆動之類
也。古訣云:"草上露珠偏在尾,花中香氣總歸心。"《星辰釋微篇》云:"瓜藤不附於蒲
藤,味甘一實;萍稚難希於蓮稚,香馥端彝。"皆植之類也。

　　案所貴兮惟貴於方員,左右所貴兮惟貴於翼從不漏而不
刺①。明堂所貴兮惟貴於橫衍而平夷,龍虎所貴兮惟貴於不尖而
不射。至於迂深蟠曲、去而不傾不促者,亦未爲脱而爲感。

　　案方則端正,員則潔浄。尖恐貴而有刑,曲似欹邪,直爲衝撞,故惟貴於方圓。左
右如羽翼之衞,惟豐滿則不漏,順從則不刺。明堂貴乎含蓄,橫則不直衍,若千頃之
陂,平易無突兀之弊。龍貴蟠,虎貴伏。尖射皆刑傷之象。明堂居龍虎之内,龍虎包
明堂之外。明堂雖忌直長,若迂深蟠曲,龍虎爲之紐繪,不見其傾,不見其促者,又不
可謂其傾脱而棄之。

五方應對第七十九

　　來龍兮欲其一氣之真純,應案兮欲其挺特而不群。青龍兮
欲其婉蜒而顧主,白虎兮欲其蹲踞以朝身。明堂兮欲其寬平而
蘊蓄,宮城兮欲其堡壁而周巡。

　　來龍、應案、青龍、白虎,纔有其四。明堂居四者之中,宮城居四者之外。其内寬
平蘊蓄,養一體之真元;其外堡壁周巡,防八風之箭瀏。

　　六相兮欲其含養而豐積,六替兮欲其瀦澤而無聞。四勢兮
欲其鍾秀而不悖,三形兮欲其形就而相親。

　　養、生、沐浴、冠帶、官、旺爲六相,含養豐積,静定而淵停也。衰、病、死、墓、絶、胎
爲六替,瀦澤無聞,悠揚而緩曲也。鍾秀不悖,山無粗惡之態,而與形有情;形順相親,
砂無他顧之意,而與勢相逆。

　　今也經以《遺書》之旨,緯以樗里之文。

　　上文曰經,下文曰緯。

---

　　①　"異從"原作"從異",據明刻本乙正。

潭潭然主欲降而俟，堂堂然應欲趣而陳。槍槍然從欲環而衛，洋洋然水欲繞而平①。蕩蕩然其氣宇，集集然其精神。悠悠然吐囚謝而疏積聚，臨臨然納旺相而見維新。生生然純一氣而不妒，澹澹然斯百福之是臻。

潭潭，深貌。欲降而俟，根上文來龍説，言龍至此而止，若有所待然也。堂堂，明正貌，根上文應案説，欲趣而陳，其意向專一而不他去也。槍槍，盛貌，根上文青龍説。洋洋，寬大貌，根上文白虎説。白虎何以説洋洋也？舉白虎内之朝水而言，若内無水來則天門爲之閉塞，水繞而平，則虎爲馴俯矣。蕩蕩，言明堂之廣遠。集集，言宮城之會聚。悠悠，遠也。臨臨，大也，根上文六相、六替説，其積聚者既疏，而所出者皆新矣。生生，秀美之色，根上文鍾秀不悖説。澹澹，恬静之氣，根上文形就相親説，言形勢均要得一氣真純，自然百福之咸集也。

舊注曰："澹澹然者，以福不可貪求。惟謹送死之節，守五行之正，然後得天付之自然，則百福自臻。"

氣脈體用第八十

夫行龍以勢，住勢以形。應龍以案，乘案以穴。一作堂。②

龍非勢不行，勢非形不住。其行也，若江河之奔放。至或匯而爲湖，或瀦而爲澤，即其止之義也。能既止，則無有或行之象。案，其止於前者也。龍能爲案而不能乘案，然穴亦爲龍所生。究之龍亦不知案之何以必應夫龍，案亦不知穴之何以必乘夫案。是理在氣之先，體得操用之理。

氣鍾四勢，穴就一作聚。三形。形欲住於内，勢欲住於外。大地無形，融結氣概；小地無勢，精神聚會。融結則氣鍾，聚會則氣止。

氣鍾於外者爲四勢，鍾於内者爲三形。勢若果之核，形若核之仁。大地非無形，形大而勢即其形；小地非無勢，勢小而形即其勢。形大而融結者，氣概自是恢宏；勢小而聚會者，精神必然秀發。二者皆氣之積，未可分優劣也。

---

① "洋洋"，明刻本作"逆逆"。
② "堂"，明刻本作"塋"。

夫氣者[①]，其體以土，其用以水。因體而行，乘用而止。其行也由勢而來，其止也順形而峙。

> 郭氏曰："土者氣之體，氣者水之母。有土斯有氣，有氣斯有水。"其體以土，其用以水，是體用實爲一串。體屬於陰，爲静；用屬於陽，爲動。山本静，以動力用；水本動，以静爲宗也。然動此氣，静亦此氣，勢來此氣，形峙亦此氣也。

形欲住脚，勢欲住郭。勢行形止，行貴在邐；形行勢止，止防爲詭。勢止形止，氣之已委；勢止形行，行之莫登；形止勢行，行之在城；勢行形行，氣之始生。

> 脚言近，郭言遠；脚係一身，郭在城外。形在勢之内，形已止而勢尚行。若行過遠則與形爲無力。形行而勢未有不行者，其或勢有止者，非真止也；勢止而形未有不止者，勢止而形止，其止爲真止也。勢止形行者，非形；形止勢行者，不可以言非勢，爲其勢之行在城也。勢行而形亦行者，是在發將之時，其去尚遠，氣之始生者然也。

勢全形就者，氣之旺也，是以五配、五祀以之命慈孫而錫孝子；形殘勢背者，氣之衰也，是以五配、五祀之所不安，而喪家賊—作敗。子之所由起。

> 全者，言勢之備。就者，言形之逆。勢備而形與水逆者，體之旺也，天之所以命慈孫錫孝子者也。殘者，言形之傷。背者，言勢之反。形傷而勢與水反者，體之衰也，喪家賊子之所由生也。人第知氣脈之體用，而不知配祀爲人之體、子孫爲人之用，慈孝爲人之體、富貴爲人之用。今不先之以其體而徒於用求之，亦惑矣。

管氏地理指蒙九

貪峰失宜第八十一

四勢不集不蓄兮，五氣散於八風；寶巖磷石之欹危兮，徒醜

陋以騰空。

不集者，衆山之不輔；不蓄者，衆水之不停。四勢雖曰衆山，而衆水亦在四勢之内。竇，穴也。石窟曰巖。罅，裂也。言四勢不集不蓄，有危峰在前，徒顯其醜陋耳。

内案兮所以衛區穴，外案兮所以應明堂。是以大姓世家不居於易野者，蓋近案不真，而遠朝徒望於千峰。

易野，一望無際。有近案則易野之氣爲之一收，然終非悠遠之地，必得四勢環集之中。内案以衛其内，外案以禦其外，大姓世家之所以永久也。然有無内案而外列千峰者，不知内氣之固在乎？近案爲之蓄，外雖有千峰環列，無補於坐下之氣，竟何益哉？

或曰：然則險隘之地乃富貴之鍾。曰窮源僻谷者，重陰之積聚；雍容夷坦者，乃奮發於英雄。

或人以爲易野不居，必居險隘，而不知陰陽不可相勝。險隘屬陰，必得明堂爲限，取陽也；易野屬陽，必得應案爲真，取陰也。若徒於險隘之地不有明堂以限之，是以陰遇陰，爲重陰之積，未有不敗亡者。必得雍容夷坦之場，爲陰得陽而昌，方是英雄崛起之地。

支親誼合第八十二

人之有生兮，命五行而性五常。死而返本兮，貸五土而藏五氣。因五帝五正兮，配五運而分五祀。此五福六極兮，所以舒慘乎吉凶。雖曰送死之禮兮，聖人所以行教化也。然教化與造化兮，亦先聖後聖用心之所同。

人禀二五之氣以生，即具有仁義禮智信之五性。既死而反本還元，非五土無以復其命。於是即五帝五正之位，配以五運而後祀之，此五福六極所由生也。然聖人之意不過爲送死之禮，未常及於禍福之説。而不知教化之典，實因夫造化之意以爲心，非凡民所得而知者。先聖後聖無二致也。

子曰："氣也者，神之盛也。魄也者，鬼之盛也。合鬼與神，教之至也。"方氏曰："魂氣歸於天，形魄歸於地，故必合鬼與神，然後足以爲教之至。"然則以地之五正配天之五運，是即不敢或戾於下陰之野土，而復不敢不上肅於昭明。《祭義》曰："聖人以是爲未足也,築爲宫室,設爲宗祧,以别親疏遠邇,教民反古復始,不忘其所由生。"二端既立,報以二禮,建設朝事,燔燎羶薌,見以蕭光以報氣也,此教衆反始也。薦黍稷,羞肝肺首心,覜以俠甒,加以鬱鬯,以報魄也。教民相愛,上下用情,禮之至也。是以致其敬,發其情,竭力從事以報其親,不敢弗盡也。

是以支黨兮有昭穆親疏之次,義合兮無不傳不嗣之宗。故曰膠漆異産兮,以相濟而固;接木遺本兮,能比脈理而榮春風。

《祭統》曰:"昭穆者,所以别父子、遠近、長幼、親疏之序而無亂也。"禮因義起,義之所在,即禮之所宜。義合者,謂昭之絶,穆必有應嗣之人,無不傳也。膠作之皮角,漆産於山木,其出處不同,而相濟則甚固。接木遺本,非其本也,而以之相續,則無有不續。

《禮記·王制》:"天子七廟,三昭三穆與太祖之廟而七;諸侯五廟,二昭二穆與太祖之廟而五;大夫三廟,一昭一穆與太祖之廟而三;士一廟;庶人祭於寢。"周洪謨先生著《朱子家禮祠堂圖説》曰:"古者廟皆南向而各有室,則皆東向。先王之祭,宗廟有堂事焉,有室事焉。設祖南向之位於堂上,設始祖東向之位於室中。昭北穆南,左右相向,以次而東,此室事也。堂事室事,皆父昭在左,子穆在右,則古之神道尚左矣。"

自漢明帝乃有尚右之説,唐宋以來皆爲同堂異室,以西爲上之制。然古者室事,始祖東向,則左昭右穆以次而東者,不得不以西爲上。後世南面之位既非東向之制,而其位次尚循乎以西爲上之轍,則廢昭穆之禮矣。父爲昭則子爲穆,父爲穆則子爲昭,如文王爲穆則武王爲昭,而凡周公、管、蔡一行皆昭也;武王爲昭則成王爲穆,而凡唐叔一行兄弟皆穆也。群昭群穆,不是昭一行之群、穆一行之群而已。周公一行,文之昭也;成王諸子,成之昭也;武王諸子,又爲武之穆也;康王諸子,又爲康之穆也。

設始祖東向之位於室中,則群昭之列於北牖下者皆南向,爲向明,故爲昭;群穆之列於南牖下者皆北向,北爲幽陰矣,故爲穆。而昭亦居左,穆亦居右也。但以左右爲昭穆,而不以昭穆爲尊卑。

蓋五土五神兮,豈無所歸? 必原其氏族,依其承續兮,以衰旺而從違。

五土所以藏五神。人死而神息,骨肉斃於下陰爲野土,其氣發揚於上爲昭明。焄蒿悽愴,此神之著也。骨肉斃於下,則土爲魄所依,而即爲其發揚於上之本。子産曰:"鬼有所歸,乃不爲厲,我爲之歸也。"然必原其所從出,依昭穆所應嗣。五土之衰者,六極不能有違；五土之旺者，五福不能無從也。

禮雖重於送死，法可易於尋龍。蓋一氣靡違於一物，故五行惟命—作備。於五常。達反本還元之道理，循歸根復命之陰陽。降勢成形入穴，榮枯其華實；流泉有路隨形，變動其風霜。

《易》者，簡易而不難也。天地萬物皆感一氣而成，設氣於物，有或遺則五行必有其不全之五性，故往未有不還，剝未有不復，數之所必然者。降勢猶木之有枝葉，成形猶枝葉之有華實。流泉合路者爲雨露，不合路者爲風霜。支雖分而誼無不合者也。

此書言繼嗣之理凡四見，第十二篇《支分誼合》言無殽不羞之神，第六十二篇《星辰釋微》言抱養過房，第七十二篇《二氣從違》言育子承宗之誼重，此八十二篇言支黨昭穆親疏之次。

因形擬穴第八十三

形乘勢來，唯慮其止；勢以形止，唯慮其馳。止則勢聚，馳則勢披。聚則衆所輔，—作附。披則衆所離。—作攜。探其起伏，索其關節，因其逆順，防其逾越。若止而來，若來—作去。而住。趨其完全，避其嫉妒，全其天工，依其環護。鉗口淺深，須辨明堂聚散；穴場寬緊，要看一氣眞純。

擬穴必須辨形，辨形必先原勢。勢來形止，然後探索其來歷之關節，因其逆順之體，考其宮分之純駁何如。若止而來，若來而往，形容穴場將止未止、模糊不清光景，即郭氏之"隱隱隆隆、微妙玄通"也。趨避雖曰在人，然在天則無不趣於完全而避其嫉妒者，故工不曰人而曰天，務全其自然之勢，期無違於環護之妙而止耳。鉗口之淺者可，深者亦可，若明堂散則皆不可。穴場之寬者是，緊者亦是，若一氣雜，恐非是矣。

舊注曰："此論唇鼻顙耳穴也。或山純粹，立穴處駁雜，則參差左右。寬緊立穴，庶免衝風太急，取其和緩。又得水路眞純，在郭氏則謂之穴山、穴支也。"

舊注謬。

彎彎腹上，有垂乳而有橫腰；直直頭前，何當風而何蓄氣？覆釜臍間，後接推車之勢；畫屏匡上，前憑捍脚之階。

腹有二義:端坐之腹鎮乳房,橫臥之腹坐龍頭。四鎮十二坐曰鎮龍腹、避龍腰,鎮龍頭、避龍尾,腰畏其虛,尾惡其風也。釜臍是自然之坳。後接推車,是開障中過峽起頂,而結自然之坳也。畫屏,山之壁立者。匡上,是壁立中忽生窩窟,但前無捍脚則傾脫不可禦,所貴前有其階,而堂可升室可入也。二義見《望勢尋形》第四十七篇。

峰不貴多,多爲立刃;巒不貴獨,獨爲孤印。峰不嫌多,多貴成形。巒不嫌獨,獨貴捍城。一重巒轉應鉗前,當時豐足;三級浪平—作層。朝案外,奕葉聲名。

峰言其大者,巒言其小者。峰多而尖削者曰立刃,巒獨而孤單者曰孤印。立刃主刑傷,孤印主師巫。峰多而有若踏節龍樓、天馬禦屏等類,不厭其多也;巒獨而能若魏珠照乘、趙璧償城,不厭其獨也。一重案只主一代,案至於三疊之多而又得成形之峰應之於外,其富貴爲不可量。

欲識風城,水口認行龍之勢;縵分氣庫,腋旁非應穴之峰。三形鼓其六翮,四勢應於一堂。四勢伏而一洋高[1],氣分已散;一洋—作項。平而四勢起,氣集而鍾。

風城與風門異,風門,風所從入之門。風城,所以防風之入其城,有城則有門,城門即是水口,水口外相對之山即是風城。此行龍之勢,是他處所行之龍適當我水口之外,所謂華表、捍門、天馬之類是也。《師聰師明篇》曰:"氣庫成形,如蛇怒項,如蛇怒項,如牛壯頦,如木之瘦,如魚之腮。"《亨絕動靜篇》曰:"何爲氣庫?江湄有浮螯之融。"皆喻其隆起而不甚高之形。凡應穴之峰必開面,特朝兩旁,亦開靜展翅乃爲正應。若腋旁之氣庫,俗謂之倉庫山,豈得爲穴之應乎?三形由四勢而生,四勢伏而內陽忽然高起,其水分則氣亦因之以散,四勢起而內陽窊下有容,其水集則氣亦由是而鍾。

得法取穴第八十四

龍來結咽,未是收成之勢;龍當入首,當知停止之形。應龍降勢似行龍,貴其趣進;去水款—作捍。城如揖水,要得寬平。

---

① 明刻本注"洋"曰"一作場"。

《醫經》曰：“嚥水曰咽，候氣曰喉。”氣水至此而一束，龍須結咽之後，或開靜，或起頂，方是收成停止之地。應龍即朝龍。行龍開障落脈，應龍亦開障出身，不然無以見趣進之義。款，曲也。揖，拱也。去水曲則回頭如拱然，非寬平未免傾逝矣。

流船脱水於風城，屍遭格法；半月探頭於案外，盗屬刑名。

凡船之聽其自流者，皆欹斜不正如屍山然。大約流船暴屍之形也，屍暴而不掩，故遭格。頭在案外，有窺覘之意，盗之情也，故遭刑。

銀海浪崩，脚前傾斗；伏犀風急，背後無屏。

銀海，目也。伏犀，背也。傾斗是無捍脚之階，無屏是缺樂山之峙。

列肆叢叢，乃市郭興昌之運；疏林索索，正溪山衰敗之時。茂柏喬松，禽朋托乳；頽垣蠹宅，鼠輩揚聲。

此因物理以徵氣脈之盛衰。鳥生子曰乳，凡地爲眾鳥集者，其氣旺；爲狐貉居者，其氣泄。

枝節一尋，取—作過。八尺則侵本幹；陰陽五運，窮六氣以及黃泉。

四尺謂之仭，倍仭謂之尋。喻枝節上取穴不過在一尋之内，若逾八尺便不在枝節而侵本幹，非法也。五運，陰年不及，陽年太過。六氣，有司天者，有在泉者，不可因其運之會而不論其氣之生與尅也。

子午年少陰君火司天，陽明燥金在泉；

卯酉年陽明燥金司天，少陰君火在泉；

寅申年少陽相火司天，厥陰風木在泉；

巳亥年厥陰風木司天，少陽相火在泉；

辰戌年太陽寒水司天，太陰濕土在泉；

丑未年太陰濕土司天，太陽寒水在泉。

舊注曰①：“此爲隱龍穴也。大率傷龍穴最是橫龍易傷。或臥龍、伏龍螃蟹之形，才穿穴深，發其血脈，漏其膏髓，傷其腸胃，赤白水乳則龍傷壞，不可救藥。或勢雄壯，騎龍立穴，又與此不同論矣。”此論穴之上下，未嘗論及淺深，何以有膏髓腸胃等説。

---

① 明刻本作“李曰”。

舊注誤以一尋穴之深八尺也。①

故曰一氣侵淩，五行滅絕。

此承上文而言穴法。不特過枝節爲一氣侵淩，即五運、六氣、司天在泉之氣，一有所犯，亦爲侵淩。其例如庚年葬子山爲承金相水，若值辰戌年②濕土在泉，亦犯侵淩也。詳《天人交際篇》。

火穴何殊於火葬，封屍何異於流屍。

火穴謂之火投穴，俗有暖壙之説。富者以炭，貧者以柴，而不知生氣逢火則不至。觀藏冰者先以火燒地，使春陽之氣不至其地可知也。封屍是以水銀入屍，封其衆竅，不使流泄。凡封屍者，其屍不化，生氣不入，二者無異於火葬津埋矣。

王伋曰：“凡壙坼用磚瓦甃砌及炭引水者，則火氣侵淩，土脈不行，陰陽不通，五行絕滅。且王者祀天於南郊，藏冰於北陸，則先以火燒隔絕地氣，使春陽不至，陰氣內積而不化。磚瓦經火煉之物，即同淩室葬之，何殊於擲火也？封屍無異於流屍者，水不開導，封閉之也，汪洋淹浸，亦無異於流之水也。昧者不究此理，以爲常式，然斯二者爲天下之大患，管氏立此説以開後人也。”

王注封屍説謬。

又曰：“內藏黃金斗，外掩衆人口。四勢任君談，五行心自守。”

此言穴內立向之法，重在五行，不重在四勢。

王伋曰：“或利開鉗不利立向，或利立向不利開鉗。萬一鉗向皆利，則內外皆一，尤殆。庶幾或不得已，內會星宿，外循形勢，則無害也③。更若不利行水，則又難矣。故曰四勢任君談，而五行星宿自守於心也。”

據王注謬，既云內會星宿，外循形勢，復云不利行水，其內之會星宿者獨何爲哉？

樗里曰：“直壙正鉗，山與水純；正鉗橫壙，山水之淫。旺相無泄，坼宜下淋。寬緊穴法，三井藏金。”

壙屬人爲，鉗係天造。純者陰陽不雜，淫者山水不正。坼，裂也，坼字疑作謝字，恐魯魚亥豕之誤。《通世之術篇》曰：“鉗裏破相，抑亦防虞。內水未有不從鉗口流出

---

① 注：凡司天應上半年，在泉應下半年。

② 注：秋冬。

③ “無害”下明刻本有“事也”二字。

者。”直壙正鉗，不但陰陽合純粹，五行合衰旺，而山水之形勢亦自正；正鉗橫壙，雖得陰陽之純，五行之旺，而山水形勢未免偏側不正，故曰淫也。大約鉗口宜於囚謝，下淋橫壙非得已。一爲旺相破泄，一爲陰陽不純。《擬穴篇》曰：“或結於正，或結於輔。形接於目，而寬緊之法已灼於心。”寬緊即緩急二字，結於正者宜寬，結於輔者宜緊。謝氏曰：“直送直奔，有氣要安無氣，此穴於寬者也；橫擔橫落，無龍要葬有龍，此穴於緊者也。”若直送直奔之龍，到頭之氣忽然內縮，寬中微欲求急；橫擔橫落之龍，到穴之氣稍有直衝，緊中又欲求寬。此穴於寬一法，穴於緊一法，穴於不寬不緊又一法。三井寬緊雖不同，總不外直壙正鉗、正鉗橫壙之藏金。蓋正即用寬，橫即用緊，正有不寬不緊，橫亦有不寬不緊，故曰三井耳。

舊注曰：“三井者，金井中三般穴法，或直壙正鉗，或正鉗橫壙，或石壙不用石底，但旺相不可漏泄，又寧更坏下不用石，則自下淋滲水。凡百難得三般穴法之兼全也。”

舊注大謬。

四勢三形第八十五

入穴顧形，出穴顧勢。勢結三形，形鍾四勢。來山爲勢，結穴爲形。形真則勢住，勢住則形成。形成欲應特，應特欲流平。流應相合，形勢相登，則爲昌熾之佳城。

形在內，勢在外。其難得在形成應特一語，故楊公曰：“但將好主對賢賓”，即其義也。凡水上高下低則傾，稍有高低則流，平則停。平流者，是當穴而停蓄，過穴而始流也。流應相合，是流之平與應之特却當一處。相登，對也。此一節合勢與形並論。

左右前後分謂之四勢，山水應案分謂之三形。

此一節指四勢、三形之定位。

來龍爲發跡勢，向首爲趣集勢。左右爲拱輔勢，明堂爲含蓄勢。結峰爲來一作束。勢，入路爲行勢。蓋穴爲降勢，界水爲住勢。駝頭一作項。牛背一作肩。爲發將勢，蜂腰鶴膝爲行龍勢，蝦鉗蟹距爲夾室勢，連城接壘爲輔門勢。

此一節合言其勢之名。顧名思義，自得其意之所在。

如亂衣投算，如枯株鴨嘴，爲淫蠱勢；如鳥喙薑芽、如開骹列指，爲分劈勢；如盆傾斗瀉、如流槎倒竿，爲脱敗勢；如鋒芒匕首、如犁鑱槍刃，爲刑傷勢。嘴當作觜。

此一節合言其勢之凶者。四者一爲亂，一爲分，一爲直，一爲尖。

如懸鐘覆釜，爲端净勢；如掌心握口，爲融結勢；點點如貫珠、節節如鞏帶，爲連續勢；翼翼如扈從、鏘鏘如子弟，爲夾從勢；内污如窟①，外圓如月，爲停聚勢；登之如堂、望之如軒，爲融結勢。

此一節合言其勢之吉者。鐘釜頂圓，故端净。掌心握口，其内皆含蓄，故融結。貫珠與投算異，算不貫而珠貫。鞏帶節，節有棱相應，故連續。翼翼、鏘鏘則嚴密而無空缺，故爲夾從。内活言内窟之如錢貫，古人以錢命活，故曰活。内活而外圓，則無不停聚矣。堂，正寢而明顯者。軒，在堂之前。登見爲堂，望止見軒，内外之異其觀也。

發將當作勢。欲綿遠，行勢欲起伏；結勢欲深邃，住勢欲拱揖；來勢欲後順，應勢欲前趨；内勢欲停蓄，外勢欲環集；來勢欲住於内，去勢欲住於外；輔勢欲住於左右，應勢欲住於當前。

此一節合言其勢之宜。發而後行，行而後結，結而後皆住矣。非綿遠其氣易竭，非起伏其氣不靈，非深邃其氣不藏，非拱揖其氣不集。後逆其勢不來，前去其勢不應。内停外集，其氣始歸於一。來勢欲住於内，然住不易住，非去者住於外、輔者住於左右、應者住於當前，而其内不住也。

宗龍異於衝風，一勢也；承龍異於失蹤，二勢也；騎龍異於露爪，三勢也；攀龍異於偏肩，四勢也。

此一節言勢之同而異。來龍奔赴，宗其顓息，曰宗龍之咤。咤，噴食也。其噴處在微陽環集之内。若衝風者，徒有龍而外無包裹，不可宗也。如《龍經》曰："君如尋得幹龍窮，二水交流穴受風。"即是此義。來龍磅礴，承其顧殢，曰承龍之勢。顧，顧盼也；殢，凝止也。其顧盼凝止之處，古所謂"虛簷雨過聲猶滴，古鼎煙銷氣尚浮"，"葬脈

---

① "污"字原作"活"，今從明刻本。

不如葬氣"之謂。若至於失蹤,真氣不及,不可承也。來龍蟠環,騎其源護,曰騎龍之汚處至藏。其去龍每多回顧於内,而即以其去者爲案。若天馬昂頭、鳳凰銜印之類。若去龍不能掉轉障蔽於前,謂之露爪,不可騎也。來龍橫臥、扳其肩井曰扳龍之胛。胛,肩井也。肩井必有樂有窩、有堂有應,即橫龍貼脊之義。若偏肩則無井可安,堂局斜竄,不可攀也。

何四勢已具而三形未列,三形既就而四勢何別?

此以下言形之異。

故曰來龍雄壯,應案相登,去水和緩[①],三形也。

三形,山、水、案也。一言後氣充足,一言前氣融會,一言外氣悠揚。

後如生蛇、前如圭璧,流如之玄,三形也。

生蛇言其活,圭璧言其尊,之玄言其曲。上文來龍欲其雄壯,而又貴其活動;應案欲其相登,而又貴其尊嚴;去水欲其和緩,而又貴其屈曲也。

千梢萬葉,一形也;几案橫張,二形也;巡城堡壁,三形也。

千梢萬葉,龍從擁從中出;几案橫張,前無賓客之暴;巡城堡壁,水無脱漏之虞。

衆中有尊,一形也;特峰端秀,二形也;碧水寒潭,三形也。

衆中有尊,張子微謂之定有星辰特地起。特峰端秀,特,朝也,移步便覺其不特。碧水寒潭,至靜而不動,澄澈而瑩潔也。

純粹發源,一形也;干維應穴,二形也;六替流長,三形也。

此一節統以水爲三形。凡山之來、水之去、案之應謂之三形,此以水之來、水之去、水之應爲三形也。

來龍奔赴,一形也;入路盤環,二形也;受穴停蓄,三形也。

此一節統以山爲三形。凡龍之來必奔馳遠赴,至入路一段,必盤環而作爲容與之態,或自左旋右,或自右旋左,然後開窩結穴,始顯其停蓄之形。斷未有不奔赴而能爲盤環,不盤環而能爲停蓄者。

朝如潮漲,一形也;行如衡晉[②],二形也;盤如鏨帶,三形也。

① "和"字原作"何",今從明刻本。
② "晉",明刻本作"平"。

此一節統以應爲三形。潮漾言其層疊之多。衡，轅端橫木，衡晉，如以至平者而進之於前也。鞶帶，大帶也，命服之飾。朝是當面特來，行是東西橫過，盤是兩尾相連，三者名不同而應同。

然則四勢三形，雖分兩途；左右前後，其實一致。遠勢近形，殆或不齊。反背逆順，終歸一揆。

郭氏曰："千尺爲勢，百尺爲形。"而此以遠爲勢、近爲形。大約勢居於粗，形在乎細；勢爲形之大者，形爲勢之小者。然大地無形，融結氣概；小地無勢，精神聚會。大地非無形，形即在勢之内；小地非無勢，勢即在形之中。若徒於遠者、大者而來則失形；若徒於近者、小者而論則失勢。惟於大者、遠者之中而求其小者、近者，於小者、近者之外而求其遠者、大者，則勢與形胥得之矣。然勢可遠觀，形須近察。勢在中人咸得見之，形非上智未易測識也。

三吉五凶第八十六

體勢融結，氣概停蓄，精神發秀，三吉也。

體勢見之於近，氣概見之於遠，精神見之於色。

童、斷、石、過、獨，五凶也。[1]

解見《孤奇譎詭篇》。已上二節論山。

寬、平、繞，三吉也。

寬則有容，平則不卸，繞則不背。寬平在前，繞該左右前後。

瀑、潦、濁、一作渴。瀨、灘，五凶也。[2]

瀑，飛泉懸水也。潦，路上流水，又潢汙行潦之水，言無源而易竭也。濁，不清也。瀨，湍也。灘者，水灘多石而淺也。

以上二節言水。

兒利孫名，兄友弟恭，父慈子孝，三吉也。

善於兄弟，爲友恭敬也，孝子承老也。

---

[1] 明刻本注曰："此論山也。"
[2] 明刻本注曰："此論水也。"

疾厄傷痕，生離死別，刑辟患難，夭折鰥寡，暴敗猖狂，五凶也。①

病急曰疾。厄，困也。傷痕，創之瘢也。生不能會曰生離，死不能送曰死別。刑辟，罪之大者。不盡天年謂之夭。中絕謂之折，年未三十也。又未齓曰凶，未冠曰短，未婚曰折，鰥無妻，寡無夫。暴敗，忽然破家。狂，心病也，猖狂，狂之極也。

已上二節言人事之三五。

舊注曰："此三吉五凶論命也。"余以爲三吉五凶雖兆於天，實由於地，不可盡歸於命。

生氣一白，天醫八白，福德六白，三吉也。

即貪、巨、武之吉。

伏吟二黑，遊魂四綠，絕體三碧，五鬼五黃，絕命七赤，五凶也。

即文、祿、廉、破之凶。

以九宮之色配八卦，遺九紫入五黃，用陰遊年訣。

舊注曰："此論五行星也。"

山澤原隰以土爲壯，平洋瀕水以石爲固，市井方鎮以衝要爲奇，三吉也。瀕，古濱字。

高大有石曰山，水鍾聚曰澤，高平曰原，下平曰隰，四者皆以土爲強。瀕水有石，終古不能壞。衝要，爲人物車馬叢集之地，亦即其氣之會處。

堆沙罅石，深谷窮源，高峭險逼，低陷卑塞，脱露凋零，五凶也。

沙，細散石也，堆沙，風所卷成。罅，石裂也。兩山中流水曰谷。又有水曰谿，無水曰谷。深谷，是無脈落處；窮源，是水無發源處。山峻曰峭。險，巖也。險逼，是與巖山相逼近也。低陷，窊下也。卑塞，不明也，一是凌塓，一是幽因。脱露，不掩也，山不能爲之防而水衝直去。凋零，傷碎也。

---

① 明刻本注曰："此論命也。"

連城倚郭,傍驛通衢,明林一作村。静塢,三吉也。

連城,如向與城相接。倚郭,是坐與郭相靠,或坐與城相連,或向與郭相對,皆是一義。驛,傳舍也,往來不絕之地。衢,四達之境。二者俗謂之人朝,然横過則可,直則牽掣。明林,曉暢而不塞。静塢,無水以喧之,無風以動之也。

山高水傾,山短水直,山逼水割,山亂水分,山露水反,五凶也。

山高而漸平則水不傾。水遠到則紆徐不迫,短則促不能轉,故直水性漫衍而平。若逼之則拂其本性,而山爲之割矣。山有條理則水合,亂則無所統屬,故分。山之藏者,水自然弓抱,露則五氣不歸,水亦反去不顧。

溪繞江長,塔廟捍門,巖山水口,三吉也。

溪繞者,内堂如束帶。江長,則外之陽氣汪洋。塔如華表,廟猶鎖鑰,以之捍門,非尋常之貴。巖山,如金關石澗,牢不可破,内氣亘古不泄。

池沼無源,田塍短促,坑壕潦涸,灘激喧嘈,洲移渚易,五凶也。

穿地停水,圓曰池,曲曰沼。田塍,田中畦埒。坑,塹溝也。壕,城下池也。潦,路水積也。涸,水竭也。以上三者皆人所爲,非外氣所積。灘,水之淺處,受風激而成聲。水中可居者曰洲,小洲曰渚,皆有移易之患。

祖宗一氣,一作移宮一氣。主客同情,明堂不峻,三吉也。

祖,始山也。宗,祖山所出也。一氣者,陰陽之不離。主謂玄武,客謂朱雀。同情,兩意相孚也。峻,急速也。明堂不峻,水和緩而有含蓄也。

陽發陰行,陰來陽住,陽鉗陰流,陰流陽坼,陽坼陰没,五凶也。

陽發陰行,陰來陽住,二義謂祖孫非一氣。鉗必有流,流必有坼,坼必至没,若谷之注於谿、谿之注於川也,皆忌不純。

朝於大旺,澤於將衰,流於囚謝,三吉也。

生旺每在陰陽後説,若以《天玉經》論,生旺重於陰陽,蓋爲甲之來即爲庚之去也。

水山流坤,火山流艮,木山流乾,金山流巽,土山流壬,五凶也。

水、火、木、金皆言破生,土獨言破旺者,舉一以概其四也。《洪範》專主山家,故以山言。

夫辨吉凶之由①，在乎明心察物、相土度地，則吉凶之由、禍福之基了然可判。

善言天者必驗於人，善言人者必證於己，故能盡物之性而後得參天地之化育，是明心察物在相土度地之先，而吉凶禍福庶不致於莫可辨耳。

會宿朝宗第八十七—作會宿四門。

周天之分兮，翼宿巳而室宿亥；一局之例兮，畢舍申而寅躔尾。

翼，火蛇居巳。室，火豬居亥。觜，火猴居申。尾，火虎居寅。不曰觜而曰畢者，畢與觜相比，觜止半度，畢當申之位居多也。

躔周天之運兮，水生翼而火生室；一局之例兮，畢生金而尾生木。五土兮奠位於中央，寄理於水—作寄胎於金水。兮，亦見其數足之不足。

躔，行也。上言周天之分一定之宮位，此言周天之運、宿度之轉移。

四正重光圖：

角巽巳丙午丁未坤井	奎巽巳丙午丁未坤斗
亢辰軫翼星柳鬼申參	婁辰壁室虛女牛申箕
氐乙　張　　庚觜	胃乙　危　　庚尾
心房卯　　　酉昴畢	畢昴卯　　　酉房心
尾甲　虛　辛胃	觜甲　星　辛氐
箕寅牛女危室壁戌婁	參寅鬼柳張翼軫戌亢
斗艮丑癸子壬亥乾奎	井艮丑癸子壬亥乾角
水土旺相之會屬	水土之生氣

---

① "由"，明刻本作"道"。

巽 巳 丙 午 丁 未 坤　　　　　角巽巳丙午丁未坤井
辰　　　　　　申　　　　　　亢辰軫翼星柳鬼申參
乙　　　　　　庚　　　　　　氐乙　張　　庚觜
卯　　　　　　酉　　　　　　心房卯　　　酉畢昂
甲　　　　　　辛　　　　　　尾甲　虛　　辛胃
寅　　　　　　戌　　　　　　箕寅牛女危室壁戌婁
艮 丑 癸 子 壬 亥 乾　　　　斗艮丑癸子壬亥乾奎

水土庫之純陰　　　　　　　　葬金者生氣之純陰

奎巽巳丙午丁未坤斗　　　　　巽 巳 丙 午 丁 未 坤
婁辰壁室虛女牛申箕　　　　　辰　　　　　　申
胃乙　危　　庚尾　　　　　　乙　　胃　　　庚
昂卯　　　　酉房　心　　　　卯　　　　　　酉
觜甲　星　　辛氐　　　　　　甲　　　　　　辛
參寅鬼柳張翼軫戌亢　　　　　寅　　　　　　戌
井艮丑癸子壬亥乾角　　　角艮丑癸子壬亥乾斗

畢　　　　　　　　　　　　翼

葬金者旺相純陽之福　　　　　葬金者駁雜之墓庫

巽 巳 丙 午 丁 未 坤井　　　巽 巳 丙 午 丁 未 坤
辰　　　　　　申　　　　　　辰　　　室　　　申
乙　　　　　　庚　　　　　　乙　　　　　　庚
氐卯　　　　　酉　　　　　　卯　　　　　　酉
甲　　　　　　辛　　　　　　甲　　　　　　辛
寅　　　　　　戌　　　　　　寅　　　　　　戌氐
艮 丑 癸 子 壬 亥 乾　　　井艮丑癸子壬亥乾

室

葬木者生氣之純陽　　　　　　葬木者艮丙辛旺相
純陰之合

井
```
     巽 巳 丙 午 丁 未 坤
     辰             申
     乙             庚  室
     卯             酉
     甲             辛
     寅             戌
     艮 丑 癸 子 壬 亥 乾
         氐
```
葬木者巽庚癸藏氣
之未純

```
     巽 巳 丙 午 丁 未 坤
     辰             申
     乙      女      庚
     卯             酉
     甲             辛
     觜 寅           戌
     艮 丑 癸 子 壬 亥 乾 角
```
葬火者乾甲丁長生
之駁雜

角
```
     巽 巳 丙 午 丁 未 坤
     辰             申
     乙             庚  觜
     卯             酉
     甲             辛
     寅             戌
     女 艮 丑 癸 子 壬 亥 乾
```
葬火者巽庚癸旺相
之冗錯

```
     巽 巳 丙 午 丁 未 坤  角
     辰             申
     乙      女      庚
     卯             酉
     甲             辛
     寅  觜          戌
     艮 丑 癸 子 壬 亥 乾
```
葬火者坤壬乙庫墓
之純陽

水土生申，此云生翼；火生寅，此云生室；金生巳，此云生畢；木生亥，此云生尾，皆在合宮，與月將同義。譬正月之地分在寅，太陽則在亥，地不動而天動，天雖轉移而無不與地分相合。於此見堪天輿地之道，不得二視之也。此篇會二十八宿以朝宗，故用天之合宮，不用地之定位。

《飾方售術篇》曰："卜於木者，以奎而起寅；卜於金者，以角而起申；以井而起巳者，卜於玄武；以斗而起亥者，卜於朱鶉。"是木生亥，奎與乾亥同宮。以奎而起寅者，尾生木也。他可類推。

數之變兮，不過於十五之縱橫；四門躔度兮，吉於會舍而凶於背陸。

數,洛書之數。舍,十二辰所次之舍。陸,路也。

十五縱横之圖

洛書※

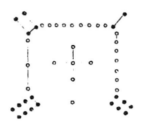

是以五行兮,推生旺墓之三宫。守宫朝宗兮,所以分上中下之三局。

生爲上局,旺爲中局,墓爲下局。

《飾方售術篇》曰:"各於本山生旺墓,起星處布九宫去。再入中宫出四門,從今飛布步星辰。兩局星辰相會宫,五行二氣一時通。若得此星應山水,節鉞公侯萬里封。"

巽、庚、癸、奎、柳、尾①兮,水土之生氣;乾、甲、丁、奎、尾、柳②兮,旺相之會屬;艮、丙、辛、柳、奎、尾③兮,庫墓之純陰。於以見水土之生旺兮,皆駁雜之相角。能以類而推之,則星宿之會兮,亦燦然之在目。

水、土、山合以井起,己、巳、巽同宫,則坤、壬、乙亦當奎、柳、尾三宿。

故葬火者角、亢、女、畢④兮,長生之駁雜;巽、庚、癸⑤兮,旺相之冗錯;坤、壬、乙⑥兮,庫墓之純陽。於以見火之精兮,此原其在禄。

---

① "巽、庚、癸、奎、柳、尾",明刻本作"巽、癸、庚、奎、柳、尾"。
② "乾、甲、丁、奎、尾、柳",明刻本作"奎、尾、柳、乾、甲、丁"。
③ "艮、丙、辛、柳、奎、尾",明刻本作"柳、奎、尾、艮、丙、辛"。
④ 明刻本注曰:"丁、甲、乾。"
⑤ 明刻本注曰:"角、亢、畢、女、火。"
⑥ 明刻本注曰:"斗、翼、尾。"

火山不用艮、丙、辛,禄火神也。

以斗而起亥者,卜於朱鵜。

火山不用艮、丙、辛,當是角、女、觜三宿,角、亢、女、畢疑誤。

葬金者翼、斗、尾、胃艮、丙、辛。兮,生氣之純陰,坤、壬、乙斗、翼、胃。兮,旺相純陽之福;乾、甲、丁胃、斗、翼。兮,駁雜之庫墓。於以見陰陽之要兮,在擇其清濁。

卜於金者以角而起申。

葬木者室、井、房坤、壬、乙。兮,生氣之純陽;艮、丙、辛井、室、房。兮,亦旺相純陰之合;巽、庚、癸房、井、室。兮,藏氣之未純。於以見擇其輕重兮,使二氣不淫而不剝。

卜於木者以奎而起寅,房宿當作氐宿。

故虢公曰:"贊化育,用陰陽;闢四門,變五行。"此古人教人之法,至今不易之章。唯通捷徑之路,則趨吉必由於避凶,每音皆先擇其三合生、旺、庫,置於無用之場,然後始取其真純之一氣,無淫妒、無戰剝者,乃富貴之鍾。一作昌。

水土山先避坤、壬、乙,火山先避艮、丙、辛,金山先避巽、庚、癸,木山先避乾、甲、丁。

以生我者爲生氣,以我生者爲旺相,以我剋者爲庫墓。惟木以剋我爲墓庫。土與水同局,無土局也。

管氏地理指蒙十

榮謝不同第八十八

表裏陰陽,經緯天地。氣概精神之不同,四勢三形之或異。

表者言其外,裏者言其内。外即天,内即地也。天以二十八宿爲經,日月五星爲緯。在地之星有一定方位,河圖老五行即時令五行也。《造命訣》云:"一要陰陽不駁雜,二要坐向逢三合,三要明星入向來,四要帝星當六甲。"即表裏陰陽、經緯天地之義。其知表而不知裏,榮而或見其謝;知經而復知緯,謝或得其爲榮。氣概在乎勢,精神在乎形。其無勢者不可以言氣概,其無形者不可以論精神也。

又曰觕拙與雄壯不同,

觕拙,粗大而不靈也。雄壯,威盛而强猛也。

枝節與分蘗不同,

本既伐而生枿曰蘗。枝節自老,分蘗自嫩。

過關與斷續不同,

關,大斷處也。尋常斷續不過龍身,一斷即續。若過關者,群龍送至此止,而脈從中過。迎龍亦若送龍之齊集其兩邊,界水分去,遠者數百里,近者或百里而後始合,譬關塞關津,然非此不能相通也。已上三不同言來山之異。

拱揖與鬪射不同,

拱揖,相讓之意。凡左右紐會曰拱揖,其兩頭相值者曰鬪,其相值而尖利者即射也。

轉腕與反背不同,

腕,宛也,言可宛曲也。轉腕向内,反背向外。

踞脚與走脚不同。

踞,獸直前足而坐,有止之義。走,去也。

已上三不同言左右山之異。

舒闊與散闊不同,

舒闊者,寬而有容;散闊者,無涯際而不可收拾也。

寬衍與寬慢不同,

衍,豐饒也。慢,怠惰也。寬衍則水從中畜,寬慢則散蕩無收。

緊湊與緊急不同,

緊湊,局面雖小而輻輳。緊急,氣促而不能圓。

已上三不同言穴場之異。

深邃與深沈不同，

深邃，似門戶之重重。深沈，惟幽陰之蕭索。

橫過與橫去不同，

脈之橫過者，其去必回頭；若竟去而無返顧之情，曰橫去。

藏風與閉氣不同，

藏風，固是羅城嚴密。若局内窒塞不開，不曰藏風，而曰閉氣。

已上三者言内局之異。

平去與傾脱不同，

水之不去者悠揚不迫，前或有大水攔截，或水田蕩平不覺其去。若傾脱者，不特明堂泄瀉，且無橫水之攔。

朝集與衝撞不同，

曲折有情曰朝集，即不能曲折，而洋洋入懷者亦曰朝集。若直來直射，便爲衝撞矣。

已上三者言明堂之異。①

環抱與槍割不同②，

蟠折與搖雄不同③，

大繞一遭曰蟠，屈曲曰折。搖雄，一邊臃腫不靈，未免奪本龍之氣。《金壁玄文》有左右搖雄之説。

臨城與激脚不同，

左右有衛曰城，水臨城外，自無衝激之虞。若無城者，水得直掠於外，曰激脚。

合派與分劍不同，

兩水合歸一處曰合派，一水而分爲兩派曰分劍。

---

① 是處"三者"據文意當改爲"二者"。

② 是句底本脱，據明刻本補。

③ "雄"，明刻本作"旌"。

已上三者言外水之異。①

提刀與按劍不同，

提刀，尖砂斜插。按劍，過腦橫攔。

拜職與拖蓑不同，

前朝俯伏曰拜職。若紊亂瑣碎，則爲拖蓑矣。

燕尾與枷梢不同②，

開叉闊狹之異。

撲錢與夾指不同。

撲錢之指，其指皆向內。夾指，即枝指，類挾私之跡。

已上四者言雜應之異。

然情雖不同，狀則必異。夫散亂雜冗者，其地必失勢；齊整會集者，其地必成形。觀其態度，原其真情，審其巧拙，別其重輕。得之者心必由於至妙，辨之者目必由於至明。

山水之情具於中，其狀自不能掩於外。故散亂雜冗者，無勢以統之也。則知地之齊整會集，雖曰成形，實由於勢有以一之。然非心目之至清，其孰能與於斯？

三家斷例第八十九

《易》曰："在天成象，在地成形。"下齊山嶽，上應列星。慌慌朗朗，耀耀熒熒。煙霞散聚，日月升沈。推之微眇，審之杳溟。

齊與躋同，地氣上齊。眇，微也。象者，形之精華；形者，象之體質。山嶽是形，列星是象。言天地雖分上下，其實猶幹之有枝，不相離也。

善言天者必驗於人，善言氣者必證於物。

上文言天地上下雖殊，其氣猶支干之相附，此言天人氣物之合。《內經》曰："立春之節，初五日東風解凍，次五日蟄蟲始振，後五日魚上冰。次雨水氣，初五日獺祭魚，

---

① 是處"三者"當據文意改爲"四者"。
② "梢"字原作"樗"，不辭，據明刻本改。

次五日鴻雁來,後五日草木萌動。次仲春驚蟄之節,初五日小桃花,《月令》作'桃始華',次五日倉庚鳴,後五日鷹化爲鳩。次春分氣,初五日玄鳥至,次五日雷乃發聲,芍藥榮,後五日始電。次季春清明之節,初五日桐始華,次五日田鼠化爲鴽,牡丹華,後五日虹始見。次穀雨,初五日萍始生,次五日鳴鳩拂其羽,後五日戴勝降於桑。立夏之節,初五日螻蟈鳴,次五日蚯蚓出,後五日赤箭生,《月令》作'王瓜生'。小滿氣,初五日吳葵華,《月令》作'苦菜秀',次五日靡草死,後五日小暑至。次仲夏芒種之節,初五日螳螂生,次五日鵙始鳴,後五日反舌無聲。次夏至氣,初五日鹿角解,次五日蜩始鳴,後五日半夏生,木槿榮。次季夏之節,初五日溫風至,次五日蟋蟀居壁,後五日鷹乃學習。次大暑氣,初五日腐草化爲螢,次五日土潤溽暑,後五日大雨時行。立秋之節,初五日涼風至,次五日白露降,後五日寒蟬鳴。次處暑氣,初五日鷹乃祭鳥,次五日天地始肅,後五日禾乃登。次仲秋白露之節,初五日盲風至,鴻雁來,次五日玄鳥歸,後五日群鳥養羞。次秋分氣,初五日雷乃收聲,次五日蟄蟲壞戶,景天華,後五日水始涸。次季秋寒露之節,初五日鴻雁來賓,次五日雀入大水爲蛤,後五日菊有黃華。次霜降氣,初五日豺乃祭獸,次五日草木黃落,後五日蟄蟲咸俯。立冬之節,初五日水始冰,次五日地始凍,後五日雉入大水爲蜃。次小雪氣,初五日虹藏不見,次五日天氣上騰,地氣下降,後五日閉塞而成冬。次仲冬大雪之節,初五日冰益壯,地始坼,鶡鳥不鳴,次五日虎始交,後五日芸始生,荔挺出。次冬至氣,初五日蚯蚓結,次五日麋角解,後五日水泉動。次季冬小寒之節,初五日雁北鄉,次五日鵲始巢,後五日雉雊。次大寒氣,初五日雞乳,次五日征鳥厲疾,後五日水澤腹堅。"

擇禍莫若重,擇福莫若輕。

重人事上説。

老氏之所著,《内經》之所稱,三者之説判然而明。故曰五行雖有先天數,善惡皆由人事成。得其理者必由於至妙,通其數者必由於至精。

此結上三節之義,見三才皆不可缺,獨人事有回天之功。人事有兩説:其一主者之修身,其一日者之精妙。日者之精妙固難其人,苟非主者積德以俟之,未易遘也,故引老氏之言以深警之。

例曰:艮對坤山推子丑,甲庚寅卯辨陰陽。乙辛要識龍蛇

分,乾巽須分馬喫羊。壬丙申奇並西耦,丁癸戌亥例消詳。地人
二正中居艮,生理從兹有吉昌。故曰建破平收,可見王城之積
穢;除危開定,須知金斗之輝光。閉橫簪而鎖跨,執圓净以微茫。
成竈黃而倒側,滿玄室以汪洋。丁癸當作癸丁。

艮山建丑,坤山建未,甲山建寅,庚山建申,

乙山建辰,辛山建戌,巽山建巳,乾山建亥,

丙山建巳,壬山建亥,丁山建未,癸山建丑。

地人二正中居艮,則是艮山建艮。艮對坤山,是坐坤向艮,建於未而破於丑。子
丑之間屬癸,不用地而用天,故曰推子丑也。艮山以癸爲閉,甲山建寅,庚山以寅爲
破。甲陽而艮陰,庚山屬陰,當從艮放,故曰辨陰陽也。乙山建辰,辛山以辰爲破,不
用辰而用巽,巽屬龍蛇之分也。

乾山以丁爲成,巽山以丁爲滿,

壬山以庚爲收,丙山以庚爲平,

丁山以乾爲定,癸山以乾爲開,

坤山以癸爲執,艮山以癸爲閉,

甲山以甲爲建,庚山以甲爲破,

乙山以巽爲除,巽山以巽爲危。

又例曰:各於本山三合取,清凱涼闐資次去。一二二當作八。
六宮更叶從,兒孫衮衮出三公。天清地濁雖分遁,靈府心機能變
通。不周廣漠調明庶,養生變卦巽黃鐘。

巽曰清風,離曰凱風,坤曰涼風,兌曰閶闔風,乾曰不周風,坎曰廣漠風,艮曰調
風,震曰明庶風。衮,衣裳。九章,一曰龍,二曰山,三曰華蟲,雉也,四曰火,五曰宗彝,
虎蜼也,皆繢於衣,六曰藻,七曰粉米,八曰黼,九曰黻,皆繡於裳。天子之龍一升一
降,上公但有降龍。以龍首卷然,故謂之衮也。

本山三合,其例如甲山三合則取乾、甲、丁,以乾六白入中宮,七赤到乾,八白到
兌,九紫到艮,一白到離,二黑到坎,三碧到坤,四綠到震,五黃到巽,所謂"一八白宮更
叶從"也。

養生變卦巽黃鐘,其例如乾甲丁山,用"乾遊福天五命體

生"訣。

坎癸申辰屬遊魂文曲，

艮丙屬福德武曲，

震庚亥未屬天乙巨門，

巽辛屬五鬼廉貞，

離壬寅戌屬絕命破軍，

坤乙屬體絕禄存，

兌丁巳丑屬生氣貪狼。

巽庚癸山　巽福天遊五生命體

離屬福德武曲，

坤屬天乙巨門，

兌屬遊魂文曲，

乾屬五鬼廉貞，

坎屬生氣貪狼，

艮屬絕命破軍，

震屬體絕禄存。

艮丙辛山　艮遊命五生體福天☷　八卦中爻還位

震屬遊魂文曲☳，四變中爻成遊；

巽屬絕命破軍☴，七變下爻成命；

離屬五鬼廉貞☲，五變上爻成五；

坤屬生氣貪狼☷，一變上爻成生；

兌屬體絕禄存☱，三變下爻成體；

乾屬福德武曲☰，六變中爻成福；

坎屬天乙巨門☵，二變中爻成天。

坤壬乙山　坤福體命生五天遊

兌屬福德武曲，

乾屬體絕禄存，

坎屬絕命破軍，

艮屬生氣貪狼，

震屬五鬼廉貞，

巽屬天乙巨門，

離屬遊魂文曲。

坎申辰三山　坎天福生體命五遊

艮爲天乙巨門，

震爲福德武曲，

巽爲生氣貪狼，

離爲體絕祿存，

坤爲絕命破軍，

兌爲五鬼廉貞，

乾爲遊魂文曲。

震亥未三山　震體生五命天福遊

巽爲體絕祿存，

離爲生氣貪狼，

坤爲五鬼廉貞，

兌爲絕命破軍，

乾爲天乙巨門，

坎爲福德武曲，

艮爲遊魂文曲。

離寅戌三山　離遊天命體五生福

坤爲遊魂文曲，

兌爲天乙巨門，

乾爲絕命破軍，

坎爲體絕祿存，

艮爲五鬼廉貞，

震爲生氣貪狼，

巽爲福德武曲。

酉巳丑三山　　兌生五體命遊天福

乾爲生氣貪狼，

坎爲五鬼廉貞，

艮爲體絕祿存，

震爲絕命破軍，

巽爲遊魂文曲，

離爲天乙巨門，

坤爲福德武曲。

《天玉經》云“二十四山起八宮，貪巨武輔雄；四邊盡是逃亡穴，下後令人絕”者，即此變卦之説。

又例曰：南北四隅，利見躍淵之瑞；東西二氣，勿用亢屬之凶。干維重艮而始，支辰北坎爻同①。達天地之闔闢，參人事之否臧。

南北，子午也。四隅，乾坤艮巽也。東西，震兌也。上曰亢，三曰屬。震之上爻、三爻，辰、戌也，兌之上爻、三爻，丑、未也。四正四隅，利見躍淵者，水皆可以由此而出。辰戌丑未犯亢屬之凶，來去皆忌。子午卯酉雖曰支神，但子坎而午離、卯震而酉兌，得占卦氣不同於他支。八干四維，獨艮爲厥陰。風水之始氣，若寅申、巳亥，便爲老陰、老陽，立向行水皆所不用也。闔闢，啟閉也，否臧，吉凶也。天啟吉，地啟凶；地閉吉，天閉凶。

回龍顧祖第九十 作或人問。

或人問曰：回龍顧祖，坐向一氣，諛者咸誇其吉地，豈無辰衝？破於伏吟不足疵而不足忌，此言命之談而非葬者之事②。曰：已知之矣，奚復問焉？抑亦言之而未既？曰：未既云者，願聞其義。

---

① “支”字原作“枝”，不辭，據明刻本改。

② “談”，明刻本作“訣”。

回龍顧祖,有遠者,有近者。其遠者,幾經曲折;即近者,亦未有徑直而至者,安能一氣拘之?

曰:惟甲之甲、巽之巽、乾之乾、壬之壬、癸之癸,息道固當於六替。

甲水病寅,巽木庫辰,乾金病亥,壬火胎子,癸土衰丑,據此六替山向衰旺一同,以回龍言之也。

彼有丙之丙、丁之丁、坤之坤、庚之庚、辛之辛、艮之艮、乙之乙,磧道破相,合思其所避。

丙火旺午,丁金冠未,坤土生申,庚土沐西,辛水冠戌,艮木官寅,乙火冠辰,皆當六相之位。

金斗不決而不泄,砂城導之,玉井瀦之,然後擇方而擇利。心目之妙、工力之備,庶幾不見愚而見智。

舊注曰:"金斗,壙也。砂城,壙前橫溝也①。用砂磧填之,暗引兩腋之水聚於玉井,然後順六替決之。玉井亦壙前洿池之名。"

玉井是暗砌水櫃,上用石梁覆蓋,一如平地者。然舊注洿池之名甚謬,洿池真穴前容亦有之,但非真應水,不可強鑿。往往見穴前掘池者,禍不旋踵,當以爲戒。

又況人之智淺近,天之智遠大。明堂臨鉗,橫亘而不吐,是則飾形而致瑞。

總之,水怕直流砂城、玉井。爲明堂圓净而橫者,言若明堂直長,當急用兜堂,砂城、玉井無益也。

彼有傷天龍,夷天造而違不祥焉。嗟乎,憑力而恃勢。

上文曰明堂臨鉗,橫亘而不吐者,然後飾形而致瑞。此則夷天造而掘龍浚池,大乖自然之勢。其意不過欲違不祥,而豈知祥之不可掘鑿而致,是徒憑其力而恃其勢,山水可爲而星躔如故也。

---

① "壙"字前明刻本有"則"字。

驅五鬼第九十一

聖人筮地立棺槨，以嚴宅兆之卜，由禮義以審禍福之機。後世相土度地，既流於方伎，棄形勢以分貪巨之支，品目謬戾，禮義於是乎無稽。

筮短龜長。《周禮》："凡喪事，其經兆之體皆百有二十，其頌皆千有二百。"禮者，體也。義者，宜也。得勢曰體，得形曰義。得勢與形謂得其禮義之正。旁出曰支，不由於義禮，故管氏驅之。

舊注曰①："上古立棺槨，筮地而葬，故合法式。後世相土度地，至公明時筮法漸止，至景純則又不同。貪、巨，星命名，謬戾尤甚。五鬼設此惑人，盲聾之人信之，自取禍耳。"

按臂反弓，尚號建 當作回。龍之室；鉗門傾斗，尤稱舞鳳之棲。分張左右，爲大鵬展翅；鑱刺支脚，曰猛虎張威。露石橫屍，謂之玉帶；崩流臂胖，謂之金釵。以拖蔶爲旗蔶，以棄遺爲側壘。以挾私爲佩印，以覆杓爲靈龜。

蔶，以犛牛尾爲之，大如斗，繫於左騑馬軛上，又軍中大皂旗。臂反則龍不回，門傾則鳳不舞。左右不收，雌雄失散，支脚芒刃，刑殺交橫。露石則含暴骨之憂，崩流則寓喪亡之禍。拖蔶爲淫亂之具，棄遺爲孤獨之形。挾私醜類抱頭，覆杓凶同腫脚。如是之類，五鬼必文之以名。吉凶顛倒，不以爲怪，比比然也。

勢向前行，背後且貪於距脚②；鼻中端的，角旁尤認於斜披。

大勢正行，背後之距脚直橋棹耳，否則爲倉庫之屬。鼻以污崦中正爲藏，五鬼以角旁之斜落者捉摸，謬之甚矣。

望隔涉之閑峰，便言氣應；見抛蹤之詭蹠，乃道龍飛。前不

---

① 明刻本作"李曰"。
② "距"，明刻本作"踞"，義長。

立身伸脚，直誇於氣庫[①]；傍無拱意多情，何辨於風旗。

凡氣應之真者，皆是本身掉轉。亦有自隔涉而應者，其情意交孚，斷不若閑峰之無故也。詭蹠，空窩贋之類，不若飛龍之肩乘勢之有力。氣庫，身聳與伸脚迥異。風旗，一順内拱。凡支脚或有不順，非旗也。

開口動談星宿，星宿何名？出手便調宫分，宫分何覓？

星宿未嘗無其名，宫分未嘗不可覓，特非五鬼所得知爾。

然先人之蔭，或杳或冥；後人之光，可期可矚。

先人之蔭不可見，而見之於後人之光，五鬼能欺人，不過在一時耳。追期之後人之光不可得見，而始信其説之誣矣。

擇術不可不慎，信術不可不篤。

術不擇則爲術所誤，既得吉術而信之不篤，恐不能盡術之精微。

勢絶認爲形全，形絶認爲勢足。

勢絶者則無形，形絶者爲無勢。

高牙文筆，不虞其尖鋭；單毬寶印，不虞其孤獨。垂乳不虞其胸闊，蟠腹不虞其背薄。貪後尾之虚鉗，受横屍之伸脚。折腕衝風，不虞其刺腋；翻盆散氣，不辨其潯湍。湍，叶脱，入聲。

牙，牙竿也。凡軍旅之出，先立牙竿。又將軍之旗曰牙旗，大約尖鋭之象，較文筆爲更峻耳。單毬、獨印，僧道之應，亦爲獨眠患眼之形。胸闊則乳不真，背薄則腹不實。鉗在後者爲鬼脚横伸者。非脈臂所以衛腋，折腕則披受風吹。盆所以盛水，盆翻則水覆而不可饗，氣亦因之散矣。

故曰：尋常之習雖詭道而變，奇畫者談至理而未安。

至理所在，如偶變奇，奇變偶，非詭道可以蒙混。

純粹釋微第九十二

或曰：一氣之輕清者，上而升之爲天；一氣之重濁者，下而降

---

① “於”字原作“其”，今從明刻本，合於文例。

之爲地。天者氣之運，地者氣之形。形者氣之體，運者氣之精。

岐伯曰："天氣，清净光明者也。藏德不止，故不下也。"注曰："四時成序，七曜周行。天不形言，是藏德也。德隱則應用不屈，故不下以見其氣之運處。"

袁天綱曰："氣之運用上應天躔①，積氣於地而成形象也。"

李淳風曰："氣本於形，而精氣爲物、遊魂爲變也。"

積氣於地而考形象。一本無此八字。

積氣成天，積形成地。氣上而形下，在天成象，在地成形，形發而象生。兹云積氣於地，是以上取合乎下，而以形匹配乎象者也。

故曰：日月星辰，光芒經緯，而金木水火，精積盤凝。

日月爲水火之精，星辰爲石土之積氣。

李淳風曰："五行精積，二氣盤凝，昭回相感②也。"

天氣下降，地氣不應則爲霚；音蒙。地氣上騰，天氣不應則爲霧。天裂，陽伏而不能降；地震，陰迫而不能升。

陰虛則天不下交，陽盛則地不上應。《方盛衰論》曰："至陰虛，天氣絶；至陽盛，地氣不足。"《陰陽應象大論》曰："地氣上爲雲，天氣下爲雨。雨出地氣，雲出天氣，二氣交合乃成雨露。"陰反陽上，見遏於陽；陽伏陰下，見迫於陰，故不能升，以至於震。

男行而女隨，陽倡而陰和。剛柔相濟，牝牡相承。何獨取於一本無此四字。偏正相勝、專權失證？一闔一闢，有虧有盈；一勝一負，有枯有榮。以否以塞，不令不寧。困而未悟，從而未明。願聞其旨，則其法程。

或人之意，重在合天地之氣而一之，故以男女、牝牡爲喻。干支夾雜，似乎不妨兼用。偏，干也；正，支也；證，候也。相勝、專權，謂得其干支之正。闔户謂之坤，闢户謂之乾。一闔一闢，乾、坤、艮、巽也。勝者得其氣之旺，負者得其氣之微。一勝一負，乙、辛、丁、癸也。天地否閉，塞而成冬，在壬之中，不得於亥之正，故曰不令不寧，謂壬、丙、甲、庚也。

---

① "躔"字下明刻本有"也"字。

② 注：一作成象。

曰：剛者天之用，天得一以清；柔者地之體，地得一以寧。柔則静而安，剛則動而用。各守其正，不侵不凌。

此答或人之詞。天無體，止可以言用，用者剛也、陽也。地有體而不能自爲用，用者柔也，陰也。譬以柔之體而加天，天不得清；以剛之用而加地，地不得寧。柔則其至静者，剛則其至動者，故或剛或柔，貴乎純一，庶無侵凌之咎。

陰窮陽積，陽胎於壬，壬癸甲乙，隨陽所稱；陽伏陰生，陰胎於丙，丙丁庚辛，傍陰而評。

此釋剛柔之用。冬至一陽生，不生於子而生於亥之末、壬之中，爲陽之始氣，夫而後生陽之癸、陽之甲、陽之乙。夏至一陰生，不生於午而生於巳之末、丙之中，爲陰之始氣，夫而後生陰之丁、陰之庚、陰之辛。其艮、巽列陽之位而屬陰，爲伏陰。乾坤列陰之位而屬陽，爲愁陽。

二分之氣，正候俱平[①]；不盡不蠚，雨露無聲；沖陽和陰，百物生成。二至之氣，駁雜交征，有勝有負，雷電寒冰；重陰亢陽，百物凋零。供通作共。

二分屬陰，得沖和之氣；二至屬陽，爲重亢之時。雨言春氣，露言秋氣。陰陽以回薄而成雷，以申泄而爲電。雷出天氣，電出地氣。

八干山水，表裏相迎；四正坐向，經緯相登。釋中之法，昭然其明。

山水，見於外者。坐向，秘於内者。《釋中篇》曰："始氣胚腪而未成兆，中氣著象而有常躔。"又云："惟壬與丙，陰始終而陽始窮；惟子與午，陽始肇而陰始生。"是山水止取八干、四維，而坐向則兼取四正。蓋子午爲經，卯酉爲緯，然犯中子之殺，不可不辨也。

故曰：駁雜交宮，乃喪家之荒冢；真純入路，惟昌族之先塋。

曰宮曰路，合龍與水言。

---

① "俱"字原作"供"，不辭，據明刻本改。

毫釐取穴第九十三

欲認三形，先觀四勢。認勢惟難，觀形則易。勢如城郭垣牆，形似樓臺門第。斷而復續，乃閃脈以抛蹤；去而復留，欲徘徊而殑殢。一作顧戀。形全勢就，如卒伍之趨從權勳；虎踞龍蟠，如枝梢之榮衛花蒂。前遮後擁以完全，重關集固而相契。單勢單形，息道所倚；逆勢逆形，漏道之迸。①

勢立於形之先，形成於勢之後。第恐不得其勢，形亦不可得，勢得而形無不得者也。然形之成必俟其變化，如斷續抛閃，皆形之欲成而伸其變化之所。去而復留，是形已成而完其無不備之形。然形成於內，非有勢先逆乎外形，斷斷不可得。故入山先尋水口，爲第一吃緊要訣。昔賢謂關內不知多少地者，夫亦漏道之得，乃逆耳。

舊蕭注謬，不録。

又況有勢然後有形，有形然後有穴。勢背而形不住，形行而穴不結。

背者，形住於後。行者，穴結於前。

立穴之法，毫釐取親。

以下陳毫釐之辨。毫釐，穴法之微妙，稍有差錯，便非其穴矣。

如蛇之項，

舊注曰："穴於怒項則氣盛。"

扦蛇頭者傷腦，頭乃蛇之高頂，項則氣之湧起而當曲會之地。

如龜之肩，

舊注曰："穴於聳肩則有力。"

卜氏曰："扦龜肩者恐傷於殻，肩居殻前，肩坳而殻隆也。"

---

① 明刻本接正文之後有蕭注曰："蕭曰：'管氏之意，謂重重夾輔，方圓固是奇特。又恐住腳稍遠，單勢獨形，不必龍虎之拘，但得水朝是矣。至於形勢之逆者，世所罕有。或是反背，或是轉腕，或是分派，或是肘後，開鉗若真勢真形，逆山逆水者，漏道自然悠悠不必他法論也。'"

如舞鶴翔鸞之翅，

舊注曰："兩翅垂拱則翅上有穴。"翅上一穴，當看鶴鸞之喙所顧處。

如狂蝦巨蟹之鉗。

舊注曰："蝦蟹一身之剛在鉗。"

蝦鉗一穴，惟平地蘆鞭龍似之。古訣曰："扞蟹殼者傷黃，殼飽而鉗能容受。"

如臥牛之垂乳，

舊注曰："牛臥有穴在乳。"

凡牛之臥，其首與足皆環護其腹。腹飽不可穴。腹之見於垂者曰乳，必細膩秀嫩
乃可穴也。

如馴象之捲唇。

舊注曰："象捲鼻，氣積污中。"

馴象言其止，捲唇言其衛。

如魚之腮鬣，

腮至圓。魚龍頷旁曰鬣。

如駝之肉鞍，

肉鞍，氣所鍾處，以前後爲左右也。

如弩之機括，

機括，至中至正之所。弩，其障也，括處微微有窩。

如彈之金丸。

金丸，平中之一突。彈，其後托而抱者也。

如波之漩，

波之漩必有渦窟穴也。

如木之痕，

木傷久而成痕。痕處有容，非若節之隆也。

如釵之股，

言其鉗之直。

如帛之紋。

言其穴影之微，即盞酥之類。

如覆手之虎口，

垂坡窩穴。

如仰手之掌心，

楊公謂平洋穴在水分、水聚之中，即金盆、荷葉一類。

如將軍端坐之腹，

穴在臍。

如仙人仰臥之陰。

穴在胯內。

如停珠之腮頜，如捲水之尾節，如奔水之肩坳，如爪脚之拿雲。

四者皆在龍之身。腮頜、肩坳在坦窩，尾節、爪脚在鞠抱。

如旗纛之吉字，如虹月之暈輪。

吉字在旗之至中，虹月皆如弓抱，暈輪謂陽氣之結若隱若見者也。

曾公曰："紅旗是轉皮名字，紫微起半月星辰。"即此二義。

欲高而不欲危，欲傍而不欲側；欲謾而不欲絶，欲藏而不欲蔽；欲低而不欲沈，欲特而不欲孤；欲衆而不欲群，欲顯而不欲露；欲淺而不欲浮，欲深而不欲傷；欲壯而不欲牂，欲坳而不欲斷；欲肩而不欲背，欲鼻而不欲唇。

高者必危，其四山從佐皆高即得安。傍者氣每偏注，側則不可容受。謾者其氣悠揚，絶則氣趨不到。藏者局展，蔽者局塞。低者藏，沈者脱。特必求輔，衆必要尊。顯則明快而藏，露則爪牙不蔽。藏於涸燥者宜淺，過淺則似乎浮矣。藏於坦夷者宜深，過深則近乎傷矣。壯者其氣厚，牂者其氣頑。坳者伏而後起，斷者不可復續。肩有凹可安，肯無下手處。鼻有雙崦，唇不兜收也。

曰蟠結者，不論其不住；曰夾輔者，不論其過去；曰水城者，不論其凋零①;曰出洋者,不論其脱露。

龍欲其住,不欲其去。若蟠結者,其所去之尾皆掉轉回環,故不論其後龍之不住也。《五氣祥渗篇》:"曰夾輔龍者,左右深邃,枝繁節衍,扈從環衛,衆木之敷榮而依依。"左右夾輔既深,穴結於内,其左右去者隻隻皆回頭,以攔截内堂之水,故不論其餘者之過去也。凋零者,囚謝之謂。水既環抱如城,外氣無有不聚,囚謝非所論矣。出洋者,平中忽起岡阜,如出林之獸、過海之船,非氣之旺盛者不能。蓋其離障脱卸既遥,本身自生環衛,不得謂其脱然孤露而棄之。

故曰:住不住,看入路;去不去,看四顧;著不著,在轉脚;遇不遇,在踅步。

此承上四者而言。龍欲其住,不欲其不住。若龍蟠者,唯看其落頭之有無。其去者雖重,皆爲我身之衛,故惟看其入路也。其夾輔者,只要四顧有情,餘氣去者雖長,適爲内堂之衛,故不論其去與不去也。至於水城之所,一片平洋,或在岡阜,或在田原,穴面既經墾鑿,上下左右難以定其毫釐,故穴之著與不著,只看其脚之轉處,便爲真氣所注之所。一舉足曰踅,兩舉足曰步。遇不遇一義,雖承出洋龍説,其實統四者而言之。謂取穴既在毫釐,則穴之遇與不遇,只在一步兩步之内,而形之必不可易處亦甚微矣。

闔闢循環第九十四

或曰:夫人者,托天而生,依地而長。應五星之景躔,隨五運之變動。以清以濁,以盛以衰,以智以愚,以怯以勇。還元五土,配祀五神。五墟既止②,五福以臻。其理昭著,其説紛紜。奇形怪穴,佳山秀水。亘古及今,不聞有匱。吉凶悔吝,無時而已。③

① "其"字底本脱,據明刻本補。

② "止"字原作"正",不辭,形訛,據明刻本改。

③ 明刻本接正文有王佋注:"王曰:'管氏設此問,恐後人不明此道理。乃謂擇葬,從古而至今不可勝數,無窮無極。江山既不可變動,形勢又不能生化,而隱見隨時,但或吉或凶。何獨山水之端不齊,抑亦人事之不齊也。'"

闔闢,變化之謂,循環往來而不窮也。

曰:岡骨既成,源泉混混;土復洲移,天旋地轉。數運窮通,星物移換。洪水崩坤_{音丹,水衝崖壞。},田塘開墾。蟄蟻穿蝕,木根聚散。風雷震動,岸圮脈斷。人事從違,隨時隱見。司災司福,罰惡賞善。巧目明眸,躊躇顧盼。或奇毛異骨之蔭庇孱頑,或豐檜茂松之枝條芟剪。日滋月益,山水變化之不常;否極泰來,人事無時而有盡。

乾坤闔闢之後,天動而地靜,數運無有窮時,唯水遷徙不常。或高岸為谷,或深谷為陵,其闔闢在地;或農人蓄水為田,或居民鑿池注水,或築堤防河,或車輪畚鍤之轉運,其闔闢在人;至於蛟蛇冬蟄,狐貉穴居,蟻聚而土空,木穿而岸壞,其闔闢在物;若風能飛沙聚山,雷能驅電劈石,龍興而山為之崩,蛟徙而岡為之斷,其闔闢在天。則人事之從違,或求之得,或求之不得,冥冥之中,又有司其災禍者焉。至若巧目明眸,山川無可遁之跡,而不免於遺漏。至今者是奇毛異骨,或隱形孱弱,或寓跡羸頑,或故墓之傍而為松檜所偃息,未常不經人跡往來。而人之所遇,容有不能盡合於天者,則又存其用於既用之後。況日滋月益,山水復有其生生,人事之往來,安有盡乎?

釋水勢第九十五

先觀山形,後觀水勢。山有行止,水分向背。乘其所來,從其所會。斂其方中,巡其圜外。

山來則水隨,山聚則水止。水之向者,穴在其中;水之背者,氣所不附。或乘其所來,為張潮之水;或從其所會,為積畜之淵。斂其方中,形無他去之意;巡其圜外,勢無走竄之情。

險隘之鍾,夾室所繫;易野之鍾,輔門所迤。_{音列,與遮同。}或內直而外輔,或左彎而右掣。_{掣,曳也。}[1]

險隘,重在近關;易野,重在外關。蓋山谷不難於關,而平原則外水易散。元辰內

---

① "彎"字原作"灣",不辭,據明刻本作改。

直，不妨只要外山兜轉，此論險隰也。左水環繞右水曳者，亦有之，此論易野也。

朝似生蛇出穴，蜿蜒而環繞；抱如玉帶圍腰，悠揚而停憩。

水之妙無過此二者。

交鎖翻盆，有興有廢；合宗分派，有祥有沴。

二水相會曰交鎖，當面水傾卸曰翻盆。交鎖主興，翻盆主廢。《尋龍經》序云："源頭分派，黃泉之脈歸宗。"言合也。"水口開岐，蒼造之源別譜。"言分也。合則氣全，故主祥；分則氣散，故主沴。

無傾側潺湲，無雲奔砍射。

傾側者邊有邊無，潺湲者有聲不斷。雲奔，喻流之迅。砍射，直削而猛急也。

又況來不欲衝，行不欲脫。去而復留，潴而復泄。如擺練鋪簾，如缺環半月。

面無攔則受衝，腳無關則便脫。復留者，其去者之玄；復泄者，其留者頓息。擺練則悠揚不迫，鋪簾則闊蕩洋洋。如環如月，皆取象於圍繞，以見其一面之有情也。

橫、平、寬、整，欲江澗而無聲；抖、直、瀏、奔，忌田濠之短折。

橫則繞，平則靜，寬則其勢不猛，整則不偏江澗，言其有源，五者統言其吉。抖則傾，直則不曲。瀏，水溜不容也。奔，疾走也。田濠皆乾流易涸，五者統言其凶。

擲面衝心，須經隔涉；內蕩無城，明堂被裂。被疑作破。[①]

凡當面衝來之水，須大水攔截於外，而始不與穴地相衝。蓋擲衝之勢，至於隔涉則已散矣。凡內堂流出之水，須有案砂攔截於內，而穴內之元氣始完；否則明堂直傾，便爲不蓄之穴。

忌其溜筧長槽，忌其偏槍幹割。忌其搖旌反弓，忌其崩唇夾脇。忌其二氣相交，忌其雙宮逾越。

以竹通水曰筧，槽深而筧細。偏槍，水下削也。幹，轉旋也。水旋而太逼則割。遙旌，不正之貌。反弓，背也。崩唇者，下無兜收。夾脇者，左右不展。二氣交者，陰陽之混雜。雙宮越者，偏正之侵凌也。

---

① "被"，明刻本作"破"，義長。

地濁天清，相朝替没。

朝言來，没言去。

故曰：乾流源竭者，殤殘之冢；襟江帶湖者，將相之穴。

龍長者水會於江湖，龍短者水會於溪澗。若乾流源竭者，非深山即枝節。由其力量不綿遠，不能與大冰相值①，故其應亦易歇。若江湖之水，非千里百里之勢不能匯聚，以千百里之勢爲襟帶者，其氣概自可見矣。然亦有穴結於此而水瀦於彼者，穴上雖不見水，暗拱之勢爲力更大，不可謂非將相之穴也。

李淳風曰："②前篇云：'水未經於方鎮，止高金粟之區；山必界於江湖，斯結王侯之壘。'謂乾流之穴雖好，亦不能久長也。"

陰陽交感第九十六

天無私覆，地無私載。日月無私照，聖人無私畀③。

天地覆載，日月照臨。人處乎陰陽交感之內而不知也。《易》曰："天地感而萬物化生，聖人感人心而天下和平。"即是無私處。

故萬物之生，以乘天地之氣。善而有祥，嗔而有沴。紛紛郁郁爲禎祥，鬱鬱葱葱爲佳瑞。以濛以瀧，爲霾爲曀。音醫，去聲。

紛紛，亂也。郁郁，文盛貌。鬱鬱葱葱，言氣之條暢而住，皆陰陽之和。天氣下降，地氣不上應，則爲濛。瀧，沾漬也。風而雨土曰霾，陰而風曰曀，皆陰陽之戾。

祥氣感於天爲慶雲、爲甘露④，降於地爲醴泉、爲金玉，騰於山岡成奇形、成怪穴，感於人民鍾英雄、鍾豪傑。

慶雲現，賢者得用於世。甘露，王者之瑞應。《鶡冠子》曰："聖人之德，上及太清，下及太寧，中及萬靈，則醴泉出。"《瑞應圖》曰："王者純和，飲食不供。獻則醴泉出，飲則令人壽。"《東觀漢記》曰："光武中元元年，醴泉出京師，飲之者痼疾皆愈。"許慎曰：

---

① 疑"冰"爲"水"字。
② "前篇"前明刻本有"管氏"二字。
③ 明刻本注曰"與也"。
④ "感"字下明刻本有"升"字。

管氏地理指蒙：外十五種

"五金，黄爲之長，生於土，故字左右注象金在土中之義。"金屑生益州，有山金、沙金二種。黄金氣赤，夜有火光。及白鼠山有薤，下有金。銀屑生永昌，銀之所出處亦與金同，俱是生土中也。閩、浙、荆、湖、饒、信、廣、滇、貴州、交趾諸處，山中皆產銀，上有鉛，下有銀；山有葱，下有銀。銀之氣入夜正白，流散在地，其精爲白雄雞。

金生麗水，又蔡州瓜子金、雲南顆塊金，在山石間采之。黔南遂府、吉州，水中並產麩金。五嶺山、富州、賓州、澄州、涪縣、江漢，河皆產金，居人養鵝鴨，取屎以淘金，其金夜明。按《太平御覽》云："交州出白玉，夫餘出赤玉，扶婁出青玉，大秦出蔡玉，西蜀出黑玉，藍田出美玉。"《淮南子》云："鍾山之玉，炊以爐炭，三日三夜而色不變，得天地之精也。"《禮記》曰："石蘊玉則氣如白虹，精神見於山川也。"《博物志》云："山有穀者生玉。"又云："水圓折者生珠，方折者生玉。""二月山中草木生光下垂者有玉，玉之精如美女。"于闐有白玉河、綠玉河，每歲五、六月，大水暴漲，則玉隨流而至。七八月水過，乃可取，彼人謂之撈玉。觀此，則玉有山產、水產二種。中國之玉則在山，于闐之玉則在河也。

沴氣升於天爲晦冥，爲昏塞；入於地爲崩洪，爲圮缺；流於山岡爲枉住，爲詭結；感於人民爲庸愚，爲背悖。

晦冥、昏塞，白晝如夜，日蝕、雨土皆是也。崩洪，朋山共水之義，大龍屈伏之所。圮缺，破碎而不成毛骨。枉住，住而非住；詭結，結而非結，皆沴氣之爲。感於人民，則爲愚爲悖矣。

人感二氣而成形，取二氣而凝結。死則血肉潰敗而陷—作留。其骨，故葬者納真氣於本骸，感禎祥於遺體，安其本而蔭其末。富貴貧賤，蠢陋愚哲，清濁壽夭，隨氣所摯。

郭氏謂"凝結者成骨"，此云"取二氣而凝結"，是骨者陰陽交感之氣所成而不化。血肉則陰爲野土，一體於青山。

陳希夷曰："人之生稟二五之精以爲性，而乾之爲陽、爲神；稟二五之氣以爲形，而坤之爲陰、爲骨。"胞胎孕養，生氣凝結，神從所感而生。及其元氣盡，陽竭，神無所生而死，死則氣脫而骨留，精去而神在。葬山乘氣，使二五之氣溫其骨而藏其神，此感應之機也。

是以聖人智通神明，功奪造化。仰觀天象，俯察地形。可以

230

藏往知來，開物成務。致日月之重輝，使陰陽之倡和。啟福德之門，闡教化之路。

此承聖人無私畀句。推而行之謂之通。聖人智通神明，以造化之理達之民用。神以知來，智以藏往。開相度之門，以成天下之業。要其故，非合日月陰陽，無以得致感之神。雖曰啟福德之門，實所以爲仁人孝子之奉其親也。

故曰：指心義，開心悟。耀一時，垂千古。

義在仰觀俯察，上合昭昭，下合冥冥。上見悟，則透其理於一心。時者，山川之方位與時令同。耀一時，便可以垂千古而勿替矣。

五氣祥沴第九十七

《易》曰：“天垂象，見吉凶。聖人象之。”物有象而後有數，象者數之源；象有數而後有運，運者氣之流。

象如河中龍馬、洛水神龜，數如河圖、洛書。有龍馬神龜而後有圖書，此象者數之源也。有圖書而後知甲爲一、己爲六，乙爲二、庚爲七，丙爲三、辛爲八，丁爲四、壬爲九，戊爲五、癸爲十，此數者運之流也。象爲山川之形，數爲山川之理。數無定在，有數而即有運。運者，歲月之流行也。

陰陽者，清濁之象，五氣之體；奇偶者，剛柔之用，二儀之宗。

“立天之道曰陰與陽，立地之道曰柔與剛。”陰陽者先天之卦位，加以洛書疇數之宮，奇屬陽而偶屬陰也。如乾、坤、坎、離居先天之四正，得戴九履一、左三右七之數，故甲乙、壬癸、申辰、寅午皆陽也；震、巽、艮、兌居先天之四隅，得二四爲肩、六八爲足之數，故庚辛、丙丁、亥未、巳丑皆陰也。此清濁之象，實爲五氣之體。然陰陽不能自爲用，偶爲陰數，奇爲陽數。剛者言天之用，柔者言地之用。甲奇而庚偶，壬奇而丙偶，乙奇而辛偶，癸奇而丁偶，乾奇而巽偶，坤奇而艮偶。十二支之陰陽皆隨納甲所屬，此剛柔之用即二儀之宗也。

又況物之與象，猶元首之於腹心；數之與運，猶股肱之於手足。循環迭運，不可得而偏廢也。

象爲元首，數爲腹心，運爲股肱之於手足。得象而不得數，得數而不得運，均謂之一偏。得數與運而不得象者,不得謂之數,亦不得謂之運也。

在《易》"卦一以象三,揲之以象四"者,水火金木也,中央之土寄胎於申,則五行具矣。

三者,三才也。象者,地之四象也。水火金木見於四方,奠位於中央,而四時即寓於方位之内。

曰夾輔龍者[①],左右深邃,枝繁節衍,扈從環衛,象木之敷榮而依依[②];

數運由象而生,所重者象,故於象著爲五形。

曰生龍者,秀峰層集,經歷升降,分枝布葉,象火之熒煌而輝輝;

火星要落得遠,故言經歷升降。

曰睡龍者,悠揚坦蕩,夷演雍容,氣脈隱伏,象土之寬厚而遲遲;

睡龍氣伏於下,潛行地中。土星三年移一宮,故遲。

曰出洋龍者,脱穎特達,出衆超群,端崇雄偉,象金之剛毅而巍巍;

平地中忽起爲山曰出洋,非蔓延尖鋭、隱伏曲折之比,故取象於金。

曰回龍者,朝宗顧祖,曲折盤旋,首尾相應,象水之悠洋而折折。

回龍非蟠折不能顧,故取象於水。已上言五氣之祥。

曰此五正之流形,大塊積聚,亦傍理而推。

木正勾芒,少皞氏之子;火正祝融,顓頊氏之子;金正蓐收,金官之臣;水正玄冥,水官之臣;土正后土,亦顓頊氏之子。名黎五正,實治五方。曰流形者,形各成其質也。

---

① "龍"字底本脱,據明刻本及前注補。
② "木"字原作"本",按前注引作"衆木之敷榮",於義爲安,據明刻本改。

曰雜冗者，節目無緒，隨吹欹斜，枝幹凋落[①]，散亂交加，反肘背面，擘脈開丫，裊腰突額，屈折槎牙，縱橫倒側，鐵屑浮砂，象木沴而疵瑕。

腰貴細而正，裊則其氣偏邪。額貴圓而净，突則其氣凶暴。鐵屑浮砂，言皮毛之皴惡也。

曰淺漏者，枯焦砂磧，石刃流痕，蜂房僑雜，倒棟懸簷，漏囊脱橐，瘦骨藤蟠，尊卑失序，齊首並眉[②]，驀然間斷，雜沓馳奔，象火沴而煙炎。一作浮。

火有燎原之勢，若淺漏者，一如其似明不滅之象。石刃，言石之尖皆射上。流痕，石上之痕如流水。

曰醜拙者，橫腰直脛，突兀攣拳，高而不方，低而不圓，覆箕瓢杓，拖斬流船，伏屍斃豕，壞廩頹垣，巉尖插地，墮卵遺便，一作鞭。象土沴而罹冤。

純是一片滯氣。橫腰最軟，直脛最硬。突兀者不安，攣拳者不暢。高而方者正，低而圓者活。覆箕，傾削不兜；瓢杓，孤單寒薄。拖斬則不斷牽連，流船則欹斜不正。伏屍、斃豕，死亡之象；壞廩、頹垣，破碎之形。巉尖插地，崩破而猶有其存；墮卵遺便，龍盡而尚留其跡。

曰刑傷者，東西錯列，左右交差，鑱楞芒刃，挺直橫斜，開骹列指，鳥啄薑芽，羊蹄魚尾，驚燕騰蛇，蛙屍牛肋，走鼠驚蛇，象金沴而咨嗟。

東西爲交，邪行爲錯。凡尖者屬火，此以尖利者屬金，金主刑，而以尖爲受傷之具也。

曰淫泆者，探頭閃面，倚附懷私，鎖肩穿胯，一作交膝。直棒橫

---

① “枝”字原作“支”，徑改。
② “眉”，明刻本作“肩”，義長。

梭,贅瘻抱嶼①,新月蛾眉,伸肱臂胖,槎牙本作爪。② 亂衣,内外無别,大小相隨,象水涔而披離。

凡圓者屬金,此以探頭閃面、新月蛾眉等屬水圓以形者,此以意言也。形得其粗,意得其細。

鎮肩即交肩。穿胯如韓信出於胯下。山在水中曰嶼。臂上節曰肱。槎牙,斫木也。

然融結之形,破碎之勢,不逃於五視。③

夾輔龍、生龍、睡龍、出洋龍、回龍,皆融結之形;雜冗、淺漏、醜拙、刑傷、淫泆,皆破碎之勢。

布於天爲五星,分於地爲五方,行於四時爲五德,布於律呂爲五聲④,發於文章爲五色,總其精氣爲五行。人靈於萬物,稟秀氣而生。《易》曰:"天數五,地數五,天地之數五十有五。"故萬物皆感五氣而成。

木爲歲星,於地爲東方,於時爲春,於德爲仁,其音角,其色青;火爲熒惑,於地爲南,於時爲夏,於德爲禮,其音徵,其色赤;土爲鎮星,於地爲中央,於時爲四季,於德爲信,其音宫,其色黄;金爲太白,於地爲西方,於時爲秋,於德爲義,其音商,其色白;水爲辰星,於地爲北方,於時爲冬,於德爲智,其音羽,其色黑,皆五行之精氣爲之。天地生萬物,人亦萬物中一物,特靈於萬物者,以稟五行之秀氣爲然也。天數五者,一、三、五、七、九,皆奇也;地數五者,二、四、六、八、十,皆耦也。五奇之積,得二十有五;五耦之積,得三十。凡天地之數五十有五。河洛之數,五位中央,一感五而成六,水也;二感五而成七,火也;三感五而成八,木也;四感五而成九,金也;五感五而成十,土也。

---

① "贅",明刻本作"瘢"。
② 明刻本注"爪"曰"一作牙"。
③ 明刻本注曰:"金木水火土,形變而觀。"
④ "布",明刻本作"播"。

九龍三應第九十八

尋龍先分九勢，擇向必應三精[①]。龍不真則穴不結，向不等而氣難乘。

三精見後之所畏、所愛、所類。

回龍形勢蟠迎，朝宗顧祖，如舐尾之龍、回頭之虎[②]。

第一龍。

出洋龍形勢特達，發跡蜿蜒，如出林之獸、過海之船。

出洋氣力宏肆，所稟有餘，故能奔出平洋，奮然而起。若出林之獸，但見爲獸；過海之船，但見爲船。其爲獸、爲船各有其可穴之地，不得以孤獨而棄之。

降龍形勢聳秀，峭峻高危，如入朝大座、勒馬開旗；

從上而下曰降。《經》云："勢若降龍，水繞雲從，爵禄三公。"

生龍形勢拱輔，支節楞層，如蜈蚣槎爪、玉帶瓜藤；

蜈蚣牙爪獨多，玉帶、瓜藤則全無牙爪。

飛龍形勢翔集，奮迅悠揚，如鴈騰鷹舉，兩翼開張，鳳舞鸞翔，雙翅拱抱；

凡開踭展翅曰飛。

臥龍形勢蹲踞，安穩停蓄，如虎屯象駐、牛眠犀伏；

惟岡阜龍爲然。

舊注曰："蟠身踞脚。"

隱龍形勢磅礴，脈理淹延，如浮簰仙掌[③]、展誥鋪氍；

隱龍穴俱在水分、水聚之中。

舊注云："簰[④]，體長繫纜。仙掌，仰而盛露。"其仰而盛露之內，即是水分、水聚之

---

① "應"，明刻本作"運"。
② 明刻本作"如回頭之虎"。
③ "簰"字原作"篺"，不辭，據明刻本改。
④ "簰"字原作"篺"，據上文逕改。

中，謂之陽會水，非陰流也。

騰龍形勢高遠，峻嶒特寬，如仰天壺井、盛露金盤。

穴結於頂，無異平地，所謂天穴也。

舊注曰："聳秀絕頂停蓄。"

領群龍形勢依隨，稠衆環合，如走鹿驅羊、遊魚飛鴿。

一隊之中求其衆所趨附之所。

故曰龍分九勢，有真偽之殊；穴辨三停，有輕重之別。

九龍俱根形勢，恐學者落於偽也。蓋有勢則龍自真，有形則穴不假。穴之高下雖不齊，要不能外三停之法以求之。

曰猛虎出林，形卓槍案；龍馬飲泉，形鐵索案。曰鳳凰儀韶，形張羅案；飛鶴下田，形雙箭案。曰蒼龍滾浪，形神劍案；是取其形之所畏。

取其所畏者，以示其不動之義。

曰白象捲湖，形聚草案；靈龜朝斗，形七星案；生蛇上水，形蝦蟆案；鸂鶒曬翅，形遊魚案；曰列士入朝，形旌節案。是取其形之所愛。

取其所愛者，以示其意之所存。

曰仙人對弈，形賓主案；曰將軍出陣，形屯軍案；嚴師端坐，形列拜案；群龍聚會，形雄雌案；半月隱山，形照日案。是取其形之所類。

取其所類者，以示其相應之理。引而伸之，觸類而長之可也。

故曰應案端崇龍始住，夾室藏風；朝峰挺特穴方成，明堂養氣。

九龍所應者曰畏、曰愛、曰類，然畏不徒畏，愛不徒愛，類不徒類。夾室非應案則龍不住，而風無以藏；明堂非朝峰則穴不成，而氣無以養。蓋朝峰居應案之外，明堂居應案之內。所畏、所愛、所類雖不同，而其所以藏風、所以養氣則兼所用焉。

形穴參差第九十九

或曰：大地無形觀氣概，小地無勢看精神。

舊注曰：“險隘之地，勢以峰巒秀拔爲精神。”

夷易之地有形可觀，精神易得而氣概不易得。

穴於腹者，有腸而有胃；

腸，水穀二道，爲大小腸、心肺之府也。又腸，暢也，通暢胃氣也。

舊注曰：“葬深則傷腸胃。”

穴於首者，有鼻而有唇。

舊注曰：“鼻則停蓄，唇則不藏。”

若無形而無勢，則何別以何分？

已上或人之言，據其意，謂大地既無形，小地既無勢，從何處分別其是非。

曰岡壠之辨，毫釐取親。或寬而或緊，以粹而以純。

穴法之取，俱在毫釐取親。故特言岡壠且然，其夷易益可見矣。

舊注曰：“穴緊取慢，穴正取旁，穴偏取騎。”[1]

左崇而右實，右勝而左殷。

左崇其穴在右，右勝其穴在左。

舊注曰：“殷，大也。”

勢缺形孤，可向窊污而卜；東彎西抱，宜於節乳而尋。[2]

既無形勢可恃，非窊污絕無收藏之地，此穴於寬者也。東彎西抱，穴必居中。但中無正落，第見爲東彎西抱之形，當於共節乳處求之，必有其至中而不可易者。穴法非撞則實粘，須防失氣，此穴於緊者也。

穴釵股者，枒梢之不等[3]；

---

① 明刻本此句作“緊來謾取案，穴正取旁，穴偏取騎，穴乘取棄，穴氣取皆取陰陽不雜也”。

② 明刻本注曰：“彎抱者，其勢必取節乳之間，則氣聚。”

③ “枒”字原作“柳”，於義不合，據明刻本改。

舊注曰："枷梢短長不同①,與釵股異。"

　穴魚尾者,羊蹄之不禁。一作偷。

魚尾擺開,看後倚前親之勢。羊蹄,瘦小無陽。

舊注曰："如魚掉尾有力處可穴。"

　如翔鸞舞鶴者,形之結;如驚燕走鼠者,勢之芬。②

翔舞開翅而悠揚,驚走疾竄而不展。

　如禽閃彈者,勢必驚飛;如蟹伏螯者,形必顧身。

禽之閃彈,必斜撇而直迅;蟹之伏螯,必端拱以護身。

　如拜恩謝職者,形之拱;如拖蓑負斬者,勢之屯。

一爲端正俯伏,一爲突兀落頭。

舊注曰："一頭朝拱而面面謙恭,一頭向外而尾垂流。"

　如辮錢席帽者,形之聚;

舊注曰："身積聚而脚帶乘踞。"

　如蛾眉新月者,勢之淫。

舊注曰："頭淺露而勢不堂堂。"

　如靈龜覆釜者,形之積;

靈龜覆釜,其體圓净。不言勢者,勢大而形小。若以爲勢,不得謂之龜與釜矣。

舊注曰："龜體介而首尾分明,釜體負而踞脚不走。"負疑員字。

　如瓠瓜瓢杓者,勢之峻。

瓠瓜瓢杓之類,貌總壅滯,較之龜釜其相頗長。

舊注曰："杓高大而尾小,出孤寡之人。"③

　如方屏欄檻者,形之特;一作峙。簡聳高端方而氣清,屏方而高峙。

軒窗之下爲檻曰欄,以版曰檻。欄、檻較方屏似闊。

舊注曰："欄檻,一作端簡。簡聳高端方而氣清,屏方而高峙。"

---

①　"枷"字原作"柳",於義不合,據明刻本改。
②　明刻本注曰:"芬,亂也。"
③　明刻本注前有"瓜瓢體瓠曷"幾字,無"杓"字。

如與槻旛帶者，一作橫几。① 勢之淹；

有槻之體則有旛帶之用。

舊注曰："淹，沒也。欹斜則氣絕。②"

如鼓角樓臺者，形之聳；如煙包火焰者，勢之燐。

燐，死於兵者之鬼火也。又牛馬之血爲燐。

舊注曰："燐，螢也，赤色霞光，石頭尖利。"③

然則四勢之於氣槪，三形之於精神，一經一緯，相濟而相因；千態萬狀，一僞而一真。依稀仿佛，相類而相甡。甡，衆生並立貌。

或人謂："大地無形，有氣槪可觀；小地無勢，有精神可見。"至若無形無勢，便茫無著手區處，而不知勢者形之積，形者勢之生。無形則必有勢以具於外，而不見爲勢者，以水爲勢者也；無勢則必有形以積於中，而不見爲形者，以水爲形者也。故勢曰經，形曰緯。形非勢不生，勢非形不結。然千態萬狀，以言乎勢則爲僞、以言乎形則爲真者何也？蓋岡壠之辨在於毫釐，若徒恃其勢，不究其形，則八尺之地，安所從而得其故哉？故大地無形，非無形也，形在乎幾微之內。非若精神之發見乎外者，苟能於無勢無形之內而索之，則地理之能事思過半矣。

望氣尋龍第一百

謹按《周禮》眡祲氏掌十煇之法，煇，音運。

眡，視也。眡從氏者，氏，東方之四宿。眡祲氏所以占日，以日從東升，故從氏。祲者，陰陽氣相浸，漸以成災祥也。

鄭司農曰："煇，謂日光氣也。"

一曰祲，二曰象，三曰鑴④，四曰監，五曰闇，六曰瞢⑤，七曰彌，八曰敍，九曰隮，十曰想。察盛衰以辨清濁，觀妖祥以辨吉

---

① "槻"，明刻本作"襯"。

② "則氣絕"，明刻本作"而氣純"。

③ 明刻本此注曰："燐，音吝。螢火也。赤色霞光而頭尖利。"

④ 明刻本注曰："音攜。"

⑤ 明刻本注曰："亡鄧切。"

凶。彌作迷,隮作資。

鄭司農曰:"祲,陰陽氣相侵也。"象者,如赤烏也。鑴,謂日旁氣,四面反鄉如煇狀也。監,雲氣臨日也。闇,日月蝕也。瞢,日月瞢瞢無光也。彌者,白虹彌天也。敍者,雲有次序如山在日上也。隮者,升氣也。想者,煇光也。一謂鑴讀如童子佩鑴之鑴,謂日旁氣刺日也。監,冠珥也。彌,氣貫日也。隮,虹也。《鄘風》云:"朝隮於西。"想,雜氣有似乎形可想也。彌,虹氣貫日爲是彌弛弓也,虹似弓,故虹氣貫日曰彌。闇,暗也,又晦也。屈原《天問》曰"冥昭瞢闇",合是無光之象,謂日月蝕者非,蓋日月薄蝕。有保章氏掌天星,以志星辰日月之變動,以觀天下之遷,辨其吉凶,當不在十煇之例。瞢即眩字,從旬,旬始,妖氣狀如雄雞。

望氣之法,眩目縈心。上自天子,下及庶人。有權有變,有儀有倫。昏晨晦暝,霧靄氛氲。有慶有景,有妖有屯。平視桑榆,初出森森。若煙非煙,若雲非雲。名爲喜氣,太平之因。

儀,義也,倫理也。晦暝,霧暗不明也。平視,平明而視。桑榆,晚也。

如彗如星,如狗如龍。首尾穿窿,虹霓日旁。一爲亂君,二爲兵喪。聖人崛起,人主受終。

《春秋傳》曰:"分至啟閉,必書雲物。"鄭司農曰:"以二至二分之日觀之,日旁雲氣之象,青爲蟲,白爲喪,赤爲兵荒,黑爲水,黃爲豐。"

以日旁之氣占之,止可以占天,不能占地。

彗,掃竹也。晏子曰:"天之有彗,以除穢也。"文穎曰:"彗、孛、長三星,其占異同。"孛,光芒短,其光四出,蓬蓬勃勃;彗光芒長,參參如掃帚;長星,光芒有一直指,或竟天,或十丈、三丈、二丈。《大法》:"孛、彗多爲除舊布新、火災,長星多爲兵革。"又《緯書》曰:"彗形長丈。色青蒼,侯王破;赤,强國恣;白,兵大作。"星爲陽之精,日之所分也。

如彗如星等,非謂有其彗,亦非謂有其星,總謂其氣之有似耳。

天子之氣,内赤外黃。或恒或殺,發於四方。葱葱而起,鬱鬱而衝。如城門之廓霧下,如華蓋之起雲中。如青衣而無手,象龍馬之有容。名爲旺氣,此地興王。

恒,常久也。殺,衰小也。蔥蔥、鬱鬱,佳氣也。如城門、如華蓋、如青衣、龍馬,以表其成形之特異。

宰相之氣,赤光閃起^①。如新月而彎趨^②,如長虹而斜倚。或內白而外黃,或前青而後紫。或郁郁而光照穹廬,或紛紛而暈如兩珥。青如牛頭,黃如虎尾。

穹廬,在野之圓廬也。珥,瑱也,所以塞耳。穹廬言其氣之高罩於上,兩珥言其氣之映見於左右。青言牛,黃言虎,其色最正。

猛將之氣,如門户異^③。如光芒而應弓,如流星而燭地。初若雲煙,終如鼎沸。如竹木而本卑,如塵埃而頭利。內白而外赤,中青而下黑。墜如遥旌踏節而五色皆全,如彎弓長弩而爪牙俱備。踏節當作達節。

其氣之所成,有一段不可犯之意。

福喜之氣,上黃下白。如牛頭之觸人,如羊群之相迫。如人持斧以騰身,如將舉首而向敵。或如堤坂,或如木植。

其氣凝聚有力。堤阪,係橫亘者。木植,係森列者。

暴敗之氣,下連上擘。聚而復興,微而復赫。如捲石揚灰,如亂穰壞帛,如驚蛇飛鳥,如偃魚巨舶。

其氣零散不凝,魚偃仆者不能踴躍。舶,海中大船,形體橫臥,殊無振興之象。

故曰太陽出没,盛衰有別。見其中斷,見其橫截。黃富而青貧,赤衰而白絕。唯五色之氤氳,乃綿綿而後傑。尋龍至此,而能事已畢。愛銀海之明,欲靈犀之活。

太陽出没,其占或旦或暮,即前文之平視桑榆也。大抵山川之氣,非太陽照耀無以顯明。但日中則其氣潛伏,無可覘驗,故必俟其日之未升而陽氣始興,或候其日之

---

① "閃",明刻本作"四"。
② "新"字原作"星",從明刻本。
③ 明刻本作"門加户異"。

既没而陰氣始萌。蓋日未出地二刻半已明,既入地二刻半始昏。望氣尋龍,只在此五刻之內。故《周禮》眡祲氏十煇之法,不能外日旁之氣以別驗其妖祥,則望氣尋龍求之太陽出沒之時,亦即以日旁之氣占之意也。第恐心目之未清者,既無銀海之明,又乏靈犀之活,即旦暮而求之,終而益耳。

青烏先生葬經

漢青烏子授

大金丞相兀欽仄注

【題解】

《青烏先生葬經》一書,題漢青烏子授,金丞相兀欽仄注。《新唐書》、《舊唐書》皆著録《青烏子》三卷,至於宋代官私目録却未見蹤影,僅見題青烏子所撰之書,如《秘書省續編到四庫闕書目》載青烏子《宅骨記》一卷,《宋史·藝文志》載《青烏子歌訣》二卷,《通志》載《青烏子相地骨》一卷,四書皆已亡佚,其間之關係已不可考。

青烏子其人,宋本《廣韻》引《風俗通》云:"漢有青烏子,善數術。"兩漢以來,其術流傳於世,影響甚大。南朝梁劉孝標注《世説新語》引青烏子《相冢書》曰:"葬之龍角,暴富貴,後當滅門。"唐李善注《文選·謝靈運廬陵王墓下詩》引云:"青烏子《相冢書》曰:'天子葬高山,諸侯葬連崗。'"《藝文類聚》引《相冢書》曰:"青烏子稱,山望之如却(缺)月形或如覆舟,葬之出富貴。山望之如雞栖,葬之滅門。山有重疊,望之如鼓吹樓,葬之連州二千石。"《太平御覽》云:"青烏子稱,山三重相連名傘山,葬之出二千石。"青烏子相術之理路,零星見載於史籍中,却不見於今本《青烏先生葬經》。又宋代官修地理書《地理新書》載唐孫季邕曾奏請停廢了以"葬經"命名的十餘種堪輿僞書,其中有《青烏子葬經》一書。《北堂書鈔》卷百四十六引《青烏子葬書》云:"初掘冢之日,常以飲鮓上土公四旁。"《太平御覽》引《青烏子葬書》曰:"作墓發土,夕夢見罩傘入市者富貴。"是處所引《青烏子葬書》蓋爲孫季邕所奏請停廢之書,亦與現存《青烏先生葬經》之理路相左。余嘉錫先生對《青烏先生葬經》一書考辨甚詳,其言"蓋古之《青烏子相墓書》已亡,是書乃唐以後人所僞作,而托之青烏子耳。至其注題大金丞相兀欽仄,考之《金史》,並無此丞相,殆又後來術士所依託"。縱覽《青烏先生葬經》一書之内容,多與《葬書》相似,然語詞粗糙。《四庫全書總目》亦言:"郭璞《葬經》引'《經》曰'者若干條,皆見於此本,然字句頗有異同。蓋作僞者獵取璞書以自證,而又稍易其文,以泯剽襲之跡耳,未可據爲符驗也。"據此知今本《青烏先生葬經》乃後人託青烏子之名而作。

　　是書有《津逮秘書》本、《學津討原》本、《夷門廣牘》本、《古今圖書集成》本，然《津逮秘書》本疏誤較多，且有錯簡。又《説郛》（宛委山堂本）載有《相地骨經》一卷，與此全同，亦署漢青烏先生授，《説郛》附注：“近世相冢家必稱郭氏，大氐多宗青烏子，青烏子有《相地骨》一卷，恐即是編耳。但其語不類漢人，豈托於青烏子爲之？”

　　今以《夷門廣牘》本爲底本，參以《津逮秘書》本（簡稱津逮本）、《古今圖書集成本》（簡稱古今本）及《説郛》本點校如下。

先生漢時人,精地理陰陽之術,而史失其名。晉郭氏《葬書》引"《經》曰"爲證者,即此是也。先生之言簡而嚴,約而當,誠後世陰陽之祖書也。郭氏引《經》不全在此書,其文字面不全,豈經年代久遠脱落遺佚與,亦未可得而知也。

盤古渾淪,氣萌大樸。分陰分陽,爲清爲濁。生老病死,誰實主之?

氣結崑崙,形像質樸。既分南北,則南龍陽而清,北龍陰而濁。有始必有終,有行必有止,始而復終,止而又行,實崑崙主之也。

無其始也,無其議焉。不能無也,吉凶形焉。曷如其無?何惡於有①?藏於杳冥,實關休咎。以言論之,似若非是。其於末也,若無外此。其若可忽,何假於予?辭之龐矣,理無越斯。

若言氣不於所主之山而來,則此穴或成或否,亦不可得而議也。氣必有所來而不能無此穴②,吉凶之所形亦彼之貫也。方言其有,曷如入穴之止,求其有中之無也。有無藏在杳冥,微茫不可見③,實關得穴與不得穴之休咎。若可以明言論人,則又恐泄前定之機,而似若非是,於其終也,考驗愚俗,不可與言,一無外此。若可以言,忽其世人,則天之以此知惠我者,必將以覺後人,既不覺後人,何假於予哉?欲再言其所以重,言此術之不可輕泄也。

山川融結,峙流不絶。雙眸若無爲,烏乎其別。

山峙有天心④,至於山川流自交合,至於水口皆融成穴。雙眸附近之眉毛眼睫爲上面之印證,所以别其真穴也。

福厚之地,雍容不迫。四合周顧,辨其主客。

明堂寬大,氣勢不局促。四山皆合,如賓主揖遜,尊卑定序也。

---

① "惡"字,津逮本作"藏"。

② "必"字原作"心",不辭,據古今本改。

③ "茫"前"入穴之止,求其有中之無也。有無藏在杳冥,微"十八字底本脱抄,兹據津逮本、古今本校補。

④ "峙"字原作"時",不辭,據古今本、津逮本。

山欲其凝，水欲其澄。山來水回，逼貴豐財；山止水流，虜王囚侯。

舊注：山本乎静，欲其動；水本乎動，欲其静。逼貴者，貴來速也。豐財者，財積之厚也，此山來水回之效也。勢位之隆，無如王者，而爲之所虜；爵位之高，無如公侯，而爲之所囚，此山止水流之應也。

山頓水曲，子孫千億；山走水直，從人寄食。水過東西，財寶無窮。三横四直，官職彌崇。九曲委蛇，準擬沙堤。重重交鎖，極品官資。

舊注：從人寄食，言爲人之傭奴也。沙堤者，言宰相出必築沙爲堤，冀無崎嶇以礙車輪也。後人因之，以沙堤爲宰相故事耳。

氣乘風散，脈遇水止。藏隱蜿蜒①，富貴之地。

知其所散，故官不出；就其所止，裁穴有定。回山藏隱，如蜿蜒然②，乃富貴之地。璞引《經》云"界水則止"，其一也。

不畜之穴，是謂腐骨；不及之穴，主人絶滅；騰漏之穴，翻棺敗槨；背囚之穴，寒泉滴瀝。其爲可畏，可不慎乎！

舊注：不畜者，言山之無包藏也。不及者，言山之無朝對也。騰漏者，言其空缺。背囚③，言其幽陰。此等之穴，俱不可葬也。

百年幻化，離形歸真。精神入門，骨骸反根。吉氣感應，鬼神及人。

人死，形脱離而化乎土，真氣歸本。精神聚於墳墓中，受生氣蔭枯骨則吉。人祥之氣與穴氣相感應，積禎祥以及子孫也。郭氏引《經》曰"鬼神及人"，宗其類耳。

東山起焰，西山起雲。穴吉而温，富貴綿延。其或反是，子孫孤貧。

---

① "蜿"字原本作"蛇"，不辭，據古今本改。
② "蜿"字原本作"蛇"，不辭，據古今本改。
③ 疑是處缺一"者"字。

陰陽配合，水火交構，二氣鬱蒸而成穴，故吉而温，子孫富貴長久也。不能如是，不可謂穴。

　　童斷與石，過獨偪側。能生新凶，能消已福。

舊注：不生草木曰童，崩陷坑塹曰斷。童山無衣，斷山無氣，石則土不滋，過則勢不住，獨山則無雌雄，逼山則無明堂，側山則斜攲而不正①。犯此七者，能生新凶，能消已受之福。郭氏引《經》證而特言五者，亦是節文之義也。逼側，在五不葬之中②。

　　貴氣相資，本源不脱。前後區衛，有主有客。

舊注：本源不脱者，以氣相連相接也。有主有客，以區穴之前後有衛護也。

　　水流不行，外狹内闊。大地平洋，杳茫莫測。沼沚池湖，真龍憩息。情當内求，慎勿外覓。形勢彎趨③，生享用福。

舊注：凡平洋大地無左右龍虎者，但遇池湖便可遷穴。情當内求者，以池湖爲明堂，則水行不流而生享福也。

　　勢止形昂，前澗後岡，位至侯王。形止勢縮，前案回曲，金穀碧玉。

勢止形昂，是龍來結穴，三五融結，將來所以爲大也，前澗後岡則止也。又曰："形昂言氣之盛也。"形止勢縮，是龍不來正結，特因形止而就便包裹結倒，所以爲次焉。又曰："言氣象之局促也。"前案回曲，賓主淺深，不過金穀之富而已。

　　山隨水著，迢迢來路。挹而注之，穴須回顧。

山因水激而成穴④，是來路之長回頭，顧朝水而作穴也。

　　天光下臨，百川同歸。真龍所泊，孰辨玄微。

天心平正，真龍真穴⑤，萬水同歸，一源交合，此其所以有玄微。

---

①　"斜攲"，津逮本作"攲斜"。"正"字後津逮本有"也"字。
②　"五"字底本原無，據古今本、津逮本校補。
③　"趨"字，《説郛》本作"曲"，義長。
④　"山"字原作"水"，不辭，據古今本、津逮本改。
⑤　"穴"字原作"人"，不辭，據古今本、津逮本改。

蝦蟆老蚌①,市井人煙②。隱隱隆隆,孰探其源?

堆堆塊塊③,如蝦蟆老蚌,而市井平原之氣脈,似有而無,顯而隱,隱而顯,此其爲本源也。

若乃斷而復續,去而復留。奇形異相,千金難求。折藕貫絲,真機莫落。臨穴坦然,形難捫度。障空補缺,天造地設。留與至人,前賢難説。

舊注:謂富地利害輕重,人得而識之。貴地所係大造化,不令人識。惟衆人所不喜則爲大貴之地,使人俱識之,則家家稷契,人人夔皋,無是理也。奇形異狀,所以千金難求。留與至人,先賢所難説也。斷續去留,折藕貫絲,是探本源④;奇形異相,真機難摸,且看玄微要口⑤。障空補缺,是真穴到處,或有空缺。又外生一峰以障蔽之,乃天地安排,至人先賢所以難説也。

草木鬱茂,吉氣相隨。内外表裏,或然或爲。

生氣充備,亦一驗也。或本來空缺通風,今有草木鬱茂,遮不足⑥,不覺空缺,故生氣自然。草木充塞,又自人爲。

三岡全氣,八方會勢。前遮後擁,諸祥畢至。

舊注:氣全則龍勢不脱,勢會則山水有情。前遮則有客情,後擁則有主情,所以諸福畢至也。

地貴平夷,土貴有支。穴取安止,水取迢遞。

舊注:安止則穴無險巇⑦,迢遞則水有源流。

向定陰陽,切莫乖戾。差之毫釐,謬以千里。

舊注:陰陽多以左右取穴,左則爲陽穴,右則爲陰穴。

---

① "蝦蟆"原作"蟆蝦",據古今本乙正。
② "煙"原作"湮",不辭,據古今本、津逮本改。
③ "堆堆塊塊",津逮本作"雌雄埋葬"。
④ "探"字原在"本源"二字後,據古今本乙正。
⑤ "口"字原作"卞",不辭,今從津逮本。
⑥ "遮"字後古今本、津逮本有"其"。
⑦ "巇"原作"爐",不辭,據古今本改。

擇術之善，建都立縣。一或非宜，立主貧賤。

舊注：葬得其地利則吉，失其地利則貧賤隨之。

公侯之地，龍馬騰起。面對玉圭，小而首銳。更過本方，不學而至。

本方或正面或左右而勻停，或本皆有用之方。又曰："如馬山要在南方。"

宰相之地，繡襮伊邇。大水洋朝，無極之貴。空闊平夷，生氣秀麗。

繡襮言前山員峰端正，又有大江洋朝，則貴無極也。①

外臺之地，捍門高峙。屯軍排迎，周回數里②。筆大橫椽，足判生死。

舊注：捍門旗山，取其聳拔；屯軍踏節③，排衙迎送，貴其周遮。右畔有橫山，列在低處，則爲判生死筆，須是穴正昂然獨尊，不然則爲暗刀山也，故曰難擬。

官貴之地④，文章插耳。魚袋雙連，庚金之位。南火東木，北水鄙技。

兩員峰相連，一大一小謂之魚袋。庚金取其員活出貴也。若尖尾象火，主醫巫；長瘦象木，輕薄；象水，出淫蕩雜技也。

地有佳氣，隨土所生；山有吉氣，因方而止。

氣之聚者，以土沃而佳；山之美者，以氣止而吉。自王公而官貴，雖以前山取象，必有氣之佳吉，如此方可指山而言也。

文士之地⑤，筆尖而細。諸水不隨，虛馳名譽。

此筆不及外臺判生死之筆也，侍衛不隨人爵，位之卑也。故氣之佳吉不如前，虛馳名譽而已。

---

① "江"字後"洋朝，則貴無極也"七字底本脫抄，茲據津逮本、古今本校補。
② "回"字原作"違"，不辭，據古今本、津逮本改。《説郛》本作"圍"，與"回"同。
③ "踏"字，津逮本作"蹈"。
④ "官"字，津逮本作"富"。
⑤ "士"字原作"王"，不辭，據古今本、津逮本改。

大富之地，圓峰金櫃。貝寶沓來，如川之至。小秀清貴，圓重富厚。

舊注：如川之至，言慶之速也。

貧賤之地，亂如散錢。達人大觀，如示諸指。

脈理散亂，無的定之穴。注云："山沙散亂，朝對不明。"

幽陰之宮，神靈所主。

舊注：吉地有神主之，不輕與人。

葬不斬草，名曰盜葬。

斬草，開地之日以酒奠地神，然後以草斬三斷，不然則爲盜葬矣。

葬及祖墳，殃及子孫。

言不可於祖墳畔侵葬，福未及，禍先至矣。

一墳榮盛，十墳孤貧。

舊注：點穴如灼艾焉，一穴既真，諸穴虛閒。

穴吉葬凶，與棄屍同。陰陽合符，天地交通。

郭氏《葬經》引此以證甚明①。

內氣萌生，外氣成形。內外相乘，風水自成。察以眼界，會以情性。若能悟此，天下橫行。

內氣萌生，言穴暖而生萬物也。外氣成形，言山川融結而成形像也。生氣萌於內，形象成於外，實相乘也。察以眼界，形之於外，今皆可見之。至於會以情性，非上智不能言也。眼界之所聚，情性之所止，勢所大小，無穴不然，苟能通之，蠻貊之邦行矣。

---

① "證"字原作"誣"，不辭，據古今本改。

葬　　書

舊題晉·郭璞撰,元·吳澄删定

【題解】

南宋初《秘書省續編到四庫闕書目》已載《葬書》,然未題撰人,至《宋史・藝文志》始題"郭璞《葬書》一卷",依《四庫提要》考證,宋時所傳《葬書》初爲一卷,未載其中所含篇帙數量,後爲方技之家增至二十餘篇,蔡元定删至八篇,至元初吴澄又删而至三篇,即今所見之貌。按《舊唐書・經籍志》載有"《葬經》八卷。又十卷。又二卷,蕭吉撰",其中八卷本當爲蕭氏原作(《隋書》本傳),而十卷、二卷本蓋皆爲流傳時的不同增删本。又若唐初吕才之《葬書》,今亦僅見其敘而不見其書。《新唐書・藝文志》、《通志・藝文略》葬書類載"由吾公裕《葬經》三卷",由吾氏爲唐時陰陽家。敦煌本《葬經摘抄》亦明言其文檢自《葬經》。至於《地理新書》載唐孫季邕奏廢之葬書中如《孔子葬經》、《邵公葬經》、《管子葬經》、《鄭康成葬經》、《嚴君平葬經》云云,益見其僞託者之衆。而今傳本題名郭璞所撰《葬書》中屢引"《經》"語,當亦指《葬經》而言,唯不知其書與前所提及的諸葬書、葬經之關係云何。

余嘉錫《四庫提要辨正》卷十三《葬書》下考云:"璞實長於安墓卜宅,然未嘗著《葬書》也。"所言甚是。且其書主"葬乘生氣"、"得水藏風"之論,亦與敦煌本諸葬書所載之理不契,而實啟北宋以來"風水"説之大宗。又北宋陸佃《埤雅》一書引《葬書》語,與今傳本内容近似。故其書之源溯,蓋當在宋初之際。

《葬書》傳本較多,自明季後,亦或以《葬經》名之。其最早付梓者蓋以明洪武刊本《劉江東家藏善本葬書》爲代表,明彙賢齋刻本《新刊地理五經四書解義郭璞葬經》、《地理四書》本、《地理大全》本、《四庫全書》本、《琳琅祕室叢書》本等承之。明洪武刊本、明彙賢齋刻本、《地理四書》本諸版間差異不大,皆系元吴澄删定,明鄭謐注釋。《琳琅祕室叢書》本實據明洪武刊本影印,《地理大全》本則由明李國木删改鄭謐注而成,《四庫全書》本沿用之。另有劉則章注《葬書》一事見諸吴澄、宋濂等人之説,然其書未見傳世。

今以《四庫全書》本爲底本，別用《地理大全》本（簡稱《地理》本）、琳琅祕室叢書本（簡稱琳琅本）、明彙賢齋刻本（簡稱彙賢齋本）爲參校本點校如下。

内篇

葬者，乘生氣也。

生氣即一元運行之氣，在天則周流六虛，在地則發生萬物。天無此則氣無以資，地無此則形無以載，故磅礴乎大化，貫通乎品彙，無處無之，而無時不運也。陶侃曰："先天地而長存，後天地而固有。"蓋亦指此云耳。且夫生氣藏於地中，人不可見，惟循地之理以求之，然後能知其所在。葬者能知其所在，使枯骨得以乘之，則地理之能事畢矣。

五氣行乎地中，發而生乎萬物。

五氣即五行之氣，乃生氣之別名也。夫一氣分而爲陰陽，析而爲五行，雖運於天，實出於地。行則萬物發生，聚則山川融結。融結者，即二五之精妙合而凝也。

人受體於父母，本骸得氣，遺體受蔭。

父母骸骨爲子孫之本，子孫形體乃父母之枝，一氣相蔭，由本而達枝也。故程子曰："卜其宅兆，卜其地之美惡。地美則神靈安、子孫盛，若培壅其根而枝葉茂，理固然也。惡則反是。"蔡季通曰："生死殊途，情氣相感，自然默與之通。"今尋暴骨，以生人刺血滴之而滲入則爲親骨肉，不滲則非。氣類相感有如此者，則知枯骨得蔭，生人受福，其理顯然，不待智者而後知也。或謂抱養既成①，元非遺體，僧道嗣續亦異所生，其何能蔭之有？而不知人之心通乎氣，心爲氣之主，情通則氣亦通，義絕則蔭亦絕，故後母能養前母子，前母亦發後母兒。其在物則蔓藪、螟蛉之類是也，尚何疑焉？

《經》曰："氣感而應，鬼福及人。"

父母、子孫本同一氣，互相感召，如受鬼福，故天下名墓，在在有之。蓋真龍發跡，迢迢百里或數十里結爲一穴，及至穴前②，則峰巒盡擁③，衆水環繞④，疊嶂層層，獻奇

---

① "既成"，琳琅本作"繼承"。
② "前"，《地理》本、琳琅本作"所"。
③ "盡擁"，《地理》本、琳琅本作"盡盡"。
④ "衆水環繞"，《地理》本、琳琅本作"呈秀於前"。

於後,龍虎抱衞①,砂水翕聚。形穴既就,則山川之靈秀、造化之精英,凝結融會於其中矣。苟盜其精英,竊其靈秀,以父母遺骨藏於融會之地,由是子孫之心寄托於此,因其心之所寄,遂能與之感通,以致福於將來也。是知人心通乎氣,而氣通乎天。以人心之靈合山川之靈,故降神孕秀,以鍾於生息之源,而其富貴、貧賤、壽夭、賢愚,靡不攸係。至於形貌之妍醜,並皆肖象山川之美惡,故嵩嶽生申,尼丘孕孔,豈偶然哉?嗚呼,非葬骨也,乃葬人之心也。非山川之靈,亦人心自靈耳。世有往往以遺骨棄諸水火而無禍福者,蓋心與之離故也。

是以銅山西崩,靈鐘東應。

漢未央宮一日無故鐘自鳴,東方朔曰:"必主銅山崩應。"未幾,西蜀果奏銅山崩,以日揆之,正未央鐘鳴之日也。帝問朔何以知之,對曰:"銅出於山,氣相感應,猶人受體於父母也。"帝嘆曰:"物尚爾,況於人乎!"昔曾子養母至孝,子出,母欲其歸,則齧指而曾子心痛。人凡父母不安而身離侍側,則亦心痛,特常人孝心薄而不自覺耳。故知山崩鐘應,亦其理也。

木華於春,栗芽於室。

此亦言一氣之感召也。野人藏栗,春至栗木華,而家藏之栗亦芽,實之去木已久②。彼華此芽,蓋以本性原在,得氣則相感而應,亦猶父母之骨,葬乘生氣而子孫福旺也。夫一氣磅礴於天地間,無端倪,無終窮,萬物隨時運化,本不自知而受,造物者亦不自知也。

蓋生者氣之聚,凝結者成骨,死而獨留。故葬者反氣入骨,以蔭所生之法也③。

乾,父之精。坤,母之血。二氣感合,則精化爲骨,血化爲肉。復藉神氣資乎其間,遂生而爲人,及其死也,神氣飛揚,血肉消潰,惟骨獨存。而上智之士,圖葬於吉地之中,以内乘生氣④,外假子孫思慕,一念與之吻合,則可以復其既往之神,萃其已散之氣。蓋神趨則氣應,地靈而人傑,以無爲有,借僞顯真,事通陰陽,功奪造化,是爲"反

① "虎"字原作"脈",據《地理》本、琳琅本改。
② "木"字原作"本",據琳琅本改。
③ 按"之法也"三字疑因舊注而誤衍。
④ "内"字原作"肉",不辭,據《地理》本、琳琅本改。

氣入骨,以蔭所生"之法也。

丘壠之骨,岡阜之支,氣之所隨。

丘壠爲陰,岡阜爲陽。丘言其高,骨乃山之帶石者。壠高不能自立,必藉石帶土而後能聳也。岡者跡也①,土山爲阜,言支之有毛脊者。壠之有骨,氣隨而行則易見,支無石,故必觀其毛脊而後能辨也。然有壠而土、支而石、壠而隱、支而隆者,又全藉乎心目之巧以區別也。

《經》曰:"氣乘風則散,界水則止。"

謂生氣隨支壠體質流行,滔滔而去,非水界則莫之能止。及其止也,必得城郭完密,前後左右環圍,然後能藏風,而不致有蕩散之患。《經》云:"明堂惜水如惜血,堂裏避風如避賊。"可不慎哉!

古人聚之使不散,行之使有止,故謂之風水。

高壠之地,天陰自上而降,生氣浮露,最怕風寒,易爲蕩散。如人深居密室,稍有罅隙通風,適當肩背,便能成疾。故當求其城郭密固,使氣之有聚也。平支之穴,地陽自下而升,生氣沉潛,不畏風吹。如人出在曠野②,雖八面無蔽,已自不覺。或遇天晴日朗③,其溫和之氣自若,故不以寬曠爲嫌,但取橫水之有止,使氣之不行也。此言支壠之取用不同有如此。

風水之法,得水爲上,藏風次之。

支壠二者,俱欲得水。高壠之地,或從腰落,雖無大江攔截,亦必池塘以止內氣,不則去水稍遠,而隨身金魚不可無也。儻金魚不界,則謂之雌雄失經,雖藏風亦不可用。平支之地,雖若無蔽,但得橫水攔截,何嫌寬曠。故二者皆以得水爲上也。

《經》曰:"外氣橫形,內氣止生。"蓋言此也。

水流土外,謂之外氣;氣藏土中,謂之內氣。故必得外氣形橫,則內之生氣自然止也。此引《經》以結上文"得水爲上"之意。

何以言之? 氣之盛,雖流行,而其餘者猶有止;雖零散,而其

---

① "跡"字,琳琅本作"脊"。

② "如人"二字底本缺,《地理》本有,合於文例,茲據徑錄。

③ "天"字原作"穴",不辭,今從《地理》本、琳琅本。

深者猶有聚。

高壠之地，落勢雄壯①，或去或止，各有結作②，自非一地可盡其力量也③。而好龍多從腰落，分布枝蔓於數十里之間，或爲城郭、朝樂、官曜、禽鬼、捍門、華表、羅星之類，皆本身自帶，不可爲彼既流行，而餘者非止也，但當求其聚處而使之不散耳。平支之龍，大山跌落平洋，四畔曠闊，其爲城郭，亦不過高逾數尺而已，且去穴遼遠。朝山一點，在乎雲靄之表，人莫不以八風無蔽爲嫌，又豈知支壠氣隱若零散，而其深者猶有聚也，但得橫水攔截，使之有止耳。此言支壠之氣盛者如此。

故藏於涸燥者宜深④，藏於坦夷者宜淺⑤。

上句言壠，下句言支。高壠之地，陰之象也，氣在內，強剛而沉下，故言涸燥當深葬。平支之地，陽之象也，氣在外，弱柔而浮上，故言坦夷當淺葬。

《經》曰：“淺深得乘，風水自成。”

高壠之葬，潛而弗彰，故深，取其沉氣也；平支之葬，露而弗隱，故淺，取其浮氣也。得乘者，言所葬之棺得以乘其生氣也。淺深，世俗多用九星白法以定尺寸，謬也，不若只依金銀爐底求之爲得。

夫陰陽之氣，噫而爲風，升而爲雲，降而爲雨，行乎地中而爲生氣。

陰陽之氣即地中之生氣，故噫爲風，升爲雲，降爲雨。凡所以位天地、育萬物者，何莫非此氣邪？斯蓋因曰“葬乘生氣”，故重舉以申明其義。愚嘗謂能生能殺，皆此氣也。葬得其法，則爲生氣，失其道，則爲殺氣。如所謂加減饒借，吞吐浮沉之類，並當依法而剪裁之，不致有撞殺衝刑、破腮翻鬪之患也。

夫土者氣之體，有土斯有氣；氣者水之母，有氣斯有水。

氣本無體，假土爲體，因土而知有此氣也。水本無母，假氣爲母，因氣而知有此水也。五行以天一生水。且水何從生哉？生水者金也，生金者土也。土腹藏金，無質而

---

① “壯”字原作“雌”，不辭，據《地理》本、琳琅本改。
② “結”字底本缺，《地理》本有，合於文例，兹據逕録。
③ “非”字底本缺，《地理》本有，合於文例，兹據逕録。
④ “深”字，琳琅本、彙賢齋本作“淺”，義長。
⑤ “淺”字，琳琅本、彙賢齋本作“深”，義長。

有其氣。乾藏坤内，隱而未見，及乎生水，其兆始萌。言氣爲水母者，即乾金之氣也。世人不究本源，但以所見者水爾，故遂以水爲天地之始，蓋通而未精者也。

《經》曰："土形氣形[1]，物因以生。"

生氣附形而有，依土而行，萬物亦莫非□□□□也[2]。此引《經》結上文"有土斯有氣"之意。

夫氣行乎地中，其行也因地之勢，其聚也因勢之止。

氣行地中，人不可見。其始也則因地之勢而知其行，其次也又因勢之止而知其聚也。

葬者原其起，乘其止。

善葬者必原其起以觀勢，乘其止以扞穴。凡言止者，乃山川融結奇秀之所有，非明眼莫能識也。《片玉髓》云："草上露華偏在尾，花中香味總居心。"其止之謂與。或謂粘穴乘其脈之盡處爲止，然則蓋、倚、撞安可以止云。不知古人正恐後世不識止處，故立爲四法以乘之，夫蓋者止於蓋，倚者止於倚也，撞、粘莫不皆然。唯觀義之所在，高低正側，何往而非止乎！

地勢原脈，山勢原骨，委蛇東西，或爲南北。

平夷多土，陡瀉多石，支之行必認土脊以爲脈，壠之行則求石脊以爲骨。其行度之勢，委蛇曲折，千變萬化，本無定式，大略與丘壠之骨、岡阜之支略同。

千尺爲勢，百尺爲形。

千尺言其遠，指一枝山之來勢也。百尺言其近，指一穴地之成形也。

勢來形止，是謂全氣，全氣之地，當葬其止。

原其遠勢之來，察其近形之止，形勢既順，則山水禽合，是爲全氣之地。又當求其止處而葬之，斯盡善矣。"止"之一字，最謂喫緊。世之葬者，不乏全氣之地，但於止處則有昧焉耳。夫千里來龍，五尺入手，纔差一指，盡廢前功。縱奇峰聳拔，秀水之玄，皆不爲我用矣。若得其傳，知其止，則如數二三、辨黑白，人或見其莽然可左可右、可

---

[1] "形"字，琳琅本作"行"。

[2] 底本缺字，《地理》本、琳琅本作"萬物亦莫不因之而生也"，據此補"因之而生"四字。

移可易,而不知中間自有一定不易之法、尺寸不可遷改者。《指南》云:"立穴若還裁不正,縱饒吉地也徒然。高低深淺如葬誤,福變爲災起禍愆。"

宛委自復,回環重複①。

"宛委自復",指其勢而言。或順或逆,即"委蛇東西、或爲南北"之意也。"回環重複",以其形而論。層拱疊繞,即朝海拱辰之義也。全氣之地,其融結之情如此。

若踞而候也,

如人踞然不動,而有所待然。

若攬而有也。

如貴人端坐,器具畢陳,攬之而有餘。

欲進而却,欲止而深。

上句言擁衛之山須得趨揖朝拱,不欲其僭逼衝突而不遜也。下句言瀦蓄之水必得止聚淵澄,不欲其陡瀉反背而無情也。

來積止聚,沖陽和陰。

來山凝結,其氣積而不散;止水融會,其情聚而不流。斯乃陰陽交濟、山水沖和也。

土高水深,鬱草茂林。

水深沉則土壤高厚,氣沖和則草木茂昌。程子曰:"曷謂地之美? 土色光潤,草木茂盛,乃其驗也。"

貴若千乘,富如萬金。

氣像尊嚴,若千乘之貴;擁簇繁夥,猶萬金之富。

《經》曰:"形止氣蓄,化生萬物,爲上地也。"

堂局完密,形穴止聚,則生氣藏蓄於中矣。善葬者因其聚而乘之,則可以福見在、昌後裔,如萬物由此氣而成化育之功,故爲上地。

地貴平夷,土貴有支。

支龍貴平坦夷曠,爲得支之正體。而土中復有支之紋理,平緩恬軟,不急不燥,則表裏相應。然却有支體而得壠之情性者,直如擲槍,急如繃線,謂之倒火硬木,此陽中

---

① 底本"重複"皆作"重復",後皆隨據琳琅本改,不再一一出校説明。

含陰也,法當避殺,粘唇架折而葬①。劉氏所謂直急則避,毬而湊簷是也。陽者爲弱,本宜湊入,奈何性急,要縮下一二尺,緩其急性,苟執支法扦之則凶。此支龍之至難體認者,故景純謂"支壠之辨"②,蓋言此也。

支之所起,氣隨而始;支之所終,氣隨以鍾。

此言平支行度體段,原其始則氣勢隨之而行,乘其止則氣脈因之而鍾,觀勢察脈,則可以知其氣之融結矣。

觀支之法,隱隱隆隆,微妙玄通,吉在其中。

隱隱,有中之無也;隆隆,無中之有也。其體段若盞中之酥,雲中之雁,灰中線路,草裏蛇蹤。生氣行乎其間,微妙隱伏而難見,然其吉則無以加矣。

《經》曰:"地有吉氣,土隨而起;支有止氣,水隨而比。勢順形動,回復始終③,法葬其中,永吉無凶。"

引《經》以明上文支龍行度,言平夷之地微露毛脊,圓者如浮漚、如星、如珠,方者如箱、如印,長者如玉尺、如蘆鞭,曲者如几、如帶,方圓大小不等者如龜魚蛙蛤,是皆地之吉氣湧起,故土亦隨之而凸起。及其止也,則如雞窠、旋螺之狀,言形止脈盡而一水交度也。高水一寸,便可言山,低土一寸,便可言水。此支氣之止,與水朋比而相爲體用者也。勢順形動者,龍勢順伏而不反逆,局形活動而多盤旋。砂水鈎夾,回環重複,首尾無蔽,始終有情,依法自可扦穴。

山者勢險而有也,法葬其所會。

山言壠也,勢雖險峻,而其中復有不險之穴,但當求其止聚融會處而葬之,則善矣。蓋高壠之地,來勢高大,落勢雄壯,結勢亦且崎急④,此得壠之正體也⑤。却有一等以壠爲體而得支之情性者,大山翔舞垂下⑥,及至平地,變爲支體,謂之下山水,此陰中含陽也。若不識粘葬山麓,莫不以前拖平地爲裀褥,豈知其勢未住。兩邊界水隨脈

---

① "唇"字,琳琅本、彙賢齋本作"寬",俟考。
② "壠"字原作"龍",不辭,據正文"支壠之辨,眩目惑心"改。
③ "始終",《地理》本、琳琅本、彙賢齋本作"終始"。
④ "崎"字底本缺,《地理》本作"猗",琳琅本作"崎",兹據琳琅本錄。
⑤ "得壠"二字、"正體"二字底本缺,《地理》本有,合於文例,兹據徑錄。
⑥ "翔"字,《地理》本、琳琅本作"擺"。

而行，平平隱伏，直至堂心，其脈始盡。《天寶經》曰："凡認脈情看住絕，水若行時脈不歇。歇時須有小明堂，氣止水交方是穴。後面要令氣可乘①，前頭要合水可泄。若還鑿腦而鑿胸，湊急傷龍匪融結。"此定穴之密語也，故當求其砂水會處，枕毬而葬。陰者爲强，固當縮下，奈何性緩，要插上七八寸，急其緩性，名爲湊交鬭煞，劉氏所謂"擺緩則入篅而湊毬"是也。苟執壙法扦之，則主敗絕，此又高壙之至難體認者。

乘其所來，

言生氣之所從來，因其來而知其止，故葬者得以乘之，不使有分寸之違也。脈不離棺，棺不離脈，棺脈相就，剝花接木，法當就化生腦。上循脈看，下詳認雞跡、蟹眼、三叉②、名字、交互、滴斷。或分十字，或不分十字，看他陰陽配與不配。及夫强弱、順逆、急緩、生死、浮沉、虛實，以定加減饒借。內接生氣，外揚穢氣，內外符合，前後無蔽，始爲真穴，一有不順，即花假矣，此乘生氣之要訣也。下言乘金、穴土義同。

審其所廢，

謂入首廢壞，真僞莫辨，故不得不詳加審察也。夫天真未喪，則定穴易爲力，但乘其來，即知其止。却有一等不幸爲牛羊踐踏，上破下崩，歲久年深，或種作開墾，或前人謬扦，其旁園牆拜壇，不無晦蝕③，或曾爲居基，益低損高，或田家取土，鋤掘戕賊，而大八字與金魚不可得而移易。但要龍真局正，水凈砂明，當取前後左右四應證之，心目相度，酌量開井，無不得矣。蓋夫一氣化生，支壟隨氣而成形質。今既廢壞莫辨，故必於廢中審之，則凡所謂陰陽、剛柔、急緩、生死、浮沉、虛實之理，無不瞭然。既得其理，則倒杖之法亦因之而定焉。

擇其所相。

謂審擇其所相輔於我者，法當於小八字下看明肩暗翼④，肩高肩低以分陰陽作用，次視三分三合，崎急平緩以別順逆饒減，盡觀蟬翼之砂、蝦鬚之水以定葬口界限，是皆左右之所相。苟失其道，則有破腮翻鬭、傷龍傷穴、傷淺傷深之患，故不得不詳加審擇

---

① "令"字原作"金"，不辭，據琳琅本改。

② "叉"字原作"文"，不辭，《地理》本、琳琅本作"义"，按"义"乃"叉"之異體字，據改。

③ "晦"字，琳琅本作"侵"，義長。

④ "明"字原作"兩"，不辭，今從琳琅本改。"翼"字原本作"翊"，"翊"通"翼"，徑改，後皆隨文徑改，不再一一出校説明。

也。下篇言相水、印木義同。

避其所害。

謂避去死氣，以求生氣也。蓋穴中之氣，有刑有德，裁剪得法，則爲生氣，一失其道，則爲死氣，故不得不審而避之。何以言之？避死挨生是也。如陽脈落穴，以陰爲生，陽爲死；陰脈落穴，以陽爲生，陰爲死。脈來邊厚邊薄，以薄爲生，厚爲死。雙脈一長一短，以短爲生，長爲死。一大一小，以小爲生，大爲死。以秀嫩、光净、圓厚、湧動爲生，枯老、臃腫、破碎、直硬爲死。又或砂水之間，反骩斜飛、直撞刺射，皆為形煞。横過之山，如槍如刀尖利，順水可收拾爲用者用之，可避去者避之，此則以眼前之所見者而論之也。又程子謂"五患"、劉氏謂"四惡"，皆在所當避也。

是以君子奪神功、改天命，

上文所謂乘審擇避，全憑眼力之巧、工力之具。趨全避缺，增高益下，微妙在智，觸類而長，玄通陰陽，功奪造化，及夫穴場，一應作用，裁剪、放送之法皆是也。陳希夷先生曰："聖人執其樞機，秘其妙用，運於己心，行之於世。天命可移，神功可奪，歷數可變也。"道不虛行，存乎人耳。

禍福不旋日。《經》曰："葬山之法，若呼吸中[①]。"言應速也。

禍福之感召，捷於影響，能乘能審，能擇能避，隨其所感，否則爲凶應矣。大要在分別陰陽以爲先務，有純陰純陽，邊陰邊陽，上陽下陰，上陰下陽，陰交陽半，陽交陰半，强陽弱陰，老陽嫩陰，各有作法。陰來則陽受，陽來則陰作，或入簷而鬭毬，或避毬而湊簷。又有陽嘘陰吸之不同，順中取逆，逆中取順。情有蓋粘[②]，則正毬順作，情在倚撞，則架折逆受。假若陰脈落穴，放棺饒過陽邊，借陽氣一嘘，其氣方生。陽脈落穴，放棺饒過陰邊，借陰氣一吸，其氣方成。所謂陽一嘘而萬物生、陰一吸而萬物成是也。苟不識裁剪、放送之法，當嘘而吸，當吸而嘘，宜順而逆，宜逆而順，及夫左右吐深淺不知其訣，不能避殺挨生，則生變爲殺氣。縱使高下無差，左右適宜，淺深合度，猶且不免於禍，況未當於理者乎！古歌曰："若還差一指，如隔萬重山。"良有以也。

山之不可葬者五：氣以生和，而童山不可葬也；

---

① "吸"，琳琅本、彙賢齋本作"谷"，義長。

② "有"字，《地理》本作"在"。

土色光潤，草木茂盛，爲地之美。今童山粗頑，土脈枯槁，無發生沖和之氣，故不可葬。却又有一等石山，文理溫潤，光如卵殼，草木不可立根，自然不產，開井而得五色土穴者，是又不可以童而棄之也。

氣因形來，而斷山不可葬也；

夫土者氣之體，有土斯有氣。山既鑿斷，則生氣隔絶，不相接續，故不可葬。《青華秘髓》云："一息不來身是殼。"亦是此意。然與自然跌斷者則又不相侔矣。

氣因土行，而石山不可葬也；

高壠之地，何莫非石，所謂山勢原骨，骨即石也。石山行度，有何不可，惟融結之處不宜有石耳。夫石之當忌者，焦礧而頑，麻燥而蘇①，或不受鋤掘，火焰飛揚，肅煞之氣，含煙帶黑，爲凶也。其餘縱使有石，但使體質脆嫩，文理溫潤，顏色鮮明，則無不吉矣。又有奇形怪穴隱於石間者，四畔皆石，於其中有土穴，取去土盡，始可容棺。又有頑石鑿開而下有土穴，皆可入選，是未可以石爲嫌也。

氣以勢止，而過山不可葬也；

此言橫龍滔滔竟去，挽之不住，兩邊略有垂下，不過橈棹而已。氣因勢而止，穴因形而結，過山無情，其勢未止，其形未住，故不可葬。却又有一等橫龍滴落、正龍腰落，及夫斬關爲穴者不同也。

氣以龍會，而獨山不可葬也。

支龍行度，兄弟同宗②，雌雄並出，及其止也，城郭完密，衆山翕集，方成吉穴。彼單山獨龍，孤露無情，故不可葬。却又有一等支龍，不生手足，一起一伏，金水行度，跌露平洋，兩邊借外衛送爲養蔭，及其止也，雌雄交度，大江拱朝或橫攔，外陽遠接在乎縹緲之間，縱有陰砂，僅高一步，此又不可以孤露而棄之也。何以言之？蓋"得水爲上，藏風次之"，所以爲貴也。

《經》曰："童斷石過獨，生新凶而消已福。"

此復證五凶之不可用也，凡此是無所□□□□適足以腐骨爛棺而已③，主退敗、少

---

① "燥"字，琳琅本作"黑"。

② "宗"字原作"完"，不辭，據琳琅本改。

③ 底本缺字，《地理》本作"凡此是無神無氣□□適足以腐骨爛棺而已"，琳琅本作"故凡此等無神無氣葬之者，適足以腐骨爛棺而已"，今補四個缺字符。

亡、癆疾,久則歸於歇滅①,可不慎哉!

上地之山,若伏若連,其原自天。

此言上地龍之行度體段也,大頓小伏,藕斷絲連,謂之脱卸。夫大地千百里,行龍其何可窮乎,故遠若自天而來也。

若水之波,

此言隱伏於平洋大坂之間,一望渺無涯際,層層級級,若江面之水,微風蕩漾,則有輕波細紋,謂之行地水。微妙玄通,吉在其中矣。

若馬之馳。

原其起,若馬之奔騰,將欲止,如馬之及厩②。

其來若奔,

其來也,奔馳迅速,如使者之告捷。

其止若屍。

其止也,若屍居不動,無復有去意。

若懷萬寶而燕息,

衆山朝揖,萬水翕聚,如貴人燕安休息,珍寶羅列③,富如萬金,若攬而有也。

若具萬膳而潔齋。④

明堂寬綽,池湖繚繞,左右前後眼界不空,若貴人坐定,珍饌畢陳食前方丈也。

若橐之鼓,

橐乃無底囊,今煅者引風之具,即其類也。纔經鼓動,其氣即盛,言納氣之滿也。

若器之貯。

如器之盛物,滿而不溢,言氣之止聚也。

若龍若鸞,或騰或盤。

若龍之盤旋、鸞之飛騰,言其活動有蜿蜒翔舞之體段,無破碎死蠹之形狀。

----

① “則”字,《地理》本作“必”。
② “及”,琳琅本作“反”,義長。
③ “寶羅列”三字底本缺,琳琅本有,合於文例,兹據徑録。
④ “膳”字原作“善”,據琳琅本、彙賢齋本改。

禽伏獸蹲，若萬乘之尊也。

來勢如虎出深林，自幽而漸顯，氣象蹲踞而雄壯；止勢如鴈落平砂，自高而漸低，情意俯伏而馴順。氣象尊嚴，擁護綿密，若萬乘之尊也。

天光發新，

眼界軒豁，氣象爽麗，神怡性悦，一部精神，悉皆收攝而納諸壙中。然而至理微妙，未易窺測，要令目擊道存、心領意會，非文字之可傳、口舌之可語也。《中庸》曰："人莫不飲食，鮮能知味也。"

朝海拱辰。

如萬水之朝宗，衆星之拱極，枝葉之護花朵，廊廡之副廳堂，非有使之然者，乃一氣感召，有如是之翕合也。《易》云："水流濕，火就燥，雲從龍，風從虎，聖人作而萬物睹。"其斯之謂歟！

龍虎抱衛，主客相迎。

凡真龍落處，左回右抱，前朝後擁，所以成其形局也。未有吉穴而無吉案，若龍虎抱衛而主客不相應，則爲花假無疑。

四勢朝明①，五害不親。

四勢即龍、虎、主、客也，貴乎趨揖、朝拱、端嚴而不欹側，明净而不模糊。情勢如此，烏有不吉？更欲不親五害，五害者，童、斷、石、獨、過也。

十一不具，是謂其次。

此特指上地而言，十中有一不備，即爲其次，若必泥以爲説②，則世間無全地矣，非概論也。《海眼》曰："篇中形勢二字，義已了然。"可見勢在龍而形在局，非俗人之所謂喝形也。奈何卑鄙之説易惑人心，須至錮蔽，以訛傳訛，以盲誘盲，無益反害，莫此爲甚。總之，道理原屬廣大精微，古聖先賢原爲格物致知、窮理盡性大學問，今人只作籠利想，故不得不以術行耳。匪直今人之術不及古人，今人之用心先不及古人之存心矣，奈何！

---

① "朝"，琳琅本、彙賢齋本作"端"。

② "不備，即爲其次。若必"八字底本缺，《地理》本有，合於文例，兹據徑録。

外篇

夫重岡疊阜，群壠衆支，當擇其特。

聖人之於民類，麒麟之於走獸，鳳凰之於飛鳥，亦類也。重岡並出，群阜攢頭，須擇其毛骨奇秀、神氣俊雅之異於衆者爲正也①。

大則特小，小則特大。

衆山俱小取其大，衆山俱大取其小。

參形雜勢、主客同情，所不葬也。

參形雜勢，言真僞之不分；主客同情，言汝我之莫辨。

夫支欲伏於地中，壠欲峙於地上。

伏者隱伏，峙者隆峙，此言支壠行度體段之不同。

支壠之止，平夷如掌。

支壠葬法雖有不同，然其止處悉皆如掌之平。《倒杖》口訣曰：“斷續續斷，氣受於坦；起伏伏起，氣受於平。”李淳風曰：“來不來，坦中裁。住不住，平中取。”亦曰②：“來來來，堆堆堆，慢中取，坦中裁。”皆如掌之義也。

故支葬其巔，壠葬其麓。

支葬其巔，緩而急之也；壠葬其麓，急而緩之也。《金牛》云：“緩處何妨安絕頂，急時不怕葬深泥。”

卜支如首，卜壠如足。

所謂如首如足，亦即巔麓之義，謂欲求其如首如足也。

形氣不經，氣脫如逐。

支壠之葬，隨其形勢，莫不各有常度，不經則不合常度。或葬壠於巔首，葬支於麓

---

① “須”，《地理》本作“當”。
② “亦曰”前琳琅本、彙賢齋本有“朱仙桃”三字。

足，則生氣脫散如馳逐也。

夫人之葬，蓋亦難矣。支壟之辨，眩目惑心，禍福之差，侯虜有間。

支壟固亦易辨，奈有似支之壟，似壟之支。支來而壟止，壟來而支止，或壟變爲支而復爲壟，支變爲壟而復爲支。或以支爲壇垜，而行壟於上；以壟爲壇垜，而行支於上。復有壟內而支外、支內而壟外者，又有强支弱壟，急支緩壟，欹支平壟，隆支隱壟，石支土壟，老支嫩壟，偏支正壟，全支半壟，以及夫非支非壟之不可辨者。然其中有奇有正，有經有權，自非明師耳提面命，則眩目惑心，莫能別也。倘支壟互用，首足倒施，其禍立至。今之葬者，支壟不能別，可無誤乎？

乘金相水，穴土印木。

此言穴中證應之玄微也。金亦生氣之異名，言即其尖圓之所止也。相水者，言金魚界合相輔於左右也。穴土者，土即中央之義。謂穴於至中，取沖和之氣，即葬口是也。印木即兩邊蟬翼之砂，夾住蝦鬚之水①，以界穴也。《神寶經》曰："三合三分，見穴土乘金之義。兩片兩翼，察相水印木之情。"蓋亦神明其義耳。又有所謂水底眼，剪刀交，水裏坐，水裏臥，明暗股，明暗毬，長短翼，長短水，蝸窟蛤尖，交金界玉，雞胸鳩尾，壽帶孩衿，簊口鳥跡②，生龜死鱉，眠乾就濕，割脚淋頭，明陽暗陰，陽落陰出，羅紋土宿，十字天心，撲面水底，浮大口出小口，水過山不過，橋流水不流，兩片牛角砂，一滴蟹眼水，舌尖堪下莫傷唇，齒齦可扦休近骨，虛簷雨聲猶滴，古鼎煙消氣尚浮，其名類不一，莫可殫舉。其言驟括，自非明師耳提面命，逐一指示，卒難通曉。

外藏八風，內秘五行。

四維四正，完密而無空缺，既無風路，則五行之生氣自然秘於其內而凝結矣。

天光下臨，地德上載。

天有一星，地有一穴，在天成象，在地成形。葬得其所，則天星垂光而下照，地德柔順而上載也。

陰陽沖和，五土四備。

---

① "住"字原作"主"，不辭，據琳琅本改。
② "簊口鳥跡"，琳琅本作"箕口烏蠅"。

物無陰陽,違天背原。孤陽不生,獨陰不成,二五感化,乃能沖和。沖和之處,則必有五色異土以應之。言四備者,不取於黑。又曰沖和之處,陰氣寒至此而温,陽氣熱至此而涼,温涼之氣,是爲沖和。

目力之巧,工力之具,趨全避缺,增高益下,微妙在智,觸類而長,玄通陰陽,功奪造化。

目力之巧,則能趨全避缺;工力之具,則能增高益下。大凡作用之法,隨宜料理,千變萬化,本無定方,全在人心目靈巧。以類度類,觸而長之,則玄功可以盜天地之機,通陰陽之理,奪造化之權。

勢如萬馬,自天而下。

星嵐插漢,跕天而下,若萬馬奔馳而來也。

形如負扆,有壟中峙,法葬其止。

萬物負陰而抱陽,故凡背後不可無屏障以蔽之,如人之肩背最畏賊風,則易於成疾,坐穴亦然。真龍穿障受幕,結成形局,玄武中峙,依倚屏障以固背氣,此立穴之大概也。然又當求其止聚處而葬之,則無不吉矣。

《經》曰:"勢止形昂,前澗後岡,龍首之藏。"

勢欲止聚,形欲軒昂,前有攔截之水,後有樂托之山,形局既就,則真龍藏蓄於此矣。

鼻顙吉昌,角目滅亡。耳致侯王,唇死兵傷。

此以龍首爲喻而取穴,非謂真有鼻顙角目也。但鼻顙以喻中正,故吉;角目偏斜而又粗硬,孤露不受穴,故凶。耳言深曲,唇言淺薄,所以有侯王、兵傷之別。

宛而中蓄,謂之龍腹。其臍深曲,必後世福。傷其胸脅,朝穴暮哭。

宛宛之中若有所蓄者,龍之腹也。況又深曲如臍,豈有不吉?若葬非其道,傷其胸者,必遇石而帶黑暈,傷脅者乾燥如聚粟①,或上緊下虛,鋤之如刲肉。朝穴暮哭者,言其應之速也,可不慎哉!

夫外氣所以聚內氣,過水所以止來龍。

---

① "燥"字原作"操",不辭,徑改。

外氣者，橫過之水；内氣者，來龍之氣。此即外氣橫形、内氣止生之謂也。

千尺之勢，宛委頓息，外無以聚，内氣散於地中。《經》曰：
"不蓄之穴，腐骨之藏也。"

千尺，言來勢之遠也。宛委者，宛轉委曲而馴順。頓息者，頓挫止息而融結也。若陰陽不交，界合不明，後無橫水以攔截，則土中之生氣散漫而無收拾矣，葬之適足以腐骨。

夫噫氣能散生氣，龍虎所以衛區穴，疊疊中阜，左空右缺，前曠後折，生氣散於飄風。《經》曰："騰陋之穴①，敗椁之藏也。"

天地之氣，噫則爲風，最能飄散生氣，故必藉前後左右衛護區穴，而後能融結也。若堂局雖有入首疊疊之阜，却緣左空右缺，前曠後凹，地之融結悉爲風所蕩散，則生氣不能蓄聚。壠之浮氣升騰於上，支之沉氣陋泄於下矣，葬之無益於存亡，適足以腐敗棺椁而已。

夫土欲細而堅，潤而不澤，裁肪切玉，備具五色。

石山土穴，欲得似石非石之土，細膩豐腴，堅實潤滋，文理如裁肪也。土山石穴，必得似土非土之石，脆嫩鮮明，光澤晶瑩，體質如切玉也。五氣行乎地中，金氣凝則白，木氣凝則青，火赤土黄，皆吉。唯水黑則凶。五行以黄爲土色②，故亦以純色爲吉。又紅黄相兼，鮮明者尤美，間白亦佳，青則不宜多見，以近於黑色也。支壠千變萬化③，高低深淺，結作各異，唯穴中生氣聚結，孕育奇秀而爲五色者，則無有不吉也。言五色者，特舉其大綱耳。土山石穴，亦有如金如玉者，或如象牙、龍腦、珊瑚、琥珀、瑪瑙、車渠、朱砂、紫粉、碧鈿④、石膏、水晶、雲母、禹餘糧、石中黄、紫石英之類，及石中有鎖子文、檳榔文，或點點雜出而具五色者，皆脆嫩温潤，似石而非石也。石山土穴，亦有所

---

① "陋"字，琳琅本作"漏"。
② "土"字，《地理》本作"正"。
③ "支"字原作"枝"，不辭，據琳琅本改。
④ "碧鈿"原作"花細"，《地理》本作"花鈿"，琳琅本作"碧鈿"。按《長恨歌》："花鈿委地無人收，翠翹金雀玉搔頭。"《雲麓漫鈔》卷十五："内設金床暈錦褥，飾以雜色玻璃、碧鈿石、珊瑚、金精石、瑪瑙。"花鈿乃飾品，而碧鈿與瑪瑙、水晶、雲母、石中黄等同屬礦石類，當據琳琅本改。

謂龍肝鳳髓、猩血蟹膏、散玉滴金①、絲紉縷②、翠柳金黃、秋茶褐之類,及有異文層沓如花樣者,或異色鮮明如錦繡者,皆堅實光潤,似土而非土也,即爲得生氣矣,否則非真穴也。至若活物神異,固嘗聞之,然有亦能漏泄龍氣,大非吉地之宜有,高明者宜以鑒之。

夫乾如聚粟,

土無氣脈,上緊下虛。焦白之土,麻黑之砂,枯燥鬆散③,鋤之如聚粟也。

濕如刲肉,

淤濕軟爛,鋤之如刲腐肉,不任刀也。

水泉砂礫,

地氣虛浮,膝理不密,如濾篴④,如灰囊,内生氣化之水,外滲天雨之水。葬之則亡人,潰衣而冰體也。

皆爲凶宅。

已上皆凶,葬之則存亡無益,適足以腐骨敗椁,覆宗絶嗣而已⑤。

夫葬以左爲青龍,右爲白虎,前爲朱雀,後爲玄武。

此言前後左右之四獸,皆自立穴處分之。

玄武垂頭,

垂頭言自主峰漸漸而下,如欲受人之葬也。受穴之處,澆水不流,置坐可安,始合垂頭格也。若注水即傾,立足不住,即爲陡瀉之地。《精華髓》云:"人眠山上龍方住,水注堂心穴自安。"亦其義也。

朱雀翔舞,

前山聳拔端特,活動秀麗,朝揖而有情也。

青龍蜿蜒,

---

① "散"字,琳琅本作"嵌"。"滴"字,琳琅本作"商"。
② "縷"字,琳琅本作"紅"。
③ "枯"字原作"括",不辭,據琳琅本改。
④ "篴"字,琳琅本作"籆"。
⑤ "覆宗絶嗣"四字底本缺,《地理》本作"□宗絶嗣",琳琅本有,合於文例,兹據徑錄。

左山恬軟寬净①，展掌而情意婉順也。若反骯崛强，突兀僵硬，則非所謂蜿蜒矣。

白虎馴頫，

馴，善也，如人家蓄犬，馴擾而不致有噬主之患也。頫者低頭俯伏之義，言柔順而無蹲踞之凶也。《明堂經》云：“龍蟠臥而不驚，是爲吉形。虎怒蹲視，昂頭不平，禍機中藏。”又曰：“白虎彎彎，光净土山，骶如臥角，圓如合環，虎具此形，乃得其真。半低半昂，頭高尾藏，有缺有陷，折腰斷梁，虎有此形，凶禍災殃。”

形勢反此，法當破死。

四獸各有本然之體段，反此則不吉矣。

故虎蹲謂之銜屍，

右山勢蹲，昂頭視穴，如欲銜噬塚中之屍也。

龍踞謂之嫉主，

左山形踞，不肯降服，回頭斜視，如有嫉妒之情。世俗多言龍昂虎伏，蓋亦傳習之誤②。昂當作降，大概龍虎俱以馴頫俯伏爲吉。

玄武不垂者拒屍，

主山高昂，頭不垂伏，如不肯受之葬而拒之也。

朱雀不舞者騰去。

前山反背無情，上正下斜，順水擺竄，不肯盤旋朝穴，若欲飛騰而去也。

夫以支爲龍虎者，來止跡乎岡阜，要如肘臂，謂之環抱；

此言平洋大地，左右無山以爲龍虎，止有高田勾夾，故當求岡阜之來蹤止跡於隱隱隆隆之中③，最要寬展，如人之肘臂、腕肉有情。《明堂經》云：“堂中平夷④，自爲局垣，一龍一虎，如規之圓。”言其形如步武⑤，旋轉自然，團簇環抱而恬軟也。

以水爲朱雀者，衰旺係乎形應，忌乎湍激⑥，謂之悲泣。

---

① “恬”字原作“活”，不辭，據琳琅本改。
② “習”，琳琅本作“襲”，義長。
③ “止”字原作“土”，不辭，據琳琅本改。
④ 底本作“明堂□□□夷”，缺字，《地理》本有，合於文例，兹據徑録。
⑤ “步武”，《地理》本、琳琅本作“規車”。
⑥ “乎”，琳琅本作“夫”。

水在明堂,以其位乎前,故亦名朱雀。若池湖淵潭則以澄清瑩净爲可喜,江河溪澗則以屈曲之玄爲有情。倘簾劫箭割①、湍激悲泣則爲凶矣。由是觀之,雖水之取用不同,關係乎形勢之美惡則一也。蓋有是形則有是應,故子孫之衰旺亦隨之相感之理也。別有一般礐礐哄哄如擂鼓聲者②,得之反吉,又非湍激悲泣之比。

朱雀源於生氣。

氣爲水母,有氣斯有水。原其所始,水之流行,實生氣之所爲也。生氣升而爲雲,降而爲雨,山川妙用,流行變化,勢若循環,無有窮已。是故山之與水,當相體用,不可須臾離也。

派於未盛,朝於大旺。

派者水之分也,朝者水之合也。夫之水行,初分懸溜,始於一線之微,此水之未盛也。小流合大流,乃漸遠而漸多,而至於會流總滀者,此水之大旺也。蓋水之會由山之止,山之始乃水之起。能知水之大會,則知山之大盡。推其所始,究其所終,離其所分,合其所聚,置之心目之間、胸臆之内,總而思之,則大小無從而逃,地理可貫而盡矣。若夫《禹貢》之載九州,其大要則係於"隨山"、"濬川"之四字,如導沇水、導河、導漾之類,皆水之未盛也;如入於江、入於河、入於海者,皆水之大旺也。以其大勢言之,則山川之起於西北,自一而生萬也③;水之聚於東南,合萬而歸一也。《禹貢》舉天下之大者而言之,則始於近而終於遠。自一里而至十里,由十里而至於足跡之所能及,推其山之起止,究其水之分合,是成小《禹貢》也。

澤其相衰④,流於因謝,

澤謂陂澤。《詩》"彼澤之陂"注云:"水所鍾聚也。"水既滀蓄,淵停則止,水勢已煞,故曰衰。"流於因謝"者,水盈科而進,則其停者已久,溢爲餘波,故曰謝。

以返不絶。

山之氣運,隨水而行,凡遇吉凶形勢,若遠若近,無不隨感而應。然水之行也,不

---

① "簾"字原本作"廉",不辭,按琳琅本作"簾",又有《牧齋初學集》卷八十一:"違蜿蜒翔舞之經,犯簾劫箭割之識。"據此改。

② "哄"字,《地理》本、琳琅本作"閧",同。

③ 底本"萬"後衍一"水"字,據琳琅本删。

④ "其",琳琅本作"於"。

欲斜飛直擄、反背無情，要得衆砂節節攔截之玄，屈曲有情，而成不絶之運化也。

法每一折瀦而後泄。

此言水之去勢，每於屈折處要有瀦蓄，然亦不必盡泥穴前，但得一水，則亦可謂之瀦矣。善於作用者，穴前元辰直長，法以穴中溝頭水論瀦泄，每折中作斗，既瀦而後泄去，可救初年無患，此亦是奪神功之妙也。

洋洋悠悠，顧我欲留。

此言水之去勢，悠洋眷戀，有不忍遽去之情，顧我而欲留也。

其來無源，其去無流。

源深流長，不知其來；砂攔局密，不見其去。

《經》曰："山來水回，貴壽而財。

山來者，衆山攢集；水回者，群流環會，此富貴壽考之穴也。

山囚水流，虜王滅侯。"

山囚，明堂逼塞不寬舒也；水流，元辰直溜不縈紆也。生旺係乎形應，地理之法不過山水向背爲緊①，向則爲吉，背則爲凶。故向坐有法，當取之於應照；水路有法，當求之於曲折，他無與焉。

雜篇

占山之法，以勢爲難，而形次之，方又次之。

千尺爲勢，百尺爲形，勢言闊遠，形言淺近。然有大山大勢、大地大形，則當大作規模，高攙望眼，而後可以求之也。勢有隱顯，或去山勢，從東趨形，從西結勢，由左來穴，自右出勢。又有佯詐，穴亦有花假，此所以爲最難也。② 其次莫如形，有一二里爲一形，此形之大者也；有只就局内結爲蜂蝶蛙蛤之類，此形之小者也。鵝鳳相肖，獅虎

---

① "過"，《地理》本作"出"。
② 此句琳琅本作"勢有隱顯，或去或止，勢從東趨，形從西結，勢由左來，穴自右出。勢有佯詐，穴有花假，此所以爲最難也"。

相類,形若不真,穴何由擬？故形亦爲難也。又其次莫如方,方者方位之説,謂某山來合坐作某方向之類是也。①

> 勢如萬馬,自天而下,其葬王者；

此下言真龍降勢之大略,可總括天下山嵐之行度,若欲逐一分類,則反包括不盡矣。其葬王者,言其貴也,不得拘之。

> 勢如巨浪,重嶺疊嶂,千乘之葬；

峰巒層沓②,如洪波巨浪奔湧而來,當出千乘之貴。

> 勢如降龍,水繞雲從,爵禄三公；

星嵐插漢③,踏衛而下④,如龍之降也。及至歇處,山如雲擁,水似帶蟠,烏得不貴？

> 勢如重屋,茂草喬木,開府建國；

真龍降勢,層層沓沓⑤,如人家之重屋疊架⑥,所以爲貴也。

> 勢如驚蛇,屈曲徐斜,滅亡家國⑦；

橫竄直播,行度畏縮而不條暢,死硬而不委蛇,故葬者家亡國滅。

> 勢如矛戈⑧,兵死形囚；

尖利如矛葉,直硬如槍杆,故子孫多死於凶橫非命。

> 勢如流水,生人皆鬼。

順瀉直流,去無禁止之情,此游漫之龍也,葬之者主少亡客死。

> 形如負扆,有壟中峙,法葬其止,王侯崛起。

凡結穴之處,負陰抱陽,前親後倚,此總相立穴之大情也。負扆形如御屏,壁立崎

---

① 琳琅本作"謂某山來合坐某方、向某方之類是也",疑底本衍"作"字。

② "沓"字原作"踏",據琳琅本改。

③ "插"字原作"撐",不辭,按上文有"星嵐插漢",又《水經注》云:"連山插漢,秀木干雲。"據此改。

④ "踏衛",琳琅本作"跕卸",彙賢齋本作"踏卸"。

⑤ "沓沓"原作"踏踏",今從琳琅本、彙賢齋本。

⑥ "人"字,琳琅本作"大",彙賢齋本作"穴"。

⑦ "滅亡家國",琳琅本、彙賢齋本作"滅國亡家"。

⑧ "矛戈",琳琅本作"戈矛"。

急,不可扦穴,法當立於平地,須龍貴朝真,而後可不謂負扆,便能如是之貴也。

形如燕窠①,法葬其曲②,胙土分茅。

燕窠多於山腰,龍虎包裹,自成形局,入穴不見孤露,所以爲貴。

形如側罍③,後岡遠來,前應曲回,九棘三槐。

穴形偃仰④,如罍之側,玄武來上,前朝後應,委曲周回,法當就罍口扦之,主三公九卿之貴。

形如覆釜,其嶺可富⑤。

覆釜如五星中所謂覆釜金也,唯挨金下水穴。今言形如覆釜,則合葬麓,陰龍而陽穴也。若葬於巔,乃是以陰挨陰,不幾於獨陰不成之義乎!近來世俗正坐此病,無不葬壠於巔也,固有照天蠟燭及貫頂法多葬山嶺⑥,亦須有天然成穴方可下。

形如植冠,永昌且歡。

植冠言其形穴之尊嚴也。後仰前倚,壁立崎急,宜扦緩中⑦。

形如投算,百事昏亂。

山形如算⑧,橫直亂投,故凶。

形如亂衣,妒女淫妻。

山形剝落破碎,如亂衣之不整,故淫亂。⑨

形如灰囊,災舍焚倉。

大抵即內篇水泉砂礫之意,言生氣不蓄之穴,得雨暫濕,雨止即乾,如湯之淋灰,故凶。

---

① “窠”,琳琅本、彙賢齋本作“巢”。按《說文解字》:“鳥在木上曰巢,在穴曰窠。”二者義同。

② “曲”,琳琅本作“凹”。

③ “罍”字原作“壘”,不辭,據琳琅本改,底本形訛,後皆隨文徑改,不再出注。

④ “仰”字原作“詐”,不辭,今從琳琅本。

⑤ “嶺”,琳琅本作“巔”。

⑥ “嶺”,琳琅本作“巔”。

⑦ “扦”字底本作“阡”,不辭,徑改。

⑧ “山形如算”,《地理》本、琳琅本、彙賢齋本作“山無倫序”。

⑨ “淫亂”後《地理》本有“所由起也”四字。

形如覆舟,女病男囚。

橫岡無脈,中高四隤①,無穴可扦,葬之則男女不利。

形如橫几,子絶孫死②。

玄武縮頭,入首無脈,穴何可扦?然有得几之正形者,乃木之所變③,故出文章科第。世有盧相公祖、楊神童祖、方太監祖皆葬几形,蓋未可以其凶而棄之也。

形如臥劍,誅夷偪僭。

形狹而長,首鋭而瘦④,純石剥落,文理枯燥,故凶。然有劍形而出貴者,如石使相祖,曾文遄下托手穴是也。

形如仰刀,凶禍伏逃。

形如魚之鬐鬣,無肥厚氣象,故凶。

牛臥馬馳,鸞舞鳳飛。

此言各得其本性而應形真。

螣蛇委蛇。

委蛇則爲活蛇,故吉;直硬爲死,則凶。

黿鼉魚鱉,以水別之。

四者皆水族,故以近水而應形真。

牛富鳳貴。

牛出於土星,故富;鳳出於木星,故貴。

螣蛇凶危。

蛇心險有毒,故多凶。遇蛙蛤則貪惏而爲小人,蓋蛇之所陷也⑤。逢蜈蚣、金龜、鳩鳥則畏謹而爲君子,乃欲陷於蛇也⑥。古今扦蛇形地者何限⑦,豈可例以凶危而不用乎!

---

① "高"字原作"央",不辭,據琳琅本改。
② "絶",琳琅本、彙賢齋本作"滅"。
③ "木"字原作"水",不辭,形訛所致,據諸本改。
④ "鋭"字原作"脱",不辭,據琳琅本改。
⑤ "陷"字,琳琅本作"啗",義長。
⑥ "陷"字,琳琅本作"啗",義長。
⑦ "扦"字底本作"阡",不辭,徑改。

形類百動，葬者非宜①，四應前按，法同忌之。

形勢止伏如屍，居之不動，方可扦穴，若有不定，豈可用乎！非惟主山，但目前所見飛定擺竄，於我無情者，悉當忌之。

夫勢與形順者吉，勢與形逆者凶，勢吉形凶②，百福希一③，勢凶形吉④，禍不旋日。

形勢二者皆以止伏爲順，飛走擺竄爲逆。順則吉，逆則凶。勢吉形凶，尤可希一日之福；若勢凶形吉，則禍不待終日，極言應之速也。

《經》曰："地有四勢，氣從八方。"寅申巳亥，四勢也；震離坎兌乾坤艮巽，八方也。

若但言地有四勢，只有朱雀、玄武、青龍、白虎而已；氣從八方，只有四正、四隅而已⑤。兩句下證之以寅申巳亥震離坎兌乾坤艮巽之説，則當以方位解之。四勢爲四長生，如火生寅、水生申、金木生於巳亥是也；八方爲八卦⑥，東方震艮、南巽離、西方坤兌，北乾坎是也。又有所謂六秀六貴⑦、分金三十吉龍併十六貴龍等説，皆原於此，是星卦之所由興也。

是故四勢之山，生八方之龍，四勢行龍，八方施生⑧，一得其宅，吉慶榮貴。

四勢者，陳石壁所謂五行生氣之地；八方，八卦方也。八龍不能自生，要得寅申巳亥五行之生氣而後能施生也。其大意言八方之龍要從長生位上得來則吉⑨，假如震龍

---

① "者"，琳琅本作"皆"。

② "勢吉形凶"，琳琅本、彙賢齋本作"勢凶形吉"。

③ "福希一"三字底本缺，《地理》本有，合於文例，兹據徑録。

④ "勢凶形吉"，琳琅本、彙賢齋本作"勢吉形凶"。

⑤ "有"，《地理》本、琳琅本作"是"。

⑥ "八卦"，琳琅本作"八清山"，彙賢齋本作"八青山"。

⑦ "六貴"，琳琅本作"八貴"，俟考。

⑧ "方"，琳琅本、彙賢齋本作"龍"。

⑨ "得"字，《地理》本、琳琅本作"行"。

屬木,長生於亥,要必自亥位發始①,即爲生氣之地,或從亥上經過亦是,餘可類推②,但此之生氣與内外篇之言生氣者則相去天淵也。

　　土圭測其方位,玉尺度其遠邇。

　　土圭所以辨方正位,其制見於《周禮》;玉尺所以度量遠邇,其數生於黃鐘。今臺司度日影以定候,多用此制也。

　　夫葬乾者,勢欲起伏而長,形欲闊厚而方;葬坤者,勢欲連辰而不傾,形欲廣厚而長平;葬艮者,勢欲委蛇而順,形欲高崎而峻;葬巽者,勢欲峻而秀,形欲銳而雄;葬震者,勢欲緩而起③,形欲聳而峨;葬離者,勢欲馳而窮④,形欲起而崇;葬兌者,勢欲天來而坡垂⑤,形欲方廣而平夷;葬坎者,勢欲曲折而長,形欲秀直而昂。

　　此言八卦之山,必欲合如是之形勢,然後爲吉。夫天下山川行度⑥,千變萬化,豈有一定之理哉?何者不欲起伏而長⑦,闊厚而方,寧獨乾之一山如是哉?此只言其大概耳。是以形勢爲上,而方位次之,必欲如此⑧,又何異於刻舟求劍者乎?識者必能辨之,姑存之⑨,以俟參考。

　　蓋穴有三吉,葬直六凶⑩,天光下臨,地德上載。

　　天光、地德前見。

　　藏神合朔,神迎鬼避,一吉也。

　　神,吉神;鬼,凶煞。朔謂歲月日時。言藏神合乎吉朔也。神迎鬼避,得吉年月也。

---

① "位",《地理》本作"上"。
② "類",琳琅本作"倒",彙賢齋作"例"。
③ "起",琳琅本作"和"。
④ "窮",琳琅本、彙賢齋本作"穿",義長。
⑤ "天",琳琅本、《地理》本、彙賢齋本作"大"。
⑥ "夫",《地理》本作"但"。
⑦ "者",《地理》本作"莫"。
⑧ "必欲如此",《地理》本作"若執此"。
⑨ "識者必能辨之,姑存之"九字底本缺,《地理》本有,合於文例,兹據徑録。
⑩ "直",琳琅本、彙賢齋本作"有"。

陰陽沖合，五土四備，二吉也。目力之巧，工力之具，趨全避缺，增高益下，三吉也。

解見前。

陰陽差錯爲一凶，歲時之乖爲二凶。

此言葬日不得方向、年月之通利。

力小圖大爲三凶。

生人福力淺薄，而欲圖王侯之地，是不量力度德也。然此亦不可泥。

憑福恃勢爲四凶。

憑見在之福，恃當今之勢，富貴之家，自謂常如今日，而不深慮。有父母之喪者，不思盡力以求宜隱之地，但苟爲窆變而已，正程子之所謂"唯欲掩其目之不見，反以陰陽之理爲無足信，棄本逐末。①"可勝道哉！《魏志》管輅遇征東將軍毌丘儉之墓，嘆曰："松柏雖茂，無形可久②。碑誄雖美③，無後可守。玄武垂頭④，青龍無足，白虎銜屍，朱雀悲泣⑤。四危已備⑥，法當滅族⑦。"後果如其言。又左氏《春秋傳》魯文公十三年⑧：邾文公卜遷於繹，史曰："利於民，不利於君。"公曰："苟利於民，孤之利也。"左右曰："命可長也，君何弗爲？"公曰："命在養民，民苟利矣，遷也，吉莫如之。"遂遷。五月，公果卒。然固有數焉，而陰陽之理，亦有所定矣⑨。

僭上偪下爲五凶。

僭上言庶人墳墓不得如大官制度，貧家行喪不得效富室眩耀，及不得作無益華靡，亡者無益，存者招禍。偪下爲儉不中禮，慳吝鄙澀，父母墳墓不肯即時盡作用之法，因循苟且，致生凶變。作用者，謂如作明堂、通水道及夫截龐去滯、增高益下、陣水

---

① "信，棄本逐末"五字底本缺，《地理》本有，合於文例，茲據逕錄。
② "久"原作"文"，不辭，今從《三國志‧魏志‧管輅傳》、琳琅本。
③ "誄"原作"謚"，不辭，據《三國志‧魏志‧管輅傳》、琳琅本改。
④ "垂"，《地理》本、琳琅本、彙賢齋本、《三國志‧魏志‧管輅傳》作"藏"。
⑤ "泣"，《地理》本、琳琅本、《三國志‧魏志‧管輅傳》作"哭"。
⑥ "危"，《地理》本、琳琅本、彙賢齋本作"厄"。
⑦ "法"字底本作"去"，不辭，據《三國志‧魏志‧管輅傳》、琳琅本改。
⑧ "魯"字底本作"會"，不辭，據琳琅本改。
⑨ "定"，琳琅本作"符"。

蔽風之類皆是也。①

　　變應怪見爲六凶。

上言天時人事不能全美,有吉地吉穴,主人濡滯不葬②,或是非爭競而害成,或貧病兼憂而不能舉③,或明師老死不復再來,或停喪久遠而兵火不測,或子孫參差而人事不齊,或官事牢獄而不復可爲,或日怠日忘竟成棄置,或全家絕滅同歸暴露,是皆因葬不即舉而變見多端也。嗚呼,爲人者可不凜凜然而知戒謹乎哉!

　　《經》曰:"穴吉葬凶,與棄屍同。"

言形勢雖吉,而葬不得穴,或葬已得穴而不知深淺之度,皆與委而棄之者何以異哉?《錦囊》一書,其大概專以生氣爲主,即太極爲之體也;其次分爲支壠④,即陰陽爲之用也;又其次曰風水、曰止聚,曰形勢,曰骨脈;又其次則驗文理之秀異,明作用之利宜。學者當熟讀玩味,則知景純之心法矣。

---

① "陣"字,琳琅本、彙賢齋本作"障",義長。
② "濡滯",琳琅本作"疑泥",彙賢齋本作"疑滯"。
③ "憂",《地理》本作"並",琳琅本、彙賢齋本作"併"。
④ "支",底本作"枝",不辭,據琳琅本改。

古本葬經

舊題晉·郭璞著

【題解】

《古本葬經》舊題晉郭璞著，最早見於明毛氏汲古閣本。是書之篇章順序異於元吳澄刪定三篇本，且内容較少。清人汪宗沂以此爲南宋蔡牧堂八篇本："惟毛子晉《津逮秘書》所收古本《葬經》，以蔡牧堂集考之，確係蔡本。"①今存《蔡氏九儒書》收蔡牧堂著《錦囊經注》一文，其中所録篇第與臺圖藏元刻本《新刊名家地理大全錦囊經》、韓國國家圖書館藏清刻本《錦囊經》、清嘉慶十四年甘氏友恭堂刻本《葬經》一致，却與《津逮秘書》本《葬經》出入較大，則汪氏之説不足爲據。《古本葬經》實非南宋蔡本，其篇章順序亦不知據何而出。

《古本葬經》今存《津逮秘書》本、《學津討原》本、《古今圖書集成》本、清光緒三年湖北崇文書局刻本等，諸版本間差異不大，唯崇文書局刻本列有篇第。今以《津逮秘書》本爲底本，别取《古今圖書集成》本（簡稱古今本）、崇文書局刻本爲參校本點校如下。

---

① 《葬經》，清嘉慶十四年甘氏友恭堂刻本，南京圖書館藏。

葬者，乘生氣也。夫陰陽之氣，噫而爲風，升而爲雲，降而爲雨，行乎地中，而爲生氣。生氣行乎地中，發而生乎萬物。人受體於父母，本骸得氣，遺體受蔭。蓋生者氣之聚，凝結者成骨，死而獨留。故葬者，反氣内骨，以蔭所生之道也。《經》云："氣感而應，鬼福及人。"是以銅山西崩，靈鐘東應，木華於春，栗芽於室。氣行乎地中，其行也因地之勢，其聚也因勢之止。丘壟之骨，岡阜之支，氣之所隨。《經》曰："氣乘風則散，界水則止。古人聚之使不散，行之使有止，故謂之風水。風水之法，得水爲上，藏風次之。"何以言之？氣之盛，雖流行，而其餘者猶有止；雖零散，而其深者猶有聚。《經》曰："外氣橫形①，内氣止生。"蓋言此也。《經》曰："淺深得乘，風水自成。"②土者氣之母，有土斯有氣，氣者水之母，有氣斯有水。故藏於涸燥者宜淺，藏於坦夷者宜深。此言以中明堂爲淺深之準則，山龍之明堂常深，平地之明堂常淺。涸燥指山龍言，坦夷指平地言。《經》曰："土形氣行，物因以生。"地勢原脉，山勢原骨，委蛇東西，或爲南北。宛委自復，回環重複。若踞而候也，若攬而有也。欲進而却，欲止而深。來積止聚，沖陽和陰③。土厚水深，鬱草茂林。貴若千乘，富如萬金。《經》曰："形止氣蓄，化生萬物，爲上地也。"地貴平夷，土貴有支。支之所起，氣隨而始；支之所終，氣隨以鍾。觀支之法，隱隱隆隆，微妙玄通，吉在其中。《經》曰："地有吉氣，土隨而起；支有止氣，水隨而比。"勢順形動，回復終始，法葬其中，永吉無凶。夫重岡疊阜，群壟眾支，當擇其特。大則特小，小則特大。參形雜勢，主客同情，所不葬也。夫壟欲峙

---

① "形"，古今本作"行"。

② "自"原作"目"，不辭，據古今本改。

③ "沖"，古今本作"衝"。

於地上,支欲伏於地中。支壠之止,平夷如掌。故《經》曰:"支葬其巔,壠葬其麓。"卜支如首,卜壠如足。形勢不經,氣脫如逐。夫人之葬,蓋亦難矣。支壠之辨,眩目惑心。壠言其老也,支言其嫩也。老忽變嫩,嫩忽變老,所以眩目惑心也。禍福之差,侯虜有間①。山者,勢險而有也,法葬其所會。故葬者,原其所始,乘其所止,審其所廢,擇其所相,輔也,即纏護夾從也。龍怕孤單,故須夾輔。避其所害。淺以乘之,深以取之,闢以通之,闔以固之。乘金相水,穴土印木。外藏八風,内秘五行。天光下臨,地德上載。陰陽沖和,五土四備。是以君子奪神工、改天命。《經》曰:"目工之巧②,工力之具,趨全避缺,增高益下。微妙在智,觸類而長。玄通陰陽,功奪造化。"上地之山,若伏若連,其原自天。若水之波,若馬之馳。其來若奔,其止若屍。伏連自天,水波馬馳,言勢來若奔龍,欲其來也。形止若屍,穴欲其止也。若懷萬寶而燕息,若具萬膳而潔齊,若橐之鼓,言氣之吸也。若器之貯,言氣聚而不散也③。若龍若鸞,或騰成盤,禽伏獸蹲,若萬乘之尊也。天光發新,明堂開也。朝海拱辰,言譬水雖萬派同歸於海,星雖遍天必拱北辰。例眾水皆爲穴用,諸山皆拱此龍。龍虎抱衛,貼身龍虎,抱衛朝山,與主山之穴情相向也。主客相迎,四勢端明,五害不親,十一不具,是謂其次。山之不可葬者五:氣以生和,而童山不可葬也;氣因形來,而斷山不可葬也;氣因土行,而石山不可葬也;氣以勢止,而過山不可葬也;氣以龍會,而獨山不可葬也。《經》曰:"童、斷、石、過、獨,生新凶,消已福。"占山之法,勢爲難,形次之,方又次之。勢如萬馬,自天而下,其葬王者;勢如巨浪,重嶺疊嶂,千

---

① "虜"字,崇文書局刻本作"處"。
② "工",崇文書局刻本作"力"。
③ "不"字原作"石",不辭,據古今本改。

乘之葬；勢如降龍，水繞雲從，爵禄三公；勢如重屋，茂草喬木，開府建國；勢如驚蛇，屈曲徐斜，滅國亡家；勢如戈矛，兵死刑囚；勢如流水，生人皆鬼。形如負扆，有壠中峙，法葬其止，王侯崛起；形如燕巢，法葬其凹，胙土分茅；形如側罍，後岡遠來，前應曲回，九棘三槐；形如覆釜，其巔可富；形如植冠，永昌且歡；形如投算，百事昏亂；形如亂衣，妒女淫妻；形如灰囊，災舍焚倉；形如覆舟，女病男囚；形如橫几，子滅孫死；形如臥劍，誅夷偪僭；形如仰刀，凶禍伏逃。牛臥馬馳，鸞舞鳳飛，騰蛇委蛇，黿鼉龜鼈，以水別之，牛富鳳貴，騰蛇凶危。形類百動，葬皆非宜。四應前按，法同忌之。夫千尺爲勢，百尺爲形。勢與形順者，吉。勢與形逆者，凶。勢凶形吉，百福希一。勢吉形凶，禍不旋日。千尺之勢，宛委頓息①。外無以聚，内氣散於地中。《經》曰："不蓄之穴，腐骨之藏也。"蓋噫氣爲能散生氣，龍虎所以衛區穴，疊疊中阜，左空右缺，前曠後折，生氣散於飄風。《經》曰："騰漏之穴，敗椁之藏也。"《經》曰："外氣所以聚内氣，過水所以止來龍。"千尺爲勢，百尺爲形。勢來形止，前親後倚，爲吉藏也。後倚其圓分也，前親其尖合也。言後要有分，前要有合也。《經》曰："地有四勢，氣從八方。"故葬以左爲青龍，右爲白虎，前爲朱雀，後爲玄武。玄武垂頭，朱雀翔舞，青龍蜿蜒，白虎馴頫，形勢反此，法當破死。故虎蹲謂之銜屍，龍踞謂之嫉主，玄武不垂者拒屍，朱雀不舞者騰去。土圭測其方位，玉尺度其遐邇。以支爲龍虎者，來止跡乎岡阜。要如肘臂，謂之環抱。以水爲朱雀者，衰旺系乎形應。忌夫湍激，謂之悲泣。朱雀源於生氣，派於未盛，朝於大旺，澤於將衰，流於囚

---

① "宛委"，崇文書局刻本作"委蜿"。

謝,以返不絕。法每一折瀦而後泄,洋洋悠悠,顧我欲留,其來無源,其去無流。《經》曰:"山來水回,貴壽豐財。山囚水流,虜王滅侯。"夫土欲細而堅,潤而不澤,裁肪切玉,備具五色。乾如穴粟,濕如刲肉,水泉砂礫,皆爲凶宅。《經》曰:"穴有三吉,葬有六凶。"藏神合朔,神迎鬼避,一吉也;陰陽沖和,五土四備,二吉也;目力之巧,工力之具,趨全避缺,增高益下,三吉也。陰陽差錯爲一凶;歲時之乖爲二凶;力小圖大爲三凶;憑恃福力爲四凶;僭上偪下爲五凶;變應怪見爲六凶。《經》曰:"穴吉葬凶,與棄屍同。"《經》曰:"勢止形昂,前澗後岡,龍首之藏。"鼻顙吉昌,角目滅亡。耳致侯王,唇死兵傷。宛而中蓄,謂之龍腹,其臍深曲,必後世福。傷其胸脅,朝穴暮哭①。是以禍福不旋日。《經》曰:"葬山之法,若呼谷中。"言應速也。

---

① "暮"字原作"莫","莫"是"暮"的本字,徑改。

郭氏葬經刪定

明·黃復初刪定

【題解】

《郭氏葬經删定》一書僅見於明黄復初所輯《地理真訣二十種》,今存明崇禎九年(1636)泊陽黄氏澄心堂刻本,藏於北京大學圖書館。黄復初其人詳情已不可考,唯知其於崇禎年間刻印《地理真訣二十種》及自撰《性命真詮》十卷。

《地理真訣二十種》收録多部堪輿經典,如《葬經》、《雪心賦》、《金函經》、《賴公天星篇》等,然經黄氏改動以致各書與原貌不盡相同。黄氏於其書目後言:"以上舊典删多者曰删,少者曰纂,或微有所削者曰校,或章句錯亂,替爲改正者曰定,惟無所去取者依其本名。"①據此知《郭氏葬經删定》一書删改頗多,今將其與《四庫全書》本《葬書》比對,得見黄氏並未遵從吴澄删定内、外、雜三篇之順序,而是删去僞作,自行編排,輯爲五篇,且有補注和經義闡發。

今以《地理真訣》本爲底本,並參以《四庫全書》本《葬書》(簡稱《四庫》本)等點校於下。

---

① 《地理真訣二十種》,明黄復初撰,明崇禎九年黄氏澄心堂刻本,北京大學圖書館藏。

公諱璞，字景純。河東聞喜人。好經術，有客授以《青囊書》九卷，遂洞陰陽、曆算、天文、卜筮之術，所撰著甚多，《葬經》其一也。第其傳既久，後人妄以己意增爲二十篇，蔡西山先生删去十二而存其八，吳草廬病其擇之未精，又定爲内外雜篇，以示取捨之意。然自今觀之，猶覺有未安者，況諸家箋注互有出入，不能盡得肯綮。兹因餘暇重加參定，分爲五篇。其間微辭奥義，舊注所未發者，亦略爲拈出。雖未敢謂景純之旨窺見一班，而亦欲竊比於蔡吳二公云爾。

内篇一

葬者，乘生氣也。五氣行乎地中，發而生乎萬物。人受體於父母，本骸得氣，遺體受蔭。《經》曰："氣感而應，鬼福及人。"是以銅山西崩，靈鐘東應。木華於春，栗芽於室。蓋生者氣之聚，凝結者成骨，死而獨留，故葬者反氣入骨，以蔭所生之法也。

"乘生氣"三字，乃一書綱領。堪輿家千言萬語，終不出此學者。當以全書之旨會之，不當求解於一言半句之下也。父母子孫原係一體，本骸得氣，遺體受蔭，乃感應自然之理，豈有虛妄耶？

夫陰陽之氣，噫而爲風，升而爲雲，降而爲雨，行乎地中，而爲生氣。土者氣之體，有土斯有氣，氣者水之母，有氣斯有水。《經》曰："氣乘風則散，界水則止。"古人聚之使不散，行之使有止，故謂之風水。風水之法，得水爲上，藏風次之。《經》曰："外氣橫形—作行，内氣止生。"蓋言此也。

水流土外，故謂之外氣。外氣攔截，則内之生氣自止。引以證得水爲上之意也。

丘壟之骨，岡阜之支，氣之所隨。《經》曰："土形氣行①，物因

---

① "行"字，《四庫》本作"形"。

以生。"氣之盛，雖流行，而其餘者猶有止；雖零散，而其深者猶有聚。

有土斯有氣，故高壠之石骨、平支之土阜，皆生氣所隨也。所隨之氣，不獨正幹正枝，前去大有結作。雖其餘氣零散，猶有聚有止，緣是龍氣盛旺，故隨從之。龍與本身透陋，皆能有穴。子微云："手脚橈棹，皆有穴。"此是大龍多餘氣是也。

夫氣行乎地中，其行也因地之勢，其聚也因勢之止。葬者原其勢①，乘其止。地勢原脈，山勢原骨，委蛇東西，或爲南北。千尺爲勢，百尺爲形。勢來形止，是謂全氣。若踞而候也，若攬而有也。欲進而却，欲止而深。來積止聚，沖陽和陰。土高水深，鬱草茂林。貴若千乘，富如萬金。《經》曰："形止氣蓄，化生萬物，爲上地也。"

龍脈之來，勢高而遠，故言千尺。穴星之成，形伏而近，故言百尺。非真以尺度拘之也。若踞而候以下皆狀形止之妙。

上地之山，若伏若連，其原自天。若水之波，若馬之馳。其來若奔，其止若屍。若懷萬寶而燕息，若具萬膳而潔齊。若囊之鼓，若器之貯。若龍若鸞，或騰或盤。禽伏獸蹲，若萬乘之尊也。天光發新，朝海拱辰。龍虎抱衛，主客相迎。四勢端明②，五害不親。十一不具，是謂其次。

承言上地之妙也。囊乃無底囊，即今煅者引風之具。纔經鼓動，其氣即盛，言納氣之滿也。天光發新，氣象軒豁也。朝海拱辰，砂水朝拱也。四勢前後左右也，五害未詳。但天下之地，難得如此十全，倘其中有一不具，亦不失其爲次耳。

内篇二

地貴平夷，土貴有支。支之所起，氣隨而始；支之所終，氣隨

---

① "勢"字，《四庫》本作"起"。
② "端"，《四庫》本作"朝"。

而鍾①。觀支之法，隱隱隆隆，微妙玄通，吉在其中。《經》曰："地有吉氣，土隨而起；支有止氣，水隨而比。勢順形動，回復終始②，法葬其中，永吉無凶。"

言平洋之地，氣脈宏厚，故爲最貴。然亦須有土支岡阜，然後可考其氣之來止。善葬者，能於微茫界限觀其所鍾，而乘之則發福久遠矣。

山者勢險而有也，法葬其所會。乘其所來，審其所廢，擇其所相，避其所害。是以君子奪神功、改天命，禍福不旋日。《經》曰："葬山之法，若呼谷中③。"言應速也。

言高壠之龍，氣勢雄壯，葬得其法，發福最速也。所會、所來、所廢、所相、所害，俱詳見司馬《達僧問答》。

山之不可葬者五：氣以生和，而童山不可葬也；氣因形來，而斷山不可葬也；氣因土行，而石山不可葬也；氣因勢止④，而過山不可葬也；氣以龍會，而獨山不可葬也。《經》曰："童斷石過獨，生新凶而消已福。"

山無草木曰童。童者，童穉之義，陽氣未足，不能成生物之功，故不可葬▨或有皮▨而▨葬者⑤，間亦可裁。石山堅礭巉巖，故不可葬，若其渾淪圓净，文理温潤者，亦爲吉穴。是又在人權宜之。

夫重岡疊阜，群壠衆支，當擇其特。大則特小，小則特大。參形雜勢、主客同情，所不葬也。支葬其巔，壠葬其麓。卜支如首，卜壠如足。土圭測其方位，玉尺度其遠邇。乘金相水，穴土印木。外藏八風，内秘五行。天光下臨，地德上載。目力之巧，工力之具，趨全避缺，增高益下。微妙在智，觸類而長，玄通陰

---

① "而"，《四庫》本作"以"。
② "終始"，《四庫》本作"始終"。
③ "谷"，《四庫》本作"吸"。
④ "因"，《四庫》本作"以"。
⑤ 是處因底本模糊而殘，兹爲補三個字符。

陽，功奪造化。此段土圭二句，吳本置雜篇，其餘與下節俱藏外篇。

此言立穴之法，當於群山中擇其毛骨奇秀，神氣異於衆者扦之。若參形雜勢而真偽之不分，主客同情而汝我之不辨，則不可葬矣。土圭玉尺，皆羅經之別名，測方位者，辨其何龍、何局，宜立何向也。乘金相水，穴土印木，諸家箋注不一，獨司馬陀頭以爲作用法者得之，詳見《達僧問答》。

夫土欲細而堅，潤而不澤，裁肪切玉，備具五色。夫乾如穴粟①，濕如刲肉，

水泉砂礫，皆爲凶宅。

五色以黃爲正，赤白次之，青又次之，惟黑最凶。下章言五土四備，蓋不用黑也。

外篇一

夫葬以左爲青龍，右爲白虎，前爲朱雀，後爲玄武。玄武垂頭，朱雀翔舞，青龍蜿蜒，白虎馴頫，形勢反此，法當破死。故虎蹲謂之銜屍，龍踞謂之嫉主，玄武不垂者拒屍，朱雀不舞者騰去。

玄武穴也，朱雀兼砂水而言。

夫以支爲龍虎者，來止跡乎岡阜，要如肘臂，謂之環抱；以水爲朱雀者，衰旺係乎形應，忌乎湍激，謂之悲泣。洋洋悠悠，顧我欲留。其來無源，其去無流。《經》曰：“山來水回，貴壽豐財②。山囚水流，虜王滅侯。”

衰旺即下章“源於生氣”等也。言雖衰旺得位，而必藉乎形應，故忌乎湍激而欲其悠洋焉。

夫外氣所以聚內氣，過水所以止來龍。千尺之勢，宛委頓

---

① “穴”，《四庫》本作“聚”。

② “豐”，《四庫》本作“而”。

息，外無以聚，內氣散於地中。《經》曰："不蓄之穴，腐骨之藏也。"夫噫氣能散生氣，龍虎所以衛區穴，疊疊中阜，左空右缺，前曠後折，生氣散於飄風。《經》曰："騰陋之穴，敗椁之藏也。"

此謂得水、藏風之説。以明朱雀、龍虎之不可無也。

外篇二

占山之法，勢爲難而形次之①，方又次之。

葬之爲言，乘生氣而已矣。第氣有聚散，非形勢無以考其情。氣又有衰旺，非方位無以察其理。故形勢體也，方位用也，缺一不可者也。賴敬仙曰："龍穴成形，雖有美惡而無吉凶。至於吉凶之應，精神氣會成之也。"正猶人之形貌，有美惡而無貴賤。至於貴賤之應，骨格神氣爲之也。神氣清而骨格奇，則雖形貌未必盡美，而富貴列達功名事業，亦有見於當時，傳於後世者矣。夫龍穴之精神，不特在乎來脈之清奇，砂水之拱衛已也。裁收生旺之氣，招攝天地之靈。收四吉之山，發三奇之水，接天星，招卦氣，使其精神會於穴內，而英靈聚結和蔭祐骨，則鬼福自然以蔭所生之子孫矣。此先聖之真機，萬世不易之定論。奈何後人不明其理，乃以方位爲非。景純之書而置之雜篇，鄭注又極言以詆之，其誤人可勝言哉。

《經》曰："地有四勢，氣從八方。"寅申巳亥，四勢也；震離坎兌乾坤艮巽，八方也。是故四勢之山，生八方之龍，四勢行龍，八龍施生②，一得其宅，吉慶榮貴。以上吳本置雜篇。

大意言八方之龍，要從長生位上行來則吉。假如震龍屬木，木生於亥，其脈必得自亥上發足爲生氣，或從亥上經過亦是，餘可類推。

---

① "勢"前《四庫》本有"以"字。
② "龍"，《四庫》本作"方"。

朱雀源於生氣。派於未盛,朝於大旺。澤於將衰①,流於囚謝,以返不絕。法每一折瀦而後泄。

言明堂之水,欲其自生旺方來,流歸死墓絕而去。如木龍到頭,水自乾亥甲卯來,朝到未坤出口之類。舊説俱以形勢解之,非也。

蓋穴有三吉,葬有六凶②。藏神合朔,神迎鬼避,一吉也;陰陽沖合,五土四備,二吉也;目力之巧,工力之具,趨全避缺,增高益下,三吉也。陰陽差錯爲一凶,歲時乖戾爲二凶③,力小圖大爲三凶,憑福恃勢爲四凶,僭上偪下爲五凶,變異惟見爲六凶④。《經》曰:"穴吉葬凶,與棄屍同。"此段吳本置雜篇。

一吉、二吉、一凶,三段須以《玉尺經》之説解之。"藏神合朔,神迎鬼避",即所謂藏神合煞、神存鬼没也。但此云"合朔",其義尤明,蓋謂選合吉日耳。"陰陽沖合",即所謂陰陽品配也。"陰陽差錯"即所謂陽差陰錯也。俱詳見劉伯溫解,兹不贅。

雜篇

勢如萬馬,自天而下,其葬王者;勢如巨浪,重嶺疊嶂⑤,千乘之葬;勢如降龍,水繞雲從,爵禄三公;勢如重屋,茂草喬木,開府建國;勢如驚蛇,屈曲徐斜,滅國家亡⑥;勢如戈矛⑦,兵死形囚;勢如流水,生人皆鬼。形如負扆,有壟中峙,法葬其止,王侯崛起。

---

① "於將"二字,《四庫》本作"其相"。
② "有",《四庫》本作"直"。
③ "乖戾",《四庫》本作"之乖"。
④ "變異惟見",《四庫》本作"變應怪見"。
⑤ "嶂"字原作"障",不辭,據《四庫》本改。
⑥ "滅國亡家",《四庫》本作"滅亡家國"。
⑦ "戈矛",《四庫》本作"矛戈"。

形如燕窠,法葬其凹[1],胙土分茅。形如側壘[2],後岡遠來,前應曲回,九棘三槐。形如覆盆[3],其嶺可富。形如植冠,永昌且歡。形如投算,百事昏亂。形如亂衣,妒女淫妻。形如灰囊,災舍焚倉。形如覆舟,女病男囚。形如橫几,子滅孫死[4]。形如臥劍,誅夷偪僭[5]。形如仰刀,凶禍伏逃。牛臥馬馳,鸞舞鳳飛。螣蛇委蛇。黿鼉魚鱉,以水別之。牛富鳳貴。螣蛇凶危。形類百動,葬者非宜,四應前按,法同忌之。夫勢與形□者吉[6],勢與形逆者凶,勢凶形吉[7],百福希一,勢吉形凶[8],禍不旋日。

此別分形勢之吉凶也。但其中間不無拘泥,如龍勢之驚蛇屈曲、戈矛尖利,亦行度最奇處,有何足忌?穴形之橫几、臥劍、螣蛇委蛇,亦曾有扦之而吉者,豈盡可棄乎?斷非景純之言,吳公置之雜篇是已。

《經》曰:"勢止形昂,前澗後岡,龍首之藏。"鼻顙吉昌,角目滅亡,耳致侯王,唇死兵傷。宛而中蓄,謂之龍腹,其臍深曲,必後世福。傷其胸脅,朝穴暮哭。此段吳本載外篇。

此以龍首為喻而取穴,其中正而深藏者吉,孤露而淺薄者凶。非謂真有角目等也,但其言之未瑩,致使後人泥形。取象支離百端,貽害不淺,亦當置之雜篇。

---

① "凹",《四庫》本作"曲"。
② "壘"字原作"壘",疑"壘"為"壘"之形訛,徑改。
③ "盆"字,《四庫》本作"釜"。
④ "滅"字,《四庫》作"絕"。
⑤ "偪"字底本作"福"不辭,據《四庫》本改。
⑥ "形"字後殘一字,據下文"勢與形逆者凶",疑此字當為"順"字。
⑦ "勢凶形吉",《四庫》本作"勢吉形凶"。
⑧ "勢吉形凶",《四庫》本作"勢凶形吉"。

葬經箋注

清·吳元音撰

【題解】

《葬經箋注》一書,題清吳元音撰。吳元音,字律安,貢生,《海鹽縣志》有載。《鄭堂讀書記》所録《葬經》條下云:

> 《葬經箋注》一卷《圖説》一卷,借月山房彙鈔本。

> 國朝吳元音撰。元音,字律安,海鹽人。律安以是書爲譾陋之徒支離强解,盡失本文之旨。乃於坊刻中擇其本之有章可循,有節可次,絶無攙和誕謾之涉於荒唐者,字推而句解之,段疏而脉貫之,去其支離附會之談,透以真實無妄之理。既爲箋注,別作《圖説》以詳言之,前附名墓圖説八則,以古證今,脉絡貫通,要於"葬乘生氣"提綱一語,尤能數典出之者也。前有乾隆癸亥自序及凡例,其《圖説》前亦有自序。張若雲取其書重刊,並爲之跋。

吳元音著《葬經箋注》一書旨在訂正《葬書》錯誤之處,辨析諸家舊注之謬。其篇章順序不同於吳澄删定、鄭謐注釋本《葬書》及八篇本《葬書》,亦有別於《古本葬經》,蓋別有編排,以彰地理之旨。吳元音删定之處,如改"故藏於涸燥者宜深,藏於坦夷者宜淺"爲"是故藏於涸燥者宜淺,藏於坦夷者宜深"、改"《經》曰:'葬山之法,若呼吸中'"爲"《經》曰:'葬山之法,若呼谷中'"等,皆可知針對《地理大全》本及《四庫全书》本而言。後附《圖説》,專以四方屬氣而非三合定四十八局,其法依"乙丙交而趨戌,辛壬會而聚辰。斗牛納庚丁之氣,金羊收甲癸之靈"之訣。

是書存《借月山房彙鈔》本及《澤古齋重鈔》本。清嘉慶間常熟張海鵬刊《借月山房彙鈔》亦有收録,後不慎毀於火,書版散佚,陳璜購得殘帙,重新訂正,易名爲《澤古齋重鈔》,然今未得見《澤古齋重鈔》本,《續修四庫全書》所收《借月山房彙鈔》本即題博古齋影印本,今用爲底本,點校如下。

葬經箋注自序

地理，一理也。孔子曰："吾道一以貫之。"又曰："致知在格物。"夫吾儕讀聖賢書，解程朱理，既儼然命之爲儒，則自當通三才、明萬物，天地間無所不格，則亦何所不貫。山川無異理也，理貫萬物，獨未可貫此一物乎？農圃醫卜必有可觀，觀此理也；釣弋射御聖無不通，通此理也。理一本而萬殊則可一理推也。而形家之說，說多旁出，似乎天地之理不綜於一，而反授權於說之翻新出奇。於是乎謂地理之言，言人人殊，而殊各有驗者，吾不信也。夫程朱之理，即聖賢之所謂道，天地之所謂心。天道發見流行，隨處充滿。子在川上而曰逝者如斯，山川固與道爲體者也。地理者，即聖賢之道。程朱之理無二，道亦無二理也。何古今之名通曉宿，往往棄其程朱聖賢之學，而悉聽於不識字、不明道理之譎秘、闒媚、庸妄、陋劣者輩，以爲此必有異授焉。吾祖父之形骸托以是安，而子孫之蔭庇藉以是榮也，迨未幾生新凶、消已福，觖然失望之餘，禍不旋踵，而噬臍之悔亦已晚矣。此豈有他哉？惑於禍福之言，而不明乎是非之理也。夫地理之是非，與四子五經及周、程、張、朱《性理》、《語類》諸書本無二理。奈讀書明理之士，反聽其說而如聾，覽其說而若瞶，又豈有他哉？其故蓋不在人，而原在書，何也？地理書之紕繆不堪，而假託前人者毋論矣。即一二至當之篇，真確之傳，如《葬經》、《發微》、《青囊》、《胎腹》、《玉尺》、《金函》等文，又爲舛錯者半，攙和者半，改竄者又半，其爲本來真正遺存不過千百之什一，而僭妄譾陋之徒又爲之支離强解，如謎似讔，先賢本文之旨，始而僅得其似，既而盡失其真矣。是故讀書明理之士，刻意求解，而解卒不得，遂以不解解之。亦作强不知以爲知之者狀，然而良心難抹，畢竟未敢以爲真知，於是茫然迷、悵然悶，謂地理之與儒理判然兩途，不得不授其任於庸庸碌碌、鬼鬼怪怪之術。説玄説妙，鋪張揚厲，而一時傾聽之下，敬之如神明，事之如父母。嗚呼，豈不哀哉！余本業帖括，未嘗賣形家言以爲餬口計，然而屬文賦詩之暇，高山流水夢寐相親，是以博覽諸家、遍歷山川，以地證書，以書印地，以毫釐之不合而忘寢廢餐，直窮到底。朱子謂十事格得一兩件不妨，每事格到八九分便掉了，甚是害事。蓋以朱子格物致知之功，以格地理書，如是者四十餘年，亦若恍有豁然貫通之處。見夫所謂巒頭者，與理氣無殊；而理氣者，與巒頭不背。明乎陰陽順逆、分合饒減之法，登山不格羅經，而羅經自合也；明乎乙丙、辛壬、丁庚、癸甲之局，析理不言體段，而體段自具也。他如《撼龍》九星而廖氏主之；《玉髓》巒頭而太華宗之；《青囊》理氣而《玉尺》詳之；劉氏四科而今人從之。諸家雖有精粗本末之殊，而未嘗無深淺源流之合。其枝分派別，蓋皆具體於郭氏《葬經》一書，而流傳於後，分其肢體，各立門户而互相牴牾者也。余不自揣，乃於《葬書》坊刻中，擇其本之有章可循，有節可次，絶無攙和誕謾之涉於荒唐者，字推而句解之，段疏而脈貫之，去其支離附會之説，透以真實無妄之理，壽諸梨棗以問世，世之讀書明理必將有起而鑒我者。然而術家之錮，自謂得之秘授，向所聞知，道在是矣，其欲使之一旦盡棄其生平而翻然於余《葬經》之注，必不能也，奈何時！

乾隆八年，歲次癸亥 孟夏穀旦

海鹽縣學生 吴元音題於槐村求放齋，時年六十有七

凡例

一別諸書真妄之傳。

地理説之以僞亂真，甚於他書十倍。蓋自青烏、狐首而後代有傳文，其見於《人天共寶》、《仙婆集》、《天機會元》、《地理統宗》、《地理大全》、《山法全書》、《人子須知》等集者，不下百十餘種。而別刻單傳爲各集之所未載，又不啻千百餘家。似乎説愈多則理愈明。而今人之盡不古，若何也？此無他，亂之者愈衆，則得之者愈鮮。苟非着力窮究，反覆深討至於一源會合，未有不向岐處錯了路去。愚之披覽多矣，其中至精至妙、至純至備，無過《葬經》一書，確是魏晉人博雅名通手筆。他如《發微論》，識見高超，説理精透，《玉尺經》六篇，精當造微，尤粹。二者之言，或明巒頭，或詳理氣，皆足以發明《葬經》之説，而爲《葬經》之傳可也。惜乎注《發微》者各集所載，固皆牛頭馬嘴，即雙湖謝氏注，亦僅得其皮毛，似是而非，猶未得其真髓。至於《玉尺經》注，惟審勢一篇，尚係青田公手筆，他人亦無此本領，其餘諸篇盡壞於賴敬仙之發揮，觀內有伯温舊注云等語，知其非出於青田之筆可見矣！愚不自量，積數十年苦思力索之功，敢爲一一訂正而推明之，行將嗣刻問世。其《發微》、《玉尺》之外，如《金函》、《胎腹》、《撼龍》、《疑龍》、《粹言》、《玉髓》、《至寶》、《天寶》、《一粒粟》、《畫筴圖》、《倒杖》、《倒影》、《立錐》、《捉脈》、《管見》、《雙談》、《心印》、《泄天機》、《入式歌》、《怪穴辨惑》、《披肝露膽》、《人子須知》、《平陽正宗》，其爲互相發明者，固多其類。而僞託之訣，紕謬之説，如《青囊》大半都被攪和，《大全》所載都被改竄。《玄空》生剋進退，《天玉》四經五行，《八山》翻化滅蠻，《宗廟》秘書奇書。《水龍經》、《四彈子》、《直指原真》、《平陽全書》及天星卦例、紫氣寸白，凡一切無皮無骨，一線穿去，十不通一之書，名類甚多，皆不足觀也。《雪心賦》雖亦淺而得正，然既陰陽順逆之未明，又精微奧妙之弗出，以四子書成句，巧作駢麗語，而謂其出於朱子，固繆以牧堂之論，深於理句，謂唐人卜則巍所著，則唐人豈能逆知宋論耶？大約後人附托之名，未可遽以爲信。

一訂本文錯繆之處。

《葬經》、《青囊》、《發微》、《玉尺》四者，皆地理書之善本也。奈相傳之久，前後失次錯亂無章，未有如《葬經》、《玉尺經》之甚。其妄被改竄，則《葬經》、《發微》、《玉尺》皆有之，而舛訛之與攪和，則惟《青囊》爲尤甚焉。愚於《葬經》、《玉尺》之本文錯亂者，從諸書參訂，固皆一一得正矣。而《葬經》所云“故藏於涸燥者宜淺”反改作“深”，“藏於坦夷者宜深”反改作“淺”，與上文“雖零散而其深者猶有聚”文意不接，故字將何着落？“澤於將衰”改作“澤其將衰”，“勢如矛戈”改作“勢如戈矛”，“兵死刑囚”改作兵死形囚。此改竄之見於《葬經》者如此，其他《發微論》中，“尖”改作“圓”、“圓”改作“尖”、“陰”改作“陽”、“陽”改作“陰”、“凸”改作“凹”、“凹”改作“凸”、“深”改作“淺”、“淺”改做“深”，書之恣意改換，未有如《地理大全》之爲罪人尤甚。至於無心傳寫之訛，則有如《青囊序》：“先看全龍動不動，次察血脈認來龍。”是從巒頭大勢説到三叉結穴，即《發微論》所謂：“山本静，欲其動。動則踴，躍翔舞，而後有龍也。”未説到理氣上。下面二十四山分順逆方説理氣，坊刻諸本皆將“全”字訛刻作“金”，金與全相似，因一本訛寫而諸本從之，乃强解之者，遂以辰戌丑未四金理氣言之。又一處以"分金坐穴"解之，豈非以訛傳訛，何異春雨如膏，夏雨似饅頭之謂乎？然而相沿已久，三豕渡河，非卜子夏孰能正其爲己亥耶？若夫攙和之處，《葬經》內攙入葬乾葬坤一段，毫無意味，顯係僞術所托，較古本而知其爲繆。《青囊序》"演經立義出玄空"，謂演此順逆相交生旺互用之義，出於憑空也。術家因玄空二字，遂將玄空五行贅衍於後，將上文順逆生旺之理，反抛荒於蓁穢而莫之能究。噫！豈有先賢之書，前後顯然各別如此。《青囊》理氣之不明，所以景純源於生氣，朝於大旺之法不明也。近刻《直指原真》，未嘗不以生旺互用言之。然而自生自旺諸圖，都與《玉尺經》相悖，其尤不學無術者，將針一轉以從衰，衰字擅改作生，豈知射破生方，向少差而就絕。即生穴水城倒左向，雖死而無妨也。衝傷旺位，針一轉以從衰即旺，龍左水右歸，向就養方，何害也。其左旋水之絕位，乃右轉龍之死位，右旋水之衰位，乃左轉龍之養位，以經解經，吻合無間。愚所謂一線穿得通者，諸如此類。蓋書所難解之處，務必潛心以討之，闕疑以待之，旁通貫串而後得之，原非庸妄杜撰之輩所能曉得到此。吾鄉劉敷文，號數百萬，被徹塋秦山一葬，直龍直向，頃至銷廢，至於餓死街頭。則《原真》說之自生自旺，其爲害人不淺也。

一證諸家妄注之繆。

地理書之不明於世，大半反被注書者晦之。《經》曰："氣感而應，鬼福及人。"彼曰："世有遺骨，棄諸水火而無禍福。"此是説應乎，説不應乎？《經》曰："以勢爲難，而形次之。"勢爲大勢之聚散，形爲穴中之聚散也。彼則合形於勢，而又混勢於形，全不分明。《經》曰："夫以支爲龍虎者，來止跡乎岡阜。"明兼山之平岡，與土之阜起,而彼則單以高田勾夾言之。《經》曰"乘其所來"以言龍也,"審其所廢"以言穴也。穴有生死、強弱、厚薄、明暗,所廢者死弱薄暗耳,而彼以鋤壞言之。青田云"不幸曾經戕賊壞,再開土色驗生氣",則鋤壞未可以作廢言也。"《經》曰:"地貴平夷,土貴有支。"地對土言,土不似地之要平夷,地不似土之貴有支也,而彼則作一串説,混而爲一。"朱雀源於生氣,朝於大旺,澤於將衰,流於囚謝,以返不絕。"明以長生、沐浴、冠帶、臨官、帝旺、衰、病、死、墓、絕,以返復於胎、養、長生、十二位之理氣言也。而彼之偏廢理氣者,亦作水之形體解,獨不思楊公所謂"朝水要從生旺來,流於囚謝景純訣,流破生旺皆絕滅"。此是説巒頭乎,説理氣乎?今以《造微賦》乙丙四局發明之,然後自晉而唐,自元而明,其理氣源流,自有一定不易之經在。總之,理會書旨,須要息心靜氣,反覆再四,四面鑽研直窮到底,而後真有所得。若一味逞才使氣,率意牽扯,反使本文之語,如雲似霧。雖有智者,先入爲主,卒難曉會。愚之殫心於是四十餘年,一字不合,未敢輕以爲當云。

一闢四十八局之繆。

乾艮巽坤,四維之龍。左旋右旋,各從雙山五行之氣。以爲四方所屬,皆四時之孟氣。亥子丑,冬令也。冬屬北方壬癸水,乾亥同宮,則乾與亥皆壬癸之孟氣,左旋從壬,而右旋從癸也。四十八局以乾亥丁未左右旋,俱作甲乙論,不作壬癸論,是謂移冬作春,此因不以四方屬氣定局而以亥卯未三合頭尾字定局,錯了路去,連配龍之水都差了,則向首庫口無有不差。寅卯辰,春令也。春爲東方甲乙木,艮寅同宮,則艮與寅皆甲乙之孟氣,左旋從甲,而右旋從乙也。四十八局以艮寅辛戌左右旋,俱作丙丁論，不作甲乙論，是又移春作夏，此亦因寅午戌三合頭尾字，錯了路去，連配納向指都差。巳午未，夏令也。夏爲南方丙丁火，巽巳同宮，則巽與巳皆丙丁之孟氣，左旋從丙，而右旋從丁也。四十八局以巽巳癸丑左右旋，俱作庚辛論，不作丙丁論，是又移夏作秋，亦因巳酉丑頭尾字差去，而相連盡差。申酉戌，秋令也。秋爲西方庚辛金，坤申同宮，則坤與申皆庚辛之孟氣，左旋從庚，而右旋從辛也。四十八局以坤申乙辰左右旋，俱作壬癸論，不作庚辛論，是又移秋作冬，亦因申子辰頭尾字，一差盡差。細玩所繪之圖，都作順龍順水，生旺反背，死絶到堂。如亥龍左轉謂甲氣當出未；亥龍右轉謂乙氣當出戌，而不知其右轉從癸，當出未；左轉從壬，當出辰也。寅艮巽巳坤申三處，及乙辛丁癸辰戌丑未四處，其誤皆同。《玉尺經》乙丙趨戌四局之注，亦被賴敬仙作如此解，未知賴注在前，抑四十八局在前？相傳嘉隆間，歐陽鷟圖此四十八局，而世人謂其傳自吳景鸞者，大繆。今爲具圖於後，改四十八局爲二十四局從雙山也。

一附推明切要之圖。

地理之圖最繁，龍之圖百計，穴之圖千計，龍穴砂水出於諸家各立之圖，大約可以萬計。苟不求其本，而專務其末，形之不同如其面，然其能盡天下之面而一一圖之耶？青田公解譚授《一粒粟》，於起主個字巔曰頭首；於凸起節包曰額門；於第二分水曰兩眉；於第三分水曰兩眼；於毯簷爲鼻準；於葬口爲人中；於薄口爲下頦；於合襟爲髭鬚。如此則雖千形萬狀，要皆不離乎一面。曰玄武頂、曰落頭脈、曰化生腦、曰軟硬蟬翼、曰大小八字、曰蟹眼蝦鬚、曰天心十字、曰兩片三叉，無不可以一圖概之。然而陰來陽受，陽來陰受，逆來順取，順來逆取，既陰陽順逆之難明，而龍虎左右則又有先到後到之分。厚薄明暗，則又有邊生邊死之異；上下正架，則又有蓋粘倚撞之別；脈突窟息，則又有窩鉗乳突之名；左旋右旋，則又有龍水生旺之交；順龍順水，則又有射破衝傷之救。不明乎此，雖熟千形萬狀，究屬皮毛。苟明乎是，推之千形萬狀，一以貫之矣。張子微之《玉髓真經》、廖金精之《九星穴法》、劉江東之《三十六形》以及夫畫筴、撥砂、倒杖、砂斷等類，爲圖甚廣，不勝枚舉，博而通之固佳，約而推之亦合。愚蓋於諸圖繁叢中，繪其圖之至切至要而不得不明者，新舊共五十圖。又諸書傳載名墓，略舉注明某龍某向，可以取證者。得八圖附載於後，以待細心理會者之按圖一索云。

葬者，乘生氣也。

生氣，聚氣也。氣聚而後能生，不聚則不生也。此一句解所以葬之之理，而下文乃詳言之。

五氣行乎地中，發而生乎萬物。人受體於父母，骨骸得氣，遺體受蔭。《經》曰："氣感而應，鬼福及人。"

此言地與父母之氣，父母與子孫之氣，總爲一氣相通。五氣即五行之氣。感者，同氣相觸而動也。水流濕，火就燥，雲從龍，風從虎①，皆言同氣之有觸而應。故父母之氣感乎地，則子孫之氣應乎父母。所謂"鬼福及人"者，父母之鬼福及乎子孫之人也。父母骨骸得地氣而發生，亦同此理。

銅山西崩，靈鐘東應。木華於春，栗芽於室。

靈鐘與銅山有東西之隔，栗之與木亦有在外在室之殊。然而銅山崩則靈鐘鳴，木華春而栗芽室，猶父母與子孫，雖有形骸之隔、生死之殊，而鬼有福則人自及之。四句證明父母與子孫，同氣相觸而自應也。

蓋生者氣之聚，

先儒謂氣至則生，氣返則死，聚則有至無返，氣凝而不散，故能成形。朱子《中庸注》所謂"氣以成形"也。

凝結者成骨，死而獨留；

骨乃聚氣所凝結者，故能死而獨留。

葬者反氣納骨，以蔭所生之法也。

反，猶復也，既往而復返也。父母骨骸本五氣之凝結而成，死乃氣散，葬則復將五氣返納於骨，以庇所生之法。

○自首句至此，反覆推明地與父母之骨、父母與子孫之體，本爲一氣感通。是以設立葬法，其法並非虛誕，乃出實理之所爲。

夫陰陽之氣，

陰陽二氣，乃五氣之所由生。朱子《太極圖說》謂"陽變陰合而生水、火、金、木、土"也。

---

① "虎"字原作"火"，不辭，按《易》曰："雲從龍，風從虎，聖人作而萬物睹。"據改。

噫而爲風，

口咳出氣爲噫，風則天地之咳氣也。

升而爲雲，降而爲雨。

張氏《正蒙》："陰爲陽得，則飄揚爲雲而升；陽爲陰累，則相持爲雨而降。"

行乎地中，而爲生氣。

陰陽五行，行乎地中，以爲生物之氣。

《經》曰："氣乘風則散，界水則止。"

蔡氏《發微論》："八風不動則有氣，四水交流則有脉。"二句乃山法尋龍立穴之要語。蓋氣定則凝，氣逐則散，乘風而散者，爲風所逐也。土爲氣之體，界水則土絶，而氣無與爲體，故不行而止。下文"氣因形來，而斷山不可葬"，亦正謂土絶而氣不能來也。

古人聚之使不散，行之使有止，故謂之風水。

古人相地之法，無過聚止二字，風水之名，不外乎此。

風水之法，得水爲上，藏風次之。

得水有四等，如領襟三匝，一也；如衣領之襟襟左右交匝，橫抱過堂，二也；圓抱者爲金城，方直者爲土城，水聚天心，三也；四面之水聚堂成潭，當面朝陽，四也。勢如朝宗，面前屈曲特來，四者龍止氣住，故爲要也。藏風次之者，得水而不藏風，則無龍砂，或水纏左邊，本身龍虎短縮，猶有外山近抱，可惜爲龍虎者。總之四面水抱氣，猶匝而不散。藏風而不得水，則氣隨水走，雖藏何益？故藏風較得水爲第二項，非謂其緩而不必顧慮也。

夫土者氣之體，有土斯有氣；氣者水之母，有氣斯有水。《經》曰："外氣橫形，内氣止生，蓋言此也。"

此一節，正以明得水之爲上也。蓋水土與氣相爲表裏，無土則氣無所托，無氣則水無以生。故水流土外，謂之外氣。氣藏土中，謂之内氣。外氣橫界，則内氣之止生可見矣。

○自陰陽之氣至此，發明地之生氣，不外得水藏風二者，而得水則更爲緊要耳。

丘壠之骨，岡阜之支，氣之所隨。

丘壠，高山也。岡阜，低阜也。高山石骨，低阜脉支，皆言入首脉氣之來。或骨或支，氣所隨也。

○自此以下至爲"上地"也，總論壠支形勢之妙。"地貴平夷"以下至"永吉無凶"，專論支。"山者勢險而有也"，至是謂其次專論壠。

《經》曰："土形氣行，物因以生。"

土成形而爲氣之體，氣乃行乎其中，於以生乎萬物，此二句引《經》以明上文之意也。

何以言之？

此句單承岡阜來，言何以見得岡阜之氣，支亦隨之。

氣之盛，雖流行，而其餘者猶有止。雖零散，而其深者猶有聚。

蓋氣之旺盛，雖落平陽隨水流行，而其餘氣所鍾，尚有所止。雖走岡阜，支脈零散而沉深之處，自有聚氣，深葬亦能獲福。

是故藏於涸燥者宜淺，藏於坦夷者宜深。

是故丘壠宜淺，岡阜宜深，是故二字承上。深者，猶有聚來，訛本改作"涸燥宜深，坦夷宜淺"，大謬。

《經》曰："淺深得乘，風水自成。"

太深氣從上過，太淺氣從下行，須得恰好乘氣，方成風水。

○自"何以言之"至此，乃單論岡阜之支，下文仍又總論壠支形勢。

夫氣行乎地中，其行也因地之勢。

土形氣行。

其聚也因勢之止。

外氣橫形，內氣止生。

葬者，原其起，乘其止。

蔡氏《發微論》謂："其出也，有分水以導之；其沒也，有合水以界之。"氣起於出而終於沒，有出有沒，龍穴融結。又云："真他融結，有三分三合。"穴前後，一分合；起主至龍虎所交，二分合；祖龍至四水交會，三分合。此皆"原其起，乘起止"之謂也。若夫推而廣之，如所謂起伏頓跌，胎息崩洪，蛛絲馬跡，鶴膝蜂腰。論五行，則又有穿落傳變；論九星，則又有貪巨門武破。其爲行龍法度，詳於諸家之説者甚夥，然大約不出三分之論，最爲緊要。

　　地勢原脉，山勢原骨。

地指岡阜，山指丘壠。原者，原其起與止也。

　　逶迤東西，或爲南北。

《説文》：“逶迤，衺去貌。”長箋逶迤有委曲意。《左傳》作“委蛇”。《蘇秦傳》“嫂委蛇蒲服”，總言來勢軟活曲動，不拘東西南北。

　　千尺爲勢，

言其來勢之遠。

　　百尺爲形。

言其靠穴之近。

　　勢來形止，

蔡氏《發微論》：“勢雖順水而來，形必逆水而就。”

　　是爲全氣。全氣之地，當葬其止。

即上文乘其止之謂。

　　宛委自復，

楊筠松謂：“龍形如磨轉。”又云：“宛轉回龍似掛鈎。”

　　回環重複。

龍既回逆，則龍虎賓主，四面回環，外砂拱抱，隻隻向内，重重包裹，乃爲藏風納氣之地。下文“左空右缺，前廣後折”，正反此以言之也。

　　若踞而候也，

踞，箕踞也，坐申兩足之樣如箕。玄武頂主星，象身首，左右龍虎象申兩足，灣兜如箕之形狀。候者，前面朝山有似賓來，而我坐地以候之，蓋賓主相迎之意也。

　　若攬而有也，

攬者，以手撮持之。謂龍虎左右砂嘴，如伸手摸物之狀。有者，有物在中爲案也。形類不一，總要端正圓秀，不反不竄爲吉。否則面前交互兜收，堂氣融注在内，無案亦吉。

　　欲進而却，

言勢之來而止。

欲止而深，

言形之止而不進，則深以藏之。

來積不散，沖陰和陽。

言此深藏之氣，有來無去，則積而不散。自然陽去沖陰，陰來和陽，陰陽相得，不孤不虛，旺相和平，男女於此媾精，萬物於此化生。諸家所謂陽來陰受，陰來陽受，止積之地，自然如此。若不化之地，純陰純陽，必非止積可知。

土高水深，鬱草茂林。

沖和之地，必然如是。

貴若千乘，

形勢崢嶸，擁簇高昂，若千乘也。

富如萬金。

形勢豐滿，充足盈裕，若萬金也。

《經》曰：“形止氣蓄，化生萬物，爲上地也。”

此以上兼壠支言之。

地貴平夷，

地，平地也，與地勢原脉地字不同。彼兼土阜，此尊平陽，故貴平田，不必如支之高低起伏。

土貴有支。

土，高阜也。土之爲言吐也，言地中吐出者也。《説文》：“土字從二，象地，從丨，象地中物挺出形。”貴有支者，貴牽連支阜而來，否則突然以起非有結作，此言山灘、平原、高阜之地如此。今之地師，不論山原平洋，概以高低起伏爲言，曰毛脊，曰蛛絲，曰串珠。種種以山鄉土阜之法，相杭嘉湖、蘇松常鎮之水地平洋，忘却上句“地貴平夷”之語，大繆。殊不知山地出於自然，故高低可論，而平地之高低，非由竹園基地，則皆墳墓之遺址也。

支之所起，氣隨而始。支之所終，氣隨以鍾。

此明土之所以貴有支也，同下文氣因形來之意，但彼言山而此言土耳。

觀支之法，隱隱隆隆，微妙玄通，吉在其中。

"隱隱"，隱約之間。"隆隆"，高突之意。"微妙"，不大顯著也。"玄通"，可以默會也。言其起處高低起伏而來，如草蛇灰線、蛛絲馬跡、藕斷絲連，種種諸式，亦有轉接，亦有剝換。到頭盡處，月角兜收，交襟合度，亦有砂交水會，但其高不過尋丈，低則至於尺寸。其妙甚微，識之頗玄，言在其中者，不向此中求吉而吉却在其中也。

《經》曰："地有吉氣，土隨而起。"

地有吉氣，吐出而爲土阜。

支有止氣，水隨而比。

其來也，有水以導之。其止也，有水以界之。

勢順形動，

遠勢順水而來，近形交會而止。

回復終始。

回復，即上文宛委自復。終始，即上文回環之意。

法葬其中，永吉無凶。

自"地貴平夷"至此，是言坦夷龍，以別丘壠涸燥。"地貴平夷"一句，言平陽不必有支，全憑溪河之水，來去順逆，交會合襟，便爲吉地。"土貴有支"以下，乃皆言支也。

山者，勢險而有也。

此以下至"是謂其次"，乃論丘壠涸燥，明其當取，言其當捨，而又論其大勢必當如此，然後爲上地也。

法葬其所會。

會，即止聚之處。

乘其所來，審其所廢。

二句以龍穴言之來廢，如蔡氏《發微論》所論雌雄、强弱、生死、微著、分合、聚散、順逆、饒減、浮沉、淺深等項，皆是也。

擇其所相，避其所害。

二句以砂水言之，古人言砂水明堂，合成吉凶，故當重也。砂如龍虎應樂，腦圓方尖，高於吉秀，峙於旺相以及貼身蟬翼，坐下欄案，種種吉砂。水如交襟界合，灣環注蓄，來於旺相，流於囚謝以及囊聚天心，陽朝當面，種種吉水，皆所相也。害則反是言之。當有而缺，當無而見，諸般惡煞，法宜避之。《發微論》所謂："山川變態不一，咫尺轉移頓殊。"《玉尺經》所謂："當趨而趨，當避而避。"皆下文"趨全避缺"之意。

是以君子奪神功，改天命。

乘審擇避，其功在人，而不在神；窮通壽夭，其命在天，而不在我。然神功既爲人奪，則天命自可改禍爲福。

禍福不旋日。

旋者，周而復始。不旋日者，不待來日，蓋甚言其速也。

《經》曰："葬山之法，若呼谷中。"蓋言速也。

儘有不利初葬者，或元辰直出，或玄武嘴長，或明堂傾側。雖真龍而穴怪，未免亦有此病，更或年月未善，或裁成不合法度，或淺深不得恰好，此則人事又有不齊，否則未有不旋至立效者。

○自"法葬其所會"以至此，是明以當取。

山之不可葬者五，

此言尋龍當先除此五者之惡。

氣以生和，而童山不可葬也。

砂礫之地，氣不生和，故無草木。

氣因形來，而斷山不可葬也。

縱或穿田渡河，必有蹤跡可尋。不接之接，似斷非斷，方爲有來。否則四面無來，或經鑿斷，皆不可葬。地師多以窄地小圩、斷連無來誤葬，可怪。

氣因土行，而石山不可葬也。

即石山土穴，亦穴內自有通土處。在於石板之下方有氣行，然有間氣所鍾，儘有石中間土，未可輕謂之土穴而葬。

氣以勢止，而過山不可葬也。

凡闖騎斬截等諸穴，以及大地腰落，回轉城廓，都是有界合止積之勢。若無界合止積，休誇其巧怪。

氣以龍會，而獨山不可葬也。

即平陽一凸，亦自有倒地龍虎案應，水會砂交，故不爲獨。若了然一山，並無照應會聚,斷不可葬也。

《經》曰:"童斷石過獨,生新凶而消已福。"

新凶,新增之凶。已福,已有之福。

○自"山不可葬者五"至此,是明其當捨。

上地之山,

此以下言山之大勢當如是也。

若伏若連,其原自天。

祖龍辭樓下殿,起伏高低之勢,如自天而降也。

若水之波,若馬之馳,

言其踴躍翔舞,其疊嶂若水之波,而隊逐若馬之馳。

其來若奔,

來勢如趨。

其止若屍,

止形住勒。

若懷萬寶而燕息。

左右環列萬狀,而一人燕居息處乎其中。

若具萬膳而潔齋。

案外羅列如膳,與前朝賓主潔齋相見,"潔齋"二字見《周易》。

若橐之鼓。

無底曰橐鼓者,氣之滿也。或疑作裹。

若器之貯,

到頭作穴,陽來陰受,若橐鼓。陰來陽受,若器貯。

若龍若鸞,或騰或盤。

言四面灣趨,婉蜒翔舞也。

禽伏獸蹲,

承上二句,言如禽之伏,獸之蹲。

若萬乘之尊也。

承上七句來，言如是則有若萬乘之尊富也。

天光發新。

日月照臨乎上。

海朝拱辰。

江海朝宗於外。

四勢端明。

玄武、朱雀、青龍、白虎，端正明白。

五害不親。

無童、斷、石、過、獨之害。

十一不具，是謂其次。

若上文所云，乃爲上地，十缺其一，便謂其次矣。

夫葬以左爲青龍，右爲白虎，前爲朱雀，後爲玄武，

此以下言山之近勢，因上文四勢而詳言之。青龍本東方蒼龍七宿，白虎本西方白虎七宿，朱雀本南方朱鳥七宿，玄武本北方玄武七宿。而兹不論東西南北方位，而第以左右前後言之，此地法也。蓋二十八宿，附天而行，四時遷轉，不定於東西南北，故但可以前後左右言之。

玄武垂頭，

垂脉降勢。

朱雀翔舞，

兩翼拱向趨朝，如衣之所繡團鶴相似。翔言其回。舞言張翼端拱也。然亦不能盡得如是，但要有情來向，端整秀麗，不竄不背，不拘高低，只要劉青田所謂尖、圓、方三字。

青龍蜿蜒，

蜿蜒，蟲盤曲貌。言委婉回環也。

白虎馴頫，

頫，音俯，低頭也。馴頫，低頭而馴善也。

形勢反此，法當破死。

此形字，與"百尺爲形"、"形"字稍異，蓋彼專坐山之形，此兼四勢山形也。

故虎蹲謂之銜屍，

蹲，猶踞也。昂頭踞足，反馴頫言之。

龍踞謂之嫉主，

獸坐直前，兩足撐地曰踞，與人坐之箕踞不同。

玄武不垂頭者拒屍。

來無落頭，降勢爲拒。

朱雀不翔舞者騰去。

不回翔拱向也。

夫以支爲龍虎者，

此因丘壠龍虎而及岡阜土支之龍虎。

來止跡乎岡阜，要如肘臂，謂之環抱。

岡阜則自無蹲踞之狀，惟要環抱乃佳。

以水爲朱雀者，

此因上丘壠之朱雀而及水之朱雀。毋論山龍、平地、土阜皆有之，而平地土阜則較多山龍耳。

衰旺係乎形應。

龍內氣之衰旺係乎水外氣之形應。

忌夫湍激，謂之悲泣。

湍激，衝瀉也。反乎灣環悠揚，止蓄囊聚，故凶。謂之悲泣者，不特瀉聲爲可憎也。

朱雀源於生氣，派於未盛，朝於大旺，澤於將衰，流於囚謝，以返不絕。

此言羅經二十四方位也。以二十四而併爲十二，則有雙山之號。以申子辰、亥卯未、寅午戌、巳酉丑生旺墓，配爲水木火金四局，則有三合之名。以八干左旋右旋八長生，配合龍水陰陽交媾，則又有生旺互用之法，總不出長生、沐浴、冠帶、臨官、帝旺、衰、病、死、墓、絕、胎、養十二項，以配十二支，即所謂生氣未盛，大旺將衰囚謝也。源者，發源派者分流。朝者，特朝。澤者，止蓄。流者，出口。以返不絕，謂病、死、墓、絕而復胎、養、長生也。作用詳《玉尺經》，茲爲大略言之。龍若右旋，如掛鈎樣，水即從鉤內左旋,灣環界住龍頭之脉,而長生即從鉤內起,不外寅申巳亥四者,爲自生趨旺。彼龍之右旋,長生却從子午卯酉四者上起,爲自旺朝生。龍水兩邊,順逆轉逢,同歸一墓,此所謂生旺互用,玄竅相通也。龍若左旋如掛鉤樣,水即從鉤內右旋,灣環界住龍頭之脈,而長生亦即從鉤內起,不外子午卯酉四者,爲自旺朝生。彼龍之左旋,長生却從寅申巳亥四者上起,爲自生趨旺,龍水兩邊順逆轉逢,同歸一墓,亦所謂生旺互用,玄竅相通也。《造微賦》:"乙丙交而趨戌,辛壬會而聚辰,斗牛納丁庚之氣,金羊收癸甲之靈。"即此生旺互用,玄竅相通之法。蓋東方爲甲乙木,龍從南方發足,轉入東方,入首無論寅位、甲位、卯位、乙位、辰位,入首皆謂之乙氣流行,生午旺寅墓戌。水無論寅位、甲位、卯位、乙位、辰位發源,總以自東轉入南方倒右,皆謂之丙氣流,生寅旺午墓戌。龍從北方發足,轉入東方,入首無論寅位、甲位、卯位、乙位,辰位,皆謂之甲氣流行,生亥旺卯墓未①。水無論卯位、甲位、寅位、艮位、丑位、癸位發源,總以自東轉入北方右倒者,皆謂之癸氣流行,生卯旺亥墓未。舉東方甲乙爲例,而南方丙丁,西方庚辛,北方壬癸,皆可例推。其四維乾、坤、艮、巽,各從雙山同宮推之,總不出太極圖、陰陽交媾之圖。此即周、程、朱、張參天兩地,貫通三才之至理也。地理法,所重龍水相交,雌雄相配,其義蓋盡於此。《青囊經》二十四山分順逆,陽從左邊團團轉,陰從右畔轉相逢,亦即此法。但其因謝去水之處,必要逆水之砂兜收逆水,會合於交龍大勢,倒左倒右之水,方爲交襟界合,否則裏頭不蓄。雖有交龍水界,仍如不界,其向指必要朝交龍水之官、旺、衰三字,所謂朝於大旺也。切不可朝逆砂內之逆水,蓋朝逆水則死絕到堂,滿盤皆煞。庸師每以逆砂誤指翻身作案,其害甚不淺矣。

　　法每一折瀦而後泄,悠悠揚揚,顧我欲留,來不見源,去不見流。

　　此言水之行度,曲折頓聚之形勢也。折,指交互轉接之處。瀦,則深聚停蓄,悠悠揚揚,狀其瀦蓄之象。顧我欲留,狀其欲泄不泄之意。來不見源,其來曲也。去不見流,其去折也。至於面前,却要見其灣環悠揚。

　　《經》曰:"山來水回,貴壽豐財。"

　　山如磨轉而來,水似環回而去。須一左旋,一右旋,如太極圖陰陽互根之樣,則山

---

① "卯"字原作"寅",不辭,按亥卯未合木局,據此改。

水雌雄交度,生旺互用,貴壽且豐財也。

山囚水流,虜王滅侯。

囚則反背走竄而不來,流則反跳直瀉而不回,如此砂飛水走,王則虜而侯則滅也。

○自"葬以左爲青龍"至此,承上文四勢言之,兼丘壠、岡阜、平地三者。

《經》曰:"勢止形昂,前澗後岡,龍首之藏。"

言後岡象龍身之來,而昂頭勢止。有似龍頭,則爲龍首。立穴有正求、架折二者。

鼻顙吉昌,角目滅亡。

後岡斜來,結穴必正,所謂逆中取順。若角目之處,則逆龍逆穴,滅亡之禍。

耳致侯王,唇死兵傷。

後岡直來,結穴必側,所謂順中取逆。若唇口之處,則順龍順扦,故死於兵傷。以上二者順逆,俱只在後龍與脉到頭立局上分別,未說到脉與向坐上。若夫脉與向坐,只在本山之面。論上面落脉與下面合襟,不論後岡。凡落脉與本山之頂不對,而斜來爲逆,脉下合襟之尖,却與本山之頂相對,則對合襟爲坐向,便是逆來順取。若落脉與本山之頂相對,直落爲順,脉下面合襟之尖,却與本山之頂不對,則對合襟爲坐向,便是順來逆取。總之向坐與本山之頂有順有逆,而坐向與脉則無有不逆者也。其法詳於古傳不知姓名之七圖內,茲爲附載於後。此又是立向細作功夫,本文未及言之。

宛而中蓄,謂之龍腹。其臍深曲,必後世福。

龍首是撞背龍,龍腹是腰落龍。撞背有直來斜來之分,腰落則回環委宛,有似龍肚屈轉,故爲龍腹。其穴止有一臍,蓋龍勢回來凹曲之中,包藏之深密,如龍之臍。深言交互之內,曲言凹轉之中也。

傷其胸脅,朝穴暮哭。

言不當臍處而穴於太早之地,閃於左右之旁也。

○自"勢止形昂"至此,言來龍到頭作穴,大約不外首腹二者。學者分得明白,勝讀《撼龍經》一卷矣。

夫人之葬,蓋亦難矣。

此以下至終篇,復將前篇所言重舉而申詳之。因以論夫三吉六凶,爲葬者所必當究心者也。

支壠之辨,眩目惑心。

似支而壠，似壠而支，支中之壠，壠中之支，亂於目而疑於心也。

禍福之差，侯虜有間。

辨得真確，則得其葬而福爲侯。若一差錯，則失其福而禍爲虜矣。

夫重岡疊阜，群壠衆支，當擇其特。

山脊曰岡，土山曰阜，石骨曰壠。壠支既已分明矣，而群衆之中又當擇其獨異，以爲主星。

○此岡字，以壠言之。

大則特小，小則特大。

衆山皆大而此獨小，衆山皆小而此獨大。《玉尺經》所謂“祥雲捧月，群雁賓鴻”，亦是特小持大之意也。

夫支欲伏於地中，

支無石骨，須沉埋地中，方有止聚。否則高如壠峙，氣爲風散而不蓄。

壠欲峙於地上。

壠有石骨，其氣不深不高，則無以蔽風，而氣不能蓄，故雖特小，亦必四山高峙，形勢方爲得經。

支壠之止，平夷如掌。

支雖欲伏，壠雖欲峙，而其止積之處，則皆平坦如掌也。蓋陽落有窩，窩中之突，固爲平坦。陰落有脊，突中之窩，亦見平夷。

故支葬其巔，壠葬其麓。卜支如首，卜壠如足。

既曰支欲其伏，壠欲其峙。又曰“支葬其巔，壠葬其麓”何也？蓋支柔也，壠剛也。柔伏而剛峙，其理當如是也。至其止處，支則平夷在巔，壠則平夷在麓。在巔者，既伏而後升，其氣自下而上也。在麓者，既峙而後降，其氣自上而下也。自上而下者，發越在外，故宜淺。自下而上者，收藏在内，故宜深。淺深自有一定之理。《地理大全》將前面“故藏於涸燥者宜淺”句，反改作“深”，“藏於坦夷者宜深”句，反改作“淺”，不但道理不明，妄自改竄，連上文“雖零散而其深者猶有聚”句，都不照顧，則故字將何着落？諸如此類，豈不可笑。

○自支壠之辨至此，申詳前篇支壠之義也。

土圭測其方，

羅經二十四位也,理氣作用蓋本此。

玉尺度其遠邇。

十道天心及步龍步水,淺深吞吐等所用。

乘金相水,穴土印木。

印,合信也。取證佐以爲符驗也。一本作"應",古注云:"凝結者金,流行者水,正應者木,沖和而收藏者,土也。"其說甚得。蓋化生圓腦,如金之凝結而成。乘猶乘蓋之乘也。兩旁貼身腮水,流行曲抱,有夾輔之義,故曰相。正應之木,謝覺齋以兩邊夾耳砂言,以其恰好證佐,故曰印。穴居其中,沖和四備,收藏在內,故言穴土。不言火者,火性鑠金,無有融結,故穴內不取。

外藏八風,內秘五行。

乾、坎、艮、震、巽、離、坤、兌八方高峙,則八風不動,故曰藏。秘則隱寓之也。乘金、相水、穴土、印木,隱寓五行之形氣在內,故曰內秘。非謂其有所諱而不宣也。後來說五星者,本此推之,以上四句,承上土圭而因推及焉。

龍虎抱衛,主客相迎。

二句承上玉尺而亦推及焉,抱衛相迎,四勢灣抱有情也。

微妙在智,觸類而長。

其中變通,如土圭方位之局,玉尺達邇之勢,千變萬化,隨地而施,皆不可以一格求之。惟智者方能推類旁通,得其微妙所在。

玄通陰陽,功奪造化。

玄,微妙也。智者,微妙之識,通乎陰陽。其土圭玉尺之功,可以奪化工也。

○自土圭測其方位至此,言支壠得穴之後,更有土圭玉尺,作用神妙,人事可以贊乎天地。

占山之法,以勢爲難,而形次之,方又次之。

此因上文論及方位,乃又總而論之。地理家有勢、形、方三者,大率以形勢爲要也。難是不易得之意。

形勢不經,氣脫如逐。

土形氣行,形勢反常,其氣不蓄也。雖方位合法,究何益哉?此一段總論形勢之爲重。

勢如萬馬，自天而下，其葬王者。

萬馬，言其來勢之奔騰。稠多廣衆，隊隊向前，自天而下，勢極弘壯，故爲王者之概，此惟龍身最高巔上望之，乃見其妙。

〇此以下至"生人皆鬼"，是專論勢之吉凶有如此。

勢如巨浪，重嶺疊嶂，千乘之葬。

重嶺疊嶂，有如巨浪之勢，其層疊衆多，降於萬馬之自天而下一等，故爲千乘。

勢如降龍，水繞雲從，爵禄三公。

來勢踴躍翔舞，高低起伏，旁有護從，如降龍之繞從雲水，故爲從龍之象。

勢如重屋，茂草喬木，開府建國。

屏障端崇，三重五進，茂草喬木以蔥鬱之，此爲勳戚故舊家象，故爲開府建國。

勢如驚蛇，屈曲徐斜，滅國亡家。

降龍高低起伏，如雲中出没，而驚蛇則無起伏高低。降龍委蛇宛復，不大爲屈曲，而驚蛇則屈曲太甚。一樣如是，降龍朋從砂水，不肯單行獨走，而驚蛇則獨自徐斜，斷然無護纏爪牙。

勢如矛戈，兵死刑囚。

直如矛刺，轉如戈勁，皆主兵刑。

勢如流水，生人皆鬼。

直走順飛，並無回逆止聚之勢，則生人皆絶滅。

形如負扆，有壟中峙，法葬其止，王侯屈起。

形，指穴後靠山之形。扆，御屏也。君王御極，樹屏座後，有壟中峙，儼如大貴人負扆而坐，故爲極貴之象。止乃小八字交合處。

〇此以下至"法同忌之"，專論形之吉凶，自"負扆"至"其巔可富"，是論形之吉者。自"仰刀"至"所不葬也"，乃論形之凶者。

形如燕巢，法葬其凹。胙土分茅。

背後靠山，灣兜似燕巢，葬於兜中凹處，主分藩得國。

形如仄罍，後岡遠來，前應回曲，九棘三槐。

仄同側。郭璞云："罍形如壺，大者受一斛。"爲酒器，又爲盥器。側，斜放倒也。坐山星體形似側疊，後來遠岡，前應曲回，此類之形，士公卿大夫。

形如植冠，永昌且歡，

植，植立也。冠形不一，大約峙而不銳，方而無棱，反乎覆釜之塌且圓者。此中得穴，永爲昌盛而歡樂者也。

□如覆釜①，其巔可富。

此即支葬其巔之謂。氣自下而上，故穴於頂處平夷之中，須四面山回，方不露風。前二項，是仰掌覆掌之分，此二項是高峙矮平之別。

形如仰刀，凶禍莫逃。

脊棱轉銳，長直如刀。

形如臥劍，誅夷逼僭。

臥劍仰刀，皆眠狹長直之形，仰刀則有脊棱而臥劍則無棱起。

形如橫几，子滅孫死。

橫直方板，橫几之形。

形如覆舟，女病男囚。

面平而長，兩旁直下，中闊而兩頭尖狹也。

形如灰囊，災舍焚倉。

有底曰囊。灰囊，兼色言也。

形如亂衣，妒女淫妻。形如投算，百事昏亂。

亂衣，謂如衣折不直垂而橫掀。投算，謂如齒梳不整齊而斜寘。二項總以雜亂言之，各爲所肖而意會之可也。

參形雜勢，主客同情，所不葬也。

言穴後靠形之惡者，不勝枚舉。總以錯雜混亂而無整齊尊特，皆不可葬。

夫牛臥馬馳，鸞舞鳳飛，

牛馬鸞鳳，皆吉形也。

○此以下至"法同忌之"，乃承上文穴後靠山之形，而推廣及於前後左右。飛潛動

---

① 底本缺一字，據補一個缺字符，當爲"形"字。

三者,動收之形,凶多吉少,其石之似牛馬等形,作後鬼尤忌。

> 騰蛇委蛇。

凡委蛇者,爲騰蛇之凶形。

> 黿鼉龜鼈,以水別之。

凡在水者皆是,亦凶形也。

> 牛富鳳貴,

牛臥馬馳者富,鸞舞鳳飛者貴。

> 騰蛇凶危。

騰蛇及黿鼉龜鼈等象,皆凶危之形。

> 形類百動,葬皆非宜。

此又因騰蛇等凶形而推廣言之。凡諸般動物之象,皆屬不宜,豈可應見。

> 四應前後,法同忌之。

前後左右,都要檢點。《金函經》十二劫煞,亦要照顧。曾文辿云①:"劫煞照破,全無地。"

> 夫勢與形順者吉,勢與形逆者凶。

《虞書》云:"惠迪吉,從逆凶。"勢與形,皆善則順而吉,皆惡則逆而凶。訛本改作"葬與形順"與"勢與形逆"句,語意不貫。蓋此二句,總結上文形勢二者。不可不經,須皆要順爲吉。下四句,方轉到不可得兼,則形却切要於勢也。

> 勢凶形吉,百福希一。

蔡氏《發微論》:"有大勢之聚散,有穴中之聚散。"來勢不善而近形却好,則小有結聚,猶可希冀,其一福。

> 勢吉形凶,禍不旋日。

來勢雖好,而近形不善,則穴不在此。葬之,其禍立至。

> 夫外氣所以聚內氣,過水所以止來龍,

此以下至"腐骨之藏也",是申結前篇"得水"二字。

---

① "辿"字原作"迪",不辭,徑改。

千尺之勢，宛委頓息，外無以聚，内氣散於地中。

有來龍而無界水，則其氣不聚，散於地中，故得水爲上也。

《經》曰："不蓄之地，腐骨之藏也。"

引《經》以明上文。無水爲聚，其氣不蓄，則其骨朽腐矣。

夫噫氣爲能散生氣，

噫氣，即風也。風亦陰陽之氣，但其氣動爲能散静。此以下至"敗椁之藏也"，是申結前篇"藏風"二字，亦見得不輕。

龍虎所以衛區穴。

龍虎蔽風，故衛區穴。

疊疊中阜，左空右缺，前曠後折，生氣散於飄風。

疊疊中之阜，未嘗少山，而區穴間，或左空，或右缺，或前曠，或後折，則其氣飄散地上，故藏風爲第二項緊要也。折讀作舌。

《經》曰："騰漏之穴，敗椁之藏也"。

氣升騰透漏於上，則其椁敗矣。此亦引《經》以明上文之意。

夫土欲細而堅，潤而不澤。

此以下八句辨土色以驗穴之恰好。無高低深淺左右之或差，以致失氣也。細而堅，潤而不澤，乃爲氣聚之徵，土色之妙，無過此二句爲切要。

裁肪切玉，

肪，脂也。肪細膩而脂膏，玉温潤而栗，故以爲喻。

備具五色。

沖陰和陽，故備五色。然紅黄多而青白黑色少。

夫乾如粒粟，

傷風。

濕如刲肉，

傷水。

水泉砂礫，

有泉與砂磧，謝延桂以爲石塊不妨。

皆爲凶宅。

諸書皆以五色爲重，然大約以温脂堅細，紅黄鮮潤，不乾不濕，便爲沖和。若粒粟圿肉，則不潤而澤。砂磧則不堅細，脂膏皆不可葬。

蓋穴有三吉，葬有六凶。

此以下，由上文土色，而及三吉六凶，作用周密，葬法完備。

天光下臨，地德上載，藏神合朔，神迎鬼避，一吉也。

天光，日月星辰也。地德，地脉旺相也。藏神者，收藏地中元神，須選四柱八字，支干純粹，成格成局，扶補地脉，則元神收藏而地德上載，造命之體也。合朔者，取初一日月合照向上，並尊帝金水紫白等星，到山到向，則天光下臨，造命之用也。神迎者，年月吉神，如三奇、三德、禄馬、貴人，一切諸吉，來到山向。鬼避者，年月凶神，如歲破、戊己、三煞、大月建、小兒煞，一切等凶，盡行退避，乃造命體中之最緊者。以上等法，詳楊筠松之《千金歌》。

陰陽沖和，五土四備，二吉也。

觀鳳毛一羽，而知五色皆備。觀五土四備，而知地脉沖和。四備者，五色中備其四，斯爲上。

目力之巧，工力之具，趨全避缺，增高益下，三吉也。

蔡氏《發微論》："或低視而醜，高視而好，或左視而妍，右視而媸，或秀氣聚下，而高則否，或情意偏右，而左則虧。"凡此趨全避缺，全在目力之巧。又云："或過焉，吾則損其過，使適於中。或不及焉，吾則益其不及，使適於中。"截長補短，損高益下，莫不有當然之理。惟得功力之具，則始而入功，終而與天無間矣。

陰陽差錯，爲一凶。

不合《玉尺經》龍水陰陽相交配合之理氣作用。

歲時乖戾，爲二凶。

年月日時，不合《千金歌》之造命作用。

力小圖大，爲三凶。

不安本分，鬼神禍淫，故反召凶。

憑福恃勢，爲四凶。

勢力之家,憑恃侵奪。蔡氏《發微論》:"心者,氣之主,氣者,德之符。"天未嘗有心於人,而人之一心一氣,感應自相符合。苟憑福恃勢,強奪乎人,福亦不應。諺所謂:"陰地不如心地好也。"

　　僭上逼下,爲五凶。

墳上一切品制等威,不宜僭逼,慎之。

　　變應怪見,爲六凶。

宋主葬牛頭出,吳景鸞所疏稱變應等類,皆是。

　　《經》曰:"穴吉葬凶,與棄屍同。"

得吉穴而不得吉葬,與未嘗得穴者同也。

圖説

　　山屬陰,水屬陽,而山之與水又各有陰陽。陽從左邊團團轉,陰從右畔轉相逢,此陰陽分於順逆配合。山俯爲陰,山仰爲陽;強者爲陰,弱者爲陽;脈斷爲陰,脈合爲陽;毬圓爲陰,合尖爲陽。山分兩翼生枝脚爲陰,不分枝脚單行爲陽,此陰陽分於剛柔本體。陽龍取凸穴,陰龍取凹穴;陽龍取陰對,陰龍取陽對,此陰陽分於龍穴賓主。金木火星屬陽,水土二星屬陰,行龍受穴,並取相間,此陰陽分於龍穴間星。水之明者爲陽,暗者爲陰;先到爲陽,後到爲陰;強者爲陽,弱者爲陰;短者爲陽,長者爲陰;急者爲陽,緩者爲陰;緊處爲陽,寬處爲陰,此陰陽分於蝦鬚兩股。大水爲陰,小水爲陽;順來爲陰,逆轉爲陽,此陰陽分於關鎖交結。○水之順逆惟一,而山則有四,龍逆、星逆、脈逆、向逆。回龍顧祖,龍逆也,如南方來而反向南方住也。龍不回顧而主星跌轉,雖不向南而却向東向西,以就南來之水過堂,此爲星逆。二者之中若無一逆，則不結也。至於主星山面與後來之龍，則有順有逆。撞背來龍順也，出脈必逆逆者，脈與本山之頂不相對也。斜來橫來逆也，出脈必順順者，脈與本山之頂却相對也。又脈弦直，穴必閃；脈委蛇，穴必正。亦是順中取逆，逆中取順之意。向則與本山之頂或有正求之順，或有架折之逆，而與脈路之一線無有不逆。總之逆有四，而自大段以入細密，其爲順逆層次則有三。龍逆星逆，一順逆也，爲大段言也；出脈與本山之頂對則爲順，不對爲逆，二順逆也；向與入首脈線無有不逆，三順逆也，此漸入細言也。外又有下手逆水之砂，曰逆砂，無逆不結，下砂不轉莫尋龍也。有逆砂則便有逆水，逆入隨龍，順水合襟而去，即所謂界合水也，有此則氣止而聚。至於順砂順水，是順隨龍之山水，在上手一邊關穴者，此砂數生沐官旺者。此水也倘不從此一邊數長生沐浴立旺衰向，而向下手逆水一邊數長生取向，反爲順龍順水，死絶到堂矣！蔡氏所謂順逆兩途如聾似瞶，《雪心賦》但謂陰陽順逆之難明，亦未能詳言之。今略具圖於左，約而得該，惟知者心領而神會，自克三隅反也。

《一粒粟》云："陰落有脊，陽落有窩。"上圖是陰來陽受，下圖是陽來陰受。謝氏云："有半陰半陽，有片陰片陽，有八分陰二分陽，八分陽二分陰。"陽多則穴陰，陰多則穴陽。陰陽平分則穴於交際，爲剛柔相得。

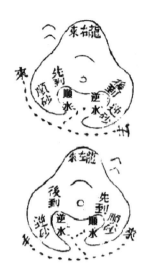

龍從右來，右砂先到，順水為關，此交龍生旺水也。取左邊逆水過宮鎖斷，為陽鎖陰關。龍左來，反此。

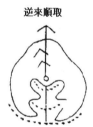

逆來順取

原解云：兩邊蝦鬚水齊到，兩邊齊生。上面氣脈逆來，下面分水處順出。棺對二水合處，氣脈斜來，直放棺。

凡落脈與本山之頂不對，為斜來逆脈。下合襟處却與本山之頂相對，則對合襟為坐向，便是逆來順取。

順來逆取

原解云：上面氣脈直落到小八字，擺轉脚逆出。一片蝦鬚水先到，一片後到，片生片死。棺扦左邊，蝦須水先到為生。棄死就生，直來斜放，是為難。

凡落脈與本山之頂相對,直落爲順脈。下合襟處却與本山
之頂不對,則對合襟爲坐向。合襟在左,則左邊蝦鬚水短,在内
爲先到。此所謂順來逆取也,右邊先到亦然。

順中取逆

原解云:此二
穴。龍從左來,
脈從左落,穴挨
右。龍從右來,
脈從右落,穴挨
左。又云:此名
隨龍出脈,故謂
順中取逆。

此亦從順來逆取中又別出此種,乃是論後龍與落脈相對爲
順。左順挨右,枕逆右也。右順挨左,枕逆左也。與前論向坐與
本山之頂對不對不同。

逆中取順

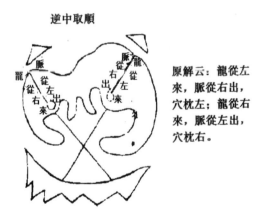

原解云:龍從左
來,脈從右出,
穴枕左;龍從右
來,脈從左出,
穴枕右。

此亦從逆來順取中又別出此種,亦論後龍與落脈相逆,故爲
逆。左來右逆而枕左者,脈已右逆則順乎左龍。右來左逆而枕
右者,脈已左逆則順乎右龍。

順中取逆

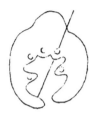

原解云：一個星辰作五穴，五穴皆有脈。辨真假者，上有分下有合，合處流動，散而復聚者爲真。上面不分下雖合，而不動直牽者假。

此亦從順來逆取別出此種。《經》曰："乘其所來，審其所廢。"

邊厚邊薄

原解云：厚生薄死，棺挨歸厚邊，不扦。金魚水會，只一邊水先到，爲厚氣從耳入也。又云："氣從左來，則左厚右薄。"棺枕左耳，借左吹右。氣右來亦然。

此兼順來逆取，逆來順取。蓋枕脚俱挨歸厚邊也。上面氣從那邊來厚，則下面水亦在那邊先到也。所謂借左吹右者，借脈之左耳，吹棺之右耳也。借右吹左同。○《至寶》云："有一等不分陰陽，却分厚薄。"按陰陽即明暗。《經》曰："擇其所相，避其所害。"

股明股暗

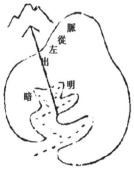

原解云：此名側出之穴，上面一片三叉，下面一股陰流水，棺對一片水。明生處爲向，棄了右邊暗死者。《葬經》："乘金相水"也。又云："側出之穴都是逆來順取。"棺枕毬簷，然後發轉脚三分，正對陰流，先到住處。

此從逆來順取中別出此種。所謂順取者,雖不對本山之頂,却正對龍虎之橫過山頂,亦是氣脈斜來正放棺也。住處與合處略差三分,所謂取先到者收拾棺脚也。右出者亦然。《經》曰:"擇其所相,避其所害。"

陽葉到頭

劉氏云:"山面屬陰,入穴屬陽,乃突中之窩,陰來陽受。"亦有片陰片陽、純陰純陽、半陰半陽、八分陽二分陰。不宜遠,宜縮入二三尺。譬如婦人生門屬陽,生氣發育在內,故宜縮入。

陰葉到頭

劉氏云:"山面屬陽,入穴屬陰,乃窩中之突,陽來陰受。"有片陰片陽、純陰純陽、半陰半陽、八分陰二分陽。不宜近縮,當遠毬簷二三尺。插下二三尺,深淺得宜方好。譬如男子一身屬陽,獨玉莖屬陰，生氣發育在外，故毬簷如之。

蓋穴

《倒杖》云："勢短來徐上聚高，氣藏百會産英豪。放棺湊緊當頭截，縮入天庭不用饒。"○劉氏云："上聚之穴，上尖下圓。"雖無二水、小明堂，却是陰陽相交，有順無逆。在毬簷下二尺開井，不可太深。作墳要短，明堂要兜起。

粘穴

《倒杖》云："勁直衝來不可回，到頭急煞上崔巍，放棺脱煞乘生氣，粘綴能教發似雷。"○劉氏云："須脱脈二三尺，大推浮土以蔭墳。長接高壋而續脈，葬後驟至富貴。"

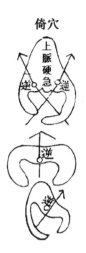

《倒杖》云：“直衝中殺不堪扦，堂聚歸隨倚一邊。低脈稍離
三三尺，法中鬭仗最玄玄。”○脈過一邊得氣先發，倚在脈左者，
長先發；倚右者，小先發。南枝春信早也。

《倒杖》云：“上剛下急勢凌層，好覓中停撞樂星。十字正交
橫受脈，神仙穿杖有誰能。”○上面無堂，脈來硬直，中間稍停緩，
必開腌臍窩。法取停中，或十字，或剪刀交橫。枕樂星以靠棺
首，截其脈而住棺腰，如鬭眼、如撞鐘。蔡氏所謂：“依腰橫攻穿
孔入也。”橫不是左右之橫，乃是內外相平之橫，別乎直下而言。

窩穴

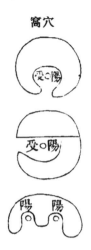

徐氏云:"身俯則須窩中微有乳,面仰則須窩中微有突,切忌落槽最嫌偏陷。"徐氏集中載有紐會、張口、深淺、闊狹、大小之分。按張口狹窩混於鉗形,而淺深大小,總之一窩,不必煩瑣。

鉗穴

徐氏云:"身俯則須窩中微乳,面仰多是微窩,最怕直長漏槽,淋頭傾瀉。"訣云:"釵頭不圓多破碎,水傾穴內必生災。"吳公云:"鉗穴元辰多不收,莫教直瀉退田牛。"集中載有曲鉗、長短、單雙。長鉗所忌曲鉗混窩,單雙邊短,總之一鉗。○合鉗因無微乳微窩，氣融在下，收處微寒。

徐氏云："身俯則須脫煞就粘，面仰又宜湊毬接脈。"訣云："乳頭之穴怕風吹。"又云："凡是穴廓曲即非。"又忌粗頑臃腫，峻急稜嶒，突露硬惡。集中載有長短、大小、開紐，總爲一乳，不必瑣贅。

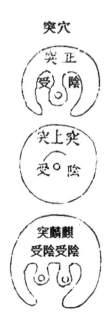

徐氏云:"身俯則穴宜湊簷避毬,面仰則穴宜湊毬避簷,切忌孤露受風。平洋突惟有界水來合分明,不怕風吹。"廖氏云:"突形如漩螺、如覆杓。"集中載有大小雙三,總之一突,分之不必。

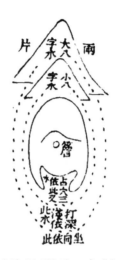

《青囊》云:"龍分兩片陰陽取,水對三叉細認蹤。"謝氏云:"行龍受穴,多作个字,或邊大邊小、邊明邊暗、趨前邊退後,如草字个、隸字个、篆字个,行龍泛頂多,必作个,間有一二不作个者,至入首無有不作个也。"

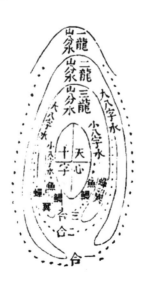

《經》曰："原其所起,乘其所止。"又曰："過水所以止來龍。"
又曰："外氣橫形,內氣止生。"

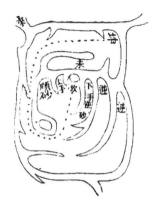

此平地回龍之格,所謂龍逆也。不拘東西南北左右轉,舉一
皆可例餘。○龍自坤申發足,右坎入首作癸氣論,正配甲水,以
出面在南,甲水長生,隔在坐山之右,借甲前丙水爲配,出未口。

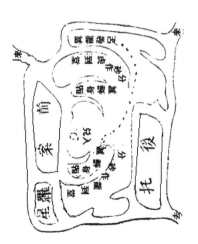

此平地橫龍之格,所謂星逆也。不拘東南西北左右轉,舉一
可以例餘。○龍自巽巳起祖,左兌入首,作庚氣論。正配右旋丁
水,出丑口,以出面在東,故不借配。

此平地直龍之格,所謂脈逆也。不拘東西南北左右轉,舉一皆可例餘。○龍自壬亥發祖,左艮入首作甲氣,論正配癸水,出面在南,癸水長生,隔在坐山之左,借癸前辛水爲配,出辰口。

左旋陽艮入首,甲氣流行,配右旋癸水,爲金羊癸甲,立乾辛二向。如出面不在西北而在西南,借癸前辛水爲配,立坤丁二向。左旋寅入首者同局。

　　右旋陰艮入首，乙氣流行，配左旋丙水，爲乙丙交趨戌，立丙
丁二向。如出面在西而不在南，借左旋庚水爲配，立庚辛二向。
右旋寅入首者同局。

　　左旋陽卯入首，甲氣流行，配右旋癸水，爲金羊癸甲，立乾辛
二向。如出面不在西北而在西南，借癸前辛水，立坤丁向。左旋
甲入首者同局。

　　右旋陰卯入首，乙氣流行，配左旋丙水，爲乙丙趨戌，立丙丁
向，如出面在西，借左旋庚水，立庚辛向。右旋甲入同局。

左旋陽乙入首,甲氣流行,配右旋癸水,爲金羊癸甲,立乾辛向。如西南出而借癸前辛水,立坤丁向。左旋辰入同局。

右旋陰乙入首,乙氣流行,配左旋丙水,爲乙丙[1],立丙丁向。如出面在西,借丙前庚水,立庚辛向。右旋辰入同局。

左旋陽巽入首,丙氣流行,配右旋乙水,爲乙丙趨戌,立艮癸向。如西北出面,[2]立乾辛向。左旋巳入首同局。

---

① 疑脱"趨戌"二字。
② 疑脱"借乙前癸水"五字。

右旋陰巽入首，丁氣流行，配左旋庚水，爲斗牛丁庚，立庚辛向。如出面在北，借庚前壬水配，立壬癸向。右旋巳入同局。

左旋陽辛入首，庚氣流行，配右旋丁水，爲斗牛丁庚，立巽乙向。如出面東北，借丁前乙配，立艮癸向。左旋戌入同局。

右旋陰辛入首，辛氣流行，配左旋壬水，爲辛壬聚辰，立壬癸向。如出面在東，借壬前甲配，立甲乙向，右旋戌入同局。

左旋陽亥入首，壬氣流行，配右旋辛水，爲辛壬聚辰，立坤丁

向。如出面東南,借辛前丁配,立巽乙向。左旋乾入同局。

右旋陰亥入首,癸氣流行,配左旋甲水,爲金羊癸甲,立甲乙向。如出面在南,借甲前丙配,立丙丁向。右旋乾入同局。

左旋陽壬入首,壬氣流行,配右旋辛水,爲辛壬聚辰,立坤丁向。如出面東南,借辛前丁配,立巽乙向。左旋子入同局。

右旋陰壬入首,癸氣流行,配左旋甲水,爲金羊癸甲,立甲乙向。如出面在南,借甲前丙配,立丙丁向。右旋子入同局。

左旋陽癸入首,壬氣流行,配右旋辛水,爲辛壬聚辰,立坤丁向。如出面東南,借辛前丁配,立巽乙向。左旋丑入同局。

右旋陰癸入首,癸氣流行,配左旋甲水,爲金羊癸甲,立甲乙向。如出面在南,借甲前丙①配,立丙丁向。右旋丑入同局。

左旋陽丙入首,丙氣流行,配右旋乙水,爲乙丙交趨戌,立艮癸向。如出面在西北,借乙前癸水,立乾辛向。左旋午入同局。

---

① "丙"字原作"内",不辭,徑改。

右旋陰丙入首，丁氣流行，配左旋庚水爲斗牛丁庚，立庚辛向。如出面在北，借庚前壬配，立壬癸向。右旋午入同局。

左旋陽丁入首，丙氣流行，配右旋乙水，爲乙丙趨戌，立艮癸向。如出面西北，借乙前癸配，立乾辛向。左旋未入同局。

右旋陰丁入首，丁氣流行，配左旋庚水，爲斗牛丁庚，立庚辛向。如出面在北，借庚前壬配，立壬癸向。右旋未入同局。

左旋陽坤入首，庚氣流行，配右旋丁水，爲斗牛丁庚，立巽乙向。如出面東北，借丁前乙配，立艮癸向。左旋申入同局[①]。

右旋陰坤入首，辛氣流行，配左旋壬水，爲辛壬聚辰，立壬癸向。如出面在東，借壬前甲配，立甲乙向。右旋申入同局。

左旋陽庚入首，庚氣流行，配右旋丁水，爲斗牛丁庚，立巽乙向。如出面東北，借丁前乙配，立艮癸向，左旋酉入同局。

---

① "左"字原作"右"，不辭，徑改。

　　右旋陰庚入首,辛氣流行,左旋壬水,爲辛壬聚辰,立壬癸向。如出面在東,借壬前甲配,立甲乙向。右旋酉入同局。

　　死與養皆以龍言。夫生穴,水城倒左,則取龍之死向者。生龍忌破水之生方,死乃水之絶位。水之生方既經射破,則無源矣。取絶爲源,先天之理也。旺龍左水右歸,則取龍之養向者。旺龍忌衝水之旺位,養乃水之衰方。水之旺位,既經衝破,衰雖同旺,却可去來。乙龍乾亥、丙龍癸丑、辛龍巽巳、壬龍丁未、丁龍寅艮、庚龍乙辰、癸龍坤申、甲龍辛戌,皆可類推。然必大會水倒左倒右,自有一路小水,或溪澗,或溝渠,逆流過絶過衰,會合於大會水,方爲雌雄相食。不是兩男二女,具圖於左。

　　右旋寅艮入首爲生穴,應左旋丙水倒右。今水城反倒於左,射破丙水之長生於寅,所謂射破生方也,立乾亥向,爲丙水之絶位。因左邊小水逆轉,故不爲順龍順水。

左旋丙午龍入首，爲旺龍，應右旋乙水倒左。今反倒於右，衝傷乙水之旺於寅艮，立癸丑向，爲乙衰位。因右水逆轉到堂，不爲順局。

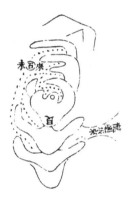

此樂平許氏逆龍順結地。左旋陽艮入首，甲氣流行，配右旋癸水，爲金羊癸甲，亥卯未木局。僞傳四十八局誤作丙氣，錯配乙水。乙該右旋，彼乃圖作左旋，豈非順龍順水。玩諸書所載，許氏此圖出未口，可知左艮爲甲氣木局，而非丙氣火局矣。

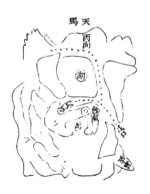

　　此銀邑葉氏回龍地。右旋艮龍入首，乙氣流行，配左旋丙水，發源於寅，出口於戌，立丙向，爲朝於大旺，此乙丙趨戌局也。僞傳四十八局謂右旋艮，屬丁火，配庚金，立辛向，水歸斗牛，全與此圖不合。玩此諸書所載之圖，自知其謬。

　　此台州蔡氏地。右旋陰亥入首，癸氣流行，正配左旋甲水，因出面在南，而不在東，借甲前丙水，作丙旺向，出未口，乃是金羊癸甲，丙可借者，丙於未爲衰故也。僞傳四十八局以陰亥爲乙氣，則水當歸戌矣。

葬經校注

晉·郭璞景純撰，宋·蔡發牧堂編定

元·吳澄幼清敘録，清·汪宗沂校注

【題解】

《葬經校注》八篇,題晉郭璞撰述,宋蔡發編定,元吳澄删定,清汪宗沂校注。

汪宗沂(1837—1906),字仲伊,一字詠村,號弢盧,安徽歙縣人。清光緒庚辰進士,山西即用知縣,加五品卿銜。著有《禮樂一貫録》、《周易學統》、《孝經集注》、《武侯八陣心法輯略》等書,注《撼龍經》、《葬書》等。

汪氏自序云:"惟毛子晉汲古閣《津逮秘書》中有《古本葬經》一卷,予以蔡牧堂家集所録存篇第校之,定此爲南宋蔡本,向來流傳不如吳本之廣。近時湖北書局已刊毛本《葬》、《宅》二經單行,予因取以參校他本,别其字句之異同,記其篇第之先後,詳審去取,擇善而從。"①然《蔡氏九儒書》所收蔡牧堂《錦囊經》一文的八篇本篇名次序與是書有所差異,詳察元刻本《錦囊經》一書之内容,亦非一書。《津逮秘書》本《古本葬經》一書非爲南宋蔡本,汪氏之語有誤,詳情已不可考。汪氏以光緒三年(1877)湖北崇文書局刻本《葬書》爲底本,參照各本如鄭謐本、趙沨本、吳澄本,對其進行分篇注釋。此外,汪氏從前代書籍中輯出《青烏子相冢書》之語,亦附於文後。

《葬書校注》一書今存光緒七年(1881)刻本及光緒十四年(1888)刻本。清光緒七年(1881)刻本藏於上海圖書館,略有破損且内容多處錯簡。今以國家圖書館藏清光緒十四年(1888)弢盧刻本爲底本,點校於下。

---

① 《葬書校注》序,葉二。

世之好爲高論者，輒斥地理爲無憑禍福，誠不足憑矣。豈風蟻水濕亦不足憑乎？孝子仁人於親之存，則致其敬養而護其疾疴。及其没也，委於風蟻水濕之中，於心安乎？此汪子仲伊《葬經注》之所爲作也。煌素不解形家言，而仲伊客金陵時，受先君知，肄業鍾山，語次聞及之。戊寅春，先君棄養於金陵鍾山講舍。仲伊自漢臯貽書於煌，謂歸葬之日願以平生地學報之於先君。煌雖感其意，猶未知其藝之精也。是年夏，煌以省本生先慈赴粤道出漢臯。約冬間，同詣章門，仲伊不負宿諾，以仲冬寓西山丙舍者，兩閱月往來風雪中，擇地於桃花鄉冬瓜山之麓。期以次年春會葬，而届時仲伊以事歸里。煌遵其相定之地，謹卜葬，穴土堅細，遂獲佳城。雖備歷諸艱，不足言也。仲伊相地時手注郭景純《葬經》，昕夕不輟，又評校楊筠松《龍經》以授。煌曰：“地理之真詮，在是矣。”仲伊平日於書無不讀，所著禮樂兵農書，既已藏之韜盧中，此注特起緒餘耳。然自世俗術者動以禍福惑人，至於龍之粗細，穴之美惡，砂之正反，水之聚散，皆置之不講。又其甚者善價儲地，出鄉人轉售而已，因以獲什伯之利焉。欲其不委人親於風蟻水濕之鄉，其可得乎？今年秋仲伊游章門，爲先君葬地商改山向，復出《葬經注》見示，蓋視曩所注已三易稿矣。將付剞劂，公諸當世，索序於煌。以煌之譾陋不學，何足序仲伊之書。惟是仲伊以葬親學地，委曲周至，獨任其難。其注是書也，根據載籍，原本孝悌，欲世之人皆有以安其親，而非獨己之安其親己也。使世之讀是書者心傾而神會，熟思而審處，或得相宅以安厝其親，未必非教孝之一助也。故爲之序，以告天下後世之爲人子者。

　　光緒七年辛巳八月臨川李翊煌序於西山丙舍中

葬書校注序

葬家者言，出於冢人之官。冢人主物土以卜宅，則知地脈宅爲墓穴，見《孝經注》。《漢志·宮宅地形》三十卷即其遺法，而五行家《堪輿金匱》十四卷，則又造圖宅書者之所爲，見《楊雄傳》孟康注。惟宮有其書，民間無之，故其術至漢季始顯然，猶假託鬼神，無專以擇葬。名家者有之，自《晉書》言郭璞葬地始。《神仙傳》謂郭璞河東人也，安墳立宅，莫不造微。有晉中興，王導受其成，旨以制國社稷，仰範太微星辰，俯察河洛緯圖。足證郭氏地學本緣宮宅而深造。《世說》所記，郭璞爲人葬龍耳。《宋書》紀郭璞謂張裕相墓地二處，皆足取證。況其注《爾雅》注《山經》，於山川形勢，脈絡情性，實能灼知。又多見古聖賢冢墓，閱歷既久，葬術自精，與所受青囊中易書無涉。謂其別有秘傳，術士之妄言也。紹郭氏而起者，周有庾季才，隋有蕭吉。季才著《地形志》八十七卷，見《隋志》後不傳。《唐志》列《葬經》有八卷者，有十卷者，有二卷者。又二卷下注蕭吉撰，吉精五行數術，用以卜葬非述地脈。本傳作六卷，亦與志殊。別有《葬書地脈經》一卷，不著撰人名氏。昔班孟堅《漢志》論形法，云形與氣相首尾，此精微之獨異而數之自然。此三言者，元趙東山《葬書問對》深取之，而謂地形之書與觀宮宅人物者同出一源，然則地脈乃葬書之正宗也。唐《集異記》論葬，以景純與著相冢書之青烏子並稱，似唐人已知郭氏有《葬書》。《宋志》始專錄《葬書》一卷，云出郭璞而各本皆亡，不知即以葬書地脈爲出郭氏歟？抑合各本《葬書》之僅存者，綴集而屬之郭氏也。然其書用韻古，措詞確，初非漢晉以後人所能偽爲也。唐以前書與郭氏同存於今者，惟青烏子《相冢書》耳。

此外假托於《葬書》以前者，盡僞書也。晁公武謂五姓之法，今已不行。世傳《葬書》之學無出郭璞之右者。洪容齋亦云，《錦囊》、《葬書》景純所著，行山卜宅兆者，印爲玄龜，足見宋世地學專尊《葬書》。鄭樵《通志略》、《葬書》一卷郭璞撰，又有《錦囊經》一卷，其實祇是一書而二名，因二名而兩收。至蔡牧堂及其子季通始删，取郭璞《葬書》八篇，又辯後十二篇。引用唐人五姓葬法者，爲非郭氏原文。今考唐吕才引《葬書》云："富貴官品，皆由安葬所致。年壽延促，亦由墳壠所招。"其言俚俗與此本文字不類，或即蔡氏所删十二篇中語耶？其所删唐人五姓葬法，或即金時刊本《地理新書》中僞託吕才人姓五音之説耶？《地理發微論》所引《經》文多出《葬書》中，蔡氏家學以此相傳。元吴文正公澄敘録《葬書》，謂"雖不敢必其爲景純之作而最爲簡當"。謂蔡氏所存，猶不無顛倒混淆之，失其删定大旨則見於序。劉則章《葬書注》，擇至精純者爲内篇，純雜相半爲外篇。自云："去其繁蕪，用意精密。"今劉注本不可得見。錢尊王記所得鄭謐注郭璞《葬書》一卷，分内外雜篇，略依吴本，今其書俱存叢書中。其注多引僞託之書，可取者尟。明陸穩《地理五經》本，葉九升《地理大全》本，徐之鎮《天機會元》本，韓起芝《地理三書》本，吴天洪本，汪宜曜本，皆因吴本更易。張式之《地理正義》本，全依吴本。甘福津逮樓所刊《葬書》白文篇第近蔡本，字句依吴本。惟毛子晉汲古閣《津逮秘書》中有《古本葬經》一卷。予以蔡牧堂家集所録存篇第校之，定此爲南宋蔡本。向來流傳不如吴本之廣。近時湖北書局已刊毛本葬宅二經單行，予因取以參校他本，別其字句之異同，記其篇第之先後，詳審去取，擇善而從。更約取古書名論爲注，於僞託晉唐人之書，皆不采及，三易稿而輯注成。猶記癸酉之冬，先君子即世，予扶喪歸葬，篋中衹有《葬書》一帙，昕夕研究，得如期速葬，足以閒執庸術之口。願以所得公諸當世，表章形法，論定一宗。俟精於察候地脈，能説山川者審定焉。亦可爲仁人孝子速於安措之一助也。

光緒辛巳孟冬之月，歙浦汪宗沂仲伊氏自序於學禮樂兵農之齋中。

氣感篇第一

葬者，乘生氣也。

此昔賢欲舉世之速葬而爲是言也。人之死也，已離天地之生氣矣。藏之於地，急求地中之生氣以養之。"葬乘生氣"，此理甚精，讀之令人不敢不速葬。速葬則得氣，遲延則失時。劉槃引《爾雅》"鬼之爲言歸也"，謂不歸於土猶之旅人不歸於家，尤侗述俗諺謂"死人見土如見金"，語皆切實可借鑒也。乘者，因也。因來脈以知地，因地形而定穴，是得生氣也。高山開陽有朝，則氣聚；平陽灣曲近水，則氣止。惟善乘生氣者，因其自然，可得真穴也。

夫陰陽之氣，噫而爲風，升而爲雲，降而爲雨，行乎地中，而爲生氣。

按陸佃《埤雅》云："天地之氣，嘘而成雲，噫而爲風。"知此言陰陽之氣，正天地之生氣也。地陰而天陽，地氣得天，斯爲生氣之穴，故定穴多在山之陽也。○此一節吳本改在內篇之二"淺深得乘，風水自成"下。

生氣行乎地中，發而生乎萬物。

生氣，五行之氣。氣在地不可見，以出地之植物驗之。古之葬者必種樹，既取庇蔭，亦以樹木之榮悴驗生氣之有無。今葬家多不種樹，蓋惑於樹根礙棺之邪説，以爲樹根不入蟲蟻不生也。抑知生氣所在，其樹根多在穴暈外。柔曲而不直，有根亦不深，可繞棺不至傷棺，於古有徵。苟不種樹，曷知地吉？但種樹不宜過密，取其足以護墳斯可矣。

人受體於父母，本骸得氣，遺體受蔭。

蔡季通曰："生死殊途，情氣相感，自然默與之通。"今尋暴骨，以生人刺血滴之滲入則爲親骨肉，不滲則非。其氣類相感有如此者，則知枯骨得蔭，生人受福，其理顯然，可見不待智者而後知也。或問世有過房抱養，非復遺體也，不知受蔭與否？曰心者氣之主，情通則氣亦通，義絕則蔭亦絕，故後母能蔭前母子，前母亦蔭後母兒。其在物則螟蛉、蔂藦之類是也，尚何疑焉！○按蔡氏此説最足啟人慈愛之心，説理亦透，可謂不背儒術矣！

蓋生者氣之聚，凝結者成骨，死而獨留。故葬者，反氣內骨，以蔭所生之道也。

按莊子："人之生，氣之聚也，聚則通，散則死。"白虎通曰："人生於陰，含陽光死，入地歸所與也。"依此兩言知葬穴乃因地氣受天氣。陰陽和爲生氣，純陰不化爲死氣。生氣入骨，福蔭及於子孫，此理之可信者。道謂人子擇地以速葬合於道也。俗云："公位無稽之説足啟爭端，明者弗道。"且得地之後，受蔭與否仍視乎其人之種德。一樹之果有成有敗，在果不在樹，爲人子者當知之。○吳本此節改在"栗芽於室"之後。

《經》云："氣感而應，鬼福及人。"

天下之至易感者，莫如氣。《經》曰"吉氣"，謂吉地之有生氣者也。"鬼福及人"乃一氣相感，祖父子孫顯微無閒，故鄭康成注《周禮》曰："墓冢塋之地，孝子所思慕之處也。"虞翻注《檀弓》："舍奠於墓左，爲父母形體所在，禮其神也。"此漢儒説禮之精義。人子不忘松楸之感，父母豈無福蔭之留乎？又按後世有自命持正矯俗，發激論以非鬼蔭之説者，其害義實深。如羅大經云："枯骨朽腐不知痛癢，積日累月化爲朽壤，蕩爲游塵，亦豈能與生者相感而致禍福乎？"黃宗羲云："後世至性汩没，名爲父祖，實則路人。彼生前之氣已不相同，而能同之於死後乎？"噫！由前之説，充其弊，必至於火葬。由後之説，充其弊，必至於不葬而皆足以堅常人緩葬之心。其言似儒實墨，不得以闢葬術爲解也。○今之西法專闢地理，亦近墨道。至其分呂宋爲二十四郡，父母死，人子不得殯埋，異置萬人坑中，積久坑溢，揚灰棄之，蓋恐山川毓靈復生豪傑與爭國也，豈可信哉？

是以銅山西崩，靈鐘東應。

《東方朔傳》未央宮鐘無故自鳴，詔問朔，朔曰："銅者，土之子。以陰陽氣類言之，子母相感，山恐有崩馳者，故鐘先鳴。"居三日，南郡太守上言山崩，延迤二十餘里。《樊英別傳》永建時殿上鐘自鳴，帝甚憂之，公卿莫能解，乃問英。英曰："蜀岷山崩，母崩子故鳴，非聖朝災也。"尋，奏蜀山崩。同此一事而《異苑》又以爲張華事，非也。此引以爲氣類相感之證。

木華於春，栗芽於室。

此蓋借物以證一氣之相感。戚繼光以琥珀吸燈草、磁石引針，證風水之可信，決修德之必昌，亦此類也。鄭謐曰："野人藏栗，春至栗木華，家藏之栗亦芽，實之去木已久。"彼華此芽，蓋以本性原在，得氣則相感而應。亦猶父母之骨，葬乘生氣而子孫福旺也。○吳本内篇之一與此略同。

右氣感篇第一。以下篇名皆依蔡牧堂集，毛刊古本未注。○此通論速葬得福之理。

因氣篇第二

氣行乎地中，其行也因地之勢，其聚也因勢之止。葬者原其起，乘其止。

氣，生氣也。生氣兼陰陽，故有高下起伏之勢。以勢之行而謂之龍，以勢之止而謂之穴。勢之所起，氣亦從焉。勢之所止，氣斯聚焉。起者，龍也。止者，穴也。原其起者，尋龍也。乘其止者，定穴也。鄭謐曰："凡言止者，乃山川融結奇秀之所自，非明眼之士莫能見。"○吳本以此冠内篇之三，在"地勢原脈"之上。○"葬者原其起，乘其止"二句，見吳本目錄書言江西楊筠松書及南宋朱伯起《陰陽精義論》"原起乘止"尤詳，皆本此二句。今依吳本補入。若後文"故葬者，原其所始，乘其所止"乃復述語氣也。

丘壠之骨，岡阜之支，氣之所隨。

丘，謂土高，非人所爲者。隴與壠同，是爲大坂，乃山之連絡頓起者。岡即山脊，阜即平坡。骨乃山之帶石者，丘壠高起必藉石力。支與枝同，以脈絡言，古人取以爲喻其實，總是出脈處也。凡山之結穴，先審過峽，過峽以有出脈爲真。高處過峽，脈爲壠，龍從高下行。低處過峽，脈爲支，龍從下逆上。無脈不成龍，有脈必有氣。乘生氣者，首宜辨此。○吳本以此冠內篇之二。

《經》曰："氣乘風則散，界水則止。"

《發微論》作"氣乘風散，脈遇水止"，蓋隱括斯言而申之。曰無脈無氣者，水害之也；有脈無氣者，風害之也。兩水夾流則有脈入，風不動則有氣。案郭璞《爾雅》注"垺丘"下云謂"丘邊有界，水環繞之"，知界水之説正出郭氏。郭氏多詳山川名義，此爲可據。蓋水曲則生，氣止而穴道成。兩水夾來則有界，一水直流，氣尚未止也。

古人聚之使不散，行之使有止。

此二節正言定穴之大法。定穴必於風所不到處，則生氣聚蓄而不飄散。至於水之爲性，以流行爲常。溪澗之水行而後止，稍曲稍深即可證穴之所在。而聚生氣，不必填塞水口，反致水氣不得，宜通也。

故謂之風水。

去風之害，則氣可全。得水之利，則氣不泄。風不能避，不結穴。水不能至，莫點穴。故言地者，直謂之風水，以便學者顧名思義而求之。四圍無凹風則穴必無蟻，兩旁有界水則穴必無水也。

風水之法，得水爲上。

得水者有界水以止龍，使生氣全注於穴。大龍有兩水界送，小龍止一水證穴。或衆山隨水齊朝，或一水出面特朝水，或水注明堂，或水聚天心，皆得水之上地也。凡山地先看向前之水，而平陽貴得橫攔之水。總須兩水相交在朝山之丙內方爲得水，次者亦須一水界脈於朝山之前。龍非水送則無以明其來，穴非水界則無以明其止。龍無水不逆，穴無水不住。《周書武順》解曰："地道尚右，水道東流。"孔注謂："陰趨於陽也。"此爲逆水之説所由始，得水之要義可以隅反矣。其不得水者，或山巔或山峽或山小。水大而無形穴，或向上水直，夫平陽尤忌。或冢上蒿草、白草叢生，或冢上獨生青苔，或四旁有草木冢上獨無，或開土中有砂石，或葬虛窩，皆無水界氣，易受陰濕。

藏風次之。

葬地畏蟻患，而蟻之生也隨北方風以滋長。古者葬必北首，先防北風，風無由入，蟻何自生。或兩旁環繞，或衆山圍聚，山大穴緊，不受外風。凡地勢西北高而東南下，故穴向南爲上，東次之，取其氣暖也。西北向亦可用，總以前有案山朝水，遮風聚氣爲宜。凡作穴忌高穴受風，忌後背漏風，忌兩旁有插脅風，忌外山高壓逼來之風，忌正北方及西北東北空隙之凹風。北方嚴寒，易於懷梛，風入則蟻生，風藏則蟻絶。穴高而露，易受外風。高山石穴蟻所萃，卜宅者不可不知。○吳本此節下入《經》曰："外氣橫形，內氣止生"一段，方接下文。

　　何以言之？

　　引起下文。

　　氣之盛雖流行，而其餘者猶有止；雖零散，而其深者猶有聚。

　　此一節正言藏風得水之地所在，多有不必貪求大地也。龍氣盛則行龍綿遠，餘氣閃落，上下左右猶有分結。其已結穴而餘力之異衆特回者，仍可結穴。俗工不知，疑爲枝結，以其分也目爲砂結，以其遠也謂非正穴以低下也。吉地之多留，賴有此耳。○吳本此節在後，與引《經》次序不倫。

　　《經》曰："外氣橫形，內氣止生。"蓋言此也。

　　外氣爲天氣，天一實生水，故外氣從水。水流土外，水橫則穴形成，水交則穴基定。內氣爲地氣，地以土肉①，故內氣從龍。龍行於地中，龍止則生氣聚。橫形喻得水聚氣也，止生言氣在穴中也。山包水外則水不直流，水繞穴前則氣不外散。此引以證結穴之所在，欲相地者知。隨在有地可葬，不必矜言大地以惑人也。○吳本移此節在前而以"藏於涸燥"節隔斷語氣，非是。

　　《經》曰："淺深得乘，風水自成。"

　　此復引《經》以足上文之意。蔡氏曰："淺深者，言乎其準的也。"宜淺而深，其從上過。宜深而淺，氣從下過。愚謂："凡結穴之處，氣必聚而不散，止而不行。"內氣既止，土色自佳，不可鉏盡。佳土須留有餘，置棺其上，以受生氣之上騰。如蒸飯然，底火去盡，則飯不熟。若防氣從下過而開鑿太深，生氣反盡。至於掘地及泉，尤爲大害。朱子所以謂："南中深葬，防有水也。"○吳本以此節在宜淺宜深下，依後世文法，今不存。

　　土者氣之母，有土斯有氣。氣者水之母，有氣斯有水。

　　蔡氏曰："土氣水氣，一也。"氣不可見，所見者丘壠岡阜而已。丘壠岡阜者，土也。

---

　　①　"土肉"二字間疑脫一字。

土形則氣行，而水亦在其中，土非水界則生氣不聚。上文論風與水，此不及風，何也？曰得水爲上也。鄭謐曰："氣本無體，假土爲體，因土而知有此氣也。水本無母，假氣爲母，因氣而知有此水也。"愚按有土斯有氣，謂必開穴見好土方爲得氣。大地有從水中束細過脈而後結地者，蒙曾見之。水由地中行脈從水中行，其理一也。或云："石脈過水，土脈不能過水。"拘矣。○吳本以此節在內篇一《經》曰土形氣行"之上。

故藏於涸燥者宜淺，藏於坦夷者宜深。

此申言乘生氣之葬法也。葬，藏也。南方之地多涸燥，開宜淺。北方之地多坦夷，開宜深。葬法深淺因地而定，大約淺不同於渴葬，以免客水外侵，深不至於及泉，以免黃泉內溢，即合法也。凡開壙見土，取足容棺，宜隨開隨葬。開之太深，恐泄生氣，開之太久，必散生氣。真龍正穴，上有浮土浮砂爲蓋，下必有粗土粗沙爲底，其中爲真土，真土之色與外土不同。其下則爲穴底，不可開至穴底，反失生氣也。○吳本以此接"餘者有止，深者有聚"之後。

《經》曰："土形氣行，物因以生。"

《國語》士茁引記："有之曰高山峻原，不生草木，松柏之地，其土不肥。"《論衡》言："地性生草，山性生木。"蓋土爲外形，有無形之生氣行乎其中，見物之生可徵，氣之聚故驗。地當以種樹爲上，今之庸工以不種樹爲得計，蓋恐主家察候草木而知地之善惡也。其說豈可信哉？○吳本此節在內篇二之末。張氏曰："此引《經》以結上文有土斯有氣之意。"

右因勢篇第二。以上與吳本內篇之二同。

地勢篇第三

地勢原脉，山勢原骨，委蛇東西，或爲南北。

舊說皆以此節爲發明葬者"原起乘止"之法。地勢平陽行龍也，以土脊爲徵。山勢高山行龍也，以石骨爲徵。有土脈曰脈，兼石骨曰骨。下二句乃行龍之過峽也。凡看地當以入手一峽爲憑據，乃行龍脫殺氣而束生氣之樞紐。入手之峽有脫卸跌斷之形，平陽之過峽多低伏，或如草蛇灰線則龍真。高山之過峽多軒昂，有如鶴膝蜂腰則龍善。喜細忌粗，喜藏忌露，趨走避風，倚砂爲護，細峽中出最爲難。遇峽愈多愈奇，龍行展布，一峽亦結，但求氣聚。至於大頓小伏，或起或住，乃龍之方行，以爲峽則誤也。○吳本以此在"原其起"之後，下接"千尺爲勢百尺爲形"，即"葬其止"，其下又言龍行非是。

宛委自復，回環重複。若踞而候也，若攬而有也。欲進而却，欲止而深。來積止聚，沖陽和陰。土厚水深，鬱草茂林。貴若千乘，富如萬金。《經》曰："形止氣蓄，化生萬物，爲上地也。"

蔡氏曰："宛委者，來山也。回環者，左右也。踞而候者，主也。攬而有者，客也。進而却者，山也。止而深者，水也。來積者，山欲其多也。止聚者，水欲其聚也。山爲陰，水爲陽。山大水小爲孤陰，水大山小爲獨陽。沖和者，山水不相勝也。土高水深者，質也。鬱草茂林者，文也。貴若千乘、富如萬金者，氣象也。形止氣蓄言止則蓄也。"鄭謐注引程子曰："曷謂地之美者，土色之光潤，草木之茂盛乃其驗也。"愚按此正言上地行龍之外象也。上地俗言大地，不易得不當求，然其氣象之發見於外形者大異，尋常亦不可不知也。龍何以大，以鋪排以魄力以精神以外護以行度至於到頭結穴仍貴收束，堂局完聚乃成形穴。若過於開闊則氣反散，乃散地，非上地矣。○此節總言龍去，吳本以此終內篇之三。

地貴平夷，土貴有支。支之所起，氣隨而始；支之所終，氣隨以鍾。觀支之法，隱隱隆隆，微妙玄通，吉在其中。《經》曰："地有吉氣，土隨而起；支有止氣，水隨而比。"勢順形動，回復終始，法葬其中，永吉無凶。

蔡氏曰："土隨氣而起，故脈行必有脊。水隨氣而比，故無脈必有水。上有分氣，下有合水。無分則無生氣可接，無合則無堂氣可受也。"愚按此詳言上地結穴之外象也。望氣尋龍、登局定穴，皆非易事，而高山落平尤難辨認，故特舉平陽結穴以示人也。支爲平陽之龍脈，束細如个字法，當先審過峽之脈於展開平鋪之中，似有微高之處乃正脈中出之處，生氣所聚，穴土斯融也。平陽之地，氣泄則易浮，以最高厚者爲得氣，穴低薄則非穴矣。支止則穴結，穴既停止必有水朝，正向以爲雌雄相應。無水相比則穴未住也。凡觀支之法，粗看不得，細看方得，乍看不見，久看方見，見有閃動凝聚即須留意，四勢既成，其中必有寬平和厚之土。隱然高突湧起，若草上露，若盤中珠，上爲束氣下即圓唇，當穴之處儼然圓圈靈活，上浮如月暈焉。或當久晴將雨、微雨新晴，結穴之處穴暈分明，地氣日光相薄而成。日出日落望之，有微光輝五色，有彩有形，此真穴也。勢順形動，謂一順一逆。蔡氏所謂："順龍之結穴必逆也。"法葬，謂依古法而葬。呂紀安《死篇》引古葬法："葬於山林則合乎山林，葬於阪隰則同乎阪隰。"凡皆因地之自然不妄有增築，侈爲觀美致啟盜心。而穴中所用者，不過以所開本穴之土，和入細沙石灰，篩勻堅築，用五尺餘長之木杵，或十人或八人同時並築，一律平實。土既齊棺，方用有柄小厚木板，手拍使勻，日久則堅。逾磚石木根，不入發掘，不及吉，孰大焉。〇此一節專言穴法，吳本以此冠內篇之四，分龍與穴未二處，非也。

右地勢篇第三。

山勢篇第四

夫重岡疊阜，群壠眾支，當擇其特。大則特小，小則特大。參形雜勢，主客同情，所不葬也。

此以下專取一"特"字，乃尋龍定穴之要訣也。向來注家每以高山平陽分言壠支。蓋壠出高山，非止一龍。支落平陽，非止一脈。惟知以特者爲貴，則有時捨大取小，有時捨小取大而皆得正穴。故相地但辨真偽，不拘大小。地無大小，惟有真偽。俗曰："所賞之大地，每系假地不可不知也。"形勢以遠近言，主客以坐山朝山言，取朝山以特尖特圓特方爲上。三峰對中，兩峰對空。若形勢模糊，主客莫辨，既無特朝，即無融結，何客妄言龍穴乎？

夫支欲伏於地中，壠欲峙於地上。支壠之止，平夷如掌。故《經》曰："支葬其巔，壠葬其麓。"卜支如首，卜壠如足。形勢不經，氣脫如逐。

此又申言支壠下葬之不同法也。支龍平地伏行度水則尤奇，壠高山頓峙起頂則必結①。平夷如掌，正指穴場，無論高山平陽皆當如是。支脈寬衍，葬巔則氣聚。壠脈

---

① 疑"壠"字後脫"龍"字。

盛强,葬麓則氣和。平陽氣突方有穴,高山落平多結穴。如首如足,借言承接,氣脈脱脈即脱氣。上則當硬岡,下則受水濕而生氣不得乘矣。○吳本無《經》曰二字。

夫人之葬,蓋亦難矣。支壟之辨,眩目惑心。禍福之差,侯虜有間。

毛刊古本注云:"壟言其老也,支言其嫩也。老忽變嫩,嫩忽變老。所以眩目惑心也。"今按壟爲老龍,支爲嫩龍。南唐楊筠松書詳辨九星高下,即古人分別支壟之法。由以辨星法,辨龍又因星而得穴。如貪巨武輔多壟,右弼文曲多支,是其辨也。世之立論非葬術者以其妄言禍福耳。程子《葬説》雖不言禍福,然固曰:"地之美者,則其神靈安,其子孫盛。惡則反是。"是亦未始不信擇葬也。唐吕才辨葬書闢俗巫並闢吉凶①。俗巫益挾其吉凶之偶驗以惑人。南唐南宋以後,葬術蕪雜之書所以日繁也。○以上吳本在外篇之一。

山者,勢險而有也,法葬其所會。

此又申言山龍之結地也。蔡氏曰:"地勢北高南下,山必有聚處。"故葬法取其所會也。鄭謐曰:"山壟勢雖險而其中復有不險之穴,但當求其聚會之處而葬之,則善矣"。今案山環水聚謂之大會。《山海經》言:"后稷之葬,山水環之。"以上地必山水同道也。俗師恒言某龍到頭當作某向。不究外形,善乘生氣者,既知葬法必不惑此。但隨山水所會而定向耳。

故葬者,原其所始,乘其所止。

按此復述原起乘止之法。原起乃尋龍法,乘止乃點穴法。蔡氏發微引古云:"水本動欲其静,山本静欲其動。"蓋山動則龍有以行,水静則穴可以證也。○以上爲吳本所無。

乘其所來,審其所廢,擇其所相,避其所害。

來謂過峽,有來脈當取承接。廢謂地勢有衰歇,所宜詳審。相,輔也。有纏護夾從可用矣。然又當辨其爲主爲客而得真穴。害謂砂水之賊害於我者。尖利走竄當有法以剪裁之,若避無可避,則非真地也。

淺以乘之,深以取之,闢以通之,闔以固之。

---

① "辨"字原作"辯",徑改。

此詳言葬法也。淺深謂定穴，闊狹謂下壙。此四句爲吳本所無。

乘金相水，穴土印木。

此統言定穴之法。所謂一穴一太極也。凡穴法以个字出脈，以八字分肩。穴後突起之圓頂，分金開面，俗謂之毬，即金也。金乃圓象，乘金以圓，則知乘內氣於後矣。穴前平落之塍爲合水之圓唇，俗謂之簷，即水也。水由金生，相水以圓，則知乘外氣於前矣。結穴之處，中間微微高起，寬平如掌，俗謂之暈，即土也。或窩或乳，不離圓形。穴之可知，乘氣於中矣。穴旁界水夾過，穴前爲定穴之確證，兩邊有微高處，俗謂之砂。如所謂窩穴，牛角砂夾蟹眼水；乳穴，蟬翼砂夾蝦鬚水者，即木也。木有枝葉以輔穴，印木以爲證則生氣之結爲圓暈者不至移於左右矣。不言火者，火乃折痕裂絲之象，穴形似之則凶。凡穴之前有尖利者，則剪斷之，改爲圓形。可悟古法定穴之忌火矣。

外藏八風，內秘五行。

此承上文穴法而言。外藏八風則四隅四正之山包裹完密。內密五行則金木水土之氣，融結精純，避凶從吉莫過於此。

天光下臨，地德上載。陰陽沖和，五土四備。

此爲全吉之地也。鄭謐云："天有一星，地有一穴。"沈鎬云："不用黑土。"黑土，水也。韓氏引老子云："萬物負陰而抱陽，沖氣以爲和。"沖合處必有五色土應之。

是以君子奪神工、改天命。

鄭謐注引陳希夷亦有此二語。蔡氏以人與天無間，釋之以山川融結在天，裁成在人也。朱子以爲奪神功改天命，致力於人力之所不及，莫此爲驗。而趙汸則以此二語爲大悖於理由，拘泥字句，嫌其語之過當耳。抑知謹於擇葬，因造化之自然融結，乘其吉氣，即盡人事即改天命也。豈可虛避禍福之嫌，委其責於天，置親骨於不可知之域，而後謂之持正哉！○吳本在內篇之三。

《經》曰："目工之巧，工力之具，趨全避闕，增高益下。

案楊泉《物理論》云："地形有高下，氣有柔剛，物有巨細，味有甘苦，皆謂取地之不拘於一格也。"夫地道自然，從其所偏重。葬法則有趨避增益者。凡地以外山爲砂，全則纏護密，高則勢力勝。砂法喜高忌低，喜強忌弱，喜大忌小，喜清忌濁，喜近忌遠，喜秀忌遠粗。因其地勢而剪裁之，可補者補之，乃遷就之法。俗人遂以撥沙爲能事，昧者且欲以其法培補穴山以致傷損。穴形填塞，界水徒爲名地之害而已。○《經》曰二字，吳本所無。

　　微妙在智，觸類而長。玄通陰陽，工奪造化。”

　　韓氏曰：“此又極言裁穴之妙也。”愚按裁穴之法，未可執一遇一。地自有一地之取用，大約外山可改，穴山不可改。隨穴山之所見而取用，即神工也。○此上吳本均在內篇之一。

　　右山勢篇第四。此篇通論葬法。

葬山篇第五

　　上地之山，若伏若連，其原自天。若水之波，若馬之馳。

毛刊本注云：“一下言勢。”

　　其來若奔，其止若屍。

又云：“勢來若奔，龍欲其來也。形止若屍，穴欲其止也。”

　　若懷萬寶而燕息，若具萬膳而潔齊，若橐之鼓，若器之貯。

又云：“言氣之吸也。”言氣聚而不散也。愚謂此大聚大會，乃合衆山衆水而一之。

　　若龍若鸞，或騰或蟠。

愚按騰者迎水而下，乘蟠者隨水而逆結。凡蟠龍形多，順水逆結者。

　　禽伏獸蹲，若萬乘之尊也。天光發新，

舊注云：“明堂開也。”愚謂此當指吉地開陽星光下聚者而言。楊筠松書所云：“體魄在地，光在天者。”是也。

　　朝海拱辰，

楊筠松書亦引此句，以明勢之盛。舊注云：“衆水皆爲穴用，諸山皆拱此龍”。

　　龍虎抱衛，

舊注：“貼身龍虎抱衛也。”愚謂龍虎多重尤爲上吉。

　　主客相迎，

舊注："朝山與主山之穴,情相向也。"愚按上地之朝山,必要多重。凡人家福蔭之厚薄,全在外砂。外砂情會合,方是真穴,而朝山又砂之至貴者。

四勢端明,五害不侵。

按四勢,前後左右也。五害,童斷石過獨也。皆見下文。

十一不具,是謂其次。

上地無美不備,次則不能十全,於十之中或有一二不具。若沙水有虧,元辰直落之類是也。凡葬地無論上次,以氣聚爲上,聚則真,不聚則僞。有等大形大勢,外似美觀,及至穴所寬緩弛散,全然虛假。若見凹風及去水,決不可葬。而藏風聚氣之穴,每多融結於偏旁,當以後倚前親法求之,雖系次格,尚爲真穴也。

山之不可葬者五:

即上文所云五害。又李筌《太白陰經》云:"草木不生不可居,鳥獸不集不可居,燋石砂礫不可居,河水逆流不可居。"雖言安營,理亦可通於擇葬。其言逆流,謂水直流而不止,非謂朝山內向之水也。

氣以生和,而童山不可葬也;

童山土石枯槁,破皮漲沙,不生草木,故謂之童,俗名癩頭山,乃漏風無氣之地。

氣因形來,而斷山不可葬也;

山斷氣亦斷,崩陷鑿損之地可補則無礙。若峽脈斷絕,則不可補,下之必絕,以氣不貫也。李筌《太白陰符》云:"山有岡巒,地有形勢。"斷其形則氣勢滅。若《地鏡》所云:"斷岡伏礦,則爲自然生成之斷山。"既主產礦,亦非可葬之地也。

氣因土行,而石山不可葬也;

石乃土之未化者。山之有鐵者多石,純石剛硬,引水致蟻,何可鑿取作穴乎?○凡葬以用石爲重費,石能生水,侈爲美觀者必多用石,致難速葬。速葬,發速之家,用土不用石也。

氣以勢止,而過山不可葬也;

行龍過度,真氣不住。外勢雖踴躍,究何取哉?術家或誤以爲騎龍穴。沈鎬《地學》云:"十個騎龍九個假。"知過山之不宜用也。

氣以龍會,而獨山不可葬也。

凡山孤單孑立而無護衛,術家謂之門戶、羅星及山谷中之孤壠,曠野間之開坪。

不開面、無動氣者均不可用,非指特起而有四應,有水繞之穴山也。

《經》曰:"童、斷、石、過、獨,生新凶,消已福。"

此一節乃詳數凶地以示葬家俾知趨避也。元趙汸云:"《葬書》'勢來形止,地之全氣'者,誠未易言。"若童斷過獨空闕曠折,水泉砂礫固有可避之道,誠確論也。近時術家不求平坦穴地,好讀偽託楊氏之怪穴歌。其所得者皆古人所謂不可葬之地。以石山土穴爲貴,以斷山爲斬關,以過山爲騎龍,以獨山爲回龍顧祖,以童山爲朝天蠟燭而禍福顛倒,若罔聞知也。後廖禹、張鳳儀竟謂五不葬之地能發大福出大貴,顯與《葬書》相背。今之葬工治習斯説,恒取此種地與人,必如其意而後快。然則葬家亦何必求人而受制哉?但詳審於五不可葬之山,而可葬之山自見矣。○吳本以此在内篇之四中。

右葬山篇第五。

形勢篇第六

占山之法,以勢爲難,形次之,方又次之。

楊泉《物理論》地有十形,有龜龍體,有麟鳳貌,有弓弩勢,有升斗象,有張舒形,有塞閉容,有隱真之安,有纍卵之危,有膏腴之利,有堉埆之害,此十形者,氣勢之始終,陰陽之所極也。據此足以證地理之所重在形勢。勢與形爲本而方爲末也。且夫勢者山之來龍,形者穴之星體。勢旺則地大,局緊則地靈。山岡雖聚,成龍者少,故審勢最難。正穴雖秘,小穴尚多,故定形較易。今人執形求地,據形點穴,豈知奇形異穴,未可捨脈置暈而求也。至若方者,向也。方位之説從向起,古法止八方,以一卦統三位,分配支干而二十四向具。漢人已用二十四向,故漢碑有先君之庚地一語。《水經注》謂:"晉水合北、川二水,自乾至巽。汚水之丙穴穴口向丙,洧水入。"張伯雅塋域爲沼,沼在丑地,皆唐以前言二十四向之徵。或云經盤止十二支,非也。○案此篇專言形勢而兼及方。吳氏以方位爲不足信,故列入雜篇。

勢如萬馬,自天而下,其葬王者;

此楊氏《龍經》所謂垣星。

勢如巨浪，重嶺疊嶂，千乘之葬；勢如降龍，水繞雲從，爵禄三公；勢如重屋，茂草喬木，開府建國；

以上乃三吉兼輔之地。如巨浪，謂開帳多重；如降龍，謂枝脚橈棹；如重屋，謂屏几羅列皆貴地也。此言勢之吉者。

勢如驚蛇，屈曲徐斜，滅國亡家；勢如戈矛，兵死形囚；勢如流水，生人皆鬼。

此以上乃凶星不變，明堂不開之地。如驚蛇者，禄存之枝蔓走竄；如戈矛者，破軍之直硬帶殺；如流水者，文曲之散漫不收也。此言勢之凶者。

形如負扆，有壠中峙，法葬其止，王侯崛起；形如燕巢，法葬其凹，胙土分茅；形如側疊，後岡遠來，前應曲回，九棘三槐；形如覆釜，其巔可富；形如植冠，永昌且歡；

此以上乃九星中之吉格。形吉即穴吉，如負扆，武曲正結；如燕巢，左輔正結；如側疊，貪狼正結；如覆釜，巨門正結；如植冠，亦左輔正形。不言右弼者，弼本無形。凡結穴落低平即弼星，隱曜也。前應曲回，謂下手逆水之山來作朝也。凡前山彎曲逆包上水者，其間必有吉地存焉。

形如投算，百事昏亂；形如亂衣，妒女淫妻；形如灰囊，災舍焚倉；形如覆舟，女病男囚；形如橫几，子滅孫死；形如臥劍，誅夷偪僭；形如仰刀，凶禍伏逃。

此以上乃九星之凶者，即形之凶也。如投算，禄存土之亂者；如亂衣，文曲水之雜者；如灰囊，廉貞火之裂者；如覆舟，純金不化；如橫几，純土不化；如臥劍、如仰刀，破軍金之尖破皆不可用。○李筌《太白陰符》末有《山形篇》云："山若蟠龍，玉案數重，宛轉邪曲，首尾相從。山若鳳凰，翅翼開張，群隊千萬，帶壠扶岡，前有印綬，後有回翔。"等語。句法與此略近，足見此書在唐以前也。

牛臥馬馳，鸞舞鳳飛，騰蛇委蛇。黿鼉龜鱉，以水別之。牛富鳳貴，螣蛇凶危。形類百動，葬皆非宜。四應前案，法同忌之。

按地形象物，善惡不同。牛臥馬馳，順其性也。牛土形，故主富。鳳火形，故主貴。馬馳而得止，或攀鞍或飲泉，亦主富貴。鸞猶鳳也，皆兩翼開張之象。蛇形必曲，然單弱無力,走竄不安,故多危也。水族形結穴,必須吉水來應,且忌孤露而氣不全。至若禽獸鱗介之象形者,皆喜靜而惡動。前沙一有走竄即穴氣不固,以逆水之山泝流而上來作案者爲吉。凡定穴以四應前案爲徵,山近而低曰案山,遠而高曰朝,開面相向方名朝案,可以證穴之高下也。平陽之地則以近水之高田爲案,隔水之外洲爲朝,四應前案皆寄走竄。

夫千尺爲勢,百尺爲形。勢與形順者,吉。勢與形逆者,凶。勢凶形吉,百福希一。勢吉形凶,禍不旋日。

凡相地以龍穴如法爲吉。勢與形順謂龍真穴確,勢與形逆謂真龍假穴。勢凶形吉,凶星落平,脱盡殺氣,變作吉穴,亦爲小吉。勢吉形凶,地雖有龍耳,穴並不在此,吉氣不止凶,何待耶?○此上吳本以結雜篇,最在後又無首二句。

夫外氣所以聚内氣,過水所以止來龍。千尺之勢,宛委頓息。外無以聚,内氣散於地中。《經》曰:"不蓄之穴,腐骨之藏也。"

按此以下二節乃言不得水不藏風之害。欲定穴者兩知所避。凡定穴者,水不上堂休點穴,謂有二水以交於住,而陰濕之氣潛滋暗長,蒸爲積水,定主敗絶,萬不可用。○首二句古本作《經》曰,在下文"千尺爲勢"上,今從吳本移冠此節,删去復出《經》曰二字①。"過水止龍",筍松《龍經》引之作界水法。

蓋噫氣爲能散生氣,龍虎所以衛區穴,疊疊中阜,左空右缺,前曠後折,生氣散於飄風。《經》曰:"騰漏之穴,敗椁之藏也。"

噫氣者,風也。風行地中能散生氣。風曷爲行於地中?地中有蟻蟻之生處,即風所至處也。四山有凹缺,近穴者則風斯至矣,故必藉龍虎以衛護之。若疊疊中阜,左空右缺則爲插脅風,穴法大忌。況前則曠散無水以界,後又凹折無水以繞,穴中有生氣,安保其不爲飄風吹散哉?騰謂氣散於上,漏謂氣散於下。藏椁其閒立,主損敗以無暖氣也。凡前無朝山,一望無際,葬之必絶,穴後空虛,亦主絶嗣也。○以上吳本取冠内篇之三,下接"夫土欲細而堅"一節。

千尺爲勢,百尺爲形。勢來形止,是謂全氣。全氣之地,當

---

① "復"字原作"複",逕改。

葬其止。

蔡氏曰："勢者行度也,形者入穴也。"勢來形止則全氣也。當葬其止者,非謂勢來形止之止也,止之中又有止焉。蓋左右前後無一山之不止,則真止矣。此取穴之至要妙也。又曰："山之所交,水之所會,皆止之義也。"今按定穴之法一審穴山,過峽第一節非此則勢不來。一取穴前蓄注明堂水,非此則形不止。水應從順推,峽應由逆溯,可以知氣之全與不全。至於得全氣之地而不葬其止,則是有山無穴,吾見亦多矣。非葬法也。○"是謂全氣"三句乃古本所無。吳本內篇三有之,在原起乘止之後。元趙汸《問對》言:"氣來形止,地之全氣。"蓋據吳本而《地理大全》所採,蔡注亦有之,知爲毛氏刻叢書時之脱文。因"氣來形止"句兩見,故致偽脱,今補之。

《經》曰："勢來形止,前親後倚,爲吉藏也。"

此引《經》一證勢來形止之地,又必須前有朝山朝案下手山相親,後有來龍山鬼山護衛。山相倚然後生氣全而爲吉地。通篇均論形勢,足見其不重方位也。蔡氏曰:"山川融結自有天造地設。"障空補缺,故小聚則地小成,大聚則地大成。散而不可聚,不可言地。又云:"其地融結則龍砂穴水、左右主客必相登對。"今案蔡氏所言,可謂得定穴自然之法,故其子孫累代貴盛也。○吳本無此節,删之。

右形勢篇第六。此舉形勢以詳推穴之證佐。

四勢篇第七

《經》曰："地有四勢,氣從八方。"

蔡氏曰:"四勢者,一氣之別。八方者,四勢之別。"氣之升降爲雲爲雨爲風,其行乎四勢八方,則爲生氣。地言其大體,氣言其分別也。今案四勢即是青龍白虎朱雀玄武,八方即是四正四隅之方。文氣緊接,氣從八方。八方之山皆有生氣,皆宜定穴,在人善相而已。○鄭、陸二本下有"寅申巳亥四勢也。震離坎兌乾坤艮巽八方也。"是故四勢之山生八方之龍。四勢行龍、八方施生、一得其宅吉慶貴榮等語,韓本略同,考古本與吳本,皆無之。知爲偽附人者。

故葬以左爲青龍，右爲白虎，前爲朱雀，後爲玄武。

此承言左右前後之爲四勢而非論卦氣方位也。張式之曰："天文東七宿爲蒼龍，西七宿爲白虎，南七宿爲朱雀，北七宿爲玄武。"地理象天文，故借此以明穴之左右前後也。李筌《太白陰符》云："南有汙池爲朱雀，北有堆阜爲玄武，東有叢林爲青龍，西有大道爲白虎，謂之四獸。"語亦近此。

玄武垂頭，朱雀翔舞，青龍蜿蜒，白虎馴頫，形勢反此，法當破死。

垂頭謂主峰落脈而結穴也，後高前下，束咽起頂，峽脈細緊，真氣入穴乃吉。翔舞謂朝山高昂而內向有情也。凡定穴先認朝山，無分支壠，皆取向我爲吉。朝山必隔水，朝山之前有水必內向也。蜿蜒者曲折而抱穴，馴頫者低伏而讓。穴法喜龍虎均匀和合，即不礙穴，交爭亦忌結地之合。法必須備此自然之四勢。若反之則不成穴，即不能聚生氣而致患矣。《龍經》所云："四没神機。"即審此四者。

故虎蹲謂之銜屍，龍踞謂之嫉主，玄武不垂者拒屍，朱雀不舞者騰去。

此言四勢不具之弊。蹲與踞皆傲慢而坐，昂頭向穴之形。虎蹲則似乎反噬，故名銜屍，右山形惡也。龍踞則勢欲自爲，故曰嫉主，但左山勢重，中間亦必傾倒，不能結地也。不垂者，陡岩壁立有殺無氣，不舞者，朝山順拖直去，不爲我用也。○吳本以此冠內篇之四，下接"以支爲龍虎"。

土圭測其方位，玉尺度其遐邇。

土圭，古相宅測影之法，以求地中古法測方位之正用。土圭惟分四勢八方，無取於星卦，即今之日晷影表是也。李筌《太白陰符》云："四獸既具八卦，乃列乃立表側影以定子午之位，是其法也。"玉尺，周人律尺八寸，得今工部尺六寸四分，得漢尺九寸，得唐開元錢八枚與今木工營造尺略近。唐宋而後以羅盤代土圭，曰格地羅。以杖法代玉尺，曰倒杖。僞託楊氏之天玉、青囊不過三盤內外針法以定向。左旋之地用甲庚丙壬之縫針，右旋之地用乙辛丁癸之中針。古人每於相宅既得後用此法測度而得其中，以定穴向。非若俗師之放盤求地，自矜理氣斷墳或驗定宅，則非令人無可倚仗也。案方位之說，唐人亦有，言者如李筌所引"乾上伏下過子艮，寅卯重岡來入巽。戌連申西坤未高，前有迎山抱且朝。或舞或躍或蟠龍，藏車隱馬若飛鴻，支條散脈如蛇走，氣車森聳似雞籠。四維皆起四仲平，巽水迤邐出自庚，矢門倚伏歷壬癸，直出地戶東南傾。"是也。凡取巽水爲上吉，必憑中針，否則非真巽水，取巽方文峰亦然。○吳本無此二句，吳文正最不信方位之說，或因見此有方位字故删之歟？

以支爲龍虎者，來止跡乎岡阜。要如肘臂，謂之環抱。

此言平陽之龍結穴也。凡穴必須有龍虎，而高山與平陽略同。高山之中四山環抱周密，兩旁諸峰羅列環衛，本身龍虎全無者，反爲大結。惟平陽八風皆至，祖山隔遠，非有高田勾夾爲肘臂向内遮蔽，以藏穴内之風，收穴前之水，則不能立脈。故曰："以支爲龍虎也。"跡乎岡阜者，平地龍從高脈發，高起星峰低落穴，當從起頂處循地道右旋之氣脈，以求正穴也。

以水爲朱雀者，衰旺系乎形應。忌夫湍激，謂之悲泣。

此又以水爲朱雀。朱雀在前，前朝之山與水皆可以朱雀言也。凡兩旁有龍虎之地，須以水爲準。水到左，要龍外虎内；水到右，要虎外龍内。方關得穴中生氣住，兼不使穴前乾流入内，陽之水得以徑出也。水到左，用向必兼右。到右，用向必兼左。向上之衰旺以形應言，不以方位理氣言。穴前水又謂之明堂。明堂太寬，氣反不聚，以一掬清流冬夏不竭爲上。術家水有五城，惟金土吉，以其形向内有回抱之意。蓋水以曲折旋繞爲貴，貴曲忌直，直則有聲。流水有聲，亦有吉凶之辨。中宮角爲吉，中商徵爲凶，管輅有"朱雀悲哭"之說。又《太平廣記》徐勣卜葬，張景藏曰："朱雀悲哀，棺中見灰。"正謂水之直而激者，聲近噍殺也。

朱雀源於生氣，派於未盛，朝於大旺，澤於將衰，流於囚謝，以返不絶。法每一折瀦而後泄，洋洋悠悠，顧我欲留，其來無源，其去無流。

此承上文言水而詳說之所云。朱雀即指水也。氣者，水之母。穴前之水，隨龍俱來，至穴方住，故發源由生氣也。派於未盛，朝於大旺者，派乃水之分流，不可作穴。朝則水交氣止，正可迎穴作向，以取旺氣也。澤水所聚也，將衰者欲去不去，有蓄意也。流水去也，囚謝者既衰之餘波也。以返不絶，謂穴前不見。囚謝之水，穴所向處，即水鎖聚處也。每一折謂水法一折一曲也。每一曲折，即一瀦蓄，不令直出，方合水法。洋洋悠悠，顧我欲留，乃水之有情也。其來無源，源之遠也。其去無流，其流甚曲，下砂關闌不見去水。蔡氏所謂："爲上下周密是也。"凡水法純，任自然，不假人力。

術家收水放水乃出矯誣。陶中洋書言:"朱雀指面前向首,當於向上檢點。"生旺墓以生氣爲長生,大旺位帝旺。將衰囚謝爲衰墓。蓋三合家以此爲立向消水之法。蔣平階創言水龍,謂葬書亦言水龍,不知此節無龍字,系言朝水不可以三元水運配合古書也。

《經》曰:"山來水回,貴壽豐財。山囚水流,虜王滅侯。"

此引《經》以明山水相得,即爲吉山水相,反即爲凶。兩水相交謂之回,一水直出謂之流。此葬乘生氣者,所以必須山環水聚,不可捨山而偏言迎水立向也。蔡氏曰:"地理之法,不出山水向背四字。"向則爲吉,背則爲凶。但眼識美惡,即能分別。初非有微妙難見。○以上吳本在外篇之四。

右四勢篇第七。此言真山真水之自成四勢者。

取類篇第八

夫土欲細而堅,潤而不澤,裁肪切玉,備具五色。

氣純則土細,研之成粉。氣盛則土堅,叩之如石。含生氣者爲潤,其膩如油。空窩無氣而有水者爲澤,其濁如泥。裁肪切玉,言其堅細而溫潤也。形勢既吉,得生氣而全五行。土必有五色。五色土以紫黃爲上,白次之,赤綠次之,黑爲最下。多黑則有水,黑紋亦不宜多。定穴所以貴五色土者,爲其得五行純全之氣也。亦有土具五色,而非吉地者,乃生氣所結,有紫點而堅栗者爲真,研之不碎而鬆散者爲僞。僞者無暈,真者有暈,凡真穴必有好土,不論高山平地也。

乾如穴粟,濕如刲肉,水泉砂礫,皆爲凶宅。

此又言土之惡者。穴粟,粟在窖中久,鬆散空虛而不可食,燥土似之,葬者必絕。或如香灰色而散者防有水。刲肉近豬肝色,俗名豬血紅泥地,亦主有水。水泉之地,開土即見黃泉也。砂礫澗雜,於土中研之,不碎亦非吉地。凡穴中有好土或見大石,去石可葬,碎石則非。砂礫氣冷,故凶同水泉。妄人或言水中有穴,尤非理也。○以上吳本在外篇之三末。

穴有三吉，葬有六凶。天光下臨，地德上載。藏神合朔，神迎鬼避，一吉也；陰陽沖和，五土四備，二吉也；目力之巧，工力之具，趨全避闕，增高益下，三吉也。陰陽差錯爲一凶；歲時乖戾爲二凶；力小圖大爲三凶；憑福恃勢爲四凶；僭上偪下爲五凶；變應怪見爲六凶。《經》曰：“地吉葬凶，與棄屍同。”

凡有一自然之上地，必有一自然之吉向，用之則爲福，不用之則爲禍。足見方位之吉從形勢而定也。凡葬得吉地，但因外形定向不必拘方位。如唐源乾曜用邨翁卜葬僧一行所取之地，葬之者非一行也，而地仍貴。司馬康葬親以己意區分，令葬工依法用事，而亦貴由外形，人所共見也。合朔謂歲月日時之吉者。天光下臨等語已見上文，此又復出，綜其大凡而言之也。陰陽差錯謂朝向不正，歲時乖戾謂選擇不精，力小圖大謂冒險希冀，憑福恃勢謂背理貪求，僭上偪下謂祈靈古冢之餘氣，變應怪見顯干造物之咎徵，皆致凶之道也。若夫廣築垣墻，高立牌坊，水口築壩，塋前開塘，皆犯地吉葬凶之弊，不可不知。劉熙《釋名》：“葬不如禮曰埋，不得埋曰棄。”此書棄字之所本也。○吳本無此節。

《經》曰：“勢止形昂，前澗後岡，龍首之藏。”鼻顙吉昌，角目滅亡。耳致侯王，唇死兵傷。宛而中蓄，謂之龍腹，其臍深曲，必後世福。傷其胸脅，朝穴暮哭。

此言穴而借龍形以喻，可見古人不分龍法穴法爲兩事也。凡作穴處必寬平大曲，暈結在中心，乃生氣所聚。俗人尋龍至此，見其窪深，便云：“有水不察出脈界合之形，多就兩旁高露處立穴舍。”首鼻而取角目，捨臍腹而取胸脅，吾見亦多矣。此窩鉗之穴所爲隱而尚存也。木星忌扦掛角穴，金星則不然。蓋葬耳非葬角也。土屏不兼金者，忌中葬由傷其胸也。角目爲龍虎，唇爲龍坪，皆不可用。鄭謐曰：“若葬非其道，傷胸腹者必遇石而面帶黑土。傷其脅者，則有粉白沙土，上緊下虛也。”○吳本以此節在外篇之二，《太平廣記》引《朝野僉載》郝處俊葬一書生云：“葬壓龍角，其棺必斷”。近此篇之逸文。

是以禍福不旋日。

此言吉凶之應甚速，勿信庸術拘執理氣，誤葬去水凹風之地也。○吳本内篇之四有"禍福不旋日"，在"奪神功改天命"下省去"是以"二字。

《經》曰："葬山之法，若呼谷中。"言應速也。

山鳴谷應，氣之通也。此引《經》以明葬法之如響斯應。惟葬乘生氣，吉應甚速。此人子所以不可不思速葬也。近時庸術日出不窮，復創爲上中下三元行運之説，須數十年而一轉。葬地不吉，則以爲逢某年分方發，又以爲地力厚則發遲。又謂地之獲福必在十二年後，皆由不信《葬書》自造遁詞。始則欺人，繼則自欺，良可慨矣。今按天道大數，不越十二，以十二年爲一紀，正當歲星一周天。葬後驗吉凶，速者一百二十日或十二月，至遲不越十二年，此皆屢驗之定數。欲警世迷，不惜明言之也。○以上吳本在內篇之四。

右取類篇第八。此篇言葬地宜審土色而辨龍形以定吉凶，皆取實驗無空談也。

青烏子相冢書歙縣汪宗沂仲伊輯

自《太平廣記》引唐人《集異記》，謂時人周士龍識地形，爲張式葬其先人，乃郭璞青烏之流亞云云，知青烏子相地之術不下於景純。葛稚川《抱朴子》云："黃帝相地理則書青烏之説。"知其書亦自晉時流傳，而其人則自漢時已著。《廣韻》引《風俗通》逸文云："漢有青烏子，善數術。"隋唐志均有《青烏子》三卷之目。《北堂書鈔》世說注事類賦注，《太平御覽》皆有雜引青烏子《相冢書》。文雖甚不全而一班之窺，一毛之見亦足以驗其所學不可没也。若毛子晉津逮秘書中之《青烏經》一卷，乃取世傳郭璞《葬書》所引《經》文雜湊而成。在作僞者，耳熟青烏因衍爲經，殊不知其書曰《相冢》。而青烏子乃人名，非書名。與其信彼之僞文，以疑誤後學，曷若存此之遺文意輔翼《葬書》乎。

黃龍岡利宮商也。黑龍岡害宮商也。《北堂書鈔》

宮，土也。商，金也。宮商乃土金生合之地。得黃土吉，得黑土凶。黑土，水也。岡者，山龍。落平過峽之所觀峽土，可以推見穴中之土矣。

凡葬龍耳富貴，出王侯。葬龍頭暴得富貴，人不能見。葬龍口，賊子孫。葬龍齒，三年暴死。葬龍咽，死滅門。葬龍腮，必卒死。《世說新語注》

龍耳旁結也，俗謂之土角流金，主富貴。龍頭正結也，俗謂之土腹部藏金，亦主富貴。穴下有脣以證穴，乃龍口也，不可葬，葬之犯濕，主絕。龍齒爲曜氣，龍咽爲化生腦，龍腮爲界水，皆非穴地，不可葬。知此不可葬之處，則知擇穴矣。

天子葬高山，諸侯葬連岡，庶人葬平地。《世說新語注》

葬貴得穴，壙即穴也。高山連岡平地不同，而總以有穴爲貴。

山望之如却月藝文多一形字，或如覆舟，葬之出富藝文多貴山望之四字如雞棲，葬之滅門如，如連傘葬之，出二千石。《吳淑事類賦注》

山有重疊，望之如鼓吹棲，葬之連州二千石。《藝文類聚山部七》

却月左輔土兼文曲水，行龍也，俗謂之蛾眉。覆舟巨門金兼廉貞火，行龍也，以其行度未全純，故止主富。若山形無起伏頓接而純似覆舟者，不可用。雞棲乃空窩，積水之所，與輔星穴高山正結之爲燕窠者不同，葬之絕。連傘乃三台華蓋之形，故主出貴。詳見下文如鼓吹棲乃八貴山，故亦出貴。

山三重相連，名傘山。葬之出二千石。《吳淑事類賦注》注《御覽五百六十》引同

凡金木火三山之相連者，皆曰三台華蓋穿心出脈結地，主貴。

冢欲得見郡縣城郭，欲得連屬，長長無極。《御覽五百六十》

此以郡縣之城郭論大地之四圍，有羅城重重裹護而不空缺也。

冢，青氣鬱鬱，出二千石；赤氣，出公卿；白氣，出刑戮；黃氣，出封侯。《御覽五百六十》

凡冢地有青白氣上浮，穴多近水。純青氣則爲木星結地。鬱鬱正言地氣上浮之狀，氣不上浮則爲已葬之地。雖有形勢不足取也。赤氣兼紅紫而言，紅氣上沖，主出忠良。紅黃帶採甲第從心。赤白皆備，宰相之地。黃氣紫雲，其貴非常。若純白則不吉。今人有以見白氣爲得氣者，當據此正之。世傳堪輿家言不詳。望氣此乃獨得之秘，良可信也。《太平廣記》引《定命錄》："城中有白氣，郡將當死。如氣未全急，應在半年。"又相宅占氣法望百家中有赤氣，財汎無涯。白氣上騰，財散多嗟。黑氣五兵伏匿，遮蔽可見。陽宅亦不以白氣爲善也。

欲得雌龍地，多子孫。不用雄龍岡武子岡。（同上引，下同）

雌龍岡，起圓頂而結窩鉗之穴處也。雄龍岡，煞氣未脱盡。"武"子岡未詳。"武"乃"或"字之誤。子岡孤墩，故爲不吉。

凡相山陵之法：山望如龜狀，葬之出公卿、封侯，代代不絶。

此武曲輔星帶護之穴山，非孤墩也。

山望如龍狀，有頭尾委蛇者，葬之出二千石。

此巨門金鎖結之蟠龍形。

凡依山作冢，皆當立在山末爲利，得山之形力也。

《爾雅》"山東"曰："朝陽，古文多言藏於某山之陽，以其開陽也。"

山如龜形，又巍巍直上如聞狀，出二千石。

可見龜形之地，亦要後山特起方佳。

欲知貧富，岡陵肥薄。狀如肥馬，草木茂盛，色黃紫，皆富也。岡陵多傷缺，土色赤白，地瘠，草木黃赤不茂，或多細石，皆貧。

以山環水抱，土色光潤，草木茂盛爲吉地。乃程子之言，得此尤爲分別明顯。

撼　龍　經

舊題唐・楊筠松撰

【題解】

《四庫全書總目》云:"《撼龍經》一卷、《疑龍經》一卷、《葬法倒杖》一卷,舊本題唐楊筠松撰。筠松不見於史傳,惟陳振孫《書錄解題》載其名氏。《宋史·藝文志》則但稱爲楊救貧,亦不詳其始末。惟術家相傳以爲筠松名益,竇州人,掌靈臺地理,官至金紫光禄大夫,廣明中遇黄巢犯闕,竊禁中玉函秘術以逃,後往來於虔州。無稽之談,蓋不足信也,然其書乃爲世所盛傳。"楊筠松之事跡多見於方志,而以訛傳訛,詳情不可考。

《撼龍經》專以九星言山勢之脈絡形態,然此九星與天象並未有太大關聯,僅以其名别山勢體脈。今存《撼龍經》傳本較多,最早當屬明萬曆間游嵩集注本,後有明徐之鎮《地理天機會元》本、李國木《地理大全》本、清《四庫全書》本、《正覺樓叢書》本,之後各家紛紛爲之作注,如高其倬批點本、張冕集注本、寇宗集注本、李文田注本,廖平訂本等。各本最有爭議之處在於"巨門"、"武曲"二星屬性。《地理天機會元》、《四庫全書》、《地理大全》作"巨門尊星性端莊"、"武曲星峰覆鍾釜",而游嵩本、《正覺樓叢書》本、高其倬批點本等則作"武曲尊星性端莊"、"巨門星峰覆鍾釜"。武曲、巨門二星之分歧在於何者爲方、何者爲圓。明徐之鎮注曰:"舊本以武曲作巨門,巨門作武曲。二星雖吉,形不同,恐傳之誤,今改正。"[1]明李國木、四庫館臣皆承襲此説。清人李文田言:"竄亂之由自徐作俑,幸其注出尚足爲據耳,今悉改從舊本,以復古書之始焉。"[2]至於徐之鎮篡改巨門、武曲之緣由,蓋與九星所屬五行相關。五星之中,金圓、木直、水曲、火尖、土方,巨門屬土、武曲屬金,故有徐之鎮巨門方、武曲圓之説。然各本皆言禄存形似頓鼓且"微方似武曲",據此可見武曲微方,與屬性相抵牾。又破軍屬金,其形當圓,而"破軍星峰如走旗,前頭高卓尾後低"亦不符五行所屬。《撼龍經》有言"坎山來龍作午丁,却把地羅差使轉。此是陰陽雜五行,不

---

① 《地理天機會元》,上海錦章圖書局本。
② 《知服齋叢書》,清光緒刻本,浙江圖書館藏。

是龍家官鬼辨。龍家不要論五行，且從龍看分脈上”，據此知九星與五行並無固定的聯繫。蓋因山形多而無法僅以五星概括，遂以九星彌補不足。

《撼龍經》一書以九星分排章節次序。《地理天機會元》本、《地理大全》本、《四庫全書》本同源而出，另有“九星變穴”及“九星吉凶”二章。《正覺樓叢書》及《知服齋叢書》本僅存“九星變穴”一章，而萬曆間游嵩本則並此而無，疑二章皆爲後人附加。清人汪宗沂以清甘福友恭堂本《龍經》爲宋本，現藏北京大學圖書館。此本與他本差異較大，《正覺樓叢書》本即據此刊刻。

今以《四庫全書》本爲底本，並參《正覺樓叢書》本（簡稱正覺本）、《地理大全》本（簡稱地理本）及《地理天機會元》本（簡稱天機本）加以校錄。《四庫全書》本未分編章節，今則別據《地理大全》本別之。

總論

　　須彌山是天地骨①,中鎮天地爲巨物。如人背脊與項梁,生出四肢龍突兀。四肢分出四世界,南北東西爲四派。西北崆峒數萬程,東入三韓隔杳冥。惟有南龍入中國,胎宗孕祖來奇特。黃河九曲爲大腸,川江屈曲爲膀胱。分肢擘脈縱橫去,氣血勾連逢水住。大爲都邑帝王州,小爲郡縣君公侯②。其次偏方小鎮市,亦有富貴居其中③。大率龍行自有真,星峰磊落是龍身。高山須認星峰起,平地龍行別有名。峰以星名取其類,星辰下照山成形。龍神二字尋山脈,神是精神龍是質。莫道高山方有龍,却來平地失真蹤。平地龍從高脈發④,高起星峰低落穴。高山既認星峰起,平地兩傍尋水勢。兩水夾處是真龍,枝葉周回中者是。莫令山反枝葉散,山若反兮水散漫。外山百里作羅城,此是平洋龍局段。星峰頓伏落平去,外山隔水來相顧。平中仰掌似凹窠,隱隱微微立丘阜。傾從丘阜覓凹窠,或有勾夾如旋螺。勾夾是案螺是穴,水去明堂聚氣多⑤。四傍繞護如城郭⑥,水繞山還聚一窩。霜降水涸尋不見,春夏水高龍背現。此是平洋看龍法,過處

---

① "須彌",正覺本作"昆侖"。
② "君",正覺本作"居",義長。
③ "中",正覺本作"地"。
④ "脈"字,正覺本作"嶺"。
⑤ "去"字,正覺本作"注",義長。
⑥ "繞"字,正覺本作"擁"。

如絲或如線。高水一寸即是山，低土一寸水回環①。水纏便是山纏樣，纏得真龍如仰掌。窠心掌裏或乳頭，端然有穴明天象。水繞山纏在平坡，遠有岡陵近有河。只愛山來抱身體，不愛水返去從他。水抱應知山來抱，水不抱兮山不到。莫道高山龍易識，行到平洋失蹤跡。藕斷絲連正好尋，退卸愈多愈有力。高龍多下低處藏，四沒神機便尋得。祖宗父母數程遙，誤得時師皆不識。凡到平地莫問蹤，只觀環繞是真龍②。念得龍經無眼力，萬卷真藏也是空。

垣局

北辰一星中天尊，上相上將居四垣。天乙太乙明堂照，華蓋三台相後先。此星萬里不得一，此龍不許時人識。識得之時不用藏，留與皇朝鎮家國。請從垣外論九星，北斗星宮係幾名。貪巨武星並輔弼，祿文廉破地中行。九星人言有三吉，三吉之餘有輔弼。不知星曜定錙銖，禍福之門教君識。

貪狼星第一

貪狼頓起笋生峰，若是斜枝便不同。斜枝側頂爲破面，尖而有脚號乘龍。脚下橫拖爲帶劍，文武功名從此辨③。橫看是頂側

---

① "土"字原作"水"，不辭，據正覺本改。
② "環"，正覺本作"水"，義長。
③ "辨"字原作"辯"，"辨"通"辯"，後皆隨文逕改。

是峰,此是貪狼出陣龍。側面成峰身直去,不是爲朝便不住。

　　莫來此處認高峰,道是玄武在其中。亦有高峰是玄武,玄武落處四獸聚。聚處方爲龍聚星①,四獸不顧只成空。空亡龍上莫尋穴,縱然有穴易歇滅。

　　或爲關峽似龍形,正身潛在峽中行。時師多向峽中覓,不識真龍斷續情。貪狼自有十二樣,尖圓平直小爲上。欹斜側巖倒破空②,禍福輕重自不同。欹側似斜斜似側,平似乘龍側似直③。貪狼似巨倒似空④,空似虛巖即似石⑤。問君來此如何觀,我道貪狼非一般⑥。欹是崩崖破是折,斜是邊有邊不同。側是面尖身直去,空是巖穴多玲瓏。倒是飛峰偏不正,七者未是貪狼龍。平地卓然頓起笋,此是尖狼本來性。圓無欹側四面同,平若臥蠶在高頂。直如決脊引繩來,小似筆頭插高塔⑦。五者方爲貪正形,吉凶禍福要詳明。

　　火星要起廉貞位,生出貪狼由此勢。若見火星動焰時,看他蹤跡落何處⑧。此龍不是尋常貴,生出貪狼向亦奇。火星若起廉貞位,落處須尋一百里。中有貪狼小小峰,有時回顧火星宮。世人只道貪狼好,不識廉貞是祖宗。貪狼若非廉作祖,爲官也不到三公。高山頂上如平掌,中分細脈如蛇樣。貴龍多是穿心出⑨,

---

① "星"字,正覺本作"峰"。
② "巖",正覺本作"石"。
③ "平"字,正覺本作"斜"。
④ 正覺本作"側即似破倒似空"。
⑤ "虛"字,地理本、正覺本作"有"。
⑥ 地理本、正覺本作"莫道貪狼總一般"。
⑦ "塔",正覺本作"嶺"。
⑧ "處"字,正覺本作"地"。
⑨ "出"字,正覺本作"去"。

富龍只從傍生上。高山如帳後面遮，帳裏微微似帶斜。帶舞下來如鼠尾，此是貪狼上嶺蛇。帶舞下來伸鶴頸①，此是貪狼下嶺蛇。上嶺解生朱紫貴②，下嶺須爲朽腐家。

　　大山特起小爲貴，小山忽起大爲勢。高低大小斷續行，此是貪狼真骨氣。大抵九星有種類，生子生孫巧相似。剝換方知骨氣真，剝換不真皆不是。一剝一換大生小③，從大剝小最奇異。剝換退卸見真龍，小峰依舊貪狼起。剝換如人換好裳④，如蟬退殼蠶退筐。或從大山落低小，或從高峰落平洋。退卸剝換成幾段，十條九條亂了亂。中有一條却是真，若是真時斷了斷。亂山回抱在面前，不許一條出外邊。只有真龍在帳內⑤，亂山在外却爲纏。此龍多從腰裏落，回轉餘枝作城廓。城廓彎環生捍門，門外羅星當腰著。羅星要在羅城外，此與火星常作案。火星龍始有羅星，若是羅星不居內。居內名爲抱養瘵，又爲患眼墮胎山⑥。羅星若生羅城口，城口皆爲玉笋班。羅城恰似城牆勢，龍在城中聚真氣。羅星借在城闕間，時師喚作水口山。欲識羅星真妙訣，一邊枕水一邊田。田中有骨脈相連，或爲頑石焦土間。此是羅星有餘氣，卓立爲星在水邊。貪巨羅星方與尖⑦，輔弼武曲員區

---

①　"伸鶴頸"，正覺本作"鶴伸頸"。

②　"貴"，正覺本作"客"。

③　"小"字，正覺本作"細"，義同。

④　"剝換"原作"剝小"，不辭，據地理本、正覺本改。

⑤　"在帳"，正覺本作"坐穴"。

⑥　"患眼"原作"病跟"，不辭，按羅星居堂內名患眼、抱養、墮胎之山，宜在水口，據正覺本改。

⑦　"方與尖"，正覺本作"尖與圓"。按巨門、武曲之形孰方孰圓，爭論已久，今暫列於此。

眠①。禄存廉貞多破碎，破軍尖破最爲害。只有尖圓方匾星，此
是羅星得正形。忽然四面皆是水，兩山環合鬱然青。羅星亦自
有種類，浪説羅星在水邊。

巨門星第二②

巨門尊星性端莊③，纔離祖宗即高昂。星峰自與衆星別，不
尖不圓其體方。高處定爲頓笏樣，但是無脚生兩傍。如此星峰
止一二，方岡之下如驅羊。方岡或如四角帳④，帳中出帶似飛
揚⑤。飛揚要得穿帳去，帳中兩角隨身張⑥。枝葉不多關峽少，却
有護衛隨身傍。帶旌帶節來擁護，旌節之峰多是雙。更有刀劍
同護送，刀劍送後前圓岡。離蹤斷處多失脈，抛梭馬跡蛛絲長。
梭中自有絲不斷，蜂腰過處多趨蹌。

自是此星性尊貴，護送此星來就體。每逢跌斷過處時，兩傍
定有衣冠吏。衣冠之吏似圓峰，兩傍有脚衛真龍。若是獨行無
護衛，定作神祠佛道宮⑦。平行穿珠行數里，忽然又作方峰起。
方峰直去如橋杠，背長頗類平尖貪。平尖貪狼如一字，生在山頂
如臥蠶。武曲倒從身中出⑧，貪狼直去如僧参。夾輔護龍次第

---

① "員"，正覺本作"方"。
② "巨門"，正覺本作"武曲"。
③ "巨門"，正覺本作"武曲"。
④ "如"，正覺本作"爲"。
⑤ "似"，正覺本作"微"。
⑥ "中"，正覺本作"上"。
⑦ "神祠"，正覺本作"神壇"。
⑧ "倒"，地理本、正覺本作"横"，義長。

列，正龍在内左右函。此龍住處無高壠，間生窩穴隱深潭。獨在山峽中間者，穴落高岡似草庵。四圍要高來朝護，前案朝迎亦高舞。却作高穴似人形，按劍端嚴似真武①。

此龍若行三十里，内起方峰止三四。峰峰端正方與長，不肯欹斜失尊體。峰上忽然生摺痕，此與廉貞何以異。凡起星辰不許斜②，更嫌生脚照他家。端峰若生四花穴，花穴端嚴要君別。真龍直去向前行，四向謾成龍虎穴。此是武曲鉗峽來，間氣來此偶生穴③。此龍誤了幾多人，定來此處説真形。要説四花穿心過④，但看護衛不曾停。

尊星自有尊星體，方正爲屏將相位。巨門行龍少鬼劫⑤，蓋緣兩傍多羅列。水界分處夾龍行⑥，不肯單行走空缺。水界分處亂生枝⑦，枝葉雖多夾水隨。護龍亦自有背面，背後如壁面平夷。平夷便是貼龍體，龍過之時形怪異。不起尖圓即馬旗，攢劍繙龍歸此地⑧。護衛纏繞如打團，重重包裹外山歸。至令巨門少關峽⑨，護送無容左右離。明堂斷定無斜瀉⑩，橫案重重拜舞低。平貪覆巨圓武曲，尖圓方整不能齊。三星尖圓方整處，向此辨別無狐疑。識龍須識辨疑處，識得真龍是聖師。

---

① "劍"字原作"斂"，不辭，據地理本改。
② "辰"，正覺本作"峰"，義長。
③ "穴"字原作"峽"，於義不合，據正覺本改。
④ "説"，正覺本作"識"，義長。
⑤ "巨門"，正覺本作"武曲"。
⑥ "水界"，正覺本作"小共"，知服齋本作"小公"，俟考。
⑦ "水界"，正覺本作"小共"，知服齋本作"小公"。"處"字原作"及"，不辭，據正覺本改。
⑧ "繙"，正覺本作"蟠"。
⑨ "巨門"，正覺本作"武曲"。
⑩ "斜"字，正覺本作"陡"，義長。

禄存星第三

禄存上形如頓鼓①,下形有脚如瓜瓠②。瓜瓠頭前有小峰,此是禄存帶禄處。大如螃蟹小蜘蛛,此是禄存帶殺處。殺中若有橫磨劍③,此是權星先出武。

大龍大峽百十程,寶殿龍樓去無數峽口微平曰殿。忽此等等入長垣④長垣如城,萬仞不圍君莫顧。癡師偷眼傍睥睨,曉者默然佯不睹。若然尖脚亂如茅,喚作蚩尤旗爪距天上有蚩尤旗星。小圓帶禄圍本身,將相公侯出方虎。大抵星辰嫌破碎,不抱本身多作怪。端正龍神須無破,醜惡龍神多破敗。怪形異穴出凶豪,殺戮平民終大壞。草頭作亂因此山,赤族誅夷償命債。只緣龍上有欓槍,賊旗倒仄非旌幢。旌幢對對端正立,獨立攲仄名欓槍。頓鼓微方似武曲,武曲端正下無足。有足周圍真禄存,圓盡方爲武曲尊⑤。龍家最要仔細辨,疑似亂真分背面。背似面非豈有真,此是禄存大移轉。凹處是面凸是背,作穴分金過如線。凡看星辰看轉移,轉移須教母顧兒。枝分派別有真種,忽作瓜蔓無東西。十里半程無岡嶺,平陽砂磧煙塵迷。到處君須看水勢⑥,水勢莫問江與溪。只要兩源相夾出,交瑣外結重重圍。禄存好處

---

① "上"字原作"之",不辭,據正覺本改。
② "形"字原作"生",不辭,據正覺本改。
③ "劍"字原作"斂",不辭,據地理本、正覺本改。
④ "此等"原作"履仁",於義不合,據正覺本改。
⑤ "盡"字,正覺本作"净",義長。
⑥ "處"字,正覺本作"此",義長。

落平洋，大作方州小鎮縣。坪中時復亂石生，或起橫山或梭面。此處或有輔弼形，輔弼無枝禄生瓣①。禄是帝車第三星②，也主爲文也主兵。

九星行龍皆要禄，最要夾貪兼巨輔③。或從武曲左右起，此等貴龍看不足。若逢此星遠尋穴，莫向高山尋促局。若遇九星相夾行，只分有足並無足。燕雲下嶺出九關，中帶禄存三吉山。高山峽裏多尖秀，也有圓禄生屛顏④。君看山須分種類，亂指橫山作正班⑤。禄破二星形無數，也有正形落低處。也有低形上壠頭，雜亂分形君莫誤。形在高嶺爲高形，山頂上生禄存星。形在平洋山卓立，頂矮脚手亦橫平。頂上生形頂必正，平地生形脚亂行。請君看我細排列，禍福皆從龍上生⑥。

第一禄存如頓鼓，脚手對對隨身去。平行有脚如劍芒，旌節幡幢排次序。此等星辰出大江，中有小貪並小巨。輔弼侍從左右生，隔岸山河遠相顧。此是龍身作州縣，雄據十州並一路。忽然諸山作垣局，更求吉水爲門户。若得吉水爲門户，萬水千山不須做。

第二禄存如覆釜，脚尖如戟周回布。有脚方爲眞禄存，無脚方爲禄堆巨⑦。此星定是有威權，白手成家積巨富。

第三禄存鶴爪布，兩短中長龍出露。出露定爲低小形，隱隱

---

① "瓣"字原作"辨"，不辭，據知服齋本改。
② "三"字原作"二"，不辭，按北斗七星的排行是一白貪狼、二黑巨門、三碧禄存、四緑文曲、五黄廉貞、六白武曲、七赤破軍，據正覺本改。
③ "輔"字原作"軸"，不辭，據正覺本改。
④ "屛顏"原作"屛巖"，不辭，從正覺本。
⑤ 正覺本作"莫指橫行作正班"。
⑥ "從"，正覺本作"隨"。
⑦ "堆"，地理本作"推"。

前行忽蹲踞。有穴必生龍虎巧,醜陋穴形龍不住。

第四禄存肋扇具,脚手又似扛絲勢。此龍只好結神壇,別有星峰生秀氣。

第五禄存如懸鶉,破碎箕帚摺無數①。此星便是平行星,星平生枝自頂分。此龍只去平中作②,橈棹回來斬關做,高山大峽開三路。

第六禄存落平洋,勢如巨浪橫開張。他星亦有落平者,此星平地亦飛揚。脚擺時復生巨石③,石色只是黑與黃。兩傍請看隨龍峽,長短大小宜推詳。護龍轉時看他落,落處當隨水斟酌。右轉皆右不參差,左轉皆左無駁雜。朝迎指正真穴形,左右高低君莫錯。禄存鬼形如披髮,雖曰眾多勢如掠。

第七禄存如長蛇,左右無護無攔遮。此龍目作貴龍從④,枕在水邊自橫斜。

第八禄存在高頂,如載兜鍪有肩領。漸低漸小去作穴,定作窩鉗極端正。此龍號爲八貴龍⑤,捉穴真時最昌盛。

第九禄存如落花,片片段段水夾砂。不作蛟潭爲鬼穴,定作羅星水口遮。

天下山山有禄存,或凶或吉要君分。莫道禄存全不善,大爲將相公侯門。要知五嶽真龍落,半是禄破相參錯。太行頂上馬

---

① “箕帚”,正覺本作“肋痕”,知服齋本作“脚箒”。
② 正覺本作“此龍只去作神宇”。
③ “脚擺”,正覺本作“平中”。
④ “目”字,正覺本作“是”,知服齋本作“定”。
⑤ “八貴龍”,正覺本作“八貴山”。

耳峰，禄存身上貪狼龍。泰山頂上有日觀[1]，上有月亭高一半。此是禄存上有貪，如此高峰孰能判。海中洲渚亦有山，君如論脈應難言。不知地脈連中國，遠出山形在海間。集出青齊爲東嶽[2]，過盡平陽大江塹。地絡連延氣勢生，澗水止龍君莫錯。我觀破禄滿天下[3]，九星分變無識者。君如識得禄存星，珍寶連城貴無價。

文曲星第四

文曲正形蛇行樣，若作淫邪如撒網。此星柔順最高情，形神恰似生鱔樣[4]。問君如何生此山，定出廉貞絕體上。問君如何尋絕體，本宮山上敗絕氣。問君如何尋本宮，寶殿之下初出龍。認得星峰初出面，看得何星細推辨[5]。九星皆挾文曲行，若無文曲星無變。變星便看何星多[6]，多者爲主分惡善。文曲星柔最易見，每遇旺方生側面。側面成峰身直行，直去多如絲雜線。此星山骨少星峰，若有星峰輔弼同。平地蛇行最爲吉，半頂娥眉最得力。若有此星連接生，女作宮嬪后妃職。男家因婦得官班，又得資財並美色。凡起星峰必有情，自然連接左右生。若是無峰如鱔樣，死龍散漫空縱橫。縱饒住處有穴形，社壇神廟血食腥。若

---

① "日"字原作"石"字，不辭，按《水經注·汶水》引漢應劭《漢官儀》："泰山東南山頂名曰日觀。日觀者，雞一鳴時，見日始欲出，長三丈許，故以名焉。"據正覺本改。

② "集"字，地理本、正覺本作"東"。

③ "破禄"，正覺本作"禄存"。

④ "恰"字，正覺本作"却"，義長。

⑤ "辨"字原作"辦"，不辭，徑改。

⑥ "便"字，正覺本作"更"，義長。

是作墳並建宅，女插花枝逐客行。男人破家因酒色，女人内亂公訟庭。變出瘰癧鬼怪病^①，令人冷退絶人丁。

困龍坪下數十里，忽然卓立星峰起。左右前後忽逢迎，貪巨武輔取次生。只得一峰龍便活，娥眉也變輔弼形。平行雖云變輔弼，只是低平少威力。若得尊星生一峰，便使柔星爲長雄。男人端貌取科第，女人主家權勝翁。大抵尋龍少全格^②，雜出星峰多變易。弼星似巨輔似文^③，長短高低細辨識。莫道凶龍不可裁，也有凶龍起家國。蓋緣未識間星龍，貪中有廉文有弼。武有破軍間斷生，禄存或有巨武力。十里之中卓一峰，小者成大弱成雄^④。此是龍家間星法^⑤，大頓小伏爲真蹤。一山便斷爲一代，看在何代生間斷^⑥。便向此星定富貴，困弱生旺隨星峰。困弱之龍無氣力，死鱔煙炮入砂礫^⑦。千里百里無從山^⑧，獨自單行少收拾。君如識得間星龍，到處鄉村可尋覓。龍非久遠少全氣，易盛易衰非人力。

廉貞星第五

廉貞如何號獨火？此星得形最高大。高山項上石嵯峨，傘

---

① “變”，正覺本作“更”。
② “大抵”，正覺本作“大率”，義同。
③ 正覺本作“輔星似弼巨似文”，知服齋本作“輔星似巨弼似文”。俟考。
④ “弱”，正覺本作“柔”。
⑤ “是”原作“星”，不辭，據地理本、正覺本改。
⑥ “斷”，正覺本作“龍”。
⑦ “煙炮入砂礫”，正覺本作“煙包入沙磧”。
⑧ “千”，正覺本作“十”。

摺犁頭裂絲破。只緣尖焰聳天庭，其性炎炎號火星。起作龍樓並寶殿，貪巨武曲因此生①。古人深識廉貞體，喚作紅旗並曜氣。此星威烈屬陽精，高焰赤黑峰頭起。高尖是樓平是殿，請君來此細推辨。亂峰頂上亂石間，此處名爲聚講山。聚講既成即分去，分宗拜祖迢迢路。尋蹤尋跡更尋兒，龍來此處最堪疑。却來此處橫生嶂，形如帳幕開張樣。一重入帳一重出②，四重五重如巨浪。帳中有線穿心行③，帳不穿心不入相④。帳幕多時貴亦多，一重只是富豪樣。兩帳兩幕是真龍⑤，帳裏貴人最爲上。帳中隱隱仙帶飛，帶舞低垂主興旺。天關地軸兩邊迎，異石龜蛇過處往⑥。高山頂上有池水，兩邊夾得真龍行。問君高頂何生水⑦，此是真龍頂上氣⑧。樓殿之上水泉生，水還落處兩邊迎⑨。真龍却向泉中過，也有單池在傍抱。單池終不及兩池，池若傾崩反生禍。池平兩水夾又清，此處名爲天漢星。天漢天潢入閣道，此星入相居天庭。

更有衛龍在高頂，水貼龍身入深井。更無水出可追尋，或有蒙泉如小鏡。看他辭樓並下殿，出帳聳起生何形。應星生處別立形，此是分枝劈脈證。祖宗分了分兄弟，來此分貪識真性。分貪之處莫令差，差謬一毫千里迴。

---

① "曲"，正覺本作"輔"。
② "一"字原作"二"，不辭，據地理本、正覺本改。
③ "帳"字原作"嶂"，不辭，據正覺本改。
④ "不"，正覺本作"未"。
⑤ "真"，正覺本作"貴"。
⑥ "往"，正覺本作"旺"。
⑦ "頂"，正覺本作"處"。
⑧ "頂"，正覺本作"樓"。
⑨ "落"字原作"兩"，不辭，據改。

笋峰貪狼縱橫計①，鐘釜枕梭武輔弼②。方峰是爲巨門程③，最要來辨嫡庶行。嫡庶不失出帳形，便是龍家五吉星。廉貞惡石衆所畏，不曉真陽火裏精④。此龍多向南方落，北上衆山驚錯愕。低頭斂袵山朝來，莫向他方安參錯。凡是星峰皆有石，若是土山全無力。廉貞獨火氣沖天，石骨棱層平處覓。

廉貞不生吉星峰，定隔江河作應龍。朝迎必應數百里，遠望鼓角聲鼕鼕。凡見廉貞高聳石，便上頂頭看遠跡。細認真龍此處生，華蓋穿心正龍出。此龍最貴難尋覓，五吉要聳華蓋出。此等真龍不易逢，華蓋三峰品字立。兩肩分作兩護龍，此是兄弟同祖宗。兄弟便爲纏護龍，前迎後送生雌雄。雌若爲龍雄作應，雄若爲龍雌聽命。問君如何辨雌雄，高低肥瘠便不同⑤。低肥爲雌雄高瘠，只來此處識蹤跡⑥。

隨龍身上有正峰，時作星峰拜祖宗。但看護送似回龍⑦，又有迎龍如虎踞。隨龍山水皆朝揖，狐疑來處失蹤跡⑧。水口重重生異石，定有羅星當水立。羅星外面有山關，上生下生細尋覓。蓋緣羅星有真假，真假天然非人力。羅星旁水便生石，羅星端正最高職。

廉貞多生顧祖龍，祖龍遠遠是朝峰。更有鬼腳回顧處，護送

---

① “縱橫計”，地理本、正覺本作“從此出”，義長。
② “武”，正覺本作“巨”。
③ “程”，正覺本作“星”。“巨門”，天機本作“武曲”。
④ “曉”，正覺本作“識”。
⑤ “便”字原作“瘦”，不辭，據正覺本改。
⑥ “來”字原作“求”，不辭，形訛所致，據正覺本改。
⑦ “回龍”，地理本、正覺本作“盤龍”。
⑧ “處”，正覺本作“此”。

須生十數重①。送龍之山短有後②，抱山不抱左右手。纏龍纏過龍虎前，三重五重福延綿。纏多不許外山走，那堪長遠作水口。護送托龍若十全，富貴雙全真罕有。尋龍千萬看纏山，一重纏是一重關。關門若有千重鎖③，定有王侯居此間。廉貞已具貪狼內，更述此篇爲詳載。有人曉得紅旗星，遠有威權近凶怪。權星斬砍得自由，不統兵權不肯休。若遇廉貞不起石，脚下也須生石壁。石壁是背面是平，平處尋龍出蹤跡。貪巨武輔弼星行，出身生處是真星④。博龍換處有九段，此是公侯將相庭。紅旗氣雄威武在⑤，行兵出師駭妖怪⑥。權星威福得自專，縱入文階亦武威。廉貞一變貪巨武⑦，文武全才登宰輔。廉貞不作變換星，潔身亂倫弑君父⑧。

武曲星第六⑨

武曲星峰覆鐘釜⑩，鐘釜之形有何故。鐘高釜矮事不同，高

---

① "重"字原作"里"，不辭，據正覺本改。
② "有"，地理本、正覺本作"在"，義長。
③ "千"，正覺本作"十"。
④ "真星"，正覺本作"何星"。
⑤ 地理本、正覺本作"紅旗氣焰威靈在"。
⑥ 正覺本作"愚妄時師駭怪驚"，地理本作"愚妄時師駭妖怪"。
⑦ "貞"字原作"良"，不辭，據正覺本改。
⑧ "潔身"，正覺本作"孑然"，義長。
⑨ "武曲"，正覺本作"巨門"。
⑩ "武曲"，正覺本作"巨門"。

即爲武矮爲輔①。二者雖然皆吉星，大小不容有差互②。武曲端嚴富貴牢③，輔弼隨龍厚薄取。真龍若行五六程，臨落之時剝輔星。如梭如印如皎月④，三三兩兩牽聯行⑤。前關後峽相引從，峽若多時龍猛勇。博到輔星三四重，仔細來此認龍蹤。貪巨若無輔弼落，高嶺如何住得龍。雖然輔弼是入穴，作穴隨形又不同。穴隨星峰作鉗乳⑥，形神大小隨龍宗。圓龍忽然長拖脚⑦，恐是鬼龍如覆杓。覆箕仰掌是鬼龍⑧，莫來此處失真蹤。請君細認前頭穴，莫使參前失後空。

問君何以知我落，看他尾後圓峰作。問君知我如何行，尾星搖動不曾停。前官後鬼須細辨，鬼剋我身居後面。官星剋我在前朝，此是龍家官鬼現。真龍落處陰陽亂，五行官鬼無相戰。水龍博到火龍出，鬼在後頭官出面。坎山來龍作午丁，却把地羅差使轉。此是陰陽雜五行，不是龍家官鬼辨。龍家不要論五行，且從龍看分脈上⑨。龍奪脈時是鬼氣⑩，鬼氣不歸龍上行⑪。大抵正龍無鬼山，有鬼不出半里間。橫龍出穴必有鬼，送跳翻身穴後環。鬼山若長奪我氣，鬼短貼身如抱攔。問君如何謂之鬼，主山背後撑者是。分枝劈脈不回頭，奪我正身少全氣。真龍穴後如

---

① “武”，正覺本作“巨”。
② “大小”，正覺本作“金土”。
③ “武曲端嚴”，正覺本作“巨門福壽”。
④ “皎”，正覺本作“側”。
⑤ “聯”字，正覺本作“連”，義同。
⑥ “星”字原作“土”，不辭，據正覺本作改。
⑦ “龍”，正覺本作“峰”。
⑧ “仰”，正覺本作“覆”。
⑨ 正覺本作“且從龍上看分争”，地理本作“且從龍看分脐”，正覺本義長。
⑩ 正覺本作“争龍奪脈是鬼氣”。
⑪ “上”，正覺本作“尚”。

有鬼，山短枝多爲雉尾。此是真龍穴後星，星辰亦有尖圓體。正龍穴後若有鬼，隻隻回頭來護衛。若不回頭衛本身，此是空亡歇滅地。問君何者是空亡，穴後捲空仰瓦勢。便從鬼上細尋覓，鬼山星峰少收拾。真龍身上護衛多，山山多情來拱揖①。護衛貼體不敢離，中有泉池暗流入。要識真龍鬼山短，緣有纏龍在後股②。既有纏龍貼護身，不許鬼山空散漫。鬼山直去投江海③，真龍氣絕散漫多④。如戟如矛亂走去⑤，包裹無由奈他何。龍若無纏又無送，縱有真龍不堪用。護纏多愛到穴前，三重五重福綿延。一重護衛一代富⑥，護衛十重宰相地⑦。兩重亦作典專城⑧，一重只出丞簿尉。鬼山亦自有真形，形隨三吉輔弼類。九星皆有鬼形樣。不類本身不入相。

貪狼鬼星必尖小，武曲鬼星枝葉少⑨。多作圓峰覆杓形，撐住在後最爲妙。巨門墜珠玉枕形，貪作天梯背後生。一層一級漸低小，雖然有脚無橫行。巨門多爲小橫嶺⑩，托後如屏玉几正。弼星作鬼如圍屏⑪，或從龍虎後橫生。橫生瓜瓠抱穴後，金斗玉印盤龍形。輔星多爲獨節鬼，三對平如寫王字。三對兩對相並行，曲轉護身皆有意。廉文破祿本是鬼，不必問他穴後尾。破祿

---

① "多"，正覺本作"有"，義長。
② "股"字，正覺本作"段"。
③ "海"，正覺本作"河"。
④ 正覺本作"此龍無纏散亂多"，知服齋本作"此龍氣纏散亂多"。
⑤ "戟"字，地理本、正覺本作"戈"。
⑥ "富"字，正覺本作"貴"。
⑦ "重"字原作"里"，據正覺本改。
⑧ "專"字，原作"磚"，不辭，據正覺本改。
⑨ "武曲"，正覺本作"巨門"。
⑩ "巨門"，正覺本作"武曲"。
⑪ "圍"字，正覺本作"帷"。

廉文多作關，近關太闊爲散關①。關門是局有大小，破禄二星多
外攔②。禄星無禄作神壇，破星不破爲近關。善論大地論關局，
關局大小水口山。鬼山作向橫龍作③，正龍多是平地落。平地勢
如蜈蚣行，脚長便如橈棹形④。停棹向前穴即近⑤，發棹向後龍未
停⑥。橈棹向後忽峰起，定有真龍居此地。只看護托回轉時，朝
揖在前拜真氣。大抵九星皆有鬼，相類相如各有四。四九三十
六鬼形，識鬼便是識真精。⑦問君如何謂之官？朝山背後逆拖
山。此是朝山有餘氣，與我穴後鬼一般。官星在前鬼在後，官要
回頭鬼要就。官不回頭鬼不就，只是虛抱無落首⑧。龍穴背後有
衣裙⑨，此是關闌多舞袖。雖然有袖穴不見，官不離鄉任何受⑩。
真氣聚處看明堂，明堂裏面要平陽。明堂裏面停潴水⑪，第一寬
平始爲貴。側裂傾堆撞射身⑫，急瀉崩騰非吉地。⑬請君未斷左
右山，先向明堂觀水勢。明堂亦有如鍋底，橫號金船龍虎裏。直
號天心曲御階，馬蹄直兮有曲勢。明堂要似蓮花水⑭，盪歸左位

---

① 正覺本作“近關大闊與散關”。
② “二”子原作“三”，不辭，據正覺本改。
③ 正覺本作“鬼山只向橫山作”，知服齋本作“鬼山多向橫龍作”。
④ “脚”字原作“却”，不辭，形訛，據正覺本改。
⑤ “停”字，正覺本作“撥”。
⑥ “發”字，正覺本作“撥”。
⑦ 是處正覺本有“問君如何謂之鬼，主山背後有餘氣”十四字，疑底本脱。
⑧ “抱”字，正覺本作“抛”。
⑨ “穴”字，正覺本作“虎”，義長。
⑩ “受”字原作“愛”，不辭，據正覺本改。
⑪ “潴”字原作“豬”，不辭，據正覺本改。
⑫ “堆”字，正覺本作“摧”。
⑬ 是處正覺本有“明堂裏面分公位，公位真在明堂裏”十四字，疑底本脱。
⑭ “花”，正覺本作“葉”，義長。

長公起。盪歸右處小公興①，若居中心諸位貴②。大抵明堂橫爲
貴，其次之玄關鎖是。蕩蕩直去不回頭，雖似御階非吉地。明堂
要如衣領會，左紐右襟方爲貴。或是田隴與山脚③，如此關闌真
可喜。忽然橫前無關鎖，地劫風吹非吉利。請君來此細消詳，更
分前官並後鬼④。左脅生來搢笏樣，右脅生來魚袋形。方長爲象
短爲木⑤，小巧是金肥是銀。看此樣形臨局勢⑥，中間乳穴是
爲真。

賜帶鬼形如瓜瓠，二條連移左轉去⑦。回頭貼來侍從官⑧，前
案橫交金玉盤。玉盤賜將金盤相⑨，左右在人心眼上。重數如多
賜亦多，一重數是金犀帶⑩。二重是犀三金帶⑪，橫轉穴前官轉
大。子孫三代垂魚袋，右上三魚虎身外。三代子孫賜金帶，三重
橫盤龍外生。四重即是賜金玉，重數如多福最深。此是龍家賜
帶鬼，莫將龍向左邊臨。玉几方屏武曲形⑫，身後是几几外屏。

---

① “處”字，正覺本作“畔”。
② “居”字，正覺本作“在”。
③ “田”字原作“曰”，不辭，形訛，據正覺本改。
④ “更分”，正覺本作“便識”。
⑤ “木”字原作“水”，不辭，按《隋書·禮儀志》曰：“禮圖云：‘度二尺有六寸，中博二寸，其殺六分去一。’晉宋以來謂之手板，此乃不經，今還謂之笏，以法古名。自西魏以降，五品已上通用象牙，六品已下兼用竹木。”據此及正覺本改。
⑥ “臨”字，正覺本作“尋”。
⑦ “條”字，正覺本作“帶”。
⑧ “貼來”，正覺本作“貼身”。
⑨ 正覺本作“玉盤賜相金盤將”。
⑩ “犀”字原作“屏”，不辭，按正覺本作“一重未是金犀麼”，知服齋本作“一重未是金犀磨”，又唐白居易《元微之除浙東觀察使喜得杭越鄰州先贈長句》：“稽山鏡水歡遊地，犀帶金章榮貴身。”據改。
⑪ “犀”字原作“屏”，不辭，據正覺本改。知服齋本注曰：“經蓋以犀帶當唐制六七品之銀帶，以三重爲金帶，當唐制之四五品官也。”
⑫ “武曲”，正覺本作“武巨”。

几屏須要問先後，未有屏先几後生。几屏如在後頭托，此是公侯
將相庭。

破軍星第七

破軍星峰如走旗，前頭高卓尾後低。兩傍失險落坑陷，壁立
反裂形傾欹①。不知此星出六府，上有三台遠爲祖。然後生出六
曜星，貪巨禄文廉武輔。三台星辰號三階②，六星兩兩魚眼挨。
雙尖雙圓如貪巨③，却在絶頂雙安排。雙尖定出貪狼去，雙圓生
出武曲來④。上台中台下台出，行到六府文昌臺。文昌六星如偃
月，穿星六星似環玦⑤。平頃上頭生六星⑥，六處微堆作凹凸。凹
中微起似六星，生出九星若排列。

破軍皆受九星變，逐位生峰形象現⑦。山形在地水在天⑧，真
氣下感禍福驗。尊星頓起真形了，枝葉皆是禄存占⑨。尊星雖云
有三吉，三吉之餘有輔弼。不知三吉不常生，有處觀來無一實⑩。
蓋緣不識破軍星，星說走旗拖尾出⑪。走旗拖尾是真形，若出尊

---

① "反"，正覺本作"側"。
② "三階"，正覺本作"泰階"，同。
③ "貪巨"，正覺本作"貪武"。
④ 正覺本作"方圓"。
⑤ "穿星"，正覺本作"穿排"。
⑥ "平頃"，正覺本作"平嶺"，地理本作"平頂"。
⑦ "現"，正覺本作"奇"。
⑧ 正覺本作"山形在地不可移"。
⑨ 正覺本作"枝葉皆是破禄隨"。
⑩ "有"，正覺本作"百"，義長。
⑪ "星"，正覺本作"只"。

星形變生。與君細論破軍體，逐一隨星種類名。貪狼破軍如頓起①，一層一級名天梯。頂尖沖前有巖穴，伸頂猶如雞作啼②。頂頭有帶下巖去，引到平處如蛛絲。欲斷不斷馬跡過，東西隱顯梭中絲③。三吉之星總如此，此處名爲吉破地。過坪過水皆如是，定有泉塘兩夾隨。貪下破軍巨門去，去爲垣局不須疑。巨門破軍裂十字，頂上微圓敧側取。勢如啄木上高枝，直上高崖石觜露。此星出龍生鼎足，爪甲巉巖若雞距。此龍富貴生王侯，五換六移出宰輔。

禄存破軍在平頂，兩脅蛇行肋微露。前如大木倒平洋④，生幹生枝葉無數。葉中生出嫩枝條，又作高峰下平地。當知爲穴亦不遠，護送不來作神宇。

武曲破如破櫥櫃，身形臃脹崩形勢⑤。前頭走出雞伸頸⑥，嶺上下來如象鼻。一高一下脚不尖，作穴乳頭出富貴⑦。破軍廉貞高崔嵬，水流關峽聲如雷⑧。輔星破軍如幞頭，兩傍有脚如抛毬。弼星破軍如鯉躍，行到平中一時卓⑨。三三兩兩平中行，直出身來橫布脚。爲神爲廟爲富貴，只看纏護細斟酌。纏多便是富貴龍，纏少只爲鐘鼓閣。

---

① "頓起"，正覺本作"頓旗"。
② 正覺本作"伸頸猶如雞乍啼"。
③ "隱"字原作"有"，不辭，據正覺本改。
④ 正覺本作"前如大木倒懸幹"。
⑤ "臃脹"，正覺本作"臃腫"。
⑥ "雞伸頸"，正覺本作"鶴伸項"。
⑦ "出"，正覺本作"生"。
⑧ "如雷"，正覺本作"轟雷"。
⑨ "時"，正覺本作"錐"，義長。

　　九星皆有破禄文，三吉之餘輔弼尊①。平行穿珠巨貪禄②，闌棹尖拖是破軍。吉星之下無不吉，凶星之下凶所存。況是凶龍不爲穴③，只是閒行引過身。縱然有穴必是假，假穴如何保久存。時師只來尋龍脈④，來此峽内空低蹲。便指纏護爲真氣，或有遠秀出他村。便説朝山朝水好，下了凶事自入門⑤。只緣不識真龍出，前面必出星辰尊。尊星沾了死龍骨，換了破軍廉禄文。破軍忽然橫開帳⑥，帳裏戈旗出生旺。此龍出作將軍形⑦，前遇溪流爲甲仗。破禄形象最爲多。枝蔓懸延氣少平⑧。不爲尖刀即劍戟，不作蛇行即擲梭。出逢六秀方位上，上與六氣橫天河。六氣變而生六秀，凶星到此亦消磨。凶星消磨生吉氣，定有星辰巨浪波。此是神仙絶妙法，不比尋常格地羅。與君略舉大形勢，舉目一望皆江河⑨。天下江山幾萬里⑩，我見破軍到處是。禄存文曲輔弼星，低小山形總相類。只有高山形象殊，略舉大綱與君議。昆侖山脚出闐顔，隻隻脚是破軍山⑪。連綿走出瀚海北，風俗强悍人麄頑。生兒三歲學騎射，骨鯁剛方是此間。山來隴右尖如削，盡是狼峰更高卓。此處如何不出文，只爲峰多反成濁。高山大隴峰多尖，不似平原一錐卓。行行退卸大散關，百二山河在彼

----

① “餘”字原作“形”，據正覺本及正文改。
② “巨貪”，正覺本作“巨門”。
③ “況”，正覺本作“凡”。
④ 正覺本作“時師不識尋龍脈”。
⑤ “自入門”，正覺本作“日入門”。
⑥ “帳”字原作“張”，據正覺本改。
⑦ “出”，正覺本作“去”。
⑧ “少平”，正覺本作“少和”。
⑨ “江河”，正覺本作“山河”。
⑩ “里”字原作“重”，據正覺本改。
⑪ “脚”，正覺本作“都”，義長。

間。大纏大護到函谷，水出黃河如玦環①。低平漸漸出熊耳，萬里平陽漸漸低②。大梁形勢亦無山，到此尋龍何處是。識得星峰是等閒，平處尋龍最是難。若無江流與淮水，渺渺茫茫不見山。河流沖決山斷絕，又無石骨又無脈。君若到彼說星峰，一句不容三寸舌。黃河在北大江南，兩水夾行勢不絕。行到背脊忽起峰③，兗州東嶽插天雄。分枝劈脈鍾靈氣，聖賢多在魯邦中。自古英雄出西北，西北龍神少人識。紫微垣局太微宮，天市天苑太行東。南龍高枝過蔥嶺④，黑鐵二山雪峰盛。分出秦川及漢川，五嶺分星入桂連。山行有斷脈不斷，直至江陰大海邊。海門旺氣連閩越，南水兩夾相交纏⑤。此是海門南脈絡，貨財文武相交錯。何處是貪何處文？何處辨認武曲尊？尋龍望氣先尋脈，雲霧多生在龍脊⑥。春夏之交與二分，夜望雲霓生處覓。雲霓先生絕高頂，此是龍樓寶殿定。大脊微微雲自生，霧氣如嵐反難證⑦。先尋霧氣識正龍⑧，却是枝龍觀遠應⑨。此是神仙尋地法，百里羅城不爲遠⑩。知此然後論九星，要識九星觀正形。因就正龍行脚處，認取破祿中間行。天下山山有破祿，破祿㸦橫有地軸。祿存無祿只爲關，破軍不破只爲闌。關闌之山作水口，必有羅星在水

---

① "玦"字原作"缺"，據正覺本改。
② "漸漸低"，正覺本作"漸如砥"。
③ "背脊"，正覺本作"青齊"。
④ "蔥嶺"原作"總頂"，不辭，據正覺本改。
⑤ 正覺本作"兩兩水夾相交纏"。
⑥ "在"字原作"是"，不辭，據正覺本改。
⑦ "嵐"，正覺本"多"。
⑧ "先"字原作"生"，不辭，據正覺本改。
⑨ "是"，正覺本作"望"。
⑩ "遠"，正覺本作"回"。

間。大河之中有砥柱，四川之口生灩澦。大姑小姑彭蠡前，採石金山作門户。更有焦山羅殺石，雖是羅星門不固。此是大尋羅星法，識者便知愚未悟。吾若論及破軍星，多是引龍兼作護。大龍雖要大破軍，小龍夾亂破禄文①。廉貞多是作龍祖，輔弼隨龍富貴生。廉貞若高龍不出，只是爲應兼爲門。請君看此州縣間，何處不生水口山。水口關闌皆破禄，無脚交互如疊環。或有橫山如臥虎，或作重重如瓜瓠。禹鑿龍門透大河，便是當時關水處。太行走出河中府，河北河南關兩所。大河北來曲射東，西山作水如眠龍②。馬耳山枕大江口，絕無脚手爲神妙③。靈壁山來截淮河，更無一脚如橫過④。海門二山鎖二浙，兩山相合如環玦⑤。文廉生脚鎖緇流，橫在水中爲兩截。大關大鎖龍千里⑥，定有羅星橫截氣。截住江河不許流，關住不知多少地。小羅小鎖及小關，一州一縣須有闌。十闌十鎖百十里，定有王侯居此間。鄉落羅星小關鎖，枕水如戈石橫臥。但看無脚是關闌，重數多少分將佐。君如能識水口山，便識天戈並禄破。

左輔星第八

左輔正形如幞頭，前低後高大小毬⑦。伸舒腰長如杖鼓，後

---

① "夾亂"，正覺本作"亂夾"。
② "作"，正覺本作"在"。
③ "神妙"，正覺本作"神廟"。
④ "橫過"，正覺本作"橫戈"。
⑤ "玦"字原作"缺"，據正覺本改。
⑥ "龍千里"，正覺本作"數十重"，義長。
⑦ "前高後低"原作"前低後高"，不辭，據正覺本改。

大前小駝峰侔。下有兩脚平行去，或在武曲左右遊。此龍如何近武曲，自是分宗爲伯叔。分宗定作兩貴龍，此與他星事不同。武曲兩傍必生輔，不似他星變形去。左輔自有左輔形，方峰之下如卓斧。此是武曲輔星形，若是真輔不如此。真龍自作貴龍身[1]，幞頭橫脚高低去。高頂高峰圓落肩，[2]忽然堆起如纍卵[3]，又如梨栗堆簇繁。頂上纍纍山結頂，斷定前頭深入垣。

要知此星名侍衞，入到垣中最爲貴。東華西華門水橫，水外四圍列峰位。此是垣前執法星，却分左右爲兵衞。方正之垣號太微，垣有四門號天市。紫微垣外前後門，華蓋三台前後衞。中有過水名御溝，抱城屈曲中間流。紫微垣內星辰足，天市太微少全局。朝迎未必皆真形，朝海拱辰勢如簇。千山萬水皆入朝，入到懷中九回曲。入垣輔弼形微細，隱隱微微在平地。右衞左衞星傍羅，輔在垣中爲近侍。右弼一星本無形，是以名爲隱曜星。隨龍博換隱跡去，脈跡便是隱曜行。只緣飛宮有九曜，因此强名右弼星。天下尋輔知幾處，河北河南只三四。更有終南太華龍[4]，出没爲垣盡如此。南來莫錯認南嶽，雖有弼星垣氣弱[5]。却有回龍輔大江，水口三峰卓如削。此龍俗云多輔星[6]，又隨塞垣入沙漠。兩京嵩山最難尋[7]，已被前人曾妄作。東西垣局並長江，中有黃河入水長。後山屏帳如負扆，下瞰秦淮枕水鄉[8]。輔

---

① “龍”，正覺本作“輔”。
② 是句後正覺本有“低處低落肩頭圓”，疑底本脱。
③ “纍”字原作“螺”，不辭，據正覺本改。
④ “太”字原作“泰”，不辭，據正覺本改。
⑤ “弼”，正覺本作“輔”。
⑥ 正覺本作“北龍燕雲多輔星”。
⑦ “兩”，正覺本作“西”，俟考。
⑧ “秦”字原作“泰”，不辭，據正覺本改。

弼隱曜入大梁，却是英雄古戰場。大河九曲曲中有，輔弼九曲分入首①。夫人識得左輔星②，識得之時莫開口。如何識得左輔星，次第生峰無雜形。天門上頭生寶殿，寶殿引生鳳樓横③。樓中千萬尋池水，水是真龍樓上氣。兩池夾處龍脊高④，池中崩傾非大地。地中實是輔弼星⑤，只分有跡與無形。有形便是真左輔，無跡便是隱曜行。縱然不大也節鉞，巨浪重重不堪説。巨浪是帳帳有扛，扛曲星峰巧如玦⑥。扛星便是華蓋横，曲處星峰不作證⑦。證出貪巨禄文廉，武破周而復始定。天戈直指破軍路，此是天門龍出序。若出天門是正龍，不出天門形不真。一形不具便減力，次第排來君莫誤。自貪至破爲次第，顛倒亂行龍失序。一剥一換尋斷處，斷處兩傍生擁護。旌幢行有蓋天旗⑧，旗似破軍或斜去。看他横帶如巨浪，浪滾一峰名出帳。帳中過去中央行，不出中央不入相。星形備具入垣行，怪怪奇奇入天象⑨。我到京師驗前説，帝垣果有星羅列。南北雖短東西長，東華水繞西華岡。水從闕口復來朝，九曲九回朝帝闕。前星儼若在南上，周召到此觀天象。上了南岡望北岡，聖人卜宅分陰陽。北岡峙立天門上，分作長垣在兩傍⑩。垣上兩邊分九個，兩垣夾帝中央坐。

---

① "曲"，正覺本作"星"。
② "夫"，正覺本作"無"，義長。
③ 正覺本作"寶殿引出龍樓横"。
④ "處"，原作"出"，不辭，據正覺本改。
⑤ "地中實"，正覺本作"池中石"。
⑥ "玦"字原作"缺"，不辭，據正覺本改。
⑦ 正覺本作"曲處生峰來作證"，義長。
⑧ "有"，正覺本作"出"。
⑨ "入"，正覺本作"合"。
⑩ "在"，正覺本作"居"

要識垣中有帝星，皇都坐定甚分明。君若要識左輔宿，凡入皇城辨垣局。重重圍繞八九重，九重之外尤重復①。重山復嶺看輔星②，高山頂上幞頭橫。低處恰如千官入，載弁橫班如覆笠。仔細觀來真不同，應是爲垣皆富局。輔爲上相弼次相，破祿宿衛廉次將。文曲分明是後宮③，武曲貪狼帝星樣。更有巨門最尊貴，喚作極星事非誑。三垣各有垣內星，凡是星峰皆內向。垣星本不許人知，若不明言恐世迷。只到京師君便識，重重外衛內垣平④。此龍不許時人識，留與皇家鎮國家⑤。請從九曜尋剝龍，剝盡粗龍尋細跡。要識真龍真輔相，只看高低幞頭樣。若是輔星自作龍，隱行不識真形象⑥。若還三吉去作龍，隨龍變形却不同。貪狼多尖品字立⑦，武巨圓方三個峰⑧。三峰節節隨身轉，中有一峰是正面。兩傍夾者是輔星⑨，大小尖圓要君辨。此龍初發在高山，高處生峰亦生瓣。肩瓣須明似幞頭⑩，袞袞低來是輥毬。平行鯉鯽露背脊⑪，有脚橫排如覆笠。若是降樓並下殿，節節如樓下剝換。貪下剝換如拋毬，尖處帶脚如龜浮⑫。此是下嶺方如此，上嶺逆行推覆舟。尖圓若是品字立，世人誤作三台求。祿存

---

① "尤"字原作"九"，不辭，據知服齋本改。
② "山"字原作"出"，不辭，形訛，據正覺本改。
③ "曲"字原作"昌"，不辭，據正覺本改。
④ "平"，正覺本作"低"。
⑤ "國家"，正覺本作"家國"。
⑥ "隱行"，正覺本作"行行"。
⑦ "多尖"，正覺本作"高尖"。
⑧ "圓方"，正覺本作"方圓"。
⑨ "星"，正覺本作"弼"。
⑩ "肩瓣"，正覺本作"有瓣"。
⑪ "平行"，正覺本作"平地"。
⑫ 正覺本作"尖處帶出如龜浮"。

剥換蜈蚣節，微微短脚身邊立①。文曲梭中帶線行，曲曲飛梭草藏跡②。廉下變爲梳齒形，梳齒中央引龍脊③。徘徊幞頭如改換④，行當平中斷復斷⑤。破軍之下夾兩槍，若作天戈如走電。亂行失序出頭來，又似虎狼行帶箭。纏多便作吉龍斷⑥，若是無纏爲道院。

右弼星第九

弼星本來無正形，形隨八曜高低生。要識弼星正形處，八星斷處隱藏行。隱藏是形名隱曜⑦，此是弼星最要妙。拋梭馬跡線如絲，蜘蛛過水上灘魚。驚蛇入草失行跡，斷脈斷跡尋來無。⑧脈是尊名右弼星，左右隨龍身上行。行龍之時有輔弼，變換隨龍看蹤跡。君如識得右弼星，每到垣中多失跡。博龍失脈失跡時，地上朱弦琴背覓。若識弼星隱曜宮，處處觀來皆是吉。此星多吉少傍凶，蓋爲藏形本無實。藏形之時神殺藏，却是地中暗來脈。此地平陽千百程⑨，不然彼處却是弼。坪中還有水流坡，高水一寸即是阿。只爲時師眼力淺，到彼茫然無奈何。便云無處

---

① “立”，正覺本作“列”。
② “草”，正覺本作“巧”，義長。
③ “龍脊”，正覺本作“龍出”。
④ 正覺本作“武曲幞頭無改換”，知服齋本作“武曲幞頭如改換”。
⑤ “當”，正覺本作“到”，義長。
⑥ “吉龍斷”原作“斷吉龍”，今據知服齋本乙正。
⑦ “形”，正覺本作“致”。
⑧ 是句後正覺本有“右弼之星形本昧，每每隨龍作過脈”，疑底本脫。
⑨ “地”，正覺本作“是”。

尋蹤跡，直到有山方認得。如此之人豈可言？有穴在坪原自失。只來山上覓龍虎，又要圓頭始云吉。不知山穿落平去，穴在坪中貴無敵。癡師誤了幾多人，又道葬埋畏卑濕。不知穴在水中者，如此難憑山泉濕①。蓋緣水漲在中央，水退即同乾地力。且如兩淮平似掌，也有州軍落巢瀝。也有英雄在彼中，豈無墳墓與宮室？只將水注與水流，兩水夾流是龍脊。非惟弼曜在其中，八曜入坪皆有蹤。前篇有時説平處，平裏貪廉皆一同②。時師識盡真龍胍，方知富貴與豐隆。

九星變穴第十

貪狼作穴是乳頭，巨門作穴窩中求。武曲作穴釵鉗覓，禄廉梳齒犂鑱頭③。文曲穴來坪裏作，高處亦是掌心落。破軍作穴似戈矛，兩傍左右手皆收。定有兩山皆護衛④，不然一水過橫流。輔星正穴燕巢仰，若在高山掛燈樣。落在低平是雞巢，縱有圓頭亦凹象。此是博換尋星穴⑤，尋穴隨龍細辨別。龍若真兮穴亦真，龍不真兮少真穴。尋龍雖易裁穴難，只爲時人昧剥山。剥龍換骨星變易，識得疑龍穴不難⑥。古人望龍知正穴，蓋將識龍尋

---

① "山"，正覺本作"怕"。
② "廉"字原作"狼"，於義不合，據正覺本改。
③ 正覺本作"禄梳齒廉犂鑱頭"。
④ "皆"，正覺本作"來"。
⑤ "博換"，正覺本作"剥換"，義同。
⑥ "疑"，正覺本作"剥"。

換節①。識得龍家換骨星,富貴令人無歇滅。

九星吉凶第十一

尋龍且用依經訣,好把星峰細辨別。龍行上應三吉星,兒孫世代產賢哲。次第發出有尊卑,初龍小巧真龍拙。一起一伏各差殊,變換之中分骨節。有乳有節足安墳,氣候潛藏尋取穴。吉星之下節目奇,凶星之下節目劣。崩洪節目最爲强,氣脈相連無斷絕。

龍星自有真峰應,雌山低弱雄山勝。行龍雖貴骨節奇,入穴須教骨節稱。不欲山曲如反弓,不欲山直如伸頸。吉星吉兮凶星凶,不由人使由天定。時師未識七星形,爲作歌兮切須聽。

貪狼一木勢尖强,鬼星秀麗足文章。或然丫角牙丫起,明經魁選細推詳。七峰八峰磊落去,龍圖學士富文章。左穿右博列筆陣,行龍旌節如旗槍。其間定有神靈應,或然世代生王侯。若作天馬騰躍起,富雖不巨盈千倉。若作牙笋攢地面,文武官顯居朝堂。不世富貴馳聲譽,更兼福禄壽而昌。

巨門一土少人知,端正秀麗如蛾眉。有時覆月出天外,有時隱隱生平夷。挺生英傑事明主,忠良正直如皋夔。懸鐘頓起高聳起,富貴兼全聲聞美。牛奔象舞勢勇猛,授鉞閫外無復疑。忽然壘壘凌空碧,小更良兮高更奇。斯地勿論富與貴,神仙出世同安期。肥厚遥長子孫遠,勢若短尖多虧盈。

---

① "識"字原作"失",不辭,據正覺本改。

武曲之星號一金，卓圭立笏高千尋。定主兵權富韜略，登壇既拜夷狄欽。棱層高聳立屏障，文華秀發稱儒林。簇簇樓臺高且壯，危巖古怪當天地。此地葬之勿猶豫，世代榮貴輝古今。便以方冠清且巧，三五相連羅碧岑。子孫聰明復秀麗，芝蘭庭砌何森森。

禄存一土君切忌，醜惡崩欹不綿媚。高峰孤起如搣拳，低山卑濕如牛鼻。或若棺材隨水流，或若死屍臥平地。自然虧缺不足看，疾病顛狂遭剗刈。兒孫慵懶走他州①，淫欲奸偷總連累。

文曲一水何孤單，生枝生足如蜒蚰。亂花丘壠不接續，三三五五飛翩翩。也似驚蛇初出草，也如鵝頸枕流泉。坑溪反背無收拾，縱然收拾還攣拳。此地葬之主遊蕩，男不忠兮女不賢。

廉貞獨火大凶災，高尖醜惡空崔嵬。生枝發足桃符起，首尾分張兩畔開。形似垛甲勢分列。質不清兮濁似血。毛髮焦枯氣脈散，水流滯急聲如雷。瘟瘄死盡兼官禍，敗國亡家真可哀。

破軍二金招凶惡，山猛陰陽各差錯。峰巒突兀亂石岡，不然破碎連基鑿。也作竹篙馬鞭勢，也作兵戈與繩索。左崎右險犖頭看，入穴葫蘆塊然落。明堂傾陷水潺潺，龍虎二山伸兩脚。若犯此星甚乖張，當代兒孫見銷鑠。

輔弼常隨七星轉，多在明堂左右見。有時脫體醮清波，形勢或作闌圈西。或見龜蛇或見魚，迎山連接如絲線。山厚山肥人多豐，山薄山走人奸賤。須教閉密不通風，莫令大開水流濺。

三蓋吉星隨龍入，磊落巉巖形卓立。或作高峰勢插天，或在明堂皆頓集。或在水口相舉連，或在輔弼山頭立。或然隱隱在

---

① "慵"字原作"傭"，於義不合，疑形訛所致，徑改。

溪坑，胎息成龍勢藏蟄。大成州郡産英豪，小作鄉村兼鎮邑。定知世代禄綿綿，文韜武略精傳習。

七星變化無窮極，體樣相同人未識。四維八干十二枝，博換化身百千億。本自二源分派殊，不得明師述大惑。但將分受細推尋，何用勞心更勞力。凶禍之星凶禍生，福德之星招福德。造化元來指掌間，此是神仙真法則。

疑龍經

舊題唐·楊筠松撰

【題解】

《四庫全書總目》："《疑龍經》上篇言幹中尋枝，以關局水口爲主。中篇論尋龍到頭看面背朝迎之法，下篇論結穴形勢。附以《疑龍十問》以闡明其義。"縱覽全書，以山、水形勢判定龍之枝幹、穴之真偽，論及避風藏水之重要性，如"乳頭之穴怕風起，風若入來人絕滅，必須低下避風吹"、"明堂惜水如惜血，穴裏避風如避賊。莫令穴缺被風吹，莫使溜牙遭水劫"，其擇地方式並非唐代主流五音姓利法，而是轉向對自然山水形勢的判斷。

今存最早的版本當爲國家圖書館及北京大學圖書館藏明萬曆四十年（1612）吳位中刻本《龍經》，題唐楊筠松撰，宋吳景鸞圖解，明游嵩集注。其篇章次序如下：上篇、中篇、下篇、九星變穴篇一、變星篇二、剝換篇三、形穴屬星象篇四、衛龍篇五、斷制粹言篇六、一問形穴真假、二問穴有花假、三問幹作枝衰、四問主客山、五問陽宅大小、六問公位、七問公位盛衰、八問抱養及僧道嗣續。此與《地理天機會元》本、《地理大全》本、《四庫全書》本一系差異較大，蓋《地理天機會元》增"疑龍八問"爲"十問"，存衛龍篇、變星篇、斷制粹言及形穴屬星象四篇。《正覺樓叢書》則僅收上、中、下三篇。由於《四庫全書》本較爲通行，今以《四庫全書》本爲底本，並參以《正覺樓叢書》本（簡稱正覺本）、《地理大全》本（簡稱地理本）、《地理天機會元》（簡稱天機本）本校錄。底本下篇"占得山川萬古靈"後至"漏胎泄氣謂此耳"之內容闕，今據《正覺樓叢書》本補。底本無"斷制粹言附"及"後附形穴屬星象"，則據《地理天機會元》本補。

上篇

疑龍何處最難疑①，尋得星峰却是枝。關峽從行並護托，蠹
蠹槍旗左右隨。幹上星峰全不作②，星峰龍法近虛詞。與君少釋
狐疑事③，幹上尋龍真可據。幹龍長遠去無窮。行到中間陽氣
聚。面前山水又可愛，背後護龍皆反背。君如就此問疑龍，此是
幹龍迎送隊④。譬如齎糧適千里，豈無頓宿分內外。龍行長遠去
茫茫，定有參隨部位長。凡有好山爲幹去，枝龍盡處有旗槍。旗
槍也是星峰作，圓淨尖方高更卓。就中尋穴穴却無，幹去未休枝
早落。枝龍身上亦可裁，半是虛花半是胎⑤。若是虛花無朝應，
若是結實護送回⑥。護纏尚要觀疊數⑦，一疊回來龍身顧。莫便
將爲真實看，此是護龍葉交互⑧。三重五重抱回來，此就枝龍腰
上做⑨。幹龍尤自隨水去，護送迢迢不回顧。正龍身上不生峰，
有峰皆是枝枒送。君如見此幹龍身，的向幹龍窮處覓。君如尋
得幹龍窮，二水相交穴受風。風吹水劫却非穴，君如到此是疑
龍。請君看水交纏處，水外有山來聚會。翻身顧母顧祖宗，此是

---

① “疑”，正覺本作“尋”。
② “全”字原作“金”，不辭，形訛所致，據諸本改。
③ “事”，正覺本、天機本作“處”。
④ “幹”，正覺本、天機本作“歇”。
⑤ “胎”，正覺本作“開”。
⑥ “護送”，正覺本作“纏護”。
⑦ “護纏”，正覺本作“纏護”。
⑧ “此”，正覺本作“恐”。
⑨ “腰”，正覺本作“身”。

回龍轉身處。宛轉回龍是掛鈎,未作穴時先作朝。朝山皆是宗與祖,不拘千里遠迢迢①。穴前諸官皆拜揖,千源萬派皆朝入②。此是尋龍大法門,兩水夾來皆轉揖。尋龍何處使人疑,尋得星峰却是枝。枝葉亂來無正穴,真龍到處又疑非。只緣不識兩邊護,却愛飛峰到脚隨。飛峰斜落是龍脚,脚上生峰一邊卓。真龍平處無星峰,兩邊生峰至難捉。背斜面直號飛峰,此是真龍夾從龍。一節生峰一節插,兩節雖長號寬峽③。峽長繞出真龍前,背後星峰又可憐。到此狐疑不能識,請向正龍尋兩邊。兩邊起峰爲護從,正龍低平最貴重。星峰兩邊轉前揖,揖在穴前爲我用④。問君州縣正身龍,大浪橫江那有峰。起峰皆是兩邊脚,去爲小穴爲村落。如此尋龍看兩邊,兩邊生脚未嘗偏。正身繞却中央去,禄破文廉多作關。關門是爲有大小⑤,破禄二星外爲攔。禄存無禄作神壇,破軍不破作近關。要尋大地尋關局,關局大小水口山。大凡尋龍要尋幹,莫道無星又無換。君如不識枝幹龍,每見幹龍多延蔓⑥。不知幹長纏亦長,外山外縣山爲伴。尋龍千里遠迢遞,其次五百三百里。先就輿圖看水源,兩水夾來皆有氣。水源自是有長短,長作軍州短作縣。枝上節節是鄉村,幹上時時斷復斷。分枝劈脈散亂去,幹中有枝枝有幹⑦。凡有枝龍長百里⑧,

---

① "拘"原作"罜",今從地理本、天機本。
② "入",正覺本作"集"。
③ "節",天機本作"邊"。
④ "揖",正覺本作"轉"。
⑤ "爲",正覺本作"局"。
⑥ "延蔓"原作"誔謾",於義不合,今從正覺本。
⑦ "枝復幹"原作"枝有幹",據正覺本、天機本改。
⑧ "有",正覺本、天機本作"是"。

百里周圍作一縣。百里各有小幹龍，兩水夾來尋曲岸①。曲巖有水抱龍頭，抱處好尋氣無散。到此先看水口山，水口交互內局寬。便就寬容平處覓，左右周圍無空閒。斷然有穴在此處，更看朝水與朝山。朝水與龍一般遠，共祖同宗來作伴。客山千里來作朝，朝在面前爲近案。如有朝迎情性真，將相公侯立可斷。尋得真龍不識穴，不識穴時總空說。識龍識穴始爲真，下着真龍官不絕。真龍隱拙穴難尋②，惟有朝山識倖心。朝若高時高處點③，朝若低時低處針。朝山亦自有真假，若是真時特來也。若是假時山不來，徒愛尖圓巧如畫。若有真朝來入懷，不必尖圓如龍馬。惟要低昂起伏來④，不愛尖傾直去者。直去名爲墜朝山，雖見尖圓也是閒。譬如貴人背面立，與我情意不相關⑤。亦有橫列爲朝者，若是橫朝似衙喏。前山橫過脚分枝，枝上作朝首先下。首下作峰或尖圓，隻隻來朝列我前。大作排牙小作列⑥，如魚駢頭蠶比肩。朝餘却去作水口，與我後纏兩相湊。交互護斷水不流，不放一山一水走。到此尋穴定明堂，明堂橫直細推別⑦。⑧ 橫城寬抱有垣星，更以三垣論交結。交結多時垣氣深，交結少時垣局泄⑨。長垣便是橫朝班，局心便是明堂山。鈎鈐垂脚向垣口⑩，

① "夾"字原作"峽"，於義不合，據正覺本、天機本改。

② "隱拙"，正覺本作"藏倖"。

③ "點"，正覺本作"下"。

④ "惟"，正覺本作"但"，義同。

⑤ "關"，正覺本作"干"，義同。

⑥ 正覺本作"大作排班小衙列"。

⑦ "推別"，正覺本作"推詳"。

⑧ 是句後正覺本有"明堂已向前篇説，更就此篇重辯別"十四字，疑底本脱。

⑨ "局"，正覺本作"氣"。

⑩ "鈐"字原作"鈴"，不辭，按《漢書·天文志》："其後熒惑守之鈎鈐。鈎鈐，天子之御也。"據改。

北面重重尊聖顏。大抵山形雖在地，地有精光屬星次。體魄在地光在天①，識得星光真精藝。明堂惜水如惜血，穴裏避風如避賊。莫令穴缺被風吹，莫使溜牙遭水劫。問君如何辨明堂，外山抱裏内平洋。也有護關亦如此，君若到此細推詳。時師每到關峽裏，山水周圍秀且麗。躊躇四顧説明堂，妄指橫山作真地。不知關峽自周圍，只是護關堂泄氣。泄氣之法妙何觀，左右雖回外無攔。此是正龍護關峽，莫將堂局此中看。與君細論明堂樣，明堂須要之玄放。明堂遠曲如繞繩，遠在穴前須内向②。内向之水抱身橫，對面抱來弓帶象。上山下來下山上，中有吉穴隨形向。形若真時穴始真，形若不真是虛誑。虛誑之山看兩邊，兩邊虛空亦如然。外纏不轉内托返，此是貴龍形氣散。龍虎背後有衣裾，此是官闌拜舞袖。雖然有袖穴不見，官不離鄉任何受。貴龍行處有氈褥，氈褥之龍富貴局。問君氈褥如何分，龍下有坪如鱉裙。譬如貴人有拜席，又如僧道壇具伸。真龍到穴有裀褥③，便是枝龍山富足。此是神仙識貴龍，莫道肥龍多息肉。瘦龍雖是孤寒山，也有瘦龍出高官。肥龍雖作貴龍體④，也有肥龍反凌替。問君肥瘦如何分，莫把雌雄妄輕議。大戴亦嘗有此言，溪谷爲牝低伏蹲。岡陵爲牡必雄峙，不知肥瘦有殊分。漢儒以山論夫婦，夫山高峻婦低去。此是儒家論尊卑，便是龍家雌雄語。大抵肥龍要瘦護，瘦龍也要肥龍御。瘦龍若有裀褥形，千里封候居此

---

① "魄"字原作"魂"，今從正覺本。
② "遠在"，正覺本作"繞過"。天機本作"繞在穴前須内看"。
③ "裀"字原作"裀"，形訛，徑改。
④ "雖"字原作"須"，據正覺本改。

418

地①。敢將禹跡來問君，輿圖之上要細論。尋龍論脈尤論勢②，地勢如何却屬坤。若以山川分兩界，黃河川江兩源派。其中有枝濟與河，淮漢湘水亦長源。幹中有枝枝有幹，長者入海短入垣。若以幹龍會大盡③，太行碣石至海壖④。又有高山入韋嶺，又分汝潁河流吞。南幹分枝入海內，河北河東皆不背。蔥嶺連綿入桂連，又入衡陽到江邊。其間屈曲分擘去⑤，不知多少枝葉繁。又分一派入東海，又登碣石會爲垣。一枝分送入海門⑥，幹龍盡在江陰瀆⑦。若以幹龍爲至貴，東南沿海天中尊。如何垣星不在彼，多在枝龍身上分。到彼枝幹又難辨，枝上多爲州與縣。京都多是在中原，海岸山窮風蕩散。君如要識枝幹龍，更看疑龍中下卷。

中篇

　　雖然已識枝中幹，長作京都短作縣。枝中有幹幹有枝，心裏能明口能辨。只恐尋龍到此窮，兩水夾來風蕩散。也有方州並大邑，直到水窮山絕巖。也有城隍一都會，深在山原隈僻畔。今日君尋到水窮，砂礫坦然纏護竄。右尋無穴左無形，無穴無形却

---

① "封侯"，正覺本作"侯邦"。
② "尤"，正覺本、天機本作"不"。
③ "會"，正覺本、天機本作"論"。
④ "壖"字原作"壖"，不辭，據正覺本改。
⑤ ""擘"字原作"臂"，據正覺本改。
⑥ "入"字原作"人"，不辭，形訛，據地理本、天機本改。
⑦ "瀆"字原作"墳"，不辭，據正覺本改。

尋轉。尋轉分枝上覓穴,惟見縱横枝葉亂。也識轉换也識纏,也識護托也識斷。只是狐疑難捉穴,穴若假時無正案。到此之時心生疑,若遇高明能剖判。爲君決破之疑心,枝幹亂時分背面。假如兩水夾龍來,便看外纏那邊回。纏山纏水回抱處,背底纏山纏水限。護纏亦自有大小,大小隨龍長短來。龍長纏護亦長遠,龍短纏護亦近挨。大抵纏山必迴轉,莫把明堂向外截[①]。曲轉之形必是面,只恐朝山塞不開。尋得纏護分明了,更看落頭尋要妙。纏山纏水如扆屏,向前寬闊看多少。纏水纏山作案山,只恐明堂狹不寬。山回水抱雖似面,浪打風吹巖壁寒。請君來此看背面,水割石巖龍背轉。若是面時寬且平,若是背時多陡巖。面時平坦中立穴,局内必定朝水緩。縈紆懷抱入懷來,不似背面風蕩散[②]。君如識得背面時,枝幹尋龍無可疑。寬平大曲處尋穴,此爲大地斷無疑。詳看朝迎在何處,中有横過水城聚。背後纏水與山回,相合前朝水相隨。後纏抱來結水口,前頭生脚來相湊[③]。兩山兩水作一關,更看羅星識先後。羅星亦自有首尾,首逆上頭尾拖水。如此尋穴與尋龍,不落空亡與失蹤。秤定上下左右手,的有真龍在此中。忽然數山皆逼水,水夾數山來相從。君如看到護送山,上坡下坡事一同。無疑上坡是真穴,看來下坡亦藏風。二疑更看上下轉,山水轉抱是真龍。夾龍身上亦作穴,此處恐是雙雌雄。雖作兩穴分貴賤,分高分下更分中。也有真形無朝水,只看朝山爲近侍。朝水案外暗循環,此穴自非中下

① “截”,正覺本作“裁”。

② “面”字原作“變”,不辭,據天機本改。

③ “生”,天機本作“伸”。

地。只愛案山逼水轉①，不愛順流隨水勢。順流隨水案無力，此處名爲破城裏。若是逆水作案山，關得外垣無走氣。也有真形無朝山，只要諸水聚其間②。汪汪萬頃明堂外，內局周回如抱環。鈎鈐鍵閉不漏泄，內氣無容外氣殘。外陽朝海拱辰入，內氣端然龍虎安。枝幹之龍識背面，位極人臣世襲官。總饒已能分背面，面得寬平背崖巖。假如兩水夾龍來，屈曲翻身勢大轉。一回頓伏一翻身，一回轉換一回斷。兩邊皆有山水朝，兩邊皆有水抱巖③。兩邊皆有穴形真，兩邊皆有山水案。兩邊朝迎皆可觀，兩邊明堂皆入選。兩邊纏護一般來，兩手下邊皆回轉。此山背面未易分，心下狐疑又難判。不應兩邊皆立穴，大小豈容無貴賤。只緣花穴使人疑，更看護身脚各辨④。莫來此處認真龍⑤，兩水夾來龍必轉。逆轉之龍有鬼山，鬼山拖脚背後環⑥。識得背面更識鬼，識鬼之外更識官。⑦ 大凡幹龍行盡處，外山隔水來相顧。幹龍若是有鬼山，回轉向前寬處安。凡山大曲水大轉，必有王候居此間。也有幹龍夾兩水，更不回頭直爲地。只是兩護必不同，定有護關交結秘。幹龍行盡若無鬼，須看眾水聚何處。眾水聚處是明堂，左右交互鎖真氣。如此明堂方是真⑧，鎖結交互誠可貴。問君疑龍何處難，兩水之中必有山。兩山之中必有水，山水相夾是機源。假如十條山同聚，必有十水歸一處。其間一水是出門，

---

① 正覺本作“只要案山逆水轉”，義長。
② “要”，正覺本作“看”。
③ 天機本作“兩邊朝迎皆可觀”。
④ 正覺本作“更有護山脚多瓣”，義長。
⑤ “認”字原作“談”，據正覺本作改。
⑥ “背”字原作“皆”，不辭，據正覺本作改。
⑦ 是句後正覺本有“官鬼已向前篇説，更久此篇重分別”十四字，疑底本脱。
⑧ “方”字原作“雖”，今從正覺本。

九山同來作門户。東行看西西山好①，西上看東東山妙。南山望
見北上山，山奇水秀疑似間。北上看見南山水，矗矗尖奇秀且
麗。君如遇見此處時，兩水夾來何處是？與君更爲何分別，先分
貴賤星羅列。更須參究龍短長，又看頓伏星善良。尊星不肯爲
朝見，從龍雛來橈棹藏。貴龍重重出入帳，賤龍無帳空雄强。十
山九水雖同聚②，貴龍居中必異常。問君如何分貴賤，真龍不肯
爲朝見。凡有星峰去作朝，此龍骨裏福潛消。譬如吏兵與臣僕，
終朝跪起庭前伏。那有精神立自身，時師只説同關局。朝山護
送豈無穴，輕重多與貴龍別。龍無貴賤只論長，纏龍遠出前更
强。若徒論長不論貴，纏龍有穴反爲良。只恐尋龍易厭斁，雖有
眼力無腳力。若不窮源論祖宗，也尋頓伏識真蹤。古人尋龍尋
頓伏，蓋緣頓伏生尖曲。曲轉之餘必生枝，枝上必爲小關局。譬
如人行適千里，豈無解鞍並頓宿。頓宿之所雖未住，亦有從行並
部曲。頓伏移換並退卸，却看山面何方下。移換却須尋回山，山
回却有迎送還。迎送相從識龍面，龍身背上是纏山。纏山轉來
龍抱體，此中尋穴又何難。古人建都與建邑，先尋頓伏識龍關。
升虛望楚與陟巘，此是尋頓與山面。降觀於桑與降原，此是尋伏
下平田。度其夕陽揆以日，南北東西向無失。乃陟南岡景與
京③，此是望穴識龍形。逝彼百泉觀水去④，瞻彼溥原觀水聚⑤。
或陟南岡與隰原⑥，是尋頓伏非苟然。古人卜宅貴詳審，經旨分

---

① "行"，正覺本作"上"，義長。
② "難"，正覺本作"雖"。
③ "與"字原作"於"，不辭，據天機本改。
④ "逝"字原作"陟"，據《詩經·公劉》"逝彼百泉，瞻彼溥原"、正覺本改。
⑤ "瞻"字原作"陟"，據正覺本、《詩經·大雅·公劉》改。
⑥ "隰"字原作"太"，據正覺本、《詩經·大雅·公劉》改。

明與後傳。

下篇

龍已識真無可疑，尚有疑穴費心思。大抵真龍臨落穴，先爲虛穴貼身隨。穴有乳頭有鉗口，更有平坡無左右。亦有高峰下帶垂，更有昂頭居隴首。也曾見穴在平洋，四畔周圍無高岡。也曾見穴臨水際，俗人見穴無包藏。也曾見穴如仄掌，却與仰掌無兩樣。也曾出穴直如槍，兩水射脅自難當。更有兩山合一氣①，兩水三山同一場。君如識穴不識怪，只愛左右抱者强。此與俗人無以異，多是葬在虛花裏。虛花左右似有情，仔細辨來非正形。虛穴假穴更是巧，仔細看來無甚好。怪形異穴人厭看，如何子孫世襲官。只緣怪形君未識，識得裁穴却無難。識龍自合當識穴，已在變星篇内説。恐君疑穴難取裁，好向後龍身上别。龍上星峰是根荄②，前頭結穴是花開③。根荄若真穴不假，蓋從種類生出來。若不隨星識根種，妄隨虛穴鑿山限。請君熟認變星篇，爲鉗爲乳爲分别。高低平地穴隨身，豈肯妄下鉗乳穴④。穴若不隨龍上星，斷然是假不是真。請君更將舊墳覆，貪星是乳巨鈐局。外縣京國多平洋，也有城邑在高岡。淮甸州縣在水尾，夔峽山嶺是城隍。隨他地勢看高下，不可執一拘攣他。千萬隨山尋穴形，

---

① "氣"，正覺本作"處"，義長。
② "星"字原作"生"，不辭，據正覺本改。
③ "結穴"，正覺本作"形穴"。
④ "下"，正覺本作"爲"。

此説斷能辨真假。冀州壺口落低下，蓋緣輔弼爲垣馬。太原落處尖似槍，蓋緣廉破龍最長。建康落在坡平地，蓋緣輔弼星爲體。太原平坦古戰場①，熊耳爲龍星可詳。長安帝垣星外峙，巨武出龍生出勢②。京師落在垣局中，狼星夾出巨門龍。太行走入河中府，入首連生六七存③。入首雖然只是山，落處却在回環間。此與窩鉗無以異，只在大小識形難。我觀星辰在龍上，預定前頭穴形象。爲鉗爲乳或爲窩④，或險或夷或如掌。歷觀龍穴無不然，大小隨形無兩樣。此是流星定穴法⑤，不肯向人謾空誑⑥。更有二十八舍間，星穴裁之最爲上。大凡識星方識龍，龍神落穴有真蹤。真蹤入穴有形勢，形勢真時尋穴易。若不識形穴難尋，左右高低如何針？且如龍形有幾樣，近水近山隨物象。如蛇如虎各有穴，形若真時穴可想。龍有耳角與腹腸，鼻顙如何却福昌⑦？虎有鼻唇並眼耳，肩背如何却出貴？看他形象宛在中，最是朝山識正龍。高低只取朝山定，莫言三穴有仙蹤。千里來龍只一穴，正者爲優旁者劣。枝上有穴雖有形，不若幹龍爲至精。龍從左來穴居右，只爲回來方入首。龍從右來穴居左，只爲藏形如轉磨。高山萬仞或低藏，看他左右及外陽。左右低時在低處，左右高時在高岡。朝山最是龍正穴，不必求他金尺量。正穴當朝必有將，有將便宜爲對向。穴在南時北上尋，穴在北時南上望。朝

---

① "太原"，正覺本作"大梁"，天機本作"中原"。
② "出"字原作"竹"，不辭，據正覺本、天機本改。
③ "存"，正覺本作"巨"，俟考。
④ "窩"字原作"坡"，按四大穴形是窩、鉗、乳、突，從天機本改。
⑤ "流"，正覺本作"隨"，義長。
⑥ "誑"，天機本作"説"。
⑦ "福"，天機本作"吉"。

迎蟲蟲兩邊遮，向內有如雞見蛇。對面正來不傾仄，纔方移步便欹斜。只將對將尋真穴，將若真時穴最佳。乳頭之穴怕風缺①，風若入來人絕滅。必須低下避風吹，莫道低時鱉裙絕。鉗穴如釵掛壁隈，惟嫌頂上有水來。釵頭不圓多破碎，水傾穴內必生災。仰掌要在掌心裏，左右挨排恐非是。窩形須要曲如窠，左右不容少偏陂。偏陂不可名窠穴，倒仄傾摧禍奈何！尖槍之穴要外裹，外裹不牢反生禍。外山抱裹穴如槍，左右抱來尖不妨。山來雄勇勢難竭，便是尖形也作穴。只要前山曲抱轉，針着正形官不絕。穴法至多難具陳，識得龍真穴始真。真形定是有真案，三百餘形穴穴新。大凡尋穴非一樣，降勢隨形合星象。譬如銅人針灸穴，穴的宛然方始當②。忽然針灸失真機，一指隔差連命喪。大凡立穴在人心，心眼分明巧處尋。重重包裹蓮花瓣，正穴却在蓮花心。真龍定是有真穴，只為形多難具說。朝迎護從亦有穴③，形穴雖成有優劣。朝迎若是有真情④，此是真龍斷不疑。朝迎逆轉官星上，小作星形分別枝。雖然有穴非大器，隨形斟酌事隨宜。大凡有形必有案，大形大穴如何斷？譬如至尊坐明堂，列班排牙不撩亂⑤。出人短小與氣寬，皆是明堂與案山。明堂寬闊氣寬大，案山逼迫人凶頑。案來降我人慈善，我去伏案貴人賤。龍形若有雲雷案，人善享年亦長遠。虎蛇若遇蛤與狸，雖出武權勢易衰⑥。略舉此言以為例，請君由此細尋推。周家農務起后

---

① "缺"，天機本作"起"，義長。
② "穴的"，正覺本作"灸穴"，天機本作"穴穴"。
③ "從"，正覺本作"送"。
④ 正覺本作"朝山若是有穴時"，天機本作"朝迎若是真有穴"。
⑤ "牙"，正覺本、天機本作"衙"，義長。
⑥ "武權"，正覺本作"威權"，天機本作"武雄"。

稷，享國享年延八百。秦人關內恃威權①，蠶滅諸侯二世絕。此言雖大可喻小，嵩嶽降神出申伯。大抵人是山川英，天降聖賢爲時生。祖宗必定有山宅，占得山川萬古靈。② 誠言裁穴出機巧，穴法分毫争微妙。假穴斬關莫道真，正穴正形都差了。京國丹徒之候山③，常有雲氣在其間。曲阿之中有正穴，却被劉喬斬一關④。斬關之穴始於此，只得一代生龍顔⑤。後來子孫即彫喪，蓋爲正穴尋真難。孔恭以爲不鑿壞，可以數世王無難。我因覆此舊墳隴，乃知垣局多回環。今人裁穴多論向，更不觀星後龍上。觀星裁穴始爲真，不識星辰是虛誑。君知天地人三劫，劫去不回無美利。天劫便是龍身去，地劫乃是穴前嘴。人劫却是向中求，向上飛來必回視。有人識得三般劫，子子孫孫皆富貴。天劫雖去却回來，回朝面前攔穴水。地劫雖長有水橫，初下有災後又利。人劫遠朝雖空闊，却要有情無別意。三劫如能辨得時⑥，便識漏胎並泄氣。龍有漏胎泄氣者，皆從三劫推奧秘。問君天劫如何説，天劫又去作他穴⑦。已去又復分脚轉，攔住面前看優劣。水去五六里迂回，悠悠揚揚去轉來⑧。水要迂回山要轉，便知天劫不爲災。地劫穴下原有嘴，玄武吐舌正謂此⑨。退田筆動土牛

---

① “權”，正覺本作“强”。

② “占得山川萬古靈”後至“漏胎泄氣謂此耳”，底本闕，據《正覺樓叢書》本補，參以地理本、天機本。

③ “候山”原作“後山”，不辭，按《南史·宋本紀》：“皇考墓在丹徒之候山，其地秦史所謂曲阿、丹徒間有天子氣者也。”據改。

④ “喬”，地理本、天機本作“侯”。

⑤ “龍顔”，天機本作“龍鬚”。

⑥ “辨”字原作“辯”，“辨”、“辯”二字通，徑改。

⑦ “穴”字原作“地”，今從地理本、天機本。

⑧ “轉”，天機本作“復”。

⑨ “吐舌”，地理本、天機本作“嘴長”。

走，其實玄武長而已。雖長山水若橫攔，地劫翻然增福祉。人劫當從向上求，面前空闊要遠朝。隻隻直來或橫抱①，信知人劫不爲妖。《龍髓經》中究至理，漏胎泄氣謂此爾。

疑龍十問附

一問：抱養及僧道嗣續疑龍如何

問君葬者乘生氣，骨骸受福蔭遺體。此説尚有一可疑，抱養之兒非己子，僧道嗣續是外來，如何却也能承繼？與君詳論古人言，舉此大略非徒然。骨骸受氣蔭遺體，此理昭然不容議。却將僧道並抱養，辨論如何同己子。此説誠然是可疑，固宜窮理細尋推。人家生出英豪子，便是山川鍾秀氣。山川靈氣降爲神，神隨主者家生人。此山此穴誰爲主，即隨香火降人身。古人嘗有招魂葬，招魂天人可爲樣。招魂葬了祀事嚴，四百年間漢家旺。何拘骸骨蔭親生②，只要祀事香火明。亦有四五百年祖，棺槨骸骨化爲土。子孫千百尚榮華，人指此山誰是主。此山此穴有主者，神靈只向此家住。山川秀麗來爲嗣，豈慮其家無富貴？山川日夜有朝迎，生出爲人亦如是。乃知抱養與親生，同受生靈無以異。古人接花接果義，與此相參非與是。後母却蔭前母兒，前母亦蔭後母子。只緣受恩與受養，如同所生並同氣。以此言之在繼承，只與香火無衰替③。乃知招魂與抱子，僧道相承皆類此。

---

① "直"，地理本作"朝"。
② "蔭"字原作"葬"，不辭，據《粵雅堂叢書》本改。
③ "與"，天機本作"要"，義長。

二問①：公位疑龍如何

問公如何分公位，父母生時無少異。間或生時有愛憎，死後何由別榮悴。譬如一木同根生，一枝枯悴一枝榮。榮者芳穠日夜長，悴者日就枯槁形。此後遂有公位議，分長分中分少位。愛憎之說起於心，榮枯之說歸於地。心有愛憎死却無，地有肥磽此近似。東根肥即東枝榮，西枝磽云西枝瘁。要知此說未爲當，似是如非當究理。左長前中右少位，此說當初自誰起。請君來此細排詳，因別長男中少位。震爲長子居左方，坎爲中男坐來岡。艮爲少男坐東北，乾統三男居坎傍。坤爲地母西南位，長女東南中午地。兌爲少女在西方，此是乾坤男女位。若以此法論陰陽，男居左傍女西廂。中子後龍中女向，自有次第堪推詳。爰自蕭梁爭公位，却以玉鵝埋震地。震爲長子起春宮，遂起爭端謀玉器。公位之說起於斯，斷以長震中居離。少居兌位四同長，五與二位分毫釐。六與少男無差別，七與長男同共說。八與五位共消詳，九與三男排優劣。此是河圖分九宮，上元一四七相同，中元二五八同位，下元三六九連此。後來執此爲定議，只就河圖分次第。②

三問：公位盛衰疑龍如何

問君公位雖能別，或盛或衰是何說。也有先盛後來衰，也有衰盡復萌蘖。此理如何合辨明，時師謬以水宮折。不知年久世成深③，豈有長盛無休歇？山川之秀雖盤固，氣盛氣衰有時節。

---

① "問"字原作"闓"，不辭，據上下文改。

② 是處後天機本有"試以此法論興衰，往往無差如卜筮。乃知公位本河圖，此說援經依據是。前篇明堂蓮葉水，屢試無差本緣此"。

③ "成"，天機本作"代"。

代代長盛者無他，後來接續得吉多。衰者後來無救助，年深氣歇漸消磨。凡言公位勿固執，先看其人數代祖。新舊數墳皆是真，新者必爲舊者助。如是之家世民昌①，福禄未艾不可量。是真不必問大小，積小成大最爲妙。是者一墳非者多，縱有大地力分了。譬如杯水救薪火，水少火多難救禍。是多非少反成吉，譬如衆水成江河。豈無一穴分公位，不取衆墳參合議。大地難得小易求，積累不已成山丘。衆墳合力却成大②，人説小地生公侯。那堪大地有數穴，世世公侯不休歇。凡觀巨室著姓家，必有大地福無涯。子孫百世雖分散，内有救地多榮華。一穴大地蔭十世，小地千墳亦如是。騏驥千里但一日③，駑馬十駕亦追至。圖大不得且思次，此事當爲知者議④。

四問：陽宅陰宅疑龍如何

問君陽宅要安居，此與安墳事一如。人家無墳有善宅，宅與陰地力無殊。大凡陽宅怕穴小，穴小只宜安墳妙。小穴若爲輪奐居，氣脈傷殘俱鑿了⑤。況是子孫必衆多，漸次分别少比和。一穴裂血爲四五，正偏前後豈無訛？大凡陽宅要穴大，寬闊連綿又平伏。前頭橫玉面前寬，可爲市井於内外。如此方爲陽宅居，窄小難容君莫愛。

五問：陽宅陰地大小如何⑥

問君陰陽有兩宅，古人此事要分别。吕才詳論有成書，論已

---

① "民昌"，天機本作"昌福"，地理本作"世昌"。
② "衆"，天機本作"數"。
③ "但"字原作"进"，不辭，據天機本改。
④ "議"，天機本作"識"，義長。
⑤ "了"，天機本作"壞"，義長。
⑥ "陰地"原作"陽地"，不辭，據天機本、地理本改。

分明無別説。要知居止只要勢，水抱山朝必有氣。忽然陡瀉朝
對傾，破碎斜傾非吉地。下手回環朝揖正，坐主端嚴無返柄①。
縱饒小大也安和，住得百年家業盛。葬穴宜小居穴大，葬穴側立
居穴寬。

六問：主客山疑龍如何

問君主客皆端正，兩巖尖圓兩相映。主是三山品字安②，客
亦三山形一般。客山上見主山好，主山上見客山端。此處如何
辨賓主，只將水抱便爲真。水城反背處爲客，多少時師誤殺人。
凡觀疑穴看堂局，堂局真處抱身曲。忽然平過却如何，即以從纏
分部屬。纏送護托辨假真，朝山無從托龍身。朝山直來身少曲，
真龍屈曲不朝人。

七問：形真假疑龍如何

問君龍固有枝幹，識得枝中幹分亂。胡爲幹上忽生枝③，枝
上連生數穴隨。此是枝龍間旺氣，譬如瓜蔓始生枝。分枝枝上
連生子，生子之形必相似。或如人形必數穴，禽獸之形必同列。
凡爲形穴必兩三，蓋緣氣類總如一。是故流形去結實，連生種類
配偶匹。蛇形必定有雌雄，虎形相配無單隻。大山峽裏莫尋蛇，
恐是高山腳溜斜。若是真蛇有鼠蛤，如無鼠蛤是虛花。或是蜈
蚣出面來，亦有蚰蜒爲案砂。大山猛勇莫言虎，恐是朝迎爲主
住。重峰拜舞似虎行，若是真虎無闕屏④。更有肉堆獅子案，如
無此案是朝迎。凡辨真假易分判，若是假穴無真案。若是真形

---

① "坐"，天機本作"得"。
② 天機本作"應是三内品字安"。
③ "胡"字原作"故"，從地理本、天機本。
④ 天機本作"若是真虎羅網屏"。

案必真，人形人物兩相親。獸形降伏如貪噬，禽形必有條爲繫。龍形雲雷象近水，月形星案前陳起。凡是真形有真案，試以類求當識算。

八問：幹作枝衰疑龍如何

問君前經論貴賤，上是侯藩次州縣。幹龍多是生王侯[1]，枝作幹龍亦蕃衍。此説分明尚有疑，試舉一説爲君辨。前言盛衰固有爲，枝上又生數條枝。節節爲龍自有穴，已作未作氣自隨。胡爲上作下必歇，亦有下作上必衰。既饒氣脈相連接，自有氣脈非相依。如何盛衰尚關屬，爲君決此一狐疑。蓋小枝龍氣脈短，又出小枝無轉換。隨龍附氣氣不長，大勢上連枝上幹。幹頭未作枝先興，枝上未作幹先榮。枝上未作幹後作，幹長枝短力難爭。恰似一瓶生數嘴，嘴小口大生水利。不從口出嘴長流，口若盡傾嘴無水。又如大樹生小枝，小枝易瘦大枝肥。大枝分奪全氣去，小枝不伐自衰贏。更看新作與舊作，年年深淺自可知。

九問：穴有花假疑龍如何

問君前論穴難尋，唯有朝山識倖心。高低既以朝爲定，真穴自可高低計。只緣前後有花假，假穴在後亦堪下。花穴多生連案前，朝山對峙亦如然[2]。若將前相爲證驗，前後花假便不偏。到此令人心目亂，更有一説與人宣。假穴斷然生在後，龍虎雖端涯必溜。穴中看見龍虎回，外面點檢山醜走。花穴如何生在前，蓋緣連臂使其然。連臂爲案橫生穴，案外有腳鋪茵氈。其間豈無似穴者，但見外朝尖與圓。癡師誤認此花穴，不知真穴秘中

---

[1] “生”，天機本作“居”。

[2] “對峙”，天機本作“在後”，義長。

垣。前花後假人少識，此法元來秘仙籍。景純雖然不著書，今日明言不吝惜①。花穴最是使人迷，後龍斷妙朝又奇②。如何使人不牢愛③，只有一破餘皆非。案山必然向裏是，花穴無容有回勢。朝山只有頂尖圓，定有腳手醜形隨。若登正穴試一看，呼吸四圍無不至。又有花穴無人知，龍虎外抱左右飛④。蓋緣正穴多隱秘，或作釵鉗或乳垂。龍虎數重多外抱，龍上看虎左右歸。虎上見龍左右抱，或從龍虎上針之。不知正穴尚在內⑤，凡是穴乳曲即非⑥。曲是抱裏非正穴，請君以此決狐疑。

十問：博換疑龍如何

問君尋龍莫失蹤，三吉自有三吉峰。前去定作貪狼體，時時回顧火星宗。及至剝入輔弼去，猶作小峰顧祖宗。如何變星剝換了，却與前說事不同。蓋緣幹龍行千里，一剝一換一峰起。由貪入巨入禄文，次第變入廉武裏。破軍盡變入輔弼，每星十二大盤屈。蛇行鵝頂鶴爪分，失落低平駿馬奔。如此行來又數程，博換變易又前行。前行直到藩垣裏，四外有山關水至。低平尚有輔弼形，此是入垣尋至止。幹龍行不問祖宗，枝上顧祖却不同。幹上剝換節節去，枝上落穴必顧宗。幹龍一變少亦九，多者或至十二重。一星十二節始變，周而復始換頭面。貪尖巨方小臥蠶，如此周圍換盡貪。換貪若盡即入巨，亦如貪狼數節去。多至十二少九變，却變禄星分臺去。禄存節數如貪巨，換了文廉又至

---

① "吝"字原作"容"，不辭，據天機本改。
② "斷"，天機本作"端"。
③ "牢"，天機本作"深"。
④ "飛"，天機本作"隨"。
⑤ "正"字原作"止"，不辭，據地理本、天機本改。
⑥ "乳"字原作"郛"，形訛所致，據天機本改。

武。博換若周即轉星，輔星三四弼起程。弼星入手必平漫，輔星入首多曲形。此是變星變盡處，變盡垣城四外迎。凡觀一星便觀變，識得變星知遠近。遠從貪起至破軍，換盡龍樓生寶殿。雖然高聳却不同，還是尖峰高山面。一博一換形不同，豈可盡言顧祖宗？君如識得變星法，千里百里尋來龍。誰人識得大龍脊，山正好時無脚力。裹費不惜力不窮①，其家世代腰金紫。凡看變星先看斷，斷處多時星必變。如此斷絕曲屈行，高入青冥變鶴形。鶴形漸低必斷絕，斷絕復起是變星。却從變星辨貪巨，或是廉文武禄存。只以變星逆求程，識得變星節數法。不必論程窮脚力，只從變盡至弼星。豈愁不識得垣城？

衛龍篇附

輔弼入垣星既曉，纏送護托皆明了。如何尚有傍明星②，此星能明最精妙。左侍右衛形如何，此龍生處若無多③。除却天池並夾輔，高山頂上有平波④。天池之水滿則溢⑤，侍衛之水隨龍入。深入坎井不聞聲，恰似尾閭没無跡⑥。道是天池又却非⑦，二山環合使人疑。不知龍自中央過，兩邊侍衛貼身隨。要在前侍

---

① "裹費"，天機本作"神貴"，俟考。
② "傍明星"，天機本作"侍衛星"。
③ "若"字原作"苦"，不辭，據天機本改。
④ "上"原作"生"，不辭，據天機本改。
⑤ "池"字原作"地"，不辭，據天機本改。
⑥ "跡"字原作"疏"，不辭，據天機本改。
⑦ "池"原作"地"，不辭，據地理本、天機本改。

並後衛，只有一叢貼身體①。正龍高枝待衛低，前池未滿後池繼。看來彷彿似天地②，只有流泉活處低。或由田源水入次，或有乾窠如環隨。兩池相逐前後衛，兩池相夾左右同。此是貴龍親待衛，高處是首低是尾。只觀水流與不流，水若深潛是衛氣。龍身若有此真形，一百里外垣城生。分垣遠去似不顧，垣窮盡處面前橫。垣中橫水從中過，遠纏如帶五里生。垣前外列如打圍，垣氣足時無缺破。垣前水直入垣來，曲轉東西垣亦開。却有隨龍小溪澗，彎環抱體常低佪。橫城水繞太微勢，直朝射入紫垣氣。百源來聚天市垣，一水抱曲是天園。更有天苑內無澗，却有大水環三邊。平洋宛然是紫氣，河中河曲是天市。關中只是天苑垣，伊洛亦合是天肆。京師華蓋是前星，東京三水入中庭。燕山最高象天市，天市碣石轉抱縈。太行之東有天市，馬耳峰上有侍衛。長江環外有三結，三結垣前水中列。中垣已是帝王州，只是垣城氣多泄。海門環合似天市，天目天池生侍衛。萬里飛騰垣外色，海外諸峰補垣氣。盛衰長短固有時，亦是山川積氣圍。略舉諸垣與君説，更有難言誰得知？上相次相既列上，上將次將必也兩。上衛次衛必居中，所論衛龍合天象。山川之氣上爲星，星辰列次應出形。仰觀星象俯察理，衛龍内堅隨龍行。只是貼身不關峽，以此可見天地情。略言侍衛貼龍體，詳別流星入無底。衛山環合夾龍身，此是垣關常緊閉。屠龍不如且抵豨，豨多龍少却成癡。大言無當下士笑，或笑或取吾何辭。

---

① “叢”，天機本作“棗”。
② 疑此“地”爲“池”字。

變星篇附

疑龍盡説總無疑，真龍藏倖便宜知。識得真龍結作處，豈逃真假幹兼枝。貪狼一變巨門星，星方磊落如屏形。頓笏頓鐘如頓鼓，輔弼隨形變禄存①。禄存帶禄爲異穴，異穴生成鶴爪形。鶴爪之形兩邊短，一距天然撑正身。此是禄存帶禄處，長短之穴爲正形②。起頂或成衣冠吏，短短低生左右臂。左臂短如插笏形，右臂短如佩魚勢。時師至此多狐疑，却嫌龍虎不纏衛。也有龍虎兩頭尖，左紐右紐休要嫌。也有龍虎生石觜，時師到此何曾喜。也有穴在大石間，也有穴在深潭裏。也有左長右枝短，也有左短右枝長。也有主山似牛軛，也有前案如拖槍。世俗庸師多不取，那知異穴生賢良。有如貪狼變文曲，撒網之形非碌碌。撒網之形似牛皮，不着緋衣多食禄。有如貪變破軍相，天梯隱隱如旗樣。旗山若作蓋天旗，旗下能生君與相③。有如破軍變貪狼，貪狼入穴如拖槍。拖槍之穴人嫌醜，只緣纏護兩山長。貪變廉貞梳齒樣，長枝有穴無人葬。人言龍虎不歸隨，那知葬了生公相。變作輔星④燕窠仰，落在高山掛燈樣。變作破軍如戈矛，兩傍左右手皆收。定有諸山作纏護，不然秀水之玄流。貪狼不變生乳頭，巨門不變窩中求。武曲不變釵鉗覓，禄存不變犁僻頭。

① "形"字原作"行"，不辭，據天機本改。
② "短"，天機本作"股"，義長。
③ "君"，天機本作"公"。
④ "變作輔星"後至"君能熟此"，底本闕，據天機本補。

文曲不變掌心作，破軍不變戈與矛。輔弼不變燕窠仰，變與不變宜精求。亦有作穴如鬥斧①，不拘左右生龍虎。橫龍却向直中扦，直山却向橫中處。大抵怪形並異穴，諸星退卸無他説。主客只求三吉山，三吉生枝轉羅列。或是真龍生間氣，重岡後嶺驅年勢②。一斷二斷斷了斷，鶴膝蜂腰真吉地。吉地當有逆流案，有案直須生本幹。幹上生過我前來，諸山藉此爲護捍。

　　捍門之外有羅星，便作公侯山水斷③。案外覆釜更如杯④，兩兩三三對面來。似鼓似鐘兼似笏，當知台輔抱賢才。亦有兵立踏節山⑤，隻隻回頭顧此間。橫過前面爲水口，不許諸山更出關。關外若有羅星現，定出安邦事不難。案山如笋插天青，對面推來始是真。仄面成峰身直去⑥，與我無情似有情。時師見此多求穴，下了乃知誤殺人。大抵諸山來此聚，諸水流來會此處。定有真情此間作，只恐不知龍住處。住處多爲醜惡形，世俗庸師心裏懼⑦。君能熟此變星篇，便是陰陽地理仙。凡遇龍神都照破，只緣心鏡已昭圓⑧。

斷制粹言附

　　凡欲尋地何處先，龍爲第一非虛傳。第二更要觀水口，水口

---

① “作”，地理本作“異”，義長。
② “驅年勢”，地理本作“生羊勢”，俟考。
③ “斷”字原作“斯”，不辭，據地理本改。
④ “釜”字原作“金”，地理本作“斧”，不辭，徑改。
⑤ “兵”字原作“立”，不辭，據地理本改。“節”字原作“解”，不辭，據地理本改。
⑥ “仄”字原作“背”，於義不合，據地理本改。
⑦ “裏”字原作“重”，不辭，據地理本改。
⑧ “緣”字底本誤作“緑”形，此依文意徑改。此以後，底本脫。

關闌氣脈全。大山峽裏關最緊,須是兩邊脚相連。關闌有情方是好,若是虛交亦徒然①。凡入鄉村尋水口,兩岸有山皆内向。隻隻山如上水魚,或塞江流如巨障。更有羅星在水涯,巨石覆鐘屏障樣。山形出富是富人,山形出貴是貴相。武勇之形出將軍,平小之形一時旺②。請君從此拆源流③,定有朝揖龍頭上。認取真龍便好求,與君詳説非虛誑。凡入鄉村看山住④,龍勢回環非虛做。中有林水是人墳,莫要休心懶回頭⑤。往往正穴常在中,前人心眼未曾見。不是在傍却高下⑥,不是低了更傷穴⑦。多年下了不曾發,人緣下處非正穴⑧。此或留與後人傳,緣分未周分隔絶⑨。此勢名爲活地神,鼠報金錢不能嚙。他年天緣有分時,下着穴心即大發。凡欲求地觀大勢,百里周回作一穴⑩。其次二三十里間,十里五里又其次。大勢落地作一穴,其外有情無空缺。看他外山抱數重,數重多時最妙絶。此説在人心眼明,心目不明皆誑説⑪。源源水朝有情來,朝到面前不散開。只此名爲真朝水,朝水要從生旺來。流於囚謝景純訣⑫,流破生旺皆絶滅。若是真龍正穴時,朝入自然皆爲吉。惟恐龍虛穴假時,雖合天星

---

① "交",地理本作"反"。
② "時",地理本作"代"。
③ 地理本作"請君如此晰源流"。
④ "住"字原作"主",不辭,據地理本改。
⑤ "懶"字原作"嫩",不辭,據地理本改。
⑥ "却",地理本作"即"。
⑦ "更",地理本作"便"。
⑧ "人",地理本作"又"。
⑨ "分",地理本作"猶"。
⑩ "回",地理本作"圍"。
⑪ "心目"原作"目心",據地理本乙正。
⑫ "囚"字原作"内",形訛所致,據地理本改。

也無力①。問君如何識大勢，左右前後當熟視。若是橫朝非直朝，橫如盤帶隨身衛。橫朝直朝皆是垣，不識大勢休勞説。前説大地如屠龍，不如抵豨易爲工。此是抵豨來徇俗，庶免人譏如捕風。凡言大地只一話，下士聞之心已怕。中士聞之心信疑，上士聞之心欲爲。何不觀之富貴家，子孫累世享榮華。蓋緣祖龍勢力遠，子孫食禄名世家。小地雖然亦小發，未及二世亦歇滅。到此方知小易衰，大地富貴世不絶。若觀富貴家祖墳，格上格下在君心。看格多時心易曉，見多勝耳千回聞②。若不看格信人説，俗師不曉能惑人。求之人而不可得，以致心慌亂作墳。勸君且去看舊跡，勝讀千卷撼龍文。景純教人看舊墳，此説昭昭能破昏。凡入鄉村先問水，四水發源在何始。發源深處有高山，其山隨水何處出。背面兩水去何交，交處斷然龍在彼。却於背面尋龍身，兩水交流去回視。回視來龍聳起環，山隨水曲抱弓彎。明堂平闊四獸護，有穴分明在此間。回視來龍却回轉，却有他山來作護。便是纏護看他情，回轉抱來龍必住。住處之所有朝迎③，朝迎最識穴中情。衆山抱處是真穴，穴真高低未易明。穴若在低高下了，穴在承漿却下腦。穴若高來裁處低，當針百會却在臍。高低若是差裁了，恰似育髮針下脚④。穴隔分寸尚無功⑤，況是高低針不着。不特針穴醫無功，人命須臾更喪却。余嘗論穴在前篇，説處針裁無不全。今因論穴又有説，要知裁穴無苟然。裁穴要如聚水火，遠近高低皆不可。聚火若要得正中，火却炎炎

---

① "天星"原作"天心"，不辭，據地理本改。
② "耳"字原作"且"，不辭，據地理本改。
③ "所"字原作"時"，不辭，據地理本改。
④ "針"字原作"釘"，不辭，據地理本改。
⑤ "隔"字原作"膈"，不辭，據地理本改。

水傾墜。鑒取於水月中精，鑒必凹深取月明。其光圓聚方諸上，一點精光似水晶。火近光時水不滴，火遠光時亦不温[1]。只要當中取正元，頃刻之間水盈溢。陽燧取火亦復燃，日光聚近即生煙。莫令太近與太遠[2]，只要當中火即然。爾曾親自取水火[3]，便識高低皆不可。日月在天幾萬里，陽燧方諸毫髮細[4]。聚光回射當凹中，水火即復主聚起。要識裁穴亦如斯，穴聚前朝由水氣。來由既聚衆氣來，下了須臾百祥至。取水取火須自爲，方識陰陽論氣聚。

後附形穴屬星象

問君爲地必有形，不知形自何由生。前篇言形必有種，是此種類必同行。飛禽走獸各有氣，魚蟲水族均情性。車舟器服乃人造，日月雷霆是天精。不知山石無心物，如何降穴却成形。與君訣破此疑網，天地氤氳萬物生。方其混沌雖未判，萬象渾然以稟成。譬如胎卵與濕化，已有飛潛動植形。陰陽融結爲山水，品物流形隨寓生。堅形也有隱在石，軟形時復寓於水。山川在下星在上，同此一氣無兩樣。自然形氣融結成，在地有形天有象。凡有形者因氣凝，氣結成形巧於匠。此是形氣自然生，俯當察形仰觀象。形象相感一理通，請以穴法觀星宮。三垣當法衆星拱，

---

① “温”，地理本作“濕”，義長。
② “太”字原作“人”，不辭，據地理本改。
③ “自”原作“目”，不辭，據地理本改。
④ “方諸”原作“諸方”，按“陽燧取火於日，方諸取露於月”，據地理本乙正。

四獸分垣到處同。雖然闊狹大小異，還是四圍無賊風。奎星至參元是虎，角宿至箕本是龍。星斗至壁玄武象①，井星至軫朱雀宮。凡是龍類龍星結，凡是虎類虎星融。凡是水族玄武内，凡是禽形朱雀宮。今具星形先列右，却以形穴比類從。雖然亦是舉大略，妙處在人心眼工。勿以此法未拘贅，但觀星象無不同。世間有物必有象，君如不曉是凡庸。

---

① "星斗"原作"斗星"，據地理本乙正。

葬法倒杖

舊題唐·楊筠松撰

【題解】

《葬法倒杖》一書舊題唐楊筠松撰，未見載於清以前書志目録。是書分葬法及倒杖二部分。《四庫全書總目》云："葬法則專論點穴，有倚蓋撞粘諸説。倒杖分十二條，即上説而引伸之。附二十四砂葬法，亦臨穴時分寸毫釐之辨。"

葬法之内容與《古今圖書集成》本廖禹《十六葬法》基本一致，經比勘，《十六葬法》實從宋廖禹《扒砂經》中輯録而成。又有題楊筠松撰《十二杖法》一書，最早見於明李思聰編《堪輿十一種》。《十二杖法》論及的杖法名稱與《葬法倒杖》基本相同，然内容更爲詳盡明晰，另有十一種順杖兼法、六種逆杖兼法，實則與《葬法倒杖》有所差異。疑《葬法倒杖》一書爲後人託名楊筠松而成，融《十六葬法》與《倒杖十二法》爲一書，又有所削删。

今存《地理大全》本、《四庫全書》本及臺圖藏舊鈔本《倒杖十二法》。《地理大全》本雖内容較全，且有葬法圖、訣等，内容却多有錯簡。臺圖藏鈔本唯倒杖部分内容完整，而葬法部分據《地理大全》摘抄，且無二十四砂葬法。故今以四庫本爲底本，參以《地理大全》本校録於後。

認太極

穴場金魚水界，圓暈在隱微之間者爲太極。上是微茫水分，下是微茫水合。合處爲小明堂，容人側臥便是穴場。有此圓暈則生氣內聚，故爲真穴。立標枕對，於此而定，無此者非也。若暈頂再見一二半暈，如初三夜月樣者名曰天輪。影有三輪者，大地也。

分兩儀

暈間凹陷者爲陰穴，凸起者爲陽穴，是謂兩儀。就身作穴者爲陰龍，宜陽穴。另起星峰作穴者爲陽龍，宜陰穴，皆有饒減。或上截凸起，下截凹陷；或下截凸起，上截凹陷。或左右凹凸相兼者，爲二氣相感。則取陰陽交媾之中，升降聚會之所，不用饒減。

求四象

四象者，脈息窟突也。脈是暈間微有脊，乃少陰之象；息是暈間微有形，乃少陽之象；窟是暈間微有窩，乃太陰之象；突是暈間微有泡，乃太陽之象。四象作居，葬有四法[1]：脈穴當取中定

---

[1]　“葬”，地理本作“基”。

基，息穴當剖開定基，窟穴當培高定基[①]，突穴當鑿平定基。

倍八卦

脈緩者用蓋法，當揭高放棺，以蓋覆爲義；脈急者用粘法，當就低放棺，以粘綴爲義；脈直者用倚法，當挨偏放棺，以倚靠爲義；脈不急不緩而横者用撞法，當取直放棺，以衝撞爲義。已上四法，高山陽龍用之。

息之緩而短者用斬法，當近頂放棺，以斬破爲義；息之不緩不急而長者用截法，當對腰放棺，以裁截爲義；息之急而高者用吊法，當落頭近脚放棺，以懸吊爲義[②]。息之低者用墜法[③]，當湊脚臨頭放棺，以墜墮爲義。已上四法，高山陰龍用之。

窟之狹者用正法，當中心放棺，以中正爲義；窟之闊者用求法，當迎氣放棺[④]，以求索爲義；窟之深者用架法，當抽氣放棺，四角立石，以架閣爲義；窟之淺者用折法，當量脈放棺，淺深中半，以比折爲義。已上四法，平地陽龍用之。

突之單者用挨法，當靠實放棺，以挨拶爲義；突之雙者用併法，當取短放棺，以兼併爲義；突之正者用斜法，當閃仄放棺，以斜仄爲義；突之偏者用插法，當撥正放棺，以栽插爲義。已上四法，平地陰龍用之。

---

① “培”，地理本作“增”。

② “息之急而高者用吊法，當落頭近脚放棺，以懸吊爲義”是句底本脱，據地理本補。

③ “墜”字原作“隊”，徑改。

④ “迎”，地理本作“接”。

蓋者蓋也，有如合盆之形。蓋之脈自坤而見於乾，蓋之法自乾而施於坤，姤復之妙存焉[①]，天地之精見焉。頂薄則捨之，切勿疏略，慎毋苟且[②]。蓋小蓋大，則傷其元氣；蓋大蓋小，則閉其生氣；蓋上蓋下，則脫其來氣；蓋下蓋上，則失其止氣；蓋左蓋右，或犯其剝氣；蓋右蓋左，或受其冷氣。縱得龍穴之妙，必遭橫逆之禍。頂薄捨蓋云者，捨之不用，非捨上就下、捨高就卑之謂也。此以作穴言，彼以審穴言，意義自別，穴法不殊，略有差池，難致效驗。

粘者沾也，如沾恩寵之義。粘之脈自來而止於止，粘之法自止而止於盡。施承之道攸存，化生之意將著，下薄莫粘焉。理法少差，天淵懸隔。粘上粘下，則脫其來氣；粘下粘上，則犯其暴氣；粘右粘左，則失其正氣；粘左粘右，或投其死氣，縱得砂水之美，終是或承之羞。下薄莫粘云者，棄之不用，非棄低取高、棄下取上之謂也。苟粘之真的，雖下臨長江大河，亦為無礙。工巧豈有下薄棄粘之理乎？

倚者依也，如依居之義。倚之脈自上而衝於下，倚之法自偏而傍於正。傍棲之形既成，變化之道自現。倚左倚右，或受冷；倚右倚左，或犯剛；倚上倚下，謂之脫脈；倚下倚上，謂之衝殺，縱得局面之奇，必見衰凌之患。本與挨法相似，但挨法施於突之平，倚法用於脈之直，天精天粹之機，至密至微之理，非上智其誰能知？

撞者抵也，如抵觸之義。撞之脈自斜而就於正，撞之法自正

---

① "姤"字原作"垢"，於義不合，按姤復二卦，消息之所在，徑改。

② "毋"字原作"母"，形訛而致，徑改。

而就於斜。斜來之脈既專，專一之情可見。撞上撞下，則氣從上止；撞下撞上，則氣從下出；撞重撞輕，則生氣虛行；撞輕撞重，則生氣太泄，縱得來脈之真，終失正脈之吉。本與插相似，但插施於突之傍，而撞施於脈之斜。一毫千里之遠，江河几席之間，不可不察。

斬者斷也，斬竊其生氣。生氣見於息之橫，高不可侵頂，頂暈薄也；低不可近足，足底寒也。是以斬上恐失下，斬下怕失上，斬左右恐失中心，斬中心恐失左右。細觀息象明白，次觀穴情的當，然後以斬法施之，則上下左右自成體段。然息則體之微也，斬則用之廣也。若不細察，遽爾投棺，則生氣受傷，子母遭挫，縱得包藏之固，終非可久之道。且息象用斬，其息必小，小則難以投其大；斬施於息，其塋必大，大則難以容於小。必極到之理能明，斯中和之義自見。

截者剖也，剖闢其生氣。生氣露於息之直，高若侵巔，謂之剖首；低若站麓，謂之剖足。是以截上恐遺下，截下恐遺上，截左恐失右，截右恐失左。呵氣而成，謂之一息。一息既成，貼於穴體。穴體微茫，切勿輕舉。斬之息多土意，截之息多木意。橫土用斬，截盡生意；直垂用截，接盡生意。勢不相侔，作用迴異。若不細玩，遽爾輕投，則體用兩傷，生氣破泄。雖有美潤之玉，恐損雕琢之手，大抵脈息之穴不可雙葬。正謂寧失之小，莫失之大，此言極當。

吊者懸也，懸提其生氣。生氣直奔入於息下，上不可過高，恐漏其氣；下不可過低，恐犯其氣①。一陰既息，諸陽來復，半在

----

① "犯"，地理本作"離"。

息體之足，半在息體之襯。氣交感而成形，形既完而成穴。左右自無可混，上下最宜斟酌。若不細用心思，則首受殺伐，足踐風寒，左右雖有纏綿，本主自難抵敵。大抵與粘相似，但粘乃吊之垂，吊乃粘而起。因材施用之道，量職官人之義，須當此處辨之。

墜者落也，墜落其滴露。生氣既完，如果脫蒂。上不可頂脈而扦，下不可離脈而作。頂不離弦，來意專一；足不離褥，生意直遂。息體豐盛，褥弦展轉，穴星軒昂，吐出泡脈。墜左則就於偏枯；墜右則入於偏駁；墜下則來而不來；墜上則止所非止。須審吐落之情，並依墜落之法，若有怠忽，必失本體。親上要退其剛硬之枯，就下要舒其呼吸之氣。高不如吊，低不如粘，是為得之。

正者整也，整肅其身體，收斂其精神。窟象既小，生氣初凝。過於大，未免傷其元氣之真；入於深，豈不傷其細嫩之體？損其元氣則精神不足；壞其細嫩則本體不完。古今葬者雖多，未必盡曉此法。是以地吉而人不吉，地美而人不美也。亦有上下之誤，豈無左右之偏。陰陽妙合，歸於中正之天；剛柔相濟，止於中正之地。三分損益，一理推行，自然吻合。

求者度也，量度其大之止，追求其止之真。窟象既大，生氣彌漫，過於大則氣流而不專，過於小則氣遊而不息。流而不專則度之未真，遊而不息則求之未切。雖見窩象分明，下穴百無一發。是能求之於穴，不能求之於求也。亦有高低之錯，豈無淺深之差。一真吐露，六義均停；一見了然，五行自著。上不容下，下不必上，斯義得之。

架者加也，加加於木，故名曰架。窟象既深，下藏陰殺，上而畏風，故氣聚下；下而畏濕，故氣泊上。下上受敵，故氣凝中。失之於上，難免暴敗之禍；失之於下，必受陰消之患。故當度其乘氣之源，定其止聚之基。須先用木以滲其凶暴之情，然後加棺以顋其融溢之氣。水性就下，下之陰殺，見木即消；陰殺侵上，上之暴氣，遇風即散。生意不窮，嗣續蕃盛。若執夫窩不葬心之説，是未明通變之方者也。又有一法：破土尺餘，四角立石，架棺六合，打牆培土。此須玄武高、龍虎壓乃可爾耳。天地玄機，由人幹運，須憑目巧，總在心靈。

折者裁也，以斤裁物，故名曰折。窟象既淺，四顧茫然。立於上，須要砂水均應；立於下，須看龍虎相登。若無包藏，則殺乘風旺；若有風殺，則氣隨風散。風旺則殺愈熾，氣散則殺愈侵。故生氣之避殺氣，猶君子之避小人，須審其出彼入此之真機，預究其參前倚後之大勢。折中其上下，分按其左右。深不過五，淺不失一，而折之義詳矣。大抵正與架相似，而正則架之深；折與求相似，而折則求之闊。同而異，異而同，少有差殊。則施於甲者不免施於乙，用於丙者不免用於丁。欲求福祉，恐難致驗。

挨者傍也，傍切其生氣。突象既彰，陰脈單現，渺茫無際，恍惚無棲。無際則居止難定，無棲則捉摸難依。□其中恐斷其來，跨其脊，恐絕其去[1]。須傍藉生生之氣[2]，借資化化之機。上不投其急而暴氣沖和，下不受其寒而陰氣旋復，此挨之法也。挨與倚相似，而挨則倚之切。倚與挨各別，而倚則挨之寬。可挨處如種之方芽、龍之將蟄，當挨處形如轉皮，氣如仰掌。

併者合也，合併其生氣。突象兩彰，陰脈重現，如浮鷗傍母之形，若嘉粟吐華之勢。或兩脈顯其長短，或二突露其巨細。投

---

[1] 底本缺十四字，地理本有"□其中恐斷其來，跨其脊，恐絕其去"，合於文例，據此補。

[2] "藉"，地理本作"挨"。

其左則情意不專,投其右則生意不固。情意不專或值陰駁之禍,
生意不固乃值亡陽之殺。故須乘其短而小者穴之,合其大而長
者併之,相依不散,理勢通同。斯則元辰完固而不傷,理氣合一
而不散,大義自覺,無事瑣瑣。

斜者切也,斜切其生氣。凡見突脈直下,棺骸切莫授首。挨
其弦則脈絡不到,就其頂則氣勢猖強。不到之處謂之退落,猖強
之處謂之剛雄。退落則陽中之陽偏,陽不生也;剛雄則陰中之陰
偏,陰不成也。故斜而切之,斜則不直受其暴氣,切則不疏遠其
真情,凶可去而吉可得,禍患遠而福德旺[①]。陰陽相扶,急緩相
濟,而斜穴之名義明矣[②]。

插者下也,下插其生氣。凡見突脈之斜,須詳作穴之義。迎
其來則去處牽扯,就其止則來處棲遲。故乘其過續之中,插之以
枯朽之骨。可插處脈情活動,如橫拋之勢;當插處穴情昭著,似直
撞之形。生氣磅礴,源源不絕;聚氣充盛,浩浩難窮。不絕則情意
自專,難窮則功力自大。鬼福及人,效驗悠遠,斯插法之理致極矣。

倒杖十二法

順杖

脈緩中落,用順杖以正受,謂之撞穴。如龍勢軟活,脈情透
迤,不藉饒減,湊脈葬吞,陽來陰受,陰來陽提,直奔直送是也。

---

① "德旺",地理本作"氣滋"。
② "明",地理本作"顯",義同。

要下砂逆關，前案特朝，胎水交結於前，大小橫過鎖斷，作福必大。然不可以棺頭正頂其氣，恐氣衝腦散。

逆杖

脈急中衝，用逆杖以旁求，謂之倚穴[①]。如龍勢雄強，氣脈急硬，饒減轉跌，避煞葬吐，拂耳枕臂，挫急歸緩，斜倚直倚是也。要衆山拱固，衆水交結，明堂平正，四獸咸備，作福甚速。

縮杖

脈甚急，就頂扦蓋曰縮，有如柱劍之聚環頭者，謂之降煞穴、坐煞穴、寒桶漏穴是也。如四山高峻環抱，本山低纏而脈短，打開百會湊緊蓋，送拂頂鬪脈葬之，使之乘氣。要四獸全備，並不孤露，主後跌斷復起，穴前明堂又有一泓真水者方結，否則粗氣未脫，八風交吹。

離杖

脈甚急，就龍虛粘曰離。有如懸筆之垂珠滴者，謂之脫煞穴、抛穴、接穴、大陽影光穴、懸棺長鬣封是也。如龍雄勢猛，卸落平洋[②]，結成盤珠，鋪氈展席，遙對來脈，壘土浮扦，高大爲墳，便知聚氣須用客土堆成。要有微窩屬或草蛇灰線者方結，否則旺氣未平，必主災禍。

没杖

形俯面飽用没杖。如肥乳頑金，氣脈微茫，乘其所止，開金取水，闊理臺道，端正沉葬，謂之葬煞穴，却不可錯認頑硬天罡以誤人。

---

① "謂"字原作"龍"，不辭，據地理本改。
② 疑"卸"爲"却"字。

穿杖

形仰口小用穿杖。如瘦體削木,氣脈淺促,串其所來。取宛宛之中,鑿孔穿入,側撞斜插,橫撞深插,謂之破煞穴[1],却不可錯認欹斜掃蕩以誤人。

鬭杖

山長橫體用鬭杖。如鬭斧眼,然龍勢延袤,借堂收納於後樂端正之中、前朝登對之所。貫腰架折,貼脊實倚,重插深插,謂之馭煞,而拿扯牽弓、腕藍扳鞍之穴是也[2]。

截杖

山長直體用截杖。如騎馬脊,然氣脈不住,直卸前去。於稍停弱緩之處、四證有情之所,求覓微窩,隨脈騎截,依法造作,謂之攔煞[3],即直截橫截、騎龍斬關之穴是也。

對杖

上剛下柔,就剛柔交接處對脈中扦,故曰對。蓋居高則峻急,處卑則微軟,乃於高低相代之所、乾濕暫判之間,平分緩急,剛柔相濟,中正對撞,隨勢裁成,使其得宜,謂之中聚撞穴。要左右相登,並無凹陷,穴情明白,生氣呈露方結,不然上泄下陡[4],難免土蟻之患。

綴杖

勢强脈急,就山麓低緩處頂脈實粘,故曰綴。當脈則大鬭,脫脈則犯冷。乃於息氣已脫之前,勁氣既闌之後,稍離三尺,緩

---

① "破"字底本作"被",於義不合,據地理本改。

② "扳鞍",即爲"攀鞍"。"腕藍",下文有"剜藍",二者同。疑爲"捥籃"之訛,"籃"或指"籃輿"。

③ "攔"字原作"欄",形訛所致,徑改。

④ "泄",地理本作"沖"。

其悍急,使其沖和,謂之脱煞粘穴。要四獸皆低,並不淩壓。真氣滴落,衆水有情方結,不然脱氣尖脈,難免泥水之患。

犯杖

饒龍減虎,犯過脈中,如侵境相犯之犯,即棄死挨生,外趨堂氣者是也,此多乳突結。

頓杖①

巧穴天然頓在脈上,如有定處安頓之頓。而生成□□掘鑿者是也②,此多窩鉗結。

二十四砂葬法附

夫觀龍觀其起,明穴明其止。起乃動而生,止乃静而死。死處又尋生,是名曰生氣。故一察其微,乃盡其大旨。象其物而取其事,順其情而取其理,推分合以定淺深,明饒減以存剋制。倚撞蓋粘,體勢情意。差之毫釐,謬以千里。

擔傘

來龍急氣脈直衝,中無乳氣,穴粘右邊側受倚,其後托左臂長而明堂寬展,如人之擔傘勢也,宜淺開金井。若太深必傷,宜培加客土,填實於塋,必主富貴綿遠。

正葬

來龍三四節結穴,勢既不峻急,而纏護又齊整,坐下金魚環

---

① 底本"倒杖十二法"僅有十一種,缺一種。今地理本有"頓杖"一節參雜於二十四砂葬法中,據此補。

② 地理本缺二字,以缺字符補之。

會，堂氣分明，宜扦正穴。開井放棺，接取真氣，墳培高壘，向對中應爲的，半紀之間，富貴雙全。

打開

太陽頑金無紋浪，須打開深壙作窩，約取中堂金魚會處定穴，懸棺而葬。取中小溫潤氣，謂開金取水，發須遲而綿遠不敗。

懸棺

來龍脈急而無緩，有分有合，穴結深泥，打開實處而見實土。井內用磚石結起巨壙①，豎四石柱於壙內，懸棺而下。壙前相接金池，放三吉之水，去壘土成墳，以接生氣。

壘墳

來龍有蓋有座，上急下緩，爲之墜脈。所以平地生突，突中有石，不可用工掘鑿。似借外城，淺開金井，浮土正葬②，壘土成墳，先富後貴之地也。

大小剜藍③

來龍有情，頭高而穴偏，或側臂頓起，圓金到頭，入手有鼠肉受穴，水星外應，有金水相生之義，爲人腕偏受。一伏再頓小金，有迎堂顧祖之意，爲小剜正受。此則不可開井太深，更宜高立墳城，恐來勢聳而壓穴也。凡術者宜有裁度，用之可也。

馬鬣封

來龍高岡有窟，窟中有突，突頂正葬。須從穴前挖開，下面吞進，突下安穴。不可深開鉗壙，金骨淺安井內，否則卓棺爲吉。葬後培墳，如舊土不動，馬鬣之封微露，不可用磚石結砌，侵損其突。

---

① "井"字原作"并"，不辭，據地理本改。
② "土"，地理本作"棺"。
③ "剜藍"與上文"腕藍"同。

回龍顧祖

龍勢急硬，過關峽生駒鮐轉回[1]，脈從回面結，顧祖迎堂，宗族皆轉。朝揖玄微，不必拘於真與不真。穴宜高扦[2]，深開金井，謂之"黃金登水墓登砂"是也。

騎龍

龍神盡處有突兀之結，案迫前砂而穴露，其氣不聚。後龍壘來，草蛇灰線，過脈分明，穴須退後高扦，取騎龍下，深井放棺，填補明堂，以全造化也。

挐扯

來龍峻急，入穴須有情而堂氣迫狹。外山外水左右交結，橫觀外堂，寬展氣脈，側受穴用，提起扦之。開井不淺不深，酌中裁剪，客土培就，貼身雌雄，扯後挐前。葬過一紀，世出富豪、特達之士也。

停驛

來龍高岡脈緊，穴情似有似無，登巇望龍，方明端的。巒頭須金水帳，脫下平中小結，入首有鋪茵，停車駐馬之驛也。十字之中，深開金井，高砌墳城，依法裁剪，自有妙理。

闢斧

真龍枕險又無纏護，左右前後却有鬼曜。翻身橫作、連山取水以接生氣[3]，情如闢斧拱揖。前朝不許時師妄爲測度[4]，蓋山勢直來橫受[5]，故知之難也。

---

① "駒鮐"當爲"鮐駒"，鼻息義。
② "扦"字原作"遷"，不辭，徑改。
③ "連"，地理本作"迎"。
④ "妄爲"，地理本作"容易"。
⑤ "山"字原作"出"，不辭，據地理本改。

擔凹

來龍橫過轉跌降脈,穴情有若蜂腰之勢。合天財兩頭金,樣後有正托樂,於仰掌中直扦。開井不用太深,吞棺三分之一,太深則反傷穴也。前關住堂氣不泄,發福永久。若砂水直去爲凶,此天財相似也。

抱兒

來龍上急下緩,雌雄交度,堂氣分明,應案秀出。龍虎面前迫逼,扦穴可要上穿龍虎,腰下取交合水,橫抱如人抱兒之狀也。

吞下

其來龍勢直落斜,擺屈靜受,穴法宜吞入。開井以聚真氣,後應其樂,前迎其朝,此乃大富不絕佳城也。穴情雖高,葬了前面,再立一虛壙,名吞下,須要有應托爲吉。

吐葬

來龍降勢,狀若草露流珠之情,爲吐息露珠,侵損則真氣散矣。只可粘蹤,小開金井,低壘磚城。若水不流泥,前有秀應,必爲巨富貴之地。

浮葬

其來龍入手,情勢低平,夾輔高出,穴中必有曲窠藏其真氣。四水不拂,八風不吹,宜淺開金井,正放其棺,法不待饒。用客土添培,厚築其墓,使暖氣相接,真脈沖融,則富貴立至。

沉葬

來龍情高護矮,降氣必然深入。聚氣朝應有情,關闌未甚周密,其穴打低平下,夾輔方爲是法。開井吞棺三分之一,四旁築實,可免八風動搖之病,真爲綿遠之地也。

牽牛

土星行龍結穴，入首頓起兩頂，左右之山伸出二臂，交度重聳。朝迎有情，兩般行度，深淺高低，依法宜開成方。金井放棺，借取兩傍應樂①，分肩合脚，如土牛之合牽也。陰陽妙理，人罕識之。一突情可兩穴，如麒麟頭上品字是也。

就飽

來龍氣緩，雖結珠塊坡穴，大小不均。小面有牙爪緊密，不成局段。大邊飽滿而有分合，玄微可就。飽處而扦之，廣開金井，深入其棺，墳城小壘。裨補小邊，取堂氣坦夷，雖曰就飽而不飽也。

傷饑

龍來過脈，節節分明，蓋下有金，金下有橫土，似上非上，中有灣凹或曲池，不淺不深，庸術狐疑必矣。苟有賓主相投，穴雖有病，葬亦有法。貼脊扦之，小井納棺，築後培前，以補造化，雖曰傷饑而不饑也。

撞穴

來龍情峻，堂淺坐下，去水撮脚，牽飛到此，多生疑竇。情勢可取，須別立法度，開鉗廣撞，入吞棺而下撞穴，蹲而視之。只見外堂寬展，外砂周密，避凶就凶，假也靈塋。

插木生芽

來龍直木插下，亦謂之玄武嘴長。縱有正佐，切不可扦。當頭盡脈，一扦則敗。絕其中停，必有節木。須於肥厚處開井放棺，挑饒三分，自有生芽之意，仍須客土培實端正，則根本固

---

① "應樂"後地理本有"分明"二字。

而枝葉榮矣。

牽弓

來龍頂攲轉凹,側尋肥突放送。取龍左右臂灣環,有如牽弓發箭之勢,中應分明。於鼠肉處開淺井放棺,有若靶搭正箭,力能遠發。應居兩旁,棺頭必合,棺脚必分,借倚護弦之力,極爲至理。務要前案灣如張弓方吉,反弓便凶。

青囊序

舊題唐·曾文辿撰

【題解】

《青囊序》一書舊題唐曾文辿撰。《四庫全書總目》云:"其序則題筠松弟子曾文辿所作。相傳文辿贛水人,其父求己先奔江南,節制李司空辟行南康軍事,文辿因得筠松之術,後傳於陳搏。是書即其所授師説也。"鄭樵《通志》載《曾氏青囊子歌》一卷,不知是否爲此書?清人丁芮樸《風水祛惑》云:"一曰江西之法肇於贛人楊筠松,曾文辿及賴大有、謝子逸輩尤精其學,其爲説主於形勢。"然《青囊序》一書專言理氣,以十二支與八干四維推排羅經。即坐山來水以雙山三合五行判斷吉凶,八干四維斷水,十二支斷山。二十四山之量山步水與生旺休囚,皆以五行之生剋判斷。是書語詞精微妙秘,須參以《天玉經》方能明其義,則與形勢之法頗有不同。

《青囊序》今存《四庫全書》本、《地理大全》本、《楊曾地理元文》本、《地理一貫集》本、抄本、《歷代地理正義》本、《地理七書》本、《地理六經注》本、《地理青囊經》本。除《四庫全書》本外,他本皆有作者之注。此外又有《曾氏龍水經》、《青囊奧旨》二書,實將《青囊序》與《青囊奧語》之内容合二爲一,此不贅述。今以《四庫全書》本爲底本,並參考《地理大全》本、《楊曾地理元文》本(簡稱楊曾本)、《歷代地理正義》本(簡稱清刻本)校録於後。

楊公養老看雌雄,天下諸書對不同。先看金龍動不動,次察血脈認來龍。

龍分兩片陰陽取,水對三叉細認蹤。江南龍來江北望,江西龍去望江東。

是以聖人卜河洛,瀍澗二水交華嵩。相其陰陽流水位①,卜年卜宅世都宮②。

晉世景純傳此術,演經立義出玄空。朱雀發源生旺氣,一一講説開愚蒙。

一生二兮二生三,三生萬物是玄關。山管山兮水管水,此是陰陽不待言。

識得陰陽玄妙理,知其衰旺生與死。不問坐山與來水,但逢死氣皆無取。

先天羅經十二支,後天再用干與維。八干四維輔支位③,子母公孫同此推。

二十四山分順逆,共成四十有八局。五行即在此中分,祖宗却從陰陽出。

陽從左邊團團轉,陰從右路轉相通。有人識得陰陽者,何從大地不相逢④。

陽山陽向水流陽,執定此説甚荒唐。陰山陰向水流陰,笑殺拘泥都一般。

---

① "流水位",楊曾本作"觀流泉"。
② "宅世",楊曾本作"世宅"。
③ "支"字原作"正",不辭,據楊曾本、清刻本改。
④ "從",清刻本作"愁",義長。

若能勘破個中理①，妙用本來同一體②。陰陽相見兩爲難，一山一水何足言。

二十四山雙雙起，少有時師通此義。五行分布二十四，時師此訣何曾記。

山上龍神不下水，水裏龍神不上山。用此量山與步水，百里江山一餉間③。

更有淨陰淨陽法，前後八尺不宜雜。斜正受來陰陽取，氣乘生旺方無煞。

來處起頂須要知④，三節四節不須拘。只要龍神得生旺，陰陽却與穴中殊。

天上星辰似織羅，水交三八要相過。水發城門須要會，却如湖裏雁交鵝。

穴上明堂並朝水，文庫大小俱得位。截定生旺莫教流，直射直流家業退。

射破生方定少亡，衝破旺位財狼當⑤。文若來時男女亂，庫方來到定爲殃。

生出剋出名爲退，生入剋入名爲進。退水宜流千百步，進水須教庭户迎。

進退得位出公卿，家資巨富旺人丁。旺方帶煞來不宜⑥，庫中藏煞去亦非。

---

① "若"，楊曾本作"有"。
② "同"字原作"向"，不辭，據楊曾本、清刻本改。
③ "百"，楊曾本作"千"。
④ "處"，楊曾本、清刻本作"山"。
⑤ "當"字原作"猖"，屬於類化，徑改。楊曾本作"衝傷旺位財郎當"。
⑥ "方"，楊曾本"中"。

更看諸位高峰起，尖秀方圓須得位。生方高聳旺人丁，官旺起峰官禄生。

水中消息少知音，却向玄空裏面尋①。坐向須明生剋化，進退水路總非輕。

四金四木並八水，四火四土少五行②。大小盡在玄空裏，二十四山有水神。

十個退神靈如鬼，十四進神如鬼靈③。生入剋入爲進神，生出剋出爲退神④。

進神宜進家資旺，若還退時家不興。退神宜退亦同旺，若還進時主官刑。

溝壑明堂定方隅，便從品折自縈紆。四尺八寸爲一步⑤，折取須交向所宜⑥。

小神須要入中神，中神流入大神位。三折更上御街去⑦，一舉登科名冠世。

奇貴貪狼並禄馬，三合聯珠貴無價。凶神流短吉神長，富貴聲名滿天下。

子午卯酉號衙廳，神壇寺觀亦能興。內有旗槍紅門水，雷公館位使人驚。

水神禍福原非細，更須一一查公位。乾坤艮巽長男興，寅申

① "却"，楊曾本作"都"。
② "少"，楊曾本、清刻本作"分"。
③ 此二句，楊曾本作"十四進神靈如鬼，十個退神如鬼靈"。
④ 楊曾本作"生入剋入明爲進，生出剋出爲退神"。
⑤ "八"，楊曾本作"五"，待考。
⑥ "交"，楊曾本作"教"。
⑦ 楊曾本作"三折録馬上街去"。

巳亥長伶仃。

甲庚丙壬中男發,子午卯酉中男殺。乙辛丁癸小男强,辰戌丑未小男殃。

富貴貧賤在水神,水是山家血脈精。山静水動晝夜定,水主財禄山人丁。

乾坤艮巽號御街,四大尊神在内排。生剋須憑五行布,要識天機玄妙處。

乾坤艮巽水長流,吉神先入家豪富。請驗一家舊日墳,十墳埋下九墳貧。

惟有一家能發福,去水來山盡合情。宗廟本是陰陽玄,得四失六難爲全。

三才六建雖爲妙,得三失五盡爲偏。蓋因一行擾外國,遂把五行顛倒遍①。

以訛傳訛竟不明,所以禍福爲錯亂②。

---

① "遍",《地理大全》、楊曾、清刻本作"编"。
② "錯",楊曾本、清刻本作"胡"。

青囊奧語

舊題唐·楊筠松撰

【題解】

《青囊奧語》題唐楊筠松撰。《四庫全書總目》云:"惟鄭樵《通志·藝文略》別載有曾氏《青囊子歌》一卷,又楊、曾二家《青囊經》一卷,或即是書之原名歟?"是按《青囊子歌》、《青囊經》二書皆已亡佚,不可稽考三者之間的關係。今觀《青囊奧語》一書專言理氣,以二十四山分爲金木水火四局論龍之吉凶生旺,與楊筠松主於形勢之説不同。清人丁芮樸疑《青囊奧語》非楊公所作:"《青囊奧語》言五行凡二見,《天玉經》言五行凡十一見,而《撼龍經》云'龍家不要論五行',此皆顯然舛異者也。又云'顛顛倒,二十四山有珠寶。順逆行,二十四山有火坑',此元陳致虛之語,乃丹家修煉之術也。又云'太極分明必有圖',此亦宋以後人之説,其依託之跡,即灼然可驗。"此説甚是。

《青囊奧語》一書今存《地理大全》本、《四庫全書》本、《楊曾地理元文》本、《地理六經注》本、《地理七書》本、《曾氏龍水經》本。除《四庫全書》本外,他本皆有作者之注。今以《四庫全書》本爲底本,並以《地理七書》本(簡稱抄本)、《楊曾地理元文》本(簡稱楊曾本)、《曾氏龍水經》本參校於後。

坤壬乙，文曲從頭出①。

艮丙辛，位位是廉貞②。

巽辰亥③，盡是武曲位。

乾甲丁④，貪狼一路行。

左爲陽，子丑至戌亥⑤。

右爲陰，午巳至申未⑥。

雌與雄，交會合玄空。

雄與雌，玄空卦內推。

山與水，須要明此理。

水與山，禍福盡相關。

明玄空，只在五行中。

知此法，不須尋納甲。

顛顛倒，二十四山有珠寶。

逆順行，二十四山有火坑。

認金龍，一經一緯義不窮⑦。

動不動，直待高人施妙用。

---

① "文曲"原作"巨門"，不辭，按坤申、壬子、乙辰合爲水局，當配文曲水，據地理本、抄本改。《曾氏龍水經校》此句作"申子辰文坤壬乙"。

② "廉貞"原作"破軍"，不辭，按艮寅、丙午、辛戌合爲火局，當配廉貞火，據地理本、抄本改。《曾氏龍水經校》此句作"寅午戌廉艮丙辛"。

③ "巽庚癸"原作"巽辰亥"，不辭，按巽巳、庚酉、癸丑合爲金局，當配武曲金，據地理本、抄本改。《曾氏龍水經校》此句作"巳酉丑武巽庚癸"。

④ "乾甲丁"原作"甲癸申"，不辭，按乾亥、甲卯、丁未合爲木局，當配貪狼木，據地理本、抄本改。《曾氏龍水經校》此句作"亥卯未貪乾甲丁"。

⑤ 楊曾本作"子癸至亥壬"。《曾氏龍水經校》作"子丑向未場，申酉戌亥左爲陽"。

⑥ 楊曾本作"午丁至巳丙"。《曾氏龍水經校》作"午巳辰卯寅，向鼠猴羊右爲陰"。

⑦ 抄本作"經緯陰陽義不同"。

第一義,要識龍身行與止;

第二玄,來脈明堂不可偏;

第三法,傳送功曹不高壓①;

第四奇,明堂十字有玄微;

第五妙,前後青龍兩相照②;

第六秘,八國城門鎖正氣;

第七奧,要向天心尋十道;

第八裁,屈曲流神認去來;

第九神,任他平地與侵雲③;

第十真,若有一缺非真情。

明倒杖,卦坐陰陽何必想。

識掌模,太極分明必有圖。

知化氣,生剋制化須熟記。

説五星;方圓尖秀要分明。

曉高低,星峰須辨得玄微。

鬼與曜,生死去來真要妙。

向放水,生旺有吉休因否。

二十四山分五行④,知得榮枯死與生。

翻天倒地對不同,其中秘密在玄空。

認龍立穴要分明,在人仔細辨天心。

---

① "高",《曾氏龍水經校》作"可"。

② "前後青龍兩相照",抄本作"前後龍虎皆相照",《曾氏龍水經校》作"青龍白虎兩相照",曾本義長。

③ "侵雲",楊曾本、抄本作"青雲"。

④ "行"字底本作"方",失韻,兹依楊曾本校改。

天心既辨穴何難①，但把向中放水看②。

從外生入名爲進，定知財寶積如山。

從内生出名爲退，家内錢財皆廢盡③。

生入剋入名爲旺，子孫高官盡富貴。

脈息生旺要知因，龍歇脈寒災禍臨④。

縱有他山來救助，空勞禄馬護龍行。

勸君再把星辰辨，吉凶禍福如神見。

識得此篇真妙微，又見郭璞再出現⑤。

① "心"字原作"星"，不辭，據上文、楊曾本改。

② 《曾氏龍水經校》作"但把納水向上觀"。

③ "皆廢盡"，楊曾本作"皆盡廢"，《曾氏龍水經校》作"化作灰"。

④ "臨"，楊曾本作"侵"。

⑤ "又見郭璞再出現"，楊曾本作"便是郭璞重出見"，《曾氏龍水經校》作"又見郭璞再出世"。

天　玉　經

舊題唐・楊筠松撰

【題解】

《天玉經》一書，舊題唐楊筠松撰，未見於清以前書志目録中。《四庫全書總目》云："考鄭樵《通志·藝文略》、陳振孫《書録解題》載楊、曾二家書，無《天玉經》之名。相傳楊氏師弟秘之，不行於世。至宋吳見誠遇真人，始授以此經，其子景鸞乃發明其義。然則是書亦至宋始出，其爲筠松所撰與否，更在影響之間矣。特其流傳稍遠，詞旨亦頗有義意，故言理氣者至今宗之，其真僞可置勿論也。"世傳楊筠松地理之學主於形法，如《疑龍經》、《撼龍經》等，專言巒頭而非理氣，與《天玉經》之内容頗有不同，疑是書乃後人託名楊筠松所作，詳情已不可考。觀《天玉經》之内容，將二十四山分爲天、地、父母三般卦，又分爲金木水火四局，陽金子寅辰乾丙乙；陰木午申戌坤壬辛；陽水卯巳丑艮庚丁；陰火酉亥未巽甲癸。其中天干爲靈神，地支爲正神，以此排星分辨五行之生剋，以判斷吉凶。

今存最早之《天玉經》乃明李國木《地理大全》本，又有明彭好古輯《地理七書》抄本，其後皆清人之傳抄本，如《四庫全書》本、葉泰《地理六經注》本、《楊曾地理元文》本、《地理青囊經》本。唯《地理大全》本與《四庫全書本》同源而出，他本皆存其經文而另爲夾注。今以《四庫全書》本爲底本，參以《地理大全》本、《楊曾地理元文》本（簡稱楊曾本）、《地理七書》抄本、《地理青囊經》本點校於後。

内傳

内傳上

江東一卦從來吉，八神四個一。

古以天卦爲東卦，地卦爲西卦。"楊公養老看雌雄"，以二十四龍分爲三卦，江東一卦，江西一卦，震兑始交共一父母；江南、江北一卦，水火既濟共一父母。四經五行以二十四位列爲四龍，一龍六位，亦分三卦，而東西南北之四方始定，天卦、地卦皆準於此。東卦自寅至丙止，爲江東一卦，收貪巨武三吉砂水。其曰"八神四個一"者，言自寅至丙八位是八神，而寅辰丙乙四個在一龍也。舊以丑艮辰巽未坤戌乾爲八神，而此以支干維俱謂之神，泥舊説不得其解。

江西二卦排龍位①，八神四個二。

江西八龍，申庚酉辛戌乾亥壬爲第二卦，收貪巨武三吉砂水。而八神之中，申戌壬辛四神俱在二卦②。

南北八神共一卦，端的應無差。

江南午丁未坤、江北子癸丑艮八神共爲一卦，逢貪巨武砂水，應局查驗，富貴一毫不差。

《青囊序》云："江南龍來江北望，江西龍去望江東。"南北相望者，火歸艮、水歸坤也；東西相望者，木歸乾、金歸巽也。

二十四龍管三卦③，莫與時師話。忽然識得便通仙④，代代鼓駢闐。

---

① "二"，楊曾本作"一"。

② "申"字原作"甲"，不辭，據《地理七書》、地理本改。

③ "龍"，《地理青囊經》、楊曾本作"山"。

④ "識"，地理本、楊曾本作"知"。

二十四龍不出三卦二父母,坎離震兌四生四旺,乾坤艮巽四生四墓,而南北東西陰陽會合之情,盡於此矣。

吳公發揮曰:"上古以寅卯辰列東,巳午未布南,申酉戌置西,亥子丑奠北。惟取十二支以布四方者,蓋方以象地,則法河圖,乃東西南北之正位也。後復加乾艮坤巽於四隅,取十干,除戊己爲中土。以甲乙輔東震,丙丁輔南離,庚辛輔西兌,壬癸輔北坎。蓋圓以象天,則法《洛書》,而東西南北四維始定。以二十四位折爲江東江西江南江北,約爲三卦,合爲二父母者,取五行八卦從合從生從墓從類之義。寅甲卯乙辰巽巳丙,其爲江東卦者。巽位東南,以木而從乎木類也;申庚酉辛戌乾亥壬,共爲江西卦者。乾位西北,以金而從乎金類也。午丁未坤子癸丑艮共爲一卦者①,午丁屬火,逢未坤而衰,亦從午丁而屬火;子癸爲水②,逢丑艮而衰,亦從子癸而屬水也。東西南北雖各殊途,然乾坤老亢,艮巽不雜,震兌妙始交之初,故東西合爲一父母。坎離交媾,水火既濟,故南北合爲一父母。凡三卦各從本生父母收貪巨武吉星,是爲大玄空。"

天卦江東掌上尋,知了值千金。

天卦者古東卦,前兼後也。自子癸丑艮寅甲卯乙辰巽巳丙午丁未坤申庚酉辛戌乾亥壬,以地支從天干,故曰天卦,名曰挨星。五行從掌上分陰陽順逆,起生死旺墓,排九星以定水神吉凶。

天卦即天干,以地支從天干,水之用也,是爲四經之祖。

吳公曰:"天卦本自東卦來,故曰江東掌上尋。"

地畫八卦誰能會,山與水相對。

地卦者古西卦,後兼前也。自壬子癸丑艮寅甲卯乙辰巽巳丙午丁未坤申庚酉辛戌乾亥,以天干從地支,故曰地卦,名曰雙山三合五行,亦無人能會此五行陰陽順逆生死之訣。

地卦即地支,以天干從地支,山與水相對之用也,是爲三合之祖。

吳公曰:"上文以天卦從向論水神旺墓,此節以地卦從龍論山水生死,二卦體用相兼,故曰相對。三合之法,原是十二支盤乾甲丁屬亥卯未,內盤亥卯未即外盤之乾甲

---

① "子"字原作"壬",不辭,上文注"江南午丁未坤、江北子癸丑艮八神共爲一卦",據改。

② "子"字原作"壬",不辭,按挨星當爲"子癸",據改。

丁也。若乾有一半屬戌①，只後半截屬亥，則前位屬戌火，不得爲木後。劉伯温等以辛屬陰金墓神辰，壬屬陽水墓神辰等法，用外盤庶幾得之，僅用内盤，前一半不幾錯耶？"

　　父母陰陽仔細尋，前後相兼定。前後相兼兩路看，分定兩邊安。

　　此一節論天地之本源。

　　父母不同而有陰陽之異，前後相兼而有左右之分。

　　吳公曰："東西卦陰陽父母不同途，如子癸、丑艮、寅甲、卯乙、辰巽、巳丙、午丁、未坤、申庚、酉辛、戌乾②、亥壬，前兼後爲東卦，即天卦也；如壬子、癸丑、艮寅、甲卯、乙辰、巽巳、丙午、丁未、坤申、庚酉、辛戌、乾亥，後兼前爲西卦，即地卦也。東西二卦各分陰陽順逆之不同，而一則關於向首，一則係乎龍家，其作用亦有兩邊之異。"

　　卦内八卦不出位，代代人尊貴。向水流歸一路行，到處有聲名。龍行出卦無官貴，不用勞心力。只把天醫福德裝，未解見榮光。

　　前言二十四龍只是八龍管三卦，三八二十四也。此則備言三卦山向，若水自官旺來朝，流歸本卦父母而行，則富貴聲名顯揚天下；如無本卦官旺砂水應局，則不必勞心以求官貴。世俗以小流年翻卦③，尋貪爲生氣，巨爲天醫，武爲福德，以要官貴，豈能見榮顯哉！誤矣。

　　金木水火陰陽左右，總在八神之内，則向水歸一路矣。

　　倒排父母蔭龍位，山向同流水。十二陰陽一路排，總是卦中來。

　　前言天卦地卦，此則備言龍向共一父母。合向卦、水朝流歸龍卦爲倒排父母。

　　金在西而生於巳，墓於丑④，木在東而生於亥⑤，墓於未⑥，南北水火無不皆然⑦。

---

①　"戌"字原作"戊"，形訛所致，徑改。
②　"戌"字後原衍一"巽"字，不合文例，删。
③　"流"，地理本作"遊"。
④　"丑"字原作"辰"，不辭，按巳酉丑合金局，徑改。
⑤　"木"原作"水"，不辭，按亥卯未木局，據此徑改。
⑥　"未"字原作"戌"，不辭，按亥卯未木局，據此徑改。
⑦　"南"字原作"東"，不辭，按南離火北坎水，據此徑改。

此則倒排蔭龍之説也。

吳公曰:"二十四位陰陽各半,天卦從陽轉,地卦從陰旋。天卦從陽轉者,分十二陽位順推五行;地卦從陰旋者,分十二陰位逆排九星,其吉凶不出天地二卦之中。"

關天關地定雌雄,富貴此中逢①。翻天倒地對不同,秘密在玄空。

承上關天關地者,即左關右關陰陽二局也。陽從左旋順行爲雄,陰從右轉逆行爲雌。以地卦倒加天卦,隨流神陰陽順逆起九星,爲翻天倒地。此玄中更玄,空中又空,名玄空八卦②。至若丙丁乙酉屬□之類③,名玄空小五行。先師以之究小路,爲收山出殺之用。

關天關地者,辰戌丑未也;翻天倒地者,陰陽生□也④。

余介石曰:"世人誤以玄空小五行加向上論水神生死,何水土獨占十二向生死,豈可一例而推之哉?其如未知先師玄玄之妙用,何也?"

李賓湖曰:"丙丁乙酉原屬火等語,乃玄空五行,此古人步水論生剋、量山論雙金之法也。楊公云'用此步水與量山',言足徵矣。今人未得其旨,設爲水法,遂執四火向生於寅,四金向生於巳,四木向生於亥⑤,四土八水共十二向俱生於申。羅經二十四字,水土已去一半矣,法果驗乎?不驗乎?可想見矣。蓋水法當以雙山連珠爲的,其法員神不滯,位位有長生,山山有玄竅,彼此不相假借,其法玄之又玄,必口傳始得真訣,非聰明才辯之士可臆度也。"

三陽水口盡源流⑥,富貴永無休。三陽六秀二神當⑦,立見入朝堂。

以下十八句以水中小貴格言之。三陽者,貪巨武也。六秀者,艮丙巽辛兌丁也。二神者,凡一卦首尾二神也。言三陽水朝流歸墓地,收盡源頭水,富貴萬代無休。若

---

① "此中逢",《地理青囊經》作"在此中"。
② "八"字,地理本作"大"。
③ 底本缺一字,以缺字符補之。
④ 底本缺一字,以缺字符補之。
⑤ "木"字原作"水",不辭,據地理本改。
⑥ "口",楊曾本作"向"。
⑦ "二",《地理青囊經》作"三",待考。

三陽水符六秀之位，入局不出本卦二神之外，立見居於廟廊之上。

　　水到玉街官便至，神童狀元出。印綬若然居水口①，玉御近台輔②。

　　乾坤艮巽一名玉街，一名御街。上二句言水中玉街，謂玉街水自官旺方來朝，主出神童狀元。下二句言水出玉街，謂玉街水自四墓方位流出，主爵位台鼎。

　　鼕鼕鼓角隨流水，豔豔紅旆貴。

　　山家大五行長生前一位爲鼓角，後二位爲紅旆，有水朝砂秀，主出顯官。承上玉街，水外又有此水，以起下文。

　　上按三才並六建，排定陰陽算。下按玉輦捍門流，龍去要回頭。

　　三才即三陽，貪巨武也；六建，天地人財鬼禄也。玉輦五行逆行，衰位也。癸艮乙木衰位，乙巽丁火衰位，丁坤辛金衰位，辛乾癸水衰位。一名捍門水，宜澤於衰方，故曰“下按”。一曰子寅辰乾丙乙，子爲捍門，寅爲旗鼓，辰爲華表，乾爲印綬，丙爲玉街，乙爲玉輦，曰六建。此名六宿，非六建也。“龍去回頭”者，言水流或出卦外，必回頭歸本卦父母爲美。

　　吳公曰：“五行以長生爲天建，乃陰陽化育之氣；沐冠爲地建，乃陰陽脱授之氣；臨官爲人建，乃陰陽中和之氣；帝旺爲財建，乃陰陽盛極之氣；死墓絶爲鬼建，乃陰陽凝結之氣；胎養爲禄建，乃陰陽剥復之氣。故來宜自禄大人建來朝，流財鬼入墓，繞本卦父母，方合全格。”

　　六建分明號六龍，名姓達天聰。正山正向流支上，寡夭遭刑杖。

　　此承上文水上排龍由天人建來朝，流財鬼入墓，主姓名達於天朝。若正神龍作正支向，見正神水必主刑獄寡夭之禍。

　　向若回山是父母，水流回向首。水若上山父母同，定見出三公。

此以四經天卦言，如亥龍作丙向爲向回山，東西共一父母也，見丁水去合墓庫，爲水流回向，若見巽丙水來合陰水局，流戌乾歸庫，繞本父母，曰上山，亦同父母，主出三公之貴，發福綿遠。

共路兩神爲夫婦，認取真神路。仙人秘密定陰陽，便是正龍岡。

此以三合地卦言。雙山三合五行以支爲陽爲夫，以干爲陰爲婦，干支同行，夫婦共路，如壬子坤申乙辰爲水神，即夫婦共路。

吳公曰："雙山干從支神，分五行者，乃陰從陽、婦從夫之義，但以正神爲主，如寅午戌陽火神，艮丙辛陰火神隨之，申子辰陽水神，坤壬乙陰水神隨之，亥卯未陽木神，乾甲丁陰木神隨之也①。"

陰陽二字看零正，坐向須知病。若遇正神正位裝，發水入零堂。零堂正向須知好，認取來山腦。水上排龍點位裝，積粟萬餘倉。

此又以雙山三合言，陰陽十二支正神屬陽，八干四維零神屬陰，立向不可不知。支神不可作正向，必發水入於干神。干神可正向，必發水入於干神。干神可正向，亦要審來龍是何五行入首以消納之。

吳公曰："朱雀源於生氣，派於未盛，朝於大旺，澤於將衰，流於休謝，即水上排龍位也。"

正神百步始成龍，水短便遭凶。零神不問長和短②，吉凶不同斷。

言正神行水合官旺，源流遠大，主大貴顯。在田澗必百步之遠始吉，短則帶煞。零神行水則不拘源流遠近，惟以五行生旺休墓論吉凶。若折水自正神出者，必招橫禍，不可不慎。

正神上山，零神下水，"山上龍神不下水，水底龍神不上山"，而此言正神行水吉，恐百步成龍還自山言，非水也，姑存之。

---

① "丁"原作"子"，不辭，據乾亥甲卯丁未爲木局改。
② "和"原作"何"，不辭，據楊曾本改。

父母排來到子息^①，須去認生剋。水上排龍照位分^②，兄弟更子孫。

此以四經折水言，乾金爲父，坤木爲母，艮水爲兄弟，巽火爲子息。須認五行論生剋，排水路、公位以分禍福。水上二句則自艮水至巽火言。

吳公曰："折水宜干卦，生山則吉，剋山則凶。"

二十四山分兩路，認取五行主。龍中交戰水中裝，便是正龍傷。前面若無凶交破，莫斷爲凶禍。凶星看在何公頭^③，仔細認蹤由。

此又以天地玄空三卦交論，而公位則專以天卦四經爲主言。二十四位分陰陽順逆，以別吉凶，必究天地玄空三卦是何五行主之，以定禍福。於中又忌正神水路互相交戰，前面無凶交破者，謂如水路不值祿破廉文凶位，不可遽作凶斷，如在凶位交戰，看值何公位，若在子寅辰宮，禍及長子。

吳公曰："子午卯酉辰戌丑未八路相見交互，定主刑傷。子午見辰戌損男人，卯酉見丑未損陰人。卯酉見辰戌爲陰陽不交，主公訟小口之災，寅申巳亥四水與子午卯酉戰，悉主刑傷。"

先定來山後定向，聯珠不相放^④。須知細覓五行蹤，富貴結全龍。

此論雙山三合立向，如乾亥龍立甲卯丁未向^⑤，庚酉龍立巽巳癸丑向，名聯珠三合，必須審龍向二家，五行合生官旺，砂水應局歸庫，則知富貴結於全局矣。

五行若然翻值向，百年子孫旺。陰陽配合亦同論，富貴此中尋。

吳公曰："以龍家五行翻值生官旺位立向，不拘方位陰陽純比^⑥，只要流神合度，則

---

① "息"原作"媳"，不辭，據《地理青囊經》、楊曾本改，後文中徑改，不一一出校。
② "照"，楊曾本作"點"。
③ "在"，《地理青囊經》作"是"。疑"頭"爲"位"字。
④ "不"，《地理青囊經》、楊曾本作"莫"，義同。
⑤ "乾亥"原作"亥乾"，按雙山五行排列，今乙正。
⑥ 疑"比"爲"疵"字。

生方旺人丁，官旺主富貴。若五行陰陽配合，立向亦不拘净陰净陽死套。"

余介石曰："古人以陰巽龍扦壬向者，取辛金配壬水，曰配亥龍；作寅向者，取寅與亥合曰合。賴公云'胎沐養生官旺墓，不須更論陰陽疵'者是也。"

東西父母三般卦，算值千金價。二十四路出高官，緋紫入長安。父母不是未爲好，無官只豪富①。

此又以三般卦結之。挨星卦、玄空卦俱有三般卦，東西二卦共一父母，南北二卦共一父母。若二十四山合本卦官旺，水朝流繞本父母者②，主世居尊爵，衣紫長安；若無本卦官旺水朝③，則父母不是主富而不貴，縱六秀砂水應局，不過一二代官員而已。

吳公曰："坎離震兑四卦夫婦配合，互相立向，不論納甲陰陽方位，但合本父母，武曲水朝歸庫，主富貴；若三吉六秀，水自外卦來去，不過暫時官貴，不能世享。故三合催官、挨星救貧，合此者，富貴全且悠久。"

父母排來看左右，向首分休咎④。雙山雙向水零神，富貴永無貧。若遇正神須敗絕，五行當分別。隔向一神仲子當，千萬細推詳。

五行父母分左右陰陽順逆，然必向家以天卦定水神休咎。立向須干支兼作，而發水必自干神，主富貴綿遠。若立正支向，折水正神，主敗絕退落，亦必以五行較論禍福輕重。若係向家死絕之宮，其禍必重。在官旺之位，惟不利於初年。以公位論之，見午申戌宮，禍及仲子。其曰隔向者，自一龍隔二龍言也。

吳公曰："大抵支神行水多帶殺，若自三吉之位來，長合水路玄空收山出殺，符山家大五行生入剋出，龍神雄偉，主大富貴。若龍弱帶殺，大不利於初年，更逢水路交戰，吉凶不可不慎。"

若行宮位看順逆⑤，接得方奇特。公位若來見逆龍⑥，男女失

---

① "富豪"，地理本作"富豪"。
② "朝"字原本形訛爲"潮"，逕改。
③ "朝"字原本形訛爲"潮"，逕改。
④ "向首"，《地理青囊經》作"巳酉"。
⑤ "宮"，楊曾本作"公"。
⑥ "公"，楊曾本作"宮"。

其蹤。

水流本卦曰行宮位，須看五行陰陽須逆。接得生官旺，砂水應局，方奇特而速發富貴。

吳公曰："水出本卦宮位，又與五行水路生旺相反逆，乃陰陽不交，男女失配。雖龍真穴正，必不能發福。"

更看父母下三吉[①]，三般卦第一。

言五行父母要合貪巨武三吉之砂水，又看東西南北三卦父母方爲第一。其曰"下"者，以在父母之下也。

內傳中

二十四山起八宮，貪巨武輔雄[②]。四邊盡是逃亡穴，下後令人絕[③]。

此以小遊年引起挨星，二十四龍各隨五行起貪、巨、祿、文、廉、武、破、輔之星，惟貪、巨、武、輔四星最吉，外皆逃亡敗絕之位。亦如小遊年八宮惟貪、巨、武、輔穴可下，其餘四邊俱皆逃亡敗絕，不可下矣。其法雖有顛倒乾坤、逆順陰陽之不同，而總不若本卦官旺水朝臨庫[④]，得傳生本卦父母爲真龍之應。

惟有挨星爲最貴，泄漏天機秘[⑤]。天機若然安在內，家活常富貴[⑥]；天機若然安在外，家活漸退敗[⑦]。五星配出九星名，天下任橫行。

此明挨星雖貴，亦以三合五行爲本，若天機在三合之外，亦不足貴。

挨星之法即天卦也。若安五行之機於卦內，則立主富貴；若安五行之機於卦外，

---

① "看"，《地理青囊經》作"有"。
② "雄"，《地理青囊經》作"榮"。
③ "令人"，《地理青囊經》作"人丁"。
④ "若"字後地理本有"合"字。
⑤ "泄漏"，《地理青囊經》作"泄洩"，楊曾本作"漏泄"。
⑥ "常"，楊曾本作"當"。
⑦ "漸"，楊曾本作"當"。

則漸至退敗。苟能明五行生旺墓絕之理,配合九星貪、武、破、禄之位,以別水神休咎,斯四海任遨遊矣。

干維乾艮巽坤壬,陽順星辰輪。支神坎震離兌癸,陰卦逆行取。分定陰陽歸兩路,順逆推排去。知生知死亦知貧①,留取教兒孫。

乾坤艮巽即寅申巳亥,故用一"壬"字,陽生處也;坎離震兌即子午卯酉,故用一"癸"字,陰生處也。知死知生,則陰陽歸兩路矣。挨星以乾坤艮巽從陽干順推五行,以震離坎兌從陰干逆排九星,故有陰陽順逆"兩路"之分。苟能明此訣,則生死富貴貧賤皆可以預知,故云"留取教兒孫"。

天地父母三般卦,時師未曾話。玄空大卦神仙説,本是此經訣。不識宗枝俱亂傳②,開口莫胡言。若還不信此經文,但覆古人墳③。

天卦即挨星五行,地卦即三合五行。父母卦,東西南北分三卦,共二父母是也。時師未知此訣,而以一行禪師所作"天父地母二卦翻生氣,天醫福德以定吉凶",而不知此門路溝渠之用耳。玄空大卦者,即以地卦倒加天卦之玄空。時師不探其本,妄以小玄空五行論水神生死,而不知其收山出殺之運用,致卦亡源,五行失旨,使後人敗絕,可勝惜哉!殊不知天地父母玄空大卦乃古人剋驗之玄術,故又以覆墳言之④,乃援古證今之意。

分却東西兩個卦,會者傳天下。學取仙人經一宗,切莫亂談空⑤。五行山下問來由,入首便知蹤。

東西兩卦者,即天地二卦也,乃仙人秘授玄文,後學不可視爲空談。必察二卦五行之所由來,方識九星之蹤跡。如用天卦,當加向上定水神吉凶;用地卦,當加龍家看砂水旺廢,乃二卦作用之玄竅,召富貴貧賤易如反掌。

---

① "亦",楊曾本作"又",義同。
② "俱",楊曾本作"但"。
③ "覆"字原作"復",不辭,徑改。
④ "覆"字原作"復",不辭,徑改。
⑤ 《地理青囊經》作"學取神仙經一宗,切莫錯相從"。

分定子孫十二位，災禍相連值。千災萬禍少人知，剋者論宗支。

此言五行各定陰陽一十二位，分子孫枝派之異，吉凶侮各互相連值。然災禍交臨，犯之而罔覺者，蓋因不察五行本自何卦之蹤由，不究子孫係何宗派之剋害也。

五行位中出一位，仔細秘中記。假若來龍骨不真①，從此誤千人②。

五行金木水火土，而玄空天卦地卦除土位曰四經五行，後學不可不知。設若來龍察方位不真，則五行氣脈失主，而吉凶禍福錯亂，誤人不淺。

一個排來千百個，莫把星辰錯。龍要合向向合水，水合四吉位③。合祿合馬合官星，本卦官旺尋。合凶合吉合祥瑞，何法能趨避。但看太歲是何神，立地見分明。成敗定斷何公位，三合年中是④。

此言父母一卦排至子孫，千百之多，各有五行九星主之，不可錯認宗枝。凡龍要合父母卦，並收聯珠配屬官旺立向，向要本卦水路，水要合貪巨武輔四吉星，或合正借祿馬薦元官星，推本卦帝旺臨官之位，水朝峰巒，主富貴光顯。若斷吉凶，遇太歲加臨即發禍福，逢三合之年立應。以公位論之，在午申戌坤壬辛之位⑤，吉凶成敗見於一房。

排星仔細看五行，看自何卦生⑥。來山八卦不知蹤⑦，八卦九星空。順逆排來各不同，天卦在玄空⑧。

此以挨星卦言。挨星從向家推九星以定水神吉凶，必先看五行金木水火自何卦

① "若"，《地理青囊經》作"如"，義同。
② "千"，《地理青囊經》作"了"。
③ "四"，楊曾本作"三"，待考。
④ 《地理青囊經》作"成敗盡從官位斷，三合年中見"。
⑤ "午申戌坤壬辛"，原作"申午戌坤辛壬"，據上下文改。
⑥ "自"，《地理青囊經》作"是"。
⑦ "知"，《地理青囊經》作"見"。
⑧ "玄空"，楊曾本作"其中"。

父母而來，始吉凶響應。苟不究其本源，則八卦九星皆虛而無驗矣。"天卦在玄空"者，言挨星卦即天卦，天卦即大玄空卦。大玄空金木水火各有所屬，挨星陰陽順逆推排雖各不同，而以大玄空爲主，故曰"在玄空"。

吳公曰："大抵合天卦者水多歸庫，其應極速；合玄空者水神多出巨門，其應必緩。必依天卦總制，始可超發，否則公位有偏兼，不利於初年。向家陰陽若宗大玄虛，則與三合不相蒙矣。此須口授，不可臆度。如子山午向，大玄空屬木屬陰，從未上起破軍，今注以天卦、玄空分言，令人難解。"

逐男位上算經遊[①]，富貴容易收。胎沐養生貪長共，冠臨衰旺仲。季子排來病死位[②]，墓絶亦皆是[③]。向定陰陽順水裝，三子一齊昌。

承上文言，用天卦五行起九星分公位，看得何吉水先到，則富貴先歸於其房。若向依天卦排定陰陽順逆，令水路生旺來朝，流衰病入墓，則主公位凶發而三子並昌。

子寅辰乾共丙乙，長男排此位[④]。午申戌與坤壬辛，二男此位真。卯巳丑及艮庚丁，三男位相生。酉亥未兼巽甲癸，四男位此際[⑤]。

此論折水公位。公位見上文，而此以一二三四配孟仲叔季。蓋折水以子寅辰乾丙乙爲一龍，管長房；午申戌坤壬辛爲二龍，管二房；卯巳丑艮庚丁爲三龍，管三房；酉亥未巽甲癸爲四龍[⑥]，管四房，乃古四龍折水之法。凡折其龍干神水主其房吉福，折其龍支神水主其房災禍。仍審天地二卦五行，起九星以消息之，方驗一二三四龍名，四經五行、挨星三合皆以此爲主，其用最大，不止公位，而此因公位及之，詳見《天玉經》下。

千里來龍問祖宗，支水來去凶。惟有寅申巳亥水，生旺福無比。

---

① "算經遊"，《地理青囊經》作"覓輕遊"，楊曾本作"算經由"。
② "季"字原作"仲"，不辭，據《地理青囊經》、楊曾本改。
③ "皆"，楊曾本作"同"。
④ "排此位"，楊曾本作"此位出"。
⑤ "此"字原作"北"，不辭，形訛，據楊曾本改。
⑥ "甲癸"原作"癸甲"，據上下文乙正。

凡水不宜支神來去，俱有凶殺。惟寅申巳亥四生水路合五行，生官旺位，源流長遠，主富貴興隆。

甲庚丙壬俱屬陽，順推五行詳。乙辛丁癸俱屬陰，逆推論五行[1]。陰陽逆順不同途[2]，須向此中求。九星雙起雌雄異，玄關真妙處。

此以三合地卦言。甲庚丙壬屬陽，俱順推五行；乙辛丁癸屬陰，俱逆推五行，故不同途。而九星亦有順逆雙起雌雄之異。玄關者，陽左旋、陰右旋二關也，如乙丙交戌、辛壬會辰，則打破玄關，盡善盡美矣。

東西二卦真奇異，須知本向水。本向本水四神奇，代代著緋衣[3]。

此言天地東西二卦誠爲奇妙，更要合父母卦。本向官旺水朝流，本庫御街四維而去，則主代代不絕。

水流出卦有何全，一代作官員。一折一代爲官祿，二折二代福。三折父母共長流，馬上錦衣遊。馬上斬頭水出卦，一代爲官罷。直山直水去無翻，場務小官班。

水流不宜出卦，宜依四龍折水流本卦父母，主代代爲官。馬上斬頭水出卦者，水自本卦官旺來朝，即流出卦外而去是也，但主一代富貴。若自向卦直流，不之玄流繞向卦父母而去，則雜職卑官，不足言矣。

内傳下

乾山乾向水朝乾，乾峰出狀元。卯山卯向迎源水，驟富石崇比[4]。午山午向午來堂，大將鎮邊疆。坤山坤向水坤流，富貴永無休。

---

① 《地理青囊經》作“逆排五行輪”。
② “逆順”，《地理青囊經》作“順逆”。
③ “緋”，《地理青囊經》作“紫”。
④ 《地理青囊經》作“卯山卯向迎水源，驟富比石崇”。

此卷首以乾坤震離分陰陽二局,其他仿此。乾山向上水朝乾,而乾峰大高①,方出狀元,非乾山又作乾向也。或曰:"此回龍顧祖第一大地之格,如玄女關天大卦,亦是此意。"

辨得陰陽兩路行②,五星要分明。泥鰍浪裏跳龍門,渤海便飛身。③

陰陽有順逆之不同,五行有倒顛之異路。苟能究其源而折納之,辟若泥鰍之輩自能變化崢嶸。

依得四神爲第一,官職無休息④。穴上八卦要知情,穴內卦裝清。

四神,四維也。水由生旺入四金墓地,則富貴悠久,乃穴上之卦耳。至若先天連山、後天歸藏、人元周易三卦,爲穿山透地折納之用,所以收四吉,發三奇,取六親,定貴人禄馬,以集天地靈秀。乃穴內所裝之卦,必清其本源而用之,亦可助吉。

要求富貴三般卦,出卦家貧乏。寅申巳亥水來長,五行向中藏。辰戌丑未叩金龍⑤,動得永不窮。若還借庫富後貧,自庫樂長春。

"三般卦"者,乃東西南北之三卦也。水神自本卦父母合官旺來朝,主大富貴。若水自卦外來,不合官旺,主家漸退敗。水流四金墓地曰動金龍,發福悠久。"自庫"者,水合天地二卦,乙丙趨戌、辛壬會辰是也。"借庫"者,水歸天卦庫,不合地卦庫,主驟富貴,而後代興廢不常。若水歸地卦庫,不合天卦庫,則公位發福有差,必以四龍折水之法控制,方爲全美。

大都星起何方是,五行長生旺。火祇相對起高岡,職位在學堂。捍門官國華表起,山水亦同例。水秀峰奇出大官,四位一般看。

---

① "乾"字原作"朝",今從地理本作。
② "辨",楊曾本作"識"。
③ 楊曾本作"泥鰍浪裏跳天門,渤海便翻身"。
④ "息",《地理青囊經》作"歇"。
⑤ "叩",《地理青囊經》作"四"。

山家長生峰峙爲大都星起，同水朝合局，主出大貴。對宮病方爲火旗，冠帶爲學堂，衰爲捍門，死爲官國，墓爲華表。合龍回貪巨武方，水朝峰秀，主大富貴，盈顯發福極遠。

坎離水火中天過，龍墀移帝座。寶蓋鳳閣四維朝，寶殿登龍樓。罡劫吊殺休犯著，四墓多消鑠。金枝玉葉四孟裝，金箱玉印藏。

大凡折納天星，以子爲帝座，午爲龍墀，卯爲將星，金水酉爲華蓋，太陰乾爲龍樓，太陽坤爲寶蓋，佐尊艮爲鳳閣，不曜巽爲寶殿，紫氣寅爲金箱，申爲玉印，天財巳爲金枝，亥爲玉葉，紫微辰爲天罡，戌爲天劫，丑爲天吊，未爲天殺，申爲鬼劫，庚爲劫殺，丙爲帝釋，炎烈壬爲玄武，咸池乙爲功曹，辛爲直符，丁爲帝輦，帝敕癸爲鑾駕。其行龍折水，得吉星逢生旺而貴顯，合凶殺逢死墓而多災，乃吉凶禍福之玄竅也。

帝釋一神定州府①，紫微同八武。倒排父母養龍神，富貴萬餘春。

帝釋即丙也，多爲州府縣治之向。亥爲紫微，壬爲八武。倒排父母者，如陰亥木作丙向，合寅申巽丙官旺水，朝同歸戌乾，繞本卦父母而去，爲倒排父母，同養龍神，主富貴世享。

識得父母三般卦，便是真神路。北斗七星去打劫，離宮要相合。

父母卦即東西南北三卦，共二父母也。"真神路"者，南北水火真神共一途，東西金木真神則殊途而同歸。"北斗"者，子也，折納天星以子午爲天劫，子午相對，故曰打劫。相合者，坎離交媾，水火既濟。南北八神共一父母山向水流，但不出本卦，爲父母同途，故曰相合。

更有一星佐尊貴，坤是金神位。甲庚丙壬四龍神，俱屬陽干行。艮巽乾坤水向同，富貴足興隆。辰戌丑未一路行，驟富振家聲。

---

① "神"，《地理青囊經》作"名"。"州"，楊曾本作"縣"。

坤爲佐尊星,天卦屬金。甲庚丙壬屬陽干,乾坤艮巽從陽向,俱順起五行以排九星。如合得三陽水朝,主富貴興隆;若流歸四墓,合天地二卦夫婦同歸一路而行,主驟然富貴而家聲遠振也。此舉天卦五行之陽位,則陰位可類推矣。

依得卦中爲第一,失卦軍賊出。不依方卦失真傳,何必亂談天。

言依天地玄空三卦立向,消納水爲第一吉福,失卦則貧賤間生而軍賊雜出矣。不遵父母東西南北卦作用,則失地理正傳,何必浮文妄談天地也。

子午卯酉四龍岡,作祖人財旺。水長百里佐君王,水短便遭傷。

子午卯酉乃五行自專旺位,來龍本此,大旺人財。

吳公曰:"子午名天劫星,卯爲將星,酉爲華蓋。其行水若自江河溪澗流神長遠,合本卦官旺應局。龍神雄壯,主出將相權臣。若水短帶殺,初年必損人財,過沐浴之鄉,主男女淫亂,風聲醜陋。不合天卦,先出軍職兼龍弱,主盜劫、殺傷之禍。"

識得陰陽兩路行,富貴達京城。不識陰陽兩路行,萬丈火坑深。

此承上文,開山立向,能明五行陰陽順逆生死之法,主富貴顯達於京華。不能明此陰陽五行顛倒之理,則誤人陷於萬丈火坑,即《經》云"顛顛倒,二十四山有珠寶;逆順行,二十四山有火坑"。

前兼龍神前兼向,聯珠莫相放。後兼龍神後兼向,排定陰陽算。明得零神與正神,指日入青雲。不識零神及正神[①],代代絕除根。

前兼後兼者,即天卦前兼後、地卦後兼前。凡從五行陰陽順逆而推吉凶禍福,皆由乎此。零神正神者,支爲正,干爲零,山向折水宜從零神五行而推,則指日可得富貴。若誤用正神消納,主一代暫富,而遂至敗絕。

乾甲丁聯珠,即前兼後也,亥卯未聯珠,即後兼前也。

---

① "及",楊曾本作"與",義同。

倒排父母是真龍，子息達天聰。順排父母到子息，代代人財退。

此二節論四龍折水之法。古法以一龍爲父母，二龍爲子息，三龍爲兄弟，四龍爲孫嗣。折水宜由孫子以達父母，爲倒排父母，吉。由父母以達子孫，凶。

吳公曰："父子相生旺財帛，兄弟同生强官祿；父子相剋主刑傷，兄弟相剋換妻媳，乃折水關殺也。"

一龍宮中水便行，子息受艱辛。四三二一龍逆去，四子均榮貴。龍行位遠主離鄉，四位發經商。

凡折水初步自一龍而去①，主子孫貧苦；自四三二一折水而行，則公位均發。折水出卦曰"龍行位遠"，主出外離鄉；若復折歸本卦父母而去，則主經商得外財而歸。

此言折水要四三二一逆行，後言折水要一二三四順去，同一《天玉》同一《內傳》而所言不同，姑兩存之。

詳味本文要四三二一逆行，又云一二三四順行。總要順不紊順之序，逆不紊逆之序，更當酌之。

時師不識挨星學，只作天心摸。東邊財穀引西歸，北到南方推②。老龍終日臥山中③，何嘗不易逢。止是自家眼不的④，亂把山岡覓。

此言時師不明挨星之法，只依天心十道立向。生旺水在東而誤向收西，臨冠水在北而妄向納南。雖龍真穴正，流神失度，與棄屍同，焉能發富貴以福人哉？復云時師目不明，妄指山岡言禍福者，深戒之也。

世人不知天機秘⑤，泄破有何益。汝今傳得地中仙，玄空妙難言。翻天倒地更玄玄，大卦不易傳。更有收山出殺訣，亦兼爲

---

① "凡"字原作"一"，不辭，據地理本改。
② "推"，《地理青囊經》作"堆"。
③ "老"，《地理青囊經》作"真"。
④ "止"，《地理青囊經》作"只"，同。
⑤ "不知"，楊曾本作"不識"。

汝説①。相逢大地能幾人，個個是知心。若還求地不種德，隱口深藏舌。

此一節乃楊公授曾仙之偈語，言玄空之妙，其體玄而理微，用空而功神，不可以言語形容。翻天倒地者，玄空大卦也；收山出殺者，玄空小五行也，復重言以結之。

外篇

卦號玄空理最幽，乾坤艮巽問蹤由。坎離震兌分天地，五行更在位中求。第一《天寶經》最妙，第二要看《龍子經》。第三一經名《玄女》，第四《寶照經》爲名。乾丙乙與子寅辰，六位排來俱屬金。艮庚丁與卯巳丑，六位屬水由人數。以上數者盡屬陽②，陽山陽水始相當。坤壬辛與午申戌，六位屬木無人識。巽甲癸與酉亥未③，六位屬火君須記。以上數者盡爲陰④，陰山陰水正相應。此是陰陽天地卦，五行之內號四經。不破旺方財禄聚，流破生方損少丁。長生位上黃泉是，干化之年定見刑。此是九天真口訣⑤，毋得輕傳薄行人。

正神上山，零神下水，一也。支神爲正，干神爲零，正神爲龍，零神爲水。山上龍神不下水，水底龍神不上山。零山作零向，發財禄而抱養；零山作正向，當進舍而奸生。雖然支在水，尤貴兩相生，相生家富貴，相剋絕人丁。須看大五行，五行配定吉凶名，知了便橫行。

---

① "爲"，楊曾本作"與"。
② "以"，《地理青囊經》作"已"。
③ "酉亥未"原作"亥酉位"，據上文及《地理青囊經》改。
④ "以"，《地理青囊經》作"已"。"爲"，《地理青囊經》作"屬"。
⑤ "真口"，《地理青囊經》作"玄女"。

　　山管人丁，水管財祿，二也。四龍分四房，如子寅辰不在山，則是長房無山，乾丙乙不在水，則是長房無水。

　　山向水路要順一二三四之次序，三也。如子一龍在山，午二龍在向，則可以行二龍水，順而吉。若三龍在山而行二龍水，謂之逆，凶災立至。如壬丙向，金剋水，是向剋山爲逆，雖發福，人丁不旺。若子山午向，金剋木，是山剋向爲順，主大富貴，百子千孫。以大五行論山不論向。

　　山向水皆在卦內主貴，出卦不出貴，四也。二十四山分爲三卦，寅甲卯乙辰巽巳丙爲東卦，申庚酉辛戌乾亥壬爲西卦，午丁未坤子癸丑艮爲南北一卦。

　　水去要回頭，五也。四龍中皆要見一龍水則出貴，無一龍水富而不貴。如乙丙放水，當三四折再是乙水，方得人財長久。或本向有來水，亦謂之回頭。

　　一龍金位家富貴，百子千孫位。

　　如辰山乾向放乾水，又乾山乙向放乙水，皆是金見金，主富而且貴。

　　二龍行來到本鄉，外保置田莊。

　　如坤山壬向放壬水，是木見木，主富貴。

　　三龍行從本位去，金玉家無數。

　　如艮山丁向放丁水，庚向放庚水，是水見水，主富貴。

　　四龍行位到火中[①]，富貴出三公。

　　如酉山甲向放甲水，是火見火，主富貴。

　　正神山上水交值，百子千孫出。零神前來水上交，富貴出官僚。零神正神相交著，兒孫遭跌薄。正神百步始成龍，水短便遭凶。零神不問長和短，凶吉不同斷。每見時師錯用心，便謂來主真[②]。若將入首爲端的，陰陽何處覓？則取過龍來作主，真龍却無取。須要真龍來勢真，錯認誤殺人[③]。

　　此言正神宜在山，零神宜在水，而歸重"正神百步"一句，欲人認龍要真，不可草草。

---

　　①　"位"，《地理青囊經》作"來"。

　　②　"謂"，《地理青囊經》作"爲"。

　　③　"認"，《地理青囊經》作"用"。

五行若水剋向上，百子千孫旺。遇向若然行兩神，代代富無貧。

凡本山剋向，出百子千孫。如子山午向，即爲長剋次，又爲金剋木。金一神、水一神，即遇向行兩神也。又巳山亥向，巳屬水，亥屬火，亦爲行兩神，可見山剋向者吉。

一龍生處有三龍，世代富無窮。更知三是五行主，本身原屬土。水重一土在五行，生旺墓同情。三龍三個人家富，銀瓶多盞箸。三龍位上若當凶，三子絕根宗。四龍得位人肥滿，開庫有錢典。

一龍生處有三龍，言四龍順序自然均發，惟三龍兼土，水土生旺墓皆同，故吉則三家均吉，凶則三家均凶。如卯乙山卯乙向，水上寅甲出簾幕，官見辰水出提刑。如巳山丙向、巳山辰巽向，巽巳文章，出龍圖學士；辰巽山巳向，此是父母本山本向本水，亦出龍圖學士、八位公卿。

乾坤艮巽山水長，出錄公，見乾水出，無不出。

丙壬庚甲山水長，出曹司，見丙水出，無乙水不出。

乙辛丁癸山水長，出節縮，見乙水出，無丙水不出。

卯巳丑山見艮庚丁水長，出緇衣和尚，短不出。

艮庚丁山見卯巳丑水長，出道士，短不出。

酉亥未山見巽甲癸水長，出尼姑，短出尼童。

巽甲癸山見酉亥未水長，出女貞潔。

財水財山財易發，七通並八達。資財巨富出聰明，只是少人丁。且要順龍順水去，人才從此至。順龍來去子孫昌，代代足衣糧。

如金剋木爲財，因相剋，少人丁，須水與龍順方好。

排山排向明堂水，折盡諸道理。小心但看四龍經，一經各一名。五行無根水上折，時師那會得。放水與山同路行，世代坐專城。

此總結上文。

子寅辰與乾丙乙，長子真端的。午申戌與坤壬辛，次男此位真。卯巳丑與艮庚丁，三男從此分。酉亥未與巽甲癸，四男當其位。第一折水長房折，乾丙更要乙。第二折水二男情①，坤辛壬同行。第三折水三男位，艮庚丁吉利。第四折水四男宮，巽甲癸相逢。若無四男還歸長，仔細分明講。一龍行宮水口去，兒孫多不吉。龍行位遠主離鄉，水位却無妨。二龍先行一龍上，内反家抱養。二折行二見真龍，白手置田豐。三龍先行一龍上，入舍兼抱養。四龍行位不分明，父子絕人丁。

凡二十四字，父母子孫兄弟孫息，要尊卑順序。下關先行插上關，則爲尊卑不順，五行内反，主子孫過房抱養。

金木水火各一宮，生命亦不同。查得四行合生命，自然發福盛。

子寅等山屬金，如艮山丙向，流丁及流庚，金生水也，金水命人富貴。

午申等山屬木，如壬山午向，水流坤流午，木命人富貴。如午山甲向癸向，乃木生火，木火人富貴。

卯巳等山屬水，如艮山丁向庚向，水土命人富貴。丙亥等山屬火，如酉山巽向，水流巽歸乾順上，水命人富貴。

干支二水要相依，更把天星卦例推。震宮長男邀福應，兌宮少位吉凶知。中宮離坎從天定，子息排來位却移②。

公位見上。震長兌少離坎中，此形家常談，若以父母兄弟子息排來，與此不同。

金木水火四龍位，生剋無窮極。相生爲吉相剋凶，禍福在其中。

子寅辰乾丙乙六山屬金，金水相生爲順龍。假如丙向宜放丁水，乃金生水，放庚水亦同；放辛水乃是金剋木，相剋便爲凶，是上同一字陽。

---

① "二"字原作"三"，不辭，據地理本、《地理七書》改。

② 《地理青囊經》作"中男坎離天分定，子息推來位却移"。

午申戌坤壬辛六山屬木①，來山立向切忌相剋。假如戌向不宜放乾水，金剋木也，是下同一字陰。

卯巳丑艮庚丁六山屬水，如未山丑向，不宜放癸水。未山火丑向水，癸又是火，是水剋火也。《經》云："水剋火，人少死"。若艮山午向，放丁水，水不相生爲順龍。

酉亥未甲巽癸六山屬火，如酉山甲向，不宜放艮水，申屬火，艮屬水，是水剋火也，剋者損人丁。

金到火宮人死絕，火入金宮定損妻。金火相刑人自縊，縱然不縊也相離。

如亥山丙向，是火到金宮。乾山巽向，是金到火宮。雖然如此，又有移宮順龍之法，不可拘執。如亥山丙向，水流巽甲，酉山乙向，水流巽甲，世代三公。午山癸向，水歸甲，若流庚酉辛，發福久長，流乾亦發，主子孫疾病。

子寅辰並乾丙乙，切忌巽水出。午申戌與坤壬辛②，乾水破長生。卯巳丑及艮庚丁，坤水要留停。酉亥未兼巽甲癸，艮水下宜去。

子寅辰乾丙乙屬金，生在巳，巽巳同宮，爲流破長生，來則吉。午申戌坤壬辛屬木，生在亥，乾亥同宮，爲流破長生，來則吉。

卯巳丑艮庚丁屬水，生在申，坤申同宮，爲流破長生，來則吉。酉亥未巽甲癸屬火，生在寅，艮寅同宮，爲流破長生，來則吉。

庚丁坤上是黃泉，乙丙須防巽水先。甲癸向中憂見艮，辛壬水路怕當乾。

張宗道《青囊經》謂："自庚至丁皆忌坤，自乙至丙皆忌巽，自癸至甲皆忌艮，自辛至壬皆忌乾。其法立向開門，折水放水行水，無一不忌。犯之，近則六年、十二年見，遠則二十四年內見。忌去不忌來，蓋水從此地過者必禍。如庚向水流丁，却十二年，流坤止量其長短以定年數，過到未字即無事矣。若巳向坤，水長流主絕。"

卯辰巳午怕巽宮，午未申酉坤莫逢。酉戌亥子當乾是，子丑

---

① "木"字原作"水"，不辭，按午申戌坤壬辛屬木，徑改。

② "壬辛"原作"辛壬"，今據上下文乙正，後文徑改，不一一出校。

寅卯艮水凶。

來宜生旺，去宜病死，陽干立向，水口絕胎，流去主富貴，此真催官水。墳墓爲陰①，得陽而後發。屋宅屬陽，要戴天覆地。如甲寅庚申壬子丙午，上干下支。

辛入乾宮百萬莊，癸歸艮位發文章②。乙向巽流清富貴，丁坤終是萬斯箱。

此名救貧黃泉，皆主向上，論來水吉，去水凶。《新安府志》："壬山丙向甲門開，五百年中産大才。走了紫陽山下水，乙庚之歲損嬰孩。"注曰："子寅辰乾丙乙屬金，紫陽水流巽巳之位，是射破生方也，乙庚化金，故其年見禍。其曰'損嬰孩'，養生之位主小兒，且巽位有獄囚，可當黃泉之殺，故不殺壯丁耳。"其法以向爲主，門路池井溝壑折水皆莫犯之。若巽巳方有行路，謂之踏破長生，故曰入黃泉。

更有一神難爲説③，時師會不得④。辰山戌向戌山辰，驚動世間人。寅歸甲水乙歸巽，長流爲官定⑤。丙辰爲龍寅爲虎⑥，仔細尋根取。巽丙正爲六秀到⑦，世代無煩惱⑧。卯山辛向水爲乾⑨，富貴出官員。

此俱以相剋言，另是一格。辰爲天羅，戌爲地網，最稱不吉，舉二神而其他可知矣。

金遇戌爲鐵，火向未申絕。木辰枝葉枯，水上丑寅滅。

五行逢衰爲關，又忌五般水形：金圓、木直、水曲、火斜、土橫。方水城出口處犯前項關煞，主少亡。

---

① "墳"字原作"攻"，不辭，據地理本改。

② "發"，《地理青囊經》作"顯"。

③ "神"，《地理青囊經》作"龍"。

④ "會不得"，《地理青囊經》作"不會得"。

⑤ "官定"二字底本缺，地理本、《地理七書》、《地理青囊經》有，合於文例，兹據徑録。

⑥ "丙辰爲龍"四字底本缺，地理本、《地理七書》、《地理青囊經》有，合於文例，兹據徑録。

⑦ "六秀到"三字底本缺，地理本、《地理七書》、《地理青囊經》有，合於文例，兹據徑録。

⑧ "世"字底本缺，地理本、《地理七書》、《地理青囊經》有，合於文例，兹據徑録。

⑨ "爲"，《地理青囊經》作"來"。

此經名《天玉》，觀經中所言多與《内傳》相重，則其經必《内傳》而非《外傳》也，因於重者删之，而次第其文，自成一書。第同一《天玉》，同一《内傳》也，前所云水要四三二一逆行，此所言折水要一二三四順去，竟不可曉。竊意折水順行爲是，而前説亦並仍其文，以俟知者。

雪心賦句解

唐·卜則巍著，明·謝志道注

【題解】

《雪心賦句解》二十卷,題唐卜則巍撰,明謝志道注。卜則巍,事跡不詳,僅《宋史翼》載:"字應天,贛縣人,精形家言,著作甚富,所傳《雪心》一賦,旨約而該,業地理者咸宗之。"

《雪心賦》一書明以前書志中未見記載,亦未見有史料提及。至於明後,各家注疏紛紛湧現,如明人謝志道《雪心賦句解》、田希玉《雪心賦直解》、余象斗《刊仰止子經纂名公地理全抄雪心賦補》、吴一棟《雪心賦翼語》,清人江之淮《雪心賦正解》、孟浩《雪心賦正解》等。明程敏政爲謝志道之書作序言:"子期以唐卜則巍《雪心賦》專祖郭氏,注者亂其彙次而失其肯綮,因句爲之解。譌者以正,晦者以明,誠足以祛積習之謬説而大有益於世之慈孝者矣。"蓋謝志道以坊間《雪心賦》未有善本,遂加考訂以通其義理。

《雪心賦》一書專言形勢,承襲《葬書》之論述而來,强調氣脈之聚合、金木水火土五星之博換與貪狼、巨門、武曲、破軍、禄存、文曲等九星之生剋制化。龍、穴、砂、水、向皆爲其重點,不爲天星卦例之説。且言及羅盤正針,故亦爲考察羅盤演變的重要材料。然《葬書》的成書時間當於宋時,而卜氏書多闡《葬書》之旨,其成書時間或疑當晚於《葬書》。又卷四言及蔡牧堂,唐人又豈可知宋人?故《雪心賦》一書之成書有待考證。

《雪心賦句解》今存主要版本如下:

《雪心賦句解》一卷,明成化二十年(1484)刻本,上海圖書館藏。

《雪心賦句解》一卷,明成化年間新安謝氏原刊本,臺圖藏。

《地理雪心賦句解》四卷,明弘治十八年(1505)詹氏進賢精舍刻本,臺圖藏。

《新刊地理雪心賦句解》四卷,明嘉靖四十五年(1566)劉氏閩山書堂刻本,上海圖書館藏。

《新鋟京本句解消砂經節圖雪心賦》五卷,明萬曆二十九年(1601)三建書林劉龍田刻本，浙江圖書館藏。

《重訂校正魁板句解消砂經節圖地理訣要雪心賦》四卷，明萬曆三十三年（1605）書林陳德宗刻本，國家圖書館、中科院圖書館、上海圖書館、安徽圖書館藏。

《重訂校正魁板句解消砂經節圖地理訣要雪心賦》四卷，明萬曆書林余蒼泉怡慶堂刻本，日本國立公文圖書館藏。

《新刊官板注釋同山畫水消砂斷法雪心賦正解》四卷，明書林劉元任刻本，中科院圖書館藏。

諸版所據底本當同出於明成化二十年（1484）刻本。今以明弘治十八年（1505）詹氏進賢精舍刻本爲底本，而以日本余蒼泉怡慶堂刊本（簡稱怡本）、中科院圖書館藏劉元任刻本（簡稱中科院本）爲參校本，酌加點校於後。

新刊地理雪心賦句解序

相地之書，蓋無出郭氏《葬經》者矣。然班固《藝文志》已有形法家，相地與相人書並列，疑《葬經》雖出郭氏，而郭氏實不足以與此，豈先秦之緒餘乎？今考其文，精深雅奧，誠有至理，而不出於"乘生氣"之一言。唐曾、楊諸君子蓋得其説而行之驗矣，後之陋於術者，心目不逮古人，乃相與鬭合，爲天星、卦例諸説，捨形勢而論方位，其義淺，其辭俚，故其學之易入，其行之易售也。夫執羅經而以卦例格地，以天星論水，合則吉，否則凶。如是則人可以爲曾、楊，而何取於生氣之乘？使孝子慈孫陷其親之遺體於水泉蟲蟻之患而不自覺，甚可憫也。

孔子曰："人而無恒，不可以作巫醫。"甚矣，術之不可不慎，而擇之不可不審也！聽於庸醫而闕其親之生年，與聽於陋術而危其親之遺體，其爲不慈不孝均也。先少保襄毅公之喪，朝廷特遣使者賜葬南山之原，四方術者川渻雲集[1]，言人人殊，大約多以天星卦例爲説，其誦《葬經》者蓋不能以句，而何望其踵曾、楊之故步哉？獨吾郡謝昌子期專以《葬經》爲主，旁通儒書，尤究心於文公及蔡西山父子之説，於天心卦例則深絶之。其爲人扦穴，率有證佐，非出於揣摩億度之爲。庶幾如妙於醫者之用針，巧於射者之中鵠也。然陋於術者，反從其後訾且壞之，孝子慈孫亦從而惑之。蓋世之真贗不分，往往類此，非至明者不能用其人，非至健者不能聽其決也。

子期以唐卜則巍《雪心賦》專祖郭氏，注者亂其彙次而失其肯綮，因句爲之解。譌者以正，晦者以明，誠足以袪積習之謬説

---

① "方"字原作"者"，不辭，據程敏政《篁墩集》之《雪心賦句解》改。

而大有益於世之慈孝者矣。然予竊因之有感焉。世之號儒者，捨聖經賢傳而從事乎詞章，比之庸醫捨《素》、《難》而執方書，陋於術者捨《葬經》而瀾倒乎天星、卦例之說，其失一道也。然則使子期而服儒之服，專致力乎儒者之學，吾黨之士或當愧之。此予所以三復其書而不能已於言也。

成化十八年歲合壬寅春正之吉

賜進士及第奉訓大夫左春坊左諭德同修國史兼經筵太子講讀官新安程敏政叙

地理雪心賦句解跋

術必本諸理而學必得其傳，斯爲術也，精妙矣。世固有有其術而理不可推者，然亦必有所受之，匪苟然也。其不得真傳而復昧乎理，多見其舛謬矣。歙有謝昌子期者，家世精地理學，其術專主郭璞《葬經》，而爲學復有家傳秘訣，故於一切謬妄之書，皆屏去不留諸目。故其爲人言，若不能出諸口，而諦山尋水定穴扦葬以酬仁人孝子之用心，往往臻精妙，豈予所謂明理而得傳者歟。

夫死者人生所不可免，而葬者人子不可不慎也。先少保莊懿公存日，予私竊恒讀《葬書》，蓋慮送終安厝以求底誠信非倉卒可爲，固匪希富貴福利也。《葬書》郭璞不可尚矣，其外則有《雪心》一賦蓋能學璞之學而衍其說也，第注釋者不解明理而爲之注，反有戾其說，於時雖覺其謬誤而恨無師傳，不敢易一字。及先公薨，程宮諭爲予道子期南奔江東，遂延之至。既葬畢，出所注《雪心賦》觀之，凡昧諸理而逆吾心者皆已更正無遺，燎然明白，無複可疑。然後益信子期葬先公之得吉者不誣，而是書之能傳於世也必永。通都大郡,雖有良師,然使獲是書,固益以明;窮鄉下邑,苟貯一本,以禦盲師瞽子,則在在人子亦可籍之以安其心矣。然則子期之爲惠不亦博乎哉!

成化乙巳秋七月朔旦

賜進士第左春坊左中允經筵講官兼侍皇太子講讀前翰林侍讀同修國史太原周經跋

右雪心賦一書,章貢卜則巍所撰,邑人謝子期氏爲之注解,諭德程先生叙之詳矣。子期以先達若董熊輩嘗注是書率多漏落原文,使後學無所依據。如"葬乘生氣,脉認來龍",既明倒杖之法,方知卦例之非等句,此賦之指南也,而董本失之。"發福悠長,定是水纏玄武"等句,此賦之要訣也,而熊本失之。子期蓋慮愈遠而愈失其真也,幾何不墮於庸術天星卦例之説,以誤世耶?於是分章圖形,旁引曲證,注爲是書,欲人家喻户曉也。輯以完,成以廣,其傳其精,勤廣大之心,豈不良可嘉尚也哉?

成化二十年歲在甲辰秋九月穀旦

賜進士第邑人黃華跋

地理雪心賦句解凡例

一、唐卜則巍《雪心賦》詞簡理到,誠足以發龍穴砂水之秘,但文字傳久,差訛者多,今逐一考訂如左。

一、前輩注釋如董德彰於疑難者隱而不發,平易者則贅而太繁。如熊道軒注不根原,詞不據理。姑舉其一二言之,如"賓主盡東南之美",本謂主山與朝對,而彼則云卜公遊術東南得賓主之權。如"追尋仙跡,看格尤勝看書",本謂考古以增識,而彼則云出神仙佛道之流。似此之類，不一而足。且以卦例爲宗，方位爲主，余竊病焉，兹一一明注以俟知者。

一、余爲句注本文差訛者，則考訂之舊注。晦謬者，則明辨之。引堪輿之正言，掃卦例之邪説，增入形圖以便觀覽矣。

高明之士幸垂鑒焉

凡例畢

新刊地理雪心賦句解卷之一

雪者，洗也，白也。章貢卜先生作此賦，發明古訣以雪其心，誠地理之綱領也。初學者當先此賦，則庶乎不差矣。

蓋聞天開地闢，

闢者，啟也。天地者，群物之祖也。先儒云："天地未分之前，元氣渾而爲一。"一氣既分之後，陽氣輕清位乎上者爲天[1]，陰氣重濁位乎下者爲地。《青囊經》曰："日月星辰陽氣上騰[2]，山河草木陰氣下凝。"資陽以昌，用陰以成。陽昌者天象也，陰成者地形也，故陰陽分而天地位焉。

山峙川流。

峙，立也，流行也。蔡氏曰："天地未判之而固若水漾沙之勢[3]，未有山川之可言也。"天地既判之後，風氣相摩，水土相盪。剛者屹而獨存，柔者淘而漸去，於是山川形焉。山體剛而用柔，故高聳而凝峙；水體柔而用剛，故卑下而流行。朱子曰："今登高而望群山，皆爲波浪之狀，便是當初水泛如此也。"

---

[1] 底本"位乎上者"後衍"位乎上者"四字，據怡本刪。

[2] "騰"字，怡本作"浮"。

[3] "而"字，怡本作"初"，義長。

按西山蔡氏推邵子《皇極經世書》謂:天地始終一十二萬九千六百年爲一元,元統十二會,一會計一萬八百年①。首會於子而天開於子②,次會於丑而地始闢,又次會於寅而人始生。今當午會爲一元之中閏數,萬年後閉物於戌而不復有人,至亥則周十二會以終。一元而天地混矣,終則復始,天地再造又如此矣。

二氣妙運於其間,

二氣,陰陽也。蓋天地一元運化之氣也,分而爲陰陽,陰陽二氣變合爲五行。天以陰陽五行之氣,妙運於山水之間而化生萬物,生生變化無窮矣。

一理並行而不悖。

悖,猶戾也。一理即太極也,太極動而生陽,動極静而生陰。静極復動,一動一静,互爲其間。分陰分陽,兩儀立焉。夫以太極之一理而分爲陰陽之二氣,是氣之妙運,即天理之流行。故默運於陰,妙布於陽,陽變陰合而生水火木金土。五氣順布,四時行焉,故一理並行而不相悖也。

---

① "百"字原作"千",不辭,按一萬八百年,方合十二會爲一十二萬九千六百年,據怡本改。

② "子"字下原有一"斗"字,怡本、中科院本作無,按《朱子語類》卷四十五:"問:'天開於子,地闢於丑,人生於寅。'曰:'此是《皇極經世》中説,今不可知。他只以數推得是如此。他説寅上生物,是到寅上方有人物也,有三元、十二會、三十運、十二世。十二萬九千六百年爲一元。'"據刪。

太極之圖

氣當觀其融結，

　　此承上文。論理不論氣不備，論氣不論理不明。故一氣分爲陰陽，析於五行。氣暈於天，質具於地，其行則萬物發生，發則山川融結。融結者，二五之精妙合而凝也，是故融而爲江河，結而爲山嶽①。

理必達於精微。

　　夫理寓於氣，氣囿於形。形之所鍾，理之所在，故山川流峙莫非氣也理也。及夫龍穴砂水，皆融結之氣所囿②，精微之理寓焉。要必究其正經，窮其理氣，則陰陽之道無不明矣。

由智士之講求，

　　承上文而言。氣之融結，理之精微，必由賢智之士講求蘊奧，然後坦然無疑矣。③

豈愚夫之臆度。

---

①　"山嶽"後怡本有"也"字。
②　"皆"，怡本作"固"。
③　"坦"，怡本作"洞"，義長。

非愚庸之徒胸臆之能料度也。

氣賦於人者，有百骸九竅；

陰陽之氣賦於人，則有骸竅之體。《易》曰：“乾道成男，坤道成女。”稟氣之清者爲聖賢聰明之士，稟氣之濁者爲庸賤愚魯之人。雖稟受不同，而周身四體百節骨骸九竅同也。九竅者，耳目鼻口七竅、大小便二竅。邵子曰：“乾樞坤軸不留停，造化之機有鬼神。二氣相交生萬物，得其靈者始爲人。”

形著於地者，有萬水千山。

二五之氣，著於地則有山水之形。故載華嶽而不重，而千山之情狀形焉；振河海而不泄，而萬水之態度著焉。然形本乎氣，氣本乎理，故萬水千山皆不出乎五行陰陽之外也。

自本自根，

山皆祖崑崙，乃中國山脈之祖也。由其所來而後有山谷平地之分，莫可勝紀。以其大勢而考之，則山起於西北，自一而生萬也；水聚於東南，自萬而歸一也。水之根本者，江出岷岑今松州，河出崑崙今澶州，淮出桐柏今唐州，濟出王屋今孟州。異派同流，愈合愈廣，皆宗於海也。

或隱或顯。

山勢原骨，壠之顯也；地勢原脈，支之隱也。鄭氏曰：“平洋之地多土，陡瀉之地多石。支之行當認土脊以爲脈，壠之行當求石脊以爲骨。然有壠而土、支而石者，有壠而隱、支而隆者。其支壠行度之勢，或起或伏，或隱或顯，千變萬化，本無定式。惟在乎心目之明以區別也。”

胎息孕育，神變化之無窮；

凡山分受曰胎，降伏曰息，頓起曰孕，形止曰育。董氏曰：“胎者，分受落脈，斷而再起之山也。息者，胎之前去脈也。孕者，息之前再起給穴之山也①。育者，形止之山也。”郭氏曰：“萬里之山，各起祖宗而見父母胎息孕育，然後成形。”以“神變化”言其陰陽不測之謂神②，以其神靈變化無窮盡焉。

---

① “給”，怡本作“胎”，義長。

② “其”字原作“者”，不辭，據怡本改。

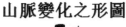

山脈變化之形圖

生旺休囚,機運行而不息。

此承上文。胎息孕育然後成形,其形變化則爲五星。木星生於北,旺於東,休於西,囚於南。火星生於東,旺於南,休於西,囚於北。水星生於西,旺於北,休於東,囚於南。金星生於南,旺於西,休於北,囚於東。或曰金不畏火而生於南者,何也?然南火盛而生土,土旺生金,其形氣運行不已,庸有止息也耶?

地靈人傑,

山川靈秀而挺生人物,人物名世而光照簡編。非地靈無以鍾人傑,非人傑無以顯地靈。故魯多儒士、衛多君子、江左風流、山東相、山西將、眉山三蘇、嵩嶽生申、尼丘孕孔。古今人才特出者,皆山川靈氣之鍾也。

氣化形生。

山川之理有氣斯有形,有化斯有生。由是隨其氣化而生乎人物,如《家語》所謂:"堅土之人剛,弱土之人柔,墟土之人大,沙土之人細,息土之人美,毛土之人醜。"及所謂山奇人貴,山聳人肥,山欹人險,山暗人迷,至於富貴、貧賤、壽夭、賢愚、善惡之類,是皆隨其氣化而形生焉。

孰云微妙而難明,

陰陽之理雖云微妙,然因形以察氣,因氣以觀理,亦可推測而知,勿謂難明也。

誰謂茫昧而不信。

茫昧，謂地理之事，渺茫暗昧而不足信也。或謂人之生也，出作入息，謹守身家，則仰事俯畜是謂有相顧之理，吾信有之。及其死也，魂升魄降，神氣離體，遺其死灰槁木等爾葬之，黃壤一堆，幽明異路，烏能受蔭而致禍福於生人乎？於是莫不以爲惑世誣民之事。然而古今葬埋而福蔭子孫者，蓋亦多矣。天下之名墓往往有之，且如吾郡婺源朱夫子祖地，土名乾坑嶺。《地仙遺記》有"富不過陶朱，貴不致五府。當出一賢人，聰明如孔子"之句，則其效驗自不可得而掩者，誰謂茫昧而不之信乎？

古人卜宅，有其義而無其辭；

義，地理之意義，而辭則地理之文辭也。古人卜陰陽二宅，但用其義而未嘗著之書。如成王宅洛，居天下之中，四方通焉。周公使召公相宅，厥既得卜，故享國悠久。孔子謂卜其宅兆蓋皆有其義矣，第未按其義，繹其理而形諸文辭之間爾，然後世諸書之作實基於此也。

後哲著書，傳於家而行於世。

因古人有卜宅之義，故後哲漸著之書焉。若秦有朱仙桃作《搜山記》，漢有青鳥先生作《葬經》，晉有郭景純著《葬書》，陶侃作《捉脈賦》，唐李淳風作《陰陽正要》，陽筠松作《疑龍》、《撼龍經》、《立錐賦》、《黑囊經》、《三十六脈》等書，曾文遄有《陰陽問答》及《尋龍記》，廖禹作《穴法》及《鰲極金經》，劉白頭作《海底眼》，司馬陀頭作《水法》，陳亞和作《撥砂經》，范越鳳作《尋龍入式歌》，劉子先傳《楊公倒杖法》，卜則巍作《雪心賦》。宋有張子微作《玉髓經》，謝子逸作《三寶經》，蔡神與著《發微論》，上牢劉謙作《囊金》。及陳希夷、賴文進、金華鄭彥淵、吾郡董德彰、齊易巖諸君子各著書立言，發明地理之蘊，以開來學，故後世遂得其傳焉。

葬乘生氣，

朱子曰："葬之爲言藏也，以子孫而藏其祖考之遺體，則必致其謹重誠敬之心，以爲安固久遠之計，使其形體全而神靈得安，子孫盛而祭祀不絕，此自然之理也。"生氣者，即一元運化之氣也，行乎地中，人不可見。蓋必原其脈絡之所從來，審其形勢之所止。聚有水以界之，無風以散之，則生氣之聚也。葬者，苟能知其聚處，使親體得以乘之，則地理之能事畢矣。

脈認來龍。

　　大凡看地以龍爲先，龍有變化，脈有隱顯。其體段如草蛇灰線，或中出而從傍，或偏行而歸正。千形萬狀，莫可具陳。但隨龍認脈，因脈求氣，氣之聚處可以扦穴也。

穴總三停，

　　三停者，天地人三才之分也。以人身喻之，天穴在人心，地穴在人陰，人穴在人臍。訣曰："凡山之俯者，必頂高而尖圓。頂高而尖圓則上聚而下散，其氣之聚者多在山之巔[①]，所以作天穴。凡山之仰者，必頂低而平闊。頂低而平闊則下聚而上散，其氣之聚者多在山之麓，所以作地穴也。山之不俯不仰者，必頂不尖而不平。頂不尖而不平則中聚而上下俱散，其氣之聚者多在山之腰，所以作人穴。"隨其氣脈之聚處而扦之，不可執一而論也。

三停穴法之圖

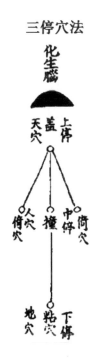

山分八卦。

　　八卦，乾坎艮震巽坤兑也。文王作後天易，以八卦布地之八方，示人知東南西北、

四正四維之方位也。今人求地必欲合其方位,言某山宜扦某向,某向宜合某水,更不審主勢之强弱、生氣之聚散於乎?豈不聞臨川吴氏删定《葬書》①,以方位爲雜篇耶?蓋嘗與人言方位時日無關於地理,可謂得其本矣。朱子曰:"形勢稍有拱揖環抱,無空缺處,乃可用也。但不用某山某水之説耳。"斯言可爲求地者之法。

存乎人者,莫良於眸子;

此引孟子之言,亦斷章取義也。蓋人爲萬物之靈,而一身之精華又在於目。故察地理者,莫善於目力也。道眼爲上,窮理格物致知之妙也;法眼次之,酌古今之則也。

昧於理者,孰造於玄微?

風水之理,尤不可忽。彼千形萬狀,皆有玄微寓焉。苟昧於此,則茫茫無定見。或以卦例論之,必不知生氣之所止,至理之所存。形勢尚莫之能喻,況能造於玄微也耶?

惟陰陽逆順之難明,

楊公云:"陽從左邊轉,陰從右路通。有人若能悟此理,何愁大地不相逢。"伏羲氏作先天,以乾居上左旋,坤居下右轉。故陽氣居上嘗降下,此則逆也;陰氣居下嘗升上,此則順也。凡此無非陰陽升降逆順之理,至於立穴亦要順中取逆,逆中取順。龍脈亦然,其陰陽逆順之理而奧②,故曰難明。

抑鬼神情狀之莫察。

鬼神之説尚多,莫能審察。今以地理言之,則陰陽造化之跡,山川美惡之形。不過指山川奇秀,吉氣者爲神;山川醜惡,凶氣者爲鬼。神可迎,鬼可避。《經》曰:"迎神逐鬼。"此之謂也。《地理要旨》云:"芍藥花開菩薩回,棕櫚葉散夜叉頭。"亦是鬼神之形像也。鬼神之狀至多,故曰莫察。

布八方之八卦,

布,分也。伏羲氏作先天易,文王作後天易,以八卦布於八方也。

---

① "删"字原作"剛",不辭,據怡本改。
② "而",怡本作"至",義長。

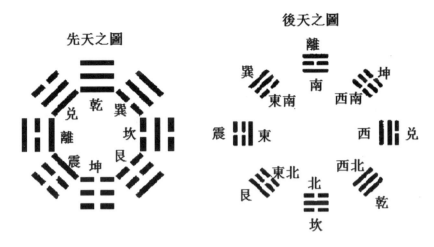

審四勢之四維。

四勢,即四正也,青龍、白虎、朱雀、玄武也。四維是四正之四角也。

有去有來,

此言嶧山發出衆支,有回來而作我護從,有分去而另結垣堂。是謂或去或來,各有結作也。

有動有靜。

山本靜物,其勢起伏踴躍而來,是靜中有動也;水本動物,其體潴畜淵澄而凝①,是動中有靜也。

---

① "潴"原作"渚"字,疑形訛所致,徑改。

右第一章言地理之宗

迢迢山發跡，由祖宗而生子生孫；

《撼龍經》云："須彌山是天地骨，中鎮天心如巨物。如人背脊如項梁，生出四肢龍突兀。四肢分出四世界，南北東西爲四派。西北崆峒數萬程，東入三韓隔杳冥。惟有南龍入中國，胎宗孕祖來奇特。黃河九曲爲大腸，川江屈曲爲膀胱。分枝擘脈縱橫去，氣血勾連逢水住。大爲都邑帝王州，小爲郡縣居公侯。其次偏方並鎮市，亦有富貴居其地。"須彌，亦崑崙之別名也。河圖言崑崙爲地之中①，蓋中國至于闐二萬里。于闐遣使來貢，自言其西去一千三百餘里即崑崙山。今中國在崑崙之東南。臨川吳氏曰："天下之山祖於崑崙，山脈由所起，水原自所發②。"蔡氏曰："河北諸山，自北寰武、嵐憲諸州，乘高而來。山脊西之水流入龍門西河，脊東之水流於幽、冀，入於東海。其西一支爲壺口太嶽，次一支包汾晉之原③，而南出以爲析城、王屋。而又西析爲雷首。又一支爲恆山，又次一支爲太行山。"朱子曰："冀都風水山脈從中發來，前面黃河環繞，泰山爲左，華山爲右，嵩山爲前案，淮南諸山爲第二重案，江南諸山爲第三、四重案。④"又云："太行山一千里，其山極高。上黨在山脊，河東河北諸州在山支。又關中之山皆自蜀漢而來，至長安而盡。關中一支生下函谷，以至嵩少，東盡泰山。又自嶓冢、漢水之北生下一支至揚州，江南諸山皆祖於岷，江出岷山。岷山夾兩岸而行⑤，那邊一支去爲江北許多去處。這邊一支分散爲湖南閩廣，盡於兩浙建康。其一支爲衡山而盡於洞庭九江之西。其一支度桂嶺，則包湘源而北經袁筠之地，以盡於盧阜。其一支自南而東則包彭蠡之原，度歙黃山，以盡於建康。又分一支爲天目山，以盡於浙。江西之山，皆自五嶺贛上來，自南而北。閩廣之山，自北而南。其一支則又包浙江之原，北首以盡會稽，南尾以閩粵。此中原祖宗支派之大綱矣。"大凡一穴之地，各有祖宗發出支派迢迢而來，遇水而止，自然成其形穴也。

---

① "河圖"，怡本作"國圖"，義長。
② "原"，怡本作"源"。
③ "原"，怡本作"源"。
④ "三"字後怡本有"重"字。
⑤ "岸"，怡本作"津"。

汩汩水長流，自本根而分支分派。

汩汩，水流貌。自源而流，分支分派。兩山之中必有水，兩水之中必有山。山本同而末異，則水隨之而分；水本異而末同，則山隨之而會。故水之根本者，隨山而見也。

入山尋水口，

凡入山鄉，必先觀水口。若左右有兩三重交互，重重關鎖，疊疊峰巒，關裏必有大地羅星鎮。水口亦然。若一重關者只小地而已，若無關闌定不結。地縱有好龍結地，亦不耐遠。楊公云："到處先要看水口，水口關闌氣脉全。"又云："纏龍纏到龍虎前，三重五重福綿延。纏多不許外山走，那堪纏繞作水口。送護托龍若十全，富貴雙全真罕有。尋龍千萬看纏山，一重纏是一重關。關門若有千重鎖，定有王候居此間。"

登局看明堂。

夫明堂者，像王者之有明堂，所以來天下之朝貢也。故嫌其逼狹陡峻，欲其方正寬平，使衆水之朝也。劉氏曰："明堂不宜太闊，太闊近乎曠蕩，曠蕩則不藏風。不宜太狹，太狹則氣局促，局促則不顯也。"楊公云："真氣聚處看明堂，明堂裏面要平洋。明堂裏面停潴水，第一寬平是爲貴。側裂傾摧返射身，急瀉崩騰非吉地。"

嶽瀆鍾星宿之靈，

嶽者，山也，名曰泰、衡、恒、華、嵩。瀆者，水也，名曰江、河、淮、濟。鍾，聚也。此言凡天地陰陽之化育，在天成象，在地成形，非止嶽瀆之應乎。楊公云："山川在下星在上，同此一氣無兩樣。自然形氣融結成，在地有形天有象。"又云："大抵山形雖在地，地上精光屬星次①。體魄在地光在天，識得精光真精藝。"

賓主盡东南之美。

賓，朝山，主來龍，言賓主貴乎有情。謝氏云："山川有意者，如君臣之慶會；無意者，似主客之分馳。"范氏曰："尋地須教賓主對，賓主不歸風水背。"是也。

立向貴迎官而就禄，

蓋對面之山，有官有禄，如吉山吉水。莫非官禄之所在，立向宜就之，不然亦須串前官倚後鬼而向之，而凶砂惡水在所避也。董氏曰："禄者，尖圓秀麗之山也。"《龍經》云："今人裁穴多論向，更不觀星後龍上。觀星裁穴始爲真，不論星辰是虛誑。"若不論

---

① "次"，中科院本作"神"。

其星峰美惡、水勢何如，徒以卦例指某方爲臨官，某方爲歸禄。俗謂甲禄寅，乙禄卯，丙戊禄巳，丁己禄午，庚禄申，辛禄酉，壬禄亥，癸禄子，則惑矣。

作穴須趨吉以避凶。

蓋穴中之氣，有生有死，法當避其死氣，以挨其生氣。《家寶經》曰："陽脉落穴，以陰爲生，陽爲死；陰脉落穴，以陽爲生，陰爲死。"然有内外造化之不同，觀其内，則土色以鮮明光潤堅實爲生，昏黯枯燥鬆散爲死。又以紅黄爲生，青黑爲死。觀其外，脉來邊厚邊薄，以薄爲生，厚爲死。雙脉以短者爲生，長者爲死。大小脉以小者爲生，大者爲死。皮毛則以秀嫩光净圓厚湧動爲生，枯老朧腫破碎直硬爲死。凡生則吉，死則凶。又砂水之奇秀環抱者爲吉，尖斜破戾者爲凶，皆當知所趨避焉。

必援古以證今，

援，引也。後學者當究前賢作法，是何龍脉，作何取用，亦可觸類而推。必須多着脚頭，精用眼力，則古人之格式皆可以引之而證今也。楊公云："但把古人模範式，較量輕重自然精。"其此之謂歟。

貴升高而望遠。

尋龍之法，貴乎登高望遠。看嶧山何處起，分龍何處止，即於止處而尋之。楊公云："大凡捉龍上山頂，四畔峰巒千萬頃。奇毛異骨發雌雄，不辨雌雄如縛影。"又云："望龍須上望龍崗，左右回環揖冢傍。"

辭樓下殿，不遠千里而來；

龍始發祖處，大山高聳，謂之樓殿。及其來也，或踊躍起伏，或分枝布局，節節博換星辰，或五里十里至百里而來。及其止也，前迎後擁，左護右纏，方是真也。《經》曰："上地之山，若伏若連，其原自天。若水之波，若馬之馳。其來若奔，其止若屍。"觀地者必先原其來，而後察其止也。

問祖尋宗，豈可半途而止？

此承上文而言，龍始發處謂之祖宗山。大凡尋地必先尋究祖宗，次看分枝擘脉而來。龍盡氣鍾，然後裁度取捨。若只尋到頭一二節，止於半途，不問祖宗博變，豈可宜乎？《尋龍記》云："尋龍先尋祖與宗，不辨祖宗何足語①。大山高聳是真龍，踊躍騰驤

---

① "辨"，怡本作"見"。

疇可禦。乾坤位奠陰陽分,龍布雌雄須認取。兩邊夾從看尊卑,三里五里相隨護。"楊

公云:"高龍多下低處藏,四没神機便尋得。祖宗父母數程遥,誤得時師皆不識。"

祖宗支派衛送之圖

祖宗聳拔者,子孫必貴;

祖宗之山聳拔,發出子孫枝派必秀。根培枝茂,理固然矣。

賓主登對之圖

賓主趍迎者,情意相孚。

主山,玄武也。賓對朱雀也。若玄武垂頭,朱雀翔舞則賓主趍迎拱揖,自然情意交孚而成吉地。范氏曰:"登高陟壠分賓主,莫遣主閑賓不顧。賓來顧主主人歡,先辨主人安坐處。"

右必伏,左必降,精神百倍。

左而青龍,右而白虎,皆欲恬軟柔順、寬舒俯伏,猶尊者之升堂而百衆之拱衛①,則精神自然有百倍之美也。《經》曰:"青龍蜿蜒,白虎馴頫。"即降伏之謂也。

前者呼,後者應,氣象萬千。

群峰矗矗,呈秀於前;叠嶂層層,侍從於後。猶帥者之登臺而三軍之聽命②,則氣象自然有萬千之雄也。

辨山脉者則有同幹異枝③,

龍脉枝幹,如喬木然也。譬如大木生枝,大枝肥厚④,小枝微細⑤。幹長力盛,枝短力微。董氏曰⑥:"身幹雖同而分枝則異,有結於初龍者,有結於中龍者,有結於盡龍者。"有幹龍結局而枝龍爲護送者,有枝龍結局而幹龍爲護衛者。或本身抽出爲龍虎⑦,爲朝案者;或外枝發出爲照應,爲羅城者,宜詳之。《疑龍經》云:"大凡尋龍要識幹,莫道無星又無換。君如不識枝幹龍,每見幹龍多誕謾⑧。不知幹長纏亦長,外州外縣出爲伴。"又曰:"枝上節節是鄉村,幹上時時斷復斷。分枝擘脉散亂去,幹中有枝枝有幹。雖然已識枝並幹,長作京都短作縣。枝中有幹幹有枝,心裏能明口能辨。"故曰辨山脉也。

---

① "尊者",怡本作"正官"。
② "帥者",怡本作"主帥"。
③ "辨"字原作"辯","辯"通"辨",徑改,後文不再出注。
④ "肥厚",怡本作"大結"。
⑤ "細",怡本作"結"。
⑥ "董"原作"重",形訛,據怡本改。
⑦ "抽",怡本作"發"。
⑧ "誕謾"一詞當作"延蔓"。

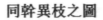

同幹異枝之圖

論水法者則有三叉九曲。

叉者,交叉也。曲者,屈曲也。三叉者,言穴前左右有三合水會於明堂也。九曲者,言之幺水流入明堂也。楊公云:"三叉九曲來對面,子息朝階殿。"

水法圖

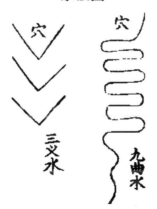

右第二章論山水本源

卜云其吉，終焉允臧。

朱子曰："古人之葬，必擇其地而卜筮以決之，不吉則更擇焉。近世以來，卜筮之法雖廢，而擇地之法猶存。其或擇之不精，地之不吉，則必有水泉①、螻蟻、地風之屬以賊其內②，使其形神不安，而子孫有絕滅之憂，甚可畏也。"如得其吉，則祖考形骸安，而子孫受福自然應之而獲善也。《葬書》謂"木華栗芽"亦如是。

　吉地乃神之所司，

昔李唐卿爲龍圖學士時，楊筠松在虔州武岡山委尋吉穴一所，乃數代宰執大地，未與言。夜忽夢二使者各按劍，連聲喝云："地仙莫錯，李龍圖蒞政酷虐，神人共怒③，不宜居此福地。我天差也，汝不信，龍圖不滿十日死於非命，爲驗故爲之，則汝受殃。"言訖忽醒，嗟其異。果十日飛符取首級，此言積惡者不可得。

　善人必天之克相。

晋陶侃微時，丁母艱④，未葬。家忽失牛，遍尋不獲。偶遇一老叟，謂曰："前岡牛眠所，其地若葬，貴不可露。"言訖不見。侃尋牛得之，因葬其母，貴至三公。漢孫鍾幼孤，事母純孝，種瓜爲業。有三人從瓜園邊過，見瓜香美，語鍾曰："無錢可買可乞一顆否？"鍾遂延食，三人語曰："蒙君厚惠，示子葬地，欲得四世天子耶？欲得富豪耶？"鍾曰："四世天子非敢望也。"遂與鍾別曰："行百步勿回顧。"鍾行四十步回顧之，見三人化白鶴飛空而去，後葬其處。鍾後生權，權生亮，亮生休，四生爲吴王⑤。休生皓，降晋封歸命候。此言積善者，必得天相之而獲吉扦也。

　將相公侯，胥此焉出；

將相公侯，貴極也，由山川之秀而生。楊公云："將相公侯盡是真龍而蔭。"

　榮華富貴，何莫不由。

---

① "水泉"原作"泉水"，據朱熹《山陵議狀》乙正。
② "地"原作"池"，不辭，據朱熹《山陵議狀》校改。
③ "神"，怡本作"天"。
④ "丁"，怡本作"事"。
⑤ "四生"，怡本作"俱"。

榮華富貴，人所欲也，非吉地烏能致之？楊公云：“榮華富貴皆由正穴而生。”

知之者不如好之者，毋忽斯言；

此言知地理之秘者，不若好之而知之至矣。

得於斯必深造於斯，蓋有妙理。

此承上文，引聖人之言以勉後之學者。既得乎地理之秘，必深造於斯而進進不已。雖有玄微奧秘之難，亦可造矣。

要明分合之勢，

龍脉之來，則有分水以導之；龍脉之止，則有合水以界之。此言崗山分一龍來結地，兩邊必分枝龍纏送到堂。其分水隨龍而來合會大明堂者①，此龍脉之大分合也。小分合者，穴中證應之玄微也。《家寶經》曰：“大凡點穴，先看大八字下有小八字，兩邊有蝦鬚水送氣脉下來，交道三叉盡處，必開口。然如是，又要辨認上分下合分曉，方知真假。若上面有分，下面有合，陰陽交度，方爲真穴。若上面有分，下面無合，則陰陽不交度，此爲假穴。分合有三：其一乃毬簷水分來下合，爲第一合；其二乃小八字水分來下合，爲第二合；其三乃大八字水分來下合，爲第三合也。《神寶經》曰：“三合三分，見穴土乘金之義；兩片兩翊，察相水印木之情。”此穴中之至秘也。有合無分，則其來不真，內無生氣之可接。有分無合，則其止不明，外無堂氣之可受也。

須審向背之宜。

蔡氏曰：“山水之向背，猶人之情性也。”謂向我者，必有周旋相顧之意；背我者必有厭弃不顧之情。故夫相向，如君臣之相接，賓主之相迎，兄弟之相愛。左右如奴婢之侍從，此相向之情也。凡相親如仇敵，相拋如路人，相忌如寇盜，此相背之情也。向背之理既明，吉凶之機灼見。楊公云：“風水之法，不過山水向背而已。”

---

① “來”原作作“未”，不辭，據怡本改。

分合之圖

散則亂,合則從。

散者,山水之分離也。合者,山水之聚會也。地理之法,不過聚散二字而已。大勢若聚,則奇形怪穴而愈真;大勢若散,則巧穴天然而反假。大抵取衆山聚合,而從者真也。衆山飛散,而亂者假也。

群以分,類以聚。

群與類,皆儕輩也。大凡山水之勢,始雖同乎一本,中則分枝別派,而終或會合環聚也。故山水之分派,或之南,或之北,散亂而不相顧,則群分而不相類聚,謂之無情,非吉地也。若其始雖分枝異派,而終則或爲從送,或爲護纏,或作龍虎,或作朝案,而相顧相迎,聚於堂局之中,則群分而類以之聚,謂之有氣,乃大地也。

是以潛藏須細察,

潛藏者,氣脉隱而不見也。其體段若盞中之酥,雲中之雁,灰中線路,草裹蛇蹤。氣脉行乎其間,微妙隱伏而難見也。若非目力之細察,豈能知之。

來止要詳明。

《經》曰:"原其起,乘其止。"鄭氏曰:"原其遠勢之來,察其近形之止。"《駐馬搖鞭》云:"如豹趕鹿,似虎驅牛①。"此龍近遠來也②。《片玉純髓》云:"草上露花偏在尾③,

---

① "牛",怡本作"羊",義長。
② "近遠",怡本作"勢之"。
③ "花",怡本作"珠"。

花中香味總居心。"此形勢之止也。

山聚處,水或傾斜,謂之不善;

山貴乎團聚,水貴乎環繞。或山聚處而水陡瀉傾流,亦是不吉之地。故曰:"山吉水凶,代代貧窮。"廖公曰:"未看山先看水①,有山無水休尋地。千山萬水盡來朝,此地出人多富貴。"

水曲處,山或散亂,謂之無情。

此言水之灣處而山散亂無情,故曰山凶水吉,年年哭泣。

取小淳而求大疵,是謂管中窺豹;

疵,病也。凡大山大水,不顧而返去,小山小水,回頭而有情②,必不結地。雖結小地,亦不爲福。蓋凶多吉少,是謂以管窺豹,不過一斑而已,豈可以取之乎?

就衆凶而尋一吉,殆猶緣木求魚。

此與上文同。衆山粗惡而散亂,衆水返背以傾流。就其中欲尋一山一水之吉,猶攀緣林木而求水中之生魚,不可得矣。

訣以言傳,

地理之秘訣,須明師口傳。如得其傳,則如銓之平輕重,尺之度長短,無不通曉矣。

妙由心悟。

地理之玄妙,必須精思篤好,庶可心悟矣。如匠能誨人以規矩,而不能使人巧,故曰妙由心悟。

既明倒杖之法,

倒杖者,地理之正法也。先認落、星辰、俯仰、正反、氣脉、生死、急緩、强弱、順逆,次看入手、放送、饒減、合用如何迎接。正脉取斜,斜脉取正,聚脉取散,散脉取就,傷脉取饒,緩脉取鬪,急脉取緩,雙脉取短,單脉取突,直脉取曲,曲脉取直。高不露風,低不失脉,草蛇灰線,毫厘絲忽,細認來脉,脉細易明,脉直易辨。仰掌平坡,鋪氈展席,這般形體,使人難識。切認交襟,明堂取實,不認來情③,如何分別,分別既明,方可

---

① 疑"山"字後脫"時"字。
② "回頭",怡本作"向顧"。
③ "認",怡本作"問"。

裁截。開井放棺，用師口訣。口訣者，法當就化生腦，上循脉看，下詳認雞跡、蟹眼、三叉、名字、交求、滴斷，或分十字，或不分十字，看他陰陽配與不配。陰來則陽受，陽來則陰作。或入簷而鬪毬，或避毬而湊簷。又有陽噓陰吸之不同，順中取逆，逆中取順。情在蓋粘，則正求順下；情在倚撞，則架折逆受。如陰脉落穴，放棺要饒過陽邊①；陽脉落穴，放棺要繞過陰邊②。放棺之法，脉不離棺，棺不離脉，棺脉相就，如剝花接木。及夫強弱、生死、吞吐、淨沉、虛實，以定加減饒借。却將手中之杖放倒，指定生氣之入路，然後番身轉面觀其杖之所指，外出殺合軸③，要與三集聚頭相就。內接生氣④，外接堂氣，內外符合是爲真穴，一有不順即成花假，此乘生氣倒杖之至秘法也。有順杖、逆杖、縮杖、綴杖、開杖、穿杖、離杖、没杖、對杖、截杖、頓杖、犯杖、其杖，法至奧至玄，其訣至多至妙。今舉其大略，難以具陳也，學者宜精求之。

方知卦例之非。

楊公云："定卦番來是夢中，只觀來歷有無蹤。人將兩字鉗龍脉，莫把三星亂指空。"又云："下地不裝諸卦例，登山不用使羅經。"又云："龍生逆順起紛紛，一如父母帶兒孫⑤。忽若順行三五里，不然逆過幾家村。未言趍對三陽少，落處朝迎四遠般。認此雌雄交度處，何勞八卦定乾坤。"曾公云："時師愛把九星論，盡説貪狼武巨尊。不識土牛真妙訣，十墳不得一墳真。"又云："時師討地眼千斤，來山之下論星辰。手把地羅磨水路，土牛不住誤人貧。"又云："四平八國與天心，世代時師何處尋。不識天心並十道，謾將卦例吐懷襟。"《樂道歌》云："不問五音諸卦例，但將好主對賢賓。"廖公云："巧目神機參造化，透徹玄微貴無價。古傳龍法及砂圖，豈見神仙先論卦⑥。假如龍法不真奇，豈得偏將卦例推。但要真龍並正穴，陰陽二路自相居⑦。"又云："卦爲宗者誤人多，無龍無穴事如何。任你裝成天上卦，自然家計落傾波。"夫卦例之非，前賢言之悉矣，其不足信也明矣。今之庸術不察龍之生死，穴之有無，砂之向背，水之去留，惟以

---

① "饒"字原作"繞"，不辭，據怡本改。
② "饒"字原作"繞"，不辭，據怡本改。
③ 怡本作"果出殺合襟"。
④ "接"，怡本作"乘"。
⑤ 怡本作"猶如父祖帶兒孫"。
⑥ "論"，怡本作"驗"。
⑦ "居"，怡本作"宜"，義長。

羅經遍格，曰某山來龍合得某卦例，某水來朝合得某天星，遂爲吉地。其有不合者，則移東就西，那前就後，務欲牽合而後已。原其本心，或昏昧而不辨真僞，或假托而利人貨財，以至於斯。故其術既行，往往福未至而禍先生，誤人多矣。彼世之寡知識而慕富貴者，多墮其術中，惜哉！然卦例之非，作肇於有唐著爲僞書，假托曾楊等名，俾流傳外夷，信而用之，則惡類將自滅亡矣，故謂之《滅蠻經》。若果曾陽真傳，雖三尺之童，亦可按圖而求矣。嗚呼，地理之傳，豈若是其易哉？爲地術者，當猛省於斯。

辨真僞於造次之間，

辨氣脉之真假在於造次之間，於斯不辨，則疑似易惑，玉石難分，誤人矣。

度逆順於性情之外。

逆順者，氣脉饒減之法也。其性其情未易窮究，必須觀其來止、潛藏、分合、向背，求諸情性之外，則逆順之旨，斯可得之矣。《經》云："察以眼界，會於性情。"若能悟此，天下橫行。

未知真訣，枉誤世人。

未知真訣者，言不明倒杖乘生氣之法，不辨真僞逆順之情。凡扞穴立向，專以卦例爲憑，則當緩而急，當逆而順，甚至不能避殺挨生，使生氣變爲殺氣。其葬之者大則覆宗絶嗣①，小則蕩産傾財，可勝言哉？謝氏曰："先看龍意逆順、真僞、急緩、轉跌、合用如何迎接，從其左右砂之硬軟、平過、插落、交與不交，要認合砂之臍口來與不來，合依真訣之裁成，庶不誤人矣。

右第三章論氣脉分合

細看八國之周流，

八國者，甲、庚、丙、壬、乙、辛、丁、癸是也。又云："東、南、西、北、東北、東南、西北、西南。"二理並通。其八方之位，於山最宜周密環拱②，切忌風吹，故周流者，連接環繞無間之謂也。

詳察五星之變化。

---

① "覆"，怡本作"滅"。
② "山"，怡本作"内"。

五星者,金木水火土也。山之圓曰金,方曰土,曲曰水,頭圓身聳曰木,尖峭曰火。其形變化,則爲九星。《貫珠圖》云:"五星者,乃陰陽之骨髓;九星,乃陰陽之皮膚。"博變甚多,生尅不一。生則吉,尅則凶也。

五星正形圖

《五行歌》云[1]:

　　木直金彎土宿橫,

　　火星尖秀向南生。

　　水星一似生蛇走,

　　說與時師論五行。

星以博換爲貴,

星者,乃龍身之星峰也。博換者,變化也。劉氏曰:"凡欲擇地,先辨來龍[2]。"辨龍之法,見一山秀麗,似乎有穴,便當以後龍察之。或先起高峰,而後結烟墩過脉,或已結烟墩過脉而起高峰,或秀拔插入云霄,或平岡行如波浪,或脫卸如藕斷絲牽,或平支如鋪氊展席,或出峽如鶴膝蜂腰,或起伏如禽飛獸走。理雖有於萬變,本不離乎五星。五星一變,即爲九星。五星博換,見於《龍髓經》;九星博換,見於《撼龍經》。其變化至多,難以具述。且如金星發祖,博出水星,水星又博木星,木生火,火生土,土生金之類。迢迢起峰,節節生旺,是爲富貴之地。凡遇相尅,所貴有救星耳,如金星行龍,木星作穴,金尅木,本凶。左右得火星以制之,或得水星以助之,亦爲吉地。以類而推,萬不失一。《九星變篇》云[3]:"凡觀一星便觀變,識得變星知近遠。遠從貪起至破軍[4],換盡龍樓生寶殿。一博一換形不同,豈可盡言顧祖宗。君如識得變星法,千里百

---

① "五行",怡本作"五星",義長。

② "龍"字後怡本有"者"字。

③ "九星變篇",怡本作"九變經",俟考。

④ "遠",怡本作"上"。

里尋來龍。"其山川形勢變化多端,然亦不可拘泥乎此,惟要活法①。雖以五九之星而名,本不越乎尖圓橫直屈曲之形,但欲其活動爲貴也。

《堪輿九星歌》云:

貪狼吉曜,如筍初生。武曲尊星,似月方滿。欲觀左輔,恰似覆鐘。要識廉貞,形如破傘。破軍惡曜,正如算子初排。祿存凶星,形如破屋之側。撒網好尋文曲,鋪氈宜覓弼星。惟有巨門,真如半月。欲識龍身博換,先辨九星之形。

九星正形圖

形以特達爲尊。

上文以來龍以博換爲貴。今言其形,尤要特達爲尊。特達者,超群異衆之謂。如獸中之麟,鳥中之鳳,民中之聖人也。其來也,如龍馬之奔馳,使者之報捷。其止也,若懷萬寶而燕息,若具萬膳而潔齊。則其星形端正,自然氣象尊嚴。《經》曰:"夫重岡叠阜,群壠衆支,當擇其特。"其義亦然。

土不土而金不金,參形雜勢;

董氏曰:"不土不金,則星不明,難以取用。"《黑囊經》云:"龍要有正星,穴要有正名,砂要有正形,水要有正情。"是也。五星各得其本體之形,方可結地。否則參形雜勢,必作護送之龍而已。《經》曰:"參形雜勢,主客同情,所不葬也。"

---

① "惟"字原作"雖",不辭,據怡本改。

火不火而木不木，眩目惑心。

不火不木是混雜不明，則眩目惑心而難辨也。

蓋土之小巧者類金，

土雖小巧而不離方平之形，若兩角低垂，則類乎金星矣。

木之尖亂者似火。

木頂尖似火，而不離正直之勢。木火行龍多聳天乙、太乙、文筆、頓笏之類。木星結穴，穴下三停。又有倒地木星，宜下節包紫氣穴。

金清、

金以明正爲清，其性剛明，其形清正。高聳則爲太陽，低小則爲太陰。金水行龍，多結鳳舞鸞飛之類。金星結穴多生窩，有宜扞水窩①，或似娥眉則扞金角，或結塊凸，或是蠻膚法②，當開金取水，以没杖裁之。

土濁、

土以方平爲濁。夫土者，萬物之根，五星之本。其性純厚，其形方正。土星行龍，多結冕旒、玉屏、金書、誥軸之類。土星結穴，若是土腹藏金，取其中正，否則多取角尖③。角尖類火，土得火而溫燠，生意在其中，故和而生養萬物也。

火燥、

火以尖斜爲燥，其性上炎好動，其形尖秀，多作祖宗之山。聳龍樓寶殿之勢，謂之沖天火星。火星結穴，或尖斜欹擺，如掃蕩鈚鐮之類④，却於擺動處開窊剪火求之。《立錐賦》云："燥火批鐮⑤，就動中而作用。"

水柔。

水以屈曲爲柔，其性多行少止，其形曲而多動。水星行龍，多結龍蛇之類。水星結穴，多在曲池流珠。以曲其行，以珠其止。但以水傾也觀其行動⑥，曲池流珠自可見矣。

---

① "宜扞"，怡本作"直阡"。
② "膚法"，怡本作"朕形"。
③ "多"，怡本作"只"。
④ "鈚"字原作"批"，不辭，據怡本改。
⑤ "鈚"字原作"批"，不辭，據怡本改。
⑥ "也"，怡本作"地"，義長。

《堪輿》云：“水宿元來號曲池，通融作穴有玄微。到頭認取灰中線，恰似露珠草尾垂。”

木之妙，無過於東方，北受生而西受剋；

東方屬木，南方屬火，西方屬金，北方屬水，中央屬土。旺於四維，寄於坤宮。坤乃厚土之位，西南之界，火盛而生土，故土寄於坤宮。五星喜布本垣及受生之地，甚美。故木星宜居東北而忌於西也，如在休囚之地。若兩傍有救，則無不吉矣。

火之炎，獨尊於南位，北受剋而東受生。

南方火星入垣，東方受生之位，北方受制之方。然火乃秀麗之星，龍砂見之多主顯貴。若帶石攲斜，只作神壇寺觀。拖腳尖斜，主出軍伍。《玉髓經》云：“形如卓筆火神行，秀而一舉便成名。頭斜身側爲軍五，帶石攲斜神廟靈。”

先破後成，多是水來生木，

木星體勢雄強，氣脉急硬帶殺，宜用逆杖之法饒歸一邊，令其殺去而脉注。如此，剛柔相濟則乘生氣，稍失其法則爲殺氣，主初年未利，博到後龍，見水星吉。《至寶經》曰：“急硬衝來氣勢雄，放棺切忌直當峰。氣從耳入微斜受，逆送饒偏始有功。”

始榮終滯，只因火去剋金。

金星結穴，主初年發福。博到後龍見火星，金被火剋，故生災滯。若兩邊有土星從之，卒無滯矣。或是金星帶火，法當剪火挨金。

木爲祖，火爲孫，富而好禮；

木火土星，節節相生而來，必結富貴之地，産忠孝尚禮義之人。《龍髓經》云：“木火博來生土穴，富貴無休歇。”

相生之圖

金是母,木是子,後必有災。

金星起頂,木星到頭。木被金剋,故凶。且木星急硬,有殺又逢金制,豈得不爲凶乎？若其中微茫有擺動處,似乎是水亦可取之。

水在坎宮鳳池身貴,

鳳池,中書省也。坎爲北方之正位,水之本垣也。其名有漲天、水生、蛇水。凡水星行龍,從北方而來,受其元氣,則主有鳳池之貴也。《堪輿五星篇》云："五行最妙是水星,西北之方生復生。屈曲如蛇真可喜,鳳凰池上有清名。"

金居兌位,烏府名高。

烏府,御史臺也。金星在於西方,爲肅殺之氣,有斷制之才,則主出風憲糾察之任也。漢朱博爲御史府,中列柏樹①,常有野烏集棲其樹,因其名之。

土旺牛田,

土星低小,只出牛田富貴而已。土若高聳②,亦出清貴。《龍髓經》云："土星三四

① "列",怡本作"有"。
② "若",怡本作"星",義長。

相連起，家富多田地。橫天土星如一字，舉子登科第。"土星高大出朝貴，低小牧民位。有前無後數般看，納粟土豪官。此皆方正之象。若中凹謂之天才土，土生兩頭圓金，金生一中之水①，故扦水凹。《立錐賦》云："天才兩頭一樣，單凹中扦。"②

木生文士。

木星清秀而高聳者，名曰文星，又謂之通天木。龍身有之，必主大貴。砂上見之，亦出文章、俊傑之士。《五星篇》云："木星高聳侵云漢③，便作文星看。"

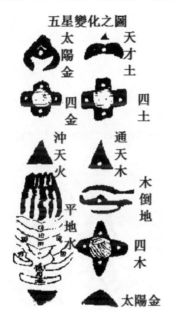

水星多在平地，妙處難言；

水性曲動，在山如蘆鞭三曩出平洋④，若水之波，其氣隱而不見，其妙處難言。以平洋之地形，雖隱而殺，沒氣全然，其吉則無以加焉。《經》曰："隱隱隆隆，吉在其中。"是也。

火星多出高山，貴而無敵。

火星高秀，多作祖宗。《撼龍經》云："好地若非廉作祖，爲官也不到三公。"廉貞

---

① "一"，怡本作"凹"。
② "扦"字原作"遷"，不辭，據文意徑改。
③ "侵"，怡本作"插"。
④ "鞭"，怡本作"花"。

者,火星也。此火星高山①,與上文水星平地②,皆出極品之貴,故曰無敵也。

木須有節,

木星有節,則於中間有節處取穴爲吉。無節,則鍬皮下倚穴。訣云:"木星直硬,來脉必雄,不可當頭。"鬭殺下之,宜用剝花接木之法。此名劍脊,謂之孤陰。不可凑入,可放出二三尺。放棺饒過陽邊③,此氣從耳入也④。《至寶經》曰:"直衝中氣不堪扦⑤,堂聚歸隨在一邊。依脉稍離三二尺,法中開杖最精妍。"

金貴連珠。

金星行龍,如串珠如星斗,此秀氣所鍾,必結大貴之地。《龍經》云:"金星似妳微微起,少年人及第。"

所貴者,活龍活蛇;

活者,山之動也。勢大有足爲龍,形小無足爲蛇。山勢不拘大小,但要起伏活動而來,是龍之有生氣,故曰活也。曾氏曰:"脉着龍身心裹驚,方是正龍行。"

活龍活蛇之圖

---

① "此",怡本作"凡"。
② "星"字原作"生",不辭,據怡本改。
③ "放",怡本作"下"。
④ "此",怡本作"陰"。
⑤ "扦"字,原作"遷",不辭,徑改爲"扦"。

所賤者，死鰍死鱔。

死者，山之静也。山來無勢，如死鰍死鱔。蓋借以爲喻耳。又或如竹篙、芒槌，急硬僵直，是龍之無氣，故曰死也。楊公云：“死龍絕穴不須尋，輕弱無情枉用心。下後人丁多退散，時師不識妄裁針。”

死鰍死鱔之圖

雖低小不宜瘦削，

來龍低小，不宜兩邊剥削。但欲圓肥則吉，瘦削則凶。

雖屈曲不要欹斜。

龍雖屈曲，最忌欹斜尖竄，名曰殺氣。《經》曰：“勢如驚蛇，屈曲徐斜，滅國亡家。”

德不孤，必有鄰，看他侍從；

此引聖言，亦斷章取義也。《經》曰：“天光下臨，地德上載。”則所謂地理中德者，氣之聚也。氣之聚處，自然左拱右侍，後從前迎。如大官之出入，侍從必多而中貴則不及矣。小官之出入侍從又少矣。故地理衛從多則成大地，衛從少則成小地。與貴人出入何異哉？一説鄰者親也，有德者必有其類而觀從之，自然有相顧之意也。

眼不明，徒費力，到底模糊。

《龍經》云：“讀盡《龍經》無眼力，萬卷真藏也是空。”又云：“若還眼力無明識，心上如何訣吉凶。①"又云："訣法在人心眼上，心眼不明是虛誑。"

五星依此類推，

已上論五星博換穴法，但可觸類而推吉凶，以其驗也。②

萬變難於枚舉。

五星九星，千變萬化，難以具述。在人心目斟酌，以通變也。烏可泥於紙上文哉？

右第四章論五星博換

新刊地理雪心賦句解卷之二

論山可也，於水如何？

前章論山，大略不過如此。此章論水，更要明理以精之。夫水者，外氣也。《經》曰："氣者水之母，有氣斯有水。"水之循環，無有窮已。水之行，則山亦隨之而行。水之止，則山亦隨之而止。是故山之與水，常相體用，不可須臾而離也。

交鎖織結，四字分明；

交者，水之兩來，相會交流也。鎖者，水之環繞，關闌緊密如鎖也。織者，水之之玄屈曲如織也。結者，眾流之總潴則水勢已聚③，瑩净澄深如結也。此四者，水之吉也。

穿割箭射，四凶合避。

穿者，水穿龍虎臂或穿破明堂是也。割者，穴前無餘氣，水來削脚也。箭者，水之急直而去也。射者，水之當心直衝，或射左右脇也。此四者水之凶也，合當避之。

撞城者，破家蕩業；

水城有五，名曰金木水火土也。金城彎環，木城直撞，水城屈曲，火城尖斜，土城

---

① "心"字原作"山"，不辭，據怡本改。
② 怡本作"非一旦觸類而推，則吉凶自有甚驗也"。
③ "聚"原作"殺"，不辭，據怡本改。"潴"字原作"渚"，不辭，形訛所致，逕改。

平正。今言撞城者,乃木城水直撞來衝,主人財不吉,太歲臨之,主有破家蕩產之患也①。

《玉髓經》云:

抱墳宛轉是金城,木似牽牛鼻上繩。

火類到書人字樣,水星屈曲之玄形。

土星平正多澄渚,更分清濁論聲音。

水城則沉澗溝渠溪河江瀆池湖濱浦之類是也。假如淮浙之地,水多山少,其平洋處全無山勢②,只以水城爲度。金水土城抱身則吉,木火二城斜撞則凶。

五星水城圖

背城者,拗性强心。

水返向外,名曰背城。水返則山,亦返而無情也。出人好剛不義,性拗不和。若得近山遮蔽,穴内不見者無妨③。歌訣曰:"背城之地不可求,忤逆兒孫性不柔。"

---

① "產",怡本作"業"。
② "全"字底本作"金",疑形訛,徑改。
③ "無妨",怡本作"尤好"。

發福悠長,定見水纏玄武;

玄武者,後山也。水朝明堂或流左或流右,纏於玄武而去,主發福綿遠。但番身逆跳之勢,多是水纏玄武也。

爲官富厚,必然水繞青龍。

水朝入明堂,環抱左邊而去,主富。《水法》云:"水繞青龍脚,銀瓶金蓋槖。"若水繞白虎亦然。但要彎環抱身,不抱左右流去並吉也。

所貴者,五户閉藏;

五户者,水口也。水口要關闌緊密,不見水去爲吉。

所愛者,三門寬闊。

三門者,堂局也。欲其寬闊而顯,嫌其逼窄而促。《經》云:"明堂容萬馬,水口不通舟。"

垣局雖貴,三門逼窄不須觀;

堂局羅城雖好,若明堂逼窄及來水邊大山高壓,天光不照,不見水來,天門不開,雖得垣局之吉,亦是小巧之地而已。

形穴雖奇,五户不關何足取。

大凡擇地以龍爲先,次當謹於水口。蓋山水關會之所,凡入一州邑一鄉里一山源,必先觀水口,有關闌於內,必然融結。若無關闌,謂之地户不閉,形穴雖奇亦不足取也。

元辰當心直出,未可言凶;

穴前水謂之元辰。若當心直流,不遠便有橫水闌之,未爲凶也。

外山轉首橫闌,得之反吉。

上文謂元辰直出。今得外面山水彎轉橫闌,反爲吉也。若龍穴俱美,水不足處或築填堆墩,使之環繞,亦足爲吉。《經》曰:"內外表裏,或然或爲。"然者,自然生成也。爲者,工力培成也。且如京口費會元祖地,土名華蓋山,戌山辰向,元辰水直去一里,外局山水橫拱。此龍穴真而水不足,故主清貴也①。

---

① "貴"下怡本有"之位"二字。

以之界脉則脉自止，

此言以水橫闌，則脉自然止也。《經》曰："氣乘風則散，界水則止。"亦此謂也。①

以之藏風則風不吹。

以山周密，則風不吹，而生氣自然聚也。此結上文橫闌之意。②

水纏過穴而反跳，一文不值；

水纏過穴，反跳邪流者，一文不值，安足取哉？

水若入懷而反抱，一發便衰。

水入懷而反抱向外者，縱初年發福必易見衰敗。

---

①　"此"下怡本有"之"字。
②　"意"下怡本有"也"字。

反跳水圖

反跳水

去

去

　　水口則愛其緊如葫蘆喉，

　　夫水口者，水流去處是也。欲其高而拱，抄而塞。及生異砂怪石，如龜蛇，如獅象，如龍虎，如印笏之類。關闌緊密，內寬而外狹，如葫蘆喉之小，不見水之去者，斯水口之吉也。

　　抱身則貴其彎如牛角樣。

　　水城只愛彎環，抱身來去不拘左右。劉氏曰："來不欲沖，去不欲直，橫不欲斜。"其彎抱如牛角，如眠弓，如腰帶，此水城之吉。若斜反而去，或急繃如雷，如射箭，如繩牽，此水城之凶也。楊公："云只愛山來抱身體，不愛水返去從他。"

　　交互截水者，最宜聳拔；

　　交互者，水口兩邊之山相抄闌截①，不使水之去也。其交互之山最宜高聳峭拔，屹

－－－－－－－－－－

　　①　"抄"，怡本作"叉"。

然相對而峙如列旗，布陣如插戟護垣，重重交鎖，節節捍禦。內若大將屯兵，外則無階可進。此水口之至貴也，於內必結富貴之地。若城門曠蕩，水走山飛，又非吉矣。縱然融結好地，亦主發福不久也。

當面瀦水者，惟愛澄凝。

瀦水者，言明堂，或池，或潭，或江，或湖。既然瀦蓄淵停，惟愛澄清凝淨。此亦《葬經》所謂"朝於大旺，澤於將衰"之義也。

聳拔者，如糾糾武夫之捍城；

此承上文言。水口山聳拔如武夫捍禦城池，則守之固也矣。

澄凝者，若肅肅賢臣之拱位。

澄凝者，溫柔不動之貌。欲其清潔停積而靜，如賢臣朝於帝位，則自然畏嚴而拱之之意專矣。①

水口之砂，最關利害。

水口者，龍神之門戶，水城之鎖鑰。關則吉，開則凶，實有關於利害也。

此特舉其大略，當自察其細微。

總結此章水法，不過大略而已，其細微當自求之。

右第五章論水法

水固切於觀流，

上章言水之關係甚重，固切於觀覽。宜環抱曲流，有情爲吉也。

山尤難於認脉。

上文切觀水法之重，下文謂辨脉尤難。李氏曰②："尋龍之法，看其勢。取穴之法，看其脉。"勢顯而有形則易見脉，隱而無形則難明。楊公有三十六脉，陶公有十二脉，劉公有十四脉。脉訣至妙，故曰尤難認之。

或隱顯於茫茫迥野，

---

① "畏"，怡本作"端"，義長。
② "李"，怡本作"曾"，俟考。

此言迥野之脉，體段不一。有平坡渺渺茫茫，如鋪氈展席而來者；有田塍層層級級，若水之波而來者。有起烽墩如星珠龜魚而來者，有微露毛脊如浮漚鳧鳥而來者，是皆地之吉氣湧起，故土亦隨之而凸也。其來也，兩邊有水以送之；其止也，左右有砂以衛之。且明堂寬正，又得橫水闌之，外陽遠案在乎縹緲之間，四圍陰砂僅高數寸而已，此皆平洋之貴也。《經》曰："地貴平夷，土貴有支。"亦此意也。

或潛藏於森森平湖。

森森，水大貌。此言平湖之脉，垣夷曠蕩，却是支龍行度。其體段若盞中之酥，云中之雁，灰中線，草裏蛇。或沉潛而無形無影，或藏倖而失跡遺蹤。生氣行乎其間，微妙隱伏而難見，全在心之智、目之明。以高一寸爲山，低一寸爲水。察其支之所起，辨其支之所終。起則氣隨之而始，終則氣隨之而鍾。若脉盡水止，而界合分明者，此平洋之大地也。楊公云："上智尋龍觀氣脉，指望高山散蹤跡。相連相接下鄉村，失跡遺蹤細尋覓。氣逢水界有住期，如緝悠悠細消息。平洋大地無影形，如灰拖線要君識。相占相牽尋斷絶①，盡是楊公真口訣。過村如雁列深雲，藏時猶似泥中鱉。平洋相並盞中酥，落在平洋誰辨別。"又云："坪中還有一流坡，高水一寸却是阿。只爲時師眼力淺，到此茫然無奈何。便云無處尋蹤跡，直到有山方認得。不知山窮落坪去，穴在坪中貴無敵。癡師誤了幾多人，又道埋藏畏卑濕。不知穴在水中心，如此難憑怕泉濕②。蓋緣水漲在中間，水退則同乾地位③。且如兩淮平似掌，也有軍州落寰瀝。也有英雄在其中，豈無墳墓與宮室。只將水注與水流，兩水夾流是龍脊。"

星散孤村，秀氣全無半點；

此言平洋之龍，湧起平墩，變五星之形也。其星形飄散孤露無情，以致靈氣不聚，全無半點融結之處。楊公云："散子脉滿鄉村，如風送葉亂紛紛。"正此意也。

雲蒸貴地，精光略露一班。

此言山川靈氣鍾聚，故升而爲雲。原其理，因五氣之精，凝結於地中。一點精英發露，而雲蒸於其上，此極貴之地，而後有精露雲蒸之應也。《龍經》云："尋龍望勢須

---

① "占"，怡本作"連"，義長。

② "濕"字原作"濼"，不辭，按《撼龍經》："不知穴在水中者，如此難憑怕泉濕。"據改。

③ "位"，怡本作"立"，《撼龍經》作"力"。

尋脉,雲霧多生在龍脊。春夏之交有二分,夜望雲霓生處覓。雲霓先生絕高頂,此是龍樓寶殿定。大脊微茫雲自生,霧氣如多反難證。先尋雲氣識正龍①,却是真龍觀遠應。"亦此意也。

聳於後必應於前,

凡尋龍捉脉,後有峰巒擁從而來,前必有峰巒擁從而拱。此前後之照應也。

有諸內必形諸外。

《經》曰:"內氣萌生,外氣成形。"《家寶經》曰:"陰陽真氣者,遊於土皮之下。"又曰:"氣藏土內②,謂之內氣。水流土外,謂之外氣。"外者,个字、三叉、分合之義也。有其內,則其形見於外,故內外相符也。

欲求真的,遠朝不如近朝;

遠朝,乃衆山趨向之朝。近朝,乃本身特配之朝。故遠朝雖然尖秀,不如近朝方圓有情。況近朝福應之速,遠朝福應之遲。蔡氏曰:"若要發福快③,還是近朝山。"如無近朝,亦當對遠,仍審特與不特。楊公云:"朝山亦自有真假,若是真朝特來也。若是假時山不來,徒愛尖圓巧如畫。"

要識生成,順勢無過逆勢。

順者,順山順水也。逆者,逆山逆水也。順勢不如逆勢優。

多是愛遠大而嫌近小,

遠朝高大,人多貪之;近案低小,人所不欲。

誰知迎近是而貪遠非。

近雖低小而有情,故曰迎近是;遠雖高大而無意,故曰貪遠非。

會之於心,應之於目。

尋龍捉脉,在竭心思以察其理,極目力以審其情。庶幾心得會而應於目。

三吉六秀,何用强求?

三吉者,尖圓方也。名之曰貪狼、臣門、武曲。六秀者,艮丙巽辛兌丁也。今時師

---

① "雲"字原作"霧",不辭,據怡本改。
② "土"字原作"上",不辭,據怡本改。
③ "快",怡本作"急",義同。

尋龍捉脉,以羅經格之。或龍脉從六秀方來,便云合得六秀;或經三吉上來,便云合得三吉,謂是貴龍。殊不知壠龍以踴躍起伏爲貴,支龍以牽連屈曲爲奇,何必强求於三吉六秀也。

正穴真形,自然默合。

如得真形正穴,證應分明,自然暗合法度也。

八卦五行,必須參究。

山分八卦而陰陽殊,科星列五行而變化不一。其星卦之作用兼於穴中,必先有真龍正穴,然後方可兼之。《黑囊經》云:"用卦不用卦,卦向穴中作。時師專用卦,用卦還是錯。"

浮花浪蕊,枉費觀瞻。

浮浪者,虛花秀而不實之謂也。此言輕浮之脉,多是虛結蕊頭。雖然内顧有情,此是花假。故曰枉費觀瞻。

死絶處有生成氣局,

龍脉博皮換骨而閃跡偷蹤,形隱不動,俗云死矣。若左右有星辰扶救,又謂之死處逢生一説。謂木星在西方受制,亦曰死絶。得水星從送以生之,又得堂局完聚,此死中有生之意也。

旺相中審休廢蹤由。

龍脉降勢處謂之旺相,其中或瘦削孤單,或風吹水劫,或崩洪氣散,此休廢之患也①。輕則前去結地亦輕,重則不結也。一説如木星在東方,本旺相矣。被金星制之,亦休廢也,故宜審其由。

弃甲曳兵,過水重興營寨;

龍脉之退卸,如弃甲曳兵而走。若龍身或帶粗惡之石,尖利之殺,如甲兵然。倏忽脱卸兵甲,穿田渡水,再起峰坡,結成堂局,不如弃甲曳兵而重興營寨乎②。

---

① "此"字原作"並",不辭,據怡本改。
② "不"前怡本有"豈"字。

龍脈脫卸之圖

《經》云：

穿田過峽起峰巒，弃甲曳兵興營寨。

排槍列陣，穿珠別換門墻。

《疑龍經》云："凡有好龍爲幹去，枝龍盡處有旗槍。旗槍也是星峰作①，圓净尖方高更卓。就中尋穴穴却無，幹去求休枝早落。"此言龍脉發勢之處，多是破軍、廉貞，高聳如排槍列戟②，布陣一同。跌斷再起，博換嫩枝③，一起一伏如連珠星。再立堂局，以成大地，故曰別換門墻。

---

① "也"字底本倒乙於"旗槍"前，今據怡本、《疑龍經》乙正。
② "列"，怡本作"布"。
③ "嫩"，怡本作"分"。

過峽穿珠之圖

遊龜不顧而參差，是息肩於傳舍。

參差，長短不齊之貌。傳舍，驛馹也①。龍行未止，如遊龜之狀，參差不齊，星峰散亂，則堂局未結。但如負擔之重，暫息肩於郵傳之舍，而氣脉終不聚於斯也。

連珠不止而散亂，似假道於他邦。

連珠，言脉之斷復續，續而復斷，散而未聚也。假道他邦，言過脉偷蹤由此而別，結堂局於他處，意不鍾於是也。譬若晉大夫荀息，假道於虞以滅虢焉②。

袞浪桃花，

此言龍脉輕微，隨水浮蕩，又被水劫。故比之如"輕薄桃花逐水流"之義也。

隨風柳絮。

①　"馹"，怡本作"郵"。
②　"滅"，怡本作"伐"。"虢"字原作"號"，不辭，《春秋左傳正義》"晉侯復假道於虞以伐虢"，據怡本改。

龍脉裊娜,傍無遮蔽,又被風吹飄散。故比之如"顛狂柳絮隨風舞"之意也。

皆是無蒂無根,

此言上文花絮之脉被風吹水泊①,失其根本,故曰無蒂無根也。

未必有形有氣。

此結上文。花之衮浪、絮之隨風,必無正形,亦無生氣,而脉息何有於是哉。

右第六章論龍脉行度

若見土牛隱伏,水纏便是山纏。

結穴處號曰土牛。隱伏者,穴之隈藏也。穴既隱藏,又貴乎水轉山迎,纏繞爲吉。《水鏡經》云:"落穴之中號土牛,更須停蓄是爲優。龍回水轉山城秀,子息當封萬户侯。"

或如鷗鳥浮沉,脉好自然穴好。

鷗,水鳥也。言脉之行如鷗鳥浮水一同,或浮或沉而來,來則有送,止則有從,必結大局。故曰脉好自然穴好。陶公《捉脉》云:"遺蹤失跡,湖裏雁鵝。"亦此謂也。

水外要四山來會,

明堂水外,貴乎四山拱會周密,自然藏風聚氣而結地也②。

平中得　突爲奇。

鄭氏曰:"平洋之地微露毛脊,圓者如浮漚、如星、如珠,長者如玉尺、如蘆鞭,曲者如几、如帶,方圓大小不等者如龜魚蝸蛤之類,是皆地之吉氣湧起,故土亦隨之而凸也。"故平中起突,多成大地也。

細尋朝對之分明,

來龍既吉,須要子細尋看朝山特與不特。若兩山夾來趁拱③,或三兩里叠秀者,主貴。蘇氏曰:"若見朝迎有異形,使須回首看龍停④。南山奇秀穴居北,情勢躬趜駐丙丁。"

---

① "泊",怡本作"劫",義長。
② "地",怡本作"穴"。
③ "山"字原作"水",不辭,據怡本改。
④ "使",怡本作"便"。

的要左右之交固。

朝山既特,又要左右回環交顧,是爲全美。若主客分明,左右不顧,又非吉矣。

堂寬無物,理合辨於周圍;

明堂寬闊,無案遮闌,雖要四圍羅城周密,或逆局則成大地矣。

朝對分明左右交固之圖

水亂無情,義合求於環聚。

無情者,散漫也。水雖無情,終須流歸。環聚、義合,求其環抱會聚之處爲明堂,則氣聚脉止,而成吉地矣。《龍經》云:"凡到平洋莫問蹤,只觀環繞是真龍。"

當生不生者,勢孤援寡;

脉以活動擁從爲生,孤單急硬爲死。其龍脉之來,雖則活動爲生,而左右無從無送,或被風吹水割,則謂之勢孤援寡,而當生不生矣。《脉訣》云:"峽內孤單,必主貧寒。"

見死不死者,子弱母強。

脉以勢孤援寡爲死,擁從援拯爲生。其龍脉之來,雖則卑弱爲死,而或左右從送

之山相生相濟,如金之生水,木之濟火,則謂之子弱母强,而當死不死矣。故《經》云:
"子被鬼傷,母來故止。"

鶴膝蜂腰恐鬼劫,去來之未定;

鶴膝者,龍之過處,中大而兩頭小也。蜂腰,中細而欲斷也。鬼劫者,分枝擘脈
也。分擘短者、少者爲鬼,多者、長者爲劫。蜂腰鶴膝本是結局龍脉,但恐鬼劫散亂,
或去或來,分奪未定,則生氣爲其所耗,而吉穴不能成也。楊公云:"天劫便是龍身去,
劫去不回無美利。"愚嘗觀鬼劫之龍,多結神壇社廟而已。《神鑒歌》云:"擘脈分枝是
鬼龍,直如鵝頸曲如弓。小名爲鬼大爲劫,只爲神廟有靈通。"

蜂腰鶴膝之圖

珠絲馬跡無龍神,落泊以難明。

珠絲馬跡,皆言龍神落泊平洋,藏蹤閃跡,藕斷絲連。楊公云:"抛梭馬跡線如絲,
蜘蛛過水上灘魚。驚蛇入草失行跡,斷脉斷跡尋來無。"故曰難明。陶公《捉脉》云:

"馬跡過水,攬衣渡河,無形無影,豈類高坡?"凡遇此等脉法,須要子細消詳,當以高低分寸之間而辨之可也。

蛛絲馬跡之圖

仿佛高低,依稀繞抱。

此結上文未定難明之意。言尋龍脉者,當於高低仿佛處辨。其高一寸者爲龍,低一寸者爲水,則脉可尋矣。又於繞抱處察其何者真爲環抱,何者真爲拱抱,則穴可定矣。

求吾所大欲,無非逆水之龍。

逆水之龍,力重福應之速①。順水之龍,福應之遲,故吾欲其逆也。《葬書問答》有問者曰:"或謂人間萬事皆順,惟金丹與地理爲逆者,何也?"對曰:"人有五臟,外應五行②,流精布氣以養形也。陽施陰受以傳代也,非逆不足以握神機而成造化。天以五

---

① "力",怡本作"爲"。
② "五"字原作"天",據《葬書問對》、怡本改。

氣行乎地中,流潤滋生,草木榮也。絪縕上騰,發光景也。非逆不足以配靈爽而貫幽冥,知金丹地理之爲逆者,則生氣得所乘之機矣。夫豈一物對待之名哉?"

使我快於心,必得入懷之案。

　　凡案山欲其當面特來,如人拜者。或如龍之蟠屈,鳳之翔舞,或兩角抱身,如弓之臥,如几之平,此入懷之案也。若案山無情,雖尖圓方正,亦無所補。故楊公云:"若是真朝直入懷,不必尖圓如龍馬。但要低昂起伏來,不愛尖斜直去也。直去名爲墜朝山,雖見尖圓也是閑。譬去貴人對面立,與我情意不相關。"此言照山,雖然尖圓方正,苟無情焉,不若入懷之美矣。

　　蜂屯蟻聚,但要圓淨低回;

　　穴前小山纍纍叠叠,其多如蜂蟻之屯,聚而不散亂。其形則圓淨低回而不粗惡,不啻大將居中,三軍環衛,後擁前迎,左回右顧。無一而不伏降,無一而不聽命,此大富貴之地也。

蜂屯蟻聚之圖

屯兵

虎伏龍蟠，不拘遠近大小。

凡真龍落處①，自然青龍蜿蜒，白虎馴俯，所以成其吉局也，何拘大小遠近哉？《經》云："龍蟠臥而有情，虎降伏而不驚。"是爲吉形。《白虎歌》曰："白虎不與凡虎同，頭顱似虎身如龍。長腰俯伏爲真體，踞足昂頭總屬凶。"舊本作虎踞，非也。《葬書》云："龍無殺，尚不可踞，況白虎乎？"

虎伏龍蟠之圖

---

① "處"前怡本有"脈"字。

脉盡處須防氣絶，

脉盡處，恐是窮極氣絶之所。故腰結之地，龍勢蟠泊猛大①，分牙布爪，吐霧興云。結局之外有三五里山勢未盡，皆是餘氣而回轉輔佐，此是大地。楊公云："好地多從腰裏落，回轉爲之作城郭。"是也。然或盡處頓起星峰，四顧有情，亦宜詳之，又不拘於此也。

地卑處切忌泉流。

凡卑濕之地，天心不起，穴法不明，四時出水，内無生氣，則主絶嗣之兆②。

來則有止，止則或孤，須求護托。

《經》曰："勢來形止，是謂全氣。全氣之地，當葬其止。"然或止處，不生枝派③，是單山獨壠，謂之孤露無情。須求兩邊夾輔之山，或隔岸山來護托者，方爲吉也。

一不能生，生物必兩，要合陰陽。

孤陰獨陽，謂之一。凡龍脉體勢，來爲仰掌，名曰獨陽。純陽則男子無婦。凡龍脉來如劍脊，名曰孤陰。純陰則美女無夫，故陰陽不交而無生育。故曰一不能生也。一陰一陽，謂之兩④。務要陰中求陽，陽中求陰，陰陽配合，則生成之機不息，方爲大地矣。

有雌有雄，

雌雄之情和，亦陰陽之配合。故龍穴砂水、賓主龍虎皆有雌雄，難以盡述。大概不過言其情意相戀而已。《坤鑒歌》云："尋地先須尋祖宗，更於山上認雌雄。雌雄若也無人會，何必區區覓後龍。"《龍經》云："雌若爲龍雄作應，雄若爲龍雌聽命。"若山勢無情，左右飛走，則謂之雌雄不顧，決不結地矣。

有貴有賤。

尖秀方圓端正，環抱有情，山水之貴也。蠢惡急硬欹斜⑤，反背無意，山水之賤也。

其或雌雄交度，不得水則爲失度；

---

① "泊"，怡本作"屈"，義長。
② "兆"字後怡本有"也"字。
③ "派"字原作"瓜"，不辭，據怡本改。
④ "兩"字後怡本有"儀"字。
⑤ "惡"字原作"燭"，不辭，據怡本改。疑"燭"爲"獨"字之訛。

此承上文而言。雌雄交度，又非一端。龍穴砂水，各有雌雄交度之情也。今舉穴法言之，凡氣脉止處，上面有分，下面有合，則爲雌雄交度。若上面有分，下面無合，則爲雌雄失度。不得水者，無金魚水之界合也。鄭氏曰："倘金魚不界，則謂之雌雄失經。"故雖藏風①，亦不可用。楊公云："雌雄交度用比和，莫遣强奷損害多。此訣時師能曉會，仙人緘口待如何。"陶公云："雌雄相喜，天地交通。"亦此義也。

倘如龍虎護胎，不過穴則爲漏胎。

胎者，穴也。左右包裹過穴爲護胎，不過爲漏胎。

護胎漏胎之圖

可喜者龍虎峰上生峰，

既得龍虎護胎，又貴乎龍虎臂外重重聳起高峰，方爲全美之地。《秘要》云："龍邊卓筆入雲霄，金榜占鰲頭。虎上高峰似頓槍，新任作官郎。"又云："龍上尖峰起，子息

---

① "藏風"，怡本作"交度"，義長。

登高第。虎上起尖峰，養女似美蓉①。《砂法》云：“龍頭有筆插青天②，須知此地出魁元。”

　　可惡者泥水穴邊尋穴。

無脉卑濕處，謂之泥水穴。廖公云：“天穴雖高太近頂③，謂之離鄉穴。”葬之必主出人離鄉。地穴太低不出官，謂之泥水穴。此無氣脉之所葬之，多主絕嗣。

　　出身處要列屏列嶂，

龍身發行處，要背後聳起高山，如屏風之列。護從隨龍而來，即龍之貴也。

　　結穴處要帶褥帶裀。

穴前有餘氣，謂之裀褥，主旺人丁。《坤鑒歌》云：“山無餘氣子孫稀。”是也。

屏帳裀褥之圖

　　當求隱顯之親疏，

---

①　“美”字，怡本作“芙”。
②　“有”字，怡本作“卓”。
③　“太”字原作“莫”，不辭，據怡本作改。

　　董氏謂:"左右之砂,見者爲顯,不見者爲隱。"本身生來護從者爲親,外山生來者爲疏。大抵觀砂之法,或隱或顯。親者爲上,疏者次之。又相向者爲親,相背者爲疏。無分隱顯,俱要有情,斯爲美也。

仍審怪奇之趨舍。

　　怪奇亦左右之砂,生出千形萬狀。要審其端正圓净者趨之,欹斜破碎者捨之。

犀角虎牙之脱漏,名爲告訴之星,

　　登穴所見之砂①,尖利如犀角虎牙之狀②,名曰鬭訟之星,必主獄訟刑憲之禍。否則口舌是非,或出軍匠逃移,終非吉也。若逆水生上,彎抱有情,如牙刀者吉也。

驪珠玉几之端圓,即是貢陳之相。

　　珠几朝拱有情,即是進貢獻陳之象也。

鬭訟貢陳砂圖

山貢進

---

①　"砂",怡本作"形"。
②　"尖"前怡本有"若"字。

亦有穴居水底，奇脉異蹤；

水底之穴甚難尋究，必是來脉精奇，蹤跡怪異，自然超拔，與衆不同。脉跡奇異而來，臨於深淵大澤，忽然隱脉，必其穴生水底，惟道眼者知之。

更有穴在石間，博龍換骨。

石間之穴，亦未易言。必是來龍頓挫，多博星峰。或石山博換土山，土山又博換石山，上石下土，氣脉自下而上，自裏而表，特以天然土穴結於石間，惟法眼者識之。故楊公云：“也有穴在大石間，也有穴在深澤裏。”曹公云：“或過江或不見，任使時師尋覓遍。或居溪谷及深潭，須把應龍子細辨。”

水底必須道眼，石間貴得明師。

此承上文而言。水底之穴，必須生而知之，默契山川之妙者可扦。石間之穴，貴得學而知之，洞達山川之情者可辨。

豈知地理自有神，

夫地理一事，隱顯之跡，變化之機。若有神焉，而常人不可測度也①。

誰識桑田能變海。

此承上文言。雖得吉地，苟非其主，必有神物變易，以致反吉爲凶。變易者，或被洪水衝傷，或山崩地裂，或原有陰砂交鎖，今被開通。有滄海桑田，陵谷變遷之端也。

右第七章論龍穴真假

骨脉固宜博換，

骨，石也。龍脉之行，必籍石而後聳也。節數龍宜博換，此結上起下之辭也。

龍虎須要詳明。

龍虎者，輔弼之任也。有本身發出者，有他山來抱者。有一邊係本身生出，而一邊是他枝來護者，不可拘也。但要青龍蜿蜒而回抱，白虎蹲踞以環迎，是爲美矣。又來水邊不可長與强，去水邊不可短與弱。或凹露②，或尖利，或昂逼，或反背，皆是無情又非吉矣。故曰須要詳明。

---

① “而”字底本殘，據怡本補。
② “凹”字，怡本作“四”，義長。

或龍去虎回，

《砂法》云:"龍飛虎抱墳,長位絕兒孫。"

或龍回虎去。

《砂法》云:"虎走龍回顧,三子離鄉土。"

回者不宜逼穴，

龍虎回轉,不宜衝突。潛逼而不遜,須得彎抱恬軟而有情。

去者須要回頭。

無分龍虎,須去終要回頭拱顧,若直去不回,未可也。

蕩然直去不關闌，必定逃移並敗絕。

此承上文言。龍虎筆直而去，內既無回顧之情，外又無關鎖之山，則水走砂飛，主出逃移敗絕。此必然之理也。

有關無關之圖

或有龍無虎，或有虎無龍。

有龍無虎，即左單提，左仙宮。有虎無龍，即右單提，右仙宮之類。其單提、仙宮之穴，本身雖然有左無右，有右無左，得外枝山水來應護者，斯爲美也。

左右仙宮之圖

無龍要水繞左邊，

無青龍要水從左邊來，繞右抱穴而去則吉。劉氏曰："水來自左，無左亦可。"

　無虎要水纏右畔。

無虎要水從右來，繞左而去則吉。劉氏曰："水從右來，無右亦裁。"《指南》云："有龍無虎多爲上，有虎無龍亦不凶。若得外山連接應①，分明有穴福常豐。"

左右單提穴圖

　莫把水爲定格，

勿以水爲定格局，亦有乾源無水。或砂有情亦吉。古云："高山不論水，平地不論風。"

　但求穴裏藏風。

此承上文言。高山之地多是乾源，但求四圍包裹緊密。穴內藏風，則亡者安而後嗣昌也。《指南》云："龍低虎勝皆無害，但要山峰合吉形。破缺凹風尤是殺，黃金吹散絕人丁。"

　到此着眼須高，更要回心詳審。

此結上文。目力故宜高着，心思尤要審詳。

　或龍強虎弱，或龍弱虎強。

龍忌乎弱，虎忌乎強。大概欲其馴俯爲吉也。

　虎強切忌昂頭，龍強尤防嫉主。

虎昂頭而視冢②，謂之銜屍。龍昂頭而壓穴，謂之嫉主。

---

①　"連"，怡本作"來"，義長。
②　"冢"，怡本作"穴"。

兩宮齊到，忌當面之傾流；

龍虎齊到，雖或有情，若穴前水直去，更無關闌，必致退敗也。楊公云："去水直流最堪傷[①]，明堂傾瀉嚮浪浪。真氣盡從流水去，出人喪禍似驅羊。更有少亡並產厄，退官失職賣田莊。"

一穴居中，防兩邊之尖射。

龍虎不欲尖射，犯者主詞訟徒刑殺傷之象。《駐馬揚鞭》云："兩宮齊到人皆道好，必主殺傷却生煩惱。"又云："龍虎兩尖射，世代主徒刑。"

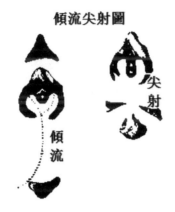

傾流尖射圖

東宮竄過西宮，長房敗絕；

左山飛走過右宮，主長房不吉。若彎環平伏則不忌之。

右臂尖居左臂，小子貧寒。

右山尖射過左邊，主小房退敗。若平伏有情，反益於小也。

最宜消息，毋自昏迷。

此結上文。龍虎之喜忌[②]，最宜仔細推詳，毋自昏昧也。

---

① "流"字底本脱，據怡本補。

② "忌"，怡本作"怒"。

東西竄走圖

右臂尖射小子貧寒
左臂
敗竄過宮者絶

右第八章論龍虎

相山亦似相人，

《藝文志》云："相地與相人並列。"《明山寶鑒》云："人不入形不相，地不入形不葬。"人有大小、長短、賢愚、貴賤之分，山有高低、肥瘦、斜正、方圓之異。人稟五星之正者爲富貴之人，山得五星之正者結富貴之地。然或有相貌不足而富貴者，此奇形異狀也。於此尤宜詳之。

點穴猶如點艾。

楊公云："大凡點穴非一樣，降勢隨形合星象。譬如銅人針灸穴，穴穴宛然方始當。忽然針灸失其真，一指隔差連命喪。"誠哉斯言。穴法不可不謹也。夫高一尺則傷龍，低一尺則傷穴。深則氣從上過，淺則氣從下過。是故點穴之難，如針灸之不易也。愚嘗類編《三寶經》，穴法頗詳，同志者幸鑒焉。

一毫千里，一指萬山。

此承上文點穴之難，不可毫釐之差。古云："到頭差一指，如隔萬重山。"

若有生成之龍，必有生成之穴。

既有真龍，必有真穴，自然之理也。吾祖嘗曰："真龍必不閑生，未可以到頭隱拙而棄之。"詩云："陰陽正訣要心通，諸家卦例不須窮。真龍自有天然穴，煩君仔細認真蹤。"

不拘單向雙向，但看有情無情。

龍穴既正立向,尤要賓主有情。羅經二十四向皆可,何拘單向雙向乎①。其雙向者,如丁向加午,丙向加巳,坤向加未,卯向加乙之類是也。

若有曲流之水,定有曲轉之山。

水若曲轉,山亦隨之。楊公云:"水與山隨②,此是龍歸。"

何用九星八卦,必須顧內回頭。

山水既轉,顧內何必合八卦九星方位乎?

莫向無中尋有,

無者,龍脈之不吉,穴法之不真。時師不辨真偽,但見其家葬後頗安,却不審其猶有舊冢正基蔭庇未艾。或云此處還有吉穴,遂於無處尋之。此誤人之端也。

須於有處尋無③。

有者,龍脈之吉,穴法之真。蓋入首怪奇隱拙,或東家福分之未至,或不合庸師之卦例,致有無之未決也。

或前人着眼未工,

此承上文有處尋無之謂也④。因前人目力未至,今當仔細消詳。

或造化留心福善。

天造地設,吉地留與福人。楊公云:"不是時師眼不開,留與福人來。"⑤

左掌右臂,緩急若冰炭之殊;

掌與臂相近,掌有穴而臂無穴。故緩急有冰炭之相反也。

尊指無名,咫尺有雲泥之異。

尊指,手掌之中指也。無名,手之第四指也。言尊指與無名指,相去不遠。尊指倒處,氣厚可扦。無名倒處,氣薄無穴。若不消詳,或差咫尺之間,則禍福有雲泥之遠矣。故陶公云:"掌穴要分於左右,制裁要辨於毫釐。兩指則虎口爲貴,中尊則倒處爲奇。小指乃爲富局,無名枉費心機。"

---

① "何",怡本作"豈"。
② "與",怡本作"曲",義長。
③ "無"字,怡本作"龍"。
④ "無"字,怡本作"龍"。
⑤ 怡本作"不是時師眼不精,吉地留與福人來"。

指掌穴法之圖

傍城借主者,取權於生氣;

傍,倚也。權,變法也。楊公云:"有山傍山,無山傍城。有水傍水,無水依形。"此言來龍合法,但入首輕微。或逆跳番身,或回龍顧祖,只借護托之山爲主也。

脫龍就局者,受制於朝迎。

此言脫其龍脈而就其堂局扦穴者,無非受制朝迎而已。仍要看脈從何處來①,氣從何處止。寧可脫脈而就氣,不可脫氣而就脈。雖云朝迎有情,又不宜貪朝迎而失穴也。

大向小扦,小向大扦,不宜雜亂。

大以小爲貴,小以大爲良。《穴法》云:"衆山小者大處尋,教君此訣值千金。衆山小者大中覓,高則齊眉低應心。"

橫來直受,直來橫受,更看護纏。

《穴法》云:"山若直來橫下穴,莫與時師說。脈若橫來直處尋,此訣值千金。"其橫山取穴,須要有托有撐,方可扦穴。無托無撐,不可扦之。

須知移步換形,但取朝山証穴。

---

① "仍",怡本作"須"。

穴貴乎朝山端正，謂之賓主相迎，情意相合。苟移一步之地，則換易其形，或偏側而不相顧矣。《裁穴篇》云："地移一寸則山一丈。"山移則水移，吉地從之變矣。

　　全憑眼力，斟酌高低。細用心機，參詳向背。

此結上文指掌惜就之法①，大小橫直之扦，或高或低，在竭目力以斟酌之。或向或背，在竭心思以參詳之。至於橫簷橫落②，無龍須下有龍。直送直奔，有氣要安無氣。若此之類，唯在心目之巧以裁之，斯可矣。

　　內直外鈎，僅堪裁剪；

此言內砂雖直，而外陽鈎轉，關闌亦堪裁也③。楊公云："內直外鈎，此地難求。"

　　內鈎外直，枉費心機。

此言內砂雖抱，而外陽飛走，無情枉用心也④。楊公云："內曲外直，少逢衣食。"

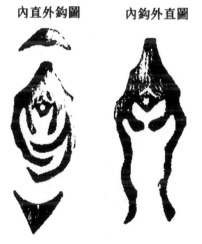

內直外鈎圖　　內鈎外直圖

　　勿謂造化難明，觀其動靜可測。

勿謂陰陽造化之理未易講明，然觀山水動靜之間，則造化可以推測。楊公云："先看金龍動不動，後看血脈定來龍。"是也。

　　山本靜，勢求動處；

---

①　"惜就"，怡本作"脫龍"。
②　"簷"，怡本作"受"，義長。
③　"也"字，怡本作"剪"。
④　"也"字，怡本作"機"。

山本是静物,貴乎一起一伏,踴躍而來。此静中而求動也。

水本動,妙在静中。

水本是動物,貴乎不流不響,澄凝而聚,此動中而求静也。

静者,池沼之停留;

水静,是池塘深潭潴蓄之意。《經》曰:"澤於將衰,流於囚謝。"是也。

動者,龍脈之退卸。

山動,是龍之踴躍翔舞,起伏脱卸而來。楊公云:"退卸愈多愈有力。"

衆山止處是真穴,

衆山相聚之處,必有真穴。但擇其星辰端正,異衆而取也。

衆水聚處是明堂。

衆水聚處是明堂也,又有内外之别。内明堂,水聚發福速;外明堂,聚者發福遲。

堂中最喜聚窩,

明堂喜有窩窟,使水之聚也。《洞林秘訣》云:"明堂如掌心,家富斗量金。"

穴後須防仰瓦。

仰瓦者,穴後有塢槽也,此空亡龍不結地。訣曰:"問君何者是空亡,穴後捲空仰瓦勢。"

仰瓦孝順鬼圖

更看前官後鬼，

問君何者謂之官，朝山背後逆拖山。問君何者謂之鬼，主山背後撐者是。

方知結實虛花。

要知穴之真偽，必先辨其官鬼。有官鬼真穴也，無官鬼假穴也。案前拖出餘氣則
爲官星，穴後生者則爲鬼星。若龍真穴真，然後有官鬼之證也。其形最異，其名最多，
其福最厚，其訣難以具陳。大抵是九星之變也。楊公云："大抵九星皆有鬼，相類相知
各有四。四九三十六鬼形，識鬼便是識龍精。"官星在前鬼在後，官要回頭鬼要就。此
龍穴之實也。官不回頭鬼不就，只是虛花無落首。此龍穴之虛也。

山外拱而內迫者穴宜高，

高即天穴也。凡內案逼壓而外山層層秀拱者，其星脈必上聚而中下俱散，其氣鍾
於巔則百會之間，必發小口。當鑿開天庭放棺，謂之縮杖。又且龍虎俱高，故穴宜
高也。

山勢粗而形急者穴宜緩。

緩則地穴、粘穴也。其星形峻急，上中皆散而下聚也。其氣鍾於麓，宜下綴杖。
山勢雄猛①，氣降平洋，又且龍虎伏降，案山低拱，所以作地穴也。訣曰："星形仰者，低
穴必然。"又云："緩處何妨安絕頂，急時不怕葬深泥。"精地理者詳之。

高則群凶降伏，

---

① "雄"字原作"准"，不辭，形訛所致，據怡本改。

穴高則群惡之砂自然藏伏,無凶也。

緩則四勢和平。

穴低則四圍之山對面來朝①,自然平和而迪吉也。

急緩穴法之圖

山有惡形,當面來朝者禍速。

面前之山,或尖射崩破,巉岩粗陋,此皆凶惡也,則主生瘟。火官非大則絕嗣損人②,小則傷財損畜,冷退而已。但穴上見者禍速③,不見者禍輕亦遲。

水如急勢,登穴不見者禍遲。

水勢速急,反背無情。若內案遮闌,穴內不見者,應之遲也。

趨吉避凶,

---

① “來”字原作“之”,今從怡本。

② “人”,怡本作“丁”。

③ “上”,怡本作“前”。

吉山吉水宜趨而向之，凶山凶水宜避而背之。范氏云："對山有惡石，流水有惡聲，皆可避也。"

移濕就燥。

立穴之處，水泉砂礫幽陰淒冷，此無生氣之所，主凶。可就陽明乾燥之所爲穴，吉也。

重重包裹紅蓮瓣，穴在花心；

重重者，言左右護纏之多，而穴居其中也。《指南》云："嵯峨斷續勢高懸，分瓣形如出水蓮。或似亂花垂蕊穴，居中一穴任安扦。"楊公云："斷續藕脈帶絲牽①，相連荷首下平田②。蓮花偏愛浮清水，蓮葉團團似月圓。花心葉裏堪安穴，爲官常在帝王邊。"

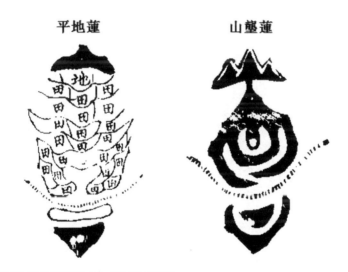

平地蓮　　　山塹蓮

紛紛拱衛紫微垣，尊居帝座。

紫微，即北辰星，天之樞也。凡大地必得衆山衆水來朝，如北辰居其所而衆星拱之。《垣局篇》云："北斗一星天中尊。上相上將居四垣③，天乙太乙明堂照。華蓋三台相後先。此星萬里不得一，此龍不許時人識。識得之時不用裁，留與皇朝鎖家國。"謂

---

① "續"字底本脱，據怡本補。

② "首"，怡本作"葉"。

③ "上"字原作"士"，不辭，據怡本改。

至貴之地。神天禁秘之,常人不許妄議①。

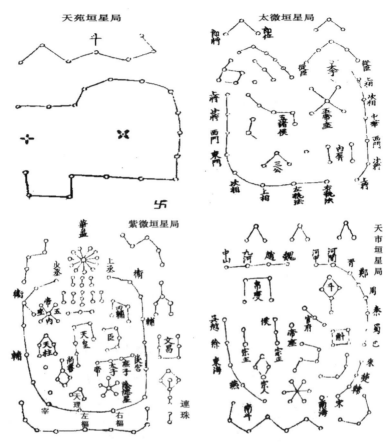

前案若亂雜,但求積水之池;

前案亂雜,無特對之朝,但有明堂積聚停潴,亦爲綿遠之地。陶公云:"池湖積水,四時不流。"楊公云:"亦有真龍無朝山,只要諸水聚其間。"

後山若嵯峨,切忌掛燈之穴。

熊氏以"切忌"爲"必作"二字,恐誤。豈不觀陶公云:"嵯峨險峻者,其或未善。"董氏謂:"嵯峨乃帶殺之地,焉有穴哉。縱高山腰有微窩,亦未免衰敗之速也。"

---

① "議"字,怡本作"裁"。

亂雜嵯峨之圖

截氣脈於斷未斷之際，

水星行龍如瓜藤之狀，一節結一穴。不必拘龍脈之盡處，只於欲住未住處，截氣
脈而扦之可也。

驗禍福於正不正之間。

此言穴法差之毫釐，禍福捷於影響。穴得其正則乘生氣，主亡者安①，生人福也。
一失其正，舉皆偏斜，不得其氣，禍也。楊公云："當急而緩，富貴難取。當緩而急，瘟
火必生。"此禍福之驗也。

更有異穴怪形，我之所取，人之所棄。

或真龍迢迢而來，到頭隱拙，多結靈異之穴，奇怪之形。楊公云："也曾見穴如側
掌，却與仰掌無兩樣。也曾見穴直如槍，兩水射脇實難當。也有龍虎兩頭尖，左悴右
紐休要嫌②。也有龍虎生石嘴，時師到此何曾喜。也有左長右枝短，也有左短右枝長。
也有主山似牛軛，也有前案似拖槍。世俗庸師多不取，那知異穴生賢良。"若此者，識
者取之，不識者棄之。

---

① "安"，怡本作"定"。
② "左悴右紐"，怡本作"左牙右劍"。

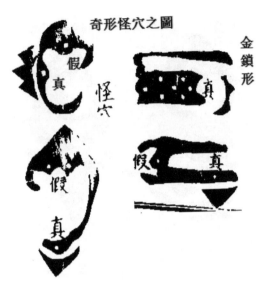

若見藏牙縮爪,機不可測,妙不可言。

凡龍之未住則分牙布爪,龍之將止則縮爪藏牙。尖利者變爲圓齊,飛動者變爲安靜,此乃真龍蟠泊。其機已露,惟智者知之,而常人不可測度;其妙無窮,惟識者達之,而難以言語形容也。陶公云:"悠悠而縮爪藏形,隱隱而無頭無緒。"豈知遇水爲真,乘風則散。

石骨過江河,無形無影;

石骨過水,潛藏難辨。況又穿江渡河,無形影可求。若不觀其兩岸形勢,烏能知之。訣云:"漏脈過時看不得,留心仔細看龍格。穿山渡水過其蹤,認他石骨爲真脈。"亦此意也。

平地起培塿,一東一西。

培塿者,平中之小阜也。或東或西,大小不等,而無定向也。《經》曰:"地有吉氣,土隨而起。支有止氣,水隨而比。"此言平地吉氣湧起,故土亦隨之而突也。

當如沙裏揀金,

此言上文。過江之脈,無形無影。平地之脈①,隱隱隆隆,當如沙裏淘金,則真僞自分矣。

---

① "脈"字原作"突",不辭,據怡本改。

定要水來界脈。

此承上文。微隱之脈，非水分則莫知其行，非水界則莫知其止。楊公云："高土一寸則是山，低土一寸水回環。莫道微茫龍氣弱，水來纏繞足堪安。"

平洋穴宜斟酌，不宜掘地及泉；

南方平洋之地，土薄宜淺。掘深則有泉水之患，其法當以合水處斟酌之。合水處立一標準，穴上立一標準，以繩率平，用杖約量，仍讓尺許①，以防客水。如合水處深三尺，則穴宜二尺餘，皆仿此。北方土厚宜深，又不可拘於此法也。朱子曰："興化漳泉間，棺只浮於土上。深者僅有一半入地，所以上面封土甚高。後來見福州人舉移舊墓，稍深者無不有水，方知興化漳泉間淺墓者蓋防水耳。"即此意也。

峻峭山要消詳，務要登高作穴。

四山峻峭而高聳者，必結上聚之穴。山勢雖險，而其中復有不險之穴，務要坦然有窩窟處，扦穴方可也。《穴法》云："曾公但愛筲箕窩，一穴須發千倉禾。"

穴裏風須回避，莫教割耳吹胸；

此言高山之穴，最怕凹風。或四望之山不能遮護，左缺右空，被風吹割胸耳。生氣爲其飄散，多有番棺倒骨之患。楊公云："堂裏避風如避賊。"可不慎哉？

面前水要之玄，最怕衝心射脇。

面前水須要之玄曲折來去者吉。或川字流，八字分及衝心射脇者凶。楊公云："來水直亦非祥，刺脇傷心不可當。"是也。

土山石穴，溫潤爲奇；

《經》曰："夫土欲細而堅，潤而不澤。"欲得體質脆嫩鮮明，光澤晶瑩爲奇。五氣凝結於地中②，金白、木青、火赤、土黃、水黑，惟黃爲五色之王。紅黃相間者甚美，間白者尤佳。《葬書》云："玉山石穴，亦有如金如玉。或如象牙、龍齒、珊瑚、琥珀、瑪瑙、碑礫、硃砂、紫檀、碧鈿③、石膏、水晶、雲母、禹餘糧、石中黃、紫石英之類，及石中有鎖子紋、檳榔紋、或點點雜出而具五色者，皆脆嫩溫潤，似石非石，爲吉也。"若青黑堅硬，不通

---

① "許"，怡本作"餘"，義同。

② "五"前怡本有"蓋"字。

③ "鈿"字原作"珊"，不辭，據《劉江東家藏善本葬書》改。

錐鑿者,凶也。

土穴石山,嵯峨不吉。

嵯峨,乃險峻之石,故凶。却有一等石山,光如卵殼,鑿下地土穴而土色細膩①、豐腴、堅實、光潤爲吉。《葬書》云:"石山土穴,亦有如龍肝鳳髓、猩血蟹膏、嵌玉商金、絲紅縷,翠柳金黃、茶褐之類。及有羅紋土宿如花羔,如錦繡者,皆堅潤似土而非土也。又有四畔皆石,取去土盡,僅可容棺。"此皆精英融結穴也。

單山亦可取用,

單山,獨壟之地。若龍身特達,得外陽山水關闌者,亦可取也。其形勢如星月,如蛇魚,如珠劍之類。是曰:"單山如龍真穴正,外山環拱,豈可棄之乎?"《指南》云:"大形三百有餘般,降勢隨形總異端。不必專求龍虎穴,單山獨壟亦堪安。"其斯之謂也。

四面定要關闌。

上文謂單山可取,須本身無枝派②,仍要外山生來包裹,左右關闌方可取也。

若還獨立無依,切忌當頭下穴。

此承上文而言。單山獨壟之地,主無遮闌。前後又無應托,不過脈盡氣窮之所。切不可去當頭下之,必見衰敗。《經》云:"氣以龍會,而獨山不可葬也。"

風吹水劫,是謂不知其所裁。

無夾從則風吹無餘氣,水來沖則水劫,是曰難裁。

左曠右空,非徒無益而有害。

曠,遠也。左山隔遠不顧,右邊空虛,此無益有害之兆③。

石骨入相,不怕崎嶇;

入相者,起形勢有星辰,雖石山行龍,有何不可? 蓋欲頓挫有勢而來,何怕崎嶇而聳。惟入首融結處,不可有崎嶇之石耳。《經》曰:"氣以土行,而石山不可葬也。"

土脈連行,何妨斷絶。

熊氏引醫喻曰:"地之氣脈,猶人之榮衛也。榮行脈中,衛行脈外,榮運不息。"榮

---

① "地",怡本作"有"。
② "派"原作"瓜",不辭,據怡本改。
③ "兆",怡本作"地"。

者,血也。衛者,氣也。氣旺則脈行,氣衰則血竭。土者,氣之體。有土斯有氣。土脈連行,如氣周流,自然不斷絕也。

但嫌粗惡,貴得方圓。

所嫌者,巉岩粗惡之山也;所貴者,端正方圓之形也。

過峽若值風搖,作穴定知力淺。

夫峽者,龍家之樞紐,造化之胚胎。前面結穴峽中露情,若術士得峽精微,便知前面結穴遠近。星辰高低左右長短,及結地大小發福重輕並預知矣。今言過峽處,兩邊無護,或被風吹,或被水劫,前去結穴定小,發福亦輕。若過峽處,兩邊有護,前去結地必大,發福必重。其胚胎者,如孕受胎一同,胎中有病,則其子瘦弱多災。受胎無病,則其子肥健清秀。峽土穴土,峽石穴石,星脈一同。及左右長短形勢之類,結穴亦然,蓋不離其本體。夫峽穴之相應,斯吉地也。

穴前折水,依法循繩;

《經》云:"法每一折潴而後泄。"折則水灣,潴則水停。不折不潴,直流無情。《鑒水極玄經》云:"凡墓宅前必須三折干神水。"干者,甲乙丙丁庚辛壬癸乾坤艮巽是也。

圖上觀形,隨機應變。

山川形狀,變化不一。紙上圖形,發蒙而已,全在人隨機而變也。

穴太高而易發,花先發而早凋。

凡點穴太高,截生氣之盛,故發福如花之速綻而早凋也。穴緩,發福雖遲而耐久。《穴法》云:"定穴太高君大錯,花若先開亦早落。低穴勢中發福遲,禍福之來無剋剝。"

高低得宜,福祥立見。

此承上文點穴。當高則高,當低則低。若左右高低得宜,則福祥立應也。

雖曰山好則脈好,豈知形真則穴真。

雖云山特達則脈盡善,豈知形端正則穴情真。《坤輿》云:"問君爲地必有形,不知形自何由成。陰陽融結爲山水,品物流形隨寓生。在地有形天有象,凡有形者因氣凝。"凡氣凝結,有五九之星體,人物禽獸之等形,各有穴法,其萬狀千形,皆由星之變化。故形真則穴自然真也。

枕龍鼻者,恐傷於唇;

龍首以鼻顙中正,吉。唇皮淺薄,凶。故唇鼻相近點穴太緩,則脫氣傷唇。

點龜肩者，恐傷於殼。

龜肩則厚納，吉；殼則浮露，凶。但肩殼相接，急恐傷脈，故扦肩則吉。如忠壯程公祖墓，土名黃羅，靈龜出洞形，肩穴得氣。遇異人埋白石爲記，指曰："葬此必顯。"後公生，有功於國，歿，謚廟曰世忠。

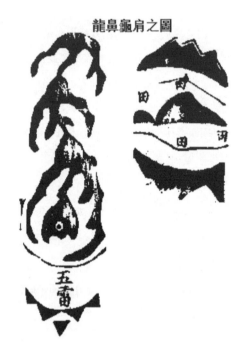

出草蛇以耳聽蛤，

蛇形有三寸穴，七寸穴。王字頭上穴，如聽蛤蛇形，則扦耳上。穴要邊傍有蛤，則其情氣攻於耳，耳乃深曲藏風之所，故吉。又有上山蛇形，宜扦糞門穴，但觀山水有情處爲穴可也。

出峽龜以眼顧兒。

龜形須上水爲貴，肩尾並吉，頭眼未可扦。今言顧兒情義聚於眼[1]，故扦眼穴。

舉一隅而反三隅，觸一類而長萬類。

然形穴之多，千形萬狀難以備述，但舉一隅則三隅可知，觸類而長以盡其餘。全

---

① "義"，怡本作"意"，義長。

在人心目之明，不可執一而論也。

雖然穴吉，猶忌葬凶。

雖得吉地，而術者不得其法，或差高低深淺之間，是謂之葬凶也。《指南》云："立穴若還裁不正，縱饒吉地也徒然。高低深淺如差誤，變福爲災起禍愆"。又云："葬凶者，其病不一。"有不信陰陽而妄自扦葬者，有輕親重利而不求其吉地者，有不積陰功而山靈變異者，有謬用庸術而不知正穴者，故地吉葬凶[①]，往往有之。爲今之計，先以積德爲本，而愼擇明師符之。二者兼備，吉穴得焉。

右第九章論葬法

立向辨方，的以子午針爲正。

昔軒轅黃帝與蚩尤戰。蚩尤能作大霧，黃帝制指南針以示方也。至周南交趾國越裳氏來朝，忽迷歸路，周公作子午針置之於車，名曰指南車。自漢初張子房，只用十二支。至唐以來取十干，除戊己居中，只用八干，添乾坤艮巽分作二十四位，以天地四方中分之，自後有正縫針之說。吾郡董德彰採諸論，取壬子丙午縫針爲是，稽理未然，今不復論。愚意謂正針者，子午卯酉居四正，乾坤艮巽居四維。子爲正北，壬癸輔之；午爲正南，丙丁輔之；卯爲正東，甲乙輔之；酉爲正西，庚辛輔之。況謝覺齋云："子午爲陰陽之正極，卯酉爲天地之橫樞。"以子午爲天地之中、南北之正。本文謂"立向辨方，的以子午針爲正"即正針也。

作當依法，須求年月日之良。

安墳立宅，必擇年月日時之良利也。范氏曰："好地如巨舟，良期如利楫。巨舟能戰物，利楫能行舟。"蔭主者，風水之吉也；發作者，年月之良也。楊公云："不知年月有玄微，年月要妙少人知[②]。年月乃爲造命法，裝成好命恣人爲。若人生時得好命，一生享福兼富盛。不獨己身富貴高，十世云仍做官定。"考之楊公，當時顯用通天竅，利物濟民，誠爲剋擇之主。於是暇日以通天竅年月編作六十年山向定例，名曰《六十年圖》。趨避之義，瞭然明矣。而又以宅、婚、塋三元，輻輳成書，名曰《三元集成》，同志

---

① "地"原作"也"，不辭，據怡本改。

② "要"，怡本作"奧"。

君子幸鑒。

山川有小節之疵，不減真龍之厚福。

疵，小病也。凡龍身特達，踴躍而來，到頭星辰端正，四顧有情，特其中或一砂一水有小節之疵病，終不爲之大害也。

年月有一端之失，反爲吉地之深殃。

雖得吉地而犯年月之凶，必主生災禍。楊公云："吉地葬凶禍先發，名曰棄屍福不來。此是先賢景純説，景純雖説無年月。後來年月數十家，一半有頭無尾結。大抵此文無十全，大半都是俗師傳。統例一百二十家，九十四家月與年。問之一一真通道，飛布星辰説玄奥。試令揀擇作宅墳，福未到時禍先到。"誠哉斯言。則楊公年月之外，有廖金精年月可兼用之，餘家年月無準，未可用也。

多是信異説而昧正言，

正言者，良師非正經不言，非正法不用。異説者，俗師裝卦例邪道克應之説也。詭算小數，妄言福禍及《鬼靈經》之類，皆是惑世。[①]

所以生新凶而消已福。

有一等庸師詭術，昧乎往哲之正言，私生怪異之邪説。無正見之家，反信之如神，致其扇惑，悉聽命焉。使之扦宅，則生者不得安其居；使之作冢，則死者不得安其葬；使之選擇，則不得年月之良。舊福既消，新凶又作，良可惜也。

不然山吉水吉而穴吉，何以多災；

既得山水之吉，必蔭之以福，何故多災？

豈知年凶月凶而日凶，犯之罔覺。

上文言山水俱吉，何爲生災。蓋由選擇犯凶，以致然也。愚嘗考剋擇之凶者，山向忌犯年月日時剋山正陰府太歲、浮天空亡、天官符、巡山羅睺[②]、羅天大退等星，造以黃道爲主，忌火瘟受死等星，葬以鳴吠爲主，忌犯重喪入地空亡之類。諸吉星不能制之，立見災禍。

過則勿憚改，當求明師；

---

① "惑世"後怡本有"誣民，切不可信用也"八字。

② "睺"字原作"猴"，不辭，徑改。

主之信異説,術之昧正言,皆過也。過則當改,必求明師,擇吉地可也。

擇焉而不精,誤於管見。

師要擇主德,主要識師賢。今之術者,惟執己見,尅擇不以楊公年月爲主,察地不以郭氏《葬經》爲宗,反以僞書相惑。此擇焉,不精矣。如管窺天,所見極小,所誤尤多。

謂凶爲吉,指吉爲凶。

承上文以起下文之意。謂管見之人,真僞莫辨,凶吉莫分,致於顛倒矣。

擬富貴於茫茫指掌之間,

言庸師管見,學識未明,妄擬富貴出於掌訣之間。

認禍福於局局星辰之内。

言禍福出於圖局之上局。局謂番卦例、論星辰於方位也。

豈知大富大貴而大者受用,

豈知大富大貴,由山川之氣大聚,故德之大者而大受用也。

小吉小福而小者宜當。

小吉小福,由山川之氣小聚,故德之小者而宜當也。墳宅一理而推之人家禍福富貴大小,全在龍穴砂水之蔭法,豈出於掌訣圖局之間乎?

偶中其言,自神其術。

此結上文,言庸師裝圖局而論吉凶,番掌訣以斷禍福。一言偶中,誇術如神。殊不知《堪輿》云:"善斷墳者必謬於葬。"以斷墳下穴,則穴必敗;以下穴斷墳,則斷不驗,理周然矣[1]。

苟一朝之財賄,當如後患何?

苟,且也。此言術者,不以陰功爲重。苟圖眼下之財,利己妨人,則彼此並受其禍。吾祖曉曰[2]:"卜筮不精,繫於一事;醫藥不精,害於一人;地理不精,傾家滅族。深可戒哉。"

謬千里於毫釐,請事斯語矣。

此結本章地理尅擇之法。差之毫釐,失之千里。□□□可不謹也。或察地不能

---

[1] "周",怡本作"固"。

[2] "曉",怡本作"甞"。

辨其□□□□□□□□□於毫釐之間則□□之應同□□①

右第十章論剋擇②

新刊地理雪心賦句解卷之三

追尋仙跡，看格尤勝看書；

仙跡者，乃前輩地仙所作之遺跡也。後學者雖知書訣，仍要登山覆實。舊仙蹤是何龍穴作③，如何取捨，思過半矣。楊公云："勸君且去覆好賢，勝讀千卷撼龍文。"

奉勸世人，信耳不如信眼。

此言世人但以所聞之地爲主，不以所見之地爲言④。盖由目力不明，雷同於人而已矣。況耳所聞者，未必真，目所見者斯可據。此信耳所以不如信眼也。

山峻石粗流水急，豈有真龍？

山險峻、石粗頑、水傾瀉，此三者極凶之兆，豈有真龍耶？

左回右抱主賓迎，定生賢佐。

龍虎回抱，賓主相迎，斯爲吉地。必産賢良，以佐明主。

取象者必須形合，

取象呼形，必須相合，然後爲真形合者。如將軍形要旗鼓屯兵爲案，金釵形要簾幕妝臺爲案。魚龍毆鼈近水爲奇，千形萬狀觸類而推，必象與形合斯可矣。

入眼者定是有情。

---

① 底本殘，以缺字符補。怡本作"差之毫釐，失之千里。術不可不謹也。或察地不能辨其偽，或選擇不能避其凶，差於毫釐之間則禍福凝於影響之應。同志君子可不謹哉？"
② 底本殘，據怡本補。
③ "蹤"，怡本作"跡"。
④ "言"，怡本作"信"。

入眼者,謂其形勢秀麗,四顧周遮入人之目,如此定是山水有情矣。

但看富貴之祖墳,必得山川之正氣。

覆富貴家之地,必得龍穴之真,山川之正。

何年興何年廢,鑒彼成規;

凡龍脈之來,節數不等。或奇或拙,以致興廢不常。若以步山之法驗之,則何年興廢皆可知矣。然節有長短,應有遠近。故凡若貴若賤若福若禍,一以前賢舊冢鑒之,必響應而不謬矣。故《經》云:"景純教人覆舊穴,此説昭昭能破昏。"

某山吉某山凶,瞭然在目。

某山尖秀主貴,某山方圓主富,某山粗惡尖斜主出軍賊逃亡之類。或出於子午卯酉之上,主子午卯酉生人應之禍福,亦當其年,明目者瞭然於胸中矣。

水之禍福立見,山之應驗稍遲。

山則永年静物,禍福應之稍遲。水則日夜流動,吉凶應之必速。此並結上文,言人家富貴、禍福皆由山川吉凶而應之也。

地雖吉而葬多凶,終無一發;

龍脉雖吉而葬不得正穴,或打破天罡而傷龍,或扦合水而脱氣,或有破腮番闘之患、立向剪裁之非①,是皆葬凶,永無發福之理。

穴尚隱而尋未見,留待後人。

天之生人,地之生穴。苟非其人,則穴將昧而不顯,得而復失。縱得吉地②,或不遇明師,不識其穴,皆緣福分之未至,以致於斯。若有神物護持③,致穴潛隱,留待後人。

右第十一章論仙跡祖墳

毋執己見而擬精微,

精微之理,至難知也。必須參詳衆見以擬乎精微,不可偏於一己之見也。

---

① "剪裁",怡本作"深淺"。
② "縱",怡本作"雖"。
③ "持"原作"特",不辭,據怡本改。

須看後龍而分貴賤。

富貴貧賤皆係乎來龍。觀龍之貴賤,則知結穴之重輕。龍身木星火星,帶印劍而來,此係貴龍,必結貴地。龍身土星金星,帶倉庫而來,必結富地。急硬孤死,此是賤龍,不結地矣。

三吉鍾於何地,則取前進後退之步量;

三吉,貪巨武也。前進,自穴而步水①。後退,自穴而步龍。量山自穴中起一步,退一步,看龍節數以定吉凶。遇三吉星,主此代必發。量水自穴中起一步,進一步,定水之吉凶。如步數上遇深潭、停積之處,此數年財旺則吉。如遇飛走急瀉,主此數年必凶。

劫害出於何方,則取三合四衝之年應。

董氏曰:"劫害者,言堂局中有凶山凶水。"其說有數端:一者,天門不可山高水射;二者,凹風射穴;三者,直斜之水衝割明堂;四者,山腳尖利衝射。其凶山凶水,要看在何方定其災禍。三合者,寅午戌、巳酉丑、亥卯未、申子辰。四衝者,子午卯酉、寅申巳亥、辰戌丑末。此地支三合四衝也。天干三合者,乾甲丁,坤乙壬,巽庚癸,艮丙辛。四正者,甲庚丙壬,乙辛丁癸,乾坤艮巽。如午上有凶山凶水,則主寅午戌及子午卯酉生人應之,災禍亦當其年。如其方有吉山吉水,發福亦然。吉凶一例而推之。

遇吉則發,逢凶則災。

此結上文。遇吉山吉水,必主發福。遇凶山凶水,必見生災。

山大水小者,要堂局之寬平;

山谷之地,山大水小,不相稱。須要堂局寬平,不見水小也。

水大山小者,貴祖宗之高厚。

平洋之地,水大山小,不相當。貴乎祖宗山高大以稱之也。

右第十二章論後龍

一起一伏斷了斷,到頭定有奇蹤;

---

① "穴"字原作"向",據怡本改。

陶公云："山谷則一起一伏,平地則相牽相連。"斷而復續,續而復斷。起伏相仍者,乃博換星辰而來,到頭必結奇異之大地,故曰定有奇蹤。

九曲九彎回復回,下手便尋水口。

面前水如之玄九折,去而復回。是曰"洋洋悠悠,顧我欲留",有眷戀之情也。更要水口山重重交鎖,則主發福久遠。楊公云："更須水口大山關。"此地足堪安。

山外山稠疊,補缺嶂空;

稠疊,多也。若穴之四顧,或有凹缺,得外山稠密①,補嶂空缺,自然吉矣。

水外水橫闌,弓圓弩滿。

隨龍水之外又得溪澗,水橫過關闌如弓之彎抱,主發福久遠也。

緊拱者富不旋踵,

旋,轉也。踵,足跟也。董氏曰："左右財祿之山拱迫②,主發福極速,未轉足遂發矣。"

寬平者福必深深。

朝案寬舒,堂局平正,四山圍繞,並無空缺,只見衆水洋洋來朝,斯堂局之善也。必結大地,主發福悠久也。

修竹茂林,可驗盛衰之氣象;

宅墓之徬,茂林蔭庇,主人財昌盛之兆。竹木衰朽,主人財衰敗之兆。夫地以石爲骨,土爲肉,水爲血,木爲毛髮。骨肉盛則龍氣旺而毛髮茂,由外而知內,則吉凶可以預驗矣。

天關地軸,可驗富貴之速遲。

天關即天門也,水來之處有奇山異石。地軸即地户也,水去之所有圓墩沙洲石印也。近而見者發福必速,遠而不見者發福必遲。

右第十三章論水口

牛畏直繩,

---

① "山"字底本殘泐,據怡本補。
② "迫",怡本作"抱",義長。

土牛者,穴也,不宜水路。如繩直牽牽,則土牛不住,主少亡退敗之兆。《水鏡經》云:"牛住欄中切忌牽,牽他角上退莊田。牽着鼻眼官事起,牽他眼耳法場前。"楊公云"土牛不住誤人貧"是也。

虎防暗箭。

右臂爲虎不宜尖射,如暗箭之狀。《駐馬搖鞭》云:"虎臥牛眠,半月朝天。後宮無箭,鼻孔無穿。"詩曰:"虎怕後宮生暗箭,牛驚鼻孔被人穿。分明馬上搖鞭看,尋龍方顯遇神仙。"

繩箭之圖

玄武不宜吐舌,

穴前餘氣抽長,謂之玄武吐舌。《穴法》云:"玄武嘴長高處點,宜工力以裁之。"

朱雀切忌破頭。

前山切忌崩洪破碎,水響槽坑等狀,必主生官災橫禍。

吐舌破頭之圖

穴前忌見深坑，

前有深坑，名曰陰泉，是無餘氣也。《煙霞賦》云："坑深岸窄，多因卒死早亡。"

臂上怕行交路。

龍虎臂上忌行交路，名曰交刀，又謂之繩索，主有殺傷自縊枷鎖之患也。

交路之圖

上不正而下參差者無用，

上欹斜不正則脉不來，下長短不齊則脉散亂，名倒掛棕櫚也。

左空缺而右重抱者徒勞。

左右環抱，使氣之聚也，方成吉地。今既左邊空缺而右邊重抱者，必不結地，從勞神爾。縱有穴，亦主房分不均，右空缺而左重抱者亦然。若隔水有山護者，亦爲吉矣。

倒掛棕櫚之圖

外貌不足而内相有餘，誰能辨此？

外貌，砂水也。内相，龍穴也。如龍真穴正，無可疑猜，而砂水有小可不足之處，亦可裁長補短而用之。或局外觀之，砂水無情，登穴一覽，情誼有餘，於此尤當辨之。

大象可觀而小節可略，智者能知。

大象，龍穴砂水也。小節，四者之餘也。若龍穴分明，砂水擁從，縱餘氣有纖毫不足處，則亦變凶爲吉也。大勢有情，不可拘於小節也，故曰小節可略耳。

何精神顯露者反不祥？

謂龍脈發見，左右相迎，人皆所喜，何反不祥？義見下文。

何形勢隱拙者反爲吉？

此言龍脈隱藏，形勢醜陋，人皆所棄，何反爲奇。

蓋隱拙者却有奇蹤異跡，

此承上文言。隱拙者，雖龍脈潛藏，形勢醜陋，而得左右護衛，前後朝迎，堂局完密①。此等脈穴雖拙，乃是內君子而外小人也，却是奇妙之穴，常人豈能知之②。

若顯露者多是花穴假形。

此亦承上文。顯露者，雖龍脈出穴，左右包藏，多是虛結花假之穴。《經》云：君如識穴不識怪，只愛左右包者強。此與俗人無以異，多是葬在虛花裏。虛花左右自有情③，子細辨來非正形。虛花假穴更是巧，子細觀來無甚好。怪形異穴人厭看，子孫如何世襲官。只恐怪形人未識，識得怪形却無難。"

膠柱鼓瑟者何知，

此承上文，言顯露與隱拙之類，惟明哲變通者知之。彼膠於見聞，泥於形局者，何足以知之。膠柱謂瑟之雁足，膠粘其柱，使之不動，豈能鼓瑟而得聲音和也。

按圖索驥者何曉。

按圖索驥者，不求驥之德，惟求馬之似，與裝局求地何異哉。

城上星峰卓卓，真如插戟護垣；

卓卓，高聳貌，言羅城星峰高聳，如兵列戟而護營也。

面前壠阜累累，喚作排衙唱喏。

累累，相連貌。言堂局之前，低山圓淨，堆堆累累，相連如覆釜、覆鐘之狀。若隸卒之排衙，如軍兵之唱諾，此富貴之地也。舊本作古冢累累，疑未然也。

華表捍門居水口，

一峰獨聳謂之華表，兩山並聳謂之捍門。有此二星鎮水口，必結大貴之地④。

樓臺鼓角列羅城。

簇簇高而圓者，樓臺山也；簇簇尖而秀者，鼓角山也。列於羅城，必成大地。

若非立郡扦都，定主爲官近帝。

此承上文。山川大聚，局勢寬舒，可建雄都大郡，小則巨鎮名村。且如歙之郡基，

---

① "密"，怡本作"聚"。
② "之"下怡本有"也"字。
③ "自"，怡本作"似"，義長。
④ "地"下怡本有"也"字。

水口聳華表捍門,羅城列樓臺鼓角,衆山翕集,六水朝宗,則官清民安,世出近侍之貴也。

　　衆山輻輳者,富而且貴;

輻輳,相聚會也。衆山皆拱揖屯聚有情,富貴雙全之地。

　　百川同歸者,清而又長。

百川,言衆山翕而衆水聚,則生氣大旺,主享福無疆。如金陵之畿,山拱水朝,龍盤虎踞,垣局寬舒,羅衆山之輻輳,大江纏繞,聚百川之同歸,故主國祚攸遠也。

　　山稱水,水稱山,不宜偏勝;

山水相稱,則爲全美之地。偏勝,不相稱也。

　　虎讓龍,龍讓虎,只要比和。

龍虎貴乎相讓而不相鬭也。若彎環降伏,是曰比和。楊公云:"饒龍讓虎君臣足,下了令人增福祿。堂上資財似湧泉,積穀堆金無數目。"

山水環繞羅城周密之圖

　　八門缺,八風吹,朱門餓莩;

八門凹缺,八風交吹。《經》曰:"騰漏之穴,敗壞之藏。"此主出餓莩。

四水歸，四獸聚，白屋公卿。

四水歸聚於堂，四獸朝迎乎局，又得護衛有情，雖非宦族，頓出公卿。楊公云：“時人不識回龍脈，能令白屋出公卿。”故回龍脈多迎四山四水，富貴見之尤速。

突中之窟雖扦，

《穴法》云：“高山突兀，其中有窟。”大凡高山結穴處，坦然有窩①，名曰包陽包陰，乃生氣隱藏之所。一登其彼②，萬象呈祥，乃至美之所，可以扦之。朱仙桃曰：“來不來，坦中裁；住不住，平中取。”是也。

窟中之突莫棄。

《穴法》云：“平地有突，氣湧而生。絕勝萬仞，仙眼難明。”平洋中有突者，乃靈氣所鍾，最爲奇妙。金水二星，行龍起突，名曰落地梅花。梅實上有穴，金土起突，作寶盖遺珠，却有兩種：有吐水滾浪金，吐水金。單獨一突，其氣聚於巔，宜下盖穴。滾浪金，連續不斷，其凸如漚泡，如梅花，如串珠，如星斗而來。大則特小，小則特大。凡遇此等龍脈，穴得其真，當出魁元神童學士，此極貴之地也。《議龍精髓賦》云：“七星入穴，定出鈞衡。”且如休邑程尚書祖地，土名水橋干③，乃串珠梅花龍。七星入穴，故蔭父子齊顯也。④

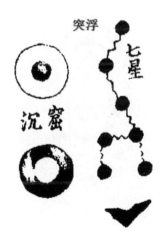

---

① “坦”字原作“垣”，不辭，據怡本改。
② 怡本作“一窟甚微”。
③ “干”，怡本作“下”。
④ “顯”後怡本有“名”字。

窮源千仞,不如平地一錐;

山水初發處曰窮源,八尺曰仞。此重言上文平地之美。彼窮源絕谷,雖秀山千仞,總不如平洋一堆之貴也。《龍經》云:高山大壠尖峰多,不如平地一錐卓。”亦此意也。

外聳千重,不如眠弓一案。

外峰高聳重重,不如案抱眠弓。謂案彎環,遮却朝迎山脚,自然美也。況遠朝乃衆家所同,近案乃我之所獨,故言不如也。休邑程襄毅公敕葬南山,外朝雖遠,獨得眠弓一案爲奇。①

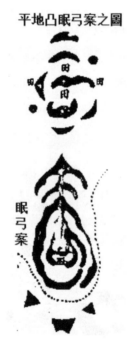

平地凸眠弓案之圖

山秀水響者,終爲絕穴;

山雖秀麗,水流衝射湍急而響者,終久出絕也。

水急山粗者,多是神壇。

山形粗惡,分擘不常。水勢急響,直流不回。及有巉岩之惡山,怪異之惡石,此是

---

① “奇”下怡本有“也”字。

靈異之所,不宜扦墳立宅,只作神壇社廟而已。

不論平地高山,總宜深穴。

高山取窟而氣沉深,則可也。平地取突而氣浮,豈宜深乎?庸師不明生氣浮沉之理,多以此文爲拘。深掘金井,至於泉礫,則棺屍泥水浸害①。噫,亡者不得安其居②,生者焉能受其福。吾常見犯者,誠曰:"平地深藏則氣從上過。"或對曰:"《雪心賦》云:'不論平地高山,總宜深穴。'"殊不知卜先生作此文,欲人以棺深藏,則雨水木根不可及,盜賊蟲蟻不能侵,在無後患,故發此語。至於平洋深者③,大加客土成墳,亦與深藏何異?前文有曰:"平洋穴宜斟酌,不宜掘地及泉。"觀此則卜先生之心可見矣。故曰:"不以文害辭,不以辭害意。"是也。

若是窮源僻塢,豈有真龍?

窮源僻塢,龍神不住,必無地矣。雖有小可,亦不長久。

遠着脚頭,高擡眼力。

此結上文,言尋龍點穴,不可苟且而已。必須遠着脚頭一觀其來歷,高竭目力以察其精微。三回四顧,子細詳之可也④。未聞有隔山而知者,倘或知之,則詭術非正道也。

右第十四章論高山平地羅城

根大則枝盛,源遠則流長。

祖山高大,則分枝之龍必盛矣。源水綿遠,則分派之流必長矣。

要龍真而穴正,

若有特達之真龍,必有分合之真穴。求地者要龍之真穴之正,庶無花假之誤也。

要水秀以砂明。

砂水二者,皆要形容清秀,體態明净,於我有情爲貴也。

---

① "浸",怡本作"污"。
② "噫",怡本作"使"。
③ "洋",怡本作"地"。
④ "詳",怡本作"尋"。

登山見一水之斜流,退官失職;

火城水斜流①,登穴見者,官主失職,庶人因公事而敗。

入穴見眾山之背去,失井離鄉。

山頭向外謂之離鄉。砂左邊去者,主長房離鄉,右邊去者,小房離鄉。楊公云:
"一水去,二水去,眾水奔流一齊去。山山隨水不回頭,失井離鄉無救助。"

山飛水走圖

若見文筆孤單,硯池污濁。

孤峰欹削,左右無從,故謂孤單。池塘斜返,涸濁不清,名曰污濁。

枉鑿匡衡之壁,

漢匡衡家貧無油,鄰家有燭光,衡鑿壁孔引光讀書,後官至宰相。

徒關孫敬之門。

_____

① "火",怡本作"尖"。

楚孫敬常閉戶讀書,十年不出,睡則以繩繫頭髻,懸於梁上,嘗入市①,人號曰:"閉戶先生來也"。此承上文文筆雖秀而孤,池塘有水而濁。雖有孫敬匡衡之篤學,終不能成效也。

財山被流水之返牽,花蜂釀蜜;

左右砂橫伏者,謂之財山。其狀不一,或如琴、如秤、如銀帶、如辨錢②、瓜瓠、覆船之類③,欲其彎抱爲吉④。若被流水返牽向外去者,如蜂之釀蜜,爲人取去,自不得用也。

懷抱有圓峰之秀異,蜾蠃負螟。

蜾蠃,土蜂也。其形似蜂,其色青翠。螟蛉,桑樹上青蟲也。蜾蠃負桑樹上蟲於空桑中,教誨七日曰:"類我類我,變爲己子。"凡龍虎抱一小圓山在內,主有過房之子應之也。

---

① "嘗"字原作"常",不辭,據怡本改。
② "辨",怡本作"輪"。
③ "船",怡本作"盆"。
④ "彎",怡本作"拱"。

一歲九遷，定是水流九曲；

一歲九遷官者，面前有九曲水來朝護也。

十年不調，蓋因山不十全。

十年三考滿不升調者，因砂水欠全①。《坤鑒》云："擁從如無名位卑。"

水若屈曲有情，不合星辰亦吉；

星辰者，卦例謂貪、巨、祿、文、廉、武、破、輔、弼。又云長生、沐浴、冠帶、臨官、帝旺、衰、病、死、墓、絕、胎、養。又云陽山、陽水、陰山、陰水及御街、六秀、黄泉八殺等類，不一而足。時師多以此等妄言凶吉，謂某方山水來合某星辰，某方山水去合某卦例。合其法則用，不合則棄之，因此刻舟求劍，是以吉地尤有存焉。且如黄山宗人祖地，土名曹溪。宋謝卮氏遇異人，扦辰山戌向戌水，當面朝堂。下後人財驟發，富貴雙全，出通判職者六。觀此則不合星辰亦吉也，信矣，何必妄泥於星辰耶？

山若欹斜破碎，縱合卦例何爲。

卦例多端，雖以枚舉，或云艮、丙、巽、辛、兌、丁爲六秀方吉，辰、戌、丑、未四墓方凶。且如本里胡氏祖地，土名黟川，係戌龍到頭，四墓上頓起四金相對，扦辰、戌、丑、未四向，下後人財兩旺，乃本邑鄭師山先生所作，舉此則。楊公云："山形有準，卦例無憑。"然也。

覆宗絕嗣，多因水盡山窮；

源頭水尾，龍氣不止，故不結地。又且山粗水惡，葬之多，主出絕。

滅族亡家，總是山飛水散②。

山水飛走，滅族傾家。《煙霞賦》云："水走砂飛，定主離鄉外死。"

不問何方，允爲凶兆。

此總結上文論星辰方位而言。但見山水欹斜飛走，不問在於何方，並爲凶敗之地。楊公云："山水不問吉凶方，吉在凶方亦富强。暗流斜側山尖射，雖居吉位也衰亡。"

---

① "欠"，怡本作"不"。
② "散"，怡本作"走"，義長。

右第十五章論砂水不拘方位

論官品之高下，以龍法而推求。

《明山寶鑒》云："龍有七十二骨節。"故祖宗山有大小，勢有高低，一起爲骨，一伏爲節。年有七十二候而成歲，山有七十二節而成龍。如不及其數者，則所應大小之不同，亦不可拘於數也。凡有五六十節者皆極貴之龍，如三四十節者極品至三品之貴也，如五七節至十節者七品至九品之貴也。萬物惟龍能變化，故山以龍而喻之。龍長則力重，龍短則力輕。大抵龍貴砂貴，結成大局，則官品必高。若只中局，貴亦如之。若居小局①，不過末品而已。《議龍精髓賦》云："論官品之大小，推龍法之精微。"又要相山勢之高低，垣局之大小，堂氣之聚散，地土之厚薄。且如閩蜀之地多尖秀，淮浙之地多平夷，尤當理勢而推，不可一途而取。

天乙太乙侵雲霄，位居臺諫；

天乙太乙，木火之星。高聳插雲霄者②，主出内臺諫諍之官。

禽星獸星居水口，身處翰林。

問君如何謂之禽？黿魚生在水中心，或山或石如黿魚、如秤斗、如覆舟③、鐘釜之類，名曰禽星。問君如何謂之獸？獸在諸山如領袖，或山或石如龍虎、如獅象④、如馬牛之類，名曰獸星。此二獸鎮於水口者，主出翰林之官。《禽獸詩》云："有獅牛有龍鳳⑤，生在穴前真有用。忽然水口揖明堂，附鳳攀龍身價重。穴不真君莫愛，若是不真反生害。此決分明不誤賢，千金莫易與人傳。"

---

① "居"，怡本作"結"。
② "雲霄"原作"左右"，不辭，據怡本改。
③ "舟"，怡本作"几"。
④ "獅"，怡本作"犀"。
⑤ "獅"，怡本作"犀"。

數峰插天外,積世公卿;

天外,遠也,群峰蠢蠢①,高聳雲霄,主出公卿之貴也。陶公云:"筆插雲端,官取天生俊傑。"②若後龍峰巒秀拔,又得前砂應之,則貴必驗之矣。

九曲入明堂,當朝宰相。

九曲水朝堂③,當出宰輔之貴。九曲水去,亦吉。楊公云:"四橫三直過東西,九曲鳳凰池。"若龍身不貴,穴法不真。縱群峰之插漢,九曲之朝堂,則貴亦不驗矣。

①　"群",怡本作"數"。
②　"俊",怡本作"豪"。
③　"朝堂",怡本作"入明堂"。

九曲山水之圖

左旗右鼓，武將兵權；

旗鼓屯兵，主出元帥。旗出，多出武將。旗鼓全出，文臣亦有用之。

前嶂後屏，文臣宰輔。

前有帳幕掛榜山作朝，後有屏風御座山護托，必主宰輔之職也。

屏帳旗鼓之圖

犀牛望月,青衫出自天衢;

犀牛望月,則月乃金星。清秀低小①,多出神童及第。天衢,御街也。

丹鳳銜書,紫詔頒於帝闕。

形如丹鳳銜書,主子孫貴顯,受紫詔黃麻之聘。

文筆聯於誥軸,一舉登科;

文筆峰與誥軸山相連,主出文章秀士及第。

席帽近於御屏,東宮侍講。

帶帽山與御屏相近,主出侍講之官也。

犀牛丹鳳之圖

---

① "秀"字原作"季",不辭,據怡本改。

衙刀交劍，名持帥閫之兵；

一砂尖抱，謂之衙刀。兩砂相抱，謂之交劍。龍身兩邊垂下者，名曰龍身配劍，主出征討大將軍。《議龍精髓賦》云："側如飛劍，非御史則出提刑。"前砂見之亦然。

鼓角梅花，身領知州之職。

鼓角梅花山，五峰連聳，惟中獨高，當出刺史知州之職。《坤輿》云："樓臺三五中心起，監司並刺史。"

銀瓶盞注，富比石崇；

小山累累如盞瓶之樣，主大富。石崇，西晉惠帝時人，有金谷園，富之極也。

玉帶金魚，貴如裴度。

水星彎抱，謂之玉帶；金星小巧，謂之金魚。龍身帶來者，主出大貴。裴度，唐憲宗時人，爲宰相，有清節之風，文帝封晉國公，貴之極也。

三千粉黛，牽公子之魂銷；

粉黛、煙花，宮娥彩女也。喻之極貴之地，前後侍從之多也。

　　八百煙花,惹王孫之腸斷。

　　群峰矗矗迎秀於前,疊嶂層層侍從於後,主出公侯。楊公云:"來龍勢遠,似聖鸞
輿。三千粉黛,八百煙花。"詩曰:"來龍勢遠看朝迎,似聖鸞輿擁隊行①。左右竪旗連
引劍,屯軍走馬列重城。宮娥玉輦樓臺起,排符旌節勢分明。三千粉黛當墳照,八百
煙花對面生。劍佩簾前呼萬歲,黄金殿上作公卿。"

　　娥眉山現,女作宮妃;

　　娥眉山,如初生月,乃太陰金星也,主女人清秀,爲宮妃之貴。《議龍精髓賦》云:
"勢似娥眉太陰,縱出貴,亦主多生女。"《龍經》云:"平洋娥眉却爲吉,半嶺娥眉最得
力。若有此星連節生,女作宮娥后妃職。男家因婦得官班,又得資財並女色。"若欹斜
破碎,反主淫慾。

　　金誥花開,男婚公主。

　　金誥山是土星,如横几兩頭頗高,近得娥眉金星相配是也。其金星主女,有花容
月貌之美,故借意謂之花開,必主男爲駙馬。舊注花開是草木茂盛,若果如是,則栽培
使之然也,宜詳之。

　　魚袋若居兑位,卿相可期。

　　金星在西方,名金魚袋,主出風憲卿相之貴也。

　　天馬若在南方,公侯立至。

　　天馬山高聳南方,當出公侯之貴,兩馬交馳亦然。

　　頓筆多生文士,

　　頓筆山是木星高聳,主出豪傑文人。《煙霞賦》云:"欲求官職,須尋卓筆之峰"。

　　卓旗定出將軍。

　　卓旗山是火星,頭高脚擺,主出武職。《坤輿》云:"展旗合旗鳳翅旗,威武鎮邊
夷。"如越國汪公祖墓,土名登源洞,旗槍矗矗,兵甲巍巍,而公生以神武,保障六州,納
土歸唐,封忠武將軍,公殁,謚廟曰"世顯"。

---

　　①　"隊",怡本作"陣",義同。

筆旗之圖

頓筆

卓旗

內臺外闆，文武不同。

內臺，文臣也。外闆，武將也。尖峰秀麗，而有印誥、金榜、席帽、文筆、書臺、玉屏、御座，此文臣之氣象也。戈甲、兜鍪、屯兵、劍戟、旗槍，此武將之氣象也。《議龍精髓賦》云：“台星下有箭袋，先武後文，將星下有文昌，先文後武。”《黑囊經》云：“义官龍，頓起樓臺鳳閣；文官穴，華蓋三台正落；文官砂，旗鼓貴人簾幕；文官水，左右來去不矿①；武官龍，火星木星；武官穴，紅旗出身；武官砂，劍戟朝迎；武官水，長流火城。”

某郡某州，分野可斷。

論官職任於何地，看貴峰出於何方，以九州分野斷之。

十二宮分野之地

齊越燕宋鄭楚周秦魏趙魯衛。

---

① “矿”，怡本作“折”，義長。

十二宮分野之圖

《漢書》謂:"二十八宿,各諸侯分野以治地方。"譬如秀峰出於巳酉丑方,主巳酉丑生人,有貴治荊趙越之地,天下亦仿例而推之。

　　御座御屏,入内臺而掌翰。

龍身有御座御屏,主内臺之職及翰林之官也。

　　頓槍頓鼓,鎮外閫以持權。

龍身有刀槍旗鼓①,聳拔而來,主鎮外閫、掌兵權之職也。

　　文星低而夭顏回,

顏子三十二而卒,可謂夭矣。蓋緣文星低陷而致然。文星,則文筆峰也。

　　天柱高而壽彭祖。

天柱,主山也。高聳則主出人壽。考彭祖,本姓錢,名鏗,歷虞夏至商,壽八百歲。《堪輿》云:"何事彭祖壽年長,主山聳拔起高岡。顏子聰明何壽夭,文低水破無命長。"

---

① "刀",怡本作"戈"。

文星天柱之圖

印浮水面,煥乎其有文章。

　　或大石見於水中者,或小山圓净見於水中者,並謂之印,其印浮於去水邊,甚吉。楊公云:"石印江湖水面浮,富貴出公侯。"陶公云:"印浮水面,定知世出魁元";

水聚天心,孰不知其富貴。

　　衆水聚於明堂,瀦積不流則主大富貴,聲名遠揚,誰不知之?

帶倉帶庫,陶猗之富可期。

　　《黑囊經》云:"富龍有倉有庫。"言龍身帶倉帶庫而來,及其止處,左右又得倉庫砂護從,主巨富。范蠡爲越大夫,佐勾踐破吳,不利,後乘舟入海,變姓名爲陶朱公,積財億萬。齊人猗頓聞其富,謁見,請教致富之術。陶曰:"蓄五牸。"猗從其言,不十年,遂致大富。越王思蠡,以金鑄其像。

生曜生官,王謝之名可望。

　問君何如謂之曜？餘氣生在兩肘後。龍虎外有餘氣飛揚,謂之曜氣。問君何如謂之官？案山背後逆拖山。朝案後山拖如舞袖拜龍之勢,謂之官星。《官曜詩》云："龍虎通身尖且利,此是龍身鍾秀氣。穴前左右貼身生,喚作王侯官品地。或如槍或如劍①,隨水順流飛冉冉。時師只斷主離鄉,豈知内有真龍占。"又云："官星不照,難求貴顯之名;曜宿應臨,定秉鈞衡之任。"楊公云："非真龍正穴,必無官曜二星。"官曜星,其理本一。陽則爲曜以其見也,陰則爲官以其不見也,隱顯之異耳。秀氣所鍾,造化融結,而後有此,其福最厚,其狀最異。或如錐如劍如槍如刀如鑽如筆,或類尖刀相刺,或如旗脚飛揚。有若戰士發矢,有如兵將交鋒,有脚有身,有頭有尾,有生有死,有去有來,有特照有傍照,其形不一也。若得官曜二星同照,主出大貴,如王謝之清名也。王導少有風鑒,佐晉元帝中興,號爲仲父。謝安高臥東山不出,晉穆帝聞其賢,徵之拜相。

———————————

　① "槍"字後怡本有"刀"字。

貴龍官曜之圖

曜

官

巧憑眼力，妙在心思。

結上文富貴之龍。巧與拙，憑目力以別之；玄與妙，在心思以得之。

右第十六章論龍身貴氣

新刊地理雪心賦句解卷之四

物以類推，

夫物各有類，類各有聚。如雲從龍，風從虎，各以其類而推之。

穴以形取。

　　形者,五星之形體也。夫點穴必先認五星之形勢而後取也①。如金星扦水窩穴,
水星扦曲池穴,木火二星三停穴、剪火穴,土星心角穴。其穴法有十二穴,三十六穴,
七十二穴。其形有人物形、禽獸形。蓋形穴二者千變萬化,並不離乎五星之形穴也。
如木火二星,多結人形,穴取臍心。陰金星多結禽形穴,取翼窩冠尾。土星多結獸形,
水星多結龍蛇形。其穴雖以鼻顙耳腹頭尾名之,大抵要看氣脈止聚之處爲穴,又要認
坡頭鉗乳無誤也。楊公云:"來龍降穴自天然,何必將禽與獸看。但認坡頭鉗乳穴,何
曾形上出高官。"

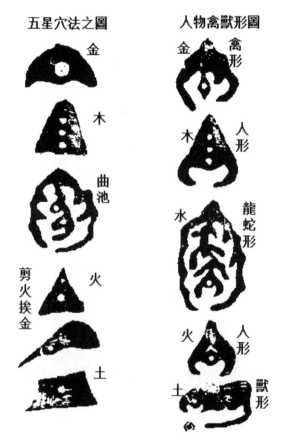

五星穴法之圖　　　**人物禽獸形圖**

　　虎與獅猊相似,

　　虎形來勢直急,身雄頭小,橫土結其身,圓金結其頭。獅形來勢屈曲,身小頭大,

---

　　① "夫",怡本作"凡"。

金水結其身，方土結其頭。故其形雖相似，而星辰所結不同。呼形認勢，宜細辨之。

雁與鳳凰不殊。

雁頭尾短，鳳頸尾長。大抵禽形是金星，多主貴也。

鳳雁獅虎之圖

鳳沖霄

虎

獅伏

一或少差，指鹿爲馬。

觀形者少有差失，則以鹿爲馬矣。鹿形身瘦而頭平[①]，馬形身肥而頭高。

渾然無別，認蚓爲蛇。

察勢者一無分別，以蚓爲蛇矣。蚓形細曲而身短，蛇形屈曲而身長。

---

① "瘦"，怡本作"瘠"。

鹿馬蚓蛇之圖

或取斜曲爲釵，四圍不抱。

釵形多是假，全憑包裹方真，穴宜點脊，不然氣冷難扦。

或求横直爲劍，兩畔不包。

劍形是倒地木星，無彎曲之勢，要龍虎包裹方可扦之，不然孤木如死鱔，不結地矣。

釵劍之圖

文筆畫筆，二者何分。

尖峰秀麗端立者，爲之文筆。尖峰欹斜者，爲畫筆也。

銜刀殺刀，兩般無異。

尖利彎抱者爲銜刀，尖利直硬者爲殺刀也。

若坐山秀麗，殺刀化作銜刀。

來龍特達，主山秀拔而貴，縱有殺刀，亦化作銜刀也。

或本主賤微，文筆變爲畫筆。

來龍軟弱，主山賤微，雖有文筆亦變爲畫筆也。

尖槍本凶具，遇武士以爲奇。

前砂如尖槍，乃凶殺之器。遇武士反爲有用，爲吉也。

浮屍固不祥，逢群鴉而反吉。

倒屍山出人路死①，不祥之兆，遇群鴉形，反成吉也。

文筆刀槍之圖

①　“山”字原作“出”，不辭，據怡本改。

鼓笛非神仙不取，無道器則出伶官。

道器者，幢幡、寶蓋、藥甌、丹爐、仙鶴、仙橋及鼓笛之類，主出神仙。無道器及主山不秀，主出音樂之官。吾邑呈坎天尊祖墳，土名烏石。鶴騰翼出脈來，有白鶴仙橋，甌蛇拱顧及道器陳前，葬後全家白日升天。楊公云："鶴橋騰翼度神仙①，懸絲隱隱下平田。白鶴仙橋來歷遠，甌蛇相會應墳前。下了亡靈生上界，子息渾家入洞天。只有甌朝蛇不應，爲官必定到簾前。"

印劍非天師不持，有香爐則爲巫祝。

印劍山出天師，否則僧道。香爐山出巫祝。

鼓笛幡蓋印劍香爐形圖

神仙道器之圖

葫蘆山現，術士醫流。

葫蘆山豎而圓净，主出醫士②。若倒地模糊，名毒藥山。

---

① "橋"字底本脱，據怡本補。
② "士"，怡本作"流"。

木杓形連，瘟瘟孤寡。

頭圓尾尖，名木杓山，主出瘟瘟浮腫，孤兒寡婦。直來見頭不見柄，主富。

木杓葫蘆之圖

木杓

葫蘆

或是胡僧禮佛，錯認拜相鋪氈。

拜相山與胡僧禮拜山無異。須要龍身有貴氣，結穴分明，朝案端正，左右貴砂相從，面前有氈褥則爲拜相鋪氈，主出貴。否則胡僧禮拜，主出僧道清閑之人。

或是屍山落頭，誤爲謝恩領職。

僵直童禿欹斜爲屍山，圓淨秀麗爲謝恩領職山。已上數砂，吉凶相半，大概要龍穴爲主也。龍眞穴正，則凶砂反爲吉也。龍賤穴假，雖有吉砂亦不能爲福也。此章自前至尾，反覆而言，只以來龍爲主，欲使人自悟耳。古云："砂如美女，貴賤從夫。水似精兵，進退在將。"

禮拜謝恩之圖

形如囚獄，與祥雲捧月何殊？

囚獄山與祥雲捧月形相仿，但月形是金星端正，故吉。

勢聳幡花，與風吹羅帶何異？

攲側飛斜，分開兩股，名幡花形。柔軟長舒①，分出兩股，名風吹羅帶形。此二形仿佛相似，幡花龍②，主出僧道清閑之士，多作寺觀神廟而已。

————————

① 怡本作“柔長舒泰”。
② “龍”前怡本有“形”字。

囚月幡帶之圖

月形

幡

風吹羅帶

出陣旗,見劫山爲劫盜。

山出旗①,逢破碎鬼劫山,主出人爲劫盜。劫者是攲斜破碎巉岩惡石之類。《撥砂》云:"旗頭生石陣陣贏,旗心生石定輸兵。若然生爪不分明,爲賊又遭刑②。"

判死筆,遇殺水爲殺傷。

殺水是急射之水。《經》云:"筆大橫椽,是名判死。"順水筆,主退產殺傷。

---

① "山出"原作"出山",今據怡本乙正。

② "爲"前怡本有"便是"二字。

劫山殺水之圖

一坏土居正穴之前，未可斷爲患眼。

或圓墩大石居穴前，未可謂之瞽目砂。

一小山傍大山之下，未可指爲墮胎。

大山兩脚分開，山下有小墩，謂之産難山。

或作蟠龍戲珠，或作靈貓捕鼠。

此結上文兩節之意。雖穴前有一圓墩，未可斷爲患眼。大山下有小山，未可指爲墮胎。若龍真穴正，則是蟠龍戲珠，靈貓捕鼠之形也。

貴通活法，莫泥陳言。

此總結上文之意。先賢千言萬語，只是欲人先以後龍星辰分貴賤，次以前砂形勢
定吉凶。務要活法而變通，不可泥於陳言，執一而論也。

捲簾水現，入舍填房。

穴前水一步低，一步傾瀉而去，謂之卷簾水。主人離財散，男子少亡，多生女子及
寡婦招他姓之人入室填房①。楊公云："田地被人來進舍，水犯卷簾也。"

珥筆山尖，教唆詞訟。

珥筆山如摘鑷一同②。一峰聳起高大，一峰低小欹斜，主出人好興詞訟，倒筆山亦

---

① "房"下怡本有"也"字。
② "摘"，怡本作"俏"。

然。《砂法》云："前砂尖射投軍也，雙筆交尖到訟庭。順水迢迢筆直去，離着家鄉作遠行"。

　　兒孫忤逆，面前八字水流。

穴前有八字水分，主子孫忤逆，墳宅皆然。雖得龍穴之吉，橫案遮攔，縱發福亦不免出人不義及寡婦。董氏謂："倒騎龍，要兩邊水去在龍後與大水相會，同去則吉；順騎龍，要在龍虎外便與大水相會，同去則吉。"峽中結地必犯八字水，但平繞則吉，陡瀉則凶。

　　男女淫奔，案外抱頭山現。

山抱山，如頭相抱，主男女淫慾。又如伸手抱圓毬，主婦女愛風流。

山水無情之圖

玉印形如破碎，非瞽目則主傷胎。

或山或石,如印而破碎者,主瞽目傷胎之患也。

金箱頭若高低,非煙包則爲灰袋。

小巧方正爲金箱山。若一頭高而嵯峨,一頭低而欹側者,則爲煙包灰袋山。煙包山則主傷人,灰袋山主傷六畜,若主秀則又不驗。

探頭側面,代有穿窬。

山外有山微露者,謂之探頭山。側露者,名側面山。此二山出人爲盜賊。

拭淚搥胸,家遭喪禍。

左右有山回爲肘臂,近而迫穴謂之拭淚山。或對胸高起,謂之搥胸山,主出人少亡,有死喪之禍。《砂法》云:"龍虎拳頭起,搥胸哭兒子①。龍虎兩拳頭,枉死淚雙流"。

屍山居水口,路死扛屍。

---

① "子",怡本作"孫"。

水口有山如人臥，名曰倒屍山，主出人路死也。

腫脚出墳前，瘟瘟浮腫。

山如冬瓜肥胖者，名腫脚山，主出人浮氣黃腫，又主瘟瘟。

瘟瘟屍山之圖

出林虎無以啖之則傷人。

此言出林虎，其勢雄猛，唯恐傷人，要堆肉羅網案，以制其凶。且如予謝氏祖太子中舍衍公墓，土名塘朗，虎形。鄉人祭社必於彼處宰牲，俗謂食虎以求安。今社人以爲例，此蓋山川之靈也。若來龍卸却，殺氣入首，形勢降伏而藏牙縮爪者，則無凶矣。

伏草蛇無以制之則損己。

凡蛇形要鼠、蛤、蜈蚣爲案以制之。如無，亦主傷人。帶龍身不帶殺，亦不妨①。《龍經》云："大山峽裏莫尋蛇，恐是高山脚漏斜。若是真蛇有鼠蛤，如無鼠蛤是虛龍。"

蜈蚣鉗裏，眠犬懷中。

---

① "不"字，怡本作"無"，義同。

蜈蚣形,窩鉗紅點上穴①。眠犬形,鼻顙懷中乳上穴。但其惡類,須仔細扞之。

凡此惡形,扞之有法。

已上形勢,凶惡當以法度制之。一説蜈蚣形用酉年月日時,犬形用寅年月日時以制之。一説寅命人亦能制之。大抵龍身無殺氣不凶,昂者吉也。

虎蛇蜈蚣眠犬之圖

嘶馬必聞風於他處,

馬嘶,風則奔馳不止。董氏曰:"他處者應之遠也。"

驚蛇還畏物於坡中。

驚蛇恐遭物擊,故畏隱於坡中,謂之没泥蛇,亦可取也。

取舟楫於前灘,

船形宜近水方爲真,要風帆繩纜還繞爲案則吉。

---

① "紅",怡本作"裏"。

貴遊魚於上水。

困魚脈①，最爲鮮。如鰍如鱔倚溪邊，江潭湖浦皆由此。尾尖頭大帶絲牽，困魚偏愛吞生水，解透龍門直上天。遊魚上水形得水朝爲上，或近溪河甚吉。

荷葉不堪重載，

荷葉形，力輕氣浮，穴不宜多葬，多葬則傷其力矣。

瓜藤僅可小裁。

瓜藤形，氣脈亦小不宜大開，羅堂僅可小裁而已。

泊岸浮牌豈畏風，

泊岸浮牌形②，喜近溪河爲吉。牌形乃平洋之龍，平夷如掌，何畏風吹。楊氏云："仙掌脈少人知，平洋不怕八風吹。但尋真脈堪埋玉，休管旁人説是非。"

平沙落雁偏宜水。

平沙落雁形，偏宜四圍有水。

荷瓜牌雁之圖

荷葉

瓜藤

牌

雁

---

① "脈"前怡本有"龍"字。

② "浮"字底本脱，據怡本補。

魚貫而進，馨香在於捲阿；

魚貫者，相串連接而不斷也。捲阿者，穴在阿曲中則香暖也①。

雁陣而低，消息求於迴野。

群雁低伏，其勢多在曠野。四圍有水②，要臍口分明方可下也。

人形葬於臍腹，却要窩藏；

楊公曰："乳穴之形怕風缺，風吹入來人絶滅。更須低下取窩藏，避缺趙全真妙缺。"故人形多是木火之星，高露最怕風吹，當求其窩窟處爲穴，使藏風而氣聚也。

禽形妙在翼阿，不拘左右。

禽形翼阿，頭尾皆可扦。惟禽翼阿藏③，故言妙也。穴不拘其左右，但有乳頭則可。楊公云："更有暖穴斷禽翼，此穴要君識。左翼轉遮右翼彎，左轉右邊安。"

不可一途而取，豈容一例而言。

此結上文穴法之意。言山川形勢千變萬化，移步不同，雖以人物禽獸等形而名之，其穴法務要看生氣聚處爲之，不可拘於形象，一途而取也。

蓋粘倚撞，細認穴情。

夫蓋者，氣聚於山之巔，即天穴也。惟木土金三星宜下蓋穴，水火二星不可下之。蓋穴有三，曰華蓋、雲蓋、寶蓋。其秘法至玄，難以盡述④。夫粘者，氣脈雄盛，氣降山之麓，朝山低軟，當粘則粘，則九星中地穴也。惟木火金三星宜下粘穴，水土二星不可下之。粘穴有二，曰虛粘、實粘。虛粘至難扦之，如龍降不急，認脈不真，反成泥水穴，主絶。夫倚者偏而不正，氣聚其傍，即龍耳穴也。惟金水二星有倚穴，木火亦有之，土星不可下之。左邊有情則倚其左，右邊有情則倚其右。倚各有二，曰實倚、虛倚。要識避死挨生。《至寶經》曰："主殺衝中，奪葬其傍是也。"夫撞者，氣不在下亦不在上，天生自然，氣聚中正之處，即人穴也。五星皆可下之，然撞有輕有重，朝山高則以重爲是，朝山低則以輕爲奇。已上四穴並要細認，脈情緩急，十道高低而證之，方無誤也。

蓋粘倚撞四穴，俱要細認龍脈見於後圖。

---

① "香"字原作"畏"，不辭，據怡本改。
② "四"字前怡本有"若"字。
③ "阿"，怡本作"包"。
④ "述"，怡本作"舉"。

四大穴法之圖

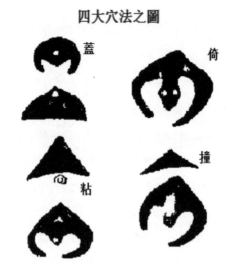

吞吐浮沉，務依葬法。

夫脈有陰陽，故穴有吞吐浮沉也。凡陰脈到葬口内，純陰直如劍脊，要饒二分於毬簷下放棺，謂之吐。此因陰極縮下，借陽氣一噓，其氣方生。凡陽脈到葬口内，純陽來如仰掌，要湊入毬簷下放棺，謂之吞。此因陽極插上，借陰氣一吹，其氣方生。所以陰來則陽受，陽來則陰作。此謂之跳出死氣，以求生氣是也。《家寶經》曰："陰者爲强脈來雄急，從上生下者，乃天氣下降，生氣露而不隱謂之浮。陽者爲弱脈來沉細[1]，從下生上者，乃地氣上騰，生氣隱而不露謂之沉。"鄭氏曰："葬得其法則爲生氣，一失其道則爲死氣。"正此謂加減繞借吞吐浮沉之類，並當依法而剪裁之，不致有撞殺衝刑，破腮番鬪之患也。

唇臍目尾顙腹，三吉三凶。

唇目尾三凶，臍顙腹三吉。

角耳腰足鼻脇，四凶二吉。

耳鼻二吉，角足腰脇四凶，此以龍爲喻。但鼻顙中正，臍腹則宛而中蓄，耳則深藏，故吉。唇脇淺薄，角目尾偏斜，又孤露不受穴，故凶。舊注以方直定之，非也。

形似亂衣，妻必淫，女必妒。

---

[1]　"弱脈來"原作"弱珠乳"，不辭，據怡本改。

山如衣裳，亂擲者主婦女淫亂。《經》曰："形如亂衣，妒女淫妻。"

勢如流水，家必敗，人必亡。

面前山勢飛走，如流水直去並無回顧之情，主家財破敗，人丁死亡。《經》云："勢如流水，生人皆鬼。"其地切不可葬，葬之立見凶禍。

或遇提籮之山，定生乞丐。

左右朝山如提蘿一般，或欹斜，主出乞丐之人。

若見擎拳之勢，定出兇徒。

龍虎山頭高起，如擎拳之狀。搥胸迫穴者，主出兇狠之徒。

惡砂之圖

亂衣

勢如流水

提籮

擎拳

水破太陰，雲雨巫山之輩。

太陰者，娥眉金星也。若水流破金星成坑者，必主出女人有巫山雲雨之情。董氏謂:"水流坤宮,是水破太陰。"非也。《堪輿》云:"商音角音曾爲用,水破坤宮愈顯榮。"

山欹文曲,風流洛浦之人。

文曲星欹斜搖擺,乃水星也。主出婦女貪淫①,男子風流遊蕩。

頭開兩指似羊蹄,出人忤逆。

朝山開兩指似羊蹄,出人忤逆,不孝不悌。

金破水欹之圖

太陰

文曲

羊蹄

腦生數摺如牛脇,犯法徒刑。

《砂法》云:"山形如牛脇,犯法配他州。"斯言不謬。

————

① "女",怡本作"人"。

文筆若坐懸針，切宜謹畏。

文筆乃沖天火星，生於正南①，主有火災，故宜謹防也。

孝帽若臨大墓，勿謂無凶。

孝帽山斜伸兩帶，如在面前及四墓宮，主有孝服之事。

凶砂之圖

牛脇

火星

孝帽

小人中君子，鶴立雞群；

四山散漫，其中一山端正出眾者，是小人中君子也。

君子中小人，蓬生麻內。

四山端正，其中一山粗惡者，是君子中小人也。

珉山玉表②，多生庶出之兒。

珉者，石彷似玉也；玉者，極貴之寶也。此言眾山低小，而中有一峰挺秀者是也。

---

① "生"，怡本作"居"。
② "山"字原作"中"，不辭，據怡本改。

一説謂臨結穴之星，秀麗異於後之星者。此母賤而子貴，多主生庶出之兒，故假珉玉以爲喻。

　　狐假虎威，必主過房之子。

　　狐狸如貓類虎，威而不猛。此言龍身跳躍有勢，而到頭主星軟弱，全憑後山嶂托。復藉外陽山勢輔從，扶主成局，必主有過房之子應之。

　　爲人無嗣，只因水破天心。

　　天心者，穴也，凡點穴必乘其生氣。氣本無體，假脈爲體，因脈而知此有氣也。穴有氣脈，則上有分，下有合，此爲真穴，必主旺人。今言水破者，因入首無氣脈，則上不分，水淋頭，沖破其穴，如茶槽竹梘之狀，氣冷，故主絶嗣。吾祖嘗曰：“人無脈則死，穴無脈則絶。”理也一説。水破明堂，然則主中房應之。

　　有子出家，定是水衝城脚。

　　城脚者，謂龍虎外之城麓也。水來衝射崩陷，必主出人爲僧道。

　　亦有虛拱，無情似乎有情。

　　亦有山形虛拱有情，細觀其勢，而反無情。

　　多見前朝，如揖却非真揖。

　　前之朝山似乎拱揖，細察其形，又非真揖也。

　　頂雖尖圓而可愛，脚必走竄而顧他；

　　此承上文而言，朝山頂雖尖圓端正，似乎拱揖有情，人皆喜而貪對之。殊不知其勢與山脚飛斜走竄而反顧他也。

　　縱有吉穴可扦，不過虛花而已。

　　此結上文之意。凡真龍落處，左回右抱，前朝後應①，方成吉穴。雖然龍虎拱衛，而賓主不相迎者，則爲花假之地，無疑矣。

　　萬狀千形咸在目，

　　此結上文，千山萬水在目力之明也。

　　三才八卦本諸心。

---

① “應”，怡本作“托”。

此言三停八位,全在心思之巧而已。

好地只在方寸間,秘術不出文字外。

方寸,心也。古人云:"欲求富貴功名地,只在方圓一寸間。"此言吉地在吾心地,秘術在於秘書,惟得其人,斯得其地矣。

右第十七章論形穴

土崩陷而神魂不安①,

來龍與朝山,土石崩陷,則龍神剋剝,其神魂不安矣。

木凋落而旺氣將衰。

草木得氣之先,若墳宅之旁草木枯槁②,則生氣不足,旺氣將衰,必主退敗。

源泉混混出明堂,氣隨飄散;

源泉之水,長流出於明堂。是外氣不橫,內氣隨之而飄散。

白石磷磷張虎口,必主刑傷。

磷磷,石之巉岩。白虎有磷磷之石,近主刑傷,遠則無忌。

更防東屈西伸,

東邊曲轉而迫穴,西邊伸出而直長,皆是不吉之地。

最怕左牽右拽。

左牽右拽,皆是山川無情,不於取穴③。《撥砂》云:"龍虎兩開去,乞食沿途路。"

危樓寺觀,忌聞鐘鼓之聲;

名墓之傍,多有寺觀。且如吾邑宋朝程元鳳丞相,建寺於墓左,始祖謝泌諫議建觀於墳前。二姓雲仍頗盛,寺觀豈足爲嫌。此止忌來水邊及虎頭上,近而逼穴在去水邊,反吉也。

古木壇場,驚見雷霆之擊。

此言妖邪或穴古木之中,或伏壇場之下,爲雷所擊者,則凶也。

---

① "安"字底本作"妥",形近而訛,徑改。
② "枯槁",怡本作"凋落"。
③ "於",怡本作"可",義長。

怪石若居前案,必有凶災;

怪石,巉岩之石。如刀槍劍鋸醜惡等類,雖是吉地,亦有凶災。

吉星既坐後龍,豈無厚福。

尖圓方三者,端正清秀,謂之吉星。既有吉星,必有吉福。

忽睹山裂者,橫事必生。

宅墳前後左右山,驀然崩裂者,必主官災橫禍之事。

常聞水泣者,喪禍頻見。

時常聞水聲哭泣者,主有死喪、哭泣之事應之。

其或聲響如環珮,進祿進財。

其水跌際,響如金環玉珮之聲,主財祿兩進。

若然滴漏注銅壺,守州守郡。

若水響如銅壺,滴漏之聲不息,主出牧民之官。

鼕鼕洞洞,響而亮者為貴。

水聲如鼓,響而清亮者為奇①。

淒淒切切,悲而泣者為災。

水流慘淒而悲泣者②,主主災。

然而有聲不如無聲,

此言上文。大抵水流有聲,不若澄凝無聲也。

明拱不如暗拱。

局外秀峰暗拱,又勝局內之明拱也。

一來一去,有福有災;

或一山一水來朝,而又有一山一水叛去,主有福,亦主有災也。

一急一緩,有利有害。

山水之緩者,必有利;山水之急者,必有害。仍審其得宜,有情者為利也。

---

① "奇"下怡本有"地也"二字。

② "慘",怡本作"愴"。

留心四顧，緩步重登。

觀地之法，必先尋龍。龍脈既聚，然後認穴，穴法分明，然後觀左右前後砂水有情無情，及送護龍顧與不顧。務要三回四顧，緩步留心，反復視之，方無誤也。

二十四山，山名太雜。

羅經方位有二十四山，山之名有九星、五星及人物、禽獸等名，爲太雜也。

三十六穴，穴法何迂。

楊筠松作《立錐賦》，有三十六穴訣。雖曰玄妙，有理可求，又何迂怪之有哉？

宗廟之水法誤人，

范氏曰：“宗廟之書，誤人爲甚。”此古人作之以滅蠻國，謂之《滅蠻經》，切不可用也。

五行之山運有準。

剋擇以五行山運論相生相剋，生則吉，剋則凶。今人用之，禍福有準。

逆水來朝，不許內堂之泄氣。

山水逆來，須要到堂爲吉，不許內堂傾瀉，反泄本身之氣。

翻身作穴，切須外從之回頭。

番作之勢，多無本身龍虎，須要外生一枝，回頭護托爲吉。

所貴關藏，

所喜者，堂局緊密，水口關闌，穴內窩藏，使生氣之有聚也。

最嫌空缺。

所嫌者，堂局曠蕩，羅城空缺，穴內受風，則生氣之飄散也。

隔水爲護者，何妨列似屏風？

隔水有山來護，排列如屏風者，吉也。

就身生案者，須要回如肘臂。

本身龍虎爲案，須要彎環如肘臂者，以爲吉也。

毋友不如己者，當求特異之朝山。

對山不及主者，宜取奇特之山爲朝。

同氣然後求之，何必十分之厚壠。

共祖宗山分來者,謂之同氣。及其行也,如兄弟之同行,雌雄之並出;及其止也,如君臣之慶會,賓主之相迎。只欲求之有情,何必拘於十分厚壠也。

尖山秀出,只消一峰兩峰;

前山尖秀聳峙者,或一峰二峰皆吉,何拘於多也。

曲水來朝,不論大澗小澗。

若水灣環①,來朝有情,何拘於大澗小澗乎。

衆水順流而散漫,不用勞神;

衆水順流,四散不歸,決然無地,不用勞神。

四山壁立而粗雄,何勞著眼。

四山險峻而粗大醜惡者,皆不結地,不足觀也。

山無朝移夕改之勢,

自開闢以來,山靜生成定矣,則無移改之理。

水有陵遷谷變之時。

水乃動物,故能推東蕩西②,或淺或深,故有遷變之不常也。

水不亂灣,灣則氣全;

水性直流,蓋不苟灣,灣抱之處,必能脈氣聚全,以成吉也。

山不亂聚,聚則形止。

山之聚處,則前迎後擁③,左抱右回,而形以止之,夫豈苟亂之有哉?

淺薄則出人淺薄,

山水淺薄,則出人輕薄而不尊重,其福亦小也。

寬平則出人寬平。

此承上文。若地土淺薄,勢小脈微,而形局側狹,所謂一山一水有情者是已,由是亦出人輕薄,而不重厚。若土厚水深,而形局寬平,所謂大勢大形入局者是已,由是出人亦寬洪大度。二者出人之相應,恒如影響之相隨。《素書》云:"地薄者,大木不產;

---

① "環",怡本作"回"。
② "蕩",怡本作"轉"。
③ "擁",怡本作"送"。

水淺者，大魚不游。"其理一也。

　　隻隻山尖射，豈予之所欲哉？

山山尖射，人皆棄之。

　　源源水斜流，其餘不足觀也。

水水斜流，不足觀也。

　　後山不宜壁立，

後山壁峻，謂之玄武不垂頭，名曰拒屍。必主出絶，不可扞之也。

　　去水最怕直流；

去水欲其彎曲，最怕直流無情。故陶公云："去水直流，則田牛退敗。"

　　更嫌來短去長，

山水發源處，來水必短，去水必長，必無大地。雖緊巧亦輕可而已。

　　切忌左傾右瀉。

左右水神傾瀉，是八字分流，至凶之兆，主家散人亡。

　　流神峻急，雖屈曲而驟發驟衰；

水不欲急，若急流陡瀉，雖合格局發福，亦不久遠也。

　　水口關闌，不重疊而易成易敗。

水口有三五重關闌，至八九交互關鎖者，土關內必結大富貴之地，發福必久遠。若一重關而不疊鎖者，成敗如反掌之易見矣。

　　其或勢如浪湧，何須卓立之峰？

此言來龍雖無尖秀之峰，但圓净重疊，如巨浪之湧，亦爲奇也。《經》云："勢如巨浪，重嶺疊嶂，千乘之葬。"其平洋、田塅之浪，若水之波，又勝於高壠也。

　　脈若帶連，何必高昂之阜？

龍脈欲斷不斷，牽連而來者吉，何必高昂之峰也。

　　帶連者，貴接續而不斷；

此承上文，續而不斷，意如藕斷絲牽①，方爲貴也。

_____

①　"意"，怡本作"必"。

浪湧者，須重疊以爲奇。

浪湧而來，層層如滾，多者爲奇。故曰："龍要來了來，砂要堆了堆。"是也。

脈有同幹異枝，枝嫌延蔓；

延蔓，散亂也。正龍謂之幹，幹上又生枝，俱要護纏爲吉，最嫌散亂無情。《龍經》云："枝龍腰上亦可裁，半是虛花半是開；若是虛花無朝對，若是結實護纏回。"

勢有回龍顧祖，祖忌厭高。

回龍顧祖之地，乃是祖山作朝，不宜太高太近。若高而厭，近而迫者，不可扦之。《撥砂》云："遠朝不忌侵天，近朝不宜過胸①。"舊本作"祖不厭高"恐誤，若高近而厭穴，何以取之②。

察其老嫩精粗，

老則嵯峨剛硬，嫩則委蛇柔軟，精則秀麗圓净，粗則蠢俗高雄。

審其生旺休廢。

山動曰生，聳起曰旺，隱伏曰休，死静曰廢。水曲曰生，水聚曰旺，水澤曰休，水謝曰廢。此總結上文山水形勢而言。生、旺、精、嫩者吉，休、廢、粗、老者凶，非方位之論也。

右第十八章通論山水

若言陽宅，何異陰宫？

陽宅，居址也。陰宫，墳墓也。陰陽二宅，論山川之氣散，理則一同。但陽宅尤喜寬舒③，陰宅偏宜緊巧④。楊公云："問君陽宅要安居，此與安墳事一如。人家無墳有吉宅，宅與陰地力無殊。"

最要地勢寬平，不宜堂局逼窄。

陽宅最要地勢寬舒平正爲上，逼窄則小居址也。

---

① "胸"，怡本作"顙"。
② "之"下怡本有"也"字。
③ "舒"，怡本作"平"。
④ "偏"，怡本作"只"。

若居山谷，最怕凹風；

山谷之宅，最忌凹風，風吹則氣散。左凹風則長方欠，右凹風則小房虧。

若在平洋，先須得水。

平洋之地，須要水勢環闌，或當面朝堂，則人財兩旺也。

土有餘，當闢則闢；

闢，開除也。砂或尖利，有妨礙處，當除則除之，可也。

山不足，當培則培。

培，增補也。砂有不足處，可以截長補短，鋤高益低，使適其中。或問客土而不相納，殊不知工力得法，儼若生成，久後自然相應。《撥砂》云：“墙垣籬栫①，尚應吉凶。”今補客土遮風塞水，豈不相納之有哉？

先宅後墳，墳必興而宅必退；

此言立宅在前，安墳在後，墳奪宅氣，故墳興而宅退也。

先墳後宅，宅既盛而墳自衰。

此言安墳在前，立宅在後，宅截墳脈，故宅盛而墳衰也。

墳宅之圖

---

① 怡本作“墙垣塹籬若生成”。

明堂平曠，萬象森羅；

明堂平正而開廣，則萬象羅列於前，必主財源大旺之兆。

衆水歸朝，諸山聚會。

水如衆水之朝宗，砂似衆星之拱極，此結大富貴之地也。

草茂木繁，水深土厚。

泉甘土肥，竹木叢茂，可見其氣之盛也。《經》云："墳前明净無遮蔽，宅後偏宜綠樹濃。遮蔽四時形不露，安居久遠禄千鍾。"陰陽二宅並可堆墩築壜，栽培竹木蔭庇，則人財攸遠矣。

牆垣籬塹，俱要回環；

塹，溝坑也。或築垣墻，或夾籬梓及溝路①，俱要彎環，其禍福如砂，一同應之。

水圳池塘，總宜朝揖。

圳，田澗也。池塘水澗，俱要朝揖有情爲吉，但反背向外爲凶。

與夫鐵爐油榨，水碓牛車；立必辨方，作當依法。

已上等件，並係動響之物②，皆要取地之宜，方可作也。大概宜居水口，其白虎頭及朱雀、玄武上皆不可作之。③

水最關於禍福，

宅基之水，禍福立應。故明堂以決水爲緊，決得法則福，否則禍。古云："滴水難消。"

山宜合於圖經。

山之形勢，宜合砂圖之星辰，葬經之道理。故曰宜合於圖經也。

所忌者水尾源頭，

水尾源頭，脈走氣散，故忌之。縱兩邊山相顧有情，只輕可而已。

所戒者神前佛後。

俗云："神前佛後，旺氣應注。"神靈幽陰相觸，惟恐居之不安。若脈氣大旺，各有

---

① "梓"，怡本作"塹"。
② "並"，怡本作"俱"。
③ "其白虎頭"，怡本作"其背後虎頭"。

結作，又不可拘此而棄也。其神廟或在源頭以障風，或鎮地户而塞水，斯爲美矣。

壇廟必居水口，

神廟社壇，宜居水口。劉氏曰："有大橋林木，亦能發福。"伐木毁廟，凶禍之來，不可振也。

羅星忌見當堂。

圓山土墩，謂之羅星。喜居水口，忌見當堂。逼近有害，隔遠無妨，已上數事，宅墓一同。

形局小者，不宜傷殘，寸土惜如寸玉；

山谷之宅，龍脈細巧，而結局必小，不宜施工穿鑿，恐傷生氣，主人財不吉，故惜土如惜玉者，貴之至惜之甚也①。

垣局闊者，何妨充廣，千家任住千年。

平地之宅，乃高壠降勢，落下平洋，龍氣旺盛，而結局必大。又得龍之所會，水之所聚，垣局寬舒，大則扦州建縣，次則市鎮鄉村。千家，謂人煙輳集之多也。千年，謂氣力重厚而能承載，攸久可居也。凡氣旺之處，縱些小工鑿而無禍，蓋陽氣沉潛故也。

一山一水有情，小人所止；

一山一水之情，此小結局而已，非君子之居，雖好亦不長遠也。

大勢大形入局，君子攸居。

此結上文。局勢寬大之所，必有大富貴家，居之而攸久也。

泰山之麓水交流，孔林最茂；

山足曰麓。交流，水之交會也。東魯泰山，靈秀所鍾，其水交會，故孔聖人宅墓在焉。夫惟山川秀麗，故蔭注綿延，而子姓蕃衍也。

龍虎山中風不動，仙圃長春。

龍虎山，在江西廣信府貴溪縣。其山川完密，局不露風，超異乎衆，故張真人世居焉。惟其山川周密，所以發福攸長，世襲其傳也。

---

① "至"原作"比"，於義不合，據怡本改。

右第十九章論陽宅

因往推來，準今酌古。

凡觀山水，當考往者，驗其方來①，準則乎今而參酌乎古，不可臆度妄爲也。

牧堂之論深於理，醇正無疵；

宋蔡神與，號牧堂先生，乃西山先生之父也。博學多聞，於天文律曆無所不通，尤精於地理，著《發微論》，醇正醇厚之實也。惟其醇且正，故如美玉之無瑕也。

景純之術幾於神，玄妙莫測。

晉郭璞，字景純，精於天文地理、陰陽曆數，應驗如神。著《葬經》，授《青囊》九卷，發天地之秘奧，泄陰陽之玄微。其術之精妙，幾近如神，未易窺測，學者在潛心熟慮以求之。

法度固難盡述，機關須自變通。

地理法度至多，難以盡述，在人隨機而變通也。

既造玄微，自忘寢食。

學者既入精微之處，則悅樂有得其進，自然夜忘寢而晝忘食也。

亟稱水何取於水，誰會孔聖之心？

此言水之有源可貴，誰意會孔聖之心乎。

盡信書不如無書，還要離婁之目。

不如無書者，非真謂無書而可也。書乃先賢之秘訣，地理之準繩。蓋書有真僞，理有純剥，不可不辨。雖離婁古之明目者，未聞能察地理乎。

賦稟雖云天定，

夫盛衰消長之變，一定而不可推移者。雖聖智巧力無能爲，蓋天命之所賦也。

禍福多自己求。

禍福無門，惟人自召。善惡之報，如影隨形，故君子可不慎乎哉？

智者樂水，仁者樂山，是之取爾。

---

① "驗"，怡本作"推"。

水動，故智者周流無滯而好水；山靜，故仁者重厚不遷而好山。此借聖言以明山水，爲仁智者之所好，故秀氣所鍾之處，必成吉地，是以取之爾。

天之生人，地之生穴，夫豈偶然？

天生一人，地生一穴，在隨其所積而致之耳。生則營居以處，死則兆域以終。如吉人得吉穴，凶人得凶穴，夫豈偶然而致之哉？

欲求滕公之佳城，

漢夏侯嬰封滕公，駕至東都門，馬鳴不前，以足跑地久之。公使人掘地三尺，得石椁，銘曰「佳城欝欝，三千年見白日。吁嗟滕公居此室。」滕公曰：「嗟乎，天也。吾死葬於此乎。」事皆前定，豈偶然哉？

須積叔敖之陰德。

楚孫叔敖爲幼兒時，出遊，見兩頭蛇，殺而埋之，既歸，憂而不食。母問其故，泣曰：「人言見兩頭蛇者必死也，兒今日見之。」母曰：「蛇今安在？」對曰：「恐他人又見之，已埋之矣。」母曰：「無憂，汝今不死矣。吾聞有陰德者，必有陽報。德勝百祥，仁除百殃。天之處高而聽卑，尒必興楚。」及長，爲楚相，享有壽考，流芳百世，宜哉。

積善必獲吉扦，

吉地不易求，而良師尤難遇，得而全之，誠陰德之所致也。

積惡還招凶地。

吾郡東山趙先生作《葬書問答》，有問曰：「今之名鄉大家，其先世葬地多驗，如執券取物，至其盛時，竭力以求，輒無所得。或反倍謬取，禍豈有分，定者不可推移耶？」對曰：「不但如是而已矣。家之將興，必前世多潛德，陰善厚施而不食其報。若是者，雖不擇而葬，其吉地之遇與子孫之昌固已，潛符默契，蓋天畁之也。後世見其先之鼎盛，而不知所自來，於是妙貪巧取，牢籠刻削，以爲不知何人之計。則其憑福恃勢，以造惡之深而獲罪於天，自促其數者多矣，擇而無得，得而倍謬，豈非神理之顯著者哉？」此二句原在十八章「隻隻山尖射」之前，切疑其與此章上下文勢相屬，蓋恐傳襲之誤，故不辭，僭妄而摘取於此，讀者詳之。

莫損人而利己，

勿求利於己，勿駕禍於人，但積德爲求地之本也。

勿喪善以欺天。

君子處事,以誠實爲本,豈可喪人之善而欺罔乎天哉?

穴本天成,福由心造。

穴鍾山川之靈,自有一定之所,非人力私智所爲,是謂天成。得此天成之穴,則不期福而福自至,然非此心之善,何以致之。世人徒求風水於地,而不求風水於心,抑何愚哉?古人云:"人定亦能勝天。"人心善惡之端,即鬼神禍福之由也。故曰:"積善有餘慶,積不善有餘殃。"秦不及期,周過其曆,祈天永命,歸於有德。而心術之壞,氣數隨之,此必然之理也。卜公特發此於篇終,示人得地之言切矣,求地君子可不知所先務乎。

發明古訣,以雪吾心。

古訣,即古人之秘訣。如前諸篇所論,卜公發諸家之蘊奧,以雪其精微極至之心,其功倍於前人,可謂至矣。學者可不因其心以求其旨乎?

地理精粗,包括殆盡。

此賦探造化之原,泄風水之秘,足以包羅古今,出入百家。誠地理之樞要精粗、本末,豈不包括詳且盡耶?

切記寶而藏之,非人勿示;

此卜先生之至囑也。蓋是書上可以安邦定國,贊助皇王,下可以建縣扦州,輯安黎庶。其於墳宅,生者得以安居,死者得以利藏。事有關於送終之大節,庶幾有補於世之萬一。故當寶而藏之,不可傳非其人以誤世也。凡吾同志者其鑒之①。

慎傳後之學者,永世無窮。

卜先生作此書,不以私秘己,惟公以傳人。然亦惟慎於授受,誠得其人而傳之,則流布萬古,豈有終窮乎?

右第二十章論陰德及序著述之意

此章首言牧堂二字,今考之牧堂宋人,卜則魏唐人殊不可曉,姑著於此以俟知者。

---

① "之"後怡本有"也"字。

卜氏雪心賦刪定

明·黃復初刪定

【題解】

《卜氏雪心賦删定》一書僅見於明黄復初所輯《地理真訣二十種》，今存明崇禎九年(1636)黄氏澄心堂刻本，藏於北京大學圖書館。

《雪心賦》一書題唐卜則巍撰，傳世以來，各家注釋頗多，如明田希玉《雪心賦直解》、明謝志道《雪心賦句解》、明吳一棟《雪心賦翼語》等。黄氏以爲世傳《雪心賦》一書淺顯易懂，以致於舛謬頗多、理法不明，故將竄附之内容删去，合二十章爲十章，另爲作注，以使條理清晰。

今據《地理真訣》本所載爲底本，校録於後。

《雪心賦》者,唐章貢卜則巍所撰也。其爲書辭顯易明,讀者最多,故其舛謬爲尤甚。舊本分爲二十章,章内言龍者雜以砂,言砂者雜以穴,顛倒錯亂,不可枚舉,甚且妄意添改,如前言布八於八位,而後言何用九星八卦;前言就祿迎官,而後言不合星辰亦吉之類,首尾自相矛盾。又如蔡牧堂宋人也,去卜氏數百載,而曰牧堂之論深於理,安有數百年之上而引用數百年以下之人乎?某自蚤歲既嘗受讀而竊疑之,沉潛反復蓋亦有年,一旦恍然似有所得,是以忘其固陋,取而訂之。删其訛謬,正其錯簡,分爲十章,章各一意,不使混雜其間。微辭隱義,前注所未發者,亦竊爲拈出。雖未必盡如卜氏之舊,而支分理晰,脈絡貫通,理氣巒頭,粲然指掌。後之君子,必有取焉。

第一章論理氣

天開地闢,山峙川流。二氣妙運於其間,一理並行而不悖。氣當觀其融結,理必造乎精微。

一理太極也,二氣陰陽也。太極分而爲陰陽,變而爲五行,而形始具焉。故觀地必辨形,以察氣而取用。又自氣以推理,此乃堪輿家第一玄術,非時俗之所可傳者。《玉尺經》有《造微賦》,實本此造微二字。

體賦於人者,有百骸九竅;形著於地者,有萬水千山。自本自根,或隱或顯。

陰陽之氣,著於地而爲山水,莫可勝紀。然其支分縷析,莫不合有源本根宗。如山出昆侖、河出宿海之類,其間或顯而露,或隱而微,異派同流,猶人體血脈之相通也。

胎息孕育,神變以無窮;生旺休囚,機運行而不息。存乎人者,莫良於眸子。昧於理者,孰造其玄微?

凡山自離祖分脈曰胎,結咽過峽曰息,入首成形曰孕,入穴融結曰育,其形勢變化無窮。養生曰生,盛曰旺,衰曰休,病死墓絕曰囚,其五氣運行不息。此非目力之巧而心通乎道者,其孰能知之?

布八卦於八位,審四勢於四維。明陰陽順逆之情,察鬼神往來之狀。

乾坤艮巽隸寅申巳亥,爲五行長生之位。坎離震兑配甲庚丙壬,爲五行帝旺之鄉。四勢即寅申巳亥也,四維乾坤艮巽也。用此以推局之生旺休囚。陽龍左旋,從本生上起長生順行,如水土生居申、沐浴酉、冠帶戌、臨官亥、帝旺子之類。陰龍右歸從死位上起長生逆行,如癸水土生於卯、沐浴寅、冠帶丑、臨官子、帝旺亥之類,此陰陽順逆之情也。氣至而伸爲神,氣反而歸爲鬼。生旺之氣,神氣也。死絶之氣,鬼氣也。生旺來而休囚去,爲神存鬼没。休囚來而生旺去,爲鬼旺神休,此鬼神往來之狀也。上文所謂造微者即此。

是故葬乘生氣,脉認來龍。穴總三停,山分八卦。立向貴迎官而就禄,定穴須趨吉以避凶。

"葬乘生氣"一句解見《葬經》。來龍者,二十四山之龍也。認其左右貫來之脈,屬何龍宜配何局也。三停者,即星面上中下之謂。總三者之中,以審其脈之聚散浮沉、氣之孤虚旺相而立穴其間也。山分八卦者,以八卦分排八位。看羅城上起伏砂頭,堂局中來去水路而收納之也。迎官就禄、趨吉避凶,即收納大法,詳見《玉尺經》。

吉秀鍾於何地,却取前進後退之步量。劫害出於何方,即看三合四衝之年應。遇吉則發,逢凶有災。

步量者,或前或後。度其遠近而知其應之遲速也。吉秀曰步量,劫害曰年應,互文耳。

二十四山,山名太雜。三十六穴,穴法何迂。宗廟之水法誤人,五行之山運有準。

二十四山、三十六穴,説見《金函經》。此皆後人附會之言,繁雜可厭。宗廟五行,世俗用以格山運。若用於水,以取生旺則亦誤人。

必明倒杖之法,方知卦例之非。辨真僞於造次之間,度禍福於指掌之內。未知真訣,枉誤世人。

"倒杖"二字,詳見《金函經》。卦例者,取八卦,納八干以收山立向。又取六十四卦分布透地六十龍之下,以起子父、財官、金水、日月之類。此皆是正理,不可爲非,所非者當是天父地母等卦。《經》謂"時師若用卦,用卦還是錯"者是也。

右第一章論理氣。

第二章論形勢

迢迢山發跡，由祖宗而生子生孫；汨汨水長流，自本源而分支分派。根大則支盛，源深則流長。

迢迢，遠也。汨汨，不竭貌。大凡兩山夾行，中間必有水。兩水夾行，中間必有山，見水便知龍矣。

辨山脈則有同幹異枝，論水法則有三叉九曲。

龍脈之來，身幹雖同而分枝則異，猶樹木之有枝幹也。三叉者，穴前有水橫過或又對面朝來，如三叉之形也。九曲者，來去屈曲如之玄也。

要明分合之勢，須審向背之情。散則亂而合則從，群以分而類以聚。

考其水神之分合，察其砂情之向背，觀其大勢之或聚或散，而地之吉凶真偽俱可知矣。此實審形之要訣，詳見蔡氏《發微論》，茲不贅。

蓋水不亂灣，灣則氣全；山不亂聚，聚則氣止。山聚處，水或傾斜，謂之不善；水曲處，山或散亂，謂之無情。後山不宜壁立，去水不可直流。眾水傾流而散亂，不用留神。眾山壁立而粗雄，何勞著眼。山稱水，水稱山，不宜偏勝；虎讓龍，龍讓虎，最要比和。山大水小者，喜堂局之寬平；水大山小者，須祖宗之宏厚。

山水欲其相稱，若有入首之星巒雄大而朝流細小者，非寬平之局面不足以弘其用；有入首之星巒細小而朝流浩大者，非博厚之祖宗不足以握其樞。

雌雄交度不得水則爲失度，龍虎護胎不過穴則爲漏胎。可喜者，明堂聚窩。可嫌者，臂行交路。

山爲雌，水爲雄，猶人之有男女，不可相無也。胎爲穴星，左右砂短，抱穴不著則氣隨飄散。若龍好，當以縮杖法扦之。臂上交路名曰交刀、殺主，有殺傷、自縊、枷鎖之息。若可改移者，當以工力裁之。

牛畏直繩，虎防暗箭。玄武不宜吐舌，朱雀切忌破頭。穴前惡見深坑，穴後須防仰瓦。

土牛穴也，不宜水路如繩直牽。虎者右臂也，不宜尖射，如暗箭之伏。玄武穴下餘氣也，忌抽長嘴。朱雀朝山也，忌破碎粗雄。穴下有深坑則無餘氣，且恐漏泄穴內真氣也。穴後仰瓦，頂背後漏槽，如仰瓦也。六者均爲不美，但玄武之舌，猶可以工力裁之。

山本靜，勢求動處；水本動，妙在靜中。靜者，池沼之停留；動者，形勢之退卸。一起一伏斷了斷，到頭定有奇蹤。九曲九灣回復回，下手便尋水口。

山本是靜物，其勢則貴起伏而動。水本是動物，其勢則貴澄凝而靜。此二句真見道之言。

祖宗聳拔者，子孫必貴；賓主趨迎者，情意自孚。右必伏而左必降，精神百倍；前者呼而後者應，氣象萬千。

祖宗來龍也，賓主朝對也。左右龍虎也，前後應樂也。

若見土牛隱伏，水纏即是山纏。或如鷗鷺浮沉，脈好自然穴好。水外要四山來護，平中得一突爲奇。細尋朝對分明，的要左右交固。

此段言平洋地也。穴落平洋，隱藏低處則不怕風吹。先須得水，故曰水纏即是山纏也。鷗性好浮，鷺性好沉，故以此喻脈之起伏。

是故入山尋水口，登穴看明堂。詳觀八國之周圍，細察五星之變化。

凡入山必先觀水口。若山石交互，重重關鎖者，內必有大地。若無關闌，定不結也。凡登穴必要看明堂。若寬平、方正乃爲善局。若或曠蕩或迫促或傾斜，則不美也。五星變化，下文詳之。

星以博換爲貴，形以特達爲尊。土不土而金不金，參形雜勢；火不火而木不木，眩目惑心。

博换者，龍神降勢，五星相間而行也。特達者，端正聳拔，各成其五星之形也。若兼體、貼體相混，難定五星之正名。是爲參形雜勢，惑人心目，非特達矣。然或龍真局好者，亦結大地，不可以此拘泥。

金清、土濁、水柔、火燥、木雄。

凡山頭圓扁而清者爲金，方厚而濁者爲土，屈曲而柔者爲水，頭尖頂秀而燥者爲火，頭圓身直而雄者爲木，此所謂特達之形也。

水星牽連平地，妙處難言；火星聳在高山，貴而無敵。木宜有蕩，金忌無窩。

水星行龍，如蘆花三裊，以其活動故妙。火星巒頭，頓起高特，或作祖山或作朝山，則貴不可言。木之硬直者，須要有蕩，有蕩則活動有脈。金之剛飽者，須要有窩，有窩則融和。有氣必如此，則穴可取用，而葬無凶矣。

水在坎宫，鳳池身貴。金居兑位，烏府名高。土旺牛田，木生文士。

此亦論其大勢耳。其實富貴貧賤，不專在五星之形。而五星巒頭亦不必拘定落在本位。《堪輿賦》云："金火主武，未必無文。水木主文，亦自有武。高土必生俊傑，低土必旺牛田。"又曰："文星居巽地，雖土可稱。天馬出離方，雖金可取。魚袋臨於兑位，木亦無傷。貴人登於天門，火亦有用。"此數語足救此段之失。

更有外貌不足而内相有餘，誰能辨此？大象可觀而小節可略，智者能知。有精神顯露者多不祥，而形勢隱拙者反爲吉。隱拙者定有奇蹤異跡，顯露者多是花穴假形。膠柱鼓瑟者奚知，按圖索驥者何曉。

此又言堪輿之法，當推究乎理氣而不可徒泥夫巒頭也。

右第二章論形勢。

第三章 論龍

毋執己見而擬精微，須看後龍而分貴賤。辭樓下殿，不遠千里而來；問祖尋宗，豈可半途而廢？

發祖處大山高聳者謂之樓殿，言真龍出脈必離祖，踴躍起伏，轉換而來。尋龍者必須審問祖宗，看分枝落脈，以致龍盡氣鍾，然後裁度。不可見一山一水止處，便作真龍盡處。

出身處要列屏列戟、帶庫帶倉。結穴處要生曜生官、帶裀帶褥①。

山龍發祖出脈之處，砂形橫落如屏之障，直聳如戟之列。左右枝腳上帶金帶土，方圓如倉庫。入首結穴之處，龍虎兩邊拖出餘氣爲曜。案山背後拖去餘氣爲官，穴前鋪開餘氣作唇爲裀褥，斯皆龍穴之貴者。又有一等龍奇穴怪而無唇褥者②，宜作兜金，以完天巧，不可拘執生成。

所貴者，活龍活蛇；所惡者，死鰍死鱔。形③低小不宜瘦削，勢屈曲不要欹斜。

龍勢要起伏活動而來，是爲有生氣也。若硬直、剛飽則爲死矣。

其或勢如浪湧，何須卓立之峰？脈若帶連，不必高昂之阜。帶連者，貴接續而不斷；浪湧者，須重疊以爲奇。

此言來龍雖無尖秀之峰，但田塍、平坡重疊如浪之湧，欲斷不斷、接續牽連而亦爲奇妙。

來則有止，止則或孤，須來護托。去則爲行，行則或□④，須

---

① "褥"字原作"褚"，形訛，徑改。
② "褥"字原作"褚"，形訛，徑改。
③ "形"字原作"刑"，不辭，形訛所致，徑改。
④ "或"字後缺一字，茲爲補一個缺字符。

看侍從。過峽若被風吹，作穴定知力淺。鶴膝蜂腰恐鬼劫，去來之不定。蛛絲馬跡無龍神，落泊以難明。仿佛高低，依稀繞抱。

鶴膝蜂腰，壠龍之束氣博換處也。此處若有鬼☒東西亂劫①，正氣恐從此耗散。蛛絲馬跡，平洋龍之藏蹤閃跡處也。此處若無來脈隱隱相續，真氣☒混淆難明②。故平洋尋地者，必須細看微茫高低處以定分合，看陰砂繞抱處以辨向背，謂得之矣。

石骨過江河，無形無影；平地起培塿，一東一西。當如沙裏淘金③，定要水來界脈。

培塿，小阜也。此等龍脈最難認，必如沙裏淘金④，仔細尋其界合，不可誤也。

或隱顯於茫茫迥野，或潛藏於森森平湖。星散孤村，秀氣全無半點；雲烝貴地，精光特露一分。

雲烝者，狀其砂水，輻輳如雲合也。凡穴貴之地，必然左右關闌、前後擁護，決不出身露體、獻頭暴面，以泄真氣。古人云："好龍却是閨中女，帳幕藏身不露形，正此謂也。"

若夫棄甲曳兵，過水而重興營寨。排槍列庫，穿珠而別立門墙。遊魚不顧而參差，是息肩於傳舍；聯珠不止而散亂，定假道於他邦。滾浪桃花，隨風柳絮。

此節言過龍行蹤不定，並無止札之處，不宜尋穴。

右第三章論龍。

第四章論穴

相山亦若相人，點穴猶如點艾。一毫千里，一指萬山。蓋粘

---

① "鬼"字後字跡模糊，難以辨認，兹爲補一個缺字符。
② "氣"字後字跡模糊，難以辨認，兹爲補一個缺字符。
③ "淘"字原作"陶"，形訛，徑改。
④ "淘"字原作"陶"，形訛，徑改。

倚撞，細認穴情。吞吐浮沉，務依作法。

形氣上聚下散而穴宜高，曰蓋。星體壁立粗雄而穴宜脱，曰粘。脈來直硬而穴宜偏，曰倚。脈勢和平而穴宜中，曰撞。吞者縮入，吐者吐出，浮者葬淺，沉者葬深。

大向小扦，小向大扦，不宜混雜。橫來直受，直來橫受，更看護纏。突中之窟難求，窟中之突莫弃。

衆山俱大小者特，衆山俱小大者爲尊。突中之窟乃生氣所鍾，窟中之突乃是地之吉氣湧起，故土亦隨而起也。

衆山止處是真穴，衆水聚處是明堂。重重包裹紅蓮瓣，穴在花心；紛紛拱衛紫微垣，尊居帝座。須知移步換形，但取朝山作證。更看前官後鬼，便知結實虛花。全憑眼力，斟酌高低，細用心機，參詳向背。山外拱而内逼者，穴宜高昂；山勢粗而形急者，穴宜低緩。高則群凶降伏，緩則四獸和平。

外陽拱秀而内局逼促者，則高其穴使内砂不壓冢，而外砂畢露於前也。龍勢粗雄而穴形峻急者，則低緩其穴，使粗雄之勢和柔而峻急之形平緩也。四獸謂朱雀、玄武、青龍、白虎。

平陽穴當壘土，不宜掘地及泉。高壠龍要消詳，認取抱山作穴。穴裏風須回避，莫教割耳吹胸；穴前水要縈紆，最怕衝心射脅。單山亦可取用，四面定要關闌。若還獨立無依，切忌當下穴。風吹水劫，是謂不知所裁。左曠右空，非徒無益而有害。上不正而下參差者無用，左空缺而右重抱者徒勞。内鈎外直，枉費心機；内直外鈎，尚堪裁剪。前案若亂雜，但求積水之池；後山若嵯峨，忌作挂燈之穴。脉盡處須防氣絶，地卑處切忌泉流。土山石穴，温潤爲奇；土穴石山，嵯峨不吉。但嫌粗惡，貴得方圓。或有地居水裏，奇跡異蹤。亦有穴在石中，博龍換骨。水裏穴必須道眼，石中穴要得明師。

穴有居於水底者，蓋緣龍脈體勢雄急，直至山盡水止處，方結氣聚池湖之中。古用抛杖作吐氣穴就局穴，皆是穴有在於石中者。或土龍博換，石脈而氣聚。石中穴當破石開窩，浮土而作。凡扦此等之地，唯精義入神者能之，不可謾爲嘗試。

物以類推，穴由形取。人形貴求臍腹，却要深藏；禽形妙在翼窩，不拘左右。蜈蚣鉗裏，眠犬懷中。

人形多是木火二星所結，恐高聳露風，故要深藏。禽形是金水星所結，頭尾皆可扦。然禽翼阿藏故爲妙也。

或取斜曲爲釵，四圍要顧。或取橫直爲劍，兩畔要包。荷葉不堪重載，瓜藤僅可小栽。泊岸浮牌豈畏風，平沙落雁偏宜水①。

荷葉喻其薄，瓜藤喻其小。泊岸、浮牌，平洋地也。

枕龍鼻者，恐傷於唇；扦龜肩者，恐傷於殼。出草蛇以耳聽蛤，出峽龜以眼顧兒。舉一隅而反三隅，觸一類而長萬類。

此舉數形之象，以例其餘見。扦穴之法，務在於高低緩急之間求之，不可不辨。雖然此亦假借，以曉喻時俗耳。其實禍福之機，不在取人物之象，全在察五星之氣，如下文所云。

取象不宜穿鑿，入眼細定真情。察其老嫩精粗，辨其生旺休廢。

老嫩精粗，觀形也。生旺休廢，審氣也。依此點穴，萬無一失。

更有異穴怪形，我之所取，人之所棄。若見藏牙縮爪，機不可測，妙不可言。

穴無正星正形，斜欹粗蠢，不入俗眼而亦有發福者，此必深於理氣而後能知之，故人棄我取也。龍之未住則分牙布爪，龍之將止自然縮爪藏牙。尖利者變爲圓齊，飛動者變爲安靜，此爲真龍蟠泊將斂其氣以入穴。故其機叵測而其妙無窮也。

右第四章論穴。

---

① "水"原作"小"，不辭，據弘治本改。

第五章龍虎 羅城 朝山

　　星穴固宜斟酌,龍虎亦要詳明。或龍去虎回,或龍回虎去。回者不宜逼穴,去者須要回頭。蕩然直去無關攔,必定逃亡並敗絶。或龍强虎弱,或龍弱虎强。虎强切忌昂頭,龍强尤嫌嫉主。或有龍無虎,或有虎無龍。無龍要水繞左宮,無虎要水纏右畔。莫把水爲定格,但求穴裏藏風。左右齊到,忌當面之傾流;一穴居中,忌兩邊之尖射。東宮竄過西宮,長房敗絶;右臂尖射左臂,幼子貧窮。最宜消息,毋自昏迷。

　　此上論龍虎也。但龍虎砂,雖有吉凶之形,而作用當知理氣趨避之法。如左右齊到,而水當面傾流。雖人情所深忌,若在四金御街之鄉,反爲奇妙。東西斜竄之狀,雖公位論所深嫌,若或落在吉秀生氣之方,反能致福。此皆歷考占墳,一一有擇,最自迷也,不可拘執。

　　留心四顧,緩步重登。所貴者關闌,所怕者空缺。四水歸,四獸聚,白屋公卿。八門缺,八風吹,朱門餓殍。山外山稠疊,補缺遮空;水外水橫闌,弓彎弩滿。緊夾者發不旋踵,寬平者福必深深。城上星峰卓卓,呼爲插戟護垣。面前印阜纍纍,唤作排衙唱喏。華表捍門居水口,樓臺鼓角列羅城。若非立郡扞都,定主爲官近帝。

　　此上論羅城也。星峰者,高而成星體也。印阜者,低而圓净也。一山獨聳謂之華表,兩山並聳謂之捍門。簇簇高而圓者,樓臺山也。簇簇尖而秀者,鼓角山也。

　　隔水爲護,何妨列似屏風。就身生案,須要回如肘臂。窮源千仞,不如平地一錐。外鎖千重,豈及彎弓一案。

　　平地一錐,取其特而有情耳。

欲求真的,遠朝無若近朝;要識生成,順勢無過逆勢。多是愛遠高而嫌近小,誰知迎近是而貪遠非。毋友不如己者,當求特異之朝山。同氣然後求之,豈必十分之厚壟。尖山秀出,只消一峰兩峰;曲水來朝,不拘大澗小澗。

此上論朝山也。同氣者,謂陰陽相見之宜,如艮見丙、巽見辛之類。

會之於心,應之於目。三吉六秀,何用強求。八卦五行,必須參究。

又言不必強求。吉秀爲朝,但用八卦五行立向,取一氣諧和,亦可詳理氣部。

右第五章論龍虎羅城朝山。

第六章論砂水

雖龍真而穴正,要水秀以砂明。水若屈曲有情,不合星辰亦吉。山若欹斜破碎,縱合卦例何爲。

不合星辰一句,稍有疵,當爲後人添入之語。

登山見一水之斜流,退官落職;入穴見衆山之背去,失井離鄉。覆宗絕嗣,多因脈盡氣窮;滅族亡家,定是砂飛水走。

砂小斜背飛走,多主失井離鄉。然亦看理氣何如,若合局又主離鄉而發。

捲簾水見,入舍填房。珥筆山高,教唆詞訟。兒孫忤逆,面前八字水流。男女淫奔,案外抱頭山見。

穴前之水,步步望前,傾瀉而去,謂之捲簾。山如摘鑷,一筆聳起,一峰低斜,謂之珥筆。八字水如八字樣,穴前分流。抱頭砂在朝案或羅城,峰巒背後斜出者皆是。

水破太陰,雲雨巫山之女。山欹文曲,風花洛浦之流。

太陰,蛾眉星也。若水流破其中,主女淫奔。文曲,沐浴方也。若有山欹斜搖擺,主人風流淫蕩。

忽睹山裂者,橫事必生。常聞水響者,凶喪頻見。源泉混混出明堂,氣隨飄散。田石磷磷張虎口,形帶損傷。危樓寺觀,忌聞鐘鼓之聲。古木壇場,驚見雷霆之勢。山有惡形,當面來朝者禍速。水如急勢,登山不見者禍遲。趨吉避凶,轉禍爲福。

凡砂水之吉凶,只以穴上見者爲論,不見則不論。故或形局雖美,而間有一砂一水不合,則或以工力裁之,或植竹木以掩之,亦轉移禍福之機也。

衆山輻湊者,旺而益旺。百川同歸者,清而又清。數峰插天外,積世公卿。九曲入明堂,當年宰輔。玉帶金魚,貴如裴度。銀瓶酒注,富比石崇。印浮水面,焕乎其有文章。水聚天心,自然而得富貴。

玉帶謂砂水彎環繞抱如帶,金魚即魚袋砂也。銀瓶酒注喻池水停蓄而水口緊密也。

若見文筆閑懸,硯池污濁,枉鑿匡衡之壁,徒關孫敬之門。水之禍福立見,山之應驗稍遲。

閑懸布列,失位也。污濁來去,反背也。水動而山靜,故水應尤速。

右第六章論砂水。

第七章論砂

大凡犀角象牙之脫漏,名爲告訴之星。驪珠玉几之分明,即是貢陳之相。

穴前所見之砂,尖如犀角、象牙,或脫漏無情,均爲下吉。若圓如驪珠,方如玉几而又朝拱有情,則爲貢獻之象。

是故左旗右鼓,武將兵符。前帳後屏,文臣宰輔。矛刀交劍,名持帥閫之權。鼓角梅花,身領知州之職。

木火頭水身而脚擺者爲旗，金體頭平而身肥圓者爲鼓。金星帶水橫開爲帳，土星帶金橫列爲屏，一砂尖利謂之矛刀，兩砂俱尖謂之交劍，金水連聳或平地圓墩散落謂之梅花。

御座御屏，入內臺而掌翰。頓槍頓鼓，鎮外閫以持權。內臺外閫，文武不同。某郡某州，分野可斷。

御座，木火橫聚爲首，土金直下爲身。御屏，土項金肩相連橫列也。頓槍，火木直立，頭尖身峻也。

文筆相聯誥軸，一舉登科。席帽若近御屏，東宮侍講。誥軸花開，男婚公主。娥眉山見，女作宮妃。

木火高聳爲文筆，兩金扛土爲誥軸。席帽頭圓如金，中高而兩肩帶水，如三台之狀也。誥軸花開兩角，小峰簇簇如花瓣也。蛾眉狀如新月，即太陰金也。

魚袋若居兌位，卿相可期。天馬出自南方，公侯立至。天乙太乙侵雲霄，位居臺諫。禽星獸星居水口，身處翰林。

魚袋金星，頭高頭低如魚袋也。天馬是金水或木火兼體，如昂之馬也。天乙太乙，巽辛二方也。兌屬少微垣，丙午丁三陽之地。巽辛交爲薦元，方有砂高起。故福應如此。禽星獸星，水口奇怪石也。

鼓笛非神仙不見，無道器則出伶官。劍印非天師不持，有香爐則爲巫祝。

饅頭金星如鼓倒地，木星如笛。道器謂幡幢、寶蓋、藥竈、丹爐、仙鶴、仙橋之類也。劍印乃逐邪斬妖之器，香爐是供神禮佛之具。

葫蘆山見，術士醫流。木杓形連，瘟癀孤寡。玉印形如破碎，非瞽目則主傷胎。金箱頭若高低，非煙包則名灰袋。

木杓，砂頭腫柄硬，若直來見頭不見柄無妨。若頭柄見前不吉。

探頭側面，世有穿窬。拭淚搥胸，家遭凶禍。屍山居水口，路死扛屍。腫脚出墳前，瘟癀①浮腫。

---

① "癀"原作"黃"，徑改。

山外有山，略露頭者爲探頭。穴前有砂，齊眉攔過者謂之拭淚。左右插來，粗雄如擎拳者謂之搥胸。

形似亂衣，妻必淫而女必妒。勢如流水，家必破而人必亡。忽遇提籮之山，定生乞丐。若見擎拳之勢，還出兇徒。腦生數摺若牛筋，犯法徒刑。頭開兩指似羊蹄，出人悖逆。

龍虎或案卸下山墩，如人提籮樣，名提籮山。如瘦牛露肋爲牛肋。

亦有虛拱，無情似乎有情。多見前朝，如揖却非真揖。或是胡僧禮佛，誤認拜相鋪氈。或是屍山落頭，錯作謝恩領職。一坯土居正穴之前，未可斷爲害眼。一小山傍大山之下，未可指爲漏胎。或似蟠龍戲珠，或如靈貓捕鼠。文筆畫筆，二者何分。牙刀殺刀，兩般難辨。後龍得方，殺刀化作牙刀。前砂失位，文筆變爲畫筆。

此三節又言砂之貴賤，須要察其理氣何如。若龍真穴正而又見於官旺方者則吉，若龍賤穴斜而又落在休囚則凶，不可泥形而錯認。

文章筆若坐廉貞，尤宜謹慎。孝帽山若臨大墓，勿謂無妨。判死筆寓殺地，定主殺亡。出陣旗見劫方，必爲劫盜。巧憑眼力，妙在心思。

廉貞火位，火星臨之，恐生回祿。大墓五行墓庫之方，孝帽山臨之，必主凶喪。殺地，八曜之地。劫方，劫殺之方也。

右第七章論砂。

第八章論水

論砂如此，於水何如。交鎖織結之宜求，穿割箭射之合避。

交者，水來相會如交也。鎖者，水口緊閉如鎖也。織者，之玄屈曲如織也。結者，衆流諸聚如結也。穿者，水穿龍虎臂或衝破堂也。割者，穴前無餘氣，水來割腳也。箭者，直流無屈曲也。

是故來者最要縈紆，去者亦宜纏繞。發福久長，定是水纏玄武，爲官富厚，必然水繞青龍。

玄武，後山也。青龍，左臂也。水之來去止取灣環纏抱，原不拘左右。言青龍者，舉東以見西也。

元辰水當心直瀉，未可言凶。外面砂轉首橫闌，得之反吉。以之界脉則脉自止，以之藏風則風不吹。

穴前水謂之元辰，當心直流，未可據以凶論。若得外面砂奇轉橫闌，反爲吉也。下二句即足上橫闌之意。

水纏過穴而反跳，一文不值；水若入懷而反抱，一發便衰。背城者，拘性強心；撞城者，破家蕩產。

背城者，水反方向外也。撞城者，水來直撞也。

更嫌來短去長，却忌左傾右瀉。流神峻急，雖屈曲而易發易衰。水口關闌，不重叠而易成易敗。所愛者三門寬闊，所貴者五戶閉藏。垣局雖貴，三門逼窄不須觀；形穴雖奇，五戶不關何足取。

三門，堂案並外朝也。五戶，即四庫之類，水口也。

鎖口則愛其緊如葫蘆喉，抱身則貴其彎如牛角樣。交互截水者最宜聳特，當面瀦水者惟愛澄凝。其或聲響如環珮，進祿進財。若然滴漏似銅壺，守州守郡。謍謍洞洞，響而亮者爲貴；凄凄切切，悲而泣者爲灾。然而有聲不若無聲，明拱不如暗拱。

前章言常聞水響者，凶喪頻見。此又言聲響之中亦有吉凶。然終不若無聲之爲愈也，明拱不如暗拱。欲重重包裹之意。

此特舉其大略，當自察其精微。

總結上文言，此不過議其形勢之大略耳。必須究其理氣之精微，以水神來去方位而定期吉凶始得。

右第八章論水。

第九章剋擇

立必辨方的,以子午針爲正。作當依法,須求年月日之良。山川有小節之疵,不減真龍之厚福。年月有一端之失,反爲吉地之深殃。多是信異說而昧正言,所以生新凶而消已福。不然山吉水吉而穴吉,何以多災。豈知年凶月凶而日凶,犯之妄覺。過則勿憚改,當求明師。擇焉而不精,誤於管見。擬富貴於茫茫指掌之間,認禍福於局局星辰之內。若合符節,應驗自神。

立宅安墳必須謹擇年月日時,造成旺相八字。蓋好地如巨舟,艮辰如利楫。巨舟能載物,必得利楫而後能行也①。

右第九章論剋擇。

第十章論陽宅

大凡陽宅無異陰宮,最要地勢寬平,不宜堂局逼窄。若居山谷,且要藏風。若在平陽,先須得水。水最關於禍福,山宜合於圖經。山不足,當培則培;土有餘,當削則削。要草茂而木繁,要水深而土厚。墙垣籬塹,俱要回環。水圳池塘,總宜朝揖。與夫

---

① “楫”字底本殘,據上下文補。

鐵爐油榨，水碓牛車。立必辨方，作當依法。

> 宅喜遮蔽，故要草木繁茂。鐵爐等四者俱有聲可嫌，故宜謹慎。

所忌者水尾源頭，所戒者神前佛後。壇廟宜居水口，羅星切忌當堂。

> 水尾、源頭，過峽之所，氣脈不住。神前、佛後，氣脈已泄，且常聞鐘鼓聲，故亦不吉。羅星小墩，若居堂内，名患眼、墮胎山，只宜在水口爲妙。

先宅後墳，墳既興而宅廢；先墳後宅，宅既旺而墳必衰。形局小者，不宜傷殘，寸土惜如寸玉；垣局闊者，不妨充滿，千家任住千年。一山一水有情，小人所止；大勢大形入局，君子攸居。泰山支下水交流，孔林叢茂；龍虎山中風不動，仙圃長春。

> 以孔張二家以爲大勢大局之證。

右第十章論陽宅。

發明古訣，以雪吾心。地理精粗，包括殆盡。切記寶而藏之，非人勿示。慎傳後之學者，永用無窮。

> 通結全書。

青囊海角經

【題解】

《九天玄女青囊海角經》，又名《青囊海角經》。史志目錄中雖不乏題名與之相關者，如《宋史・藝文志》載《九天玄女訣》、《天涯海角經》，《通志》載《青囊玄女指決》，却未見與之同名的著録。明陸穩《宅葬書十一種》最早著録同名之作，題古赤松子撰，却與《青囊海角經》非爲一書。

此書今存《古今圖書集成》本、上海圖書館藏清稿本、中山大學圖書館藏清抄本及臺圖藏舊鈔本。臺灣所藏舊鈔本僅得見扉頁郭璞序，内容未能詳知，不作論述。《古今圖書集成》本未題撰者，前有晉郭璞序，全書共分四卷，首卷論及物之源起，以河圖洛書、陰陽八卦爲旨；卷二以五行、八卦、九星判龍穴之吉凶；卷三詳論二十四山向點穴之法及葬法得宜；卷四則重於辨形勢水口結穴。上海圖圖書館藏清稿本前有晉郭璞序、宋張士元序，共兩卷，僅涵蓋了《古今圖書集成》本卷一至卷二行龍論理篇的内容。中山大學圖書館藏清抄本題漢張良傳，唐丘延翰頌，楊益注，明吳元爵補，清張應芳輯。前有晉郭璞序、宋張士元序、吳元爵自序、張應元跋。其内容明顯少於《古今圖書集成》本，又另附郭璞《葬書》、蔡成禹《穴法論》等。其中何令通《論氣真訣》、青田劉公《水訣》、頭陀《水法論訣》的内容與《古今圖書集成》本論氣正訣、收水法、水法相同。比勘二書之内容，疑《古今圖書集成》本據中大清抄本增補删改而成。上述各本皆未題作者，僅或述及由九天玄女傳授，存郭璞序。

按《青囊海角經》一書蓋融合各家學説，如運用《葬經》、《管氏指蒙》、《撼龍經》、《葬法倒杖》等形勢派理論，又偏重强調理氣的運用，將《青囊奧旨》、《青囊序》之内容融合貫通。以上著述皆晚出於郭璞之時。又書中提及的天文九星：貪狼、巨門、禄存、文曲、廉貞、武曲、破軍、輔星、弼星，廖禹九星：太陽、太陰、紫氣、金水、天財、天罡、孤曜、燥火、掃蕩以及十一曜之羅睺、計都、月孛、紫氣四星，皆確立於晚唐以後。而書中又不乏唐宋之時的典章制度之詞，如"金吾"、"樞密"、"知州"等，據上可斷定郭璞之序乃後人託名所作。此外，是書存宋治平十六年張士元序，然宋英宗嘉祐八年四月即位，次年改元治平，僅在位四年，何來治平十六年之説？且此序之内容詳論九天玄女授赤松子書，而後方家傳授至於有宋一代之事，事跡多不可信，則其序之真實性亦有待考證。又有卷首"數窺天地之圖"中的行政區劃及周邊國家的稱謂，如女直、爪哇、真臘等，皆反映此爲明代區域圖。而卷四二十山向訣之内容實出自託名郭璞的《八宅明鏡》，此皆將是書的成書時間後推至元明時期。

另存《三字青囊經》一書，其内容由《青囊海角經》卷二上中下集及《海角權衡》之内容融會而成。又《靈城精義》之經文，實爲《青囊海角經》卷四之論氣正訣形氣篇與理氣篇之内容。

今存《青囊海角經》各本，唯《古今圖書集成》本内容較全，兹以爲底本，校錄於後。

九天玄女青囊海角經

青囊海角經一

序

青囊内傳，海角秘文。浮黎正統，鎮世鼇極。八卦八門，六甲天書。始青之下，囊括萬象。赤明開國，天發祥光。洞徹天地，四極鼇布。八方雲篆，玄女降質。神通天地，數徹幽明。道遵河洛，卦契乾坤。首司庚甲，煥乎五行。布兩間之樞紐，掌四時之德刑。明九萬七千六百之元氣，一十二萬九千六百之元鈞，生成萬彙，拱衛星辰，濟大旱之霖雨，御虎賁之強兵。人得之而生長，國得之而太平，家得之而豐盈。悟者遊於神化，不落幽冥；死者歸於葬埋，遺體受榮。浮黎祖秘，永鎮乾坤。晉郭璞修_{按原本}此下有兩序，一宋張士元，一明吳元爵。茲但録其本敘，餘不具載

九天玄女青囊海角經序[①]

天下有非常之書不數，數見必留以需非常之人，而此非常之人者得獲是書，則造化生心，宇宙在握，其功能與天地將然。潛見有數，授受有拯，或俄而秘之九地，或俄而出之人間。總之主張在人，呵護有物，非可以有心求，不能以人力耶？若海角奇經是已，何言乎海角也。天書九卷，而此其青囊中一隅耳。自書傳授自九天玄女，上可以立致風雨，旋轉陰陽；中可以設奇制變，設兵講武；下之亦能移山易向，轉禍爲福。炎帝分曆以授赤松，而

---

① 底本無宋張士元序、明吳元爵自序、清張應元跋，今據中山大學圖書館藏清抄本補。

黄石公復以付黄初平，以下卷地理付東海海角仙翁，繼傳河東解縣郭景純，時文帝遷天下都郡。泰寧元年，以授陶侃，自湮没二百餘載。兗岱太乙真人左仙翁授唐丘延翰，葬則星氣交現，朝廷賞之，收補赴闕，官封亞父，食邑河東，李筌師之。黄巢兵變之後①，筠松楊益發瓊林寶庫而獲是書，時廣明三年。曾文迪從學於楊，其後寧都有范越鳳、三山有黄站腳，壽陽有梁堯，白道有黎士元，應天有祝元吉及征西杜子春，皆其學也。華山陳希夷猶得其最。南軍節度得是書，示子曰："吾没後葬黑龍潭，傍水而穴，明年浪石湧舂成山。"占候進言："時謂異氣，詔遣伐其穴，禁其書。"長沙克誠公從學希夷，得傳是書。未幾而卒，祖母授書於景鸞公。慶元辛巳②，趙宗哲薦賜校理司天監卿，遷侍中，因諫牛首謫歸田裏。後轉鄱陽舒伯嚴，年五十而卒。其女懷卷歸鄱陽張明叔，官處。妙時治多虞，前守不利壬坎，扦戊子巽水，轉坤大墓，流破長生。時廖習術未精，歷三師皆名手，年逾四旬，得精斯術，相議雙起樵樓，未幾，遷攜廖同歸卜葬，七十有四。乙卯八月別歸，明年春，二子繼亡，得其傳者鄒仲容、胡元象、陳元輔、葉元林，而太素賴公尤精其術而窮其詣，以上諸君皆所謂非常之士也，得是術而覓龍揣穴若指諸掌。或顯之廟廊，或隱之草莽，出處不同而妙用則一元也。碌碌不可謂非常之人。而徽天之幸得窺是書，不可謂無緣者。第恐淵源之自久而空傳，故漫書其概以俟後君子云。

時

皇宋治平十六年仲秋之次

後學張士元謹撰

---

① "黄"字原作"頁"，不辭，據上下文逕改。
② "慶元"，南宋寧宗年號，與序文提及時間不合，當作"慶曆"。

自　敘

余年二十，性耽山水。每見潭地者，即神馳心慕。而苦無理會處，總遍閱諸書，終屬惘然。及訪數名師，懇其開示，皆未適吾意，不特高中不滿而且目中無可師者，耿耿數載。同鄉有姜公諱士登者，性多孤子，名重寰宇，足絕交與。雖地隔百里，不得其門，不能一面。一夕，偶避風雨於吾鄉涼亭內，見一長者，道貌清奇，仙氣襲人。予問其從者，曰：“此士登姜公也，往府訪友。”余如夢中得寶，喜不自勝，進揖侍坐，許久止道姓氏，不敢進一言。俄爾，風雨少息別去。予預遣僕在埠買舟迎候，並途中供應。命僕不可報明，若問時方道。致意於路，果詢及，償以銀錢。僕曰：“奉主人命，斷不敢領。”次日上崖對僕曰：“汝主仲仁住何所？”答曰：“觀灘。”曰：“回日當來看汝主人。”旬日後，予預期在途探迎，果返棹至予家留書齋一宿。侍如至尊，不敢仰視，不發一言，惟吊古今興替，弗言及地理二字。自此予得長至師家叩謁，常饋以清趣果品，若少近財帛，立便鄙斥，如是者三載餘。偶一日師適他往，道徑予家留住數日。見予齋頭多諸家術書，及曰：“害人帳本，貯此何爲？”予端肅拜，墾指示。方道地理大略。師曰：“汝初來訪我時，是夜，曾夢一道人謁我，詰其姓名曰景鸞吳公也。且時，值子來見謁。予亦留心已三年矣。每見子具法眼且豐度有道氣風味，予何爲得人之慶。”遂命侍者向匣中取青囊書授予，囑曰：“須存心不苟，弗負吾願。”予再拜受之，遂開卷指點，竟日罄談。余似夢中踢醒，鼓撥瞳神，自覺心暢神怡，目空兩間。於是乎遍歷湖海江漢，遨遊名山大地，尋覆先賢作手。第傲僻性成，孤芳自許，落落難逢，世不我容。每遇勢利場中，常作白眼相看，惟佳山勝水，偏多留戀。世無信心，其誰與鳴？但宇宙之間，會山川之性情，皆由氣運所主，非庸夫俗子所能挽也。聊書紙餘以俟識者云爾。

時

崇禎癸未年正月

天都頑仙吳元爵天臣甫撰

青囊海角權衡經跋

蓋地理者陰陽也，實造化之根由，無窮之妙理也。人子擇地使父母體魄安榮，然後蔭子及孫，是誠受氣之行有餘力而然也，是誠報本之柔懷也。乃近世葬親者，一惟爲生人謀富貴利達，以此骨殖作放炮之發藥，而竟將報本之忱置之度外，深可慨嘆，寧不悲夫！今之求師，卜地者曰："不求大地，惟顧財丁。"而時師亦駕其辭說，曰："此不過小地，直易易耳！"獨不知富貴固難而擇財丁實未易也。何則財丁者，本也。富貴者如錦上添花柳，末也。故擇地而有財丁，亦猶之乎娶婦而有才德也。構地而得大地者，亦猶之乎娶婦而有才德色也。才德色三者俱全，是婦道之完美，又何異於地理之子孫蕃衍、富貴綿遠者乎？予自齠年喪父，失心報本，費家覓地。夫孰知家雖費，而本猶未能報也。每見時師高談闊論，自分曾楊之再出，賴廖之重生，將地理諸書東拽西扯，如夾靴搔癢，隔牆丟尾，卒難會問，害人不淺。嗟嗟，惟是諸家之書愈繁而地理之書越無實據矣，但說他是難而實不難，何故？夫理之一字人人共知，個個易曉。若說他是易而實非易，又何故？蓋地理之得失，骸骨之榮枯，無從對會。余於順治丙申年因葬母王太安人，得會天臣吳公暢談數月，盤桓半載。一日，余問及龍穴砂水果有一定之理，鑿鑿可據否？公曰：若要針針見血，須辨陰陽顛倒顛。予曰："識得陰陽顛倒顛，便是大羅仙。此語余甚惑之。夫陰陽而顛之倒之,至已盡矣,而復曰顛倒顛,何謂也?"公曰:"此不是大家白話,不是借東影西。"予再三拜,懇求其指示,遂授《青囊海角權衡經》一部,曰:"子當熟玩之、悟之、會之,自知顛倒顛矣。"予究心五載。是歲,在禾中洽溪鳳凰山內遊羅芥,至劉光武躲兵仙人洞邊,見一泓秋水,忽爾胸中茅塞、夙昔狐疑豁然頓解,歸將未明之圖以補明之。至己酉歲,公復至余家,爲予扞室人墓於螺蜅篆,並爲予作生壙,聚首八月,遂白:"此顛倒顛。"公曰:"然,唯唯。"余曰:"胡不早示之?"曰:"造化氣機豈容輕泄,今畫諸圖式似覺太露,當珍藏之,秘密之。"自憾天性鹵鈍,色力柔弱,討不得仙人眼樵夫腳。遍覽山之奇秀,尋覆先賢作手,以精斯術,爲帳於書,以垂我後,庶見本衷。故跋。

時

癸丑仲春

後學張應芳志

太無始氣圖

恍恍惚惚
杳杳冥冥
無象無形

圖說:純黑晦體,太無非顯,故黑之。黃石所謂太無不無,老氏所謂無爲天地之始,統三才混一氣,恍惚不可見聞者也。是以玄女設圖,使來學透悟大道,偕登聖域;立教聖人,以此悟無上至道。非玄女之傳,孰能以晦圖造其端哉?

太有中氣圖

無中生有

太元一動

天地資生

圖說：一點純陽隱於黑中，晦而明也，是謂黑中有白，陰裹懷陽。《圖經》所謂"太有不有"，即老氏所謂"有爲萬物之母"，萬物莫不虛中以爲體。陰非此陽，烏能生化。知白守黑，即此機也，悟之爲無上妙道。

此二圖八卦不能推，甲子不能契，萬物化生根原莫逃乎此。

一陽初動處，萬物未生時。些子好光景，烏能入言語。

有無終氣圖

黑白相符

子午定機

萬物之化

圖說：乾坤奠位而陰陽相勝，日月循環而寒暑推遷。《圖經》所謂"有無相生，萬物化成。動靜有時，消長有數。八卦可推，曆律可契。四時依候，子午定機。陽生於子，陰生於午。"陰陽消長而萬物之理、萬物之機得矣。

五運六氣經天之圖

圖説：五運六氣者，丹天火氣經於牛女奎壁，黅天土氣經於心尾角軫，蒼天木氣經於危室柳鬼，素天金氣經於亢氐昴畢，玄天水氣經於張翼婁胃。五運甲己化土運，乙庚化金運，丙辛化水運，丁壬化木運，戊癸化火運。合金運出人仁義，合水運出人寬蕩，合土運出人敦厚，合木運出人有爲，合火運出人多無情。是皆秉乎氣運所生，人物作替，猶言合取生旺爲興，遇休囚即爲衰也。

天地始數圖

天地漸啟
數決盈虛
萬機咸定

圖説：一立數，始定焉，察盈虛，定消長，分造化，具五行，判陰陽。自一而至十，合大衍五十有五。立中立極，左右皆合河圖洛書之數，用天干之十數配地支之十二，渾天甲子數由乎此。

太元中數圖

甲子渾成

八卦配臨

生旺推尊

圖説：渾天甲子合八卦，具五行，察陰陽，明消長，推旺墓，定吉凶。迎之吉，違之凶，此括太元中數之理，以喻用之神也。

奇數

一三五七九爲陽，天數五倍十天干。

偶數

二四六八十爲陰，地數六倍十二地支。

太元終數之圖

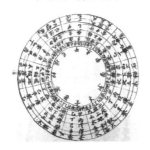

圖説：十二地支至静，圓布十二宮。以十天干配地支，各五氣而成六十甲子，以配天氣，取天變地不變之義。冬至葭飛，立甲子之日始。堯廷蓂葉，作甲子之月始。以建子作甲子之年始。

渾甲納音由

水旺金藏曰海中，水中有源曰澗下。

陰内含陽曰霹靂，水土相須曰壁上。

一陽始動曰扶桑,木旺火生曰爐中。

水上生病曰城頭,庚辛臨官曰松柏。

木盛金絕曰金箔,乙卯長生曰大溪。

土墓木盛曰大林,金養色明曰白蠟。

墓胎東歸曰長流,土之掩覆曰覆燈。

土墓不厚曰沙中,庚午土胎曰路旁。

木當茂盛曰楊柳,火盛金潛曰沙中。

水臨其上曰天河,火旺上炎曰天上。

壬申金旺曰劍鋒,秋金生水曰井泉。

丙丁火病曰山下,戊己土病曰大驛。

秋旺木絕曰石榴,甲戊火透曰山頭。

墓胎土燥曰屋上,戊己木養曰平地。

庚辛衰木曰釵釧,壬癸帶旺曰大海。

陰陽升降納甲圖

圖說:釋陰陽升降納甲因由天地之道,晝夜運行,陰陽消長,睹太陰可見聖神,圖納甲以喻後世。凡每月有六候,一候有五日,初三日生明,是一陽生,卦體屬震,昏時月出西方庚,其月之象如盂之仰,故納於震。越六十時至初八日上弦,是二陽生,卦體屬兌,昏時月出南方丁位,其象爲兌上缺,故丁納於兌。越六十時至十三日以至望,三陽全滿而純白,卦體屬乾,昏時月出東方甲位,其象渾圓，故甲納於乾。越六十時至十八日生魄，是一陰始生，卦體屬巽，旦時月没西方辛位，其象爲巽下斷，故辛納於巽。越六十時至二十三日下弦，是二陰生，卦體屬艮，旦時月没南方丙位，其象如碗之覆，故丙納於艮。越六十時至二十八日以至晦，三陰純黑，卦體屬坤，旦時月没東方乙位，其象渾然，故乙納於坤。一月之内三百六十時之中，觀晦朔弦望之盈虧，而易理之奧盡於斯矣。葬埋之吉凶無他，惟會合盈虛明暗，上下得宜，禍福攸判，取坤震兌乘乾巽艮，斯用天之奧哉！

<h2 style="text-align:center">太元始易之圖</h2>

圖説：河洛出而八卦分，象數明而五行定，乾坤主上下之位，坎離居日月之門，震巽艮兌各處其隅，以先天八卦定陰與陽也。故地理之陰陽從兹始。乾坤坎離定陽龍而不用其陽，震巽艮兌定陰龍而用其陰，是貴陰而賤陽之故也。

此圖乾坤合九數，坎離合而成九數，震與兌合，艮與巽合，皆成九數，故曰太元始易圖也。

<h2 style="text-align:center">太元中易圖</h2>

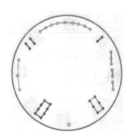

　　圖説：乃戴九履一，左三右七，二四爲肩，六八爲足，陰陽迭湊而成八卦，八卦迭磨而成六十四卦。故九天玄女以八卦六爻[①]迭推消長，以明地理地氣之吉凶，顛倒之順逆，取用於三般卦例，以示後學，以教世民之趨吉避凶也。

太元終易圖

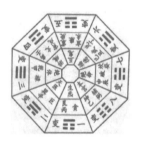

坤爲地母

諸山所托

三吉六秀

勢定於此

　　圖説：玄女以坤元天書取其三吉，不用五凶山水也，以九曜之權衡取陰陽之得配。貪巨廉武，《洛書》取其陰也，抽中爻爲體，則知上下陰陽得配，以定吉龍也；破禄文輔，《洛書》棄其陽也，抽中爻而知上下孤陰寡陽而失配，以捨凶龍也[②]。艮納丙，震納庚，以丙庚陽而旺；兑納丁，巽納辛，以辛丁陰而相；乾納甲，離納壬，以甲壬陽而孤；坤納乙，坎納癸，以乙癸陰而虚。旺相孤虚之氣定也。體天地之撰者易之象，紀天地之撰者範之數。數者始於一，象者成於二。一二奇偶也，二而四。一而八，一者，八卦之象。乾一、兑二、離三、震四、巽五、坎六、艮七、坤八。上稽天文，下察地理，中參人事，皆氣運之數。天分五氣，地列五行。上經於列宿，下合於方隅，敷布天地之間。四時迭序而有風寒、温熱、燥濕之化，從此而生氣平而相得者，所以道其常，是謂德也。

---

　　① "六"字原作"八"字，不辭，徑改。

　　② "捨"字原作"舍"，不辭，據上下文徑改。

氣不平而相賊者，所以觀其變，是謂刑也。萬物一定之數，於中變化無窮，而聖人明之。不使過於中道，所謂裁成萬物也。

浮針方氣之圖

圖説：玄女晝以太陽出没而定方所，夜以子宿分野而定方氣。因蚩尤而作指南，是以得分方定位之精微，始有天干方所、地支方氣，後作銅盤合局二十四向。天干輔而爲天盤，地支分而爲地盤。立向納水從乎天，格龍收沙從乎地。今之象占以正針天盤格龍，以縫針地盤立占。圓者從天，方則從地，以明地紀。

數窺天地之圖

圖説：天圓如倚蓋，地方如棋局。窺地厚四萬里，應五八之數，其方六萬里。中國之廣不過萬里，餘五萬里皆屬外國。自玄女道於伏羲而治中國，始有陰陽龍。八卦成，始天傾西北，女媧煉石補之；地陷東南，大禹治水，龍形始定。天之數一三五七九，屬陽。始於一成於三，盛於五，定於七，極於九，因天距地九萬里,故曰九天之上。地之數二四六八十①,屬陰。始於二,成於四,盛於六,定於八,極於十。因地厚四萬里,倍之及泉,故曰九泉之下。惟陽盛於五,故日距地五萬里;惟陰盛於四,故月距地四萬里。揆曆以日數爲準,周經三十六萬里,以應三百六十五度四分度之一,每一日占一度之寬。

乾坤合而成九,坎離合而成九,震兌合而成九,艮巽合而成九,四方四時各值九數,共成四九三十六之數,以定始中終之氣。月有三百六十時,年有三百六十日,天有三百六十餘度,地有三百六十餘穴,人有三百六十餘骨節。

大劫十二區分,每宮三個三千三百六十數始中終,大約一萬八百年天始開,一萬八百年地始闢,一萬八百年人始生。天開於子,地闢於丑,人生於寅。共三萬二千四百年爲胚胎之氣,仍九萬七千二百年後渾天之劫運。

四氣元胞

圖説:乾坤艮巽爲天地之四黿,界日月之止所,使之循環而作天地人鬼之四門,使之變化爲地水火風之四輪。流行造化,主乾坤之橐籥,宰陰陽之呼吸。統四生,權六道。世之善者根於人道,世之惡者根於鬼道。凡葬埋不得吉氣,即陷子孫貧賤衰絶,

---

① "數"字底本脱,據上文徑補。

擇地者可無慎乎!

太陽出没圖

　圖說:蓋地氣必待天氣盛而萬物生,天氣衰而萬物死。天無地道無以宰乎德刑,地無萬卉無以成乎歲功。陰陽相勝之妙,根於日月去天地之遠近。日月臨地之近,萬物感陽和以生;日月去地之遠,萬卉得陰凝以藏。

六壬元胞之圖

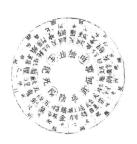

　圖說:乾坤艮巽爲天門、地户、人門、鬼路四門,作地水火風而以生化萬類,莫不由此四氣元胞。太陽出没往來亦由四氣,地之得以承載而四鼇立極也。聖人作六十曜星而吉氣亦歸於四氣,故設象以索真,而以二十四山地支加天干用龍。天干龍亦加前地支數,至乾坤艮巽爲四吉,依圖像而取星,爲救貧解禍之神,布福德之星。凡陰陽駁雜不合三吉,以此救解之,即速應富貴。

艮丙龍收納砂水圖

巽辛龍收納砂水圖

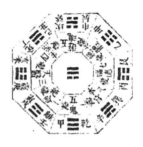

坎癸申辰龍收納砂水圖

震庚亥未龍收納砂水圖

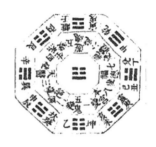

兌丁巳丑龍收納砂水

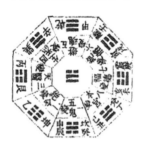

離壬寅戌龍收納砂水圖

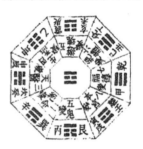

乾甲龍收納砂水圖

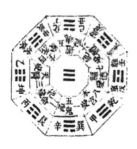

坤乙龍收納砂水圖

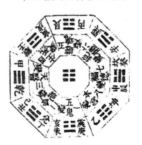

卦例訣

　　翻卦之訣，其法以離巽坤兌列於四指之上節，以乾艮坎震列於四指之下節，使乾兌離震巽坎艮坤，一陰一陽交互相對，以便於運指。假如星在二指四指，則逆數而前；在五指二指，則順數而後。中起中落，傍起傍落。如乾是來山^{此天父卦也}，則坐兌丁爲生氣，坐震庚爲天醫^①，坐艮丙爲福德^②，此三卦爲三吉，除五卦爲五凶，作向星卦，以五鬼爲主地母卦。如艮是來山，則向震庚亥未是向生氣、向兌丁巳丑是向天醫，而巽辛是向福德，除此三吉即是五凶。占水卦以輔星爲主，其法徑以本山爲輔星，以輔武破廉貪巨禄文爲序，如前一上一下，會得貪巨武水到堂爲吉，廉禄破文爲凶，輔爲半吉。《經》云：“三吉只求來勢好，但以地母卦爲主。”求其艮丙、辛巽、兌丁、巳丑、震庚、亥未十二陰龍，諸山所托之故也。“向家只作鬼爻看”，此專以壺中鬼卦就本山起，或乾山巽向即從乾山上起輔武破廉貪巨禄文，看其砂之吉凶。又從本山下羅經^③，即以鬼爻倒數^{此壺中鬼卦也}，如乾山即就巽上起輔武破廉貪巨禄文，以觀水吉凶；如坤山即就震上起倒數，此即所謂壺中鬼卦也。天父、地母、壺中卦乃三般大卦也。

---

　　①　“坐”字底本脱，據上下文補。

　　②　是處三吉判斷有誤。乾是來山，則向申辰坎癸爲生氣，向坤乙爲天醫，向離壬寅戌爲福德。

　　③　“下”後衍“下”字，徑刪。

天父卦起例

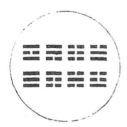

此例以貪巨祿文廉武破輔弼，輔星與弼星同合一卦。如乾卦起例，從兌上起貪巨云云。離從震上起，艮從坤上起，巽從坎上起，亦是如前起例，傍起傍住、中起中住之法也。

坤地母卦起例圖

此以輔武破廉貪巨祿文爲序，中起中住。

巽地母卦起例圖

中起中落。

震地母卦起例圖

震庚亥未，旁起傍落。

兌地母卦起例圖

兌丁巳丑，傍起傍落。

坎地母卦起例圖

坎癸申辰，中起中落。

離地母卦起例圖

離壬寅戌，旁起旁落。

艮地母卦起例圖

艮納甲丙，中起中住。

抽爻得配失配圖

中爻抽去失配之式，三吉、六秀、八貴皆出此圖。

抽爻得配八貴圖

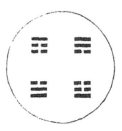

八卦之內，惟此四卦名之曰四吉，蓋緣抽去中爻，上下得一陰一陽配合，曰三吉，曰六秀，曰八貴，皆此抽爻之訣也。

坤乙龍穴砂水圖

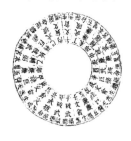

三般大卦。

艮丙龍穴砂水圖

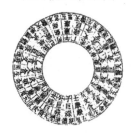

地母諸山所托，定艮丙三般大卦之圖。

震庚亥未龍穴砂水圖

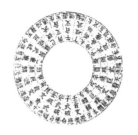

地母諸山所托，定震庚亥未三般大
卦。

離壬寅戌龍穴砂水圖

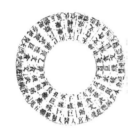

地母所托諸山三般大卦。

巽辛龍穴砂水圖

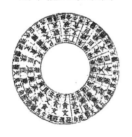

地母定諸山所托三般大卦。

兌丁巳丑龍穴砂水圖

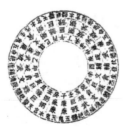

地母諸山所托，定三般大卦。

坎癸申辰龍穴砂水圖

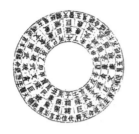

地母所托，定諸山三般大卦。

乾甲龍穴砂水圖

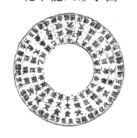

地母所托，定諸山三般大卦。

地母變爻卦例之圖

孟	癸丙艮		貪狼	生氣	木
仲	辛巽		巨門	天醫	土
季	甲乾		祿存	絕體	土
仲	戊申壬離		文曲	遊魂	水
孟	未亥庚震		廉貞	五鬼	火
季	丑巳丁兌		武曲	福德	金
孟	辰申寅坎		破軍	絕命	金
伏	乙坤		輔弼	本宮	木

圖說:地母之變,諸法所宗,淨陰淨陽,三吉六秀八貴,莫不出此。九星貪、巨、祿、文、廉、武、破、輔、弼之定位,地母所變,八

卦之定爻,卦之納甲,支之三合,艮丙、巽辛、乾甲、離壬寅戌、震庚亥未、兌丁巳丑、坎癸申辰、坤乙,皆抽中爻,上下二爻得配成吉,失配成凶。天星卦變皆天然一定之位,次而得配失配之吉凶合焉。震雖卦屬廉貞,五鬼而取其得配,故爲八貴也。陰陽之福禍,全在天星,以定吉凶。八卦遊年之妙用,微旨微理,秘括青囊,得者地仙,轉坤爲乾,泄授匪人,災及其身。

知此要訣,總括天星。八卦宮位,挨次而臨。三吉六秀,顯於斯章。兼出八貴,妙用得配。抽爻是則,吉凶可覓。净陰净陽,吉龍乃彰。貴陰賤陽,天星主張。納甲並用,三合齊良。惟用斯訣,千古吻合。

初變艮

艮山子來艮,伏吟弼剋定,小口漸漸衰,過房乃有分。

艮山子來震,遊魂中敗盡,被盜人逃亡,財散橫傷命。

艮山子來巽,絕命長房災,家人多死滅,離鄉永不回。

艮山子來離,五鬼孟男災,官司火殃重,失盜並散財。

艮山子來坤,生氣旺人丁,大發莊田盛,秀子拜朝廷。

艮山子來兌,絕體季子悔,女掌家門事,男頹產業退。

艮山子來乾,福德蔭綿綿,季子文章顯,富貴旺丁田。

艮山子來坎,天醫仲房暖,資財常興旺,商賈利名顯。

二變巽

巽山子來巽,伏位長房災,損財並夭壽,出外不回來。

巽山子來離,福德精文藝,富貴應期來,子孫兼孝義。

巽山子來坤,天醫火土生,紫氣兒孫衍,善行應朱門。

巽山子來兌,遊魂凶星會,二子奔他鄉,住居無定止。

巽山子來乾,五鬼不堪言,橫逆家私敗,個個賣田園。

巽山子來坎,生氣相生現,長房孫貴重,五郎顯廟廊。

巽山子來艮,絕命長房定,次子敗貧窮,婦守男奔競。

巽山子來震,絕體長幼分,財散子少亡,兒孫鮮安命。

三變乾

乾山子來乾,伏吟病多纏,孤兒寡婦苦,老幼受熬煎。

乾山子來坎,遊魂主遠遁,小口多夭折,寡婦房中悶。

乾山子來艮,福德星相生,季房多孝弟,賢哉品級人。

乾山子來震,天醫二房興,未免子破敗,文藝入公門。

乾山子來巽,五鬼災殃重,火盜代來侵,子孫皆怨恨。

乾山子來離,絕命長先頹,十載家業盡,妻兒皆自歸。

乾山子來坤,絕體二老爭,幼兒多幼死,家破遠鄉多。

乾山子來兌,生氣平平惠,老翁配少娘,女旺子安康。

四變離

離山子來離,伏吟弼星臨,小房多內亂,男女敗西東。

離山子來坤,遊魂不葬墳,陰盛陽丁少,家門不吉星。

離山子來兌,天醫一四位,財帛俱豐足,文武盡榮貴。

離山子來乾,絕命剋熬煎,長房衰敗絕,女婿掃墳前。

離山子來坎,絕體內相刑,男女逃亡外,跛足步難行。

離山子來艮,五鬼家不和,兄弟爭廢業,婦女作師婆。

離山子來震,生氣比和隆,長房五子貴,家豪似石崇。

離山子來巽,福德人慧聰,少房子多秀,文武佐明君。

五變震

震山子來震,做賊官刑分,男巫多忤逆,女婆恣淫行。

震山子來巽,絕體殘疾當,小房不離床,家敗去他方。

震山子來離,生氣五子奇,俊秀文才盛,長發貴多宜。

震山子來坤，五鬼不和平，生離父母去，家業不安寧。

震山子來兌，絕命重重悔，兒孫見面死，泣哭無繼嗣。

震山子來乾，天醫旺重賢，子孫為僧道，金木自憎嫌。

震山子來坎，福德子孫賢，季兒多富貴，大旺莊田顯。

震山子來艮，遊魂出外忙，他鄉為閭里，家眷似淫娟。

六變兌

兌山子來兌，伏吟損長位，子孫災患傷，產子娘先背。

兌山子來乾，生氣剋多嫌，小女婚不正，罕發更聾殘。

兌山子來坎，五鬼為賊伴，忤逆凶徒禍，微災不入算。

兌山子來艮，絕體二房凶，子孫殘疾久，男鰥女寡逢。

兌山子來震，絕命犯螟蛉，外出無蹤跡，少死受官刑。

兌山子來巽，遊魂犯客星，家財多耗敗，離散損人丁。

兌山子來離，天醫蔭仲兒，平頭星釋道，一二廢根基。

兌山子來坤，福德小房榮，文武為官貴，食祿享千鍾。

七變坎

坎山子來坎，伏吟中子夭，腰折投河死，產婦身難保。

坎山子來艮，天醫火旺星，文武扶明主，丁多富貴因。

坎山子來震，福德三公命，水浸木增財，文武富貴來。

坎山子來巽，生氣旺人丁，爵祿饒富貴，巧藝出其門。

坎山子來離，絕體季房痺，官事多為死，代代出癡迷。

坎山子來坤，絕命家業零，少死因黃瘟，後漸少人丁。

坎山子來兌，五鬼賊盜會，劫財衙門使，長房還冤債。

坎山子來乾，遊魂自縊懸，淫亂生殃禍，孀居仲絕延。

八變坤

坤山子來坤，伏位人口凶，子孫多殘疾，女守家困窮。

坤山子來兑,福德旺小房,五男多孝義,文武列巖廊。

坤山子來乾,絕體禍孤媚,後代家業破,貧苦命難當。

坤山子來坎,絕命子孫斷,破家身無依,空拳如何算。

坤山子來艮,田蠶生氣盛,兒女列成行,富貴天星定。

坤山子來震,五鬼亂胡行,忤逆爲賊盜,官災牢獄刑。

坤山子來巽,天醫仲房稱,子賢文秀顯,高爵王家贈。

坤山子來離,遊魂遠途迷,女掌家財散,不久在庭除。

總評:右將八卦配天星,此是青囊奧旨文。識得干支歸卦例,三吉六秀掌中掄。以芥投針爲妙訣,毫釐差錯誤生民。欲明微理無多子,熟玩青囊古本經。熟玩自知真諦訣,試覆王侯官貴墳。

青囊海角經二

上集

天德神,數乃尊,理順逆,萬機純,六甲運,五行賦,法五子,遁八門,布雷使,察金精,御五氣,攝九靈,鉏叛逆,超神英。

天書首文天德至尊,天五地六,順流逆行,八門遁甲,驅使風雷,莫不以五氣攝乎九靈。[1]

混沌未分,三才一氣,清濁奠位,神物是對。八卦甲子,象數察理,仰觀俯察,默運其機,陰陽五行,厥德昭示。陽精日華,陰

---

[1] 注:赤松子傳文。

精月體，稟靈五曜，巡布四維，四時依候，子午定機，扶桑_{寅也}掩山，陰育陽施，出入往來，虞淵弗替，神氣昭上，下應厥帝。青靈木德，地峙泰嶽，在天爲歲，甲木乙草，司春震位；絳靈火德，地峙衡嶽，在天熒惑，丙火丁煙，司夏曰離；皓靈金德，地峙華嶽，在天太白，庚金辛石，司秋應兌；玄靈水德，地峙恒嶽，在天曰辰，壬水癸泉，司冬曰坎；黃中土德，地峙嵩嶽，在天爲鎮，戊土己灰，司中立極。二十八宿，因方定紀，寒暑推遷，運旋於氣，元胞化生不替。陰陽奇偶，惟數是最，陽數始一，三五七九，陰數始二，四六八十。處中制外，天五地六，陽不孤生，陰不虛成，倍十天干，十二地支，靜以主內，動以外施，周布六旬，各生五氣，歸甲歸庚，數品盈虛，八卦甲子，物物全機。

白極函三，三白攸分。甲戊輔帝，乙丙丁奇。樞由震發，甲戊更推。運陽握陰，陽發陰頹。六甲遁旬，六壬終維。六丁陰明，西兌寄體。

甲子一氣爲五行始，丙子九氣爲五行本_{丙至甲九}，戊子七氣爲五行標_{戊至甲七}，庚子五氣爲五行體_{庚至甲五}，壬子三氣爲五行終。東方壬子至庚得九氣，南方戊子至庚得三氣，中央庚子至庚得一氣，西方甲子至庚得七氣，北方丙子至庚得五氣，化氣化象由乎庚。甲戊爲天罡斗柄，主運用，遁甲以甲戊乙亥丙子丁丑爲北方三台帝位，一坎六乾八艮皆鎮乎北，故曰三白，皆三台帝宮也。上台虛精，中台六淳，下台曲星。人有三精，台光靈爽，幽精三台，乃天地級。

九曜九靈，萬機聽令。七曜惟顯，輔弼惟隱。上攝天津，下統群生。

九曜：一曰貪狼，二曰巨門，三曰祿存，四曰文曲，五曰廉貞，六曰武曲，七曰破軍，八曰左輔,九曰右弼也。北斗乃是陰陽統會,五星列曜、三元六甲、諸山衆真、下元生人、富貴貧賤、壽夭賢愚、幽冥鬼祟、胎卵濕化,悉於斯星所主施焉。

丘公頌

玄女青囊海角經,神仙傳授甚分明。有人會得三般卦,五百年中一間生。

青囊自古秘斯文,但覆多年舊冢墳。山水變時局也變,便知吉凶見分明。

五音共使三般卦,八貴都尋六貴龍。若有英賢明此理,間生千載一相逢。

三般大卦如何起,玄女當年親口傳。三吉只求來勢好,向家須變鬼爻看。

坤爲地母,諸山所托,察龍坤卦索求三吉,本龍以鬼爻求三吉而收四方砂之局氣,向卦以鬼爻索求流水之吉凶,次定三吉而成消納之吉氣。

五行生旺要精通,放水安墳出此中。但用向中裝本卦,便知流水吉和凶。

青囊五行專用八卦,龍之五行察砂之旺氣,向之五行察水之旺氣。

八星有主誰能識,地下稱尊少人知。惟有赤松明此理,後來翻作八山推。

古人執坤卦索求三吉,更不用五凶砂水也,惟赤松察陰陽之妙、變通之機,八山之索俱用三吉,故不滯於六龍。六龍之外而獲富貴者,終不免五凶之禍,此術之所以爲神也。

陰陽俱有少流源,但有長岡並遠巒。用得步中生氣穴,也多財禄也多官。此言有山無水者之局。

須陰陽雙上,山高旺氣,兌龍丙丁起,艮龍丙辛丁起,三吉之山,龍行長遠,雖無水朝逆,立向安墳,亦主大發富貴。

陰陽位上本無山，只有長水活澗泉。但向水流朝揖處，此間榮貴勝如山。此言有水無山者之局。

凡三吉若得一水長遠，雖無山阜之主，水行生旺，迎水作穴，主大富貴。

陰陽山水俱周足，此地尋常莫與人。多福神祇常護惜，折君年命損君身。

陰陽混雜事難期，縱合天星未可知。用得一宮山水足，斷他富貴未無疑。

三陽高大入雲霄，駟馬高車德動朝。賢俊子孫清又貴，爲官代代出英豪。

五凶砂水不全無，大抵須令向外居。若也不高當吉位，自然禍患永消除。

來山不合六條龍，空自千重與萬重。漫說子孫榮貴事，也應難免禍災凶。

六貴須求十里山，短支旁隴用應難。山行十里非真骨，切莫遷移誤世間。

陽位來山男更多，陰山只是旺青娥。陰陽相配俱周足，孝義兒孫發福多。

時師亂說吉和凶，只道山山是吉龍。問到五音觀地相，心頭撩亂不知蹤。

五音共患千般病，八卦頻遭萬種殃。算得萬千神禍事，都緣死葬惡龍岡。

巒頭與理氣並行而不悖，須取三吉之勢而求三吉之卦，庶見體用不相離。

本音衰絕最多凶，切莫安墳向此中。山水緩迎方是吉，艮山寅甲忌相逢。

九曜三吉頌

釋貪狼生氣木星☳

艮爲覆碗少人知,却會五行仔細推。天上貪狼加武曲,人丁旺盛永無衰。

生氣來山立大名,更臨二木好扦塋①。若添水口相回合,子息英雄達帝京。

貪狼遠遠作來山,艮卦推求亦不難。巽巳尖峰端正揖,富豪官爵出其間。

富貴當年説石崇,坎山艮落後遭凶。思量成敗非關命,都爲來山坐惡龍。

陰陽相對起高岡,夫婦恩深義不忘。只恐水流文曲去,投河自縊表貞良。

生氣天醫一樣高,半文半武出英豪。不爲卿相多爲將,後代兒孫佐聖朝。

貪狼武曲二山高,瓦屋朱門佩印章。財帛不求多自至,子孫榮貴不尋常。

貪狼五鬼並高山,上入雲霄勢一般。龍虎鬬争終發禍,兩峰相對忌刀殘。

絶命回頭入木星,臨刑欲死又還生。巨門突起人長壽,武曲加臨有貴榮。

釋巨門天醫土星☷

巨門重疊横財來,古藏金寶遇君開。陽山定是男兒旺,陰山

---

① "扦"字原作"扞",徑改,後文不再出注。

女子發多財。

天醫福德一般强，金紫兒孫列雁行。福德若低身小陷，貧窮兒女盡孤孀。

巨門山陷祿存平，家有資財足富盈。祿位若高遭毒死，更添殘疾損人丁。

釋武曲福德金星☷

兌爲武曲一金星，葬後王陵作上卿。獨助漢家誰敢敵，一木山高母自刑。

武曲山高水又長，最多金帛與田莊。王陵三代爲名將，因是丁山兌水長。

兌山無頭何處扦？遠朝砂水足盈餘。武曲忽然高照起，坎中五鬼自消除。

武曲重重起秀峰，橫來財帛富兒孫。月中丹桂連根折，更產英雄武出群。

巽山無足也難行，須向蛇頭斬却精。莫使龍蛇相接迓，此方扦葬不安寧。

巽山辰巳裏頭藏，天醫天卦正此當。大水更來生氣位，子孫財帛自盈囊。

巽家原見坎家凶，坎與巽家本不同。天上六龍臨墓絕，其家應少白頭翁。

坤艮二位是逆情，禍及伊身母自刑。若更一山陰賊到，須憂刀下血腥腥。

震巽比鄰爲兄弟，漫言他卦祿存星。開闢伏羲女媧祖，至今富貴旺人丁。

震山位秀起重重，富貴須知此地逢。莫把此山爲五鬼，須知變化有真龍。

兌上重逢水口朝，最宜高大入雲霄。貪狼武曲齊臨照，西兌由茲旺六朝。

巨門高大出英賢，高第神童壽命延。山勢若來長又遠，年年進益橫來錢。

一金星上起來岡，石氏當年葬祖場。又有貪狼流水出，合流西去出丁方。

破軍福德一般平，進禄添財福更增。絕命若高遭毒藥，瘟癀徒死壞家聲。

陰山齊起出英雄，昔日黃巢葬祖宗。二十萬軍心一片，忽然戰敗走西東。

陽山齊起號金龍，時暫收他太乙宮。無奈廉貞多叛逆，此山天上號狂龍。

釋廉貞五鬼火星☲

震爲盂仰鎮天關，遐邇歸期疊嶂看。披拂仁風千里遠，人人盡拜將侯官。

五鬼重峰一代官，雄豪多是掌兵權。此山獨出堪憂怕，身陷番夷命不還。

水流五鬼入凶方，項羽先塋葬此岡。只得貪狼相救護，廉貞高處自刑傷。

廉貞不得絕無山，只要低平揖冢間。此位有山爲將相，如無山勢主兵難。

巽上重逢起秀峰，山高還見出神童。巨門星主人長壽，男子爲官世命隆。

中集

位生民，奠宅靈，審卦氣，配九星，推三吉，合八門，地母變，上化生，長男震，下逆行，自然氣，吉凶定，時感應，如其神。

子房注："天書之文，星卦爲尊，八門傳變，母氣下行，取諸三吉，避之五凶，陰陽禍福，理氣感應，豈直生人之富貴，抑且魂魄以高昇。"

乾坤配合，陰陽始分，三男三女，六象化生，上應九宮，下值八門，五凶三吉，禍福攸臻。坤爲地母，天氣下行，三爻迭變，貪巨祿文廉武破輔弼星九靈，生氣天醫絕體遊魂五鬼福德絕命本宮。長男主震，地母上升，五鬼絕命天醫生氣遊魂絕體福德本宮，三般卦例，用訣神氣。

凡三吉，貪主文，武主武，巨主福祿。生氣官爵，天醫財貨，福德人丁，五鬼橫禍、官災，絕命敗絕、死亡，絕體殘疾、刑傷，遊魂逃移、淫蕩，本宮孤寡、敗亡。

五凶山不宜高大，作主不宜尖射，明堂不宜高陵。三吉平洋三吉水來朝，平洋三吉宜向對五凶，外衛不可缺。惟三吉山高，五凶起拱，此即有文有武之象。

震坎艮爲三男位，缺陷不旺人丁；巽離兌爲女位，高秀主出女貴。

文曲山多，俗尚虛浮而詐；兌宮水積，士無實行而貪；乾甲高而出衆，不利子孫，且招宿疾；坤乙高而出衆，陰人主事，家道悖逆。

五凶外起，反主權官；甲卯乙起，位列三台；兌丙丁聳，翰苑文明；壬癸離巒高秀，聯科甲第；乾起高巒，位極尊崇；坤如圭壁，名登天榜；坤起旌峰，必握兵權。

三吉來山，陰山陽落，陽山陰落，雖無流泉，亦上吉。陽山陽落而陰水朝，陰山陰落而陽水朝，亦次吉。否則不吉，難以取用。

三吉砂水宜居旺地，五凶砂水宜退休囚，反此不吉，減舊福而生新殃，若遇吉峰而反進職。

三吉水朝入上吉，流去次吉，長流大吉，短流次吉。五凶水朝入大凶，流去小凶，長流大凶，短流小凶。生氣水主官祿，天醫水主財貨，福德水主人丁。生氣入福德，福德入生氣，旺丁富貴；福德入巨門，子孫聰明，世居顯位；天醫入福德，橫進財寶。地道吉氣少而凶多，故君子寡而小人衆。明者取用三吉，昧者誤用五凶。

亥：紫微帝極，下宰群生，位極於亥，面敵天屏①。九星運側，出度授政。北斗七星，居天之中，翊衛天帝之座，上合八卦，下配八門，旁制四時，出度授政，主使十六神和風雨水旱，設政施令，生殺萬物，悉皆係焉。

自兩儀剖判之後，真氣上騰而爲曜星，精氣下降而爲山嶽。在天成象，在地成形，在野成物，在朝象官。天衝四極，崑崙之墟。天門明堂，泰山之精。中掖三台，五靈諸侯。四方名山大川，皆四方之宿。北極近西蕃四星②，曰上相、次相③，西蕃之南四星亦然。前後左右四執法，其中一星最赤明者，乃天皇帝座，下照亥地，骨脈清奇，形局合規，產壽貴之人。其次王公卿相、高壽神仙，喜丙丁艮震砂水朝應。巳宮極星之照，亦主大貴顯。

艮：一木星貪狼，生氣艮宮，陰中之陽，配合納丙，陰中之陰。下值天任，爲紫氣，爲壽星。房心東北二十二星曰天市④，中有一星最赤明者曰帝座，下照艮地，爲天子之象，天祿之府，主產壽貴之人，其次王公卿相、節度神仙、皇親國戚，生人美髯須。

張度之北四星拱列曰少微⑤，下照丙地，亦將相、東宮、大夫官之位，多回龍，喜側落。艮山艮落，艮山兌落，艮山庚兌落，艮山巽巳落，艮山乾亥落，艮山辛兌落，皆從陽入陽，有陰水朝至次吉，不則不吉。艮山巳丙落，艮山丁未落，艮山丑癸落，艮山壬亥落，艮山辛戌落，皆從陽入陰，無陽水朝至亦上吉。艮水兌出，艮水巽出，若值陰山上吉，否則不吉。

艮水丙出，艮水辛出，艮水丁出，皆從陽入陰，俱上吉。

丙山巳丙落，丙山壬亥落，丙山辛戌落，丙山丁未落，皆從陰入陰，有陽水朝至次吉，無不吉。

丙山艮落，丙山巽落，丙山兌落，皆從陰入陽，俱上吉。

丙山丑艮落，庚兌落，乾亥落，辛兌落，皆從陰入陽。若有陰水朝至，驟發富貴，否

---

① 注：巳也。
② "蕃"字原作"番"，不辭，按《晉書》載："西蕃四星，南第一星曰上將，其北西太陽門也。第二星曰次將，其北中華西門也。第三星曰次相，其北西太陰門也。第四星曰上相，亦曰四輔也。"據改。後文不再出注。
③ 疑是處脫"上將"、"次將"二星。
④ 注：艮也。
⑤ 注：丙也。

則亦係上吉。

丙水艮出，或兌出、巽出，皆從陰入陽，俱上吉。

丙水丁出，或辛出、巳出、亥出，皆從陰入陰，陽山上吉，陰山不吉。

艮龍主文，皇親國戚，忠良正直，孝義慈愛，喜丙丁折注，主少子中子先福。

辛水辛峰，主少年科甲。壬午水入，中子不利。巽卯水入，主壽者貧而禄者夭。

巳亥水入，諸房均福。酉庚水入，文武全才。辰水朝入，主學佛老。坤申水入，主有孤寡。乾乙水入，主生白蟻。坎癸水入，主禍災殃。

丙龍為赦文，主禄貴、旺人丁，喜艮砂水，主長壽，中少先發，喜回龍側落，三陽水會，累世富貴。子午水，仲房軍賊；申寅甲水，季子不祥；辰戌丑未水，孤寡少亡；壬癸水，長生災殃；乾水，禍生不測。

艮丙水去長來遠，主學問智謀，文武全才，金紫不絕。入巽辛兌丁大富貴，先旺中小，蔭亥卯未寅午戌，大發財禄。申子辰年，先進小房，其次中房，利丑寅，應二與八年。

巽：一土星巨門，天醫巽宮，陰中之陽，配合納辛，陰中之陰。下值天輔，主陰德，薦為天帝，文章之府。天屏①東維五星曰尚書，下照巽地，亦天子之象。其次公侯卿監牧郎官，五里以下者，非足金玉旺財禄。骨脈清奇，魁元甲第或因姻親榮顯。

庚龍季殃，遇坤申寅甲水入，長子殃；辰戌丑未，小子不吉；酉水軍徒，子午仲房軍賊；壬癸長房瘟癀，子丑寅年利。

辛：辛龍辭藻文章，胃昴東二星最赤明者，下照辛地，出高壽神仙，忠貞義士，多辨才，旺人丁。喜震艮巽砂水，主中房。三陽會辛水，主少年科第。亥流而入，積世公卿。巽水厚禄，卯水入主兵權，丙丁水入主長壽，寅甲水入主凶豪，己水仲吉，乙水長凶。戌乾小長皆刑，辰戌間主自刎，子癸飢寒，壬午離鄉，丑未淫盜。子丑寅辰巳利，卯牛羊皆利。

巽辛水入來長遠，大富貴，女主施權。艮丙先進，中男財禄。入兌丁，科甲壽算。艮峰小男貴顯，應在申子辰年旺財禄，五年十載內大旺。

巽山辛戌落、艮兌落、壬亥落、巳丙落，丁未落，皆從陽入陰，即無陽水朝至，亦上吉。

巽山巽落、兌落、艮落、乾亥落，皆從陽入陽，有陰水朝至次吉，否則不吉。巽水艮

---

① 注：己也。

出，或兌出，若值陰山上吉，否則不吉。巽水辛出、亥出、丁出、丙出，皆從陽入陰，上吉。辛山辛落、巳丙落、丁未落、辛兌落、巽巳落，皆從陰入陰，有陽水朝至次吉，否則不吉。

巽水艮出或兌出，若值陰山上吉，否則不吉。

巽水辛出、亥出、丁出、丙出，皆從陽入陰，上吉。

辛山辛落、巳丙落、丁未落、辛兌落、巽巳落，皆從陰入陰，有陽水朝至次吉，否則不吉。

辛山巽落、庚兌落、艮落、乾亥落，皆從陰入陽，有陰水朝至，主驟富貴，即無亦上吉。

辛水兌出、巽艮出，皆從陰入陽，上吉。

辛水丙出、丁出，陽山上吉，陰山不吉。

兌：一金武曲，福德兌宮，陰中之陽，配合納丁，陰中之陰。下值天柱，少微之宮，乃天帝之臣，爲國將金戈之庫、詞藻文章之府，主文章聞譽，主闓陽①，爲寶曜。胃昴之東二星最赤明者曰天乙貴人，下照兌宮，辛位出文武全才，産謀略，亦産高壽神仙。喜丙丁砂水、丁艮之氣，主長子事。巽流厚禄，卯水兵權；戌水小凶，乾水長禍；巳水仲吉，乙水長殃。離壬淫盗，衝射離鄉；亥流富貴，左旋迪吉。辰戌間主自刎，寅甲多主豪強。子癸飢寒，丑未孤寡，艮主重禄，丙入永年，子辰巳午未年利葬。

兌山乾落、艮落、丑落、巽巳落、庚兌落、震落、亥坎落，皆從陽入陽，有陰水朝至次吉，否則不吉。

兌山丁未落、巳丙落、壬癸落，皆從陽入陰，即無陽水朝至，亦主上吉。

兌水巽出、艮出，皆從陽入陽，陰山上吉，陽山不吉。

兌水丙出、辛出、亥出，皆從陽入陰，上吉。

酉：少微之南，一星名曰老人星。秋分丑時出地二丈，常出丙入丁，産偏方英雄之主，主后妃夫人、公卿大夫、公侯將相、十里卿監、八九里郎官，牧守以下非也。丁方低陷，文人不壽；庚酉水至，衆房均福；坤水内淫外亡，艮辛仲吉。亥卯長貴，丙主清奇，巽招女貴，丑寅僧道，子癸孤寡，寅甲横滅，壬位水厄，乾戌白蟻，利子辰巳，未申半吉。

丁山丁落、丙落、辛落、戌落、亥壬落，皆從陰入陰，有陽水朝至次吉，否則不吉。

---

① 注：兌也。

丁山兌落、艮落、乾亥落、巽巳落、震落，皆從陰入陽，無陽水朝至，亦上吉。

丁水兌出、艮出、巽出，皆從陰入陽，俱上吉。

丁水丙出、辛出，陽山上吉，陰山不吉。

兌山低陷，利名蹭蹬，初年少微積水，士無實行而貪，陽閭山低，多主陣亡；庚兌同行，武職刑孤；辛酉並出，科甲連登，應小房。

兌水丁山長遠，人才蕃盛，入巽辛艮丙，出王佐之才。巳酉丑年大進財禄，應四與八年。乾主離鄉淫賤，離主火殃劫煞，艮丙主兵權，巽主文明，坤主橫法。

震：獨火廉貞，五鬼震宮，陰中之陽，配合納庚，陰中之陰，下值天衡，主天獄，爲天潢，爲紅旗，乃天帝之糾煞以伐無道者也。

離：一水文曲，遊魂離宮，陽中之陽，配合納壬，值天英陽中之陰，乃文明之象，爲天霽天馬，主音律，好殺伐，旁制有罪。紫微之東四星曰四輔，下照亥地，位北斗，出度授政，驟富貴，不綿遠，先敗小房。同丙至，必主回禄，亥主遭刑，見庚丙，女人好學。

坎：二金破軍，絶命坎宮，陽中之陽，配合納癸，陽中之陰，下值天蓬，主瑶光，爲天宮上將之威權，榮官驟富，四圍兵盜輒應之。癸主名譽，大職多六指，癸水陽配，產雙生，見牲烏白子即主驟發。

乾：二土禄存，絶體乾宮，陽中之陽，配合納甲，下值天心，陽中之陰，主機星相君，象北極之大將，爲天厩，爲白霧。

坤：三木輔弼，本宮坤宮，陰中之陰，配合納乙，下值天芮，陽中之陰，主武戈招搖，好朋比譖奪，稅近大臣，爲天寡。凡三吉之山，有震庚砂水朝揖，驟發財福，速進官禄，兼有權勢，見坎離山水，主誅滅乾坤，忤逆刑禍，產智謀，商賈發財。喜庚辛巽支砂水，葬利寅卯巳午戌歲，福德應與二八年分。

三吉水俱長遠，而砂水合規，大富貴之地，如無朝迎，亦富貴也。但得一水長遠，水行旺，迎水作穴，即大富貴，不必拘山阜作主。最喜陰陽雙上，山高旺氣，如兌龍丙丁起，艮龍丙辛丁應是也。測龍審其方，不必拘於曲折，大轉換則測其變龍之氣，不必以入首拘也。立法雖神，妙在用法。

青囊權衡

八卦九宮，五行弗離。坤爲土德，土中歸骸。金並全氣，元胞化生不替。骨骸反土，氣體被後。精神入門，各有所攝。

　　葬埋得生氣，亡魂昇，死魄温，生人福，子孫衍；得濁氣，亡魂墮，死魄朽，生人禍，子孫敗也。

天機權衡

　　八禄八刃，而用八禄忌八刃。即子起壬初，支干就禄也，縫針也，地紀也。

　　此雙行之龍法，專以地支作龍，天干作穴。穴作八向，朝迎之水亦用天干作向，又用地支加用穴。先一位起子，推行二十四山，遇乾坤艮巽爲四氣元胞，可致驟發。丙爲貪狼木星，穴法三十年後乃發，不論五凶三吉也。余爲人救貧，無不應驗。

　　來以生氣，畏以八吹。不周廣莫乾坎，轇轕涼風坤艮。明庶清明震巽，景風閶闔離兑。穴徑淺深，弗替弗零。坎尊其始，甲角震耳。八山對求，乾當在癸。龍目宛宛，直離之丁。兑坎爲鼻，艮□爲唇①。卦氣測位，三吉相因。五姓和融，六壬步占。斯文之道，德齊群生。生成之穴，不步可知。疑難之穴，非步不能。六壬步占之法，上以分水，下以合流，周尺八寸爲矩，首步甲子，一步一神，長則十步一神，遇甲爲麒麟，丙爲鳳凰，庚爲彰光，壬爲玉堂，爲四獸吉步。又勿犯六甲旬中之空亡，弗犯剋姓之音，再以天禽加四獸之上，以氐、尾、箕、斗、危、室、胃、昴、畢、星、張、軫爲上吉之禽星，牛、房、参、井爲次吉。又以合水起步至本穴，如丙向以艮變卦，自上迭下，生氣在坤乙，以坐山之壬加向中之支，一步壬午，二步癸未，加三吉於本步。入首高於衆山爲大明堂，上起九步爲龍，下起七步爲虎；入首低於衆山爲小明堂，上起七步爲龍穴，下起五步爲虎穴，使兩不相衝，以合爲穴。若值八煞

---

①　底本缺，以一個缺字符補。

五鬼降煞絕體，龍虎衝射，則官非橫逆，死亡立至。三吉之龍非三吉之穴，三吉之穴非三吉之步，立見禍殃。五賦相生，福及家門；五賦相刑，家鬼入庭。法每一折，滿而後泄。吉氣注穴，富貴不歇。

一氣主龍一寸，管一年，折水注向，一步管一年，又主一命。亥艮宜注庚亥丙丁，折注忌卯。巽兌注艮巽，折注忌離壬丙。丁卯龍忌庚辛宜亥艮，丙丁龍注兌卯忌亥，庚辛龍注卯艮巽忌亥，丙丁爲剋。

放水之法，只放天干。陰以放陰，陽以放陽。

兌巽艮放丙辛丁，丙辛丁放兌巽艮，爲控告空亡。亥山放巳，丙艮放丙庚，巽山放丁兌，丁山放辛，庚山放艮酉，卯山放丙壬，離山放乙，坤山放寅，爲花羅水、馬上御街，爲建才。馬不上街不及第，秀才空有好文章。爲官定出真山水，乾坤艮巽貴人鄉。甲乙丙丁爲正馬，子午卯酉爲旗槍。乾爲帝座稱天禄，坤爲帝輦號玉堂。文權一例推艮巽，天門原來推甲方。風禄風馬起丁巽，乙辰巽上馬蹄忙。馬蹄踏破御街水，秀才出去狀元郎。丙宮合格朝天馬，辛是朝中御筆方。

墓宅折水放花羅，人家百事見榮亨。水流出去家門吉，文譽英豪動帝京。

空亡之水主錢財，一則榮官二濟美。不論凶山並要水，亡靈安穩益生人。

建才之水自然昌，墓水須流不可忘。合得仙機折此水，人家富貴足千倉。

寅申巳亥爲亡神劫煞之位，子午卯酉爲桃花咸池之位，辰戌丑未爲墓庫黄泉之位，此位□水遇太歲衝年[①]，則發禍殃。

放宅水忌衝梁，忌衝棟，忌破架，弗偏歸左右，忌直去當心，禍應甚速。

乾坤艮巽爲孟居長，甲庚丙壬爲仲主中，乙辛丁癸爲季主小，放水宜小不宜大，溝頭撞命則那半步。

步穴起撞及放水，八干相對。丙向起壬午，壬向起丙子，巽向起戊辰，乾向起戊戌，寅向起己丑，坤向起己未[②]，辰向起戊辰，戌向起戊戌，未向起己未，丑向起己丑。乾巽辰戌子午皆屬戊，艮卯坤寅丑未酉皆屬己[③]，一步算一命。

---

① 底本缺，以一個缺字符補。
② "己"字原作"乙"，按坤八干屬己，徑改。
③ "己"字原作"巳"，不辭，據上下文改。

除縫十二,空餘六十甲子。分金如壬穴丙向,艮納丙,自上變下,生氣在坤,龍從亥入,癸亥巨門,辛亥破軍,己亥廉貞,丁亥祿存,乙亥貪狼;如龍從子入,甲子武曲,丙子輔弼,戊子巨門,庚子文曲,壬子廉貞。戊配坎順,己配離逆。

六壬玄空以子①、癸丑②、艮寅③、甲卯④、乙辰⑤、巽巳⑥、丙午⑦、丁未⑧、坤申⑨、庚酉⑩、辛戌⑪、乾亥⑫、壬。

天罡、太乙、勝光、小吉、傳送、從魁、河奎、登明、神后、大吉、功曹、太衝,亦取唇、臍、目、尾、額、腹、角、耳、腰、足、鼻、腸⑬。

葬龍唇⑭,按龍角⑮,不三年,自消索。出人少死外逃亡,存歿幽冥皆不樂。主長不利,申子辰生人及年月應。

葬龍臍⑯,按龍耳⑰,不三年,天祿至。兒孫富貴永綿綿,果顯山川鍾秀氣。主仲季大利,申子辰寅午戌生人應。

葬龍目⑱,按龍腰⑲,女淫男慾到處飄。出入殘疾多聾啞。橫禍非災官事招。主仲不利,寅午戌生人及年月應。

---

① 注:建唇。
② 注:除臍。
③ 注:滿目。
④ 注:平尾。
⑤ 注:定額。
⑥ 注:執腹。
⑦ 注:破角。
⑧ 注:危耳。
⑨ 注:成腰。
⑩ 注:收足。
⑪ 注:開鼻。
⑫ 注:閉腸。
⑬ 注:配支十二將。
⑭ 注:子癸。
⑮ 注:午丁。
⑯ 注:丑艮。
⑰ 注:未坤。
⑱ 注:寅甲。
⑲ 注:申庚。

　　葬龍尾①,按龍足②,歌舞應前生巫祝。從此敗了舊門庭,男女私情多淫慾。主小不利,申子辰生人及年月應。

　　葬龍顙③,按龍鼻④,白日升天將相業。兒孫年少早登科,秀水朝來爲第一。主長少利,巳酉丑生人及年月應。

　　葬龍腹⑤,按龍腸⑥,吉曜加臨貴亦彰。目前富貴休誇説,只恐兒孫不久長。主長利,巳酉丑生人及年月應。

　　葬龍角⑦,按龍唇⑧,不久兒孫作配軍。飛來災禍重重見,八卦流年不順情。主長不利,申子辰生人及年月應。

　　葬龍耳⑨,按龍臍⑩,子孫官位不爲低。飛黃騰踏朝天闕,福壽雙全富貴齊。主仲小利,申子辰生人及年月應。

　　葬龍腰⑪,按龍目⑫,下後非災來甚速。人亡家破一場空,縱有兒孫無住屋。主中不利,申子辰生人及年月應。

　　葬龍足⑬,按龍尾⑭,無衣無食無居址。填房入舍作螟蛉,走卒馬前誰讓你。主小不利,申子辰生人及年月應。

　　葬龍鼻⑮,按龍顙⑯,子孫封侯州郡長。山川秀氣自天裁,奮發如雷天下仰。主長利,申子辰生人及年月應。

---

① 注:卯乙。
② 注:酉辛。
③ 注:辰巽。
④ 注:乾戌。
⑤ 注:巳丙。
⑥ 注:亥壬。
⑦ 注:午丁。
⑧ 注:子癸。
⑨ 注:未坤。
⑩ 注:丑艮。
⑪ 注:申庚。
⑫ 注:寅甲。
⑬ 注:酉辛。
⑭ 注:卯乙。
⑮ 注:戌乾。
⑯ 注:辰巽。

葬龍腸①,按龍腹②,官爵雖高被誅戮。縱然發達不悠久,子子孫孫受勞碌。主長房應,申子辰生人及年月應。

右法如此,若陰陽正配,形局合規,難盡拘此,否則不可犯。

丘公頌

得地方知下穴難,時師莫把等閒看。未明六甲來山訣,莫去山頭錯認山。

不合星山莫用心,壞他山水誤他人。吉凶自有天然穴,用得天然穴始寧。

星山折水須知訣,六甲雖同用不同。若值本宮無氣穴,兒孫猶恐受貧窮。

天禽地獸本來同,行步分明逐六龍。後代不知安穴法,下之多有禍災凶。

六龍只得一條山,五姓相生更可安。合得陰陽山水位,扦塋富貴出英賢。

來山雖吉姓相刑,禍福相兼歲歲生。若值本宮和合處,更無災眚及兒孫。

武曲來龍自古强,角音葬此受災殃。非他吉地爲凶地,自是時師不審詳。

按姓非天成之音,何以叶穴? 蓋五音甲子符合真言,能察吉凶太歲之音,叶穴氣通神之妙、真人之言,良非虛也。

天星八卦細推詳,八卦明時配六龍。定取穴中三吉穴,自然財禄免災凶。

---

① 注:亥壬。
② 注:巳丙。

八山八煞要詳明，天上呼爲絕體名。乾坤艮巽重疊見，坎離震兌遞相併。

八山降煞最多凶，水入山家五鬼宮。代代子孫多病死，災瘟徒配壞家風。

來龍骨格脈分明，須看年星與月星。年月星辰相會合，自然富貴與安寧。

尋龍須要問五行，更將年月合龍形。龍形五星相會合，家門災禍永無生。

一條流水一條山，坐向分明正好安。但合本音年與月，斷然財祿旺家門。

尋龍論理篇

凡山之吉凶，川之善惡，固以形之方廣平和，無衝射轉激之患，然其所致福有氣機在焉。即如草木根苗花實皆同，而有五味之異。人之耳目口鼻身體髮膚皆同，有聖愚之別，可見在氣而不在形也。登山尋龍，細認祖宗。龍脈陣勢，護送朝迎。坐穴端正，關鎖重重。明堂正聚，便是真龍。起伏過峽，剝換剋生。金圓木直，土乃方平。火尖水動，正是五星。中生巧奇，兩邊生爪。隱隱隆隆，看取後峰，有石陰縱。就水臨泥，看脈微微。中高一寸，便得真機。認取端的，方識根基。羅星塞沓，便是禽鬼。水口關闌，其中可取。龍穴真機，要識高低。山厚人肥，山瘦人飢。山清人秀，山濁人迷。山寧人駐，山走人離。山雄人勇，山縮人癡。山順人孝，山逆人虧。脈真易下，氣真易識。高不露風，低不脫脈。龍穴分明，何勞心力。似有似無，藏蹤閃跡。草蛇灰線，細認來的。仰掌平坡，鋪氈展席。這等形模，使人難識。切記合襟,明堂要聚。點穴穿珠,如人針灸。脈不離棺,棺不離脈。棺脈兩就,移花接木。脫脈離棺,爛壞骨殖。傷脈敗龍,蟲蟻自入。細認來情,毫釐莫忽。龍從左來,脈居右扦。右畔龍來,穴居左裁。上分下合,要有護托。正脈取斜,斜脈取正,曲脈取直。鬪脈取饒,饒脈取鬪。雙脈取單,單脈取實。無處取有,斷處取續。硬處取軟,散處取就。大山取小,小山取大。長處取短,短處取長。石處取土,土山取石。剛用其柔,柔用其剛。雌變爲雄,雄變爲雌。三山並出,縮者爲尊。正脈取頭,橫脈取腰。挨生剪死,抄搭爲勾。形須左右,穴居兩畔。左挨右看,其應若響。高大爲雄,低小爲雌。俯者爲陰,仰者爲陽。動者爲生,靜者爲死。急脈取緩,緩脈取急。高山取窟,平地取突。正脈開鉗,或取毬簷。左勾右搭,金魚要合。更看龍虎,饒賦順逆。脈取聚處,葬其所聚。八風不吹,八將要明。眾水要歸,四神要拱。三合要聚,三陽要全。鉗唇窩腦,其穴難討。槍頭覆鐘,切忌八風。狗藪蛇蟲,葬後動瘟。破衣百結,葬後宜絕。鋸床筲箕,其穴切忌。水直池尖,死鱔忌之。顏突插鑐,其穴無益。若有窩突,方可扦穴。若無窩突,勸君莫掘。龍穴砂水,四伴無主。真龍正處,砂水皆聚。有龍無穴,官事敗絕。有穴無龍,家無老翁。社廟鬼龍,葬後必凶。水中無穴,官災禍絕。高看腌臍,低看合襟。要明倒杖,蓋粘倚撞。肥瘦方圓,標準淺深。天地人穴,上中下裁。大小八字,天乙太乙。點穴真機,手中爲則。大指點根,鹽指點節。左右仙宮,虎口爲同。上分个字,下分毬鬚。个字三叉,禾鍬生口。水星要抱,蟹眼蝦鬚。標準三陽,金魚界水,護托明堂。內藏金斗,外掩人口。穴要藏煞,葬後便發。誤指山岡,立見災殃。龍穴端正,富貴天定。左右直長,退敗悽惶。前後尖鋒,富貴三公。橫屍露骨,多主宿疾。明堂掌心,積玉堆金。明堂傾瀉,退敗凶絕。四畔山飛,父子東西。水若之玄,便進田莊。前灣後弓,富貴無窮。左右斜返,請君莫看。水怕直流,牽動土牛。淋頭割腳,瘟癀退落。田塍水圳,橫者爲進。直射穿心,災禍難禁。砂水斜散,何足爲算?得此口功,知吉知凶。若明此訣,兩眼如漆。認看不真,誤殺多人。不識來龍,豈明吉凶?不會點穴,其家敗絕。不會消砂,凶禍如麻。不會納水,災來財退。龍穴砂水,四字之宰。了明斯法,葬者必發。

下集

尖方圓,動直行,時逶曲,遞流行,停四望,歸八方,形變異,秘內神,背幽關,迎陽明。

山陵丘垤,形勢萬狀,或群隊而來,或單獨而至,或有案無案,或有左有右,或無左無右。主山與衆,亦各不同,或偏落或正落,或迎水或迎朝,無拘定體,但取骨格之奇異、血脈之長遠、肌肉之豐厚、皮毛之滋榮、氣局之盛衰。衆高取低,衆低取高;衆斜取正,衆正取斜;衆直取橫,衆橫取直;衆硬取軟,衆軟取硬,不以龍虎左右拘也。

楚蜀閩廣江浙,其間大地多有應案朝從之屬。燕魏等地,多長江獨嶺,應案朝從往往無之,但看肌肉之豐厚。急峻則速暴,低緩則遲久。

山勢千支萬派,其中認取一山怪。怪異山岡正是龍,原來不怪是虛空。

最忌龍虎鬭爭,山無首尾乃無主之山。從岡短嶺,細小峰堆,或方或圓,雖形勢平正,皆爲黑道。天竅怪穴,慎弗以奇而誤用之也。

山勢成龍土亦溫,茂林修竹木盤根。靈源怪石天然巧,吐氣興雲看曉昏。

冬夏二至,晨昏雨後,氣升如蓋。如禽主文,如獸主武,氣異極貴。或如石門,或隱隱如千石倉,或如山鎮,或如樓屋在雲霧中,此異氣也。凡氣霧濃盛者,此吉地也。五嶽四瀆,名山大川,黃河九曲,界氣坡坪。川江浙流,界氣阜陵。山岡隴隴,界氣澤城。平洋審氣,大合厥襟。近視砥平,遠視霧蒸。聚神爲慧,聚氣爲星。大爲都郡,小爲宅靈。五清六濁,配氣受冥。乘以生氣,溫骨藏精。

　　山勢之降如龍飛鳳舞、蛇盤虎踞、牛奔馬走、列軍出陣、屯兵駐馬、列旗堆甲、几笏印箱、交床旌節、排衙唱喏、謝恩拜勅。平洋之勢如覆舟偃月、泥蛇土鼈、風中遊絲、灰中拖線。形勢萬狀，奇怪百出，莫不看水之界合而定之也。

　　明堂之前不論有水無水，但草木滋榮，四山盤繞，支隴四揖，即爲貴地。水之所宜，不拘江湖溪澗泉池溝壑渠堰，以寬平朝揖有情爲貴。山之朝揖不必拘於直來橫至，或隔江湖溪澗，或隔道途陂池，不論高低大小，皆相稱焉。但起處與冢相朝揖，即不長遠亦吉。真龍自有真朝應，朝應無情不可扞。譬如貴人當面立，與我情意不相關。

　　山勢背戾，醜惡不端，敗家荒城，枯槁不潤，砂石水清，鬼劫離鄉，皆所不葬。

　　童山無草自來凶，體若肥圓是吉龍。斷山橫斬氣難過，若是蜂腰更不同。過山氣脈勢不住，龍虎歸朝亦不虛。石山爲主氣完全，紅潤如珠却有情。獨山無從多起伏，此龍未可等閒目。龍若單行無左右，更喜近案如弓曲。

　　勢止臥峙，若流若住。勢降低昂，若翔若踞。奇毛異骨，無上之最。八山異勢，賓主異形。九星異跡，九宮異名。五賦定體，八索爲徵。左降右伏，前翔後鎮。眠山積石，因勢定情。平漫爲蓄，傾射爲冷。五凶避忌，三吉趨迎。

　　大峰降勢曰都天，一氣分受；列峰降勢曰橫天，衆氣分受。三峰曰仙童，雙峰曰玉女。三峰中尖者曰鳳輦，中方曰玉輦。六七小土峰曰文陣，六七小石峰曰武陣，土石一峰直上曰旌節。

　　神仙之地，五雲樓臺，一現一復，丹爐天梯，生蛇截水，鶴駕仙橋。

　　后妃之地，寅卯起伏，巳午低昂，戌亥盤曲，似散花岡。

　　王爵之地，大浪橫江，雲氣相從，變雲九折，大水纏包。

　　相公之地，三蓋內藏，繡郭爲岡，平洋霧蒸，三疊土方。

　　侯伯之地，龍馬騰起，大槍大旗，石柱玉龜，形若獸奇。

　　九卿之地，體勢平夷，勢若遊龍，土厚草豐。

　　方嶽之地，勢若臥牛，土厚草茂，曲脚拳頭。

　　龍池出脈，翰苑之貴。

　　沖霄貪曜，六曹之最。

　　臺下文星，黃閣之地。

　　文昌照野，侍從之位。

　　天馬席帽，監司之應。

魚袋雙連,朝貴之應。

文筆插耳,庚金之貴。

形如水鱉,大夫之位。

氣象深沈,謀略之貴。

太陰土星,八座之位。

案頭文筆,知通之地。

四面金堅,降番之職。

賨曜兜鍪,武職之地。

乾勢起伏,山脈來長,無龍有虎,闊厚而方;坤勢迎柔,隱復不傾,有龍無虎,廣厚長平;艮勢逶迤,高峰而淩,鉤鎖連衡,朝拱四正;震勢蟠峙,聳拔而峨,婆娑盤曲,土厚氣和;巽勢銳峰,豐盈而雄,不用龍虎,外藏八風;離勢穿地,突起而崇,宛轉回復,首尾相從;兌勢雄來,坡正而垂,內秘五行,方廣平夷;坎勢曲折,起頓而長,龍虎護穴,秀直而昂。

丘公頌

吉地由來不比常,但求龍虎勢來長。若還十里無決破,世代兒孫坐廟廊。

來山須得龍離母,起伏迢迢百里長。損壽破財人敗絕,皆因祖葬大山岡。

遠遠尋龍到水邊,好將墳穴逆安扦。何須更問諸山足,只此饒財又出官。

一條流水遠兼長,秀水灣環入旺方。百里以來多起伏,定知此地不尋常。

十二龍形各不同,細分頭尾認真蹤。此山來長百里遠,葬者須居太乙宮。

六般鳳穴巧安排,須是重重羽翼開。百里以來無斷絕,兒孫官職此中來。

高昂勒馬轉回頭，伏虎灣腰傍水流。臥犬臥牛頭角異，多因爭戰得封侯。

禽如生耳文星現，獸角崢嶸武職當。水口有洲多變異，定知財福不尋常。

文曲水

水星成形初不常，不方不直不高昂。不圓不厚不尖秀，蛾眉斷月多平洋。

捲地連舟拋節藻，幢旛飄帶隨風揚。欲行有如浪濤發，欲住猶如酥在湯。

旋渦龍蟠並象捲，蜿蜒生蛇並臥犬。天虹飲澗勢渾豪，風吹羅帶流蘇軟。

或三或五腳低懸，但取中支須入選。此星取長不取短，却嫌細曲如鰌鱔。

或從百里十里來，三里五里皆回轉。漲天銀河起潮頭，天門回轉驚雷電。平湖細浪捲飛花，風帆竿尾憑天變。勢止成形順逆殊，入穴根身稍貫串。草蛇有骨逐透迆，灰線無脈牽直衍。只須辨得傳變精，得失榮枯當自見。

漲天爲帳重重起，宰相功臣位。若見騰雲太陰星，少年登科第。漲天爲帳貪狼起，低作州官高八位。漲天水出太陰金，男爲駙馬女妃嬪。漲天水下旌旗漾，才全文武多爲將。漲天後來貪狼起，定出知州兵馬貴。漲天水下巨門土，矮大人富死外路。漲天生蛇因女旺，産人發福體修長。文曲若是貪狼鄉，貪祿不須言。不是橫木不須看，到任便無官。文曲偕木侍郎官，雙舉同科薦。水星若蓋金鸞秀，年少登科驟。低小星巒難及第，因親置田地。平地蘆花三峺同，食祿至千鍾。蘆花峺水東西點，極貴聲名顯。十里五里蘆花裊，狀元宰相地。文曲曜氣走金蛇，榜眼出其家。

廉貞火

火星或正或不正，焰動斜飛爲本性。高張雲霧勢崚嶒，寶殿龍樓爲正應。斜揚風掃煙霞飛，火焰燒天遺電影。或如天馬走雲中，或如旌旗插霄漢。或爲鋸齒或雷車，攢前應後形無定。碎石巉巖體甚雄，兩翼舒張勢不同。或走平洋亂石間，或爲禽曜水中生。廉貞若兼文曲貪，其地斷然生貴人。變入巨低微，列土侯王地。雙峰端正起，兄弟同科第。樓臺筆架爲應龍，狀元與神童。若還斜側練兵山，羅睺司監官。好龍若生天地蓋，八座中書位。侵天端正重重起，與國同興廢。火焰重重高出尖，上將掌兵權。火木將來特起高，金吾上將豪。廉貞變土上青雲，鎮國大將軍。低小尖鋒局秀清，科甲繼相登。若見三峰三代貴，博士便爲最。火星倒地落平洋，公侯將相催。若見金水不爲良，罷職換妻娘。

貪狼木

貪狼直秀不斜欹，正豎聳拔如雲梯。萌芽齒列如排秀，沖霄雙聳夜叉齊。貴入文筆插青霄，蔽天劍戟相護衛。橫如一字直引繩，勢如臥蠶及臥龍。入水相生相繼續，祖宗衍秀高重重。此星取大不取小，三三五五相連繞。三台圭笋峙清高，下有真龍枕池沼。或似佳人帶雪飄，亂槍插地開華表。平地木星一字橫，天書玉尺無根生。轉嶺木星如判筆，橫槍列劍龍崢嶸。倒地木星似臥蠶，形局平和世所珍。直聳只宜安股肱，富貴綿綿相繼生。貪狼重重帳出身，官職任京城。貪狼若見水變生，護國大將軍。貪狼圓圓尖峰起，樞密龍圖地。貪狼同行土穴生，此位出公卿。

貪狼勢若奎字木,聲名天下禄。貪狼背後落空亡,葬後絶兒郎。貪狼相剋多刑傷,一貴便身亡。貪狼身秀生金腦,爲官多起倒。貪狼入巨最多凶,災禍起重重。

武曲金

武曲圓厚無欹仄,頓鼓懸鐘覓端的。沐卵連珠列壘生,半月照珠穿水脈。低微覆釜及覆舟,金盤月暈吐泉流。老蚌吐珠龍可貴,新蟾出海懸銀鈎。此星最厚不取薄,三三五五如城郭。或如寶蓋聳層巒,或如蓮花形綽約。平撒氍毹裀褥圓,出水仍分内外幕。端正方知福禄昌,六龍撥聚無枝脚。武曲品字主三台,官職此中推。武曲高大爲坐庫,財寶積無數。武曲金星微微起,定主登科第。武曲似劍人誰識,降番大武職。金星起頂似梅花,宰相坐京華。透天金星似人形,定主功臣應。側面金星似射天,一舉中魁元。半金仄月如近水,出女多富貴。平地金星似覆笠,縣官丞簿職。如珠如蛋如覆盤,知州兵馬官。武曲擺開似旗形,因武得官榮。兩金並起夾一水,斷出縣官位。廉貞降武面大江,榜眼探花郎。武曲若見前是土,巨富人大度。金星兩起夾一土,登科過房户。金星後面若見土,矮大人豪富。

巨門土

巨門端正不喜偏,巍巍正立如冠冕。樓臺罘罳列屏障,御街圭笏連雲端。車輿擁從前後峙,兜鍪羅列左右迎。鋪金覆箕廚櫃列,湧匜突兀平天成。此是天星合正吉,推步之間須隱密。或如臥床或如枕,流棺架屍皆不吉。且觀其出是何星,乖制生和辨凶吉。寄旺四時皆作首,長生起祖旺宗嫡。四垣運質向陽明,人傑地靈天象得。土屏帶煞號天威,聖明應是此中出。若見穿珠冕旒龍,斷定出三公。前有執笏趨朝應,拜相天生定。御屏帶煞號天都,武將公侯出。巨門三五節相連,金穴福綿綿。若是旗鼓兩邊朝,朝散刺史僚。巨門卓立如頓笏,榜眼神童位。巨門端正出雲霄,八位入皇朝。若然伏土似眠弓,武職逞英豪。巨門前後見貪狼,兵馬貴應當。巨門若見廉後應,斬砍天生定。巨門高於貪內藏,清舉做官郎。

武曲帶土爲祿存,頓鼓傳鼙列兜鍪。形如螃蟹蜘蛛樣,多生武將定乾坤。如逢三吉富周全,若帶凶神多殺戮。

廉貞帶水成破軍,頭高走旗斜仄身。傾欹破碎皆其體,破腦參差身碎痕。

左輔之星似樸頭,常隨八曜佐身遊。武曲欹斜毬大小,杖鼓纍卵駝峰侔。

右弼行蹤多隱形,如絲如線草蛇驚。上水灘魚没泥鱉,高水一寸便分明。

行到山窮水盡處,不識隱中藏龍貴。忽然結在水中央,水退偏强乾地力。九星三吉妙難尋,多有怪穴朝中得。

文曲遇貪,槎乘浪退。仙翁倚巔,壽星兀坐。文曲遇貪形聚散,藕絲木骨真龍見。風中擺帶飛颻動,生生相繼無窮衍。拂天漲水勢縱橫,靈槎流轉渾拖練。懸絲玉尺勢權衡,北邙曜氣端可選。

文曲遇武,胡僧禮拜。浪花滾月,金蟾泊海。文曲間武波翻月,倒影樓臺蘸宮闕。殿攢雲遮擁吐唇,或作浮蓱或黿鼉。蜘蛛旋網羅蜻蜓,兔伏江邊孕秋月。文曲兼廉,幢旌寶蓋。始辱終榮,諫星獲福。文曲間火形乖制①,羅網低垂排蛇勢。出垂擺動

---

① 疑“制”爲“刺”。

更風流,寺院山林宜占此。

文曲間巨難成局,流棺架囊相連續。穴落平洋凹凸分,若遇瓜藤安節目。

纔遇孤單不必尋,須賴兩旁多貴助。此星多結平洋地,要有間星全五福。

文曲來山形不變,旌旗閃閃成飛電。諫靜功業成巧機,背井離鄉名位顯。

廉貞獨火,石峰堆垛。巉巖無土,非間弗做。廉貞銳直如飛仙,羅睺懸峰僧坐禪。自然煙焰參差作,紅旗轉展得名傳。

廉貞間水落平田,死蛇掛樹牛軛連。或似反旗斜脚轉,驚蛇出草並蚰蜒。多作蛟潭並鬼窟,若遇間龍方可扦。遊俠智謀人薦拔,開國成家富貴綿。

廉貞間武練真寶,電掣雷轟風掃景。貴人幕下繡墩圓,風鈴簽馬玎璫小,尖圓相繼向前行,不遇諫龍終犯燥。旗下將軍臺伏奸,開國成家自天召。

廉貞間武,百煉鋒堅。順制非間,名韁利纏。

廉貞間貪形異常,照天蠟燭勢高昂。旗下劍旌逞威武,亂槍插地燭穿蒼。

紅旗旌節擁前後,寶殿龍樓擁外陽。形勢相生垣局備,仁慈忠義覲天堂。

廉貞間巨立層臺,富貴雙全文武才。未遇真人當秘固,福龍須待福人來。

貪狼直聳如人坐,紫氣平頭身偃臥。身根稍穴具三停,胸堂手足求真佐。

胸粗倚乳避元辰,反掌股肱插肩窩。人形相似覓其中,虎口鉗開身側臥。

貪狼間水形難捉，左右縱橫形雜錯。或似貴人引鳳凰，或似猛將旌旗卓。海翁忘機玩鷗鳥，壽星兀坐觀龜鶴。倒地木星平地水，水星飄曳木端雅。二星富貴隔雲泥，玉石不分空度臆。貪狼遇曲飛峰走，仙童旌節生福壽。

貪狼遇武多不宜，形勢乖張氣甚殊。鬼劫縱橫形駁雜，蛟潭鬼窟神壇依。九變十二氣充盛，神雷挺火立車攲。神祠洞府獲吉鬼，火生傍土諫可持。殷人遊俠富韜略，結體肥圓格喜奇。貪狼遇武，煉鐃釜覆。水火煉龍，免遭刑戮。

貪狼遇廉多奇峰，認取子孫符祖宗。遞相傳變五星足，富貴雙全禄位隆。三八①旺東龍祖盛，南北相生換宗嫡。三變西方始養就，天市鐘形仍向東。二龍相變換躔度，周天象數福興隆。貪狼遇廉鋭叢矗，仁孝忠義世食禄。

貪狼變巨，蘭臺掛玉。順制非間，始榮終辱。貪狼間巨爲財氣，直方並秀形端麗。貴人捧誥下蘭臺，圭笏印箱重疊峙。

武曲單行形巨微，妝臺梳洗畫蛾眉。頓鼓傳鼙繼恩順，破樓破殿形傾危。四九②旺西龍祖盛，南火熔金北水宜。武曲獸面看開懷，三台垂乳並僉魁。月暈望弦角背皓，太陽圓健弗偏乖。龜魚螺蚌珠含吐，扳鞍凹應異天財。笠塢橫岡虛湊脈，斗角天罡破面開。釜鐘襟合陰陽氣，塊然全仗地仙裁。

武曲遇土，父子恩深。廚櫃鐘鼎，丹陛繡墩。武曲行龍或遇土，五運推排爲父母。鐘釜壘壘覆平地，蓑笠蓬蓬蔽風雨。樓臺

---

① 注：木也。
② 注：金也。

罘罳倉庫臨，胡僧拜禮壇場具。美人抛帛臨寒砧，高下方圓形異趣。方臺牌開展罷餒，月暈生風日生雨。武曲間木，月下橫琴。始榮終辱，間遇昇平。武曲間木勢乖張，戈戟傍邊頓鼓槍。雙鞏夜叉擎水母，青蓮叢裏伴金仙。春笋峰攢巨石傍，低圓金體木高昂。夜叉著力負寶篋，筆架森羅硯石方。武曲遇水，月暈波心。榮生貴子，丹陛清吟。武曲間水結奇形，紫微隱隱懸金鏡。羅衣散亂熨金斗，陣雲擁月升滄溟。相繼相生支派遠，遊魚成隊任縱橫。風來裊裊繞屏帳，巨石圓圓螺蚌生。掛壁蜂窩旋螻蟻，迎簷蛛網張蜻蜓。此龍多結在平洋，山聚脈分形顯靈。武曲遇火，片片重興。誅伐諫諍，伏煞酬恩。武曲遇火勢形偏，眾峰尖削內擎圓。鳳輦玉輅開屏障，赤石磷磷焦土堅。上有陂堆如覆鐘，或如羲馭鞭赤龍。突兀炎空峰萬千，癸壬不間終難扦。

　　巨門遇武，兀鐘屏釜。月暈圓汀，罷餒方浦。巨門間武爲財氣，作一橫財發見世。火金終是成乖戾，新福未終防舊否。

　　巨門間廉喜相隨，筆槍倒旗文陣圖。出入韜略全文武，析土分茅家富貴。

　　巨門間貪土斯通，三世威權展土功。火星若間凶翻福，不間功中反主凶。

　　五星九躍看巒頭，總是方尖圓動直。五凶三吉玄機妙，誰解隔山能取氣。偏斜正側穴憑伊，此是青囊含至理。日月在天幾萬程，陽燧方諸水火氣，二光相射當穴中，炎滴即從生聚處。要知裁穴亦如此，穴聚前朝砂水氣。

青囊海角經三

果堂海角權衡

天機不露,豈知造化根由。妙理無窮,方察陰陽定論。龍喜出身長遠,砂喜左右迴旋。貴則清秀奇嚴,富則厚重豐盈。八風不吹,名曰聚氣。四水歸朝,是曰迎財。脱胎則有吉有凶,審氣則知貴知賤。孟仲季行,最嫌帶刃。禄馬隱行,最喜來朝。頂中認脈,要全一氣。窩内穿筋,但看雙肩。

羅睺唇也、紫氣臍也、火星君目也、太陰尾也、太陽顙也到禄存腹也、計都角也、木星耳也並月孛腰也、水星足也、金曜鼻也、土星真腸也。即建除滿平定執破危成收開閉也。[1]

破軍右弼與廉貞,破軍巨門貪狼星。破軍左輔文曲位,破軍武曲禄存臨。

陰陽死絶,生旺晦和。虚僞真乖,逍遥自在。神通得道,何必由山。

暗金五墓五鬼同,暗曜耗頭到天衝。天羅血光白衣並,地網天罡逆鱗終。

暗金暗裏受刀槍,暗被他人受殺傷。若值羅睺生氣疾,更將財本死他鄉。加臨五墓多翻胃,屋内常常有賊防。女子顛狂懷鬼妊,更兼淫亂醜聲揚。

---

[1]　是處當爲十一曜:太陽、太陰、木星、火星、金星、水星、土星、羅睺、計都、紫氣、月孛十一星。疑“録存”衍。

火星多招回禄禍，瞎眼郎君四外遊①。暗曜凶星失明斷，家生淫亂毒蛇侵。太陰養女貌如花，怎奈巫山事更賒。若值耗頭徒配遠，兒孫公訟起喪家。

天衝家計值空亡，跛跛風聲病又加。惟有沒神多債負，田園賣盡少榮華。

天羅養馬堪羅計，疾病留連久臥床。要識計都無仁義，被人氣死奪妻房。膿血頻頻生惡疾，女人猶恐產中亡。若值白衣多孝服，婦人淫泆却無常。月孛多應生氣疾，更防妻妾有情郎。地網遭殃人枉死，父母妻兒沒下場。水星淫亂風聲起，疝氣腰駝害血光。天罡陣亡及外死，火焚樹壓及雷傷。逆鱗賭博鄉村擾，花酒成勞事不寧。土宿爭田公訟起，更遭癎病及奸情。

紫氣照臨家大富，太陽星主中科名。木星房房子孫貴，金星武曲主權衡。

左輔巨門宜長子，武曲一星仲子強。貪弼二星屬小位，下穴逢之大吉昌。破軍之星多害長，禄存一位小房當。廉火一星中子害，下穴逢之定不祥。

天罡多煞長，孤曜小房當。燥火與掃蕩，二五中子亡。太陽宜長子，金水二男昌。太陽並四木，小子富豪強。天財還益壽②，下穴細推詳。

宋當開皇寶照海角權衡

認取龍神起祖，看他穴面出身。太陽紫氣爲貴之最，太陰木

---

① "外"，疑爲"處"，形訛所致。

② "天"字原作"添"，按廖禹九星有太陽、太陰、紫氣、金水、天財、天罡、孤曜、燥火、掃蕩，據此改。

星貴亦超群。天財乃金穀之主一寶蓋一玉印，金水亦奏納之官一將軍一功曹。太陽夾帝座鑾輿，男爲臣子；太陰夾龍池帝輦，女入皇宮。金水得朋，望重邊疆。紫氣入宮，身居宰輔。

　　依龍節數後代盛衰，看山頭定長房中少。一節看一代三房，排作九房。

　　華蓋生成將相酉上太陰，功曹定入中書乙上金水。直符司兵馬之權辛上太陰，寶蓋定三公之位坤上天財，鳳閣爲臺省之職艮上木星，寶殿出公卿之貴巽上木星。龍樓相接於龍池乾上太陽，艮上木星，文明之象；帝座反變於帝輦子上太陽，丁上太陰，清耀之才。

　　玉葉金枝，得之而聖子賢孫亥上太陽，巳上木星；玉印金箱，遇之而左丞右相申上天財，寅上金水。赦文帶鬼劫甲辰上太陰，聲振華夷；三台照咸池壬上木星，名登宰相。貴人入劫煞丙庚上木，代有公卿；帝座兼龍池丁上太陽，富無儔匹。天財轉金枝，名登金榜巳上天財；金水入寶殿，位至專城金水入巽。龍池帶劫煞，官居內府丙庚太陰；天馬帶五吊，職掌外臺天財在丑。地劫化龍樓，富而且貴太陽在戌；寶蓋帶鬼劫，豐而且盈辰申上金水。劫煞化龍墀，女入王宮丙上太陰；鬼劫化寶殿，官居司諫申辰上木星。太陽夾玉葉，職居宰輔太陽在亥；太陰夾玉印，女作皇妃太陰居申。木曜夾金枝，姓入中書木星在巳；紫氣夾金箱，職居內府木星居寅。帝輦同鑾駕，位極崇高太陽在子癸；劫煞化帝座，身爲丞相太陰居壬。功曹參帝輦而乘金水在辛，直符並鑾駕而列太陽居癸。寶蓋高懸於帝座天財居子，太陰並列於龍墀太陰居午。看水朝迎，定其富貴。

　　龍樓夾玉葉，並出內相外臺子癸二宮，太陽行龍；寶殿與金枝，同行出將入相午丁太陰行龍。鳳輦夾金箱而去，半紀狀元卯巳金水行龍，扦後半紀即發；寶蓋懸玉印而行，十年宰輔酉辛太陰，占之十年即應。將軍連功曹，兄弟拜相_{巽巳木星}；直符共華蓋，父子發祥_{乾亥太陽}。帝輦入龍墀_{坤申天財}，御座隨鑾駕_{艮寅木星}。以上八位俱是雙行，一節二節未爲奇，三變五變始爲上。

　　掃蕩咸池若在壬，定出孤辰寡宿人。太陽帝座子宮安，鎮壓邊疆出大官。太陽鑾駕居癸位，兒孫聰明更秀麗。丑逢天吊及孤曜，異姓相隨神社廟。艮逢紫氣及木星，天下爲官稱第一。寅上金星並玉印，左丞右相天生定。天罡更改東方甲，孤剋兒孫人絕却。卯上將星金水連，鎮壓邊疆才更良。巽逢紫氣並木星，文武爲官遠播名。金枝玉葉巳宮臨，他年白屋出公卿。天吊炎烈丙上詳，男孤女寡守空房。離午龍墀並太陰，六部尚書第一人。丁位帝輦太陰金，男爲駙馬女妃嬪。掃蕩劫煞未宮詳，少年孤寡淚汪汪。天財寶蓋坤宮寅，利名赫赫跨寰宇。天財玉印申宮居，尚書宰輔佐京畿。太陰玉印辛位當，富貴雙全近帝王。戌宮燥火並劫煞，鬮爭刑戮受悲傷。太陽玉葉居乾宮，公孫父子做官郎。太陽玉葉亥宮臨，子孫清顯滿朝廷。掃蕩之星_{壬也}宜詳閱，富貴窮通在兹決。

　　乾亥乃太陽之地，龍樓同玉葉芬芳；巽巳是紫氣之宮，寶殿與金枝照耀。鳳閣_{寅艮木曜}夾金箱坤申，天財玉印連寶蓋。太陽子癸，帝座與鑾輿同行；太陽午丁，帝輦與龍墀聚會。太陰辛酉，直符華蓋並臨；金水乙卯，將軍功曹當位。甲爲天吊，掃蕩未壬天煞。咸池甲辰號天罡，鬼劫天魁侍立；庚戌兩宮名燥火，劫煞天殺相侵。

果堂頌

　　武貪巨門輔弼龍，方可登山細認蹤。水去水來皆是吉，不離四吉在其中。

未論星辰與廟樂，先觀橫案與前峰。若還撩龍來衝射，定是凶神應後龍。

每見時師錯用心，直從來主是真龍。休將入手爲端的，錯亂陰陽立見凶。

萬水喜從天上至，群龍宜向地中行。田莊衣禄年年進，家業亨通百事成。

龍喜地支，水用天干來去來，此楊公救貧之法也。

尋龍測脈尋三節，父母宗支無分別。孟山更喜仲山連，仲山又喜季山接。

尋龍過氣紛紛擾，支不支兮偶不偶。若犯陰錯與陽錯，此龍宜作護龍究。

行龍宜轉支龍過，若帶幹龍又不同。乾坤艮巽天龍穴，水朝當面是真龍。子午卯酉龍虎地，自然結穴亦藏風。寅申巳亥乳頭穴，斷然垂掌起高峰。辰戌丑未穴斜仄，難鍾秀氣不真融。欣然四吉得真龍，應在三年五歲中。富貴雙全谷易得，剋期定日見興隆。

二十四山四穴半，用者須當仔細算。乾坤艮巽丙爲吉，餘煞十九俱不算。

貪狼何事發來遲，穴吉向凶未可知。立宅安墳過二紀，方知富貴應孫兒。

八刃行龍不可扦，任教水秀與砂清。安墳立宅皆須忌，誤殺閻浮地理人雙行帶刃。

夫婦行龍節節來，安墳立宅任君裁。來山合得龍爲主，富貴何愁地不摧雙行帶禄。

主僕行龍不可扦,安墳立宅禍連綿。名爲陰陽差錯穴,亥字看看合得乾。

陰陽二錯只一穴,乾亥來龍宜乙辛山也作。艮寅來山丁癸也向扦,巽巳來龍辛乙山辛也是的。坤申來龍癸丁山癸也位真,此是筠松真口訣。子午卯酉四山龍,丙壬庚甲在其中。寅申巳亥騎龍虎,乙辛丁癸水長流。若有此山並此水,白屋科名求不休水訣:洼水口,水中決之。甲庚丙壬辰戌丑未,單水口不融結。若乾亥水口,內有太陽龍穴;艮寅水口,木星龍穴;卯乙水口,金水龍穴,餘皆仿此。

禄馬隨龍四位山,甲庚寅申在其間。亥壬巳丙皆宜向,更看前朝有水灣。

來龍若見後來空,坐若空時勢莫穹。帝輦帝都並帝禄,帝宮帝闕後當空。

斷山橫塹勢來雄,切莫安墳向此中。萬代流傳皆禁斷,楊公秘訣顯江東。

斜名掃蕩,偏號燥火。獨來孤曜,破腦天罡。

天機出煞出何煞,不出災殃發最怕。是雙金射墳,避得是仙人。

正雙金神,穴起子癸。坐向雙雙,依得是訣。

丙壬子午猴門宿,甲庚卯酉虎頭當。坤艮寅申居子位,乾巽巳亥馬頭藏。乙辛辰戌龍宮上,丁癸丑未戌來裝。

二十四山十九煞,舉世何人識此法?有人會得此天機,寅時葬山卯時發。

寅申巳亥龍　乙辛丁癸　乾坤艮巽

子午卯酉龍　乾坤艮巽　甲庚丙壬

辰戌丑未龍　甲庚丙壬　乙辛丁癸

甲庚丙壬龍　　乾坤艮巽　　乙辛丁癸

乙辛丁癸龍　　甲庚丙壬　　乾坤艮巽

乾坤艮巽龍　　丁癸乙辛　　甲庚丙壬

二十四鉗口

四孟雙行龍_{四生}，寅甲_禄、申庚_{日月}、巳丙_禄、亥壬_蔭。乙辛丁癸全吉，乾坤艮巽次吉。

四仲雙行龍_{四旺}，子癸_空、午丁_馬、卯乙、酉辛_富。[①]

四季雙行龍_{四庫}，戌乾_刑、辰巽_{罡刑}、丑艮、未坤_庫。甲庚丙壬全吉，乙辛丁癸次吉。

二十四鉗頌

子癸來龍丙是侵，扦著有聲名。水流坤位來朝向，艮坤大發旺。四神拱揖無空缺，葬下人丁列。面前串珠水來迎，輔國佐明君。

子乃北極之尊神，貴主文章佐帝廷。若來作穴看玄妙，細認真形如丙壬。乾坤艮巽皆云吉，十字山頭仔細分。龍若會時水便合，紫線纏繞在斯墳。

丑艮來龍丁癸扦，葬著大豐榮。看他鉗乳向何邊，作法不須言。前有甲庚丙壬水，丙庚向可取。案前又有公服山，代代出官班。丑與艮合右弼同，萬古誰知丑艮功。若遇前流庚甲位，田財進益禄豐隆。朝來左右丙壬吉，落空須知在癸丁。若得分明裁

---

① "卯乙"、"酉辛"原作""卯酉"、"乙辛"，不辭，按四仲雙行龍當爲：子癸、午丁、卯乙、酉辛，據改。

正穴,一舉登科顯地靈。

寅甲跌斷來龍出,坤艮穴是的。乙星紫氣木星强,二子貴非常。丁癸若還迎山對,丁向人富貴。長男興旺色衣郎,癸穴合太陽。若還迎山帶甲龍,家業見貧窮。此是天羅星向穴,下後長房絶。水浸亡人却是塘,瘟火官事忙。

寅甲主富自天排,却恐時師不會裁。明堂若見乙辛至,丁癸二神又會來。六神吉處向坤覓,兒孫榮顯彩衣回。

卯乙來岡庚位扦,富貴永綿綿。此是木星貪狼穴,水朝尖峰列。看他擺曜向何邊,乾坤向可安。前山吉水疊來朝,代代出官僚。若還旋轉辰頭落,鬼劫來湊泊。

卯乙來龍庚可安,巽爲紫氣果非常。乾上木星坤陽位,下後兒孫必顯揚。

辰巽來龍巽落頭,辛未永無休。若還孟仲季不移,代代朱紫滿朝廷。

辰巽丁連辛共臨,下後方知有好音。滔滔寅甲長流至,太陽金宿於中心。忽然吉宿當前照,紫氣木星居丙壬。若還合取真經訣,禄重王朝更後名。

巳丙落脈向何朝?辛癸最爲高。五七年內出官僚,此是龍神照。若作朝乾向亦奇,代代出緋衣。

丁午來龍定是奇,壬癸向無移。乾艮二向穴分明,紫衣繞棺生。巳亥逆鱗及天衝,端的二星凶。若還作向小房絶,小滿棺斜側。

離是南方火旺神,共連庚甲丙壬真。若知乾巽俱爲吉,須使坤流艮共分。赫赫功名成奕世,紫衣纏繞滿棺生。

未坤定有癸穴配,富貴人無比。此是貪狼朝穴奇,不與俗師知。壬甲二向落穴真,富貴定元亨。

申庚來龍申落頭,艮位穴堪求。來龍跌轉左右真,乙癸穴分明。水口倉庫離星應,富貴天然定。貴人文氣照其前,一舉中魁元。

酉辛來龍落脈的,艮坤神仙訣。乳頭若還生向東,甲向好施功。案前水繞秀峰列,象簡拜金闕。若還作辰犯血光,二子絕離鄉。

酉與辛同共一家,更同庚申福無差。乾坤艮巽皆爲吉,朱紫盈門實可誇。

戌乾落脈辛是真,乙向小兒榮。丙甲二向穴相當,聲名播四方。前朝若有催官水,執政名無對。丙方若有秀峰列,單子賽潘岳。

戌是乾家發旺龍,丙壬庚甲吉相臨。若得四星皆大吉,著緋衣紫乙兼辛。自然古窖金銀物,萬古重生楊救貧。

亥壬來龍巽是親,葬著富無倫。龍頭若還轉左右,丁乙天然湊。有人下著更興隆,朱紫滿朝廷。

孟仲季龍定富貴穴訣

乾坤艮巽四山凹,節節單行不混淆。前有甲庚丙壬向,兒孫裂土各分茅。

乾坤艮巽單行龍,葬之家家福德洪。大則將相與公卿,小則兒孫皆富盈。

子午卯酉四山裝,乙辛丁癸水貪狼。若得乾坤艮巽穴,依經下著三公旺。

上局行水訣法

乙辛丁癸位，坎離震兌同，排來其本宮。

子午行龍落壬丙，卯酉來脈甲庚乘。若是沒神貪狼穴，葬下徐徐發福臻。

乾巽居長坤居二，貪狼却旺小兒宮。若依子午卯酉穴，長房必定絕其宗。乙辛丁癸殺其母，辰戌丑未次兒凶。寅申巳亥殺小口，甲庚丙壬久後隆。若直癸水來朝穴，烏鴉白子產雙黃。

寅申巳亥發來龍，甲庚丙壬一例裁。前有乙辛丁癸穴，朝貧暮富實奇哉。

寅申巳亥四山裝，甲庚丙壬水流長。若遇乙辛丁癸穴，家門豐富顯文章。

中局行水訣法

甲庚寅申同，巳亥壬丙位①，來山共一宗。

寅申發龍坤艮吉，巳亥來龍乾巽良。此是沒神貪狼穴，下後徐徐見吉昌。

乙辛居長丁居二，貪狼旺小地神催。若作寅申巳亥穴，長房出外永無回。甲庚丙壬生內亂，辰戌丑未絕中房。乾坤艮巽長兒衰，子午卯酉起瘟災。

辰戌丑未四山岡，乾坤艮巽一般裝。前有甲庚丙壬向，貧者遇之主財糧。

---

① “寅申巳亥”原作“甲庚寅申”，“甲庚丙壬”原作“巳亥壬丙”，不辭，據二十四山雙行龍徑改。

辰戌丑未四山尊，水流艮巽入乾坤。甲庚丙壬爲財禄，八位流來旺子孫。

下局行水訣法

辰戌丑未宮，乾坤艮巽位，[①]八位總相同。

辰戌來龍乙辛鄉，丑未丁癸向貪狼。暗金羅睺破軍煞，二十四山仔細詳。吉凶口訣憑斯局，括盡陰陽在此章。甲庚居長丙壬二，貪狼却旺小兒郎。若作辰戌丑未向，長房必定赴法場。乾坤艮巽出外死，寅申巳亥自縊亡。子午卯酉瘟癀煞，此訣由來不比常。

五總龜龍過孟山，幾多休咎在其間。文武定是離鄉位，不怕雙來不怕單。

寅申巳亥出富貴，配兼夫婦出雜職。三節不亂大富貴，一節便亂，發不過三代便退，主外郡田莊。

五總龜龍過仲山，乾坤艮巽出官班。水來水去皆財禄，何用出身龍虎灣。

子午卯酉，出大富貴。三節三亂，文武之職。一節便亂，請舉不及第，赴任失職兼夫婦，七品至五品。

五總龜龍過季山，只宜寺院鬼神壇。前頭總有天然穴，水走東西與北南。

唇穴爲天罡，爲土，爲建，爲宿，爲破軍，爲青龍，爲敕文，爲魔，爲天煞，爲陰。

---

① "辰戌丑未"原作"戌乾丑未"，"乾坤艮巽"原作"坤艮辰巽"，不辭，據二十四山雙行龍徑改。

羅睺之山長房凶，凶在長房子息宮。更主過房並抱養，後代兒孫一二同。

羅睺白蟻當頭入，牛羊公事損人丁。水來左邊右邊入，看他氣脈悉知情。

臍穴爲紫氣，爲紫微，爲太乙，爲火，爲元，爲明堂，爲貴人，爲巨，爲陽。

紫氣之星粟滿倉，貴催科甲富餘糧。田莊財帛年年進，三年陶載便榮昌。

紫氣之星紫線生，兒孫富貴且尊榮。清秀兒郎勤學業，合和義聚旺門庭。

目穴爲勝光，爲火，爲滿，爲禄，爲存，爲天刑，爲天獄，爲天耗，爲天敗，爲死。

火星之宿出南方，解州公事爲田塘。更因死事相罹賴，孤孀目害與離郷。

火星之禍不尋常，破耗官災及少亡。縱有聰明人不久，必然招禍外來郎。

尾穴爲太陰，爲小吉，爲土，爲平，爲房，爲廉貞，爲朱雀，爲地獄，爲天咸，爲絶。

太陰之星出孤寡，自吊賊盜目無光。換妻少死女人疾，殺人徒配赴軍亡。

太陰水浸損亡人，棺内形骸或轉身。頭上推居足下去，其家少女死頻頻。

顙穴爲傳送，爲金，爲定，爲心，爲貪狼，爲金櫃，爲資財，爲鑾輿，爲天寶，爲生。御街引馬當流至，爲破，爲箕。

太陽吉宿旺兒男，讀書一舉便爲官。定主因妻財物富，牛羊六畜遍山川。

太陽紫茜滿棺生,定主兒孫進外莊。清秀特朝官位至,四位俱迎貴顯應。

腹穴爲没神,爲從奎,爲金,爲執,爲瓦,爲六畜,爲天德,爲進寶,爲人財,爲輔弼半吉半凶,爲旺。

没神之位共貪狼,家資榮盛少年郎。若得水從朝上揖,定見中房福禄强。

没神漸漸主榮昌,進益田園玉滿堂。御街引馬當流至,萬里雲霄直上昂。

角穴爲計都,爲河奎,爲土,爲破,爲巽,爲白虎,爲天敗,爲天突,爲天刑,爲晦。

計都主人服毒亡,悖逆兒孫配遠方。内亂蛇傷並火發,瘟癀風疾主人傷。

計都又主少年亡,水浸死屍却是塘。先産白蟻後生水,定有流徒悖逆郎。

耳穴爲木星,爲登明,爲水,爲危,爲斗,爲武曲,爲玉堂,爲禄庫,爲天庫,力臨官,爲少微,爲一金,爲和。

木星朝穴向難遇,此穴須知衆吉昌。長房發家資財盛,人旺財豪富貴鄉。亡人紫茜生棺槨,木根水蟻定無傷。田蠶牛馬俱興旺,貴享千鍾禄萬倉子貴。

腰穴爲月孛,爲神后,爲水,爲成,爲牛,爲廉貞,爲天牢,爲天瘟,爲天刑,爲虛。

月孛凶星主少亡,公事投河及産傷。自吊更招家内亂,官災火盗急須防。棺内更多生白蟻,目盲更有病連床。勞瘵傳屍多夭折,偏多橫事惱心腸。

足穴爲水星,爲大吉,爲土,爲奴,爲女,爲禄存,爲玄武,爲天耗,爲地耗,爲傷。

水星凶曜主何殃,罹賴官司公事忙。多因室女生公訟,脚病風波更夭亡。

水曜原來白蟻多,却來面上做泥窩。水浸乾時蛇鼠入,歲歲年年被鬼魔。

鼻穴爲金星,爲功曹,爲土,爲開,爲虛,爲巨門,爲司命,爲文星,爲天官,爲鳳輦,爲真。

西方太白吉星辰,定主兒孫德業榮。資財進益田園盛,更兼富貴旺人丁。

腸穴爲土星,爲太衝,爲木,爲閉,一爲危,爲廉貞,爲勾陳,爲天災,爲狼籍,爲小禍,爲乖。

土宿之星道和僧,九流藝術自經營。田園退盡無生計,却宜片舌動公卿。

土星滿棺生風疾,傷足兒孫扶杖行。白蟻損棺三子敗,九流目疾病多侵。

四個星辰五墓龍,山頭雖吉莫相逢。須知葬下人丁絶,財散人離事事空。

乾坤甲乙爲權武,艮巽丙辛清貴人。甲乙丙辛爲正馬,乾坤艮巽禄爲真。若見此宮山水應,讀書一舉便成名。山穴陰陽遇四神,富貴足平生。十干行龍主不祥,官災及少亡。十二支神水不吉,下後災殃出。辰戌丑未可有悔,牛羊公事至。死盡豬羊及馬牛,小口一時休。辰戌逃移並自吊,換妻損年少。丑未牛羊及血光,盜賊起官方。子午卯酉水不好,官事常常擾。賊盜軍徒主煞傷,刺面不風光。子午離鄉並曲脚,卯酉風聲惡。寅申巳亥有何説，田塘公事發。小主瘟火起官災，財帛化成灰。寅申斷定出花酒，巳亥爲奴婢。甲庚丙壬正好求，下後旺田牛。乙辛丁癸富與貴，一舉登科第。乾坤艮巽足金銀，名譽滿朝廷。闕十三字。[①]
□□□□□□□□□□□，代代比陶朱。三吉水來四神應，榮顯於斯定。庚壬二向穴分明，朱紫滿朝廷。

青囊海角權衡

祖崑崙，發元根。分支派，定龍形。乘運氣，存亡分。焕五氣，應五行。推四序，明德刑。剋相治，繼相生。未言甲，先言庚。五化顯，萬機靈。布大塊，及黎民。得生氣，受福臻。得死氣，禍替零。知休咎，象攸遵。執權衡，通神明。

果堂注："天道成象，地道成形。聖人文之，發其機旨。觀天之道，日月斗辰；察地之理，龍穴砂水。得之合用，並立三才。玄旨玄奧，斯決經緯。"

山之發根，脈從崑崙，崑崙之派，枝幹分明，秉諸五氣，合諸五形。天氣下降，地氣上升，陰陽相配，合乎德刑。四時合序，日月合明，相生相剋，禍福攸分。存亡之道，究諸甲庚。天星凶吉，囊揷虛盈。有替有作，虔誠搜神。

地理之奧，皆秉山川之秀氣、龍穴砂水之真全。五氣行乎地中，而有進有退；天星緯布四方，則有吉有凶。盈氣生旺丁以發福，散氣退朽骨而凶乖，皆陰陽消長之道也。陽變而陰動故生水，陰合而陽盛故生火，水陰根陽，火陽根陰，錯綜其變而至理現。

頭陀衲子論

夫葬者，乘其地之生氣也。生氣行乎其中，有聚有散，有順有逆，有起有止，有强有弱，有浮有沈，有正有雜。乘風則散，界水則止。惟在審察、詳辨、棄就、乘接之得宜。凡地理，先明其理

---

① 注言闕十三子，據上下文是當缺十二字，以缺字符補之。

氣，察於陰陽，熟於山川，辨於脈息，然後以逆順而推善惡之用。山水者，陰陽之氣也。山有山之陰陽，水有水之陰陽。山則陰盛，水則陽盛。高山爲陰，平地爲陽。陽盛則喜乎陰，陰盛則欲乎陽。山水之靜爲陰，山水之動爲陽。陽動則喜乎靜，陰靜則喜乎動。動靜之道，山水而已。合而言之，總名曰氣，分而言之，曰龍、曰穴、曰砂、曰水。有龍無水，則陰盛陽枯而氣無以資；有水無龍，則陽盛陰弱而氣無以生①。無水氣何衛，無穴氣何聚。必欲龍以來之，水以界之，砂以衛之，穴以聚之，然後可爲地也。楊公云："有龍無水不堪扦，有穴無龍枉費然。龍穴若明砂水聚，自然生氣得周全。"凡論龍、穴、砂、水，各有一辨，龍辨支隴，穴辨真僞，砂辨順逆，水辨出入。以龍言之，龍即山也。以山言之，山即土也。以土言之，土即氣也、體也。有土斯有氣，故氣因土而行，土因氣而盛。土者，有氣則潤而聚，無氣則枯而散。土行而氣亦行，土止而氣亦止。尋龍者必欲奪其所起，乘其所止。起之一字，結穴之所，尋其所起，勿脫其體，原其所止，勿脫其脈。

古云："支龍形勢，如人之狀。"然其身一動，則手足自應。將主一出，則群兵必隨。手足不應非其體，群兵不隨非其將，所以雌雄並出而有尊卑者此也。苟或反之，烏足爲美？觀其始發，層巒疊嶂，如群妾下拜之容；探其始出，隱隱隆隆，若斂跡乘輿之狀。來則維持護送，過則蜂腰鶴膝。非橈棹不知所行，非界水不知其所止②。布列則爲城爲郭，體又居中；結局則左旋右桓，穴又藏內。或居雲漢以潛蹤，或落平洋而開展。斷隴童山，何須著

---

① "盛"字後原有"而"字，疑衍，據上文删。

② "知"後底本有"其"字，據前後文例，徑删。

眼？獨過石嶺，切弗勞心。斷則其氣不接，童則其氣不和，石則其氣不生，獨則其氣不聚，及夫破碎過而不止者，又何取焉。從吾所好，無非逆水之龍；快人之心，必得掀天之主。遠則堆倉積庫，近則舞鳳翔鸞。勢如乘馬而來，形似馳龍而入。結南結北，只取盤桓；任東任西，但求歸聚。無護無衛，偏嫌西北之風；有體有支，同喜東南之美。見水山渴，展蘆花三疊之形；過脈續連，露繁蟻穿珠之象。勢若轉時龍亦轉，地隨蹤去接他宗。到頭四望觀融結，自有盤桓理在中。龍之正氣，只若千里而來。水若合宜，只怕百步而止。高隴平夷不可同斷，高隴之氣自上而下，如水之傾，不能止也，非藉石不能立，非遠出不能結。結則聚會，會則歸，歸則萬水而濟其身；止則衆聚，聚則合，合則萬支而抱其體。陡仄傾斜，豈其所欲？左空右缺，亦非所安。行之而無順遜，分之而無調理，或賓欺主，或弟強兄，若散蟻而無東西，或反弓而無次序，東歪西倒，何所取焉？前缺後空，豈可安插？必欲正而出，出而隱，隱而起，起而伏，伏而興，興而隆，隆而斷，斷而續，續而連，連而寬，寬而結，結而聚，聚而明。勢雖大而有所容，支雖繁而有所歸。穿雲接漢，回頭皆爲我來；崎秀呈奇，入眼皆爲我侍。展勢雜如，排兵吐穴。隱如密室，廳堂高正。廊廡拱衛，牆垣固密。門戶牢堅，外患難入。圈中無去去之心，內氣不出；坐下有生生之妙，涼飆永斷。暖氣如春，震巽榮華。土中一定，外有坦然之氣海，內有天然之樞機。若有此妙，可謂納氣之盛也。平夷之地，其氣自下而升，如水之平，不欲行也。先看大勢從何而來，次看大勢從何而結。來必有應，結必有情，或止於坡湖之所，或止於溪澗之邊，或以平湖爲氣海，或以大海爲城郭。高一寸爲山，低一寸爲水，有左右氣曜爲成。左右要生氣相資，正氣之體不可脫，隨身金魚之水不可無，防風之護不可缺，截攔之水不可失。向則視其身之所仰，坐則視其山之所來。仰則趨附於我，來則依負於他。仰則貴乎遜順，來則貴乎豐隆。欲求仰掌平坡，先看鋪氈展席。或有十大一小之脈，或有十小一大之機。尊則求卑，細則求巨。馬跡渡江河，豈是窩中之突？突裏生窩，無心而來，有意而結。坦而有聚，平而有包，粗而有細，細而有脈。得其脈者不可脫其氣，得其氣者不可反其理。侵雲有數點之青峰，必爲官貴；包坐見一灣之吉水，定有財源。大要藏風聚氣，最宜明凈盤桓。有界水而無藏風，其氣必散；有藏風而無界水，其氣必行。來之必有勢，布之必有情。聚之使不散，行之使不止。或濕或燥，生成一定無移；或巨或細，自有許多分限。衛身最喜重重包裹，結局貴乎紛紛拱極。露體則風寒，誠爲飄散；身孤則患重，實乃枯零。生蔓定是虛花，爲護爲從則可背臂，不爲真穴；爲纏爲衛則堪立穴安墳，豈宜取用？

夫水，氣之母，有氣斯有水。氣因水而生，水因氣而化。水氣升上得合乎天，而雲是也；水氣降下得合乎地，而雨是也。雖高山不能絕，雖石隴不能無。古云："土者石之肉，石者土之骨。"水者石之血脈也，惟緩爲吉，惟柔爲良，逢剛不畏，遇柔得朋。原夫就體而來謂之隨龍，墓之主也。左右從賓而至謂之拱揖，前後循環而抱謂之繞城，左右如弓而伏謂之腰帶，坐下而出謂之元辰，入穴而聚名爲交合。隨龍貴乎分支，前面貴有之玄，抱城貴有情意，腰帶貴有灣環，元辰不宜直流，交合要取分明。枯潤殊途，理當一斷。枯則元辰合變，潤則溪潤合流。左水爲美，要詳四喜：一喜環灣，二喜歸聚，三喜明凈，四喜平和。環灣則無分支之凶，歸聚則無飛走之患，明凈則暗煞不生，平和則傾折不及。

喜其來而不欲見其去，來者貴無衝射，去者要不拽牽，臨城不忍而去，繞城不忍而分。對面逞之玄，千金難買；入懷若反跳，一文不直。古云："明堂浄而碧波澄，去水密而城門緊。"貴坐下而三摺，喜門外而數灣。悠悠揚揚，顧我欲留。撞城反背非吉氣，淋頭掃腳不爲佳。小澗切忌衝腰，大江不宜射面。一潮一汐，決非久遠之龍；一順一逆，定遭凶變之患。左反長男必敗，右反小男必亡，當面反中男必絕。切忌墳前有此，凶禍難當。滔滔掀天之浪，地豈吉而魂豈安？潺潺悲泣之聲，亡豈寧而存豈泰？箭射激跳，其凶有準；斜飛衝反，八煞俱全。

夫砂者水之所會也，勢會則形聚，聚則形見，見則氣合，合則有穴矣。無砂則龍失應，無龍則砂無主。龍爲君道，砂爲臣道。君必位乎上，臣必伏乎下。垂頭俯伏行，行無乖戾之心。布秀呈奇列，列有呈祥之象。遠則爲城爲郭，近則爲案爲几。八風以之而衛，水口以之而關。就體分支是謂同氣，其包裹也貴乎周密；隔江渡水必同宗，其來也貴乎遜順。就體怕斷，隔岸怕反。隔江拱揖爲妙，就體不斷爲奇。同氣貴乎朝仰，彼此皆要盤桓。在前要來，在後要堆。左順右歸，疊疊如端妝美女，貴賤從夫；前擁後隨，濟濟若精銳卒兵，出入從將。華表凌霄，捍門插漢。若要人丁千百口，面前疊疊起高峰。若如巨浪列門前，歷代產英賢。善斷砂者，除無八煞，先辨五星行度，如金則圓而秀，木則直而麗，火則尖而銳，水則動而和，土則方而厚。木逢金折，金遇火傷，水見土不利，土見木不良。若火遇金，得水無妨，子來救母，理之當然，五行仿此，有救不傷。所喜金水相生，木火通明，火土相濟，水木相扶。木居東方必旺，火居南面多興，金居兌位是權衡，水處坎方爲得令，惟土一氣四隅皆宜。巖巖大石，豈爲良善之星？

焰焰尖砂,皆是凶危之煞。若走若竄,不用勞心;如反如飛,何須著眼。半順半逆,終爲奸詐之徒;無序無倫,定出凶頑之輩。不似蜿蜒,有何好處?不生草木,有甚來由?一怕搥胸插腹,二怕削竹拖槍,三怕反弓外走,四怕隨水直流。如角如凹,生人碌碌;如碎如破,起禍綿綿。鶴頂鵝頭,淫風飄蕩;牛臂馬腿,必不興家。長男外竄,青龍擺首而行;小子出家,白虎反身而去。吉則隨朝有意,凶則險仄無情。

葬法

蓋氣本乎下,借陽一噓而物生;體本乎上,借陰一吸而物成。順則取正,逆則取緩;强則取粘,弱則取撞;死則閃之,生則挨之;浮則倚之,沈則蓋之;虛則斬之,實則倚之;急則緩之,緩則急之;厚則枕之,薄則接之;長必就其短,短必就其長,此一定之法也。至於淺深之法,隨其地之所宜,由其龍之厚薄。當淺而深,氣從上過;當深而淺,氣從下過。第一合水爲入氣,第二合水爲正氣,第三合坐之水即淺深也。淺深之法,繩平是也。既得乎此,十二要訣不可外也:一要藏風聚氣,二要挨生閃死,三要明堂借水,四要交合分明,五要前後相應,六要左右相濟,七要避凶躲煞,八要內外相乘,九要淺深得宜,十要不脫脈情,十一要別其枯潤,十二要土色鮮明。既得如此,自然如線穿針,如繩準木。若失乎此,則如水中取火,炭裏尋冰。立穴若還裁不正,總令吉地也徒然。高低深淺如差錯,變福爲凶起禍愆。氣不離棺,棺不離脈,自然通澤。其法如移花接木,何以異焉?既得如是,前後左右之理不可不察也。前以朱雀,後以玄武爲主,左右龍虎爲衛。龍虎者,即玄武之手足也。本身之龍要長遠,身體必要端正爲上,手足必以相合爲佳，長幼必以遜順爲貴，主賓必以迎接爲奇。賓欺乎主，則反乎常；手足盛身，必無是理。玄武必欲垂頭，朱雀必欲翔舞，青龍必欲蜿蜓，白虎必欲馴俯。却又詳辨大勢，渾合造化，納諸形狀，本諸理氣，察乎精微。以先天推其體，以後天推其用，必合先盛後榮。所合之法，龍穴砂水爲體，以八卦天星爲用。苟無其體，其用何施？若有其體，非法難裁，得法遇體，如指掌矣。

覓龍

龍爲陽物變化神，妙合陰陽本無垠。或有大小旁正出，真行偽落偽行真。原其所起乘其止，龍有三成聚祖宗。五音起方識其地，山北水南横是官。向生背死五音取，地變二九尋真蹤。四乘高低强弱裏，四景情性態度中。十等之地固爲美，格法遠拜古人風。卦裏龍神須要辨，陰陽休咎吉和凶。陰龍八貴互換行，四垣八宿應天星。行度結穴俱榮吉，起祖廉貞爲最星。應廉轉巨變武曲，貪狼到頭名左局。紫微出面形局奇，富貴無雙全五福。紅旗赫赫貪狼路，兌入巽宮復貪狼。應穴石關砂水貞，封國神仙並相輔。兌入紫微微入兌，玉堂清貴昭文位。兼應富貴馥芝蘭，兼應刑禁鳴珮珂。艮兌或巽復震龍，位極人臣帝澤濃。艮亥巽艮變亥局，富貴兼美壽山崇。兌巽入艮局宜清，巽兌入艮富貴併。六秀變出紫微局，大貴青蛇爲發福。廉路祖穴俱三吉，文武將相誰肩匹。三吉入路祖穴廉，名將藩臣爲第一。少微轉巽入少微，人才昌熾官位卑。太微轉兌復太微，題柱歸來金谷輝。三吉起祖臨庚穴，陰應急發鍾人傑。一陰祖穴一陽朝，寒谷春回泉道竭。陽龍僅有四龍奇，富貴公侯皆可期。形全局異巧扦立，奮發如雷人白眉。北三陽祖鍾龍脈，或壬癸祖瑤光^{癸也}宅。富貴文武鬪春花,賽羨門楣推巨擘。離山奇遠驟富至,淫惡之嗣關興替。坤離局應後榮昌,寡母閫中才富熾。陽四餘龍俱怕衝,老亢乾坤仍可用。更識逶迤曲折來,試看萬選青錢中。單亥中抽富祿昌,□均壬兮均乾殃①。壬癸左落巧扦貴,右落多壬產業荒。乾亥右落那堪穴,若逢左落可裁量。天機奇異都巡貴,忤逆賭博敗堪傷。虛勞疫病宗支絕,婁星並炤裕才糧。人財頓在冰山上,不免盲聾暗啞妨。高照瑤光癸也孕六指,並壬懶緩生泉泓。水朝砂秀穴奇巧,龍虎抱衛公侯生。正艮高年富貴期,丑艮平分穴亦奇。產招絕户才鬼運,局吉應看爵祿縻。丑嶺左落有半吉,艮多右落榮孫枝。寅艮中抽不宜穴,左落富旺右風眵。兩個山頭隔水路,羽流更有雙生兒。壬甲穴奇家富足,局秀利名相泊湊。寅甲盲跛瘤虎傷,穴奇仍享田園福。震生富貴兼文武,庚局亢峰乾也聲鼓盆。震甲嗽勞足風跛,素心猶是慕禪門。震乙螟蛉並贅繼,真龍吉救福回春。乙辰衣祿神棲吉,外死瘟癀官訟迍。巽山真出青雲客,離亢雷驚並水厄。山水合救上金街,武藝貴婚沾福澤。巽巳富局巧扦榮,巳利商賈牙儈得。己丙富貴清濁分,丙午發財瞑火厄。丙奇富貴享遐齡,夢嫁陰人怕春寒。其文正炤壽富貴,午未相參衣替祿。丁未雙行□庫開②,贏利肥家兒女痣。丑未獨行崇僧道,官災色證更傷生。四金奇巧暫富足,少亡惡逆常爭衡。坤山吉位富而昌,勢嵬局險女軍強。坤申寡母膺才福,未坤孤寡僧尼殤。庚山正繞富豪英,向東丁艮助威聲。三金互行文武具,到頭辛兌遇於庚。庚兌武參辛文職,庚申瘟寡離淫

---

① 底本缺一字,以缺字符補之。
② 底本缺一字,以缺字符補之。

並。右落商星偏作主,財帛姻親夜叩扃。兌山福壽旺田丁,兼丁宰牧顯功名。遠鐘巨富文章士,州鎮村原有廟靈。辛逢巽局方清貴,辛戌正落享秋成。天財饒氣穴休鑿,巫賊荒淫人穢腥。陽局不奇總凶惡,陰局不奇猶可作。降脈起頂測土圭,的究三叉無渾錯。休囚墓死爲福薄,生旺官臨榮官爵。壽夭賢愚於此分,細認山頭眼高著。四龍山星固上地,雜龍轉吉仍轉貴。但從換骨定興衰,更觀砂水分公位。

點穴

凡龍長遠,水纏有情,大纏大護,無窩鉗乳突頭出可點者,天秘之穴。細認脈氣穿纏,要全乎一氣,故有奇巒拱秀,水收三吉,尊高照穴。五凶雖高,不許一星侵穴。吉水朝迎,便依三吉水以收。朝迎之外氣謂之隔山取氣,福應甚速。天秘之穴,得法可以認取而裁用之也。

凡口內浮肉宜多裁,關門捉賊,三吉取內,小明堂攢開,去其客土,再取的穴。

凡龍真氣秘深沈,難以捉穴,用功開闢,以三吉收真氣,名劈菊拈香,真氣回中。

凡龍真銳直,只揪皮插骨,看真氣唇口閃落,必不可當銳。

定穴之法,如人之有竅,當細審陰陽,熟辨形勢。若差毫釐,謬諸千里。非惟無福蔭祐,抑且釀禍立至,可不慎歟!

亥龍壬穴微加乾,四垣星照局周旋。遷都立穴俱宜此,墓兆民居福壽綿。乾穴挨西左氣鍾,仲宜先福坐宜空。癸穴挨乾氣右耳,嗣續千秋名利崇。亥穴旁扦怕腦衝,氣從耳入利途通。巍然形局登卿相,大地春回自震宮。庚卯二向臉氣乘,凶強軍賊墮家聲。酉向旺丁惟不壽，艮辛二向利無名。離午向淫甲向蟻，乙虎雷傷唇缺嘴。未爲僧道惡逆凶，坤申寡淫殤訟起。

艮龍穴癸氣左耳，晝錦榮歸耀閭里。甲穴挨丑氣右乘，富貴文武誰肩侶。壬穴腧氣配陰陽，局奇科甲顯文章。乙穴氣腧逢吉局，監司郡守與賢良。卯六挨廚丑也後嗣昌，閥閱門楣福未央。乾穴腧氣婚姻貴，屋潤家肥只夭殤。龍局縱美難覓貴，孤寡媚亡未向尋。乙辰臭水土災臨，午淫乾蟻申傷長，甲同午戌木根侵。

巽龍乙穴富盒錢，班值宸宮上德宣。巳穴挨辰先福長，大富小貴産英賢。坤穴腰乘古窖發，詩書富貴高門閥。甲穴賈商籯滿金，局奇刑權司賞罰。兌向曜煞絶長房，子癸甲水凶無比。坤蟻敗長主殤淫，寅木戌瘟戮乾蟻。

兌龍坤穴氣左進，清貴文章典州郡。乾穴挨庚金氣繞，局清年少功名振。陰陽正配兌山丁，人財並至貴偏輕。轉亥結穴氣從耳，公侯富貴樂耆英。金雞啼向扶桑東，氣衝腦散虧神功。庚辛受穴乃爲吉，官職橫霸資財豐。壬穴氣自右腰乘，福壽先從小子膺。水放庚丁辛酉去，更期富貴旺人丁。巳向曜煞長兒當，乙辰回禄敗堪傷。寅甲木根壬子水，午孤兔穴更淫亡。

辛龍乾穴氣衝右，中男及第紆紫綬。酉穴挨婁巡警官，定主英豪軍賊富。坤穴右腧玉堂賢，兒孫俊雅進田園。壬穴右腧人財旺，局秀雲程一著鞭。癸穴氣充正腧加，人丁貴富錦生花。亥穴左挨氣耳受，長嗣人財亦可誇。寅殤蛇虎甲奸淫，乙生白蟻丑穴臨。坎癸壬辰俱水厄，壬看回禄禍來侵。

丙龍坤穴氣鍾右，舟車窖發局奇秀。巳穴右挨午半分，更遇水朝財禄驟。乙穴右腧産英才，局奇拜命黄金街。甲穴腧氣人富豪，丙奇旺氣合收裁。卯穴左腧長先發，旺財並許旺人丁。丙穴局奇偏有貴,庵觀中人入泉局。癸向風顛乾戌蟻,子水寅甲木根傷。

丁龍坤穴微加午,富壽官奇還守土。巳穴挨未只富隆,局吉官小仍可數。乙穴左腧富壽榮,局奇清貴產人龍。兌向左腧陰陽配,面東亦主人財富。壬向絕淫並蟻土,甲寅戌向木根枯。乾水血光丑敗亡,坎癸土蟻凶難數。

震龍丙穴宜挨乙,膽略英雄官武秩。乙穴挨甲氣右乘,先文後武誰能匹?卯穴旁扦富冢孫,不然狐兔入罷迍。癸穴左腧人富壽,小可功名別有春。巳穴左腧福驟發,震生來去分生煞。丙艮二向氣腰乘,俱主人財無貴閣。未穴朝來季財豐,午侵水土坎壬同。乾戌水蟻還妨長,坤申水腫寡淫風。

庚龍酉穴微加申,威武人財並出塵。坤穴右加崇左道,更有忠貞富足人。乾穴右腧局清貴,文武婚姻發財利。壬穴腰乘嗣續昌,或逢古藏興家計。甲向孤勞跛而禿,丑穴寅痼離螟蛉。乙殤贅繼子癸泉,辰瘟刑配天年促。

巳龍乙穴通左氣,局奇中貴及小貴。巳穴旁扦蠱畜豐,經商業進同宗契。坤穴右腰震巽砂,牙儈蠱牲利足誇。甲穴腰右先福長,因親進產斷無差。酉為對曜莫扦封,專向須知禍震宮。子癸甲泉乾白蟻,戌壬寅向木根凶。

離龍丙穴右加丁,陽朝陰應武文並。丁穴聳砂朝水至,富豪翰苑顯功名。庚穴左腧氣中乘,子癸乾砂水應榮。乍穴挨丁怕惱衝,面朝砂水利方盈。亥曜蟻穴長災殃,辛為八煞更瘟癀。艮卯木根泉兌蟻,丑單敗絕又孤媚。

壬龍坎穴宜挨左,龍巽局奇發如火。奎峰高照三陽尊,科甲文章非小可。艮穴右腰長富足,寅扦却主中兒福。甲乙穴向腧氣乘，震宮忽覺春回速。丙巳木根傷長子，卯兼水木傷宅母。未孤淫絕臭水侵，巽丁庚酉辛蟻土。

坎龍挨壬扦午向，驟興科甲文官樣。更將艮穴挨壬扦，穴暖局富仍堪尚。辰曜敗絕巽辛泉，丁未蟻水土相煎。卯酉丙寅俱蟻水，蛇傷虎咬長禍連。

癸龍子穴右挨丑，局備功名須唾手。午砂水秀坤申_{貪巨}朝，富貴一番無出右。艮穴砂水並離乾_{貪巨}，寅甲流午_{鬼武典也}名利全。寅穴挨左局周密，庵觀發達富田疇。巽辛水淫丙瘟木，丁蟻木鬼偷錢穀。卯艮酉未俱水蟻，巳穴雷虎傷並獄。

坤龍丁穴右挨申，局吉榮華驟富殷。庚穴挨未財名振，星虛奎照作王臣。丑蟻木根凶賊族，艮木煞長孤淫欲。卯根亥水亦長凶，戌乾辰向俱無福。

乙龍巽坐穴左倚，軍賊牙儈應隨否。艮穴次因女訟興，午戌壬向俱微取。庚酉兌丁防白蟻，庚殤西獄更生殃，辛丑木根水蟻傷。辛酉二向休云好，家贅接腳少年郎。

甲龍艮穴右挨震，巽道一番財祿進。巽穴獵訟一紀昌，跛瘋瘟離生禍釁。庚酉巳丁未臭水，庚瘟火盜酉孤貧。辛勞刑瘤傷風跛，丙泉亥木蟻成群。

乾龍巽向右挨皇，局吉天財發異常。庚酉局奇仍驟富，到頭不免瘤風傷。巽穴遭瘟寡孤淫，巳同巽禍長先臨。卯丙木根穿槨內，丁宮產厄害難禁。

寅龍坤向壬坎朝，乙流峰應財祿饒。申午乾戌仍堪向，一度春花妒百嬌。巽庚酉未亥淵源，巽辛白蟻丙丁根。庚敗賊軍巳煞小，酉殤更生陣亡魂。

申龍庚穴砂水雄，長兒財祿可兼雄。乙向水朝仍福長，壬寅二向亦財豐。亥甲蛇蟻辰甲凶，卯軍獄敗一根同。艮商與賈應先劫，丑換妻傷獄寡窮。

丑龍金煞丁堪向，艮穴左道財興旺。丙庚辛酉向中裁，砂水拱朝方可尚。坤申白蟻戌水土，午根乙蟻樹雷傷。丁忌乾流丙忌未，辰爲臭水土根傷。

未龍亦犯鬼金煞，艮向天然福禄達。丑艮僅主巫醫財，亥卯向水福驟發。寅申出人多伶仃，癸貪花酒戌非應。乾位木根並白蟻，須知壬子蟻更生。

戌龍墓煞本堪忌，乙向驟發人不義。辰向軍賊癸隨傾，寅午向凶隨有利。已宮入穴觀蛇蟻，未煞天宮丁亦蟻。艮丑伶仃釁禍鍾，卯巽丙兮凶莫比。

辰龍墓煞亦無妨，乾向興衰先長房。戌向稅糧終瘵火，壬坤二向福中殃。丁未庚酉丑白蟻，辛宮臭水屍棺毁。艮地須知穿木根，亥水土侵顙有泚。

龍辨中抽左右落，局看性情砂水泊。活眼圓智巧扦裁，悔吝吉凶始無錯。氣從耳入福易期，氣從腧入官應遲。耳腧分數有多寡，乘氣慎弗差毫釐。

觀砂

砂布局法相真龍，前砂後落應旁通。穴花局假龍不歇，見砂見官氣便鍾。龍後行運爲鬼劫，官居南坐印西東。方隅貴賤憑龍取，局中見者是真容。北高南下天地形，局只一格法其情。乾巽宜遠坤艮近，丙庚高貴甲壬清。五行三曜並八局，陰陽各要不相淩。更主山音推卦例，若還合此是天星。四維屹立官爵强，低峰疊疊千斯倉。奇峰列秀有三角，黄金白璧增輝光。烏石斑駁家蕭索,路破峰巒訟敗傷。此是先天四生地,最宜高聳乃爲良。世登要路聳巤峰_{巽也},龍頭獨步氣如虹。低圓正麗仍科甲,乾峰低小富家翁。陰陽雙起猶爲貴,甲峰壓冢却生凶。巽乾入漢_{庚也}生輔相,龍奇局備位三公。巽峰獨透經略才,小峰參尉低盈財。一峰一子登科第,兩峰兄弟上金臺。遠峰列秀天涯青,文與韓柳爭馳名。山水揖朝甥婿貴,女貌美麗爭寵榮。巽峰低伏辛峰聳,亦主亞榜魁明經。曜氣文騰狀元出,艮峰疊秀相神京。艮峰如筆列三台,以國養親勳爵開。巍然獨秀魁黄甲,小阜端圓金帛堆。被石點破官摧落,二樞_{艮丙}配合壽榮偕。艮峰低伏丙峰聳,優遊財禄莫猜疑。坤名地母嫌低敝,乙峰圭拱登天榜。奇形卓立似旗旄,男軍女將兵權掌。如旗而側巡警官,乾峰低小都牙仗。更有圓尖似鉢盂,或出尼姑或和尚。掀裙抱花砂雜陳,桑間濮上期來往。乙峰圓秀應財星,二□切忌欺壟壤^①。太陽升殿猶難得,貴敵至尊富敵國。太陰入廟女皇妃,男婚國戚高年百。日月不峙太陽高,太陰得地似富豪。假饒缺陷並低伏,總有真龍福不牢。四水大木金水照,我剋爲財生官曜。通喜中才畏煞金,尋分度位覓真竅。天宮_{乙也}地禄人爵星,翰林風月擅文明。並極三陽_{艮巽兑也}高秀麗,壽考富貴旺人丁。火星不起官不顯,不握重權或間殿。火星小起日月明,家生貴子真堪羨。入雲帝座聳屏星,天門地户_{乾坤}兩朝迎。人鬼_{巽艮}峰巒高速應,龍奇南面佐王廷。離峰高秀侍君王,少年科第誇文章。瑶峰六煞惡屹子,怕壓墓穴啞聾傷。兑宫疊峰號北軍,兵刑官貴醫瞳神。迤軍尖射並低陷,定應變陣喪其身。丁峰特聳鍾元老,雙上添丁福壽殷。遠秀山

---

① 底本缺一字,以缺字符補之。

喬和革應，名録丹臺漫出塵。若逢壓冢滯初年，庚峰獨聳減威
名。雲繞五湖馳驛馬，高騰貴顯田連野。雲霄萬丈燭星奎，爲國
棟樑儲大廈。焕竪天禄要崔巍，革貴人星獨占魁。貴禄馬將龍
向取，配合干支次第推。摧官禄貴山低陷，雖有文章不顯榮。艮
離朝峰俱失陷，官不食禄名虛稱。卯分西南及東北，西煞南星文
武格。東北只主雜流官，度位吉凶宜辨白。商革印綬分金銀，和
並三陽搖石臣。赤蛇巳也繞印如圓正，斗印腰橫才出倫。寅甲師
巫左道貴，里巷挎蒲加厭頻①。離盲中子全家蹇，子癸丑未墮胎
神。庚酉辛中屬金袋，柱石朝廷和鼎鼐。瑶光癸也泉上水魚兒，
魚獵山川隨處賣。甲乙宜作木魚看，僧道拜持神佛力。坎癸四
墓號橫屍，大魚繞殿岐黄術。巽辛文筆擢科名，寅甲畫筆妙丹
青。一揮判筆庚辛兑，生殺陽秋斷案平。牙刀却有真刀位，造葬
合規方爲貴。玄武象位威不施，寅甲乙上本工藝。四金屠儈軍
賊兒，辰戌定主刀兵縊。兜鍪劍戟兑庚出，將軍威武開邊地。坤
竪旗旄出女軍，賊旗斜插魁罡位。翻棺覆郭更如何，四墓低虧風
氣多。寅甲坤申及癸丑，總宜位上起崇坡。丙峰鵝頭濮上流，艮
坤丑未向山求。和龍抽出蛾眉樣，四野桃花恣玩遊。八局周旋
四神起，山水叶吉福無比。五音生氣官爵高，方位合卦爲次美。
只合陰陽又次之，大要又宜平墓鬼。高昂惡濁生凶禍，缺陷低虧
風聲啟。局砂秀聳居上貴，端正高大爲才器。低平四顧得中和，
猶宜參合天星位。吉形吉位全福固，吉若低虧減分數。山形雖
美位凶方，歲久恐非爲吉助。形局僞文予不取，空談禍福無根
底。舜羽重瞳仁暴分，可見内外本末耳。假饒舍形氣安求，形氣

---

① "挎蒲"原作"蒱樗"，不辭，今乙正。

性情原一理。因形察位分度求，笑談指顧分臧否。

察水

蓋山之血脈乃爲水，內助外泄行龍旨。自然好水相真龍，天星來去宜合規。三陽二合並四氣，九曲三叉俱富貴。陽局朝迎發福多，惟有二辰並輔癸。三陽水朝砂聳翠，龍奇穴吉最爲貴。三陽無砂水不榮，只主因親發財利。丁丙巽流震入艮，太陽正格貴仙眷。太陽特朝城郭完，極貴極富尊南面。更有御街金魚格，真龍巽丙丁源澤。轉兌□辛入亥流①，貴極扶君富敵國。三陽水朝歸鬼鄉，義門壽考同休光。辛逢巽水神仙客，兌逢丁水壽齡長。三金流震入艮地，或震艮流三金位。或亥入南更入西，皆主大貴及小貴。巽宮砂水朝爲貴，更有雙峰聯甲第。中男季子女花容，駙馬妃嬪增富貴。巽巳雙朝破陽局，那更太乙_{辛也}生峰堆。深閨有女顏如玉，墮胎玷污春風客。巳朝兼巽丙爲强，百倍田蠶入蛇艮。穴山慎弗當金馬，摧折天年畜産荒。丙砂少主折臂卿，地旺田蠶爐冶興。天財繼獲終均福，富貴女訟進金牲。午砂水秀近君貴，福蔭繼離因水去。坎龍離水入兌流，離坎破陰總淫戾。遊魂陰樞_{丙也}水兼入，寅午戌歲燒天紅。葬法多注兌亥氣，回禄制殺應潛蹤。丁水多痣人聰斷，利名兩遂增龜算。産添絶户旺牛羊，賈利囊金家蠱幹。艮龍巽水爲夭殤，宜注丙丁庚辛方。陰樞_{丙也}南極_{丁也}水兼入，四神八將砂積倉。微垣良弼鼇頭占，老萊戲綵芝蘭芳。丙丁庚辛赦文水，禍刑洗淨永無傷。未進田蠶生氣畜，次主病訟傷骨肉。震山來水雷電交，未興去財夭年

---

① 底本缺一字，以缺字符補之。

促。坤砂水秀魁科甲，正主孤寡悲沈疴。中正生離傷橫訟，次看三五福偏多。天潢天關申也水兼入，總免禍刑遭紛紜。庚水權謀敦義睦，興家進產却因親。天潢天命水朝墳，敵國豪富真無倫。震庚有峰入雲表，英雄將帥麾三軍。有朝三陽艮應星，大進莊田八子榮。辛水不徒簒寶玉，清貞忠孝擅文名。戌水朝來財利通，外亡橫禍至貧窮。乾朝驟富次風跛，鰥寡贅繼無人蹤。亥水降福自天宮，壽考富貴總興隆。戌亥雙朝因瘵火，戌朝暗啞並盲聾。壬朝賈利書香貴，離壬來去離鄉位。子水特朝一度春，流歸北極襟懷鄙。坎癸病腫憂忡忡，瘟火瘵疫並喉風。雙生女子家漸退，縊亡落水災殃重。癸朝貴富屬鬚人，釀錢置產進牲銀。丑朝亦主田蠶旺，刑傷骨肉疾生嗔。陰光癸也牽牛丑也入冢內，隨母聘嫁忘姻宗。少亡毒藥因女禍，兄弟屠戮交相攻。艮水粟陳金玉輝，巽山艮水官曜期。寅水生財清覓貴，凶並賭博兼淫離。甲水佛利賈財通，天機甲也天梧寅也主盲風。震水英豪家驟富，局奇寵命拜天宮。乙朝富宜享龜年，凶事訟病迭相綿。辰朝暫享田蠶利，病痛伶仃禍踵旋。陽閶兌也懶緩亢水辰也入，唇齒缺露含糊聲。坎龍亢水忌來去，全家受祿無餘丁。亢婁辰戌流注非吉地，少亡惡逆無忠貞。四金對射風門入，翻棺覆槨災非輕。黃泉曜氣最凶煞，陰陽渾雜家零落。龍行關節帶微淆，受穴朝流亦差錯。龍真局備砂水環，攀龍附鳳良非難。真龍迢迢勢局奇，到頭偽氣非純完。陽朝穴秀砂水助，博龍合向方為貴。正面特朝固為最，旁朝叶吉梯雲端。抱城繞穴方為吉，直流合規朝天關。來似之玄抱如帶，流非吉地家貧寒。反似翻弓直如瀉，六秀庚辰多旺官。穴高朝源要長遠，富貴亦主人安康。朝源高低與穴等，驟發富貴非為難。誰云無朝發福遲，龍真穴正局猶奇。但合四龍天星者,無水仍將富貴催。休論諸害及五姓,何須更論幾般形。此是天機真妙訣,非人弗示萬金輕。如有輕視遭天戮,王刑國法亦來浸。若不貞戒受天譴,天地陰陽決不饒。

青囊海角經四

穴法

莫道無頭無緒,橫看其蹤;休言是木是金,動中取穴。吾嘗謂一家骨肉飛斜走閃,以無害本來面目。高低深淺之所先,三橫四直。於四直者,背受兩片三叉,會三叉之自然。囟門玉枕,至高之穴至貴,合襟金墜,最下之情最玄。魚脬橫截,妙在金乳之動盪。茅葉側墜,活似水珠之鉤懸。俯焉端揖以至地,仰則平舒而面天。會窩打透肉盤弦,韌中取脆;軟庵下尋交骨起,柔裹鑽堅。或者禽星獸曜,耳動目隨,草蛇灰線,氣界水止。要知英靈聚會,縱橫不離正氣;血脈貫通,動靜當觀大體。流精未活,蕩硬甲之弓轉;趨身太險,如毬之拋而毬起,過猶不及。道貴中處,涼而雜熱,妙諳柔理。嗟夫,千年靈骨之不朽,一點真陽之在此。順受逆受,何拘對定於天心;傍求正求,猶在消詳於龍尾。橫擔橫落,無龍之葬有龍;直下直遷,有氣而安無氣。硬不鬪、軟不饒,體玄微三竅之至妙;陽宜減、陰宜撞,接五星之真要。然此活法,斂之無過一理,所謂"八大神仙穴,楊公決要尋。拋鞭須隱節,披刺要離根。反手粘高骨,衝天打囟門。側裁如把傘,平示合提盆。擺出情難緩,橫飛勢合翻。有人通此意,便是呂才孫。"

穴是神仙穴,龍分厚薄身。脈來分左右,勢落定君臣。區大臨弦
出,雄粗帶側循。打尖休動骨,點額要粘唇。緩急隨形使,高低
著意親。五直宜橫下,三停妙影尋。挽籃遷鼠肉,側耳定龍心。
牛鼻防牽水,魚腮要合襟。玄微天意惜,舉世絕知音。龍分兩
片,穴對三叉。灰中拖線,草裏尋蛇。攢槍插竹,斬木生芽。蝦
鬚微抱,切藕披瓜。辨脈浮沈,放棺深淺。蟬翼蓋風,迎接蟹眼。
順逆無差,天機自顯。得錢放棺,氣從耳入。財物不交,氣從腦
入。兩突相向,真機不生。兩利相協,其氣自成。奇偶相會,陰
陽相泊。脈不離棺,棺不離脈。棺脈相就,移花接木。細認玄
微,羅文土宿。後倚前親,眠乾坐溫。高淺低深,粘綴來脈。閃
死挨生,避風走煞。急則用饒,緩則用撞。節脈乳窩,真認影象。
轉跌走閃,蓋粘倚撞。妙決天機,沈思玩想。

詩訣

凡看地,從何起,須識星辰橫與企,圓流尖側要知蹤,方辨龍
身貧與貫。

如覆釜,是金星,行時屈曲喜相生,不宜手足並斜側,見此來
傷必有刑。

如頓笏,是貪狼,不宜斜仄火來傷,脚根水土其星貴,一舉成
名達外邦。

動是水,飛冉冉,下生金木真龍占,不宜側火勢來侵,做賊興
瘟無處閃。

如卓筆,火神行,秀時一舉便成名,頭斜身側爲軍賊,帶石欹
斜神廟靈。

若是橫,名曰土,金書玉軸真難遇,更生一直起丁丁,庶人之

子朝天去。

教君術，認玄機，坦來取突最爲奇，直來取曲曲中直，飢處須尋飽處宜。

這一言，是真術，突到取窩窩取突，垂珠氣聚縮中裁，更有如流來曲屈。

教君葬，端有法，倚撞蓋粘並挨插，轉跌垂鈎斬截安，緩急須憑饒借折。

鵝公嘴，及龜肩，嘴來硬處不堪扦，勢來直急宜饒借，法點龜肩借靠安。

立筆下，直鬮直，認他脈上微微脈，饒中借字實爲真，湊煞安墳人絕跡。

勾刀嘴，馬蹄弦，此法分明有理扦，勾取曲中葬用截，馬蹄扦法撞爲先。

火甲穴，及禾叉，葬之撞穴正爲佳，坐下流神無屈曲，壙中饒借一些斜。

劍脊鬣，同茅葉，草尾垂珠真氣結，流來勢急穴宜饒，須認兩邊砂水貼。

豬腰口，搭腰裁，轉皮乳氣任君裁，後有峰堆前水應，立名倚穴看龍來。

燕子口，及鴉鉗，勢來窄狹不宜扦，若然有意灣環抱，水直教君寄兩邊。

燕子尾，實難言，穴如魚尾一同扦，勢來直急宜斜剪，切忌流神坐下牽。

筲箕肚，不堪扦，箬笠茶槽水又牽，玄武不隨龍虎直，時師下著退莊田。

犁壁面，無人下，此穴出身形醜惡，勢來斜仄穴爲真，界水金魚真不假。

禾鍬口，穴內有，此穴出身形最醜，娥眉月角一同情，側穴是真正則謬。

犁頭嘴，穴難扦，田塍簇簇水來纏，後頭如直葬須剪，墳內毫釐不可偏。

交刀口，平直叉，葬下撞穴正爲佳，橫又不橫直不直，壙中略擺一些斜。

狗腦殼，人難捉，突額高窩好相度，突金肷闊兩邊尋，左眼右眼真不錯。

鰆篡篤，虎鼻同，龍真穴脈合雌雄，流來勢急宜挨剪，緩處教君穴枕中。

竹篙流，形最醜，但看氣脈何方走，硬來軟處實堪扦，切要金魚來界就。

燕子窩，甕唇穴，金盤荷葉真奇絕，氣脈流來仔細看，四畔周回正龍結。

教君術，看水城，來如展篸鴨頭青，橫如帶繞墳前抱，反火番弓地不成。

教君術，看隨從，左右公孫齊擁奉，天乙太乙兩邊迎，亦要拜龍來進貢。

大凡真龍行度，起伏頓跌，節節光淨。高山之龍，一起一伏。平洋之龍，相牽相連。合五星者，謂之正龍，配九星者，謂之變曜。龍分三等，穴問三才，有上聚而下散，有下聚而上散，有上下皆散而中間聚者。左聚右散、左散右聚、左右皆結聚者，而或上中下皆有結聚，此皆天然的定之穴。凡星峰結穴，與衆不同，自然秀麗合穴法。有背面結頂降勢,落頭有情,開井放棺,細認生氣。或正側,或尖圓,或浮沈,或粗細,要得的當,住絕去處,遷穴無誤。詳來脈之急緩,開井放棺之順逆。急者傷脈取饒,慢者緩脈取鬪,謂之奇偶相會,陰陽相泊。披瓜切藕,斬木生芽,明暗蟬翼,結穴本身。開張翼臂蓋穴爲明,入手影翼護穴爲暗。翼兩邊一樣謂之雙金,正穴穴居其中,一長一短謂之片金。凡星脈强弱,生死分縣。鬐脊入首,須要氣脈分明,雌雄界止,方爲的實。大抵結穴不過取砂水回抱,聚圍拱揖,切認後龍來與不來,穴情住與不住,前砂抱與不抱,明堂血脈聚與不聚。取其灰中之線,草中之蛇,截蕩開孤,挨金剪火,脈息窟突,饒減迎接,以定剪裁之法。如明堂之水,散直斜返,砂脚飛竄,入穴無氣,斷然不吉。天機妙訣盡矣。

水法

穴雖在山,禍福在水,所以點穴之法,以水定之。山如婦,水如夫,婦從夫貴。如中原萬里無山,英雄迭出,何故?其貴在水。故曰有山取山斷,無山取水斷。夫石爲山之骨,土爲山之肉,水爲山之血脈,草木爲山之皮毛,皆血脈之貫通也。只用天干不用地支,水法皆然。乾坤艮巽大神,甲庚丙壬中神,乙辛丁癸小神,謂之內三神。寅申巳亥大神,子午卯酉中神,辰戌丑未小神。地支不問坐向,放水來去並凶。逢太歲衝動則見禍,依金木水火土定吉凶。或往來雙行,干多支少半吉,支多干少大凶。干清流長,支濁流短。雙行雙去謂之駁雜。如法者,八干來四維去爲妙,若小神不入中神,中神不入大神,則不吉。有大神,若八干水不來,只平穩無福不發,謂之無禄馬貴人。如水神不相剋,縱爲不大發,無禍。寅申巳亥乃亡神劫殺之地,子午卯酉乃桃花咸池之地,辰戌丑未乃墓庫魁罡之地,水法皆忌之。甲乙艮兼丁丙巽,辛庚坤與癸壬乾,貴人三合連珠水,三合連珠爛了錢。辛入乾宮百萬莊,癸歸艮位發文章,乙向巽流清富貴,丁坤終是萬斯箱。巽坐水流乾上去,金水相生富且貴,若流辛戌亥壬方,失火徒流幾遭遇。乾山巽水山朝官,來水去水終一般,莫教巳辰來去見,男孤女寡出貧寒。坤山艮水出富豪,爲官分外更清高,切忌丑寅支上去,瘟癀虎咬幾番遭。艮山坤水還主富,廣置田地開質庫,莫教申未兩宮流,賣盡田園並絕戶。甲乙艮格,坤申龍作甲向,取乙水入堂,流艮千步爲吉。艮木生乙火爲奇,乙坤正馬艮正禄,得丙水同歸,是艮正馬禄馬同上御街。丁丙巽格,亥龍丙向,丁水入堂,流巽千步吉。蓋巽水生乙木①,乙木生丙火①,丙火剋丁金,生入剋出吉,辛甲二水流巽名禄馬步鴻門,辛巽正馬,甲巽正禄。辛庚坤格,艮巽龍庚向,取辛水入流,坤去大富,又乙水來入,坤去禄馬上御街。壬癸乾格,巽巳龍壬向,取甲癸辛水入,流乾千步吉。甲乾正馬,辛乾正禄,乾金生甲水,癸土生乾金,乾金生辛水,合金馬玉堂格。辛入乾宮格,巽巳龍辛向,辛水流乾千步吉,喜甲癸丁庚水佐之。癸歸艮位格,坤龍癸向,取壬水流艮,要丙乙兩水佐之。乙向巽流格,申龍乙向,甲水過堂,流巽長去吉,巽向乾借馬上街。丁坤萬箱格,寅艮龍丁向,取乙辛丙水歸坤去,流千步吉,乙坤正馬,丙坤正禄,禄馬步鴻門,坤土生丁金,乙火生坤土,陰陽會合最吉。乾坤艮水不宜來,巽水可來亦可去,寅申巳亥四生之水,宜來不宜去。生入剋出吉,生出

---

① "乙"字原作"己",不辭,按己屬土,於文義不合,徑改。

剋入凶。要龍真穴的，方驗此用，《洪範》五行也。宗廟水法專取淨陰淨陽，不識生剋消息，所以禍福不明也。庚向癸水流巽貴，甲向丁水流乾貴，丙向辛水流艮富，壬向乙水流坤富，此四貪狼格也。巽庚癸兼乾甲丁，艮丙辛與坤壬乙，四貪狼格真奇異，丙向癸水流乾，甲向辛水流坤，庚向乙水流艮，壬向丁水流巽，此三奇過度格也。乾癸坤辛正是奇，艮乙巽丁過度時，若是相逢依逆順，為官蚤折月中枝。已上不問陰陽二宅，左右前後有溝渠、磚頭、水墓、塋水、長河水，合格發福久遠，不合此縱發易退。凡是甲水不可流辰，乙水不可流卯，丙水不可流未，丁水不可流巳，庚水不可流戌，辛水不可流申，壬水不可流亥，癸水不可流丑，犯此者主貧寒。乾宮正馬甲方求，借馬原來丙上遊，辛是乾宮之正祿，三方齊到福無休。巽辛正馬甲正祿，艮丙馬兮祿乙搜，坤是乙方為正馬，丙為正祿更溫柔，辛水流乾祿也是，乾於巽借馬上街。蓋辛乃巽馬也，甲水流巽祿也是，巽於乾借馬上街，乙水流艮祿也是，艮於坤借馬上街，丙水流坤祿也是，坤於艮借馬上街。蓋甲乃乾馬，乙乃坤馬，丙乃艮馬也，四大神水去要祿馬水上街，正馬不如借馬快，六年後便發。凡人家放水，先取御街，次看祿馬，先祿後馬，先馬後祿，合此主富貴久長。如乾水長流數百步，甲水來是乾正馬，辛水來是乾正祿，又是借馬，祿馬同上御街。巽水長流百步，辛水來是正馬，甲水來是正祿，祿馬上街，又得丁水來佐之，是巽於兌宮借馬，丁乃兌馬也。又乙水來合金馬，玉堂格艮與坤之長去仿此。此巽艮六秀水，大貴，乾坤只主大富。凡水流，小神長去不流，大神中央隔斷不發。若流大神，無八干來水亦不發，謂無祿馬也。一步四尺八寸，水漫三年行一步，水急一年行三步，不急不緩一年一步，太歲衝動定吉凶。龍穴真驗，乾坤艮巽爲水之宗，能納八國水、八干水。禄馬貴人之鄉多喜來折四維去，吉，如不折四維，凶。十二支放水凶。楊筠松《青囊序》曰："生入尅入爲進神，生出尅出是退神。"退水宜流千百步，進水須教近户庭。進退得位出公卿，大旺人丁家業興。甲庚丙壬水來朝，其家大富出官僚。水明消息少知音，盡去玄空裏内尋。截定生旺莫教流，庫方來去定非祥。小神須要入中神，中神要入大神位。三折禄馬上街去，一舉登科名冠世。奇貴貪狼並禄馬，三合連珠貴無價。小神流短大神長，富貴聲名滿天下。大神中神入小神，主災，乾坤艮巽號御街，來爲黄泉，只宜長去。

騎龍斬關歌

三十六座騎龍穴，不是神仙不能别。水分八字兩邊流，且是穴前傾又跌。無龍無虎無明堂，水去迢迢數里長。真龍湧勢難頓住，結穴定了氣還去。就身作起案端嚴，四正八方俱會聚。前案不拘尖與圓，或橫或直正無偏。但尋氣脈歸何處，看取天心十道全。外陽休問有和無，只看藩籬與夾輔。左右護龍並護水，回還交鎖正龍居。或作龜肩與牛背，或作鶴嘴蜘蛛肚。鳳凰銜印龍吐珠，天馬昂頭蛇過路。或在高峰半山上，或在平洋或溪畔，或然山繞千萬重，或然水去千萬丈。教君細認無怪奇，左右纏護不曾離。水雖前去三五里，之玄屈曲合天機。更有異穴倒騎龍，前後妙在看形容。千變萬化理歸一，盡在高人心目中。要妙無過捉氣脈，吉凶禍福分黑白。

凡騎龍穴法，只要包裹夾輔周密爲主，但大發三十年後即無應。騎龍之穴，有名穿屍煞首，如亥艮騎龍，餘氣變作乾壬、丑寅而去者，則亥艮之氣止，乃真騎龍也。若仍作亥艮而去，則其氣不止,名穿屍煞也。吳天臣曰:"騎龍以弱即可騎,雄粗則不可扦奪,總皆然。"斬關不拘雄大,而官星亦有雄大者。

穴法賦 有論

夫五行之氣行乎地中,堆阜有起伏,氣亦隨之。氣凝而聚,則堆阜之氣自異。或異於形勢,或異於皮毛,或異於精神,或異於氣質。外相既異,而內相所蘊者必異矣。非土石之所能異也,其氣使之然也。若夫惡石壅腫,急水傾瀉,土脈焦枯,飛峰斜壠,魔形鬼態,若此之氣謂鬼劫氣,必產妖孽。然又不可一概而論之也,必須詳其真偽,定其虛實。形雖粗而有藏神之所,勢雖惡而有受氣之方。雖迫而氣象雍容,雖急而意思和緩。其凝或俯或仰,或突或窟,或凸或凹,或鉗或乳頭,或垂珠或正腦,自然若攬而有。其取穴之時,須要澄心靜慮,使自家神氣與之融會,所謂"恍兮彿兮,其中有物,彿兮恍兮,其中有象"。審覆裁度,如是者十回九度,然後了了如雲散霧收,見明月之當空,觀青山之對戶,確然不可移也。穴法一定,雖方寸之地不動,真所謂蠶口吐絲,蜂唇排綵,非明目妙觀,未易得其要也。大抵捉穴之法,先認玄武入路,氣脈或浮或沈,或偏或正,或大或小,或高或低,或土或石,隨其所受,有所泊之處,氣道分明。就中詳其明堂,坐下端正,或方或圓,或曲或直,或大或小,或深或淺,或長或短,隨其所受,必以坦夷端正為上。看何邊裹就,必於有力處凝結。其朝山或遠或近,或方或平,或尖或圓,或高或低,或連或峙,或成形象,或合星曜,尤為奇特。隨其遇,必以朝來趨揖為上,橫過者次之。其落處坦夷,妙在托護尤切,乃證穴之坐向,宜加意焉。夫一邊裹就者,流神環抱為上。其或自家成局,只將龍虎一邊為案,尤爲奇特。亦有朝山只在一邊，不堪對的，不可拘其正對也。其法須要坐下局勢有力，不在乎朝對之偏正也。更有奇形異穴，最難審察：或在高山之上，或在石壁之限，雖是坐下懸瀉，必有取穴之象，自見穩固；或在平洋，有叢石堆土，以聚其氣；或居江海之遠，有異石奇峰，以照其局。但認來情，識破其藏神之處，依法裁之，皆能自福，其效尤速，不必拘其平地穴法，先賢論之深矣。賦曰：「天地一氣，陰陽所根。賦萬物以動植，禀五行而化成。」氣乃水以爲母，物非土而不形。構陽精與陰魂，實同出而異名。況千形萬態之難狀，舉一言半句而粗陳。苟得其機，管取多多益辨，如窮其趣，自然個個分明。蓋聞龍之形勢在於山頭，穴之玄妙不離坐下。端兮平兮，是固所寶；傾兮敧兮，有時可詫。旺龍勢猛，穴前必有橫欄；爻象鉗開，坐下任交低瀉。觀其自來自做，獨關獨攔，但以一平受氣，何須疊嶂重關？吐嘴高原，近取一邊有勢，飛絲落地，回看數里無山。不論流峙高下，但尋出處灣環。去水直兮，取逆流而橫障；來勢猛者，就弱處以偏安。亢雄橫過，干將回後，有獨峰之鬼順受逆流，關得住不愁前應無官。抑嘗有龜行龜住肩有浮沈，月滿月虧影分偏正。犬眠牛眠者，當明臍乳之高低；星高月朗者，莫滯星峰之掩映。覆釜兮弦處堪安，懸鐘兮聲中可聽。天財兩頭齊峙，托護高物居擔凹；扳鞍前壠微高，朝應近穴居垂鐙。若夫陽既凝而陰必結，龍不成兮穴難真。伏似獸而昂似人，俱要胸前有手。高爲耳而低爲眼，細詳頭上有真情。似手則曲池灣中可取，垂掌則中指倒處堪親。點鹽就動中而尋討，大指旁虎口以爲榮。鬼若擡頭，看在何邊而證穴，托如得位，借外照以成形。三金之下有台星，穴隨前後；七穴之中橫土局，星在後隨。嘗聞：論其局，取其關攔；喻以形，要其活動。鶴飛鳳舞,看頂翼之藏露;牛眠龍蟠,辨尾稍之低聳。螃蟹之臍,近水動舉時,力在兩螯;蜘蛛之腹,吐絲環抱處,功居四拱。但見夫披廉斜下,平分擺處;瓜蒂垂囊,穴居乳頭。玄武微凸,則偏仄之文何取?虎口推開,則當胸之乳堪求。兩爻石脈分明,垂凹有物;一平土氣豐實,貼脊爲優。蜉蝣露平地之蹤,近取穴前環抱;豎掌掩上亭之穴,毗連腳下兩重。台星足下帶三星,個個有穴;天火頂門生兩土,各各成龍。試言夫斜拋旁閃,模石之下有真;掃蕩飄流,曲折之中爲據。勢嵬峨者,取其平中;形偃仰者,穴其低處。一邊獨力,宜抱揖以斜趨;兩股俱回,則兼收而並取。旁邊不正者,氣結垂珠;肥滿不抱者,宜安側乳。中心矗矗,竿頭高而旗腳皆回;四顧團團,角弓滿而箭頭相住。豈不見單提之穴孤取,任左回而右缺。夾襟之勢宜低,忌水走而砂飛。對面之勾不長,與兜堂而何異?中心之勢平坦,似氍席以何疑?虛一邊者,功居四拱;用四正者,妙在毫釐。脈有浮沈,要識淺深之妙理;局分偏正,要明坐向之深機。疊疊峰巒坐下寬,須看前頭急轉;平平支壠水城歸,乃觀對照青奇。大抵回環而盡者,虛背而腰迎;趨流而去者,捨前而取後。護托得位者,不拘遠近;返抽而拒者,何分左右?舉罾下罾,物在墜中;撒網收網,遊魚動處。穴前垂瀉,宜居後以深藏;坐下端方,莫滯前朝之秀巧。若夫高山之脈尚謂難察,平地之蹤尤宜細詳。或勾夾,或旋螺,地勢只憑環抱。如蚰蜒,如龜肩,土色必異尋常。堆石叢土者必不孤而有應,繞流曲折者迎其勢而多情。

巧拙穴賦

龍有臧否首須知,穴無巧拙難整齊。好母偏生奇醜女,名郎

不擇俊驕妻①。高人論德不論色，閥閱只問誰氏兒。天機好處從
來秘，不教俗眼知奇異。尋得龍真沒穴遷，地作茅叢容易棄。欹
斜缺折不必問，但於局面底中尋。自是蒹葭成穗小，由來芍藥結
苞深。梧桐葉上生偏子，楊柳枝頭出正心。杞梓槎牙難見實，要
從變處識精金。蘆花裊水東西點，未必條條著地尋。一點露華
垂草尾，十分香味在花心。岸上樓臺沈水影，山中木直墮田陰。
龍頭必向雲中出，蛇頸難從山上擒。此義仙人不傳授，高明通曉
在中襟。若知始祖傳家好，更有前砂識倖心。西岸月生東岸白，
上方雲起下方陰。若還只問好頭面，假穴常常真乳見。開枝依
舊有遮攔，過形只是無針線。說水談山世俗多，用拙不能爭奈
何。誤葬每因求正面，不遷渾是棄斜坡。豈識真玄奇妙處，仙人
多是下偏坡。好婦不須全俊美，福人何用大嘍囉。只用源流來
處好，起家須是好公婆。

二十四山五行各屬水法起長生訣

甲寅辰巽大江水，戌坎申辛水總同。震艮巳山原屬木，離壬
丙乙火爲宗。兌丁乾亥金生處，丑癸坤庚未土中。

水土長生在申，木局長生在亥，火局長生在寅，金局長生
在巳。

長生　沐浴　冠帶　臨官　帝旺　衰　病　死　墓　絕
胎　養

養生貪狼位，冠帶沐浴文，武曲臨官旺，逢衰是巨門，廉貞多
病死，大墓屬破軍，絕胎是禄存，七曜一齊分。

---

① 疑"驕"字爲"嬌"。

水土局起長生圖

火局起長生圖

木局起長生圖

金局起長生圖

楊筠松二十四山向訣_{望江南調}

_金乾山岡，巽巳丙來長，庚酉旺方皆吉利，大江流入不尋常。流寅甲，出公郎，流破庚申定逃亡。辰巽若從當面去，其家長子切須防，抱養不風光。

_金亥山腦，貪狼巽巳好，申庚辛戌自南來，積玉堆金進橫財。丁水去，錦衣歸，馬羊_{午未}走入女懷胎。流破辛庚兼辰巽，三年兩度哭聲悲，家業化成灰。

_火壬山奇，寅甲貪狼是，蛇馬湖來還更好，流歸庚戌正相宜。家富足，出賢兒，巳丙去長子受孤恓。但遇朝來為上相，流破寅甲定蹺蹊，妻子兩分離。

_水子山地，庚未及坤申，四位朝來多富貴，酉辛射入婦人淫。龍_{辰也}走入，定遭刑，流破生旺不須尋。文曲朝來動瘟火，如流丙巽出公卿，來去要分明。

_土癸山來，穴向未坤裁，更得申庚來拱入，須防辰巽反流回。丙宮去，永無災，酉辛水入定為乖。朝入風聲並落水，三年二載哭哀哀，軍賊損資財。

_土丑山高，未坤水滔滔，萬派朝來坐下水，亥壬拱入大堅牢。亡者安，紫線袍，丙巽水去出英豪。辰午逆行家退敗，出入疾患主風癆，忤逆動槍刀。

_水艮山峰，龍虎兔來雄。乾位戌豬從左入，須尋卯乙覓仙蹤。庚丁去，出三公，丙辛水破亦無凶。只怕丁宮並酉位，這般來水若相衝，即便主貧窮。

_水寅山長，申庚水過堂，亥壬子癸橫來吉，流歸辛酉正相當。巳午丑，最無良，宜去不宜橫箭射。朝來人口敗其家，婦女守空房。

水甲山庚,壬子及坤申,二水名爲貪狼位,來朝入進昌榮[①],家宅好安寧。辛酉去,旺人丁,返過明堂人少死,安墳立宅主孤貧,災禍起重重。

木卯山强,金雞最不良,朝宮戌亥皆爲吉,折歸庚去出朝郎,稅産不尋常。未坤水,實難當,穴前流入主瘟癀,不問人家並寺觀,年年水厄動官方,家宅落空亡。

火乙山辛,巳午兩邊迎,寅甲右邊朝二水,遷合皆昌榮。此局流乾壬,賽過孟嘗君,猴鼠兩來君莫下,犬方來水定遭刑,室女被人凌。

水辰山奇,雞犬不相宜,但喜甲庚壬子癸,朝出最爲奇。辛酉去,著緋衣,庚壬流破損頭妻,若得龍真並穴正,千門萬户足光輝。

水巽山乾,坤坎要朝墳,此水入來爲第一,庚辛申酉不堪聞,來水定遭瘟。申子去,命難存,人丁夭折絕家門。昔日顔回葬此地,至今世代盡傳名,術者細推尋。

木巳山亥,乾壬戌水來,寅卯引龍東折去,世家富貴永無災。庚癸去,旺田財,不宜牛鼠逆行回,坤未寅甲皆不利,頻頻流去養屍骸,水泥浸棺材。

火丙山壬,虎牛過堂流,戌去更兼馬上起,峰巒位位旺田莊。彭祖壽,永不亡,内抱長吉昌。三五十年無破敗,若還戌入定遭刑,缺陷配他鄉。

火午山子,沙水要相顧,艮丑寅甲霱霧霧,決須流歸乾壬路,世

---

① 疑脱一字。《八宅明鏡》"玉輦開門放水六畜等圖局"作"甲山庚,壬子及坤申,二水名爲貪武位,但來朝入進昌榮"。

代家豪富。犬回顧，鼠趕虎，投軍做賊敗宗祖，請君仍向巽宮扦，兒孫拜相爲宰輔，田地遍他府。

金丁山頭，庚酉要橫流，但愛龍真並穴正，水流甲乙足堪求，田地萬餘丘。巽巳朝入旺田牛，丙宮富貴真歆羨，賽過小揚州。

土未山龍，卯乙怕相逢，子水朝來真可下，坤申後入一般同，福祿永無窮。辰巽宮，此水最爲凶，切忌回顧侵入坎，宜流甲乙主財豐，富勝石崇公。

土坤山裁，亥壬子癸水流來，流歸丙乙去無災，安墳立宅足錢財。龍擺去，虎頭回，家業盡成灰。連年災禍起，不聞鼓樂只聞災，室女定懷胎。

水申山頭，豬趕鼠牛走，三宮朝入水，女作宮妃男作侯，富貴在他州。甲丙去，永無憂，寶馬金鞍侍冕旒。不論三房並四戶，人人起屋架高樓，錢旺主鄉州。

土庚山長，壬亥朝來皆大旺，但得三灣並五曲，一灣抱處得榮昌。龍安靜兮虎伏藏，閨中室女淑賢良。最怕死兔並無虎，若還逆轉遲田莊，歲歲動瘟癀。

水戌山辰，子癸及坤申，此水貪狼並武曲，兩宮扦穴旺人丁，金玉滿堂新。東南去，救孤貧，俗嫌左右山砂無回顧，主人長壽亡者寧，誰識富豪墳。

金酉山金，龍蛇大會總朝迎，四季流來添進寶，逆流艮土出公卿，世代任專城。庚辛立宅好安墳。四個祿存流盡處，兒孫跨馬入朝門，個個盡超群。

水辛山真，水宜未坤申，左右兩邊橫在穴，宜流丙甲忌流辰，仔細認朝迎。旺方勝扦穴下未，庚龍趕馬兔逆行，坤申流破定遭瘟，少死絕人丁。

收水訣

第一養生水到堂，貪狼星照顯文章。長位兒孫多富貴，人丁昌熾性忠良。水曲大朝官職重，水小灣環福壽長。養生流破終須絕，少年婦女守空房。

沐浴水來犯桃花，女人淫亂不由他。投河自縊隨人走，血病官災破敗家。子午方來田業盡，卯酉流來好賭奢。若還流破生神位，墮産淫聲帶鎖枷。此方水宜去。

冠帶水來人聰慧，也主風流好賭奢。七歲兒童能作賦，文章博士萬人誇。水神流去諸房吉，髫髮兒童死不差。更損深閨嬌態女，此方定畜乃爲佳。

臨官方位水趨墳，禄馬朝元吉氣新。少年早入青雲路，賢相籌謀助聖君。最忌此方山水去，成材之子早歸陰。家中少婦嘗啼哭，財穀虛空徹骨貧。朝來武曲旺人丁。

帝旺來朝聚面前，一堂旺氣發莊田。官高爵重威名顯，金穀豐盈有剩錢。最怕休囚來激散，石崇富貴不多年。旺方流去根基薄，乏食貧寒怨上天。秀水特朝破旺，居官卒任屍還。

衰方管局巨門星，學堂水到發聰明。少年及第文章富，長壽星高金穀盈。出入起居乘四馬，宴遊歌舞玉壺傾。旺極總宜來去吉，也須灣曲更留情。四墓黄泉能殺人，巨門水是也。

墓庫之方怕水臨，破軍流去反爲禎。陣上揚名文武貴，池湖開蓄富春申。蕩然直去家資薄，欠債終年不了人。水來充軍千里外，三男二女絶凋零。四墓黄泉能殺人，破軍水是也。

病死二方水莫來，天門地戶不爲乖。更有科名官爵重，水若斜飛起大災。換妻毒藥刀兵禍，軟脚瘋痰女墮胎。必主其家遭

此害,瘦瘠癆蒸損形骸。_{主路死、回禄,乾亥爲官爵,巽巳爲科名,亦不甚乖。}

絕胎水到不生兒,孕死休囚絕後嗣。總使有生難收養,父子分情夫婦離。水大女人淫亂走,水小私情暗對期。此處只宜爲水口,禄存流盡佩金魚。

貪巨武水宜朝來注聚,巨水宜倒右,武水宜倒左,丙水宜倒右,乾水不拘左右,破水宜去倒左,禄水宜去倒右。

五星訣

金星圓如覆釜,遇火聳而爲殃,方出頭而是美,剥换净兮高强。

木星直如頓笏,動則乃是恩星,忌其圓而高起,惟取純遠爲尊。

水星動是蛇遊,其來長遠堪求,更取純而不雜,龍中最上巒頭。

火星尖而秀出,居於南面離宫,喜直惡動本性,登山細認巒峰。

土星方而豐厚,形如覆盆相同,忌木喜火爲伴,登山須辨真宗。

《青囊經傳》首出天文,末言地理[①],造福生人。論盈虚之至理,配八卦於五行;以三合並諸納甲,定二十四山之尊卑。觀天星之善惡,明地理之不群。察理氣之盛衰,知禍福之避迎。雖氣鍾山川之清濁,實乃主生民之存亡。

《青囊秘旨》:"道契乾坤,天得之而清,地得之而寧,日月得

---

① "末"字原作"未",不辭,形訛徑改。

之常明，國得之而泰平，人得之而掌造化之權衡。"

論氣正訣

形氣篇

宇宙有大關會，氣運爲主；山川有真情性，氣勢爲先。地運有推移而天氣從之，天運有轉徙而地氣應之。天氣動於上而人爲應之，人爲動於下而天氣從之。有聚講行講坐講，則氣聚於龍；有權星尊星雄星，則氣聚於勢。有蓋胎夾胎乘胎，則氣聚於穴；有收襟收堂收關，則氣聚於局。陰勝逢陽則止，陽勝逢陰則住。雄龍須要雌龍御，雌龍須要雄龍簇。大地無形看氣概，小地無勢看精神。水成形山上止，山成形水中止。認氣於大父母，看尊星；認氣於真子息，看主星；認氣於方交媾，看胎伏星；認氣於成胎育，看胎息星；認氣於化煞爲權，看解星；認氣於逢絕而生，看恩星。認龍之氣以勢，認穴之氣以情。龍備五行之全，故山之形體象龍；龍極變化之神，故山之變換象龍。龍之體純乎陽，故山逢陽而化，遇陽而生。龍之性喜乎水，故山夾水爲界，得水而住。龍之行御乎風，故山乘風則騰，藏風則歇。龍必得巢乃棲，故山以有關有局爲聚，以無局無關爲散。龍凡遇物則配，故山以有配有合而止，以無配無合而行。辨龍生死，須分三陰三陽；辨穴生死，須識陽多陰少。龍有變體，或時頓住勒住；穴有變格，或爲墜宮簒宮。星體有正有附，兼襯貼之當辨；穴情有顯有晦，併氣影之宜詳[①]。蓋帳不開龍不巢，輪暈不覆穴不住，束咽不細氣不聚，泥丸不滿氣不充。五星不離水土體，九星常要輔弼隨。土

---

① "併"字，靈城精義作"影"。

星不作倚，五星皆有撞，水火不可蓋，水土豈能粘。坐宕坐旺坐煞，是爲坐法；全胎保胎破胎，是爲作法。挨生傍氣，或爲脫殼借胎，或爲子投母腹；脫煞逢生，或爲借母養子，或爲以子救母。脫龍就局納前朝，只爲半偽半真；撩山劈硬處平基，只畏直來直受。平洋之氣常舒常散，須要湯裏浮酥；山隴之氣常急常斂，當看水面蟠蛇。沒水之牛，氣仰而吹，宜乘其氣；出洞之龍，氣直而吐，宜乘其餘。精華外露之氣如華，宜葬其皮；精華內斂之氣如果，宜葬其實。龍穴有陰陽，砂水亦有陰陽；龍穴有生死，砂水亦有生死。氣有虛實，法當以實投虛，以虛乘實；氣有先後，法當先到先收，後到後收。傍城借主，須詳審乎托落；就向拗龍，當消息於明堂。有弦有棱則形真，若湧若凸則氣到。認氣難於認脈，葬脈豈如葬氣。法葬之葬，法在形裏；會意之葬，意在形表。龍之貴賤以格辨，龍之枝幹以祖辨，龍之大小以幹辨。故同龍論格，同格論祖，同祖論幹。龍之去住以局辨，龍之正偏以堂辨，龍之真偽以座辨。故同龍論局，同局論堂，同堂論座。凶星不無夾雜，只要有胎有化；吉曜總然雄聳，亦要有精有神。山谷變遷，山川變色，造物固自有時；控制山川，打動龍虎，作用各自有法。

理氣篇

蓋地無精氣，以星光爲精氣；地無吉凶，以星氣爲吉凶。用先天以統龍，當辨於四龍天星；用後天以佈局，尤宜審乎三般卦例。以龍定穴，須審入路陰陽；以水定向，須審歸路陰陽。入首入手，則龍與脈取由辨；分金分經，則來與坐取由分。脈看左右落，則脈可辨真偽；氣審左右加，則氣可別淳漓。龍脈有順逆，乘氣自當有辨；五行有顛倒，作用各自有法。氣有乘本脈而不容他雜者，氣有借傍脈而可隔山取者，氣有合初分脈而不爲遙遠者，氣有串渡峽脈而不爲邀截者。總之，龍氣無尺寸之移，受氣有腰耳之異。分金有轉移之巧，氣線無毫髮之差。中氣當避乘氣，故取三七放棺；旺氣宜乘分金，亦取三七加向。脈不直而氣直，何畏直來直受；氣不斜而棺斜，乃爲正貫正乘。龍以脈爲主，穴以向爲尊。水以向而定，向以局而分。來路看四生，坐下看四絕，局內看三合，向上看雙金。制煞莫如乘旺，脫煞正以扶生，從煞乃化爲權，留煞正爾迎官。客水客砂，尚可招邀取氣；真夫真婦，猶嫌半路相逢。陰用陽朝，陽用陰應，合之固眷屬一家；山運收山，水運收水，分之亦互爲生旺。主有主氣，內宜秘乎五行；堂有堂氣，外宜親乎四勢。龍爲地氣，當從骨脈實處窾其內而注之；水爲天氣，當從向方虛處窾其外而引之。在天成象，在地成形。同乎一氣，故天象以太陽爲尊，而地法以廉貞爲祖，同以火星爲萬象之宗。象垂吉凶，形分禍福。同乎一域，故星光以歲星爲德，而地法以貪狼爲貴，同以木星爲萬象之華。

先天以一陰一陽對配爲主，故四龍天星惟取相配，陰與陽合，陽與陰合；後天以分陰分陽致用爲主，故八方坐向可借爲配，坐陽收陰，坐陰收陽。

先後二天，先爲體而後爲用，貴通其體；陰陽二氣，陰非貴而陽非賤，在適其宜。地以八方定位，正坤道之輿圖，而以正子午爲地盤，居內以應地之實；天以十二分野，正躔度之次舍，故以壬子丙午爲天盤，居外以應天之虛。

錦囊篇

天星地形，上下相因。山不入相，形不入星。崎碎反擺，家業主凶。由本尋末，由幹尋枝。山異枝，水異源。陰陽之理，存乎其間。陰陽交而天地泰,山水會而氣脈和。雌雄相趁,牝牡相應。山不葬者,單雌單雄。水不用者,孤陰孤陽。山不離水,水不離山。子孫其昌,人鬼其安。不離之道,回曲關闌。山夾水行,水隨山轉。辰高如停,應天之星。十里之中,公侯所生。後氣不隨,前氣不迎。二氣不降,五逆囚兵。其住如禄,其行如馬。其降如龍,其伏如虎。陰陽得位,而後成形。若也差殊,反招孤寡。萬里之山,各起祖宗而見父母胎息孕育,然後成形。是以認形取穴,明其父之所生,母之所養。天門必開,山水其來。地户必閉,山水其回。天門水來處也,地户水去處也。開三之道不露風也,閉五之道以藏氣也。反棺轉屍,風之所吹。泥沃水積,氣之所離。日月不照,龍神不依。山的者逆,水箭者絕。死魄不安,生人所害。正道之訣,道眼爲上,法眼次之。揣摹臆度,災禍必隨。山脈十二,水脈隨之。山狂則度,水狂則怒。欲識其子,先看其母;欲識其孫,先看其祖;兄弟二氣,同歸一路,此望山之要也。脈之不斷,其連如線,大江大河,終不能界。故法有九變十二換,然後成龍。地勢平夷,氣脈所藏。穴居其中,不居其旁。中則福身,旁則禍家。隱隱隆隆,四方來同。突中有窟,高處低也。窟中有突,低處高也。狀如仰掌,左宮左取,右宮右裁。至如山形曲屈,長短異屬,方員大小,迎財就禄。迎財收迎砂也,就禄對秀案也。尺寸高低,隨勢變移。明堂正應,以次而知。福厚之地,人多富壽。秀穎之地,人多輕清。濕下之地,人多重濁。高亢之地,人多狂躁。散亂之地,人多遊蕩。尖惡之地,人多殺傷。頑濁之地,人多執拗。平夷之地,人多忠信。後山欲福,前山欲禄,左山欲曲,右山欲肉。坐穴如屋,明堂如局。三陽不促,六建俱足。三陽:明堂爲内陽,案山爲中陽,案外朝山外陽也。

六建：水抱左爲天建，抱右爲地建，前爲人建，禄建、馬建、命建，照於前是也。故天乙太乙者，富貴之本原；天禄天馬者，富貴之任用。文官武庫者，富貴之應驗；左輔右弼者，富貴之維持；男倉女庫者，富貴之設施。尋地之要，貴全不虧。若山厚則力勝，山長則力久。勢遠則難敗，勢近則易成，自然之應也。至於傾欹斜仄、孤單蓄縮、背戾驚狂、反逆尖射，如此之類，俱不成地。一不相粗頑醜石，二不相急水争流，三不相窮源絶境，四不相單獨龍頭，五不相神前佛後，六不相墓宅休囚，七不相山岡撩亂，八不相風水悲愁，九不相坐下低軟，十不相龍虎尖頭。

圖書在版編目（CIP）數據

管氏地理指蒙：外十五種 / 余格格點校. —杭州：
浙江大學出版社，2022.10(2025.9 重印)

ISBN 978-7-308-20547-4

Ⅰ.①管… Ⅱ.①余… Ⅲ.①風水－中國－古代
Ⅳ.①B992.4

中國版本圖書館 CIP 數據核字(2020)第 168667 號

管氏地理指蒙:外十五種

GUANSHI DILI ZHIMENG WAI SHIWU ZHONG

余格格 點校

出 品 人	褚超孚
總 編 輯	陈 潔
項目策劃	宋旭華
項目統籌	王榮鑫
責任編輯	胡 畔
責任校對	趙 静
責任印製	范洪法
封面設計	周 靈
出版發行	浙江大學出版社
	（杭州市天目山路 148 號 郵政編碼 310007）
	（網址：http://www.zjupress.com）
排 版	大千時代(杭州)文化傳媒有限公司
印 刷	杭州宏雅印刷有限公司
開 本	710mm×1000mm 1/16
印 張	49.25
字 數	700 千
版 印 次	2022 年 10 月第 1 版 2025 年 9 月第 4 次印刷
書 號	ISBN 978-7-308-20547-4
定 價	228.00 圓